现代税收征管过程模型研究

于希信　郭凤晓　主编

中国税务出版社

图书在版编目（CIP）数据

现代税收征管过程模型研究/于希信，郭凤晓主编
. --北京：中国税务出版社，2010.11
ISBN 978-7-80235-571-2

Ⅰ.①现…　Ⅱ.①于…②郭…　Ⅲ.①税收管理-研究-中国　Ⅳ.①F812.42

中国版本图书馆 CIP 数据核字（2010）第 198077 号

书　　名：现代税收征管过程模型研究
作　　者：于希信　郭凤晓　主编
特约编辑：杜　洪
责任编辑：刘淑民　关　亮　庞　博
责任校对：于　玲
技术设计：刘冬珂
出版发行：中国税务出版社
北京市西城区木樨地北里甲 11 号（国宏大厦 B 座）
邮编：100038
http：//www.taxation.cn
E-mail：taxph@tom.com
发行部电话：（010）63908889/90/91
邮购直销电话：（010）63908837　传真：（010）63908835
经　　销：各地新华书店
印　　刷：北京天宇星印刷厂
规　　格：787×1092 毫米　1/16
印　　张：33
字　　数：572000 字
版　　次：2010 年 11 月第 1 版　2015 年 9 月北京第 2 次印刷
书　　号：ISBN 978-7-80235-571-2/F·1491
定　　价：60.00 元

编 委 名 单

序

（一）

世纪交替，现代化作为一股不可逆转的时代潮流席卷全球。我国的政治、经济、科技、文化等各个方面，从政府组织到企业等各行各业都在发生迅猛变革，税收管理的现代化成为这场变革中的一个重要领域。

20 世纪 90 年代初至今，经过近二十年的努力，我国现代税收征管建设取得了扎实的成效。新的税收征管理念逐步产生和确立，税收征管体系正在转型，信息化手段成为税收征管工作开展的基本方式，为纳税人服务成为税收征管工作的重要组成部分，税收征管的规范化、标准化、精细化程度长足提高，税收征管业务流程和组织方式开始得到再造和重组，税收征管能力和绩效有了质的提升。

税收管理现代化是一个长期艰巨的探索过程。现代税收征管格局的建立是一个既宏观又具体，极具系统性和复杂性的宏伟工程，在探索前进之中面临着层出不穷的新情况和不断产生的新问题。税收征管工作的持续科学发展需要及时总结既往的实践成果，更需要积极推动新的探索。在我国税收征管现代化发展即将完成质的飞跃的关键时期，进一步理清现代税收征管建设的理论认识和方法路径成为一个紧迫和重大的课题。

近年来，全国各地税务机关置身税收征管改革大潮之中，通过不断实践探索，在现代税收征管的思想和方法上取得了很多突破。如北京市地方税务局的“数字地税”建设，广东省地方税务局的税收征管现代化探索和“大集中”工程，河南省国家税务局对整合税收征管机构的探索，江苏省南京市地方税务局对税务组织现代化的研究，江苏省淮安市国家税务局对流程再造的探索，山东省国家税务局开展的税收规范化管理，山东省地方税务局提出的“经济决定税源，管理增加税收”治税思想以及社会化综合治税、税收执法责任考核等创新做法，等等。全国各地国、地税机构的探索成果涉及税收征管的诸多方面和各个层次，需要我们及时梳理，以形成系统化的认识。与此同时，税收的理论研究历来重视税收制度、税收政策等方面，而对税收征管过程中的问题涉足较少。近期出现了一些紧跟税收征管发展脉搏的认识成果，但是系统性、整体性的研究成果仍是凤毛麟角。归根到底，税收征收管理是管理领域的问题。在管理角度上开展的研究不足，现代税收征管体系建设的理论支持就会明显乏力。

国内外关于现代税收征管体系构建可资参考的系统性研究成果并不多见，开展这项研究需要较强的创新意识和开拓精神。面对认识与实践的现实需要，山东省地方税务局从促进税收征管科学发展、持续进步和自主创新的要求出发，组织开展对现代税收征管问题的系统性研究。期望通过这种尝试，能够对认识现代税收征管带来一定突破，并为探寻现代税收征管体系建设的整体路径带来有益的参考作用。

（二）

现代税收征管是一个系统性问题，对此开展研究需要涉及各种角度和诸多层面，其中既有实践性问题也有理论认识问题，既有总体性的问题也有分支性的问题。由于这项研究源于自身实践过程遇到的种种困惑，得益于国内外实践的启发，同时受到了当前世界征管领域一些理论突破的影响，因此我们对课题研究采取理论和实践相结合的基本态度。研究过程中，既重视对一些基础理论方法的应用，如重视控制论、信息论、系统论在认识征管活动中的作用，对应用信息不对称理论、博弈论、耗散论等新理论的研究进展注意加以结合，同时也对当前管理科学发展的一些新成果，如行为学、组织理论、决策理论、质量管理体系等，加以大量地吸收。在实践方面同样努力拓展视野，通过广泛考察国内外征管发展情况，特别是关注我国近年税收征管工作的新情况、新变化、新突破，推进对现代税收征管特点的探究，探寻现代税收征管变革中的一些主要倾向。正是由于坚持以上指导思想，我们也期望本书能够呈现介绍引进知识、思考研究问题、关注实践动向等几个方面要求相统一的特点，尽可能地起到深化认识、促进实践的作用。

观念变则思路变。由于管理思想与实践的发展，世界各国对行政管理的定位一直在发展变化之中。从主客体相对关系来看行政管理活动的发展，主要可以划分三个发展阶段。一是强制性管理，管理者主导、管理对象服从阶段；二是协作型管理，管理者与被管理者作用并重，地位趋向平等阶段；三是服务型管理，以被管理者作用为主，管理者协作阶段。显然，第三个阶段是一种理想的高级阶段。本书探讨现代税收征管问题，是把税收征管定位在面向逐步迈进协作型管理，服务性管理也已见端倪的过程阶段来看待的，这符合我国和大部分国家税收征管所逐渐步入的发展阶段。因为基本对象在认识体系中的地位发生变化通常会造成“革命”性的认识转型，所以，研究现代条件下税收征管状态所使用的思维方式和得出的认识、结论必将迥异以往，进而，建立一个新的税收征管认识框架显得尤为必要。这恰是本书把对现代税收征管活动的考察研究聚焦到“过程模型”一点之上的意图所在。

全书基本结构及部分主要观点如下：

第一章展开对现代税收征管过程模型的研究。本章作为一个独立的部分，主要探究认识税收征管活动的组织运转架构，借以找出现代税收征管体系建立所依据的内在逻辑脉络，从而形成全书的认识纲领，其他章节围绕这个纲领对分支问题进行深化探讨。

税收征管活动是一系列特定过程的关联存在，现代税收征管体系具有高度的系统性。现代税收征管过程包含的基本内容以及关联关系必然形成一定的基本框架。对这个框架的系统认识构成现代税收征管过程模型。其主要内涵有：依法治税、以人为本的价值理念，信息平台的技术支撑，纳税服务、申报征收、纳税监控构成的主干业务结构，以流程管理为脉络的基本管理方式，并以决策系统作为中枢，驱动征管活动的运动过程。这些要素组合成为总体的框架，形成一个以图式表达的模型，从中可以得到对现代税收征管的体系或模式的基本认识。

第二、三、四章从税收征管业务角度展开分题讨论，分别对构建现代纳税服务体系、申报征收体系、纳税监控体系进行探讨。这三章着重认识现代税收征管业务开展的转变，以及研究征管业务的优化，内容集中于现代税收征管的业务安排层面。

纳税服务是税收征管业务而不仅仅是对征管业务的要求，应当发展成为一整套具体、明确、专门的业务体系。现代纳税服务业务的发展需要建立征纳法律地位平等的新型关系，纳税服务业务的目标应当定位于防止和消除纳税问题，纳税服务的内容需求、渠道载体、组织保障等方面需要共同发展以构成实施的体系。

申报征收体系的重点在于建立以电子申报为主体的多元化纳税申报系统、税库银联网的一体化税款征收系统以及电子集中核算系统，实现申报征收信息的高度共享、集中处理和全程严密监管。

纳税监控则突出“以数管税”的作用，以数据处理链为主线、以纳税评估为核心衔接点构建实施体系，并以加强基础管理，提升税务稽查体系，对不同类型的纳税人增强监控针对性作为配套措施。

这三个业务方面作为主干，覆盖税收征管中与纳税人接触的全部业务过程，可以形成一个高效协同的现代税收征管业务运作格局。

第五、六、七章作为有别于征管业务层面的内容，分别对现代税收征管的技术支撑、驱动机制和管理方式三个方面问题进行探讨，这些方面是现代税收征管体系能够建立并实现运转目标的决定因素。

信息技术应用是现代税收征管的一大标志。建立现代税收征管的信息技术平台需要开展技术支撑体系、管理支撑体系以及与外部支撑条件实现协同等方面的建设，同时关注建立现代化管理的理念、统一规范业务流程、合理利用社会资源、基于数据管理的制度策略、项目实施策略、信息化建设的制度性要求以及科学把握数据集中的相对性等关键问题。

流程管理成为现代税收征管的基本管理方式。对业务流程以及征管组织流程实施优化再造和实现高效控制是形成现代税收征管流程管理体系的主要课题，涉及执法标准性、工作评价性的控制活动也包含在流程管理之中。同时，基于流程展开职能和实施机构重组也将成为必然。

决策在现代税收征管活动中凸显出来。决策系统成为征管体系改进和运转的中枢驱动系统，动态平衡、评估与调整、学习与变革是这个系统的基本功能。建立科学的决策系统需要从决策主体、方法体系、目标原则等方面加以优化，建立决策支持的信息系统是这个问题中较早引起注意的一个组成部分。

（三）

开展现代税收征管过程模型课题研究于2005年开始酝酿，感于当时征管改革中认识与实践的需要，泰安市地方税务局于当年6月份组成课题组，先期开始了课题的资料收集和基础研究工作；2006年下半年有关研究已初见脉络，山东省地方税务局决定由省局成立课题组进一步深化、提升课题研究，并列入了山东省软科学研究计划。于是，这个课题以更高的层次、更广的视野、更大的规模进一步展开。到2008年，课题研究结题。当年，为倡导政府机构科学行政和自主创新，山东省科技厅直接组织国内知名专家对课题成果进行鉴定，并给出了“填补国内空白，达到国际类似研究领先水平”的评价结论。为了更好地发挥课题研究的作用，山东省地方税务局又决定将研究成果编写成书。本着阐释成果、介绍知识、推动实践的指导思想，课题组又投入精力进行了大量的拓展研究和编撰工作。到2010年初，本书得以基本定稿。起步于泰安，辍笔于济南，课题研究与成书共经历了五年多的一段艰辛历程。

本书由于希信、郭凤晓多次组织对大纲的修改、审定，并负责总纂和定稿；第一章现代征管过程模型综述由郭凤晓指导，冉晓、王翔执笔起草；第二章纳税服务由彭坤执笔起草，朱洪坤、张丹参与修改；第三章申报征收由梁广举执笔起草，丁毅参与修改；第四章纳税监控由宗贵兵、冯向军、刘晓东执笔起草，马德伟参与修改；

第五章决策系统由赵雷执笔起草，邵明湖参与修改；第六章信息技术由徐夫田、高明辉执笔起草；第七章流程管理由马鸿儒执笔起草，朱洪坤参与修改。冉晓、王翔对全书进行了通稿和编纂。张期鹏、李广进、丁毅、冉晓承担了课题研究及本书编写过程中具体的组织、协调工作。

在课题研究、鉴定以及本书编写过程中，先后得到了清华大学经济管理学院陈晓教授、陈国权教授，国家税务总局税收科学研究所前所长、研究员曾国祥先生等专家学者的热心指导，多个省市的国家税务局、地方税务局提供了宝贵资料，泰安市地方税务局在开展基础研究方面做了大量工作，在此表示感谢。还要特别感谢中国税务出版社的编辑同志们，在他们的大力支持和辛苦劳动下本书得以尽早付梓面世。

现代税收征管体系庞大、问题驳杂，把握不易。本书参与人员在知识层面、专业领域、实践程度等方面存在着种种差异和局限。因此，本书不可避免地存在这样或那样的缺陷和错误，热切盼望读者给予批评指正。

实践无止境，探索无穷期。相信坚持理性务实，不懈探索实践，现代税收征管的宏伟大厦必将屹立于世人面前。

作　者

2010年10月

目　录

第一章

现代税收征管过程模型综述

国际货币基金组织财政事务部主任坦兹曾说："税收是一门强调可行性的学问，一种不可管理的税制是没有多少价值的。"自20世纪80年代起，税制改革席卷全球，在改进税收制度的多方探索中，各国逐步认识到，管理问题是税制改革的核心而不是辅助的问题。税收征管体系作为税收制度中体现执行力的关键内容，必然要适应税收制度的现代趋势不断变革发展。于是，近30年来世界各国纷纷致力于改造税收征收管理体系，大量的变革创新使税收征收管理在形式和内容上发生了许多深刻的变化。虽然各国实施征管变革的着眼点不尽相同，但是变革的总体步伐却逐步迈向同一目标，即，建立或完善一个适应现代经济社会的发展变化，有利于提高税收管理质量和效率的税收征管体系。一言以蔽之，追求时代环境下的高效能成为世界税收征管变奏的大主题。

一

20世纪90年代，我国税收征管也步入了从传统迈向现代的历史转折时期。伴随税收征管改革的各个阶段，税收征管在认识与实践上取得了很多突破性成果，同时也遇到了大量的新问题。在这个过程中，几乎每一项征管措施的探索和变革都会引发税务机关内部乃至社会、政府以及纳税人的各种态度反映和认识变化。这些思想争鸣和行动尝试实际上都围绕着两个基本的问题展开，现代税收征管的特点是什么？现代税收征管体系的蓝图又应当如何描绘？

当前，我国税收征管改革又走到了一个新的历史阶段，税务机关逐步把探索的目光从各种侧面的实践探讨转向了更具根本性、宏观性的问题。如何在整体上认识现代税收征管体系的构建，把握下一步改革的走向？回答这样的问题，需要税务机关结合时代发展的特点重新反思、考察税收征管的基本内涵和税收征管体系的建设，并在此基础上进一步观察研究现代税收征管活动的实践与创新。现代征管体系的构建呼唤新的认识体系，这个认识体系应当符合时代的要求，包含影响税收征管的主要因素及其内在联系，是一个总体性、架构式的认识体系。

众所周知，20 世纪 40 年代先后创立的控制论、信息论和系统论是 20 世纪以来最伟大的理论成果之一，“老三论”共同构成了新型的综合性技术基础学科。“‘（老）三论’为管理现代化提供了有效的方法，它把管理活动作为动态系统，把信息作为分析内部和外部联系的基础，把控制作为实现系统优化的手段。这三方面的统一就是整体优化、信息管理和过程控制的现代化管理。”① 20 世纪 70 年代以来，作为系统理论分支学科的耗散结构论、协同论、突变论陆续确立并获得极快进展，“新三论”又成为现代管理控制科学进一步迅猛发展的强大推进器。有关现代管理活动的主要研究都是以“三论”体系为基础开展起来的，对于现代税收征收管理的研究也难出“三论”体系的藩篱。

近年来，国内针对现代税收征管的研究大多针对某些侧面问题展开，如纳税人权利义务问题、信息化问题、税收流失问题等，税务机关在改革实践中的考察也大多基于具体改革措施的需要，如申报方式改革问题、服务问题、信息化改造中的技术平台问题等等，围绕某些特定方面生成的认识突破居多，框架式的总体性研究成果却不多见。对现代税收征管总体认识的不足，会导致整个现代税收征管体系建设方向感不强的问题，征管改革的脚步也将会踟躅难行。针对这样的问题，本书力图找到一种关于现代税收征管建设认识体系方面的新方法和途径。基于以“三论”为基础的现代管理理论，把整体性、结构性研究作为出发点，将现代税收征管活动的所有过程作为一个系统对待，从系统构成、系统信息和系统控制等角度研究完善税收征管过程的体系，并着手为考察现代税收征管系统建立一个框架式模型，这是本书开展研究采取的一种新

① 杜栋．管理控制论．中国矿业大学出版社，1999.

思路。

模型是现实系统的抽象描述，现代管理学非常突出模型研究的方法。模型可将复杂的问题简化为易于处理的形式，同时还可以用直观简便的方式来表达。税收征管是一类庞大的管理系统，现代税收征管涉及的因素尤为复杂，认识和描述现代征管过程的架构，明确税收征管的各种要素与关系，需要一个基本的模型作为载体。采取适当的模型表述方式同样非常关键。借鉴当前成功模型研究所采取的各种表达方式，本书确定以图示的方法表达现代税收征收管理过程模型。该方法的主要优点在于简明直观，能够清晰明确地展示研究对象的结构和逻辑关系，这些方法已经在管理科学研究和应用活动中发挥了重要的作用。

二

税收征管过程模型是针对现代税收征管活动和运转体系建立的一个管理系统模型，从功能性角度讲是一个在整个社会环境中作用于纳税人行为的控制系统模型。

目前，关于税收征管的总体性概念主要有税收征收管理体系和税收征收管理模式，税收征管过程模型是本书从一个新的角度提出的概念。税收征收管理体系是国家围绕税收征收管理所建立的各项管理机制、措施的总称，包括税收征收管理法规制度、税收征收管理模式，以及税收征收管理业务措施、机构人员、技术手段、运作机制等方面的内容。税收征管模式是为了实现一定时期税收征管的特定目标而形成的总体运行模式，或者说是税收征管的某种宏观组织形式，集中反映税收征管制度、征管业务、征管机构、征管技术手段的基本结合方式，表明了税收征管体系在特定时期的价值取向与运行特征。税收征管活动过程模型是区别于征管体系、模式等，从税收征收管理的系统角度、行为角度提出的一个基本概念。管理活动总是体现为一种特定的过程，国际标准化组织把“过程”定义为“一组将输入转化为输出的相互关联或相互作用的活动”①。采用这种定义方法，税收征收管理过程就是税务机关利用各种资源将纳税人实际纳税状态转化为符合税制要求状态的一系列相互关联或相互作用的活动。税收征管过程所包含的基本要素及其关联关系综合起来，呈现出一定的框架，这个框架被称作税收征收管理的过程模型（以下简称税收征管过程模型

① ISO 国际标准化组织．质量管理体系——基础和术语 GB/T19000－2000 idt.

或征管模型)。税收征管模型包含一定的目标价值取向，包含特定价值取向下对基本征管业务措施的策划，还包含了对业务运作控制方式的基本确定等关键内容。税收征管模型是一个多层面、复合型、整体性的认识，反映征管过程构成要件之间的作用关系和运作规律。税收征管活动的开展，相应管理体系的建构应符合这些关系和规律的要求。

现代税收征管及税收征管现代化是当前使用频率极高的名词。考察关于现代化问题的种种研究，对“现代”一词的定义都突出了“反映当前历史时期下的先进性”这一基本内涵。现代税收征管应当指有别于以往历史时期，符合现代社会的价值取向，充分吸收现代科学技术成果，在运行方式上满足现代税收管理要求，在管理绩效上符合时代水平的征管状态。税收征管现代化则是使税收征管由传统走向现代的过程，也就是在税收征管的价值取向、参与主体、技术手段、管理体系以及管理成效等方面总体走向符合时代发展要求、达到时代发展前沿水平的变革过程。

世纪交替前后约30年的时间内，征管结构变化、信息技术应用，以及规范化、精细化、科学化等管理变革，推动我国税收征管步入由传统向现代蜕变的进程之中，我国现代税收征管的一些主要趋向已经十分明显地显现出来，如理念现代化、活动法制化、管理集约化、服务职能化、业务专业化、行为规范化、监控严密化、手段信息化、机构扁平化、效益最大化等。在这个过程中，我国传统税收征管“以组织收入为中心”、“以完成税收任务为天职”的实践原则发生了重大变化，“依法治税”、“以人为本”及“质量和效率”几个方面的概念逐步凸显。“依法治税”明确了征管活动的基本准则，指出了税收征管的目标方向；“以人为本”突出了以纳税人和征税人特别是以纳税人为根本着眼点，提出了依法治税目标实现的根本路径；“质量和效率”则从绩效角度，规定了追求“依法治税”目标与体现“以人为本”理念的标准要求。三者有机结合，完整地构成了代表现代税收征管基本价值取向的征管理念。这些理念的逐步形成对我国现代税收征管实践的转型具有重大意义。“依法治税”和“以人为本”的理念已为人们所普遍接受，征管质量和效率则是近年来从理论到实践所广泛探讨的问题。本书将这组理念作为现代税收征管模型的核心价值观（如图1-1所示）。

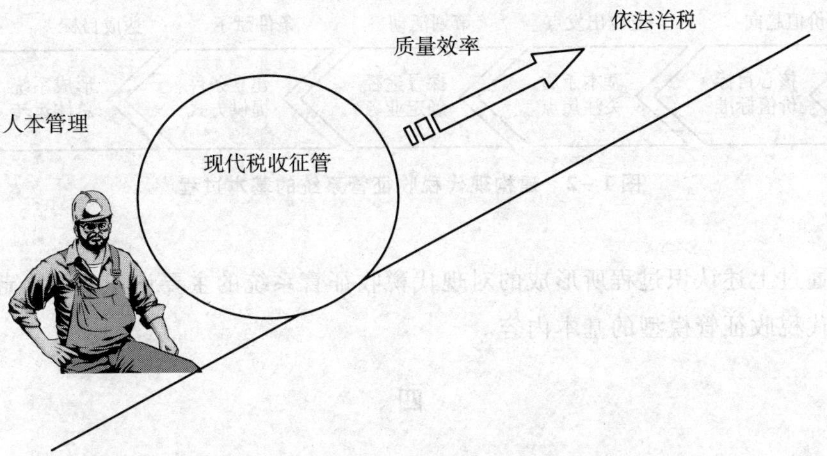

图 1–1　现代税收征管核心价值观示意图

三

对一个系统的认识离不开系统的目的、组成部分（要素）、整体（系统）与部分（要素）、部分与部分、整体与环境的相互关系这些基本内容。对现代税收征管模型的认识过程包含了以下几个基本关系的考察，分别为纳税人行为与税制要求的关系、税收征管业务与纳税人行为的对应关系、税收征管业务间的作用关系、税收征管业务与相应的制约支撑条件的关系、税收征管业务体系与外部环境之间的关系。通过对这些关系的考察，逐步明确税收征管系统及各子系统的界限，完成对整个体系的设计过程，以建立现代税收征管系统的整体架构。

对税收征管过程模型的考察路径需要以时代背景的变化为基础，在税制设定的基本前提下，从确立税收征管基本目标开始，探寻税收征管的根本矛盾以确定征管系统的构建出发点，考察设定解决矛盾的基本措施以确定骨干业务活动，进而依据征管业务开展的时代条件及需求确立征管业务活动的开展方式，也就是形成当前时代条件下所能够达到的业务开展能力和开展状态，一个能够充分渗透时代先进特点的征管活动方式即为现代税收征管方式。以上各方面最终形成现代税收征管系统的基本框架，通过系统运行达成征管目标（如图 1–2 所示）。

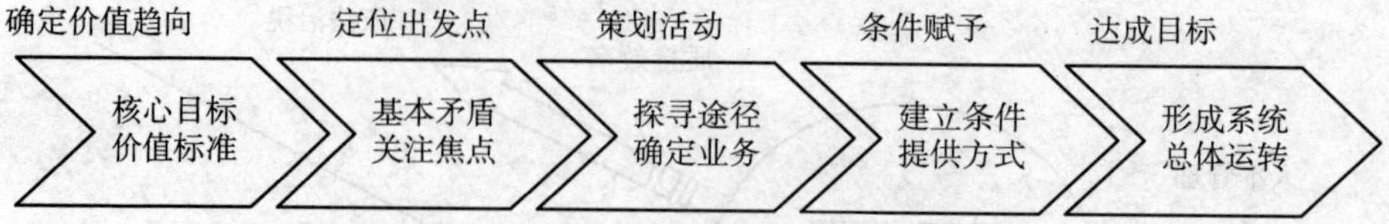

图 1－2　建构现代税收征管系统的基本过程

通过上述认识过程所形成的对现代税收征管系统的主要认识，综合起来就是现代税收征管模型的基本内容。

四

本章对现代税收征管模型的讨论主要集中在税收征管的关注焦点、业务类型、保障条件、主导系统等四个侧面。本章第一节从分析税收征管关注的焦点——纳税人与社会环境入手，研究税收征管的基本矛盾；第二节依据税收征管基本矛盾的特点策划措施，参考国内外认识与实践的发展，对税收征管的基本业务构成和划分进行再认识，明确现代征管活动或过程的主体内容；第三节通过建构税收征管的决策系统，寻求建立税收征管活动、征管系统的自适应、自演进、与外部环境保持动态平衡的机能，形成现代税收征管活动或过程的指挥中枢部位；第四节探讨与现代税收征管相适应的先进管理方式，为现代征管活动的开展提供以流程管理为主要内容的机制保障，控制税收征管目标的实现以及质量和效率状态的改善；第五节综述以上内容的探讨，形成对现代税收征管模型的总体认识，并以图示的方式表达这个模型，从而简明描述出现代条件下税收征管的基本要素、结构关系和主要特点。

现代税收征管以信息技术为支撑，税收信息化建设应用已成为现代税收征管必不可少的条件，因此也是本书研究的现代税收征管模型的重要组成要素。由于对于这方面的认识和实践已经较为丰富和成熟，本章不设专节加以讨论，有关内容将在涉及时加以简要说明。

第一节　现代税收征管的关注焦点——纳税人及社会环境

本章将现代税收征管活动作为一个完备的系统对待，从研究系统存在及所具功能的基本依据出发，寻找税收征管活动的基本决定因素，进而明确建立现代税收征管系统所必先关注的问题。现代税收征管需要关注两大基本问题：纳税人和社会环境，其中，纳税人是税收征管的核心关注焦点，是构建现代税收征管系统、形成现代税收征管过程的立足点；社会环境则是税收征管需要关注的另一焦点，税收征管职能的履行或使命的达成离不开与社会环境的相互影响和相互作用。

一、税收征管的关注焦点

系统论的创立者贝特朗菲把系统确定为：处于一定的相互关系中并与环境发生联系的各组成部分的总体。现代通行的一种简要定义是：系统是由互相关联、互相制约、互相作用的若干组成部分构成的具有某种功能的有机整体。从这些基本的概念可以考察税收征管过程的系统特性。

税收征收管理或简称税收征管（征管）指税务机关为保证国家税收职能的实现，按照法律、法规的规定，对纳税人的纳税活动进行的管理，或者说是为落实国家税收制度和实现具体的国家税收政策而实施的针对纳税人权利、义务的管理。税收征收管理过程包括税收征收管理的一系列基本活动和对其实施的组织管理活动。税收征管过程是复杂有机的活动集合，由大量具体的管理活动按照内在的关系、特定的规律和相应的规则等联结起来，具有目的性、整体性、相关性、层次性、环境适应性等系统的基本特征，是十分典型的复杂管理系统。

系统的目的性即系统存在的价值特性决定系统的本质。一般而言，管理系统的目的就是创造价值和提供服务，实现一定的经济效益和社会效益。税收征管系统的根本目的在于税收制度的落实。一个管理系统的存在必然具备两个基本的衔接点，管理的对象和管理的环境，而这两者具备一定的复杂性和结构性，并同样以系统的方式存在，即对象系统和环境系统。可以这样认为，税收征收管理系统是为了落实国家税收制度而建立的，联系管理的对象系统——纳税人和环境系统——社会环境的一个管理系统。

对税收征管活动而言，税制是既定的，具有前提性，表现为税法（税收法律、法规、规范性文件）的税制要求规定了纳税人应当达到的行为状态。但是纳税人由于环境条件、知识经验、思想意识等诸多方面的局限和差别，不可能完全达到税法规定的行为状态，于是，对纳税人实施税收征管成为必然。因此，税收征管活动的必要性在于纳税人行为状态与税法要求之间的差异，纳税人成为税收征管的核心关注对象。当然，为了确保税制目标的实现，税法对征税人的行为同时加以规范，征纳双方在税法面前同属被规范的对象，税收征收管理也包含了税务机关依法自我管理的内容。如图 1－3 所示：

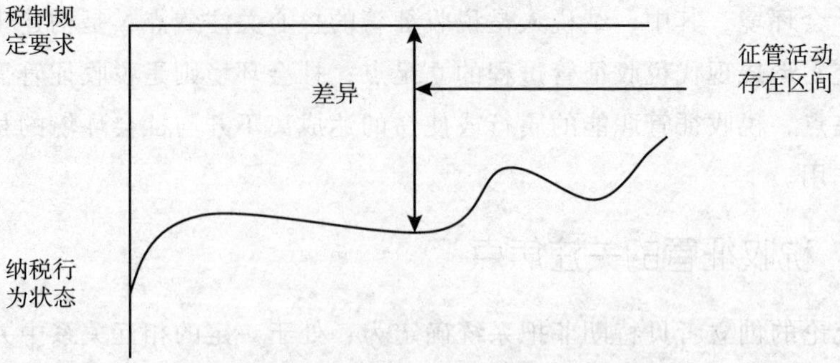

图 1－3　税收征管活动存在区间示意图

事实上，税收征管活动不仅仅受到税收制度和纳税人的制约，也时刻受到政治、经济、地理等一系列外部环境因素的影响。这些环境因素不仅对税收征管过程施加直接的影响，而且更大的影响还将施加于税收政策和纳税人行为上。这些影响随时改变着税制要求与纳税人状态之间的具体关系，使得税收征管过程必须关注社会环境，依据社会环境各方面的情况变化，对应税制要求和纳税人之间的关系发挥作用。同时，税收征管作为政府的一种重要的经济管理手段和行政管理活动，还肩负着服从服务于经济社会发展的职能，也必须时刻关注社会环境，充分履行担负的社会责任。

从更大的范围看，税收制度、税收征管、纳税人三者统一存在于社会环境之中，同时受到社会环境的直接影响。税收征管系统与其相关的系统之间形成一种特定的复杂关联关系，如图 1－4 所示：

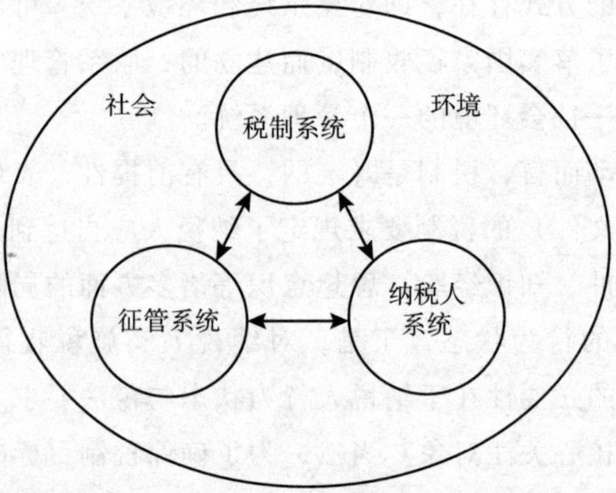

图 1－4　税收制度、纳税人和税收征管各系统在社会环境中相互作用

系统环境是指对系统产生影响但不属于系统组成要素的有关因素的集合。从税收征管角度考察，纳税人、税收制度乃至整个社会环境共同构成税收征管的系统环境。由于纳税人是税收征管活动的直接作用对象，而税收制度却可以与社会环境中的其他因素归集为一个整体性的环境系统，因而可以进一步抽象出一种简要的相对关系（如图 1－5 所示）。这种关系可以描述为一定社会环境下，征、纳两个系统之间的合作与博弈关系，这是一种对立统一的互动关系。从这种关系中可以明确地得出征管系统的两个基本关注焦点，即社会环境和纳税人。可以这样说，税收征管系统的存在依据及存在状态是由环境系统—社会环境和对象系统—纳税人系统所共同提供和决定的。

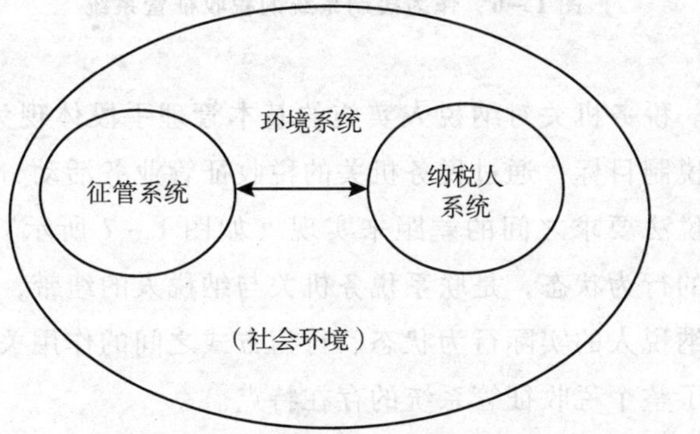

图 1－5　征管系统和纳税人系统在环境系统中相互作用

从传统的角度理解，税收征管系统是作为纳税系统的控制系统而存在的，征管机关在一定的环境中通过征管活动对纳税人的行为实施控制（如图 1－6 所示），受控者——纳税人成为施控者——征管机关的核心关注焦点。同时，由于环境对受控者的状态影响决定了施控者的存在价值和功能特点，税收征管系统还需要将社会环境作为关注焦点。

二、税收征管的核心关注焦点：对象系统——纳税人

（一）纳税人行为模式与税收征管业务策略的响应关系

“为保证纳税义务人依法纳税，就必须根据纳税义务人的行为方式，有针对性地组织税收管理活动。”[①] 税收征管活动存在的目的性决定了税收征管过

① 马国强．转轨时期的税收理论研究．东北财经大学出版社，2004.

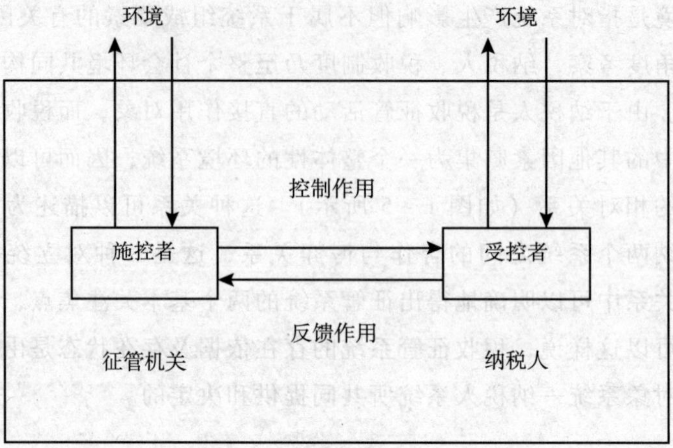

图 1－6　作为控制系统的税收征管系统

程的价值区间。税务机关对纳税人实施的基本管理手段体现为税收征管业务，税法所体现的税制目标，通过税务机关的税收征管业务活动，不断缩短纳税人行为状态相对税法要求之间的差距来实现（如图 1－7 所示）。税收征管业务对应于纳税人的行为状态，是联系税务机关与纳税人的纽带，实质上反映税法规定的标准与纳税人的实际行为状态、行为方式之间的作用关系。这种基本的关系，也决定了整个税收征管系统的存在特点。

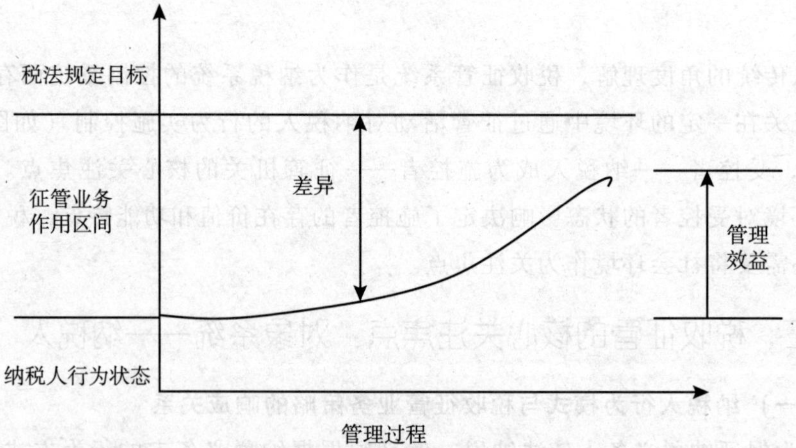

图 1－7　纳税人行为状态决定征管业务活动的作用区间

统一到税制环境角度考察，税收征管过程实际上是依法征税的过程，税收征管业务是引导纳税人走向税制目标的“牵引车”；从纳税人角度看，响应税收征管过程实际上是趋向依法纳税的过程，税收征管业务是纳税人行为由无序状态迈向规范状态的外部“桥梁”。从税收征管和纳税人两个系统的联结关系角度考察，税收征管和纳税人行为互为对方系统的输入方，也可以作为相互系统的反馈方，这就说明了双方的活动过程是互相制约、互相影响的，这种相互作用在双方行为上表现为一种非常直接的“响应”关系（如图1－8所示）。

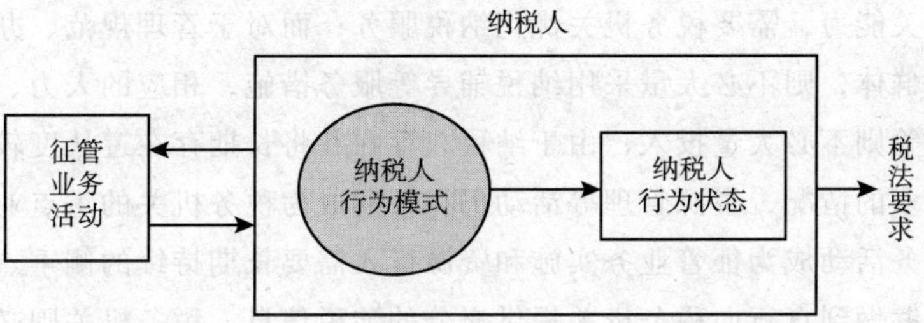

图1－8　纳税人行为模式与征管业务活动的响应关系

纳税人行为模式是纳税人行为状态的内在决定因素，这种行为模式具有群体性的特点，能够系统反映纳税人行为的主干脉络。由于税法规定构成了纳税人行为活动和征管措施实施的大前提，在这种前提下，税收征管系统的第一输入方为纳税人的行为状态，这种状态是纳税人的行为模式在不同条件下产生的行为结果。纳税人行为模式是税收征管反应模式的第一决定因素，纳税人行为类型也就决定了税务机关对策行为的类型，征管业务类型的区分依据也就落在了纳税人行为模式之上。税收征管过程中，针对纳税人行为模式所形成的不同功能类型的业务对策构成不同的业务。或者说，不同的纳税人行为模式导致不同的纳税行为及结果，针对纳税行为及结果的不同反应措施形成不同类型的征管业务。

以上作用使税收征管系统相对纳税人系统形成了响应关系，税收征管过程通过影响纳税人行为模式来引导改善纳税人的行为状态。体现在基本的征管过程中，征管系统与其对象系统之间形成了征管业务活动与纳税人行为模式的总体对应关系，而在具体征管过程中，则形成征管业务活动与纳税人行为状态的相机对应关系。总体而言，对应于纳税人的行为，税收征管业务作用于校正纳税行为取向、促进纳税行为过程和校正纳税行为结果三个基本的方面。

（二）纳税人行为模式影响税收征管的各个层面

在税收基本制度相对稳定的前提下，由于纳税人行为模式对税收征管业务活动存在决定性的作用，税收征管系统的构成与运作机理随之受到根本性的影响，这些影响决定了税收征管系统的基本结构和征管过程运行的深度特点。这种影响关系，也使纳税人在征纳实践中自然成为税收征管的首要关注焦点。

一方面，纳税人行为直接影响税收征管业务的实施。在征管实践中经常受到下述情况对税收征管工作安排的影响。如，由于纳税人不能够完全掌握纳税知识和相关能力，需要税务机关优化纳税服务；而对于管理规范、办税能力强的纳税人群体，则不必大量采用纳税辅导等服务措施，相应的人力、物力、财力和时间等则不必大量投入；由于纳税人存在并将长期存在遵从度较低、偷漏税行为较多的情况，税源管理等活动仍将长期成为税务机关的重点业务，税源管理类业务活动成为征管业务实施和资源投入需要长期持续的侧重点；由于纳税人不能够做到自行向税务机关提供充分的涉税信息，税务机关则必须通过各种渠道，包括从相关政府管理部门、社会机构以及其他渠道采集涉税信息，同时还需投入人员直接向纳税人调查了解信息；由于纳税人利用区域间征管力度的差别采取不合理的规避纳税行为，税务机关必须采取措施遏制区域税源的不良流动，等等。纳税人针对税收法律政策或者税收征管会采取经常性的、大量的对策。这些对策产生的纳税行为和结果必然促使税务机关采取应对措施加以响应。由这些现象可见，纳税人行为对税收征管业务的影响体现在税收征管的全部过程之中，这种影响是征管系统与纳税人系统之间发生能量、信息交换的基本方式和内容。

另一方面，纳税人行为模式深刻影响征管系统运转的各个层面。基于对征管业务对策及业务类型划分的决定作用，纳税人行为模式及其变化发展对税收征管的组织产生了极其深刻的影响，这种影响从作用于征管方式方法、征管工作重点、征管机构设置、征管资源配置，一直影响到税收征收率水平、征管质量和效率等深层次方面。如图 1－9 所示，纳税人行为模式直接影响着税收征管在业务上的开展与组合，时刻影响着税收征管工作的关注重点与具体任务确定，深刻影响着税收征管在征管方式和管理方法上的选择，进而深度影响税务机关人、财、物以及时间精力等方面的资源配置。作为影响税收征管的根本因素，纳税人行为模式决定了税收征管的内部结构、机制和管理方式。税务机关追求税收征管工作的质量效率和成本效益，根本上要从引导与改变纳税人行为模式做起。

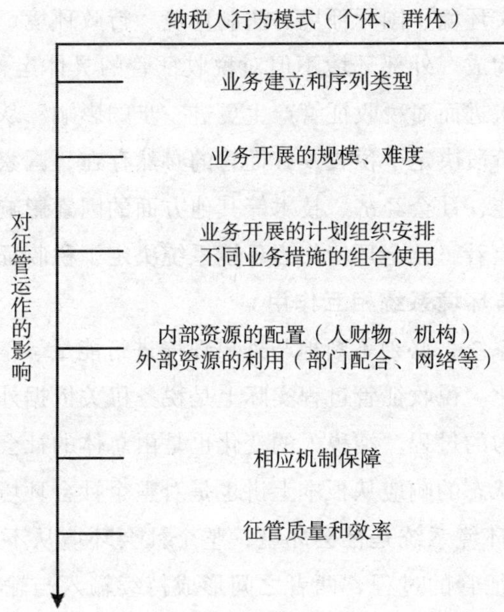

图 1－9　纳税人行为模式对税收征管各层面的影响

三、税收征管的外部关注焦点：环境系统——社会环境

经济学者约瑟夫·熊彼特认为："一个民族的精神面貌、文明程度、社会结构以及政策可能酿成的行为方式，所有这些甚至更多，都记录在它的财政史上。那些明白怎样读懂这个历史所表述的信息的人们，在这里比其他任何地方都能更清晰地预感到震惊世界的惊雷。"① 财政与税收之所以能够深刻地反映社会历史，正是因为财政与税收受到每个时代社会环境的深刻影响，税收征管必须适应经济社会的发展变化，并通过自身职能作用的发挥促进经济社会的发展。

（一）环境系统提供了征管系统的存在依据

环境是指"存在于组织边界之外的并对组织具有潜在的或部分影响的所有因素"。② 系统环境（system environment）是指存在于系统周围与系统有关的各种因素的集合，这种集合也经常以环境系统的方式存在。共同构成环境、法制环境、行政环境、政策环境、自然环境等诸多方面。税收征管系统与其作用的对象系统共同存在于一个大的外部环境之中，这个环境由政治环境、经济环境、社会

① 萧琛等译．经济学．华夏出版社，2003.

② 陈力华，邱羚主编．组织行为学．清华大学出版社，2005.

环境、技术环境、人文环境、国际环境、法制环境、行政环境、政策环境、自然环境等诸多方面共同构成。外部环境不但对税收征管的具体运作产生直接影响，而且还通过影响纳税人进而对税收征管产生更进一步的影响。从根本上讲，人类政治经济活动的历史阶段决定了税收及其征管的必然存在，国家的税收制度决定了税收征管的基本功能，社会经济、技术等其他方面的因素影响着税收征管的开展状态。从这些意义上看，社会环境作为环境系统决定了税收征管系统的存在。

（二）征管系统与环境系统相互作用

一个有生命力的系统，必须不断地与外界环境进行能量、信息的交换，不断地适应外界环境的变化。税收征管过程实际上是税务机关依据外部环境条件的变化相应改善纳税人行为的过程。纳税人的变化也是由总体的社会环境决定的，征管活动对纳税人行为状态的响应从根本上讲也是对整个社会环境的间接适应。

税收征管系统的环境系统是社会环境，整个社会环境从不同的作用方面和作用层次影响着税收征管的过程，两者之间形成持续输入与输出的相互作用关系。社会环境是征管系统所需资源的保障者，原则目标的规定者，绩效任务的提出者，外部信息的提供者，机制规则的制约者，社会环境的发展变化深刻影响着征管活动的开展（如图 1－10 所示）。税收征管必须将社会环境作为关注的焦点，税收征管系统的建构与运行必须充分考虑社会环境因素。

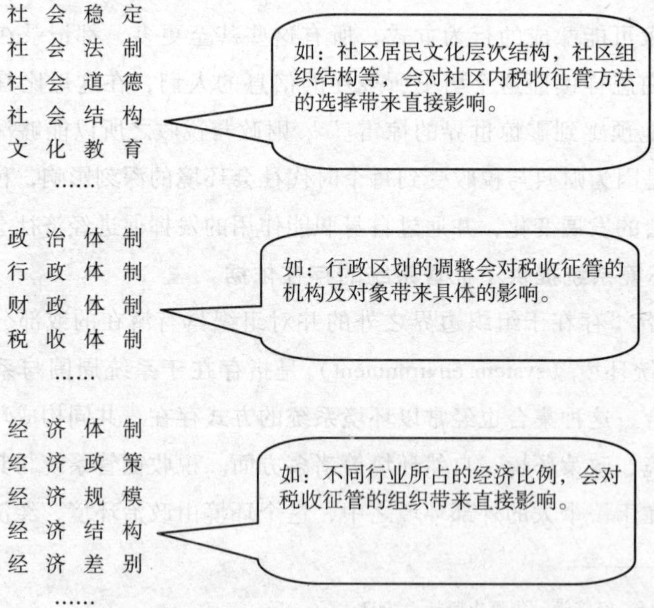

图 1－10　影响税收征管的社会环境因素示例

第二节　现代税收征管系统的主体部分——基于纳税人行为模式的征管业务子系统

税收征管是通过一系列征管活动来实现的，这些活动表现为征管业务，是税收征管的主要内容，构成税收征管系统的主体和核心部分。税收征管业务是税务机关使纳税人行为趋向税法规定所采取的征管措施和手段，集中了税收征管的主要资源，直接决定税收征管的主要功能、运作方式、流程岗责、体系机制及机构设置等，是影响征管资源配置、质量效率和层次水平最基本的因素。不同的税收征管业务功能各异，功能指向、业务属性趋同的征管业务集合成同一类别的业务序列，实现税收征管工作专业、精细分工，形成税收征管活动相互关联、相互作用，优化征管资源配置，提高征管效能，都需要以科学划分、合理界定各类主干征管业务序列为基本前提。任何具体征管业务的改进和完善，实现其自身的最优化并不能导致整体的最优化。因此，必须通过各业务序列的相互协调与组合构成一个完备的征管业务系统，才能实现整体业务运作的最优化，也即达到系统的整体大于各部分之和的效果。体现现代意义的征管业务设计，应着眼于具有针对性、协同性、互补性的骨干征管业务序列的确定和系统性、结构性、兼容性的征管业务系统的形成两大方面。因此，本书将现代税收征管研究的基本起点和首要任务定位于税收征管骨干业务序列的划分和设计上（如图 1－11 所示），以期形成一个产出最优效能的征管业务系统，构成现代税收征管的主体部分。

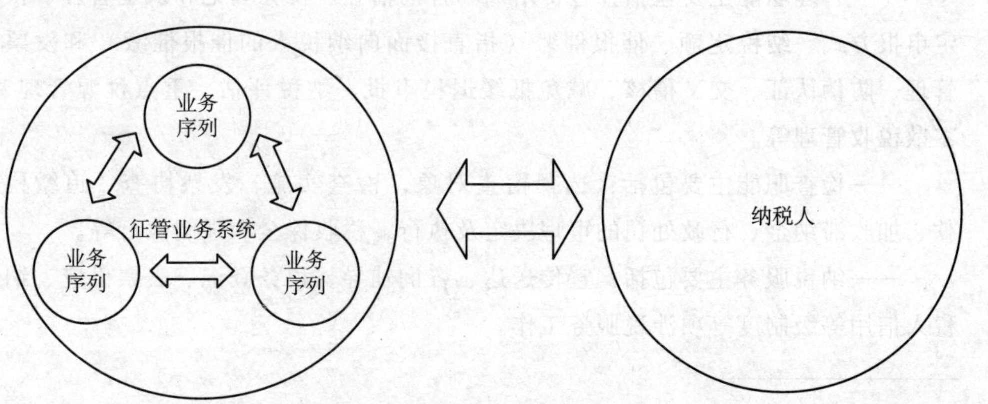

图 1－11　征管业务序列的设计与征管业务系统的建构

一、国内外税收征管业务类型的划分方式

税收征管业务是适应现实变化，在长期征管实践中沉淀定型的。受不同历史阶段、经济和法治水平以及管理理念的影响，我国与发达国家在税收征管业务类型的划分上呈现出不同的特点。

（一）我国税收征管业务的历史沿革

我国税收征管业务的演变主要经历了两个阶段：第一个阶段，从新中国成立初期到改革开放之前，在计划经济条件下，以“专管员”制度为标志，采取保姆式统管税方式，专管员“一员到户、各税统管”，集各项征管职能于一身，征管状态简单、粗放；第二个阶段，自改革开放以来，为适应经济体制改革和实施新税制的需要，从20世纪80年代我国开始逐步实行“征管、检查两分离”和“征收、管理、检查三分离”，到1994年启动税收征管改革，以新的税收征管模式提出为标志，正式确立了“征收、管理、检查”三项基本的税收征管业务类型，并以此为轴心设立机构、配置岗责，构建税收征管机制和体系。21世纪初期，适应“服务型政府”建设和税收征管自身发展的形势需要，又提出了“纳税服务”这一征管业务职能，并在新的税收征管法中予以确立。国家税务总局对“征收、管理、检查”和“纳税服务”这几项征管业务的基本内容进行了明确①：

——征收职能主要包括：受理申报、税款征收、催报催缴（指不直接面向纳税人的催报催缴）、逾期申报受理与处理、逾期税款收缴与处理和计划、会计、统计、分析等。

——管理职能主要包括：宣传培训和咨询辅导、税务登记和认定管理、核定申报方式、纳税定额、催报催缴（指直接面向纳税人的催报催缴）和发票管理、防伪认证、交叉稽核、减免抵缓退税审批、纳税评估、重点税源管理、零散税收管理等。

——检查职能主要包括：选择稽查对象，稽查实施，发票协查、追缴税款、加收滞纳金、行政处罚的审理决定及执行，税收保全和强制执行等。

——纳税服务主要包括：宣传送达、咨询辅导、税务登记、表票供应、纳税人信用等级制度等项涉税服务工作。

---

① 《国家税务总局关于加速税收征管信息化建设推进征管改革的试点工作方案》（国税发〔2001〕137号）．

上述阶段税收征管业务的发展历程，标志着税收征管内容、形式和要素的组合由相对简单到日趋复杂。当前税收征管业务的设计，解决了“专管员”制度下权力监控缺失、执行税法不严、专业性不足等问题，形成了较为专业化的分工，具备了现代税收征管基本业务的雏形，初步奠定了我国现代税收征管的基础，申报与征收、稽查与税源管理、纳税服务等成为标志性的业务内容，税收征管业务的管理运作逐渐成熟，对于推进依法治税、提高征管质效起到了重要作用。但在具体运作中也逐渐显现出一些问题，主要体现在各项征管业务难以有效协同和缺乏信息传导，纳税服务的职能还没有在具体的税收征管过程中完全确立和理顺等，一定程度上影响了税收征管的整体效能。

（二）发达国家的税收征管业务策略

20 世纪 90 年代中期之前，大部分工业化国家税务当局采取的税收征管策略基本类似，即强调强制性执法，通常被称为“强制遵从”或“强制控制型执法”。这种模式要求建立一整套清晰的纳税人应遵从的规范，并通过税务检查和责任追究保证这些规范的执行，税收征管侧重于监控、管理、打击等业务策略的发挥。经过长期征管实践，许多发达国家的税务当局意识到，这种强制和命令型执法模式的缺陷在于没能正确理解纳税人的行为和不遵从的含义，并且这种万金油式的执法模式也很难用于解决所有的税收遵从问题，税收遵从问题的复杂性呼唤一种执法的综合战略以促进长期的遵从。一些发达国家开始从纳税人的角度关注纳税遵从问题，1998 年，澳大利亚税务局采取了一种互动型执法模式，这一模型是由 Ian Ayres 和 John Braithwaite 两名学者从纳税人的行为状态和遵从状况出发设计提出的，强调运用互动型执法方式进行税务管理要调查并充分考虑与执法相关的问题、动机和环境，该模型的扩大版本在 1998 年澳大利亚税务局“关于现金经济下的税收管理的报告”中被采用，继而扩大至澳大利亚整个税收遵从领域。澳大利亚的税收遵从模型为金字塔式，分为三个面，每一面代表解决遵从问题的一种关键策略，包括：纳税人在税收管理互动过程中可能采取的行为状态的范围，税务管理可能采取的执法策略的范围和互动性政策策略范围。在模型中，依据纳税人行为状态和遵从状况的不同，而采取相应强度的税收政策和征管业务策略。由于税收制度层面的内容不在本书探讨的范畴内，下面只介绍对应于纳税人不同遵从状况的征管业务层面的内容。在该遵从模型中引入了针锋相对的征管业务策略，税务当局针对纳税人不同的遵从状况采取相应的管理方式实现与纳税人互动，以促进纳税遵从。对于自觉纳税、遵从度高的纳税人，提供良好的纳税服务使纳税更为便利成为税务当局主要的策略；对于有条件遵从的纳税人，则采取协助遵从的策略；对于不愿遵从的纳税人，则实施税务检查予以纠正；对于故意逃避纳税义务的纳税人，则采取强制性措施（如图1－12所示）。随着纳税人遵从度的由高到低，征管业务策略则由柔性的纳税服务过渡为纠正性、惩罚性、强制性措施，升级为管理打击类征管业务。遵从金字塔下宽上窄，表明大部分纳税人会自觉遵从税法，适用于底部策略，只有极少数的纳税人会适用严厉的惩罚措施，反映出税收征管活动的业务策略分布和资源配置方向。来自于美国和澳大利亚的调查数据表明，约有三分之二的纳税人会全额缴纳他们的税收，这也与美国约83.7%的遵从率基本相符。

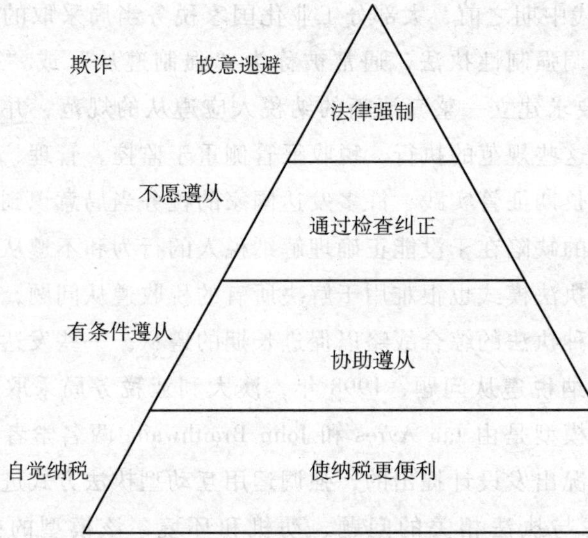

图1－12 税收遵从金字塔模型

该模型由于针对纳税人的遵从状态采取针锋相对的征管策略，有利于促进长期遵从，在发达国家得到广泛应用，成为具有代表性的征管方式。在美国税务当局的征管工作实践中，最基础的理论就是遵从金字塔模型，美国联邦税务局因此对纳税人遵从行为的控制提出了一个基本的方程：纳税服务（Taxpayer Service）+税收执法（Enforcement）=税收遵从（Compliance）。这一模型在经济合作与发展组织（OECD）2004财政年度指导性报告中也被采用，该报告由税收征管论坛税收遵从小组撰写，小组由来自澳大利亚、奥地利、加拿大、丹麦、芬兰、法国、德国、爱尔兰、日本、韩国、新西兰、挪威、瑞典、瑞士、英国、美国的税务官员组成，报告在分析遵从行为的类型时使用了该模型，并作了一定程度的改进，把纳税人遵从的态度分为愿意守法纳税、尽量守法纳税但并不总是成功、不愿守法纳税但给予充分关注会守法纳税、决定不遵从税法四种类型，相应地遵从策略也分为方便纳税人纳税、协助遵从、通过检查纠正、充分运用法律强制性四种策略（如图 1－13 所示）；特别是拓展了金字塔模型，列举了影响纳税人遵从行为的主要因素，包括社会、经济和纳税人的心理（愿望）、经营、行业（如图 1－13 的左边部分所示），并且提出了税收管理的趋向是尽量实现以纳税服务为主导，促进纳税人的自觉遵从（模型图中向下指向的箭头）。

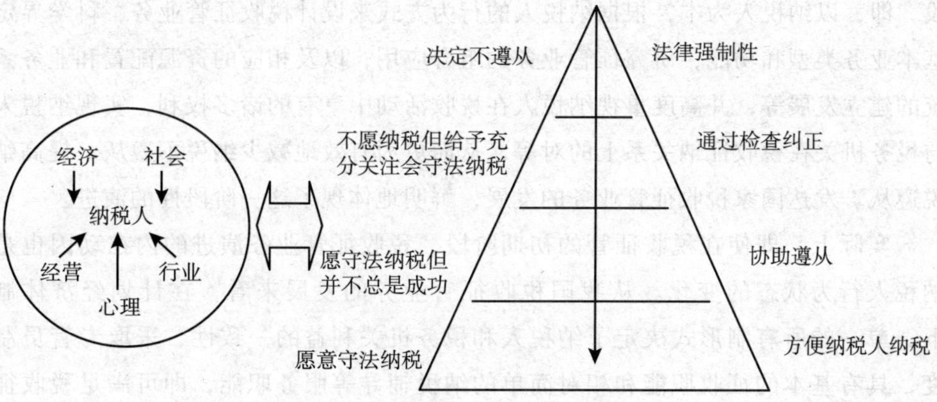

图 1－13　OECD 的税收遵从模型

二、基于纳税人行为模式的征管业务序列设计

对待征、纳两个系统之间的互动关系，历来存在一个主从关系的问题，即“谁是主导”的问题。这个关系问题导致了国内外税收征管业务设计演变的阶段性变化，即：税务机关完全以我为主；税务机关以我为主，以纳税人为辅；税务机关与纳税人平等，在互相作用中发挥各自主动性。这些变化与纳税人的遵从状况及征管方的征管能力密切相关。

征纳主导关系的变化使征管业务的设计策略具有明显的阶段性特征。在较为初级的阶段，税务机关关注的是通过自身征管能力和水平的提升来保证纳税人照章纳税，主要是“以我为主”、“眼睛向内”来进行税收征管业务的强化与改造，侧重于税收征收管理制度的建设、管理机构的设置和管理体制的建立等方面，重点满足方便对纳税人实施管理的需要，也即属于一个提高自身管理能力的“知己”阶段。在这一阶段，税收征纳关系在相当程度上是倾斜的，实施税收征管的着眼点往往是针对纳税人应尽的纳税义务。我国现行税收征管业务就是根据税务机关内部业务开展和管理运作的需要为基本导向设计的，“征收、管理、检查”的业务序列即体现了“以我为主”的设计思路，主要着眼点是实现权力制衡和专业分工，这是适应当时的形势和管理需要的。由于税收征管的主要作用对象是纳税人，其根本使命是使纳税人的行为趋向税法规定，随着税收征管的自身演进，在内部业务运作逐步规范成熟，管理能力和水平达到一定程度后，征管业务的设计导向就需要在适应税收征管的本质需要和内在规律两方面作出相应的调整，转向以纳税人为关注焦点，进入“知彼”的阶段，即，以纳税人为本，根据纳税人的行为方式来设计税收征管业务，科学界定基本业务类型和功能，研究征管业务的组合应用，以及相应的资源配置和业务系统的建立发展等，并高度重视纳税人在税收活动中享有的诸多权利，实现纳税人与税务机关在税收征纳关系上的对等，从而更为有效地减少纳税不遵从，提高纳税遵从。发达国家税收征管业务的发展，鲜明地体现了这一阶段性的演进。

实际上，即使在税收征管的初期阶段，税收征管业务演进的内在动因也是纳税人行为状态的变化。从我国税收征管业务的发展来看，在计划经济体制下，单一的所有制形式决定了纳税人和税务机关利益的一致性，采取专管员制度，具有基本的征收职能和相对简单的纳税辅导等服务职能，即可满足税收征管的需要。随着社会主义市场经济的发展，个体、私营、股份制等经济成分的壮大，所有制形式发生了根本变化，纳税人作为“经济人”，追求利益的最大化成为其主要的行为动机。为减少和制约纳税人不符合税法的行为，税务机关“管理”和“检查”的职能也随之产生。由此可见，征管业务的形成总是基于纳税人基本行为方式的，科学合理地设计税收征管业务，需要从深层次上研究和把握纳税人的行为模式，针对纳税人的行为模式，确立基本的税收征管业务类型，并通过各类征管业务间的相互关联和协调运作，共同作用于纳税人遵从度的提高。

（一）纳税人的行为模式分析

纳税人的行为是与纳税事项相关的行为，是纳税行为主体（即有应税收入或应税行为的个人或法人）受到某种内在驱动力的驱使和外在诱因的刺激，对税收活动和税务当局做出的各种有意识的行为，是其需要、动机、情感和观念的外在表现。纳税人的行为状态最终反映税收征管的水平和效果。

美国社会心理学家勒温提出了著名的人类行为模型：B = f（P. E），其中：B 表示行为（Behavior），f 表示函数关系（function），P 表示人（Person），E 表示环境（Environment）。模型说明人类行为取决于个人（P）和他的环境（E）的相互作用，也可以说人的行为是个体与环境交互作用的结果。有效影响纳税人的行为，就必须在把握纳税人行为规律的基础上，形成作用于纳税人行为的适宜的环境因素。影响纳税人行为的环境包括大到经济、社会、文化环境，小到纳税环境、征管业务措施等。税收征管业务作为针对纳税人实施的管理措施和手段，无疑对纳税人行为的影响起着主导作用。设计基于纳税人行为方式的征管业务策略，可以实现美国行为学家斯金纳所说的“人类行为能够借助于积极强化的适当使用而加以控制、指导、改变和塑造”。

纳税人的行为具有高度的复杂性。把握纳税人的行为动机及基于这些动机所形成的行为模式，是影响税收征管活动最基本、最关键和最富有积极性的因素。纳税人行为模式是纳税人相对税法规定在行为上作出的响应方式，包含行为取向、行为过程、行为结果三个方面。目前的一些研究仅把纳税遵从作为纳税人行为模式的内容对待。税法对纳税人规定有遵从纳税义务和主张纳税权利（或权益）两方面的内容，两者共同贯穿于纳税过程之中。所以，纳税人行为模式应当体现在履行义务和行使权利两大方面，具体包括纳税义务遵从与不遵从、权利主张与不主张四种基本类型（如图 1－14 所示）。纳税人的不同行为模式反映纳税人的具体行为状态。

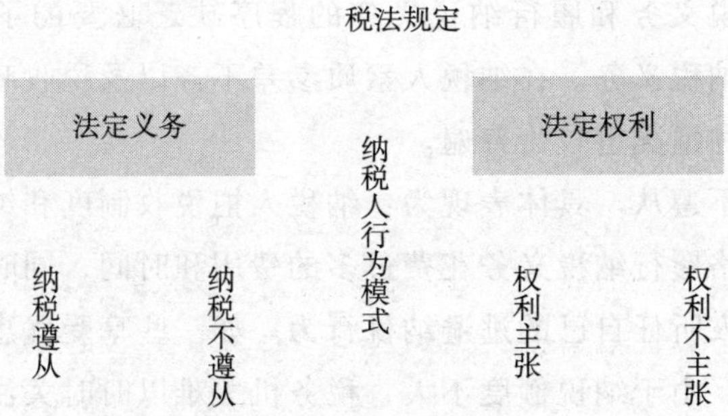

图 1－14　纳税人的四种基本行为模式

1. 纳税人义务遵从模式

纳税遵从是税制对纳税人履行纳税义务的特定要求，纳税遵从的具体对象为税法。纳税人义务遵从行为按结果分为纳税遵从和纳税不遵从两种情况。纳税遵从是指纳税人依照税法规定履行纳税义务的情况；相应地，纳税不遵从指纳税人未按照税法规定履行纳税义务的情况。国内外对于纳税遵从方面的研究已经较为深入，当前一种较为典型的分类方法是将纳税遵从和纳税不遵从行为分为以下类型：

纳税遵从行为的类别主要包括：

——防卫性遵从。具体表现为：纳税人有逃避纳税的企图，但对逃避纳税被发现的概率估计较高，对因逃避纳税可能受到的处罚十分畏惧。为避免由于逃避纳税所受到的处罚，不得不依法纳税。

——制度性遵从。具体表现为：纳税人有逃避纳税的企图，也不顾忌逃避纳税受到的处罚，但由于税收制度和税收管理十分严密而没有机会逃避纳税，或不遵从行为受到纠正而走向遵从，结果是不自觉地或被强制地履行了纳税义务。

——忠诚性遵从。具体表现为：纳税人对履行纳税义务具有正确认识，同时，税务机关为纳税人依法纳税提供的服务比较完善，所以，纳税义务人总是能自觉、准确、及时地履行纳税义务。

纳税不遵从的行为类别主要包括：

——自私性不遵从。具体表现为：纳税人把自身利益与公共利益对立起来，为了自身利益，总是千方百计地逃避纳税。这种情况是纳税不遵从行为中最为普遍的。

——无知性不遵从。具体表现为：纳税人主观上没有逃避纳税的企图，但对税法规定的纳税义务和履行纳税义务的程序缺乏必要的了解，往往不能准确、及时地履行纳税义务。在纳税人素质参差不齐以及税收政策变动较快、较多的状况下，这种情况也较为普遍。

——懒惰性不遵从。具体表现为：纳税人把税收制度和纳税程序看得过于复杂，不愿为严格履行纳税义务花费过多的费用和时间，同时税务机关监控打击不到位，纳税人听任自己的逃避纳税行为。如一些享受优惠政策或者核定征收的个体纳税人，由于纳税额度不大，税务机关难以时时关注，对于逃避纳税行为的处罚也不够严厉，因而出现不催不报、不催不缴的情况。

——情感性不遵从。具体表现为：纳税人对政府行为不满意，对财政支出的使用方向不满意，对税收制度和税收管理的不公平不满意，对纳税人权利缺乏保障不满意，为发泄不满情绪，有意识地逃避纳税。这种表现的纳税人不是非常普遍，但在征管过程中时常发现纳税人表露这些不满，带来一定的管理难度。

影响纳税遵从和不遵从的因素主要有税收观念、税收知识、税收制度、纳税程序、纳税服务、逃税被发现的概率和税收处罚的标准等方面，许多研究提出了我国纳税遵从度不高的种种原因和根源分析，如历史文化问题、法制环境问题等等，但影响纳税人遵从行为最为直接的环境因素还是税收征管业务的实施。

2. 纳税人权利主张模式

纳税人权利是纳税人通过依法履行纳税义务产生和形成的与义务相对称的权利。从广义上讲，纳税人的权利应当包括因纳税人履行纳税义务相应取得的，享受国家所提供的公共产品和公共服务的所有法定权利，如享有司法、教育、安全以及使用公用事业等权益。狭义上的纳税人权利则是纳税人根据税法规定在税收征纳过程中享有的权利，即纳税人在依法履行纳税义务过程中产生和形成的与纳税义务相对称的权利，税务机关是保障和提供纳税权利的具体部门，本书对纳税人权利主张行为的研究是狭义上的。目前对于纳税人权利问题的税收理论研究已有不少，但对纳税人行使权利的行为模式研究相对薄弱。

税法对纳税人行使权利的内容和方式作出了规定，纳税人在行为上的响应同样分为权利主张和权利不主张两类不同方式。权利主张是指纳税人按照税法规定行使赋予的权利，使自身权益得到维护的情况。相应地，权利不主张指纳税人未按照税法规定行使赋予的权利，未使自身权益得到维护的情况。其中，权利主张的情况主要包括：

——主体性主张。纳税人具有较高的法制意识，充分认识到自己是税法的一个主体，在履行义务的同时应当享受应有的权利，从而主张权利。

——客体性主张。纳税人认为自己是权利的客体，处于被动地位，相关部门允许、提倡时，主观上才主张权利。

——趋利性主张。税法规定了对纳税人减除负担或提供优惠等有利情况，纳税人为追求相应利益而主张权利。

——维权性主张。纳税人的权益受到侵犯或威胁，为寻求保护、免受损害，不得不主张权利，如税收法律救济所涉及的纳税人权利主张情况。

——制度性主张。税制赋予了纳税人应当享有的权利，税法规定明确，便于操作执行，纳税人主张权利并能够在操作上得到有效实现。

权利不主张的情况主要包括：

——无知性不主张。纳税人因不能充分了解税法赋予的权利，无从主张或不能及时准确主张。

——客体性不主张。纳税人认为自己是权利的客体，处于被动地位，认为主动主张权利无效或不利，相关部门未表达允许、提倡时，主观上不主张权利。

——懒惰性不主张。纳税人把税收制度和权利实现程序看得过于复杂，不愿为主张权利、维护权益花费过多的费用和时间，也可称为成本性不主张。

——制度性不主张。税法对税制赋予纳税人的权利规定不明确，无法或不便于操作执行，纳税人即便主张权利而客观上不能够实现权利的主张。

——限制性不主张。纳税人主观上了解并具备主张自身权利的愿望，因自身不具备相应实现条件或得不到配合而不能主张。

——侵害性不主张。纳税人的权利受到影响，权益受到侵害，权利得不到主张。

——放弃性不主张。纳税人不相信权利能够得到主张，或对主张权利持无所谓态度，或认为主张权利带来的利益不明显，从而放弃主张。

大部分发展中国家长期忽视纳税人权利主张问题，纳税人对于自身享有的权益关注程度也较低。我国有一项调查结果表明，在对税务登记、征税主体以及所得税方面的三个问题调查中，回答完全正确的人数占全部被调查对象的比例分别为27.9%、35.2%和43.4%，纳税人对税法中的各项实体法的许多规定，特别是各项优惠措施知道得很少，对税法知识和税收知识的掌握单一零碎。这种现象表面上看主要是纳税人方面的问题，但由于纳税过程中的权利主张受到税务机关的直接影响和制约，实质上也是以税务机关为责任核心的问题。培养纳税人的权利意识，帮助建立主张能力，维护纳税人权益，必须通过相应的税收征管业务来实现。

3. 纳税人的行为特性

纳税人行为模式是对应法定纳税权利与义务的行为响应方式，纳税人与征税机关的权利与义务存在十分明显的对应性，税务机关的权利基本上对应纳税人应尽的义务，税务机关的义务则基本上对应纳税人应该享有的权利。纳税遵从与不遵从、权利主张与不主张都不是一成不变的，在不同时机、条件以及对应不同义务权利问题时，纳税人会作出不同行为的选择和改变。根据纳税人不同的、具体的行为方式，设计和实施相应的税收征管业务策略，是影响纳税人行为的主要路径。做到这一点，还需要把握纳税人行为模式背后的行为特性。

尽管纳税人行为是千差万别的，但具备人类行为的共同特征，主要包括：

——自觉性与主动性。人类的行为具有自动、自发的特点，外力可影响人的行为，但无法发动人的行为。外因必须通过内因起作用，只有提高人的自觉性，才会有积极主动的行为。这也是发达国家的税收征管转向关注遵从行为的复杂性、实施促进长期遵从战略的原因。税务机关单纯依靠强制性遵从无法实现纳税人真正的自觉主动纳税。

——行为的因果性。人的任何行为都有一定的起因，外部环境是影响行为的外部因素，人的动机、需要是行为的内在原因。通过了解和把握纳税人的纳税遵从和权利主张行为的内在动机，设计与其行为动机相对应的税收征管业务，可以影响纳税人的最终行为结果。

——目的性。纳税人作为理性的经济主体，具有明确的行为目的，能够运用理智和经验预见行为后果，选定行为的目标。税收管理、纳税服务等征管措施的强度，直接影响纳税人的行为取向，如，税收管理不到位，会助长纳税人逃避纳税义务的行为。

——持久性。纳税人的行为在动机的激发下，可以持续相当长的时间，只要动机存在，就会持续不断地向目标前进。与此相适应，长期有效的征管业务策略是左右纳税人行为持久性倾向的主要因素。

——可塑性。人的行为可以通过强化形成稳定的、习惯性的行为模式。通过针对纳税人行为的税收征管业务活动，可以达到控制、指导、改变和塑造纳税人行为的目的。

基于纳税人的以上行为特性，运用心理学家勒温的研究成果，在征管业务的设计和实施上，应当按照服从——同化——内化三个步骤来影响纳税人的行为。“服从”是税务机关通过实施严密的税收征管，提高管理强度，采用强制手段，纠正不良的纳税行为倾向，迫使纳税人的行为趋向纳税遵从。这种转变是非自愿的，表现为纳税行为的被迫性、暂时性和不稳定性。国内外税收征管的发展历程，都体现了这一阶段性特征。“同化”是税务机关从纳税人的角度考虑问题，维护和保障纳税人的权益，提供优质的纳税服务，体现平等的征纳关系，赢得纳税人对税收征管工作的满意和认同，采取合作的态度，提高自身的纳税遵从和权利主张行为能力，在行为上自觉趋向税法的规定。但这种转变还不是内在的、习惯性的。“内化”就是税务机关通过有针对性的、长期的税收征管业务战略的实施，实现对纳税人行为动机的深层次、持久性影响和塑造，使纳税人在内心形成明确的纳税遵从和权利主张的目标，在行为上主动趋向税法规定。这是税收征管所要达到的理想境界，也是现代税收征管体系变革所指向的一个根本目标。

（二）基于纳税人行为模式的征管业务序列设计

纳税人行为模式是纳税人行为状态的内在决定因素。从纳税人行为模式的视角设计税收征管业务，可以将相同属性的征管业务归并为基本的征管业务序列，进而确定征管业务间的内在结构和作用关系，形成一个有机的税收征管业务系统。这样做，有利于针对纳税人的行为状态，实现相同属性征管业务的一体化运作和不同类型征管业务的协同、互补、兼容，使税收征管业务系统衔接紧密、运作协调，系统化开展，提高税收征管的整体效能，更为有效地改善纳税人的行为状态。

新行为主义学者斯金纳（B. F. Skinner）认为，人们会根据其某种行为结果的好坏来继续某种行为，或者停止这种行为，这种情况在心理学中被称为“强化”。共有四种强化方式：正强化，是指用某种有吸引力的结果，使得人们好的行为重复出现；负强化，是指预先告诉某种不符合要求的行为可能引起的不良后果，从而使人们按照所要求的方式行事或避免不符合要求的行为；自然消退，是指对人们的某种行为不予理睬，以表示对该行为某种程度的否定，从而减少这种行为；惩罚，是指以某种带有强制性和威胁性的结果来创造一种令人不快甚至痛苦的结果，从而消除这种行为重复发生的可能性。

在税收征管活动中，税收征管业务便发挥着“强化物”的作用，如，纳税服务措施可以起到正强化的作用，引导和激励纳税人的良好行为；管理、稽查等措施可以起到负强化和惩罚的作用，纠正和处罚纳税人的不良行为；各种征管业务的综合，则可以使纳税人的某些不良行为自然消退。响应纳税人的义务遵从和权利主张两种基本的行为方式重组税收征管业务，基于纳税人行为模式有针对性地设计组合具有特定功能的征管业务序列，可以更为有效地发挥征管业务的正强化、负强化、自然消退和惩罚的“强化物”作用，改善纳税人的行为状态。

1. 针对纳税遵从行为的征管业务序列设计

虽然纳税人的纳税遵从行为和不遵从行为有很多类型，影响纳税遵从行为的原因也有很多方面，但是从根本上影响纳税人遵从行为的因素是税务机关的管理能力，具体来说，就是税务机关对不遵从行为的查获能力。Kahneman 和 Tversky 提出的预期理论，明确反映了这一因果关系。他们提出的预期效用公式为：

$$E(U)=(1-p)U(\omega-qx)+pU[\omega-qx-\alpha(\omega-x)]$$

其中：

U＝纳税人可支配所得的效用

E(U)＝预期效用

p＝被税务机关查获的概率

ω＝纳税人的实际收入（一般只有纳税人自己知道而税务机关无法准确掌握的）

q＝纳税人适用税率

x＝纳税申报表上的填报收入

α＝罚款率（税务机关对其偷逃税行为所处的罚款占纳税人未申报收入 ω－x 的比例，一般 α＞0）

在纳税人绝对风险递减的假设条件下，该模型得出了以下结论：

①个人收入（或所得）ω 的变化对纳税人申报额 x 的影响是不确定的；

②税率（q）对虚假申报的影响也是不确定的；

③查获概率（p）和罚款率（α）的提高将使得纳税人减少虚假申报行为。

由此可见，查获概率（p）和罚款率（α）是减少偷逃税行为的主要因素。在这两者之间，查获概率又是罚款率得以实现的基本前提，无法发现涉税违法行为也就谈不上处罚，而且在查获概率较高时，罚款率也可以在比较低的水平下收到阻止税收流失的效果，查获概率无疑是影响纳税人遵从行为的最关键因素。在税收征管活动中，提高对不遵从行为的查获能力是通过税源监控、税务稽查等管理监控型业务来实现的，此类业务对纳税人的遵从行为发挥着“负强化”和“惩罚”的作用，也即减少或消除纳税不遵从行为出现的可能性。在当前的征管实践中，税源监控或管理、税务检查业务是相对独立、分开运作的，但其基本取向是一致的，是对纳税人履行纳税义务行为的监测、纠正、处罚等，都是强化纳税人义务遵从行为的征管业务，属于同一特质的业务类型。因此，可将这一类型的业务集合为同一个业务单元，通称为“纳税监控”序列，这样更有利于此类业务的紧密联结和统一协调，提高业务运作的效能。

上述分析，反映了“纳税监控”这一业务序列对每个纳税人遵从行为的影响，同时，此类业务的相同特质也体现在对所有纳税人行为的影响上。美国行为学家塔西·亚当斯提出的公平理论表明：一个人对他所得的报酬是否满足不是看其绝对值，而是进行社会比较或历史比较，看相对值。即每个人都把个人的报酬与贡献的比率同他人的比率做比较；如果比率相等，则认为是公平合理而感到满意；否则就会感到不公平、不合理，而调整相应的策略以求达到实际的公平。在税收征管活动中，实施税源监控、税务稽查等管理监控型业务，其指向也是为了实现整体的纳税公平，营造公平的纳税环境。此类业务的集合运用，可以更为有效地校正纳税人遵从行为的总体取向，使纳税人感到整体的公平而在纳税行为上趋向于税法规定。我国不少税务人员在美国实地考察后，普遍得出的结论是：美国公民纳税意识强的基础，很大程度上是建立在完善的法律制度和严密的税收监管之上的。

2. 针对权利主张行为的征管业务序列设计

在税收征管实践活动中，改善纳税人的权利主张行为，主要是通过纳税服务这一征管业务来实现的。如，采取纳税辅导等服务措施，改善纳税人的无知性不主张行为；改进完善纳税服务方式，改善纳税人的懒惰性不主张行为；优化纳税服务手段，改善纳税人的限制性不主张行为；主动提供纳税服务，改善纳税人的放弃性不主张行为等。根据马斯洛的需求层次理论，纳税服务业务的实施，可以满足纳税人不同层次的心理需要。如，纳税辅导可以满足纳税人合法纳税的安全需要，纳税信誉等级评定可以促进纳税人的尊重和自我实现的需要，税收优惠政策的提供可以满足纳税人利益心理的需求，等等。通过满足这些心理需要，从而取得纳税人对税收征管工作的高度认同，形成良好的征纳关系，激励其改善内在的行为动机，取得他们在纳税遵从和权利主张方面的自觉主动合作。因此，应将纳税服务业务进行集合应用，构成一个基本的征管业务序列，发挥“正强化”的作用，更好地引导纳税遵从。

从经济发展、社会进步的角度来看，建设“服务型政府”已成为政府改革的大趋势，突出和强化服务职能，已成为税务机关实施征管的应有之义，而税务机关的服务职能作用主要是通过纳税服务业务的开展得以具体实现的。如，一些发达国家通过制定“纳税人宪章”或“纳税人宣言”以强化纳税人的权利。加拿大的《纳税人权利宣言》详细规定了纳税人享有礼遇、隐私、上诉等权利，法国和美国税务机关在税收征纳的每一阶段都对纳税人的权利进行详细的指导，让纳税人在征纳过程的每个环节都清楚自己的权利，进而保护自己的权利。美国第一份宣传手册即是《作为纳税人你所拥有的权利》，在个人、企业的纳税行为尚未发生之前，即先告知纳税人在履行纳税义务、与税务机关打交道时所拥有的权利，像隐私权、机密权、享有专业礼貌服务的权利以及上诉和行政复议的权利、只交应纳税款的权利等。

国内外税收征管实践表明，纳税服务无论从理念上还是措施、手段上，都已成为税收征管的主要业务内容之一。将纳税服务作为一个业务序列业已成为现实，突出纳税服务职能成为税收征管的发展方向。目前，我国虽已初步明确了纳税服务在税收征管中的地位和内容，但还未完全将纳税服务作为一个基本的业务序列，在统筹性规划和系统实施上尚存较大局限。随着国家税务总局等各级税务机关专业纳税服务机构的设立，纳税服务业务将逐步得以确立和理顺。

3. 纳税遵从和权利主张行为实现渠道的征管业务序列设计

申报与纳税是纳税人的主要涉税活动，也是其行为状态的最终体现；税款征收是税收征管的主要业务内容之一，也是税收征管状态的最终体现。申报纳税和征收税款是集中体现纳税人行为状态和税收征管成效的主要环节。由于在现实中，申报纳税和征收业务在税收征管中紧密衔接，纳税申报的受理业务和税款征收的处理业务具有不可分割性，两者天然集合为一个基本的业务单元，构成了“申报征收”业务序列。国家税务总局将征收职能描述为：受理申报、税款征收、催报催缴、逾期申报受理与处理、逾期税款收缴与处理和计划、会计、统计、分析等，明确了“申报征收”这一基本业务序列的构成。从基于纳税人的行为状态设计税收征管业务的角度来看，“纳税监控”业务对纳税人遵从行为影响的最终结果，“纳税服务”业务对纳税人权利主张行为影响的最终结果，都集中体现在“申报征收”这一征管基本业务管道之中，“申报征收”是最终体现纳税人行为状态和税务机关征管状态的征管业务。因此，“申报征收”成为“纳税监控”和“纳税服务”之外的另一征管业务序列。

综上所述，响应纳税人的行为，税收征管业务作用于强化纳税人纳税遵从（纳税监控）、维护纳税人权利主张（纳税服务）和提供纳税义务、权利实现的主管道（申报征收）三个基本方面。基于纳税人行为模式的征管业务设计，应将“纳税监控”、“纳税服务”和“申报征收”作为三个基本业务序列，这三个业务序列构成了一个完整的税收征管业务系统并覆盖了税收征管的全过程。对于纳税人而言，一个完整的一般纳税过程包括申报纳税前的准备、申报纳税、对申报纳税结果的调整纠正三个阶段，其他的相关活动，如办理登记、申请报批、接受检查，都服务或服从于完成这个核心过程。三个基本征管业务序列与纳税过程三个阶段是对应的，纳税申报主要作用于税前准备，申报征收为申报纳税提供业务渠道，纳税监控则作用于纳税结果的调整（如图 1－15 所示）。

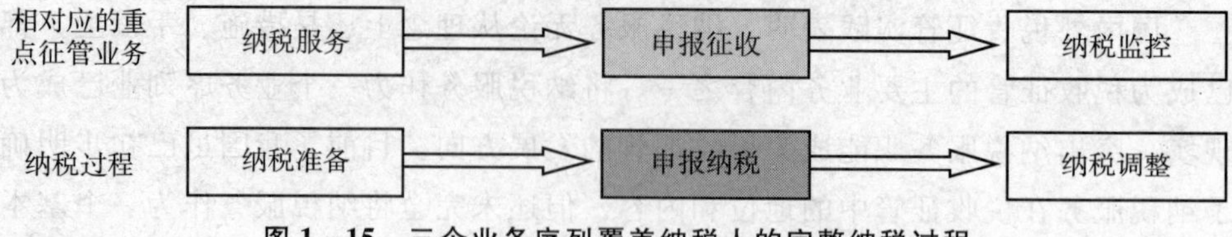

图 1-15　三个业务序列覆盖纳税人的完整纳税过程

加拿大税务专家伯德提出税收征管有三个基本因素：改善对纳税人的服务、提高纳税人的照章纳税率，改进管理当局自身的组织工作。纳税监控和纳税服务作为针对纳税人纳税遵从行为和权利主张行为的两项基本业务职能，分别作用于“提高纳税人的照章纳税率”和“改善对纳税人的服务”这两项针对纳税人的征管基本因素，从而构成了一枚“硬币”的两个面，而申报征收则是这枚“硬币”两面作用集中体现的中间部分。三者相互联系、相互依存、相互制约、相互作用地构成一个有机的征管业务系统（如图 1-16 所示），并通过业务策略的分别运用和相机组合，实现征管业务作为纳税人行为“强化物”的正强化、负强化、惩罚等功能，从而引导和校正纳税人的行为取向，提高税收征管的质量和效率。

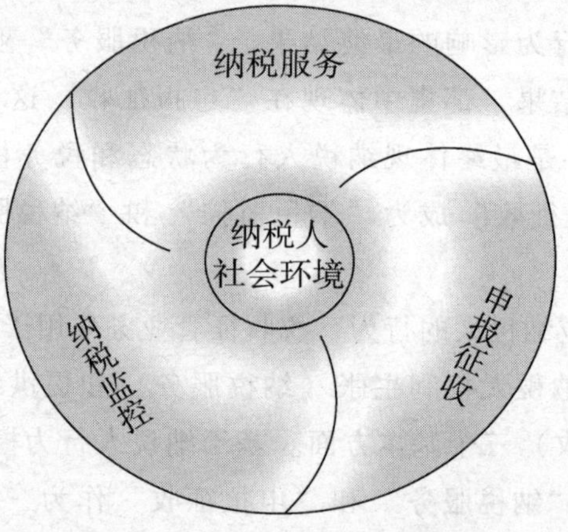

图 1-16　包含三个业务序列的征管业务系统

（三）三大基本税收征管业务体系的构建

1. 纳税服务业务体系

“引导纳税遵从的前提条件是税务机关必须确立为纳税人主动纳税提供

足够便利的意识，也就是纳税服务"[1]。税法确定了纳税人依法纳税和主张权利的法定要求，这种要求是客观的，不以纳税人的具体意志为转移。纳税人履行法律规定的纳税义务，需要建立相应的意识知识、素质能力、便利措施等条件，税务机关则需要提供相应的纳税服务以满足这些需求。也就是说，当纳税人说"我要照章纳税"时，纳税服务业务应当也必须及时地作出回答："我来帮您实现"。可以这样说，纳税服务业务是人性化十足的"柔性"业务。

纳税服务业务主要的功能表现在帮助纳税人建立履行纳税义务的意识能力、提供渠道场所、完成涉税程序手续、进行事实认定和法律政策界限确定，以及为纳税人行使权利提供必要的支持和条件等方面。从纳税人的法定需求考察现有税收征管业务，纳税服务序列的业务内容具体包括政策咨询、税法宣传、纳税辅导及提示性税收约谈、税务登记受理，以及纳税人完成依法纳税所需要的各项资格认定、审核审批、信用等级管理、发票发售代开、表证单书提供等内容，纳税人权利维护方面的举报投诉受理、处罚听证和行政复议、应诉、赔偿等业务事项也是纳税服务的基本内容。

相对传统的业务划分，现代纳税服务业务内容的构成大致有以下几种情况：一是在传统认识下只具有服务性质的活动。如税收咨询、税法宣传，这些业务的服务目的和功能非常直接，即帮助纳税人了解相关信息，建立相关意识。二是认识转型，开展重心偏向服务性的活动。如，税务登记受理、审核审批手续办理，这两类业务的开展趋向于优化办事过程，方便纳税人，而办理的结果又将被纳税监控业务所应用，原有的监控功能和环节在实施中有所分离，如户籍管理、减免税监控，则属于纳税监控序列。三是其他传统业务活动中夹杂的服务环节。如，结合纳税评估约谈的纳税辅导，基于约谈基础上的辅导能够充分把握纳税人的实际情况，有针对性地帮助纳税人认识问题、解决问题，促进纳税人自行避免和纠正纳税问题。四是新增的服务活动。如，纳税提醒服务、信用等级管理，这些活动已逐步成为固定的业务活动，在帮助纳税人更好地完成纳税过程或帮助纳税人优化纳税行为、降低纳税成本等方面具有帮助作用。

需要特别说明的是，本书所研究的征管业务结构对纳税服务的定位是一类税收征管业务的集合，本身是一种征收管理行为。纳税服务业务不包括税务机

① 王文彦．纳税服务：构建现代税收征管工作新格局的首要任务．中国税收报告 2001 ~ 2002.

关做出的服务经济、服务政府、服务社会，或针对纳税人开展的“送温暖”等性质的活动内容。其他业务序列提出的防止给纳税人造成干扰、防止侵犯纳税人权益等方面的要求，是这些业务开展应有的限制规则，如避免重复检查、强制执行中的文明执法要求等，也都不应作为纳税服务的具体业务来对待。纳税服务概念的扩大化，实际上会带来认识上的笼统化、模糊化，有害于在实践中的把握，不利于纳税服务业务的发展。

现代纳税服务体系的构建需要转变服务观念、掌握服务需求、优化服务方式和完善服务控制。首先，税务机关需要摆正征纳双方的法律关系与地位，建立平等合作思想，把满足纳税人法定需求与期望，以及尽力满足法定需求衍生的合理需求与期望作为职能责任，将帮助纳税人消除或尽早解决纳税问题作为纳税服务业务开展的目标，从而提高纳税人的满意度，进而促进纳税遵从度的提高。其次，税务机关应当努力掌握纳税人的需求，通过各种调查分析和交流沟通建立纳税人需求洞察体系，充分把握纳税人的需求。第三，税务机关应当从纳税人的需求出发策划纳税服务业务措施，以提高服务的针对性和实效性，同时广泛利用现代技术实现高效便捷的服务，建立完备的纳税服务渠道与方式。第四，税务机关需要建立相应的组织保障机制和与其他业务的联系机制，包括专业队伍、组织机构、业务规则、评价体系等的建设。开展纳税服务业务需要把握的关键一点是作用于事前，防止纳税问题的发生或提早解决问题。正如美国国家税务局局长所言：“长期以来，在促进纳税人守法纳税的问题上，我们总是从事后追踪上着眼，把主要精力花在审计和征收上。花费了大量的人力、物力，结果往往是得不偿失。”①

2. 申报征收业务体系

纳税申报、缴纳税款和征收税款是征纳活动中衔接紧密的三个基本业务环节，是集中反映纳税人行为结果的征纳过程。对税务机关而言，对应的业务序列是申报征收业务，主要业务内容为接受确认纳税人的纳税申报和征收纳税人缴纳的税款，实现对纳税人申报与纳税的方式、过程和结果的管理。申报征收业务过程承载征纳双方活动的成果，主要关注征纳活动在税收收入上反映出的结果，即申报和缴纳的税收收入及税收资金流动的过程。

受理申报、征收税款是衔接紧密、作用关联的征管环节，业务功能的最终目标指向相同，业务开展的相关性强，业务操作基本由税务机关的同一主体或

---

① 美国的税收征管改革——美国国家税务局局长答《税务》杂志记者问．中国税务网，2006.

渠道来进行，因而可将两项业务合并到一个业务序列。同时，受理申报与征收税款业务对接受对象（如表格、现金、支票、数据等）的处理过程和结果控制都与相应的核算紧密相关、不可分离，核算业务是申报征收业务序列的固有业务内容。

现代申报征收体系构建的主要方向是实现纳税人申报信息处理和税收资金运动的高度信息化管理，主要包括以网络报税为主渠道的多元化纳税申报系统、税库银（企、财）或税银库（企、财）一体化的税款征收系统、税收集中核算系统三个主干信息处理系统，同时需要建立相应的法律规范和管理机制，推进征纳双方以及金融、国库、财政等相关方的不断适应，总体实现申报征收业务的高质量和高效率。自然与之相适应的申报、征收、核算准则也需要随之作出相应的调整。

3. 纳税监控业务体系

“基于人性的考察，规避义务却是一个普遍存在的倾向[①]。”在市场经济条件下，作为“经济人”的纳税人具有自利倾向，纳税不遵从往往成为一种自发的行为选择，使纳税人的行为趋向于纳税遵从，取决于纳税监控业务的成效。这类业务需要从监测税源情况做起，进而发现纳税问题，到完成对纳税问题和不遵从行为的纠正结束。由于纠正问题与发现问题的关系密不可分，税务机关监测纳税人行为和实施纠正措施的业务共同构成纳税监控业务序列。相对纳税服务业务的柔性而言，纳税监控业务刚性十足，大部分税收强制性业务包含在这个序列之中。

纳税监控序列的业务主要涉及监测宏观、微观涉税经济运行情况，监督分析纳税人是否及时足额和按程序纳税，针对未及时足额纳税以及其他涉税违章行为而采取的措施等方面的内容。纳税监控序列的业务内容具体包括户籍管理、税控装置管理、社会综合治税、减免税管理、核定征收管理、日常检查、税务稽查、欠税管理、催报催缴、违法违章处理、税务执行等内容。税务稽查业务对纳税遵从行为的影响主要是发现特殊纳税问题并实施纠正，甚至采取严厉打击的惩罚措施，以强化纳税遵从行为。税务稽查是纳税监控业务序列中独立性较强、组织方式较为特殊的一类业务措施。

现代纳税监控体系建设的主要内容包括税源监控、税务稽查、行业税种针对性管理等几个重要的方面。其中，税源监控是纳税监控最为基础的环节，这

① 王福友．纳税人法律地位的转变与税法理念的更新．中国税务网，2006.

方面的创新和加强是当前我国税收征管工作中最为关注和发展变化最为明显的一个方面。纳税监控的关键是关注信息数据，最大限度地改善征纳双方信息不对称状态，提高税收征收率是其核心目标。建立现代纳税监控体系的基本方向是，在加强各项基础管理的前提上，依托现代信息技术，扩大税收源泉监测控制和第三方信息获取；将税源数据采集、加工、应用作为现代纳税监控体系运作的主线；把信息化支撑下的纳税评估作为纳税监控的主导性措施；同时，突出行业、税种的个性化管理，有效实施各类强制性控制措施；税务稽查作为针对特殊纳税人、特殊纳税不遵从行为的专门措施，主要的变革任务是转变机制、改进手段、规范控制、增强刚性、提高效率，充分发挥税务稽查强大威慑、最后关口的作用；税务执行作为控制纳税人遵从的执行措施，由于法定性较强，当前的变化并不明显，主要的任务是追求税务机关执行的及时有效和扩大有效的行政司法协助等。

三、税收征管业务序列的比较分析

从国内外税收征管的实践来看，税收征管业务的设计定位、具体功能、作用区间等虽然有所差异，但其内在运行机理基本相同，通过对国内外税收征管业务的解析，可以佐证纳税监控、纳税服务和申报征收这三项基本征管业务序列设计的科学性、合理性。

我国基本的税收征管业务定型为“征收、管理、检查”，随着国家税务总局和各级税务机关纳税服务机构的逐步建立，“纳税服务”业务也逐步得以确立。其中，作为“征收”业务，其前端是受理“申报”业务，两者互为一体，在具体运作上具有不可分割的特性；而“管理”和“检查”两者的功能指向是相同的，都是为了发现纳税人不正当的涉税行为和校正纳税人的行为取向，之所以将两者分开，主要是出于内部专业化分工的需要；“纳税服务”也已经形成一个单独的业务类型。上述税收征管业务的定型，决定了当前我国税收征管的具体运作方式，但从更深层次上影响和推动我国税收征管发展的是20世纪90年代提出的“以纳税申报和优化服务为基础，以计算机网络为依托，集中征收，重点稽查”的税收征管模式，后来又加上了“强化管理”的内容，这一模式是现阶段我国税收征管改革和发展的基本指针，推动了我国税收征管由传统迈向现代，由粗放走向集约，实现了税收征管格局的根本性变革。对该模式的解析，可以发现税收征管业务基本类型和具体运作的内在规律。以“优化服务”为基础，反映了将“纳税服务”业务定位为税收征管的一项基础性业务；在“自行申报”的基础上实现“集中征收”，体现了“申报征收”业务的开展要求，“自行申报”和“集中征收”一脉相承，为纳税人纳税义务的履行和税务机关税款的征收、主要涉税信息的取得提供了基本管道，随着电子申报征收方式的推广应用，“申报”和“征收”业务已完全形成一项一体化的业务类型；“强化管理”和“重点稽查”则共同作用于让纳税人的行为遵从税法规定的纳税义务，同属纳税监控性质的业务。由此可见，“纳税服务”、“申报征收”和“纳税监控”是存在于当前我国税收征管业务中的三条主线，在现行征管模式中各业务功能单元的划分，是为了在当时条件下规范征管业务的开展和满足专业分工、优化资源配置的需要。将各业务单元按照相同属性进行业务集成，形成功能指向相同的基本业务序列进而构成有机的税收征管业务系统，有利于实现征管业务的一体化运作和信息技术的一体化应用，实现各类征管业务的工作协同、业务互补和信息传导，达到进一步优化征管资源配置、提高征管整体效能的目的。

对当前发达国家税收征管业务状况的考察，可以反映更具现代意义的征管业务策略设计。从前文提到的澳大利亚互动型执法遵从模型来看，其征管业务策略以纳税人的行为状况为导向，依据纳税人自觉纳税、有条件遵从、不愿遵从和故意逃避四种行为，针锋相对地采取便利纳税、协助遵从、税务检查和强制措施四类征管策略。而经合组织的税收遵从模型则更加突出了影响纳税人遵从行为的心理（愿望）、经营、行业和社会、经济因素的导向作用，如经营因素包括经营类型、规模、结构、地点等，行业因素包括产品在本行业中的地位、利润边际、基础设施等，心理因素包括影响个人抉择的因素、怕什么、相信谁、承受风险的程度、认为何谓公平公正、与税务部门的互动关系等，经济因素和社会因素则包括通货、利率、税制、政府政策等和融入社会的方式及地点、所属群体、年龄、性别、民族、受教育程度等，鲜明地体现出税收征管所关注的两大焦点：纳税人和社会、经济环境；进而依据所关注的焦点，区分纳税遵从行为状况，采取相应的征管业务策略，并实现与所关注焦点的相互作用、相互影响。对于上述两个模型采取的四种征管策略，便利纳税和协助遵从策略两者功能指向相同，是通过服务性征管业务来实现的，可归结为纳税服务业务的实施，是对纳税遵从行为的激励和引导；税务检查和强制性策略功能指向相同，是通过管理监控、纠正打击类业务来实现的，可归结为纳税监控业务的实施，作用于对不遵从行为的纠正打击；而各项业务策略对纳税遵从行为的影响，最终体现在申报征收业务上，申报征收是纳税人和税务部门之间征纳活动的主要交集点，申报和征收业务是发达国家税收征管的一项主体性业务和征管现代化进程的基础性内容，并将服务和监管策略合理分布于申报征收业务的事前、事中、事后，我国税收征管模式中以“纳税申报”为基础和“集中征收”的内容便是以发达国家为蓝本确立的。发达国家税收遵从模型所反映出的征管工作导向、征管业务规律、业务功能指向和业务策略布局与本书以纳税人为核心关注焦点、基于纳税人行为模式的征管业务序列设计是一致的（如图1－17所示）。美国建立在“金字塔”遵从模型基础上的“服务＋执法＝纳税遵从”的征管方程，则更为简明清晰地反映出现代税收征管的业务策略，纳税服务和纳税监控作为税收征管的两项基本功能，凸显为税收征管“服务＋执法”的“双手”，纳税遵从则集中体现在申报征收这一业务管道上，该方程更为清晰地呈现出纳税服务、纳税监控、申报征收三个基本业务类型。另外，从美国税务当局的使命陈述来看：“为美国纳税人提供最优质的服务，帮助他们了解和履行其纳税责任，并将税法公平、公正地使用到所有对象。”这一使命陈述反映了该局的主要价值取向，而价值取向的实现依赖于具体税收征管业务的实施。从中可以看出，为纳税人提供最优质的服务和帮助纳税人了解纳税责任，需要纳税服务业务的实施来达成；帮助纳税人履行纳税责任，需要申报征收业务的开展来实现；将税法公平、公正地使用到所有对象，则取决于对纳税人管理的到位程度，也即纳税监控类业务的层次水平。纳税服务、申报征收和纳税监控共同构成一个征管业务系统，发挥税收征管业务的整体功效，即帮助

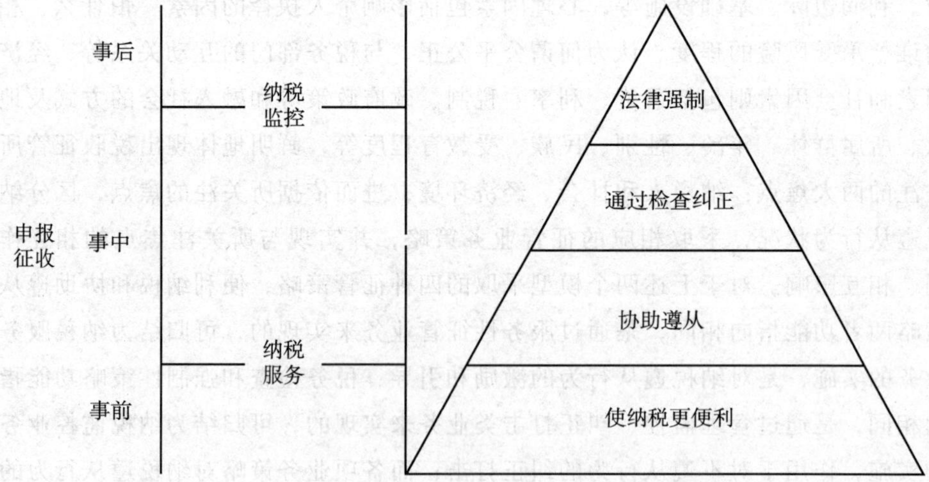

图1－17　互动型执法策略与本书征管业务序列的比较

纳税人建立纳税能力和维护其权益、设立纳税过程实现的渠道或条件、对不当纳税过程或结果实施纠正措施，这三个方面的活动涵盖所有征管业务，并在征管活动过程中形成相应的运作结构。

由于我国与发达国家相比处于不同的发展阶段，国家的法治程度、文化背景和纳税人的依法纳税意识等与发达国家相比还有很大差距，发达国家税收遵从模型所反映出的纳税人遵从的规模范围和因此形成的以纳税服务为主导的业务策略分布及征管资源配置，是依据发达国家的现实情况设计的，显然还不适用于我国的税收征管。根据我国当前的经济社会环境和纳税人遵从状况，在相当长的一段时间内，我国的征管业务策略和征管资源配置仍主要侧重于纳税监控类业务，结合纳税服务业务的实施，采取以纠正不遵从行为为主、引导遵从行为为辅的征管业务方略，随着经济社会环境和纳税人遵从状况的改善，逐步向监控与服务并重、以服务为主监控为辅的方向演进。

第三节　现代税收征管系统的中枢部位——征管决策子系统

税收征管作为国家宏观经济管理系统的一个子系统，与经济社会环境息息相关，受到环境变化的深刻影响。在当今经济全球化、信息化和政府改革等几大浪潮中，税收征管所处的环境发生了急剧变化，变化速度超乎想象。而税收征管自身的变化与更新难以与外部环境的变化保持同步，履行征管职能面临着严峻的挑战。敏锐洞察环境变化，建立适应环境变化的内部资源优化和策略选择的评估与调整能力，以及适应变化的税收征管自身动态发展的学习与变革能力，成为税收征管履行职能所不可回避的课题。

一、税收征管面临的环境因素分析

在经济全球化、信息化和政府改革等几大浪潮中，经济社会环境飞速变化，日趋复杂，税收征管在宏观层面和微观层面都面临着诸多不确定性，履行职能的风险越来越大。

从宏观视角上，以技术进步为主要驱动力、以智力为主要资源的知识经济正在取代传统的工业经济，当今社会逐步进入知识经济时代，税收征管所面临的大环境发生了翻天覆地的变化。未来学家托夫勒在他的《财富的革命》一书中，较为典型地从时间、空间和知识三个层面上综合反映了当今经济社会环境的深层次、质的变化。其中，在时间层面上，速度已成为新经济时代的基本运作特征。信息技术的发展进步呈爆炸式增长，许多专家试图呈现这种爆炸式增长的速度，像摩尔定律，认为微处理器的速度每18个月翻一番，每五年速度会快十倍，每十年会快一百倍；吉尔德定律认为，主干网带宽增长速度超过CPU增长速度的3倍；梅特卡夫法则认为，互联网的用户约每半年翻一番，互联网的通信量约每百天翻一番，网络的价值等于网络节点的平方，网络效益随网络用户的增加而呈指数增长。而在现实中，信息技术的发展与应用甚至超出了专家们的想象。在信息技术的作用下，商品流通不断增速、资金和信息流动迅速扩张，经济运行和经济形态变化日益加速，商品、服务、交易的形式日新月异、瞬息万变，资本运作方式花样翻新，电子商务等新型经济形态超速发展壮大。全球GDP总量从1950年的5.3万亿美元迅速增长到2007年的60万亿美元，2001年至2006年间，全世界经济增长累计达到47%；几十亿美元大宗交易完成的速度按秒计算，全球货币市场已经到了每天交易一万多亿美元的程度。企业消亡的速度明显加快，美国波士顿咨询公司对世界500强企业的研究显示：20世纪70年代的世界500强企业，近1/3在20世纪90年代消失；21世纪初，我国注册资本在50万元以下的民营企业平均寿命只有1.8年，高新技术企业能坚持3年的大约为5%，能坚持8年的只有3%；企业适应变化的速度成为其生存法则，L（学习的速度）≥C（变化的速度）、L<C=死亡，成为企业等经济组织的生存公式。[①] 就像拉尔夫·沃尔多·爱默森所说："在薄冰上溜冰时，我们的安全来自于速度。"为此，英特尔公司总裁葛鲁夫曾说："英特尔公司面对这么多世界强手所以能始终如此强劲，我认为最重要的一点就是，我们的员工都能意识到当今世界唯一不变的只有一个东西，就是变化。"美国经济学家小艾尔弗雷德·钱德勒也因此提出了"速度经济"的概念。[②] 在空间层面上，空间延伸度成为不断改变的版图，经济流动的空间限制被打破，"货币已经被从空间的牢笼里释放出来"，经济资源全球流动配置，财富跨国

---

① L≥C是学习型组织理论的一个重要公式，公式中的L是Learn（学习），C是Change（变化），公式的意义是学习的速度必须大于或等于变化的速度。哈佛商学院戴维斯教授在所著的《企业推手》一书中提出两个重要的理念：当今世界企业间的竞争本质上是学习速度的竞争；内部变革速度<外部变革速度=末日。

② "速度经济"最早由美国经济学家小艾尔弗雷德·钱德勒（Alfred Chandler）在《看得见的手——美国企业的管理革命》一书中提出，它指的是因迅速满足客户需求而带来超额利润的经济，也就是说，对市场反应最快，冲在最前面的企业能够占据最佳位置从而能够最先获得市场机会，进而获得"超额利润"。在新的市场环境下，有人甚至得出"速度经济将取代规模经济"的论断。

界、跨区域转移，资金、商品、服务、信息以及技术、劳动力等生产要素通过生产、贸易、金融和资本的跨国网络，以空前的广度、强度和速度扩张，流动的规模与形式不断增加，经济全球化的格局日益深入。在知识层面上，时间和空间发生深刻变化的背后是知识创新成为财富创造的核心要素。联合国教科文组织（UNESCO）统计：人类近30年来所积累的科学知识占有史以来积累的科学知识总量的90%；英国技术预测专家詹姆斯·马丁的测算结果也表明同样的趋势：人类的知识在19世纪是每50年增加一倍，而近10年则是每3年翻一番，到2003年，知识总量比20世纪末增长一倍，到2020年，知识总量将是现在的3到4倍，到2050年，目前的知识只占届时的知识总量的1%；经合组织（OECD）主要成员国国内生产总值的50%以上来自于以知识为基础的产业①；IT企业的财富在极短的时间内呈几何倍数增长。财富创造的根本性变化，知识经济的迅速崛起，使经济活动的物质形式、能量形式、交易方式等“虚拟化”，带来了经济形态的根本性变化。

“人类在数亿年演化中形成的从而不可能在数十年内有所改变的深层心理结构，能够容忍的环境变化速率将低于人类创新活动所诱致的环境变化速率”，托夫勒认为，速度的冲突将对经济社会发展产生深远影响，他指出“如果一个国家设法加速了它的经济发展却将其重要的机构体制甩在了后面，那么这个国家最终创造财富的潜力将受到限制”，“关键的公共事业机构没有与其周围旋风般的变化速度同步”，高速发展的新经济的需求和落后的社会体制的惰性这两者之间存在着悬殊的对比。他将各类社会组织比喻为高速公路上的九辆汽车，企业行驶在第一位，而国家机构和职能部门则跑在第五位。这形象地反映了政府机构与经济社会发展的失同步化现象。这种失同步化在很大程度上阻碍了经济发展和社会进步，行政机构效能的低下，必然使那些对社会的要求与愿望反应迟钝或不愿做出反应的政府面临权威危机、信任危机和合法性危机。税务组织作为政府的重要经济管理部门，税收征管作为直接作用于财富再分配的重要经济活动，受到上述变化的深刻影响，其面对的经济形态、经济发展周期、变动速率等都已发生了根本性的变化，而社会财富的几何式增长速度、企业组织的变化速度和急速拓展的财富流动、配置空间，更使得税收征管面对着

① 1996年，世界经合组织发表了题为《以知识为基础的经济》的报告，报告中指出“经济合作与发展组织（OECD）的经济比以往任何时候都更加依赖于知识的生产、扩散和应用”，“主要成员国国内生产总值（GDP）的50%以上现在已是以知识为基础的”。

空前混沌的状态，面临着前所未有的挑战。税务组织、税收征管与环境变化失同步化的现象同样在加剧，跟进当今社会环境变化，最大限度地保持与经济社会发展同步，成为税务组织实施税收征管所面临的一项重要使命。

从微观视角来看，宏观层面的急剧变化具体体现为对税收征管的现实挑战，税收征管面对的管理对象呈现出高度的复杂性和诸多的不确定性。较为突出的问题包括：

一是经济的金融化。经济与金融相互渗透，成为一个整体，经济关系、社会资产日益金融化，融资非中介化、证券化，以及高频率、运作复杂的企业并购整合等，往往收益丰厚，收入隐蔽，情况复杂，使税收征管很难把握纳税人的创利方式和盈利金额，掌控快速变化和流动的应税信息。如，金融衍生品已达到上千个品种，全球规模从15年前的50万亿美元上涨到400万亿美元，等于全球GDP的8倍，具有大规模的应税收入，其涉及面的广泛性和参与者的多元化，很难用传统税收征管的认定方式来判定其所得的金额和所得的类别性质，也使所得的归宿难以确定，税收征管缺乏有效的办法。经济金融化过度扩张体现出的“蝴蝶效应”，引发了近年的金融危机进而导致了全球的经济危机，其复杂程度使各国政府都难以防范，更很难预见。税务机关要在征管过程中把握其变化，辨识其实质，就更显得力不从心。

二是财富生产的转向。当今企业已经开始从追求当期利润的最大化转向追求企业的长远价值，财富的生产由物质产品转向非物质产品。全球金融投资、信息技术、文化娱乐等产业所占财富的比重已经占到财富总量的40%，而且比重还在不断提高。面对财富生产的转向，特别是非物质产品的生产，对于以往以实体经济为主要管理对象的税收征管，需要在理念、战略、管理方式和手段等层面上进行嬗变。

三是商业模式的创新。商业模式创新成为企业发展和财富创生的制胜法宝，新型商业模式层出不穷、花样翻新、应接不暇。商业模式创新的实质是将知识、智慧和技术变成“钱”，是对企业价值链的分解、重组或融合，具有新颖性、独特性和不易模仿性等特点，企业应税收入的获取更为复杂和隐蔽，对于以普遍性、经验型为主的税收征管而言，带来了巨大的挑战。税收征管必须适应商业模式飞速创新下买卖关系、购物方式、信息服务方式等的不断变化，必须了解具体企业产品/服务的价值主张和价值链的个性化变化，甚至要掌握企业商业模式变化下的全部运营流程，适时拿出不同的应对策略。

四是跨区域经营。跨区域经营现已成为企业拓展市场、优化资源配置、降低生产成本从而增加经济收益的重要手段。从世界范围来看，经济全球化以跨国公司为主要动力。由于其逐利的动机，它们利用转移定价、关联交易等手段针对一国税收政策的行为尤为明显。至于投资方式、技术转让以及企业生产过程的分解与跨区域配置则更为复杂，资金规模尤为庞大。2006年，我国外来投资盈利的留存额就达到3000亿美元；有资料反映，近年许多中国家族企业利用离岸公司，进行股权运作，目前已有超过80万个海外离岸公司在维尔京注册，大约近20万家与中国企业有关。从一个国家的范围来看。越来越多的企业走向跨区域经营，一地设计，异地生产，全球销售，在低税负地区注册，进行财务核算，这给税收征管带来了税收政策、涉税信息和管理合作上的巨大难度，成为税收征管的一个重大难题。

五是虚拟经济迅猛发展。一方面，虚拟企业逐步成为21世纪最重要的企业组织形式，它们采取动态联盟的方式，多个企业因一个目标而组合，共享基础设施，共担生产经营成本，因目标达成而解散，因新的目标而重新组合；它们组织界限模糊，不具有法人资格，无固定组织层次结构，合作对象可能是供应商，可能是顾客，甚至是竞争对手；虚拟经营方式多样，委托、外包、兼并、购买、联合、结盟、合资等，关联效应复杂；并具有功能虚拟的特点，包括虚拟营销、虚拟储运、虚拟广告设计、虚拟结算和虚拟制造等。这使税收征管难以把握纳税主体、课税环节和应税收入，实施控管的复杂程度相当之高。另一方面，电子商务等虚拟经济形态迅速扩张，从事电子商务的纳税人呈现复杂化、模糊化，难以确定纳税主体；交易虚拟化、隐蔽性、无纸化，难以掌控交易活动，确定纳税地点、课税对象和划分收入所得，传统的税收征管措施无从施展。有资料反映，2002年我国电子商务交易额为1809亿元，自2006年突破万亿元大关以来，每年以高于70%的速度持续增长，预计2010年将达到15万亿元，面对电子商务巨大的涉税交易和应税收入，目前还难以跟上相应的税收征管措施。

上述这些变化的主因是信息经济时代、知识经济时代的来临，布瓦索特提出："当信息成为经济交易中的中心问题时，那么规定商品的生产和交易的逻辑就失去了作用。"作为以经济主体、经营活动为管理对象的税收征管，随着商品生产和交易逻辑的根本变化，其传统的管理方式、管理逻辑等也随之动摇，必须面对这些高度复杂的经济现象和管理对象、管理内容的飞速变化，走出困境，拿出适应变化的应对之策。更为重要的是，一个成功的组织是那种知道如何又快又好地处理复杂性和新事物的组织，税收征管要想从容应对变化，不但要洞察某一现象，解决某一问题，攻克某一难点，更重要的是建立起快速感知环境变化、快速做出反应的自身机能，这才是能够适应环境变化的长治久远之计。同时，适应环境变化的过程是一个主动探索的过程，即学习的过程。由于当今社会信息和知识已成为主动力，社会环境总是处于不断变化和发展中，没有一个组织、一种方式能够以不变应万变，学习能力被看作组织基本的生存发展前提。因此，要使税收征管真正适应环境变化、与经济社会发展保持同步、有效履行自身的职能，还必须在建立自主适应机能的同时形成自主学习、提高学习能力的机能，这是现代税收征管适应环境变化的根本之计。

二、应对环境变化的征管策略选择——建立税收征管决策系统

托夫勒认为“关键的公共事业机构没有与其周围旋风般的变化速度同步”，原因在于“高速发展的新经济的需求和落后的社会体制的惰性这两者之间的悬殊对比”。在前进的道路上，政府行政部门被企业组织远远抛在了后面，这种失同步化的根源在于行政部门自身的机能性障碍。与企业组织相比，行政部门没有消亡的危机，L（学习的速度）≥C（变化的速度）、L<C=死亡的生存法则并不适用于政府部门，这使政府部门在适应环境变化、持续快速发展上缺失了内在压力和根本动力。作为政府经济职能部门的税务组织亦是如此，体现为组织的个体没有生存的压力，因而在进取的动力上与企业员工有着本质的差距，且人才的流动性差，新陈代谢的速度缓慢。当“公司在加速改变他们的使命、功能、产品、资产、规模、技术、劳动力的特性，与客户的关系，内部企业文化以及一切的一切，成为众多变革的驱动者”时，税务组织却基本上是墨守成规，“按常理出牌”，这使税务组织在应对环境变化的机敏性上与企业相比不可同日而语。如同杰克·韦尔奇所说：“如果你速度不是很快，而且不能适应变化，你将很脆弱。”上述深层次的机能性差异造成了税务组织与企业组织在行进速度上的根本差别——知识创造的活力和速度上的差别。由于在这一推动当今经济社会进步的源泉动力上的缺失，使税务组织在这场速度的赛跑中，与它的管理对象——企业组织呈现出此消彼长的局面，差距越来越大。即使在发达国家，这一现象也非常明显，在美国联邦税务局（IRS）现代化改造前，公众在接受调查或在把 IRS 与私人部门或其他公共部门进行比较时，IRS 常常排在这些组织的最后。解决与管理对象——企业组织之间的失同步化问题，迫切需要税务机关克服自身的机能性障碍，建立一种适应环境变化、加快知识创造的征管机能。

从系统论的角度看，税收征管是一个系统，是社会系统的重要组成部分。

税收征管系统与外部复杂多变的环境发生着交互作用，需要从环境角度完善系统的功能，求得系统的生存、维护和发展。现代系统科学理论，可以为税收征管系统的自身完善提供指导和借鉴。

自组织理论是20世纪60年代末期开始建立并发展起来的一种系统理论，它的研究对象主要是复杂自组织系统（生命系统、社会系统）的形成和发展机制问题，即在一定条件下，系统是如何自动地由无序走向有序，由低级有序走向高级有序的。“自组织”则是指一个系统在内在机制的驱动下，自行从简单向复杂、从粗糙向细致方向发展，不断提高自身的复杂度和精细度的过程。20世纪90年代，美国的霍兰德（John Holland）教授提出的复杂适应系统理论，进一步丰富和发展了自组织理论。复杂适应系统是指有很多复杂系统，在特定的外部条件下，可以通过自组织形成特定时空结构的有序状态，在环境的影响下能够自组织、自学习、自适应，不断演化形态而生存、繁衍和发展。该理论的核心思想是“适应产生复杂性”，它把系统中的个体称为具有适应性的主体（Adaptive Agent），“主体”在与环境和其他主体持续不断的交互作用过程中，不断地“学习”或“积累经验”，改变自身的结构和行为方式，以实现整个宏观系统的演变或进化。经济系统由于组成单元的智能性以及系统的自适应性等原因被认为是一类特殊的复杂系统，纳税人、税务组织、政府、经济社会发展与税收征管的交互运行同样可以作为一个复杂系统来进行研究。

从大的方面来说，税收征管系统是社会大系统的一个个体，应该也必须成为社会大系统中的一个具有环境适应性的“主体”，具备环境变化下的自组织、自学习、自适应的功能，以实现税收征管从无序状态向有序状态的演化和发展，这是税收征管系统所必须具备的功能和使命；从征管系统自身来看，组成税收征管系统的个体，也成为其内部具有适应性的“主体”，必须不断地“学习”或“积累经验”，以改变自身的结构和行为方式，促进税收征管整个系统的演变或进化，这是税收征管系统自主适应环境而不断演进的基础。

由于复杂系统最本质的特征是其组成部分具有某种高度的智能，即具有了解其所处环境，预测其变化，并按预定目标采取行动的能力，这也是生物进化、技术革新、经济发展及社会进步的内在原因。也即以生命有机体为“原型”，能够对变化的环境做出灵活反应，通过持续的动态调整和重组过程以适应环境，并把环境变得对自己有利，它从本质上区别于受外部指令控制的机械系统，而成为一个自组织系统。税收征管系统同样是一个类似于具有自组织功能的生命有机体，必须自主感应外界环境的刺激，响应外部的变化，相应指挥和控制自身做出应对环境变化的行为。将这种具有高度智能的机能置于管理活动中，就是自主适应环境变化的计划、组织、指挥、协调和控制等一系列管理行为。

西方决策学派的代表学者西蒙认为，计划、组织、指挥、协调和控制等管理职能都是做出决策的过程。因此，需要在现代税收征管活动中建立一个类似于“大脑”的征管决策和支持决策的子系统，以感知和应对环境的复杂变化，可以将该系统统称为“税收征管的决策子系统”。建立税收征管决策子系统，可以形成税收征管系统的“中枢”部位，使税收征管业务子系统作为执行部位，指挥征管业务子系统及时适应复杂多变的环境变化，从而使税收征管系统具有自主感应外部变化，不断地学习、积累和应用知识的、适应环境变化的机能，成为大的社会系统中具有环境适应性的“主体”，自主、动态地与外部环境变化保持同步。

我国学者曾国祥在《税收管理学》一书中，也提出了税收管理计划和决策系统，认为：“由于现代经济决策和管理决策问题复杂，不确定因素很多，在税收管理实践中，各地区经济社会情况瞬息万变，决策的后果影响重大，所以，在现代税收管理中，决策处于核心地位。”[①] 企业组织是当今应对环境变化最敏锐的适应者，也是众多变革的驱动者。它们在复杂多变环境下持续生存和发展的规律，成为众多学者的研究课题，衍生出一些实证研究和管理学成果。这些成果，可以为现代税收征管的发展建设提供有益的借鉴。

在实证研究方面，美国学者柯林斯和他的研究团队历时 5 年，通过对 1400 多家成功企业的逐一分析，探索从优秀成长为卓越组织的规律，认为社会组织在环境变化的大潮中，形成的由训练有素的人、训练有素的思想和训练有素的文化所构成的内在机制，才能使组织具备“卓越气质”，从而以不变应万变，保持长盛不衰。其重要观点之一是“卓越并非环境的产物，在很大程度上，它是一种慎重决策的结果”，科学而审慎的决策贯穿了形成训练有素的人、训练有素的思想和训练有素的文化的全过程。该观点与兰德公司的分析相契合，兰德分析家认为，世界上每 100 家破产倒闭的大企业中，85% 是因为企业管理者决策不慎造成的。

在管理学研究方面，学习型组织理论成为时下揭示和指导组织持续长久发展的最有影响力的管理理论，最具代表性的研究成果为彼得·圣吉的《第五项修炼》。在研究前人成果的基础上，彼得·圣吉提出了“第五项修炼”，即

① 曾国祥．税收管理学．中国财经出版社，2003.

“系统思考”的理论，被众多大企业应用，被誉为“21世纪管理圣经”。“系统思考”是指运用整体、动态、相互联系的观点分析组织存在的问题和指导组织的发展，它是统合自我超越、改善心智模式、共同愿景和团队学习其他四项修炼的核心，“系统思考”在一定意义上就是科学的决策。一个组织通过“五项修炼”来提升自身的学习力、创新力，可以实现组织的持续生存和发展。除了学习型组织理论，组织行为学理论也为组织适应环境变化实现长远发展提供了又一视角。组织行为学认为，一个成功的组织必须从战略、政治和文化三个维度来进行设计，清华大学教授陈国权在三个维度理论的基础上，又提出了四个维度的理论。他认为，原有的三个维度主要考虑的是让组织设计适合现有的环境，但由于当今社会环境变化剧烈，因此除了考虑组织的设计符合现在的环境，还要考虑组织如何能适应今后不断变化的环境，将这种适应变化的能力包含在组织的设计中；一个组织处在不断变化的内外环境中，只有不断学习和变革才能应对环境变化，保持生存和可持续发展。因此必须考虑学习与变革维度，该维度的设计是让组织有能力自适应于未来变化的环境。

运用上述经验和理论指导现代税收征管的发展，可以看出，税收征管适应环境变化、实现长远发展的关键在于建立一个持续学习创新的机制，形成自身不断学习与变革的机能。无论是成功组织的“卓越”特质，还是学习型组织的核心要义——系统思考，都外化为一种决策的行为和过程。通过建立税收征管决策系统，可以促进税务组织的“组织学习”，有意识、系统和持续地不断获取知识，改善自身的行为，形成税务组织结构中的学习与变革维度，在不断变化的内外环境中保持可持续、健康和谐发展。

考察当前的税收征管，针对内外部形势和环境变化而进行的征管决策行为，一直以来发挥着重要的作用。从我国来看，各级税务机关基于形势变化所作出的各类征管决策，在指导和推动税收征管发展上发挥着重要作用。像国家税务总局现行税收征管模式的确立和完善，“科技加管理”征管方针和“专业化、信息化”、“科学化、精细化”工作要求的形成和演变等，都是科学决策的结果；像《2002~2006年中国税收征收管理战略规划纲要》的形成，则更为明显，是“充分借鉴国际税收征管方面的先进经验，听取外国专家的意见，结合中国税收征管工作的实际”，委托国际货币基金组织（IMF）联合实施制定的，战略规划的形成充分反映了把握内外部态势下的一个科学、周密、审慎的决策过程和结果。我国的各级、各类税务研究机构也针对税收征管面临的新形势、新问题开展了大量的前瞻性研究，形成了许多支持征管决策的成果。但从目前来看，征管决策行为还没有形成一个有计划、有组织的系统，决策的功能和作用还十分有限，理论指导和工作实践还存在脱节现象，单一、分散的决策行为还无法使税收征管在复杂多变的环境下具有自组织、自适应功能，自主学习与变革的机能远未形成。

综上所述，解决税收征管与经济社会、其他组织发展的失同步化问题，充分有效地履行税收征管的职能，需要建立一个税收征管的决策系统。该系统所关注的是社会环境和纳税人的具体状况和复杂变化，做出及时有效的反应，实现学习与变革。税收征管决策系统的建立，可以解决税务组织活力不足等体制性障碍，同时也能发挥税务组织与企业组织相比所具备的独特的资源优势。如，可以发挥税务机关规模大、网络化和利益一致的优势，在更广阔的范围内实现信息、知识的高度共享和普遍传播，并集中高端人才，体现规模效益；还可以发挥税务机关的信息化建设优势，在税收数据逐步高度集中的大趋势下，不断提高数据信息的利用程度和使用效益，更为有力地支持征管决策。

三、税收征管决策系统的规划设计

西方决策理论学派的代表学者西蒙认为“决策几乎与管理是同义的”、“决策行为是管理的核心”，这些论述在众多的管理学著作中演化为一句名言：“管理就是决策”，这充分说明了决策在管理活动中的地位和作用。税收征管属于公共管理活动。公共管理是以公共组织为依托，运用公共权力，调配利用公共资源，为有效实现公共利益而进行的管理活动，其最重要的手段就是公共决策。加强战略决策能力，能够迅速、灵活和低成本地驾驭外部变化和对多元利益做出反应，公共决策水平的高低直接关系着公共活动的效力、公共资源运用是否合理、公共利益能否实现，公共决策科学化越来越成为全社会关注的重大问题。建设税收征管决策系统，使税收征管决策成为一种有意识、有组织、系统化的组织行为，提高征管决策的科学化水平，充分发挥征管决策在征管活动中的重要作用，是税收征管自适应环境变化、有效履行职能的必然路径。由于目前无论是在征管工作实践还是征管理论研究中，税收征管决策还都是一个全新的课题，如果只是空泛地提出税收征管决策系统这一概念，就不会有太大的实际价值，因此，本书试图运用现代决策理论和一些当今先进的管理理论，结合税收征管的工作实际，明确税收征管决策系统的基本职能和运作机理。

（一）税收征管决策系统的基本职能

在西蒙的研究中有一个著名的有关“蚂蚁”的比喻，用以说明复杂环境下的决策行为：一只蚂蚁在海边布满大大小小石块的沙滩上向目标行进，它知道蚁巢的大概方向，但具体的行进路线却是无法预料的，而且视野也是有限的，海岸（外部环境）的复杂性决定了蚂蚁行为状态和认知能力的复杂性。上述比喻为税收征管在复杂多变环境下的决策行为设计提供了形象的启示，征管决策系统的职能体现在战术和战略两个层面上。

在战术层面上，税收征管决策系统的作用是觉察外部环境的每一个具体变化，根据眼前所面临的“障碍物”，制定和实施解决每一个具体现实问题的征管业务策略，对税收征管业务作出相应的评估与调整，以变制变，越过每一个“障碍物”，并使这种感知、发现、解决现实问题的行为成为一种组织化、延续性的行为方式。在这个层面上，税收征管决策系统是一个税收征管的评估与调整系统，指挥征管业务系统的有序、协调、高效运行。

在战略层面上，征管决策系统需要使税收征管具备适应环境的复杂性、自主向前行进的内在动力和能力。首先，一个组织处在复杂的环境中，只有不断学习和变革，才能使组织成员的价值取向和思想信念与组织的价值观保持一致，实现组织成员对组织目标的高度认同，具有越过所有“障碍物”、达成组织目标的内在动力。其次，组织成员拥有“知识”的程度决定着其决策和行动的合理性、满意化程度。正如柏格森所说，“当生命从低级向高级演化时，它总是试图在由记忆支撑的日益扩展的想象空间内预期其行动的各种可能后果，而不是让直接行动把这些后果呈现给自己”。实质上，这是提高组织成员创造性的问题，在复杂多变的环境下，需要有足够的创造性才能不断找到新的方法来应对变化的世界。按照阿马柏利提出的创造性三要素模型，个体的创造性需要专业知识、创造性思维技能和内在任务动机三个要素。只有提高税务组织成员的信息量、知识量和创造性的思维技能，增强他们的内在愿望，才能真正意义上使税收征管具备自适应于复杂环境的机能，才能不断做出科学正确、前瞻预期的决策，使组织具备能动适应复杂和长远环境变化、“越过所有障碍物”、“持续向前行进”的内在动力和必要能力。因此，在这一层面上，税收征管决策系统承载着学习与变革这一更为关键的职能，使税务组织具备能动的、向前的内在动力和能力，推动税收征管的持续、协调、快速发展，而不仅仅是停留在“头疼医头、脚疼医脚”、解决现实具体问题的层次上。在这一层面上，税收征管决策系统是一个税收征管的学习与变革系统。

综上所述，税收征管决策系统应该是一个评估与调整、学习与变革的组织行为系统，它的主要使命是使税收征管活动能动地与经济社会发展和环境变化保持同步。此外，随着税收征管业务专业化分工越来越精细，征管业务间协调的难度和成本也随之大幅提升。根据贝克尔的理论，决定协调分工总成本的首要因素是“一般知识”的积累及在劳动者当中的普及程度，特别是在参与分工的专业化劳动者之间的分享，对于降低分工协调成本和扩展劳动分工范围极端重要。因此，税收征管决策行为的组织化、系统化，可以使征管决策系统作为一个学习与变革系统，承担起征管“一般知识”在组织成员中的普及任务，从而降低征管专业化分工下的协调成本；还可以使税务征管组织达到西蒙对“组织”的一般理解：“组织”指的是一群人彼此沟通和彼此关系的模式，从而实现各项征管业务在专业化分工下的协调运作。

(二) 税收征管决策系统的运作机理

西蒙将决策要素分为价值要素和事实要素。价值要素是关于管理者对某种事物喜好的表示，表明对该事物的某种判断，即管理者对该事物的“态度”反映出的价值标准。事实要素是对环境及环境的作用方式的某种描述（信息）。税收征管决策的价值要素体现为税务组织征管工作的主要目标，也就是实施征管决策的价值标准。对于税收征管决策系统而言，实现学习与变革的职能，首要任务就是确立组织的目标，使税务组织的征管工作具有前进的方向，并具备内在动力和能力。这实质上是一个创建学习型税务组织，提升税务机关的学习力、创新力的过程。学习型组织的“五项修炼”可以为这一任务的实现提供基本路径。征管决策系统要承担税务组织“共同愿景”的确立和引导，选择组织的价值。国内外的许多税务组织都确立了自己的使命宣言也即“共同愿景”。美国联邦税务局的使命宣言是“为美国纳税人提供最优质的服务，帮助他们了解和履行其纳税责任，并将税法公平、公正地使用到所有对象”；我国南京市地税局确立的使命陈述为：“立足全行业，追求效率，争创一流；面向纳税人，公正执法，优质服务”。通过确立“共同愿景”，使税务人员拥有共同的向往、价值观和使命感，并引导和强化他们对所要达成目标的高度认同，具备“自我超越”的内在动力。为了使税务组织具有达成目标的能力，征管决策系统要承担起知识学习、创造、普及的任务，致力于改善组织成员的“心智模式”，即转变组织成员的思维方法、思考方式和思想观念，提高组织成员的学习力。更为重要的是，通过“团队学习”的方式，整合开发组织成员的集体智力，逐渐锤炼“系统思考”的能力，运用整体、动态、相互联系的观点分析组织存在的问题和指导组织的发展，使税务组织具有达成目标愿景的内在的、根本的能力。就征管决策系统自身而言，“团队学习”是其基本的组织实现方式，“系统思考”是其能动适应环境、达成组织目标、实施科学决策所应具备的根本能力。“五项修炼”的统合，是征管决策系统学习与变革职能实现的基本运作要求。

决策的事实要素是对环境及环境作用方式的某种描述，这种描述是通过信息的形式来实现的，反映了信息是决策活动的基本载体。随着人类的生产从物质密集型日益转变为数据密集型，现代组织所处的环境是“信息丰富”的环境。税收征管决策实质上就是一个收集、过滤、处理和利用重要的环境状态信息，以最大限度地消除环境认知不确定性的过程，一个完备的决策过程和决策功能是通过数据—信息—知识的不断演化来实现的（如图1－18所示）。

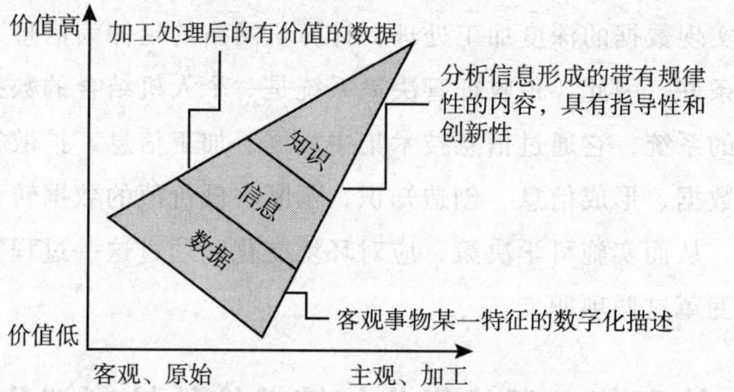

图1－18　数据、信息和知识的含义和关系

一般而言，“数据”是指对客观事物某一特征的数字化描述，“信息”是指加工处理后的有价值的数据，这两者为决策提供基本的“事实要素”，即对环境及环境作用方式的某种描述。“知识”是指分析信息形成的带有规律性的内容，具有指导性和创新性，“知识”是现代组织实施决策、达成目标的核心要素。西蒙等人认为，在“信息爆炸”的当代，重要的不是获得信息而在于对信息进行加工和分析，并使之对决策有用。认为今天的稀有资源不是信息，而是处理信息的能力。作为美国白宫第一智囊的兰德公司是全球最具影响力的决策支持机构，它的数据和理性概念构成了分析先于感知和理解这样一种现实，深深地影响了美国的政治决策。兰德公司的案例反映了分析处理能力在决策活动中的核心作用。作用于决策的处理信息的能力包括决策技术的应用和决策分析知识及“一般知识”的普及，正如托夫勒所说：“数据之有意义，是因为接收数据的人们已经积累了足够的知识以理解这一意义。”美国创新领导中心（Center for Creative Leadership）的研究发现，成功的管理人员更擅长于做到下面四点：经常收集关于个人和组织绩效的反馈，以建设性的方式来解读所获得的信息，运用这些信息来调整个人行为并改进运营效果，帮助他人认识和运用这些经验、教训来提高个人和组织的绩效。这个案例，同样反映了信息、信息处理能力、信息到知识的演化在现代管理中的突出作用。

由此可见，税收征管决策系统的具体运作过程就是大量地搜集占有数据，加工数据形成有价值的信息，分析信息创造知识，并通过知识的创造、积累、扩散，为数据、信息的加工分析提供必要能力的过程。信息技术的迅猛发展，为这一运作过程提供了支撑。随着国内外税收信息化建设的不断深入，税收数据的高度集中已成为主流趋势，并逐渐变为现实。数据挖掘、数据仓库等技术的应用可以实现数据的深度加工处理，计算机网络的延伸为信息、知识的共享普及创造了条件。因此，税收征管决策系统是一个人机结合的数据—信息—知识梯级演化的系统，它通过信息技术集中数据、加工信息、扩散知识，通过专业人员分析数据、形成信息、创造知识，不断将低价值的数据转化为高价值的信息和知识，从而实施科学决策，应对环境变化，通过这一过程实现评估与调整、学习与变革这两项职能。

第四节　现代税收征管系统的控制部位——流程管理子系统

控制是管理过程中的一项重要职能，管理的成败关键在于能否实施有效的控制。在一个系统中，控制的作用在于保持系统的稳定和系统与环境的适应性以实现系统的既定目标。本章前几部分对税收征管系统的探讨，已经论述了税收征管的关注焦点，也即与征管系统相互作用的环境；设计了征管决策子系统和业务子系统，也即征管系统的决策指挥和执行实施部位。围绕税收征管关注焦点的征管决策的执行和业务活动的实施，都需要一个关键的保证性要素——控制来实现。这就需要建构一个征管控制子系统，作用于保持系统的稳定、目标的达成和提高系统对外界环境、内部结构变化的适应性。由于任何工作或任务都是通过流程实现和完成的，无论对结果的控制，还是对过程的控制，都可以归结到对流程的控制上。本章以流程管理总揽各项控制活动，设计一个流程管理子系统发挥控制作用，作为税收征管系统的控制部位。

一、建立控制职能的必要性分析

在管理活动中，控制是实现组织目标的根本措施，是完成计划的重要保证，也是改进工作的有效手段。税收征管作为国家一项重要的经济、行政管理活动，肩负着重要的管理职能和社会使命，必须对征管活动实施有效的控制。

（一）有效控制是实现依法治税目标的根本需要

控制的最高宗旨是实现组织的目标。对于税收征管而言，其基本准则和终极目标是实现依法治税。依法治税的理想状态是使税收征管活动的客体——纳税人和主体——征税人两者的行为最大限度地趋向税法的规定。依法治税目标的实现，从根本上依赖于税收征管活动的控制职能，控制职能的直接作用是控制征管主体——征税人的行为，规范税收执法，形成有效制约，消除执法隐患，减少自由裁量权，使征税人的行为趋向税法规定。对征管客体——纳税人的控制作用，则体现在控制税收征管业务活动的实施，使征管业务活动能够有效作用于纳税人行为状态的改善，使之趋向于税法规定。实现依法治税目标对税收征管的控制职能提出了必然要求，也构成了征管控制职能的根本导向。这是税收征管作为一项行政管理活动所具有的内在特质，也是不同于企业组织控制职能的一个重要方面。

（二）有效控制是提高征管质量和效率的必然要求

管理的最佳效果，是以最小或最为适合的资源投入产生最大的效益。控制论研究的是输入与输出的控制问题。说到底，控制的目的就是要找出如何通过输入得到符合愿望的输出的方法途径，在控制目标输入、结果输出的同时，也控制资源的输入和效益的输出。适应这一要求的最优控制理论的核心思想是：不仅要保证实现控制目的，而且强调要在较短的时间内，以尽可能少的人力、物力、财力等资源的消耗（系统输入量）来实现控制的目的；或者在同样的时间、资源条件下，使系统的输出达到最佳的目标状态。寻求征管资源的合理投入与效益的最大产出，同样是税收征管活动追求的主要管理目标，征管资源投入与效益产出成为衡量税收征管水平的重要标志。从我国情况看，征管资源投入、配置、利用不合理，产出效益不高，征管成本居高不下的问题一直比较突出。以全国税收征收成本率，也即税收成本占税收收入总额的比率为例，无论是纵向比较还是横向比较，征收成本都是越来越高。我国在1994年税制改革前，税收征收成本率为3.12%；税制改革后，征收成本率就一路升高，从1996年的4.73%上升到近年来的接近8%，翻了一倍还多。而多年前的数据显示，一般发达国家的税收征收成本率基本维持在1%左右，美国长期维持低于1%的税收征收成本[①]。因此，合理配置和利用征管资源，有效控制调整资源的输入，保证税收征管的输出达到最佳状态，必须实施有效的控制。

税收征管产出效益、成本水平的具体体现是税收征管的质量和效率，控制征管资源输入与效益产出的具体体现是对征管质量和效率的控制。提高征管质量和效率，也是我国税收征管的重要管理目标。首先，需要对税收征管质量实施有效的控制。美国著名质量管理专家朱兰博士认为：20世纪是生产率的世纪，21世纪是质量的世纪，提高经济效益的巨大潜力隐藏在产品的质量中。迎接21世纪质量的挑战已经成为全球的共识，质量因素已成为各类组织价值体现的核心要素。对于企业组织而言，质量是企业的生命，海尔总裁张瑞敏因此提出："在新经济时代，什么是克敌制胜的法宝？第一是质量，第二是质量，第三还是质量"。提高质量现已被提升为企业社会责任的高度，质量控制管理已成为企业生存发展的基础。税收征管作为国家的一种公共行政管理活动，肩负着重要的管理责任和社会使命，其"产品"质量决定了征管职能、征管价值的实现程度，最终决定税收征管的产出效益，征管质量同样是税收征管的"生命"要素和"社会责任"的实现因素。从我国情况看，征管质量不高的问题较为普遍，管理质量、收入质量、执法质量、服务质量的水平还不够高，影响了征管职能作用的发挥，同时由于质量损失成本的情况比较严重，有效控制征管质量已成为税收征管需要解决的最为急迫的现实问题。从反映税收征管质量的首要指标——税收征收率来看，我国的税收征收率只有70%左右，美国的税收征收率达到87%，日本的税收征收率也在80%以上，与发达国家相比还有较大差距。以税收数据质量为例，在以税收数据为基本载体实施税收管理已成为大趋势的情况下，我国的税收数据质量成为影响征管效能的一个重大问题。国家税务总局在2002年对25个城市国税局CTAIS系统的数据质量专项调查中，共发现数据错误234万个，涉及业务、操作、设置、软件等各方面的问题（如表1－1所示），"以全国最全面最好的CTAIS为例，尚且存在这么多问题，不要说其他软件的会计部分"。[②] 税收数据不准确、不完整、不及时等质量问题是全国各级、各地税务部门的各个征管领域广泛存在的问题，严重性越来越突出。这个问题不仅会对税收征管造成极大的负面影响，使征管业务活动

① 陈宁远．我国税收征收成本率约8%美国长期低于1%．东方早报．2009－08－12．

② 中国国际税收研究会课题组．当代税源管理新论．2005．

无法正常有效地开展甚至产生归零效应，造成巨大的征管资源虚耗，而且问题背后反映出的是税收征管活动中大量存在着的管理或工作质量问题。随着税收征管步入“信息管税”阶段，加强数据质量控制的要求将更加突出。因此，从税收征管的基本要求和实际状态出发，实施有效的征管质量控制，是现代税收征管面临的一项紧迫的重大课题。

表 1-1　25 市国税局数据错误调查统计表　　单位：万个

数据处理阶段	合计		错误原因数量				
	数量	比率%	设置问题	软件问题	业务问题	操作问题	二次需求
数据录入	123	53	32	55	14	16	6
数据加工	64	27	17	29	8		10
报表产生	37	16	6	17	2		12
其他	10	4		7			
合计	234		55	108	24	16	31
比率%		100	24	47	8	7	14

资料来源：《当代税源管理新论》

其次，需要对税收征管效率实施有效控制。税收征管效率是税收征管活动中成果与投入之间的数量比较关系。税收征管成果主要体现为税收收入，以及其他工作效益。投入则表现为税收成本，包括征管成本和纳税成本。征管效率控制在于提高税收征管的劳动生产率和征管成果的产出，降低征管成本和纳税成本。提高征管效率需要对组织征管活动所必备的要素进行优化配置，包括人、财、物等资源条件和组织体系、业务流程、方式制度等管理要素，以降低投入、提高产出，即通过控制活动使上述征管要素的输入取得理想的输出效果，也就是创造条件提升税收征管的生产率，降低征管和纳税成本，使税收征管成果向目标状态转化。从我国目前情况看，反映征管成本的重要指标——人均征税额在 2004 年为 304.63 万元①，与美国的人均 1700 万美元相比差距很大，即使与香港 2001 年的人均 3192 万元相比也有很大差距。我国人均征税额的增长幅度明显低于税收总量的增长幅度，也就是说，征收效率呈下降趋势。通过提高管理控制水平，优化征管要素配置，能够有效解决我国税收征管中存

① 李飞，李怡君．我国税收征收成本分析．税务研究，2008（6）．

在的组织规模膨胀、管理层级过多、工作链条过长、部门分工过细，以及业务流程割裂、协调联动不力等因素造成的征管效率低下的问题。

（三）有效控制是提高征管工作执行力的根本途径

执行力通常是指达成目标的能力。当今社会，执行力已成为社会组织生存发展的基本能力。受到各类组织的高度重视，执行管理是一个计划—执行—控制、再计划—再执行—再控制，螺旋上升的循环过程，其中，计划或目标是整个管理活动的出发点和归宿点，执行是实现计划或目标的行动和过程，控制则是使执行成果达到目标状态的活动和过程。管理控制的一般过程所包含的三个基本步骤：确定控制标准，根据标准衡量执行情况，纠正实际执行情况偏离标准的误差。管理控制实质上就是对执行活动和过程的控制，是影响管理效果和管理水平的关键因素。因此，管理过程中的执行力取决于控制执行行动和过程以达成目标的能力。依法治税、提高税收征管质量和效率作为税收征管的两大目标，需要形成具体的组织愿景、战略规划、管理目标、业务策略和工作计划来加以执行，执行的过程就是一个确定标准、实际执行、衡量执行情况、纠正执行偏差的过程，也是一个控制输入与输出、提高征管执行力的过程。实质上，税收征管总体目标和具体目标的实现，质量和效率状态的提升，最终的作用因素在于征管工作的执行力，而征管执行力则需要依靠控制活动来实现。根据高级汉语大词典对控制的定义“掌握住对象不使其任意活动或超出范围；或使其按控制者的意愿活动”，前者指的是“制”，强调执行；后者指的是“控”，强调执行者的能动性，反映的是执行力。因此，区别于依法治税和提高征管质效对于工作层面的控制，控制对于提高征管工作执行力的意义在于工作层面控制和“人”的积极因素调动两个方面并重，并更加注重于后者。

税收征管作为政府部门的一项行政管理活动，在实际工作中，执法不到位、有令不行、有禁不止、工作落实不力等现象还比较普遍。与企业组织相比，政府组织由于存在人才录用、机构设置等方面的体制性障碍，执行力缺失的问题显得尤为突出，提高执行力的需要也显得尤为迫切。特别是面临日益复杂、快速多变的外界环境，实现税收征管与外界环境的同步化，最终还要靠征管工作的执行力。在前文的讨论中，已经为现代税收征管系统设计了决策子系统，以感知外界变化、制定应对策略，而决策的执行则取决于执行力，通过控制活动保证和提高税收征管的执行力度、速度，才能从真正意义上快速适应飞速变化的外界环境，履行税收征管的管理职能和社会责任。

（四）有效控制是防范税收征管风险的科学手段

控制活动的最佳状态是防止问题的发生，把控制系统建立在前馈而不是简单反馈的基础上，能够提前预测并及时采取措施防止问题的出现。税收征管工作面临着税收风险、执法风险、安全风险、廉政风险、数据质量风险等诸多风险点，还面临着外部的经济风险等。风险的发生会对税收征管造成难以估量的损失，直接制约着税收征管的质量与效率。实施有效的控制，可以防范征管风险的产生，将征管风险化解在事前和事中，避免和减少征管风险带来的损失。

（五）有效控制是税收信息化发展的基本保障

控制对于税收信息化的作用体现在两个方面：一方面，为税收信息化建设提供基本的需求，两者相互依存、相互促进。控制是通过业务流程、组织体系、方式制度等管理要素来实现的，贯穿税收征管的全过程，有效的控制方略可以为税收信息化提供基本的、科学的建设需求；税收信息化同时为征管控制提供有效的技术支撑，通过将税收征管的各个工作环节分解到信息系统的“流水线”上，依托信息化软件设置、相互制约、自动校验、远程监控等功能，提高控制能力和水平。现代管理控制与信息化是一个有机的统一体。另一方面，税收信息化本身具有很高的控制要求，才能达到预期的建设目标。随着信息化成为税收征管必不可少的支撑条件，税收信息化建设成为一项规模庞大的投入与产出活动，投入的资金、技术、人力等资源规模可观，产出的建设成果对税收征管影响巨大。这就需要对税收信息化建设进行科学的规划设计和规范严格的控制，不仅信息化工程建设的具体控制属于控制活动的范畴，而且信息化工程的规划设计实质上也是一种控制活动，是一个确定建设标准、输入建设目标、严格按照标准输出设计成果的过程，这是由信息技术高度标准化的特性所决定的。相比其他行业，IT 行业的工程建设控制更为标准、缜密、规范。美国联邦税务局（IRS）在实施税收信息系统的现代化改造时，将改造工程比喻为彻底重新设计和建设一座人口稠密的大城市比如纽约，要彻底重建所有的地铁、各种管道、地上交通线和高层建筑，而且这些工程在实施时不能妨碍居民的人身安全，不能影响居民生活和商业活动，并且能适应不断增长的人口和人们生活、工作方式的变化。上述比喻形象地展示了信息化工程建设的艰巨性和实施严密控制的必要性。基于此，IRS 的控制工作包括：所有新系统，不论大小都必须符合目标架构且应使用系统生命周期法建设，工程管理办公室管理工程的全过程；所有的核心业务系统都应由一个实施管理委员会管理，由一个各有关方面人员组成的项目组实施，实施部门都应是称职的业务部门，系统从批准建设到完成最初部署不得超过 24 个月；对每一个主要项目而言，开发项目的实施方案应选择私人和公共部门中已成型的最佳业务规范和产品作为备选方案的基础，等等。我国的税收信息化建设在初始阶段，由于缺乏统一规划和整体部署，存在软件应用系统林立、软件系统与税收业务之间不协调、不平衡和软硬件的应用层次低、使用率不高等问题，投入很大，效果却不理想；随着税收信息化的深入发展，现在已经进入以一体化为主要方向、工程建设控制逐步严密规范的阶段。

征管过程日益复杂，工作分工越来越细，技术协作越来越强，组织程度越来越高，管理控制已成为税收征管过程中的一项必不可少、至关重要的管理职能，控制的要求越来越高。整合税收征管活动中的管理控制职能，构建税收征管系统的控制子系统，是维持征管系统稳定、适应环境变化、提高征管执行力、实现征管工作目标的必然需要。

二、征管控制的主要内容和实施方略——建构流程管理子系统

征管控制的主要目的是促进依法治税、提高税收征管质量和效率，因此征管控制的作用对象主要包括征管目标、质量和成本三个方面。对这三个方面的控制，可以分别运用一些现代先进的管理方法，以提高控制的效果、能力和水平，同时需要统揽各项控制方法，形成一个征管控制子系统，总体发挥征管控制作用。

（一）目标控制

控制的最高宗旨是实现组织的目标。目标控制和计划控制是管理活动中常用的、也是最基本的两种控制方式。在本书研究的税收征管系统中，征管决策子系统承担征管工作目标、计划的研究制订和指挥职能，业务子系统承担目标、计划的组织实施职能，为保证征管工作目标、计划的实现，就需要对目标、计划的输入和工作成果的输出加以有效控制。目标控制作为征管活动中最基本的控制方式，同样遵循管理控制的一般规律，即：经上下级协商确定目标后输入系统，施控系统用受控系统运行时的目标状态，相对于输入目标的偏差，来指导或纠正目标执行行为，控制输出的结果，保证目标的达成（如图 1－19 所示）。在目标控制过程中，应具有受控系统自行调节、施控系统只管“两头”（目标输入和目标考评）、应变能力强等特点。也就是说，目标控制既要注重对目标执行结果的控制，还要注重目标执行中的自主、自发调节行为，

达到自我控制的更高境界。

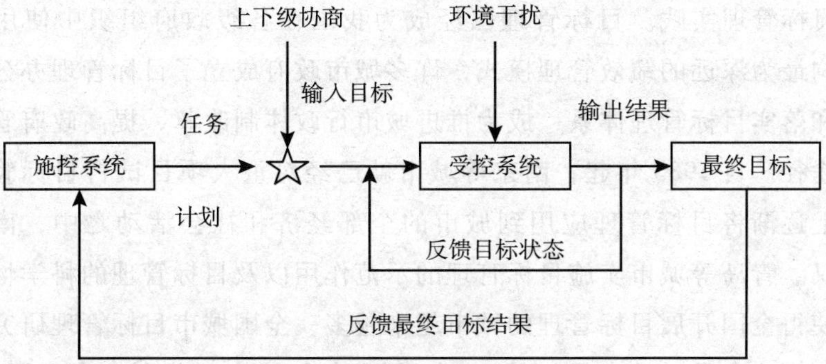

图 1－19　目标控制流程图

为达到目标控制的这两项基本要求，可以运用一些现代先进的管理方式，目标管理是当前各类社会组织控制目标实现的一项具有代表性、普遍性和很强适用性的管理方法。“目标管理”的概念由管理专家彼得·德鲁克（Peter Drucker）最先提出，其后他又提出“目标管理和自我控制”的主张。目标管理是一种程序或过程，它使组织中的上级和下级一起协商，根据组织的使命确定一定时期内组织的总目标，由此决定上、下级部门、人员的责任和分目标，并把这些目标作为组织经营、评估和奖励每个单位和个人贡献的标准。目标管理包括明确目标、参与决策、规定时限、评价绩效等几个方面，这实质上就是一个确定控制标准、根据标准衡量执行情况、纠正实际执行情况偏离标准误差的控制过程。目标管理强调在协商沟通的基础上建立一套完整的目标体系，将组织的整体目标逐级分解，在分解过程中，明确权、责、利，通过组织实施、检查评价以实现目标。目标管理重视结果，以制定目标为起点，以目标完成情况的考核为终结。工作成果是评定目标完成程度的标准，也是考核和奖评的依据。目标管理重视人的因素，是一种参与的、民主的、自我控制的管理制度，也是一种把个人需求与组织目标结合起来的管理制度，上级与下级的关系是平等、尊重、依赖、支持的，下级在承诺目标和被授权之后是自觉、自主和自治的。因此，目标管理除了能够有效控制目标的实现、提高工作成效，还能够实现对个体的有效激励，促进交流沟通，改善人际关系，实现自我管理和控制。所以，目标管理监督的成分虽然很少，但控制目标实现的能力却很强。

在国内外，目标管理在企业和政府机构中都得到了广泛应用。自目标管理引入我国后，先是在企业中出现了各种形式的目标责任制，后来在政府机构也开始了目标管理实践。目标管理已经成为我国在各级政府组织中使用范围最广、影响最为深远的绩效管理模式，许多城市政府成立了目标管理办公室，负责推进和落实目标管理体系，成为推进城市行政体制改革，提高政府管理水平的有效途径。自1985年起，南京等城市就已经对重大项目试行目标管理，在此基础上逐渐将目标管理应用到城市的全部经济和社会活动之中，南京、成都、武汉、青岛等城市实施目标管理的示范作用以及目标管理的科学性和可操作性，使得全国开展目标管理的城市越来越多，全国城市目标管理研究会也因此应运而生，会员城市由最初的13个增加到近70个，分别来自全国的24个省、自治区和直辖市，其中省会城市19个。

与上述各城市政府相比，目标管理在层级众多、网络化分布的税务部门具有更强的适用性。决策理论认为，组织为了实现一定的目标，就要采取一定的手段，如果说实现组织的总体目标或最高目标是组织中最高层管理者的职责的话，那么为了实现这一目标所需要的手段就成了组织中下一层次管理者的目标；为了实现下一层次管理者的目标，又需要采取一定的手段，而这个手段又成了更下一个层次管理者的目标。这样往下不断进行分解，一直到组织的总体目标能通过现有的行动计划或其他具体方法手段的实施来实现为止。于是，在组织中就形成一个不中断的“目标—手段”链，每一个层次的目标既是上一层次目标的手段，又是下一层次手段（活动）的目标。目标管理在税务部门的应用，与税务部门众多管理层级的等级链是相吻合的。通过实施目标管理，构成目标层级系统，形成上下各级目标—手段的链式反应过程，控制各级目标的完成情况，调动上下级的积极性，促进税收工作目标的实现。在我国许多地方的税务部门，目标管理现已经得到较多应用。

除目标管理外，基于目标管理的绩效管理是控制目标实现的另一有效路径。所谓绩效管理是指在管理者与员工之间就目标与如何实现目标达成共识的基础上，通过激励和帮助员工取得优异绩效从而实现组织目标的管理方法，是一项旨在体现组织价值导向并对员工的工作表现及时作出策划、定标、分析、评估、反馈及改善的完整过程。相比目标管理，绩效管理更加注重人的因素，侧重于通过激励员工的行为动机和提高员工的能力素质，以达到改善组织绩效的效果。绩效管理通常运用平衡计分卡（BSC）方法和关键业绩指标（KPI）

两种方法①，科学客观地评价员工绩效，激励工作人员的行为。其中，平衡计分卡是把愿景、使命和战略转化为量度标准的一种方法，以有力推动组织战略的实施。新加坡政府部门通过实施平衡计分卡管理，在改进政府管理绩效、提升服务质量方面收到了明显成效。关键业绩指标（KPI）管理体系实质上是一种考核方法，它通过对影响组织业绩关联性最大的业绩指标或管理指标的有效管理，从而达到提升组织绩效和管理水平的目的。其理论精髓是管理的20/80法则，在组织创造价值的过程中，80%的工作任务是由20%的关键行为完成的，因此必须抓住20%的关键行为，对之进行分析和衡量，抓住业绩评价的重心。两种考量方法的应用，能够有效促进组织结果目标和行为目标在绩效上的统一（如图1-20所示）。

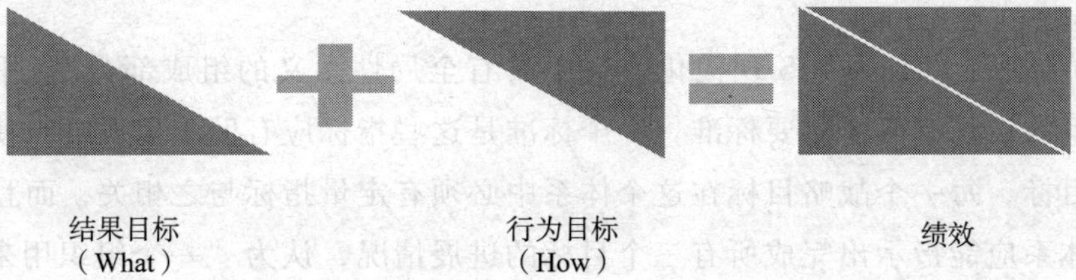

图1-20　结果目标与行为目标在绩效上的统一

更为关键的是，现代绩效管理可以以组织战略目标为导向，通过关键、精细的指标设计，科学的评估考核，合理的个人报酬与发展，营造有利于实现组织目标的组织文化（如图1-21所示）。

美国联邦税务局（IRS）在现代化的进程中，将绩效管理作为实现战略目标的重要手段，是税务机构实行绩效管理、促进目标达成的一个典范。IRS将其确立的三个战略目标作为绩效管理的根本导向，即给每个纳税人提供最高质量服务，向所有纳税人提供最好服务，为员工提供高质量的工作环境而提高生产力。根据三个战略目标建立了一套有助于组织使命和全局战略目标实现的平

---

① 平衡计分卡的英文全称为The Balanced ScoreCard（BSC），是绩效管理中的一种新思路，适用于对部门的团队考核，是实现绩效考核—绩效改进以及战略实施—战略修正的战略目标过程，曾被《哈佛商业评论》评为75年来最具影响力的管理工具之一。关键绩效指标的英文全称为Key Performance Indicators（KPI），是通过对组织内部流程的输入端、输出端的关键参数进行设置、取样、计算、分析，衡量流程绩效的一种目标式量化管理指标，建立明确的切实可行的KPI体系是做好绩效管理的关键。

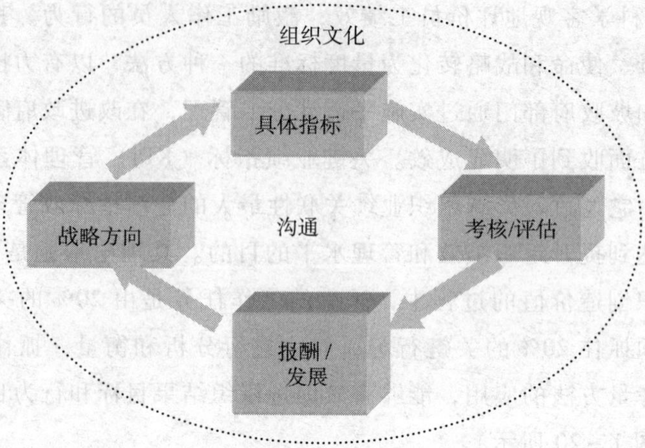

图 1－21　绩效管理条件下促进目标实现的组织文化

衡评价体系，“成为 IRS 现代化改造中具有全局性意义的组成部分”。平衡评价体系的设计有两个重要标准，一个标准是这些指标应有助于实现组织使命和战略目标，每一个战略目标在这个体系中必须有定量指标与之相关，而且整个指标体系应能指示出完成所有三个目标的进展情况，认为“一个组织用来业绩考核的技术反映了这个组织价值标准的核心”；另一个标准是评价体系必须能够评价从最高管理人员到一线工作人员在内的所有层次的员工，因为这有助于产生公共的利益，将整个组织凝聚在共同的目标下，避免不同层次员工之间的冲突和不信任，鼓励有助于推动向全局战略目标前进的行为，减少不和谐的行为。IRS 的平衡评价体系涵盖全局的战略层、管理层和个体层，“每个部门的指标反映这个部门所在层面应负的责任”，“各个员工的绩效衡量标准必须经过认真设计，以便让它们适合各级员工，并且具有可测量性。不管使用哪种测量标准，它们都应该体现奖励什么限制什么，要有助于实现三个战略目标”，“每个员工都用一定的绩效标准进行衡量，作为决定薪酬和升迁的基础，用来计算和评估各级员工的标准应该统一，以便促进和鼓励那些有助于实现战略目标的绩效”；衡量指标由三部分组成：顾客满意度、员工满意度、部门效果（税务部门的目标实现程度），形成了平衡评价体系的总体实施方案，“这些指标反映了我们真正需要的东西，平衡指标体系来源于组织的三个共同目标，组织中各级别的指标协调一致”。各级统一进行绩效评估考核，以评价员工所做出的贡献，承认员工的绩效，提供公平的机会和合理的报酬，激发员工的潜能，尽可能充分运用所有员工的工作经验和聪明才智。

“多年来，IRS将统计工作和考核工作作为管理过程的一部分，这个组织的一个强有力之处在于，员工已习惯于将硬指标作为其工作的指示器”。IRS绩效管理的成效是使每个员工都有责任去完成组织使命，并朝着战略目标不断进步，评价体系并不仅仅作为一个评价标准而存在，而是组织行为的指针，指引改进业务活动的方向，意味着工作方式的深刻变化，它要求员工每天“跟在数字后面”，并知道正在发生的是什么；管理者与员工的工作关系也发生了变化，即使在工作中的具体角色不同，工作目标却更加协调统一，工作成果往往被视为集体努力的结晶；当员工的合理要求得到及时公正的回应时，员工的满意度随着组织效能的提高而提高，而组织效能的提高还会使员工赢得公众的尊重。三个战略目标通过绩效管理在实现过程中相互促进，体现出乘数效应。IRS继而在2005～2009年的战略规划中又提出“通过绩效管理系统将个人表现与组织目标挂钩”，“我们已经建立高级雇员和部门管理者的绩效收入系统，将收入与绩效挂钩。这一做法将扩展到一线管理人员。我们将继续将此系统扩展到所有雇员，最终使所有雇员的表现与整个组织的成功建立直接的联系。”

在我国，绩效管理也在行政管理领域受到了高度重视。党的十七大将绩效管理作为行政管理体制改革的一项重要举措，要求提高政府效能、完善政府绩效管理体系，提出建立以公共服务为取向的政府业绩评价体系、政府绩效评估机制、绩效预算制度和绩效审计制度，形成政府绩效管理的长效机制。顺应这一趋势，中国行政管理学会经国务院领导批准成立了政府绩效管理研究会，本书前面提及的由众多会员城市组成的目标管理研究会也更名为绩效管理研究会①，现任常务理事长的城市是青岛市。青岛市委、市政府在市直单位和12区市中建立的目标绩效管理体系，在全国产生了重要影响。绩效管理同样在我国税务机关受到应有的重视，“金税三期”将绩效考核作为一项重要功能，认为绩效管理是利用绩效信息协助设定统一的绩效目标，进行资源配置与优先顺序的安排，以告知管理者维持或改变目标计划，并且报告成功符合目标的管理过程。具体体现是充分应用收集的数据信息，包括征管业务数据和系统运行中收集的数据，进行详细的工作量统计分析后，制定出科学的考核指标体系，并使用这些指标对税务机关、科室部门和工作人员的工作实施绩效考

① 中国城市绩效管理研究会网站“最新动态”栏目2008年3月的《从目标管理到绩效管理——城市管理方式的改革和变迁》一文介绍了部分城市的政府应用目标管理和绩效管理的情况。

核，这些数据和指标直接反映了每一个单位和个人的工作量及其他绩效指标，能客观公正地评价每个单位、部门的税收征管质量、执法水平和工作效率，评价每一位干部职工的工作实绩和工作效率。通过进一步分析和应用考核结果，进行持续动态的沟通来提高税收管理绩效、实现总体目标、促进税务干部学习和成长。

（二）质量控制

征管质量决定了征管职能的实现程度，最终决定税收征管的产出效益，是体现征管价值的核心因素。质量控制是税收征管活动的一项重要任务，是税收征管系统控制职能至关重要的组成部分。在税收征管活动中，质量控制同样体现了管理控制一般过程所包含的三个基本步骤：确定控制标准；根据标准衡量执行情况；纠正实际执行情况偏离标准的误差。税收征管作为一项行政管理活动，往往是从征管业务本身的需要出发，自觉地开展质量控制活动，在质量控制方面缺乏系统成型的管理理念和管理方法。随着税收征管工作的发展，传统征管质量控制方式已越来越难以满足征管质量控制的需要。当前，一些现代先进的质量管理方法已成为企业管理的根基，把这些方法运用于税收征管，可以有效提高征管质量控制的能力和水平。

全面质量管理（TQM）和 ISO 9000 质量管理体系是目前应用范围广泛、管理效果明显的两种质量管理方式。全面质量管理作为以质量为中心的现代管理方式，是企业为了保证和提高产品质量综合运用的一整套质量管理思想、体系、手段和方法；ISO 9000 系列标准则是在总结各国质量管理经验的基础上，经过广泛研究协商，由国际标准化组织所制定的一系列质量管理和质量保证标准。两者的质量持续改进、以客户为导向、强调领导作用、系统管理、预防为主、过程控制、全员参与等共同的管理理念、原理，可以在征管质量控制上得到有效运用。特别是 ISO 9000 质量管理体系，在行政机关更具适用性和可行性，主要体现在以下几个方面：

一是建立 PDCA 管理循环。在税收征管活动中形成包括计划（P）—执行（D）—检查（C）—处理（A）四个阶段和分析现状、找出原因、分析主要原因、制定措施、执行、检查、标准化、未决问题转入下一循环的质量控制过程（如图 1－22 所示），实现征管质量周而复始的螺旋式上升（如图 1－23 所示）。

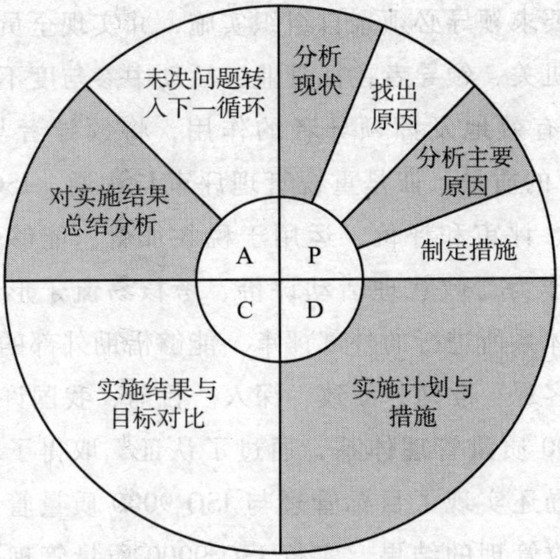

图 1－22　PDCA 管理循环示意图

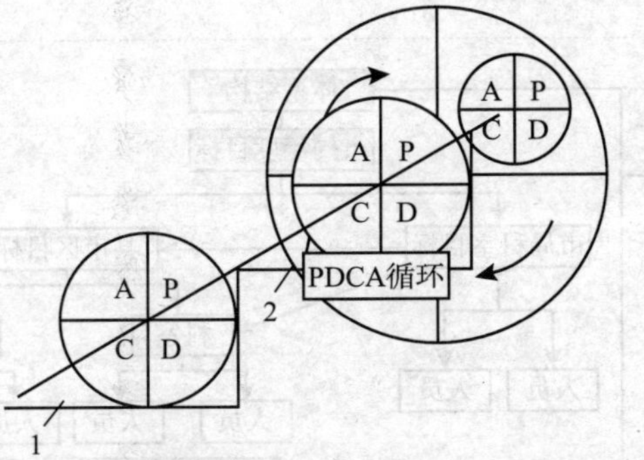

图 1－23　PDCA 条件下工作质量螺旋式上升示意图

二是树立以客户为导向的理念。在税收征管活动中，长期以来缺乏以“客户”为中心的意识，将纳税人作为管理对象来对待。树立以“客户”为导向的理念，一方面，可以将纳税人视为“客户”，更加有针对性地关注纳税人的行为模式，明确纳税监控、纳税服务、申报征收等征管业务的质量目标和控制标准，实施更有效的质量控制。确立以纳税人为“客户”的导向，也顺应了当前以新公共管理运动为主要内容的行政管理改革的要求。另一方面，还可以确定征管过程中内部具体征管环节所面向的“客户”，如前端业务以后端为“客户”，确立质量标准，形成质量标准明确，可测量评价、具有责任的征管业务流程。海尔集团高水平质量管理的其中一项重要举措就是确定内部“用户”，形成为“顾客”服务的生产流程，可以借鉴运用于税收征管业务活动中。

三是强调领导的作用，实现全员参与。突出税收征管活动中领导的作用，明确领导的职责，要求领导必须亲自组织实施，并实现全员参与。这能够解决税务机关作为行政机关，领导者在征管业务活动中参与度不够、职责不够明晰的问题，从而更加有效地发挥领导者的作用，将领导者与征管活动相"绑定"，提高税收征管的质量。四是重视管理评审与沟通。ISO 9000 系列标准重视质量体系的审核、评审和评价，运用于税收征管，能够强化管理评审与沟通，解决税收征管作为行政管理活动评价、考核易流于形式的问题。特别是 ISO 9000 质量管理体系所进行的外部评审，能够借助外部的专家资源使征管质量管理的评价更为客观、准确、细致、深入。目前，我国许多地方的税务机关已经引入了 ISO 9000 质量管理体系，通过了认证，取得了明显的成效。山东省泰安市地方税务局还实现了目标管理与 ISO 9000 质量管理的有机结合，运用目标管理控制税收管理的结果，实行 ISO 9000 质量管理控制税收管理的过程（如图 1－24 所示①），提升管理效能的作用十分明显。

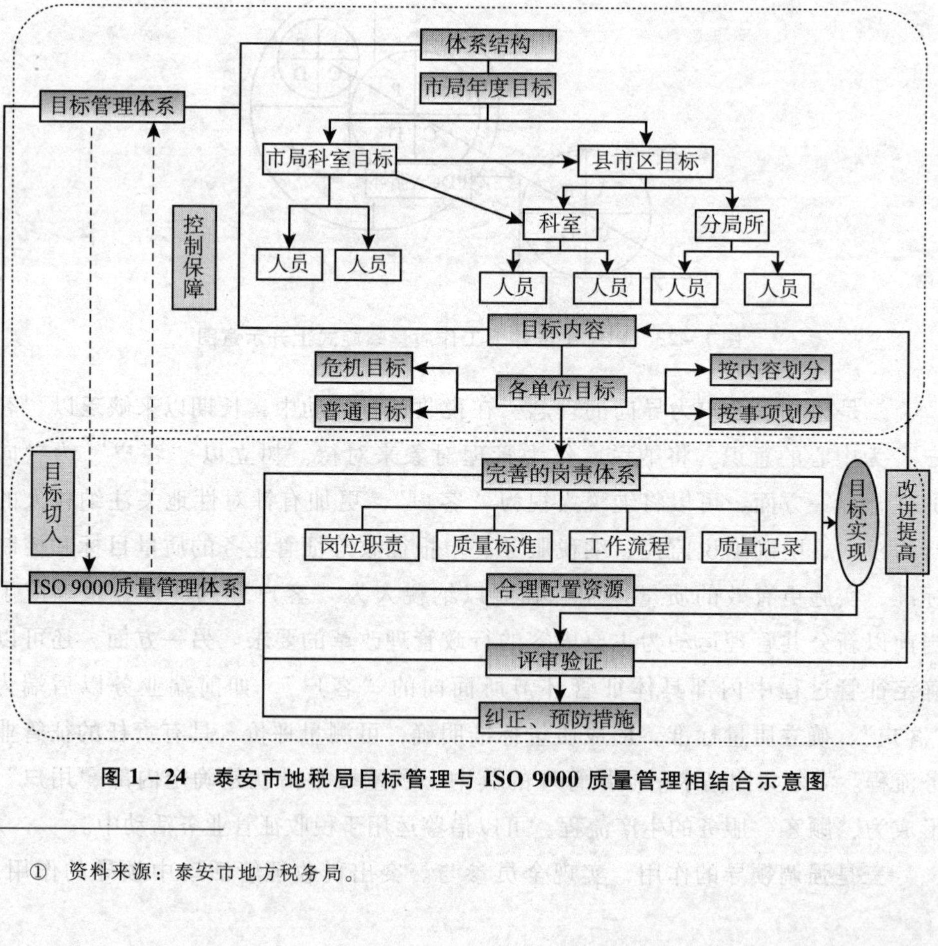

图 1－24　泰安市地税局目标管理与 ISO 9000 质量管理相结合示意图

① 资料来源：泰安市地方税务局。

六西格玛（Six Sigma）是从全面质量管理演变出的以顾客为主体来确定企业战略目标和产品开发设计的标尺，追求持续进步的一种管理哲学和管理模式。其核心是追求零缺陷生产，防范产品责任风险，降低成本，提高顾客满意度和忠诚度。它既着眼于产品、服务质量，又关注过程的改进。“σ”是希腊文的一个字母，在统计学上用来表示标准偏差值，用以描述总体中的个体离均值的偏离程度，测量出的σ表征着诸如单位缺陷、百万缺陷或错误的概率性，σ值越大，缺陷或错误就越少；6σ是一个目标，这个质量水平意味着所有的过程和结果中，99.99966%是无缺陷的，也就是说，做100万件事情，其中只有3.4件是有缺陷的，这几乎趋近到人类能够达到的最为完美的境界。六西格玛现已成为世界上追求管理卓越性的企业的一项重要的战略举措，不但在企业中得到广泛应用，而且在政府部门和机构中得到推广，在美国，甚至连陆海空三军都引进了6Sigma系统。美国通用电器公司前首席执行官杰克·韦尔奇曾评价说：“6Sigma是GE公司历史上最重要、最有价值、最赢利的事业。我们的目标是成为一个6Sigma公司，这将意味着公司的产品、服务、交易零缺陷。”随着税收信息数据成为税收征管的主要媒介和基本载体，数据质量成为决定征管质量水平的核心因素，细微的数据质量问题都会引发征管活动的归零效应，像在纳税评估工作中，个别不准确、不完整的税收数据会使整项工作变得徒劳无功。因此，六西格玛作为组织集中于开发和提供近乎完美产品和服务的一个高度规范化、数字化的过程，应用在税收征管活动中，能够“测量”出一个过程有多少个缺陷，进而系统地分析出怎样消除它们和尽可能地接近“零缺陷”，特别是对于税收数据质量管理大有裨益，有利于实现税收数据的突破性质量改进，最大限度地减少因数据质量问题引发的征管损失。

（三）成本控制

征管成本控制，是为了有效地利用征管资源，优化投入与产出效益，征管效率具体体现为征管成本问题。虽然将本书上面提到的现代质量管理方法应用于税收征管，也能够收到降低征管成本的成效，现代的成本管理也包含有质量成本的因素，但两者仍属于不同的管理范畴，管理的出发点、路径和落脚点有着本质的不同。在税收征管活动中，征管成本主要包括人力成本、公务成本和设施成本三大部分，其中，起主导作用的是人力成本，表现最活跃、变动最显著的是公务成本，一次性支出最大的是设施成本[①]。从我国的情况来看，在2002～2006年征管战略规划中所测算的征管人力成本，21世纪初有80%～90%的税务人员管理着10%～20%的税收收入，而10%～20%的人员管理着80%～90%的税收收入，人力资源配置明显不合理，再加上人员数量的膨胀、费用支出的增加，征收成本因此居高不下；在公务成本方面，除了常规的办公、交通、通信、会议、接待等费用形成的成本外，税务机构的设置也是影响征管成本的一项重大因素，如基层征管机构设置过于分散，尤其是科级以下的分局和税务所数量过于庞大，造成税收成本过高。在设施成本方面，最主要的是税收信息化建设的投入，由于缺乏统一规划、造成重复建设、软硬件资源利用程度不高等因素，使耗资巨大的税收信息化建设存在很大的浪费。在传统的征管模式和管理理念中，征管成本被长时期忽略，优化征管资源投入、提高征管效益产出的现实要求越来越突出。

提高征管效率、降低征管成本的有效路径，一方面是注重税收总规模对征管成本的影响。"增加税收收入的总量是比减少征管费用开支更加有效地降低成本的方法"[②]，这就需要着眼于税收征收率的提升，实现科学化、专业化、精细化、信息化的税收管理，提高税收征管的产出效益，税收征管科学化、专业化、精细化的过程，就是一个实施有效的管理控制的过程；另一方面，则是要实施有效的成本控制。以树立各级税务人员特别是决策层领导者的成本意识为前提，优化征管人力资源配置，精简征管机构设置，改进管理方式方法，提高信息化支撑能力，合理投入信息化建设资金，并科学测量分析征管成本的结构，实施有效的监督、评价、考核，建立税收征管成本管理机制。征管成本控制的运作机理就是优化征管成本的投入量、提高产出量，基本步骤包括明确成本目标、实行调节和实施考核。没有预定的成本目标，成本控制就失去了方向；不进行调节就等于没有控制；不实行考核，成本控制就不会有结果。由于税收征管系统是一个规模庞大、结构复杂、功能综合、因素众多的大系统，对于征管成本控制，应采用多级控制、多层控制和多段控制并用的方式。其中，多级控制是指按照税收征管的组织形式划分层级，实施征管成本控制，上一级控制下一级，并进行协调，形成递阶控制结构；多层控制是指按照税收征管的基层（操作层）、中层（管理层）和高层（决策层）实施征管成本控制，不同

① 地方财政研究中心．地方政府运行成本研究．经济科学出版社，2002.

② 国家税务总局．《2002～2006年中国税收征收管理战略规划纲要》国税函〔2003〕267号．

的层次发挥不同的成本控制职能；多段控制是指将税收征管过程分为不同环节、阶段实施征管成本控制。总体形成涵盖各层级、各层次人员和征管活动各阶段的成本管理体系，实行全面成本管理，在调控征管成本投入、优化效益产出的同时，更为重要的是树立税务人员的成本意识，发动广大工作人员，调动全体员工的积极性，最大限度地发掘降低成本的潜力，提高税收征管成本管理的整体水平。

实施征管成本控制，还要正确处理提高征管质量与降低税收成本的关系。从常规意义上理解，征管质量的提高往往会相应带来征管成本的上升，降低征管成本会影响征管质量控制上的资源投入。但在很多情况下，税收征管质量和效率是统一的。如，征管质量提高带来的税收流失减少、税收征收率上升，会使税收成本率下降，表明征管效率提高；相反，即使税收成本较低，但如果税收流失严重、税收征收率不高，征管效率也不会高。质量提高带来的成本降低在企业界已有明显显现，像摩托罗拉公司由于实施 6σ 管理，1987~1997 年的 10 年间节省成本累计达 140 亿美元；6σ 管理的实施，使霍尼韦尔公司 1999 年一年就节约成本 6 亿美元。因此，税收征管应在控制征管质量的前提下，实施征管成本控制。同时，在某些情况下，对征管成本控制有所侧重。如，当税收流失规模很大、征收率很低时，增加较少费用，就可带来较多税收，提高征管质量的边际成本很低；而当税收征收率达到一定水平后，收入随征管成本增加而增加的速度放缓，随着征收率的提高，征管质量的边际成本将越来越高，这时就需要摆好征管质量控制和成本控制的关系，相对侧重于征管成本的控制。

（四）实施征管控制的总体方略——流程管理

税务部门作为多层级的行政管理部门，其行政体制决定了税收征管必须采取集中统一控制的方式，但随着征管业务日趋复杂，分工越来越细，集中控制条件下信息传输效率低、适应性差、控制过程繁杂、缺乏活力等不足逐渐显现出来，这就需要采取分散控制的方式。分散控制是指在执行决策阶段，总问题的“解”分别由各层级导出，这些层级具有较强的独立性，可以自由选择自己的行为；分散控制在信息传输上，每个层次在其管辖的范围内具有最大的独立性，因而也就获得了获取信息的广泛性和自由性，各层级之间不仅是纵向信息传输，而且还有横向信息传输和交流，具有信息传输效率高、适应性强、控制简便的特点。税收征管系统应在集中控制的基础上实现分散控制，做到统一性和自主性、适应性相结合。前面涉及的几种现代管理方式主要适用于分散控制的方式，目标管理和绩效管理虽然也能用于集中控制，但还不足以统合征管控制的各项内容、集成运用各项管理方法，这就需要找寻一种区别于传统行政指令性控制的现代集中控制方式，统揽各种分散控制方式，实现税收征管集中控制和分散控制的有机结合。由于任何工作或任务的完成、管理方法的运用都是通过一定的流程来实现的，加上征管业务流程又具有内在的统一性、规范性，特别是随着税收信息化的支撑到位，实施流程控制拥有无法比拟的优势。因此，现代税收征管适宜运用流程管理集中整合征管控制职能，集成应用各项现代管理方式，实现集中控制与分散控制的有机结合。

1993 年，美国学者迈克尔·哈默提出了业务流程的概念，并赋予业务流程一个基本的定义：有组织的活动，相互联系，为客户创造价值。根据这个概念，税收征管流程可以定义为：为了完成税收征管目标而进行的一系列逻辑相关的活动（如图 1－25 所示）。征管流程是征管活动过程的具体反映，是征管目标实现、征管业务实施的路径。

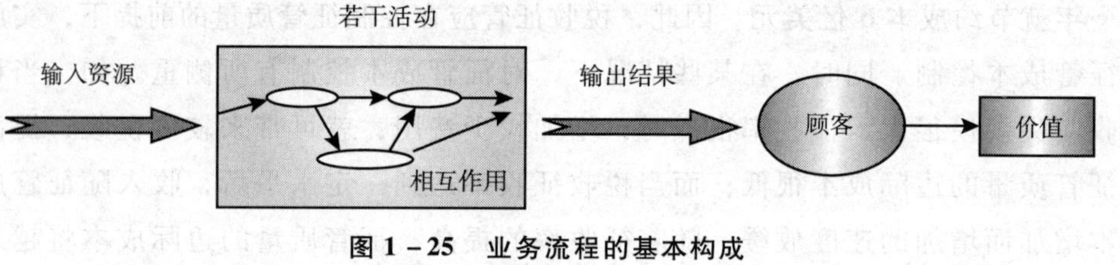

图 1－25　业务流程的基本构成

税收征管流程的基本内容是业务流程，即逻辑相关的具体征管业务活动，体现在纳税服务流程、申报征收流程、纳税监控流程、配套流程等四个方面，体现为登记流程、咨询流程、申报流程、稽查流程、审批流程、评估流程、复议流程、资料传递流程等许多具体的业务过程。这些具体流程根据功能相关构成不同的过程体系，很多情况下，人们从实现法定价值的角度把这些流程统称为税收执法流程。从不同的角度看，征管流程可分为前台业务流程、后台业务流程，核心业务流程、辅助业务流程，由纳税人发起的流程、其他相关方发起的流程、内部发起的流程等划分方式，这些划分体现了征管业务开展的不同特点和要求的多重角度，构成一个征管业务流程体系（如图 1－26 所示）。

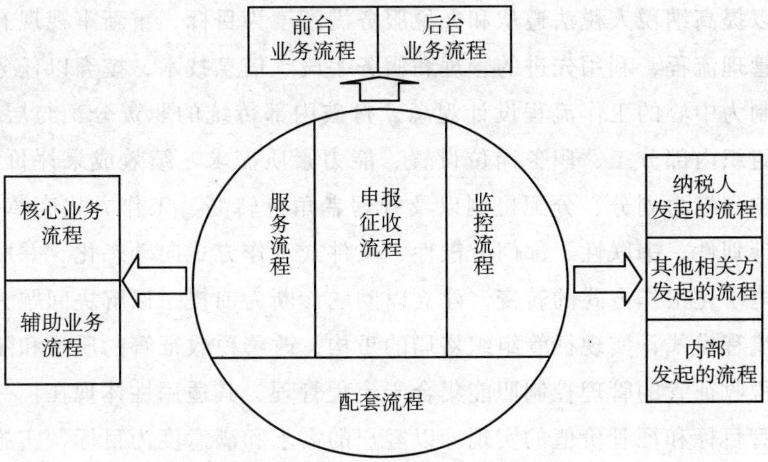

图 1-26 征管业务流程体系

一般认为，流程管理（process management）是一种以规范化的构造端到端的卓越业务流程为中心，以持续的提高组织业务绩效为目的的系统化方法。这种管理方法包括流程分析、流程定义与重定义、资源分配、时间安排、流程质量与效率测评、流程优化等内容。对税收征管流程进行管理，通过管理征管流程来组织税收征管活动的方式就是税收征管的流程管理。征管流程管理的内容包括进行征管流程的设定、保持和改变，并按照流程对征管资源进行组织与利用、实施与控制征管过程、取得与评价征管成果等。这些管理内容分别体现到征管流程设置、流程再造过程之中，具体体现到征管业务规则和标准管理、岗责机构管理、信息管理、评价考核等方面的操作之中。对税收征管过程实施流程管理，实质上是以系统论的方法控制征管的资源与活动，使之得到整体优化。

流程再造是流程管理的核心内容，决定着整个管理是否高效。流程再造（BPR）是为了飞跃性地改善成本、质量、服务、速度等现代企业的主要运营基础，对工作流程进行根本性的重新思考并彻底改革。它强调以业务流程为改造对象和中心，以关心客户的需求和满意度为目标，对现有的业务流程进行根本的再思考和彻底的再设计，利用先进的制造技术、信息技术以及现代化的管理手段，最大限度地实现技术上的功能集成和管理上的职能集成，以打破传统的职能型组织结构，建立全新的过程型组织结构，从而实现组织在成本、质量、服务和速度等方面的巨大改善。由信息时代和知识经济浪潮带来世界范围的第三次管理革命在全球大型企业兴起并蔓延到政府组织，革命的主要内容就是流程再造。征管业务流程再造是税务机关在反思传统行政业务流程弊端的基础上，以提高纳税人税法遵从和办税服务满意度为目标，重新审视现有的税收制度和管理流程，利用先进的管理和服务手段、信息技术，摈弃以任务分工与计划控制为中心的工作流程设计观念，打破内部传统的职责分工与层级界限，涉及对组织内部分工、职务岗位设置、能力素质需求、绩效成果评价的改变，甚至影响到权力划分、分配机制以及管理者角色转变、工作方式变革等因素，实现由计划性、串联性、部门分散性、文件式工作方式向动态化、并联化、集成化、电子化工作方式的转变，建立以问题诊断为前提，以解决问题为宗旨的服务型流程模式，实现征管组织格局的重构，改善税收征管的质量和效率。

将税收征管的管理控制职能集合于流程管理，其适用性体现在：一是可以促进征管目标和征管价值的实现。以客户的需求和满意度为目标，实施业务流程再造，具体到税收征管中，就是以纳税人的行为方式为关注焦点，以依法治税、提高征管质量和效率等征管目标为导向，进行以业务流程重组为主要内容的管理思想理念的更新、体制机制的改造和方式方法的创新，在目标上体现税收征管的价值取向，在内容上承载所有征管业务的内容，在过程上联结为征管业务活动体系，在功能上体现征管目标结果及控制方式，使税收征管活动能够围绕征管目标有效开展，飞跃性地改善征管成本、质量、服务、速度，从而更好地实现税收征管的基本职能。二是可以将现代先进的管理方式集成应用于税收征管。流程再造强调重新设计管理体系，从而可以通过征管业务流程重组将目标管理、绩效管理、质量管理、成本管理等现代先进管理方式蕴涵于流程管理之中，形成系统健全的管理体系，实现各种管理方式的集成应用，并在不同的方面发挥应有的作用。三是可以优化征管组织结构。流程管理强调管理面向业务流程，流程决定机构，流程再造强调打破传统的职能型组织结构，建立全新的过程型组织结构。征管业务流程重组必然涉及征管组织结构的优化改良，在业务流程中建立控制程序，压缩管理层次，促进管理的扁平化，以提高管理效率。而组织结构的调整优化是其他管理方式很少涉及的问题。四是可以提高税收信息化的建设应用水平。业务流程重组与信息化建设应用是互为一体的，流程重组为信息化提供建设应用需求，而信息化是业务流程重组的支撑实现方式。税收信息化建设以业务流程重组为前提，才能收到理想的效果、发挥应有的作用。我国的“金税三期”工程就全面借鉴了业务流程再造的管理思想、方式进行了规划设计和建设。从现代企业的成功案例来看，海尔集团的业务流程再造就是以企业战略、愿景、绩效为总体导向，以时间、成本、质量、风险的控制优化为主要内容，将绩效考核作为重要手段，将全面质量管理

（TQM）、全面生产管理（TPM）、全面预算管理（TBM）、企业文化（ECM）、人力资源（HRM）等蕴涵于流程再造之中，以业务流程体系定制信息系统体系和组织架构，明显体现出了上述四个方面的进步。

与企业组织相比，政府部门的流程再造有其特殊性，“政府流程再造的本质是对政府在政治环境中的任务、产品与服务流程进行彻底的变革与改善，必然与政治环境的变化息息相关。在政府流程再造的过程中，各种利益集团的博弈将影响和制约着流程再造的深度和广度，传统的以部门职能为核心的流程将被围绕过程与结果进行系统设计的流程取代，这势必引起政府部门功能定位、权力配置、职位分类、绩效评估、薪酬体系等敏感因素的变化，因此在政府部门实施流程再造会遭遇更大的阻力和障碍”①。税收征管业务流程再造因此作为一项复杂、庞大的系统工程，实施起来有很大的难度，但顺应税收征管的现代发展趋势，以流程再造为主要内容的流程管理已势在必行。原国家税务总局局长谢旭人在《中国税收管理》一书中提出：“税收科学化、精细化管理强调要借鉴现代管理理论，按照精简程序、理清环节、分清责任、明确标准的要求，健全和优化税收管理工作流程，使各项工作均以流程运行。在流程设计中要做到目标明确，环节清晰，形成上下互动、左右联动、环环相扣的有机链条，努力实现各环节间的‘无缝衔接’，有机配合，信息共享，既相互促进又相互制约，既提高效率又减少差错。”流程再造已经在国内外许多税务部门得到应用。美国旧金山地区税务局通过流程再造，每位职员工作效率提高了22%；康州哈特福德县税务局处理事件周期从14.7天减少到1.4天；国内较早开展流程再造探索的江苏省淮安市国税局也取得了一些显著的成果，产生了较大的影响。因此，现代税收征管系统把税收征管控制职能的实现定位于流程管理，构建流程管理子系统发挥控制作用，以业务流程再造为主要手段实现流程管理，结合其他管理方式的运用，实现对征管目标、质量、成本的有效控制。

三、征管流程管理子系统的建构路径

建构征管流程管理子系统，实现对税收征管活动和行为的有效控制，其本质作用归根结底是提高税收征管的执行力，借以促进征管目标的达成和飞跃性地改善税收征管的质量、成本和发展速度等，这样才能使税收征管与纳税人、

① 姜晓萍．政府流程再造的基础理论与现实意义．中国行政管理，2006（5）．

社会环境的飞速变化保持同步，有效发挥税收征管的职能。成功实施征管业务流程管理以提高税收征管的执行力，需统筹做好两方面的工作：一方面，需要优化业务流程、组织结构、管理体系等硬性因素；另一方面，需要优化领导行为、沟通方式等软性因素，实现组织成员信念、行为等的改善。只有软硬件的有机结合，才能达到理想的效果。正如一个计算机系统，在配置硬件的同时更需要搭配一定的软件系统，计算机的运行才能达到既定的功用。

（一）硬件的改造

征管流程管理子系统的硬件改造即对实体性的征管业务流程实施优化重组，概括而言，就是通过业务流程把征管资源有效转化为征管能力，达到税收征管的目标，实现税收征管的价值。狭义的征管业务流程仅指税收征管的作业流程，广义的征管业务流程则应包括作业流程、策略流程、人员流程和信息流程四个方面的内容。实现税收征管的管理控制职能，提高税收征管的执行力，仅通过征管作业流程显然是无法实现的，需要从广义流程的角度出发，统筹实现征管作业流程、策略流程、人员流程和信息流程的优化重组。

征管作业流程是征管流程的具体载体和表现形式。由于税收征管的法制性要求，征管作业流程必须严格按照税法规定进行程序化、标准化、规范化设置，这是征管作业流程最基本的要求。进而在依法治税的总体前提下，对征管作业流程进行全面的功能和效率分析，发现存在的问题，寻求最佳的业务开展过程和业务开展过程每一个环节的最佳要求，设计流程改进方案，实施流程优化重组，通过明确标准、规范过程，降低无效及冲突活动发生的可能性，使税收征管工作由不确定转向确定，由粗放走向精细，实现对业务开展结果质量与效率的有效控制。

征管策略流程是实现税收征管目标、计划的过程。也就是将税收征管的愿景使命、战略规划和绩效目标等细化分解为具体的目标、计划，通过建立各层级、各部位的“目标—手段”链条，确定和输入目标，衡量目标实现的成效，纠正目标完成的偏差，持续促进征管使命、战略的达成。征管策略流程的设计最重要的是要有策略基石，所谓策略基石就是实现征管愿景、战略的策略执行重点，由策略重点导出各式各样的执行方案，确定策略实施的优先级，形成不同层次、不同阶段的目标执行策略，据以合理配置和利用征管资源。通俗地说，就是优化策略实现过程：明确实现征管目标所要做的不可或缺的事情，该如何着手这些事情，做这些事情需要什么样的能力和资源，该优先做什么，短期、中期与长期该做些什么，如何纠正偏差，使行动持续趋向于目标达成。

征管人员流程是为了实现目标而实施的征管人力资源管理的过程。由于人力资源是税收征管的核心资源，所以有必要建立一个与征管作业流程和策略流程并行的征管人员流程，这样才能更有效地实现税收征管的各项目标。相对而言，人员流程比策略流程和作业流程更为重要，因为税收征管毕竟要靠人员来制定和实施策略、完成作业。人员流程主要有三项内容：首先是精准而深入地评量每位员工；其次是适应策略执行的需要，合理地配置和使用人员；第三则是根据征管目标，实现人才的培养和储备。简言之，就是要确定组织中有什么人，如何使用这些人，让他们做什么样的工作，需要培养什么人和如何培养这些人。美国联邦税务局在 2005 ~ 2009 年战略规划中提出：现代化也包括工作流程的现代化，以及使我们的工作团队适应 21 世纪的挑战，包括补充合格的劳动力大军，提高劳动力技巧，保证未来领导干部队伍的稳定持续发展等，尽力为员工提供任何有助于他们个人成长的机会。我们将为员工学习和发展提供各种可能的选择，采用各种方式提高他们的关键能力。采用最新的技术和方法培训员工，便利他们持续和及时学习。

征管信息流程是上述流程内在联系的基础，是控制作用的具体实现方式。信息方法是实现科学管理的有效手段，是现代管理的基本特征，信息方法就是区别于传统方法注重物质和能量在事物运动变化过程中的作用，而以信息的运动作为分析和处理问题的基础。它完全撇开系统的具体运动形态，把系统的有目的的运动抽象为信息变换过程。信息和反馈是控制论思想的核心，控制的机制在于信息反馈的作用，反馈原理是控制论最基本、最重要的原理，一个系统之所以能按预定目的实现控制，就是因为该系统内部的各组成部分之间以及系统与其外部环境之间存在着信息流通和信息反馈（如图 1 – 27 所示）。征管作业、策略和人员流程均可抽象为信息运动的过程，表现为信息从输入到输出，经过反馈再一次重新输入的过程。因此，需要通过设计优化征管作业、策略和人员流程的信息输入、存储、处理、输出等活动过程，实现有效的信息反馈控制作用。

完备的征管业务流程管理应包括征管作业流程、策略流程、人员流程和信息流程。其中，策略流程是为了将征管资源转化为实现征管目标的能力，通过合理配置资源、科学有序实施，促进征管愿景、战略、目标的实现；人员流程是为了实现征管目标而提高征管人力资源管理的能力，使征管人力资源这一税收征管的核心资源能够满足和服务于征管目标的实现；作业流程则是税收征管的具体工作方式，除了要在法制规范的基础上完成税收征管的基本作业外，还

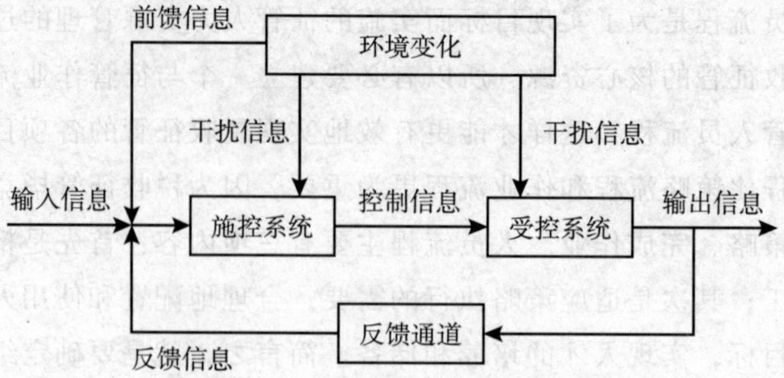

图 1－27 信息反馈作用示意图

要承载征管策略流程和人员流程，改善征管质量和效率状态；信息流程则是上述三项流程的信息运动过程，发挥反馈控制作用，实现工作和管理活动的循环持续改善，尤其是随着税收信息化建设应用条件的日趋成熟，征管作业流程以信息流驱动工作流已成为现代税收征管的发展趋势。实施征管业务流程优化重组，必须实现这四项流程的同步化改造、管理（如图 1－28 所示）。

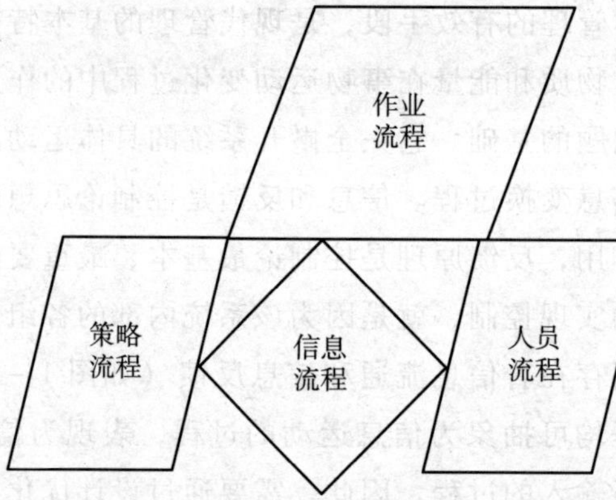

图 1－28 征管流程管理包含的四项流程

（二）软件的改造

提高税收征管的执行力，实施征管业务流程管理，仅靠实体性的征管业务流程优化重组等硬件因素的改造是不够的，还必须同时关注组织成员信念、行为等软件因素的改善，激发人的活力，实现硬件和软件的有机结合，才能真正提高税收征管的执行力，促进征管目标的达成和征管价值的实现。海尔集团的业务流程再造工程提出了“流程再造最重要的是人的再造”的理念，以及员工观念再造和知识再造的内容，将流程再造归根结底定位于“人的再造”。改善组织成员的信念、行为成为现代流程再造的深层次动因和方向，税收征管流程再造对于“人的再造”的作用体现在以下几个方面：

一是改进沟通交流方式，促进工作人员行为动机的改善。改进传统税收征管多层级状况下交流沟通迟缓、不通畅的问题，通过开展目标管理、绩效管理等，实行坦诚、平等的对话交流，实现有效的沟通、宣贯和绩效评价，促进税务人员对税收征管价值取向和愿景使命、战略目标的认同；形成平等、尊重、依赖、支持的上下级关系，促进征管工作目标与个人需求的有机结合，将个体价值诉求蕴涵于工作目标之中，改善工作人员的行为动机，促进自觉、自主和自治的自我管理和控制。

二是建立绩效评价标准，促进工作人员行为方式的改善。通过建立科学、客观、可测量的绩效评价体系，用业务考核体现征管价值标准，体现奖励什么限制什么，反映何种行为应该受到褒奖、何种行为无足轻重以及何种行为应受到处罚，客观评价工作人员的贡献，根据工作业绩提供公平的机会和合理的报酬，决定工作人员的薪酬和升迁，激励那些体现征管价值、促进征管目标实现的行为。

三是通过全员参与，促进工作人员意识观念的改善。质量管理、成本管理等现代管理方式，普遍强调全员参与的重要性，通过这些现代管理方式在税收征管中的应用，可以明确每名员工在工作中的责任、权利和工作标准，增强工作人员的质量意识、成本意识、团队意识、持续改进意识等，促进员工心智模式的改善，意识层面的转变更有利于员工主动地去实现质量、成本控制的目标。

四是改进领导方式，深刻影响工作人员的行为。建立一个以执行为导向的组织，领导的行为在其中发挥着至关重要的作用，领导者必须以身作则，高度参与实际执行，与工作人员进行有效的沟通对话，对业绩实施考核，这会增强领导者与员工之间的信任，在员工的信念、行为改善等方面发挥示范与强化作用。因此，领导者的行为是征管流程管理软件因素改造的关键因素，税务部门作为行政机关，领导者领导方式、行为方式的改变往往受到行政体制、机关文化等因素的制约，但仍是税收征管流程再造软件因素不可回避的一个重要方面。现代目标管理、绩效管理、质量管理、流程再造等管理方式都高度重视领导者的参与和表率作用，这些管理方式在税务部门的运用，可以改善领导者的行为，提高领导者在执行活动中的参与度，影响工作人员的行为。美国联邦税务局建立平衡评价体系的一个重要标准是“必须能够评价从最高管理人员到一线工作人员在内的所有层次的员工”，其业绩考核包含了战略层和管理层，尤其是在管理层，将员工满意度作为一项重要指标，测量“高质量工作环境中的生产力”，以推动建立一个便于员工高效工作的环境，“该环境应该提供高质量的领导，充分的培训和有效的支持服务”。这一考核指标的设立，实质上就是作用于领导方式的改善。

硬件因素和软件因素构成了提高征管工作执行力的两个不可或缺的方面，硬件因素是在制度层面明确工作人员执行的责任，规范执行的行为，配置执行的资源，控制目标的实现；软件因素则是在文化层面促进工作人员自主执行的动机、意识、行为的养成，形成自主执行、自我控制和管理的组织文化，形成趋向目标的内在动力。征管流程管理必须实现硬件因素和软件因素的紧密结合、相互促进，流程等硬件因素的改造需要以形成执行力的组织文化为导向，在制度层面高度关注“人”的核心作用；软件因素改造则需要以硬件因素改造为载体，倡导和树立良好的组织执行文化，促进工作人员自主、自觉的执行意识和自我管理、控制习惯的养成，使硬件因素更为有效地发挥作用。通过两者的有机结合，促进征管目标、价值的实现，飞跃性地改善税收征管的质量、成本和发展速度。

第五节 现代税收征管过程模型综述

本书在前几部分论述了一个具有现代意义的税收征管系统所应具有的组成部分，这几个组成部分集合而成的现代税收征管系统，通过系统各构成要素功能作用的集成发挥，与税收征管所关注的焦点交互作用，整体形成了本书所研究的现代税收征管过程模型（如图 1 - 29 所示）。这一过程模型总体上包含两大部分：一是现代税收征管的交互作用对象，也即税收征管所应关注的焦点——纳税人和社会环境；二是以税收征管关注焦点为导向建构设计的现代税收征管系统。通过两者之间、征管系统内部各要素之间循环持续的相互作用，实现现代税收征管的应有职能。

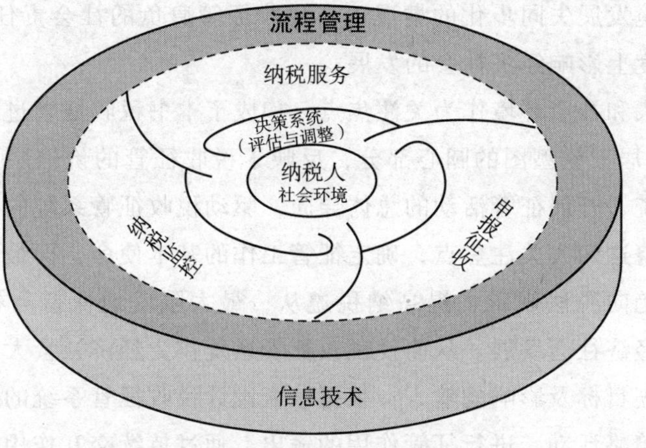

图 1－29　现代税收征管过程模型示意图

一、现代税收征管的关注焦点——纳税人和社会环境

税收征管系统作为经济社会大系统的一个子系统，通过与经济社会环境的交互作用实现自身的功能。因此，现代税收征管应以其作用对象为导向，明确所要关注的焦点，才能真正实现税收征管的职能，达成肩负的使命。

税收征管的核心任务是使纳税人的行为最大限度地趋向税法规定，纳税人作为税收征管的主要作用对象，因此成为税收征管的核心关注焦点。以纳税人为核心关注焦点，提高纳税人遵从税法的程度，根本途径是体现“以人为本”的思想，基于纳税人的行为方式，有针对性地设计实施税收征管活动，有效改善纳税人的纳税遵从行为，使之最大限度地趋向于税法规定。以纳税人为关注焦点，决定了税收征管的根本目的和达成目的的理念、路径、方法。

税务机关作为政府的重要经济职能部门，还肩负着服务经济社会发展的重大社会责任，税收征管必须以外部社会环境作为另一关注焦点，在最大限度地保持与经济社会同步发展的前提下，不断提高税收征管的行政效能和经济社会效益，才能有效履行政府赋予的使命，有效发挥税收征管的社会管理和公共服务职能，满足经济社会的发展需求。这也已经成为建设服务型政府大趋势下对政府行政部门的基本要求。税务机关作为政府重要的经济职能部门，在税收征管与外部环境发展失同步化的情况下，税收征管肩负的社会责任履行不到位，就会一定程度上影响经济社会的发展。

以纳税人和社会环境作为关注焦点，构成了本书税收征管过程模型的“轴心”，也就是居于模型图的圆心部分，反映了税收征管的价值层面，成为建构税收征管系统、开展征管活动的总体导向，驱动税收征管系统的运行。税收征管活动应围绕这两大关注焦点，确定征管工作的基本使命，即最大限度地使纳税人的行为趋向税法规定，提高纳税遵从；最大限度地保持与社会环境的同步，服务于经济社会发展。从而使税收征管系统作为经济社会大系统的有机组成部分，实现目标及影响的输入，根据输入设计税收征管系统的内部要素、结构、功能和策略活动，进行征管作用的输出，通过持续交互作用、反复输入输出，有效达成税收征管的使命。发达国家的税务机关普遍确立了自己的使命宣言，作为核心价值诉求和根本工作导向，引领税收工作的发展。加拿大税务机关的使命宣言是：我们的使命是提升加拿大的税收遵从，通过教育、高质量的服务、负责的强制执法，执行税收法律法规，从而为加拿大的经济及社会做贡献。新加坡税务机关的使命宣言是：我们通过有效地执行税收法律对政府负责，我们要保证准确地征收税款，保证将征税成本控制在低水平；我们将为纳税人提供及时和高水平的服务，鼓励税收遵从，协助，简化我们的程序；我们将坚定地打击税收不遵从及偷漏税行为，确保纳税人缴纳其应当且仅应当缴纳的税款，我们拥有的高素质并经过良好训练的雇员将保证我们实现这一目标。新西兰税务机关的使命宣言是：为政府和公众提供高质量的税收及社会政策方面的服务。我们的目标是通过教育、服务、公平并有力的强制执法，最大限度地提升纳税人对于新西兰税收及社会政策方面法律的遵从。上述使命宣言明显呈现出纳税人和社会这两大税收征管的关注焦点，围绕这两个焦点确立使命宣言已成为现代税收征管的发展趋势，我国税务机关在这方面还有所欠缺，亟须考虑确定自身的使命是什么。

明确了税收征管的关注焦点，也就确立了税收征管的核心价值诉求和工作趋向，使征管工作具有了明晰的导向，能够有效解决目标不够统一明确情况下征管工作多方向分散用力、资源配置不合理、征管整体效能不高的问题，有利于围绕统一的使命和目标统筹规划税收征管活动、调配征管资源，更为有效地提高税收征管的整体效能，发挥税收征管的职能作用（如图 1－30 所示）。

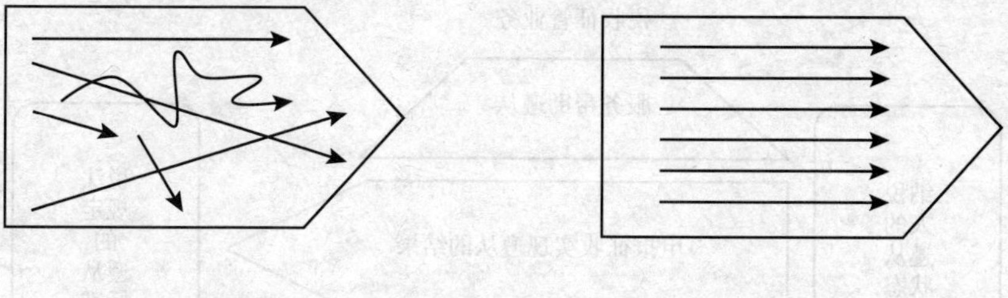

图 1－30　征管工作导向性对比示意图

二、现代税收征管系统

在前面的探讨中，围绕纳税人和社会环境这两大关注焦点，建构了一个与关注焦点持续交互作用的税收征管系统。该系统包含征管业务子系统、决策子系统、流程管理子系统和信息技术几项构成要素，各要素间构成一定的结构，相互联系，相互作用，实现系统的功能，趋向于持续达成税收征管的使命。其中，征管业务子系统是实现征管职能、履行征管使命的主体部位；决策子系统的主要功能是洞察内外部环境变化，指挥、协调业务子系统的活动，构成征管系统的中枢部位；流程管理子系统的主要功能是控制业务子系统活动的开展，持续改善征管业务活动的质量和效率状态，保证征管使命目标的实现，构成征管系统的控制部位；税收信息化则是整个征管系统所必需的支撑手段。

（一）主体部位——征管业务子系统

征管业务活动是履行征管职能、达成征管使命的具体实现方式，征管业务子系统因此构成了税收征管系统的主体部位。对征管业务的科学分类、有机组合，是税收征管的基本课题，直接关系到税收征管工作的基本布局和开展方式。对业务子系统的设计，最终决定税收征管对纳税人施加影响和适应社会环境变化的方式、方法和效果。

由于纳税人是税收征管的主要作用对象和核心关注焦点，科学设计征管业务就需要从纳税人的行为模式出发，形成能够有效改善纳税人行为状态的征管业务类型，以最大限度地提高纳税遵从。本书基于纳税人的行为模式，研究设计了纳税监控、纳税服务和申报征收三大类业务序列，共同作用于纳税人行为状态的改善（如图 1－31 所示）。

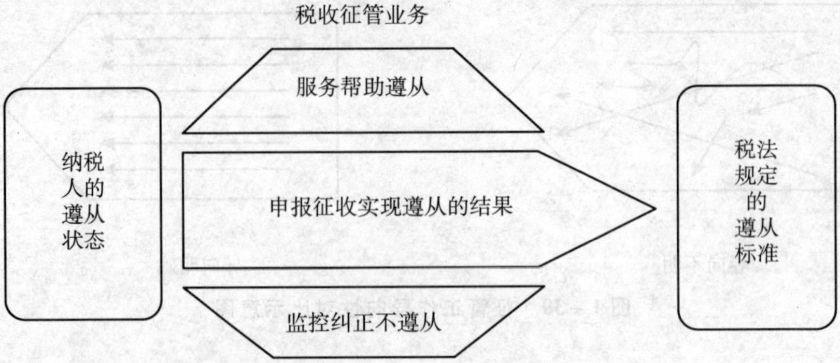

图 1－31　三类征管业务对纳税遵从状态的影响

纳税监控的作用是发现和纠正纳税不遵从行为，促使纳税人遵从税法，履行纳税义务；纳税服务的作用是预防纳税不遵从行为的发生，维护和保障纳税人的合法权益，引导激励纳税人遵从税法；申报征收则是纳税人履行纳税义务的主要方式，是最终体现纳税人遵从状态的业务管道。三类征管业务序列的具体内容为：

——纳税监控。纳税监控业务是税务机关根据税收法律、行政法规的规定，监测纳税人涉税情况，纠正纳税不遵从行为的控制性行政管理行为。这里的纳税监控指对纳税人纳税活动情况进行的监控，纳税监控业务是针对纳税不遵从行为实施的带有强制性的业务，是税收征管的一个基本业务序列，在征管活动中形成纳税监控体系。

——纳税服务。纳税服务业务是税务机关根据税收法律、行政法规的规定，在纳税人依法履行纳税义务和行使权利的过程中，因纳税人的合法需求或衍生的合理需求，帮助纳税人依法履行纳税义务和行使合法权利的行政管理行为。纳税服务业务是促进纳税人依法自行完成纳税过程、引导激励纳税遵从行为的业务，是税收征管的一个基本业务序列，在征管活动中形成纳税服务体系。

——申报征收。申报征收业务是税务机关根据税收法律、行政法规的规定，受理纳税人的纳税申报和征收纳税人缴纳的税款，并对申报、纳税结果进行核算等相应处理的行政管理行为。申报征收业务为纳税人遵从税法提供基本的业务管道，是税收征管的一个基本业务序列，在征管活动中形成申报征收体系。

按照“无缝隙组织”理论，管理措施的理想目标，应当能够针对管理对象的全部和随机的需求。纳税人作为税收征管的作用对象，由于其遵从状态的复杂性、多变性，改善纳税人的行为，需要三类业务有机联结、协作互动。因此，在现代税收征管过程模型示意图中三类业务是相互连通的，三类业务不但各自具有特定的功能，而且针对纳税人行为状态改善的实际需求，相互联系，相互作用，实现单项功能的整体集合、业务措施的组合使用和征管资源的灵活配置，便捷地实现功能交替、过程传递，转换作用次序及程度，相机改善纳税人的行为状态，持续促进纳税人行为的优化。这三类征管业务能够全面覆盖不同行为状态的纳税人，在业务功能上有着相应的、不同的分布。其中，纳税监控和纳税服务业务相机响应纳税人的不同遵从状态（如图 1－32 所示），申报征收业务则贯穿征管过程的始终。

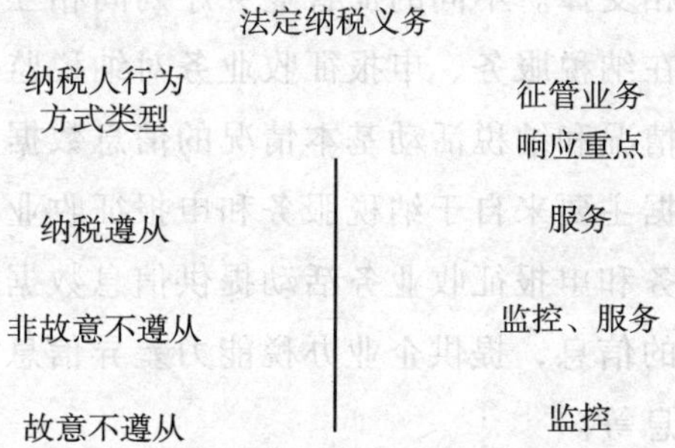

图 1－32　响应不同纳税遵从状态的服务和监控业务分布

——对于所有纳税人，其遵从与否的结果都要在申报、纳税这两个紧密联系的纳税环节中体现，税务机关的申报征收业务是适用于所有纳税人的基本业务。

——对于遵从度较高的纳税人，税务机关的主要任务是针对纳税人申报、纳税之前的需求实施辅助，保持纳税人的纳税意识、办税能力，协助办税过程。针对这类纳税人或纳税人的这类活动，税务机关主要采取服务性业务措施。

——对于遵从度较低的纳税人，税务机关也需要针对纳税人申报、纳税之前的需求实施辅助，以提高纳税人的纳税意识，增强办税能力，协助办税过程。除服务措施外，针对纳税不遵从行为，税务机关必须采取纳税监控业务，纠正纳税人的行为；尤其对纳税人的故意不遵从行为，则主要侧重于监控类业务，采取强制性控制措施甚至严厉打击措施。

在改善纳税人遵从行为状态的过程中，三类业务呈现出相互支撑、相互衔接、相互制约、相互影响的关系（如图1－33所示），发挥出征管业务有机组合的整体效能，主要体现在：

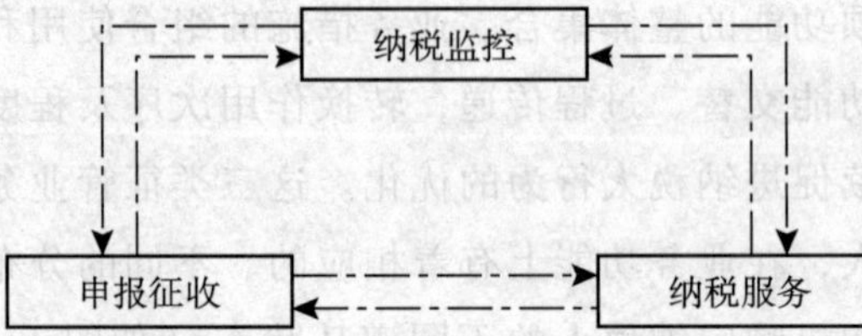

图1－33　业务间的数据流动与信息支持

——业务信息互相支撑。不同的征管业务序列间相互提供信息数据支持和工作线索，尤其体现在纳税服务、申报征收业务对纳税监控业务的信息数据支持上。对纳税人基本情况和纳税活动基本情况的信息数据是纳税监控业务的基本依据，这些信息数据主要来自于纳税服务和申报征收业务活动。同时，纳税监控业务也为纳税服务和申报征收业务活动提供信息数据，如为纳税服务提供纳税人信用等级评定的信息，提供企业办税能力差异信息，为申报征收核算提供税收数据的修正信息等。

——业务过程互相衔接。不同序列中的业务过程或环节，根据纳税人在不同纳税阶段的不同行为方式相衔接。就一般征管业务过程而言，首先开展服务，进而开展申报征收业务，最后判明情况对申报纳税结果采取纠正控制措施，最终使纳税遵从达到理想状态。对征管业务的具体实施而言，有许多实际情况往往打破这种一般性次序，主要表现为六种情况，一是倒置情况，如纳税人不办理登记，需首先采取监控性纠正和处罚措施，进而在纳税人作出纠正时为他们办理登记提供服务；二是相关情况，如税收核算与税源预测互相关联；三是直联情况，如税务登记与户籍管理直接衔接；四是包含情况，如纳税评估组织过程中的约谈辅导；五是转化情况，对应业务开展过程中纳税人遵从状态的变化，采取的业务适时转变，如，税务检查中纳税人态度从配合转向不配合，或从不配合转向配合，采取的服务性或监控性措施也要相应变化；六是贯穿情况，对一项事务的管理按环节分属不同的序列，开展过程贯穿各个序列。如，传统业务中的发票管理内容在新型业务开展方式中分属三个序列，发票提供属纳税服务环节，对发票使用情况进行核算属申报征收环节，发票违章处罚与以票控税属纳税监控环节。

——业务开展相互制约。不同序列间的业务开展质量与效率有着直接的相互制约作用。如，纳税服务业务开展不到位，税务登记对纳税人的情况反映不清楚，减免税审批质量有问题，则申报征收序列的税款征收及入库等业务、纳税监控序列的税源监控业务都会受到影响；申报征收业务开展的质量与效率低，如出现网络问题导致税款不能入库，税收核算出现错误，则纳税服务业务对纳税人的最终影响结果将不能顺利实现，纳税监控业务在获得申报征收相关信息方面也将受到影响。即，三类业务的开展存在“一荣俱荣、一损俱损”的现象。

——业务效应相互影响。高效能的纳税服务，能够大量避免和减少纳税人在纳税过程中产生问题，有利于申报征收业务的顺利开展，同时有利于减轻纳税监控业务的开展压力；纳税监控业务开展的力度，深刻影响纳税人对纳税服务业务的接受程度，同时影响申报征收业务的开展，如核定征收范围的大小影响申报征收不同渠道的工作难度和工作量分布；申报征收业务开展的质量，同样直接影响纳税监控与纳税服务业务对象信息的取得及成果的实现。也就是说，不同业务的开展效应之间有相互的促进作用。每类业务开展的效果会导致其他业务开展需求状况的变化，造成工作量和资源配置在相应业务上的不同分布，很多情况下呈现出业务开展需求上“此涨彼消、此起彼伏”的现象（如图1－34所示）。

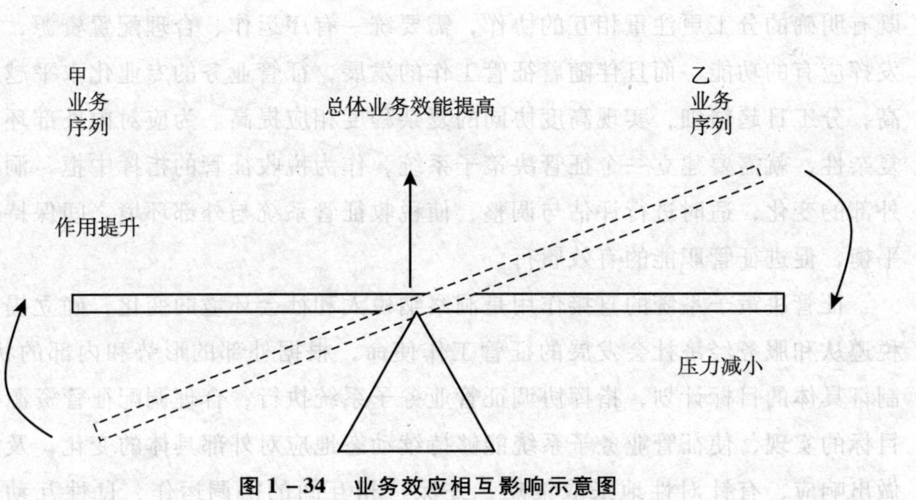

图1－34　业务效应相互影响示意图

从作用于纳税遵从的角度来看待上述业务的开展关系，纳税监控业务的效能不高将导致不遵从成本降低，易导致纳税人比较遵从成本，做出不遵从选择。严密监控和有力打击会使不遵从达成的可能性变小、成本加大，促使纳税遵从更大程度地成为纳税人的自身需要，相应建立遵从能力、实现遵从过程和结果亦将更多地成为纳税人的现实需求，纳税人将更加主动和充分地利用纳税服务业务来满足这种需求，纳税服务业务将得到更大的发展。而纳税服务业务效能的有效发挥，亦将使得纳税人的遵从能力得到提高，遵从过程和结果得到优化，开展纳税监控业务无论是在取得监测必需的信息，还是在需要纠正的遵从问题等方面，都将带来工作难度和工作量的降低，高能力的纳税监控业务就更大程度上成为一柄悬起的利剑，而不必时刻落下，相应的成本投入亦将减少。而纳税监控和纳税服务业务效能的发挥情况，都会导致纳税人实施申报纳税过程的情况变化，影响申报征收的业务效能；申报征收环节的效率和质量又必然影响服务、监控结果的实现，并对服务需求及监控质量带来影响。换言之，由于各类业务之间存在种种制约和促进关系，这些作用关系对征管质量和效率的影响直接而深刻，在征管活动中形成良性循环。

（二）中枢部位——决策子系统

纳税人和社会环境作为税收征管的两大关注焦点，具有高度的复杂性、多变性，税收征管系统要想适应这种复杂多变，单靠征管业务子系统与纳税人和社会环境的直接简单交互，不足以系统、到位、快速地适应形势、洞察变化、做出响应。与此同时，征管业务子系统内部也具有一定的复杂性，各业务序列既有明确的分工更注重相互的协作，需要统一有序运作、合理配置资源，才能发挥应有的功能，而且伴随着征管工作的发展，征管业务的专业化水平越来越高，分工日趋精细，实现高度协同的复杂程度相应提高。为应对内外部环境的复杂性，就需要建立一个征管决策子系统，作为税收征管的指挥中枢，洞察内外部的变化，适时进行评估与调整，使税收征管系统与外部环境之间保持动态平衡，促进征管职能的有效履行。

征管决策子系统的直接作用是洞察纳税人和社会环境的变化，确立提高纳税遵从和服务经济社会发展的征管工作使命，根据外部的形势和内部的状况，制订具体的目标计划，指挥协调征管业务子系统执行，合理调配征管资源保障目标的实现，使征管业务子系统能够持续动态地应对外部具体的变化，及时地做出响应，有针对性地采取策略，并保持相互间的协调运作、良性互动。因此，在本书的征管过程模型示意图中，用半弧形曲线标识税收征管的决策子系统，对外与纳税人和社会环境连接，对内与征管业务子系统的各个部分相互连通，表明决策子系统是一个开放性和动态性的系统，存在于税收征管系统的各个方面，引领系统重点是业务子系统的运转，实现与纳税人和社会环境的交互。建立以客户需求为导向的组织，不但是现代企业组织的发展趋势，而且已成为现代行政改革的发展趋向，建构征管决策子系统的基本目的实质上就是把握纳税人和社会环境的发展变化需求，使税收征管系统真正能够面向“客户”的需求。决策子系统类似于征管系统的“大脑”，包含税收征管的决策层以及辅助支持决策的顾问、智囊等机构或人员，特别是需要最大限度地占有征管信息资源，才能科学地支持决策和作出决策。

征管决策子系统的深层作用是使税收征管系统具有自主适应环境变化、自我向前演进的机能，这就需要充分发挥决策子系统占有海量信息资源的优势，在日常决策和支持决策以及征管业务运作的过程中，实现数据—信息—知识的持续演化，提高工作人员的学习力和创新力，积累知识和智力资源，使税收征管系统真正具备自主发展的内在动力，成为一个复杂适应系统，促进税收征管与纳税人和社会环境的发展变化保持同步，持续履行提高纳税遵从和服务经济社会发展的征管使命。

（三）控制部位——流程管理子系统

在税收征管系统中，决策子系统负责征管目标计划的制订和征管资源的调配，业务子系统负责目标计划的执行和征管资源的使用，征管目标的制定落实情况，业务活动的质量和效率状态，征管资源投入与产出的效益水平，取决于科学有效的控制，这就需要在税收征管系统中建立一个控制子系统。由于征管业务活动和决策活动都是通过一定的流程来实现的，本书把流程管理子系统作为征管系统的控制部位。

流程管理子系统的直接作用是通过目标管理、质量管理、成本管理、流程再造等现代管理方式的运用，保证征管工作目标的完成，改善税收征管的质量和效率状态，最大限度地提高征管活动的投入与产出效益。流程管理子系统的作用对象为征管业务子系统和决策子系统。一方面，科学控制决策活动的实施，包括征管工作目标的制定、分解与落实以及征管资源的配置等；另一方面，依据决策目标和一定的征管质量、效率标准，对征管业务活动实施有效控制，促进征管资源投入与产出效益的提高。因此，在本书的征管过程模型示意图中，流程管理子系统构成了税收征管系统的外圈，整体围绕征管业务子系统并采取虚线的形式，表明流程管理是税收征管系统的总控方式，所有征管业务活动与流程管理是共生的，受到流程管理子系统的控制。同时，流程管理子系统通过对征管业务活动的控制产生回馈，与决策子系统进行交互，以提高决策活动的科学性。

流程管理子系统的深层作用则是通过对工作人员的激励来提高税收征管的执行力。税务机关的人员缺乏必要的压力、工作积极性不够、执行力缺失，是制约税收征管履行职能、完成使命的一大现实问题。解决这一现实问题的有效路径是最大限度地实现对工作人员的激励，目标管理、质量管理、流程再造等现代科学的管理方式，都注重通过一定方式的管理来调动人的主动性、积极性。流程管理子系统通过这些管理方式的运用，依靠考核、奖惩等手段，激励税务人员养成积极主动的工作习惯，形成一种有利于执行的文化，促进征管使命的持续达成。

（四）支撑手段——税收信息化

信息技术作为现代经济社会发展的革命性因素，已成为现代税收征管必不可少的支撑手段。国内外税收征管的实践证明，信息技术已成为现代税收管理最核心、最关键、最普遍的技术，税收信息化建设是各国税务部门税收征管现代化的必然路径，离开税收信息化的支撑，现代税收征管根本无从谈起。国家税务总局因此在 2002～2006 年征管战略规划中将税收征管信息化提高到“最重要的工作手段”的高度。在本书征管过程模型示意图中，税收信息化作为税收征管系统的“底盘”，也即信息技术平台，支撑税收征管的各个部位、环节和层面，各子系统各自功能的实现和征管系统整体功能的实现均取决于税收信息化的支撑作用。同时，税收信息化和流程管理子系统作为涵盖税收征管系统的两项内容，两者互为表里，流程管理子系统赋予税收信息化以科学的内容和组织实现方式，税收信息化则以征管系统各部位的需求为根本，体现流程管理的科学性，具体承载业务支撑、规范控制、组织连接、智能支持等方面的作用，两者的有机结合，能够发挥出管理与技术融合所带来的乘数效应。

三、税收征管系统的整体作用关系

综上所述，本书研究的现代税收征管过程模型包含了税收征管的关注焦点和一个由征管业务子系统、决策子系统、流程管理子系统、税收信息化在内的税收征管系统。其中，税收征管的两个关注焦点——纳税人和社会环境，决定了税收征管的核心价值诉求，也即税收征管最为基本的愿景使命：提高纳税人的遵从度和服务经济社会发展；围绕达成税收征管的使命目标，税收征管系统由决策子系统来洞察纳税人和社会环境的发展变化、指挥协调目标的实现，业务子系统具体执行目标任务，流程管理子系统控制目标任务的完成，税收信息化则是必不可少的支撑手段。

从系统的角度来看，系统论认为任何系统都是由若干要素按一定结构组成的具有特定功能的有机整体，系统的整体大于各部分之和。税收征管系统的各部位构成了一个动态持续演进发展的有机体，决策系统作为中枢部位，好比整个系统的“大脑”，发挥决策的职能；业务子系统作为主体部位，好比整个系统的“肢体”，发挥执行的职能；流程管理子系统则作为控制部位，好比整个系统的“神经网络”，控制“肢体”的活动，并向“大脑”适时反馈信息。各部位根据各自的功能定位和相互之间的内在联系，以信息为载体、以流程为导向、以信息技术为工具实现密切联结和有序衔接，形成信息传导机制和工作协同体系，发生交互作用。各主体的总体关联为：征管决策子系统评估调整、指挥引导征管业务子系统和流程管理子系统的运作，其中，决策子系统对流程管理子系统的作用，主要体现在为流程管理子系统指明实施方向，以及提供绩效评估等复杂控制管理活动的策略支持。征管业务子系统通过向决策子系统输出复杂业务活动的信息，取得征管决策子系统的策略支持；通过向流程管理子系统输出控制信息，实现流程管理子系统对征管业务活动的控制和优化。流程管理子系统则控制征管业务子系统和征管决策子系统的运作，通过控制输入反馈信息以改善自身运作，对征管决策子系统的控制体现在决策职能、机构、程序的设置、管理和优化上。以上各个部位整体构成一个类似于有机体的复杂适应系统，通过持续感应外界变化和决策、执行、控制职能的循环往复，使税收征管系统能够自主适应纳税人和社会环境的发展变化，具备适时动态作出响应、自我向前持续演进的功能。税收征管系统所包含的决策、执行、控制三项基本职能与我国的当前行政体制改革所提出的决策、执行、监督相协调的要求也是相对应的。

从管理的一般视角来看，法约尔的一般管理理论将管理活动分为计划、组织、指挥、协调和控制五项职能，这五项职能成为适用于各类组织的普遍性“一般管理”内容，税收征管作为一种管理活动，也应具有这五项职能。在本书所研究的税收征管系统中，征管决策子系统承担确定目标、制订计划和由决策层指挥工作开展的作用，发挥计划和指挥的职能；征管业务子系统承担目标计划的实施落实、具体业务工作的组织开展，发挥组织实施职能；征管流程管理子系统则起到连接、联合、调和所有的征管活动及资源，控制工作与目标计划相符合的作用，发挥着协调和控制职能。税收征管系统通过决策、执行、控制三个子系统的设计，包含了管理的五项职能，并实现了五项职能的合理分布和有机联结，有利于各项管理职能的分别有序发挥和整体作用的实现。

从管理的现代视角来看，“现代管理学之父”彼得·德鲁克将管理定义为：管理就是界定企业的使命，并激励和组织人力资源去实现这个使命。管理的现代含义突出了“使命”和“人力资源”两大要素。其中，使命是组织存在的原因和目的，“人”则是实现组织使命的核心资源，决定了组织能否达成使命。德鲁克还提出了管理的三大任务，即达成目的、使工作者有成就感和履行社会责任。现代税收征管模型突出反映现代管理的基本特质。首先，强调了税收征管所要关注的焦点，根据所关注的纳税人和社会环境，确定了税收征管所要达成的目的和所需履行的社会责任，以此作为税收征管的基本使命，突出了“使命”在税收征管中的根本导向作用。其次，围绕征管使命的达成，由征管决策子系统制定使命宣言、愿景规划、战略目标及具体的目标、计划，由征管业务子系统组织实施，由流程管理子系统来纠正目标、计划执行的偏差，控制使命、愿景、战略、目标等的实现。特别是在注重达成使命的操作层面的同时，高度重视“人”在达成“使命”过程中的核心作用，针对激励和组织征管人力资源实现征管“使命”，通过决策子系统来提高工作人员的学习力、创新力，依托流程管理子系统来提高工作人员的执行力和自我管理能力，将两个子系统深层次、最本质的作用定位于提高人力资源的生产力水平，两个子系统相结合对“人”的作用影响，达到“使工作者有成就感”的目的，激励工作人员去完成征管使命。整个税收征管过程模型明显显现了现代管理对于“使命”和“人”的基本要义，具备了达成目的、使工作者有成就感和履行社会责任这三大现代管理任务的实现条件。征管过程模型的设计，将纳税人作为核心关注焦点和注重税务机关内部人力资源的组织、开发、激励，充分体现了“以人为本”的思想。

综上所述，现代税收征管过程模型可以这样概括：以依法治税为导向，面向纳税人，关注社会环境，以决策子系统为中枢，以流程管理为控制保障，以信息技术为支撑平台，通过纳税服务、纳税监控和申报征收三类征管业务的功能发挥与相互协同，实现与纳税人和社会环境的持续交互作用，充分履行税收征管的职能和使命。

第二章

构建现代纳税服务体系

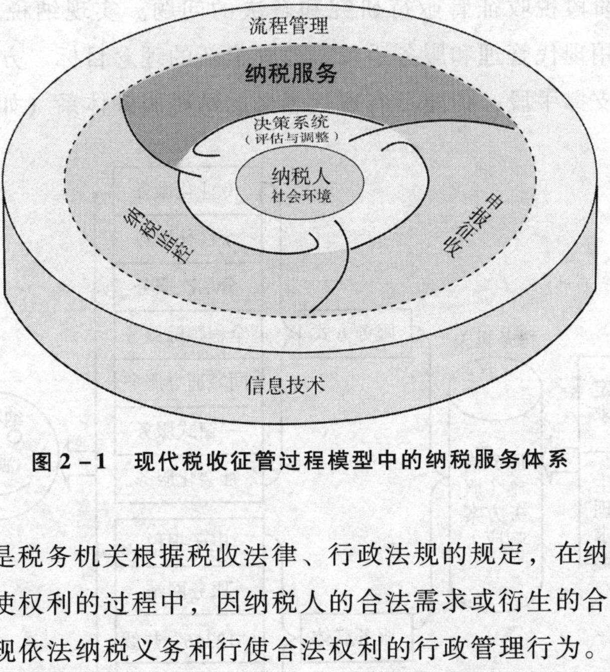

图 2－1　现代税收征管过程模型中的纳税服务体系

纳税服务是税务机关根据税收法律、行政法规的规定，在纳税人依法履行纳税义务和行使权利的过程中，因纳税人的合法需求或衍生的合理需求，帮助纳税人自行实现依法纳税义务和行使合法权利的行政管理行为。纳税服务体系则是税务机关为充分开展纳税服务业务，利用现代管理、技术、社会资源以及其他方面业务开展所提供的条件，建立的一整套业务目标规则、方式方法、人员组织以及与纳税人、与相关业务的关系体系。

现代税收征管要求税务人员树立服务意识，提高服务能力，构建和谐的征纳关系，需要税务机关自觉平等主客体关系，在行使税法赋予权利的同时，从自身履行税法规定义务的角度考虑问题、开展工作，为纳税人履行义务和行使权力提供有效帮助。对于税收征管而言，面对大量出现的或可能出现的问题，纳税服务的基本作用在于可以帮助纳税人提高自身的纳税意识和办税能力，熟悉自己的纳税义务和履行义务的程序，使纳税人有能力依法纳税；可以为纳税人履行纳税义务提供顺畅的渠道和便利的场所，使纳税人有条件依法纳税；可以有效防止纳税人出现问题或促进纳税人自行纠正问题，保护纳税人的合法权益和依法纳税的积极性；可以提高纳税人的遵从度，降低纳税问题发生的规模与频率，减少在后续征管环节寻找问题和纠错带来的更大工作难度和成本。《税收征管法》将纳税服务定性为税务行政行为的重要组成部分，为纳税服务业务确立了法律依据和要求。随着税收征管信息化、专业化的进一步深入，对纳税服务的要求越来越高，而目前的纳税服务体系有待完善，纳税人的权利还有待进一步得以体现，如何进一步改进和完善纳税服务，满足纳税人服务要求，是当前阶段税收征管亟待研究和解决的问题。实现纳税服务工作的高效率，需要运用现代管理和服务手段，建立全新的理念目标、方式方法、体制机制和相应的支撑手段，构建具有现代意义的纳税服务体系（如图 2 -2 所示）。

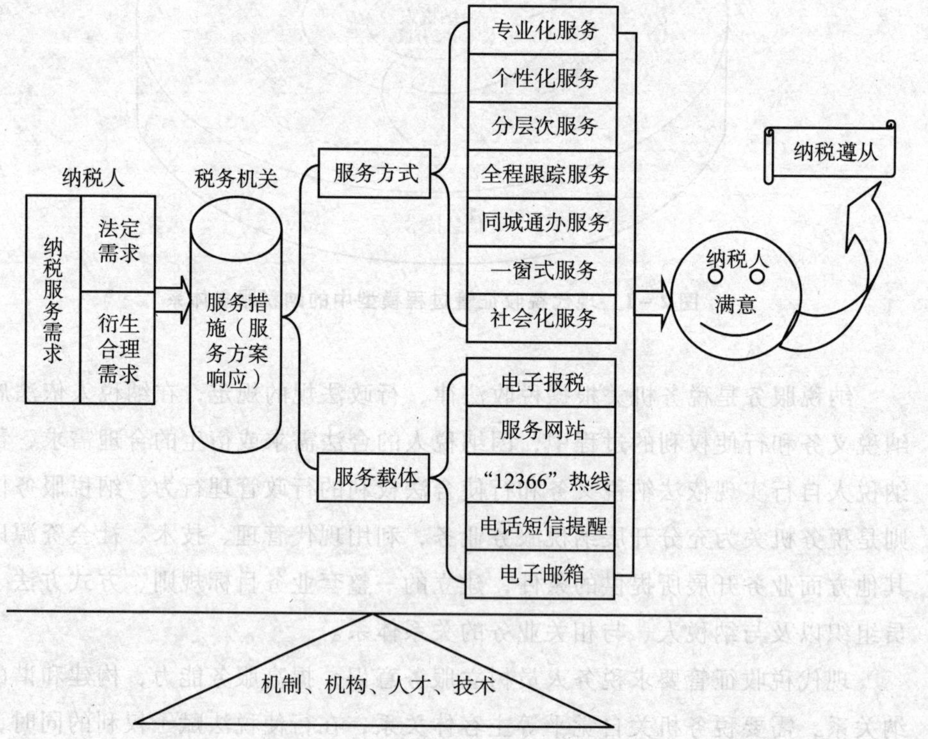

图 2 -2 纳税服务体系示意图

第一节 当前国内外的纳税服务体系分析

近年来，突出纳税服务职能已成为世界各国现代税收征管发展的大趋势。经济与合作发展组织的专家把税收管理比作一座“金字塔”，认为为纳税人服务是整个“金字塔”的基础。由此可见，纳税服务在税收征管中具有重要的基石地位，探索和建立科学完善的纳税服务体系已经成为世界各国税务领域研究的重大课题。

一、构建现代纳税服务体系的重要性和必要性

在我国社会主义市场经济发展、税收征管现代化进程的关键时期，加强纳税服务研究，借鉴和学习世界新的管理理论与实践成果，进一步完善纳税服务体系，提升服务的质量和水平，具有重要而深远的意义。

（一）构建现代纳税服务体系是改进政府公共服务的客观要求

建设公共服务型政府是现阶段我国政府职能转变的基本目标。在市场经济条件下，政府的角色是“掌舵者”，政府官员与公民是平等关系。税务机关作为政府的重要执法部门，是实现政府管理转型的前沿和窗口之一，如果服务不到位则属于行政作为不到位。所以，税务机关必须积极适应社会结构和利益格局的发展变化，以优质高效的纳税服务为前提，以促进税收政策落实为目的，通过优质周到的纳税服务，建立征纳双方之间公开、平等、互动的平台，妥善协调和正确处理纳税人的利益诉求，充分履行税务机关所肩负的公共服务职能。

（二）构建现代纳税服务体系是密切征纳关系、构建和谐社会的重要手段

和谐税收是构建和谐社会的重要方面，而纳税服务是构建和谐税收的重要手段，是密切征纳关系的有效形式。这就要求税务机关坚持以人为本，不断更新服务理念，全面推进纳税服务向深层次发展，使税收工作逐步从“监督打击型”向“管理服务型”转变，以服务促进和谐，以公平实现和谐。

（三）构建现代纳税服务体系是国际税收征管发展的共同趋势

西方发达国家认为，纳税人是市场经济和承担国家财政的主体。发达国家经过长期的实践与发展，通过运用法制规范征纳双方关系，建立和完善税收约束与激励机制，充分保障纳税人的办税需求，激励公民自觉纳税、诚信

纳税。20世纪末期，澳大利亚、加拿大、美国等国家的税务部门制定了“纳税人宪章”、“纳税人权利保护法案”等制度，完善纳税服务与纳税人权利保护法制体系。近年来，世界各国普遍开展（免费咨询）电话服务和网站服务，帮助纳税人了解和掌握税法。韩国、美国、马来西亚等国家设立全国统一的电话呼叫中心，规范和完善税务网站的咨询服务功能，以满足纳税人的服务需求。我国税务机关也积极借鉴国际经验，通过出台纳税服务相关规范，采用新的技术手段和管理机制，积极优化纳税服务，构建和谐的征纳关系。

二、发达国家纳税服务体系的特点

从一些市场经济发达国家的纳税服务状况可以看出，其纳税服务体系较为健全完善，公民纳税意识普遍较高，征纳双方形成了良性互动的关系。主要特点是：

一是服务理念新。发达国家的纳税服务理念早在20世纪80年代开始形成。美国联邦税务局1998年改组以来，在“纳税服务（Taxpayer Service）+税收执法（Enforcement）=税收遵从（Compliance）”治税理念的指导下，将税务管理立足于纳税服务和税收执法两个方面。伴随着全球化、信息化及知识经济的到来，东西方一些发达国家相继进入了政府管理改革的年代，欧美国家，以及澳大利亚、新西兰、日本等国掀起了“管理主义”（Management）或“新公共管理”（New Public Management，NPM）模式的政府改革热潮。“新公共管理”的特征是在政府管理中引进商业管理技术和市场竞争机制，采用私人部门的管理方式，改“官僚型”政府为“服务型”政府，以提高政府的公共服务效率。由此带来的是税务管理从“强制执法型”管理模式向“服务遵从型”管理模式的转变，纳税服务逐渐成为税收征管的主导性业务。

二是服务意识强。在西方经济学界，许多税收专家极力主张税务机关有义务为纳税人提供服务，主张帮助纳税人解决纳税技术上的问题，以便纳税人更好地履行纳税义务；对纳税人提供生产经营方面的有益信息，以便提高纳税人的生产经营水平和经济效益；对纳税人提供税法以及其他方面的知识教育，以便纳税人更好地处理生产经营过程中的涉税问题，提高遵从税收法律制度的自觉性。这些主张被许多国家广泛采用，如，美国实施了“为纳税人服务为治税宗旨”的征管策略，并将“为纳税人提供最高质量的服务”写进新的使命宣言，税法中有关维护纳税人权益的专门条款达到70余条。

三是服务机制全。建立科学完善的为纳税人服务的体系早已成为一些发达国家税收征管工作的成功经验。如，加拿大拥有以全方位服务为基础的自核自缴制度，为纳税人顺利、正确地申报纳税提供了极大的方便，其特点：一是拥有较为完善的日常纳税服务体系；二是拥有较为完善的中介服务体系；三是拥有较为完善的税务司法服务体系。新加坡则建立了“信息推动”型的纳税服务体系，税务机关建立了“国内税收综合系统”、“电子申报系统”、“机构服务系统”、“办公自动化系统”等四个面向纳税人的综合服务电子信息系统，需要服务的纳税人可通过电子系统随时与税务人员互动，随时得到税务部门的咨询回复。

四是服务手段强。美国税务机关把向纳税人公布的信息划分为共性信息和个性信息，通过广播电视、电子网络、刊物等广告媒体对共性信息进行公告，并通过企业研讨会等形式进行公布，采取电话查询、书面查询、柜台查询等方式向纳税人提供个性化服务。英国通过“税收志愿者行动”，组织有关人员登门为老年纳税人服务，为纳税人免费提供纳税咨询，保障纳税人能够及时享受到政策服务。法国强化税务机关与纳税人的沟通，专门设立录音电话，24小时为纳税人解答问题，并专门设立了税收咨询网站和电子信箱，在48小时内对纳税人的来信给予答复。

五是服务层次高。以美国为例，一是设立专门的纳税服务部门。早在1973年，美国联邦税务当局就将为纳税人服务作为自身的一项重要职能，建立了机构并赋予和征收、检查等部门同等的地位，具体负责为纳税人提供高效、优质的服务工作。二是纳税服务得到了政府、立法机构及有关部门的大力支持，一些新技术和创新计划不断被运用到纳税服务工作中，为推动纳税服务发挥了极其重要的作用。三是推行全方位、立体式的纳税服务计划。服务计划主要包括：发行出版物、电视宣传、税务教育、电话服务，以及其他方法。四是服务经费得到保障。每年有10%～15%的税务经费专门用于为纳税人服务。

三、我国纳税服务发展的现状

2001年，全国人大常委会修订并重新颁布的《税收征管法》，第一次将纳税服务确定为税务机关的法定职责。几年来，全国税务机关深入贯彻《税收征管法》及其实施细则关于加强和优化纳税服务的要求，积极推进纳税服务工作，取得了阶段性、历史性的重要成果。

一是纳税服务工作得到重视和加强。税务机关和税务人员转变思想观念，增强服务意识，将纳税服务贯穿于税收征管的全过程，在严格执法和规范管理中加强服务，在优化服务中提高执法和管理水平。我国税务机关已经建立了纳税服务专门机构负责纳税服务的组织、协调和管理，保障了服务工作的开展。

二是纳税服务制度得到规范。围绕税务机关直接面向纳税人提供服务的环节，完善税收征收、管理、检查、税收法律救济的服务规范，健全办税辅导制度、纳税咨询制度、办税公开制度和税收管理员制度，明确纳税服务岗位职责和标准。深化税务行政审批制度改革，将纳税服务与行政审批制度改革相结合，依法设置和规范涉税审批制度，加强事后检查与监督。同时，坚持文明办税，规范办税流程，规范了税收执法和纳税服务行为。

三是纳税服务方式得到优化。各地积极探索开展多种服务方式，提高纳税服务的质量与效率。大力推行了公开办税，加强了办税辅导，简化了办税环节，积极推行了“一站式”服务、“一窗式”服务、全程服务、首问责任、限时服务、延时服务、提醒服务、预约服务等多种服务方式，并实行了多种申报和缴税方式，推行税库银联网，方便了纳税人办税。

四是纳税服务平台得到夯实。现代科技手段在税务领域得到普遍应用，丰富了办税服务厅、“12366”、税务网站、短信平台等服务载体的功能和作用，服务手段不断拓展，服务效能得到提高。新世纪第一个十年是我国税务网站建设的爆发期，到2006年年底，全国各级税务机关已通过税务网站累计为纳税人提供政策咨询等服务约10.81亿人次，其中2006年度点击量约为3.79亿人次。2006年到2010年的5年是税务网站的成熟期，税务网站服务已经成为普遍、常规的纳税服务方式。

近二十年，我国纳税服务工作取得了很大进展，但由于受技术手段、观念、意识、制度、机构和时间较短等方面因素的影响，仍存在许多问题，主要体现在以下几个方面：

一是服务理念相对滞后，服务意识有待加强。首先，存在“过错推定”的思维方式。传统税收征管方式下，税务机关对纳税人的管理，过于强调征纳双方的博弈关系和纳税人作为“经济人”实现个体经济利益最大化的内在需求，认为大部分纳税人都有偷、逃税款的趋向，思想意识上基本不相信纳税人，重管理、轻服务，注重监督与打击，纳税人行为取向相对税法规定的冲突直接体现在征纳关系之上，征管关系着重表现出矛盾的一面，纳税人大多表现出防卫性遵从，征纳双方和谐互动的关系得不到有效建立。其次，“官本位”意识较为突出。受传统行政观念影响，税务机关一直以管理者的身份出现，更多地强调了对纳税人的监督管理，税务人员习惯认为纳税人归税务机关管理，自身地位天经地义地高于纳税人。相应认为，纳税人履行纳税义务只能靠管，纳税服务会降低税务干部的威严，服务“无用论”、“有害论”仍在一定范围存在。由此造成税务机关服务意识欠缺，片面注重行使权力，淡化了法定的服务义务，对一些应当满足服务需求的工作，也较少从服务角度考虑。再次，对纳税服务总体上仍然从工作要求角度进行理解和定位，使服务工作很难走上专业化发展的轨道。

二是服务主体局限，缺乏总体定位。传统征管认为，纳税服务是专职纳税服务部门的工作职责范畴，存在“抛过墙头就是他人责任”的意识，与管理、征收、检查、法律救济等关系很小，使一些纳税服务工作陷入部门夹缝中，服务经常出现“卡壳”，且无法追究哪个部门的责任；纳税服务部门对纳税人提供纳税服务措施往往仅能单兵作战，造成税收征管整体的服务职能割裂，纳税服务的整体协作性不强，工作效率低、服务内容不全面、深层次服务难涉及、服务措施方法缺位。同时，有些地方对纳税服务的概念理解不到位、把握不准确，服务要么出现越位，越俎代庖，“保姆式”服务；要么出现错位，片面地认为纳税服务是副业，税源监控是主业，没有把纳税服务看作是必须履行的义务和责任；对纳税服务重视程度不够，工作理念模糊，未树立以纳税人需求为导向的理念，工作目标不明确，缺乏总体的业务规划和长远的发展措施。

三是服务方法落后，实际效果不强。传统服务方式仍占主导地位，现代通信技术、网络、计算机等科技手段应用于纳税服务中的程度还比较低，服务手段的科技含量不高，服务手法落后，方式、渠道单一，纳税服务信息渠道不畅，投入产出效益不理想，服务质效不高；纳税服务方式多局限于办税服务厅面对面的服务，纳税服务平台整体整合、规划不够，个性化需求无法满足，专业性服务不突出，服务缺乏层次性和针对性，常常采用“一刀切”的模式，尚未形成多层次、全方位、系统化的服务平台，不能满足不同层次纳税人的需要。而且，传统的服务工作不能满足纳税人的个性化需求，纳税服务项目不全，工作中存在盲点、死角，对于不同情况缺乏服务针对性，服务实效很难提高；“以人为本”的人性化服务不突出，未真正从纳税人的角度开展服务工作，未真正寻找到纳税服务的“根本解”，解决不了纳税人的实质性问题，纳税服务工作开展处于无序、混乱状态，造成征纳关系紧张，服务效果差，税务机关“出力不讨好”，纳税人对税务机关抱怨、不信任的现象。

四是岗责体系不清，组织保障缺位。我国税务系统还缺乏统一、规范、便于操作、量化考核的岗责体系，难免出现服务不规范、不到位的问题，以及上下职责不统一、职责不清晰的问题。同时，纳税服务保障机制不健全，部分纳税人权益保障类制度缺位，纳税人权益难以得到维护；纳税服务缺乏统一、系统的服务标准，服务人员操作未全面实行标准化管理；大部分税务机关未建立起纳税服务的监督、评价及考核机制，不能准确反映服务质量及效率；部分税务机关内部部门之间相互配合的机制未建立，缺乏整体协调配合，与相关业务部门的职能衔接不畅。

五是服务人员素质不高，制度执行不力。传统纳税服务人员大体仅指办税服务厅人员，业务范围仅含办理政策咨询、登记认定、发票领购、举报投诉等一些简易事务，实践中对从事纳税服务人员的能力素质要求不高，缺乏专业化、高素质的服务人才；大多数纳税服务人员在服务技能及技巧上，未经过专业培训，仅能凭借个人积累的服务经验进行服务；少数税务干部职业道德素养不高，纳税服务积极性和主动性不强。在具体执法过程中“重实体法、轻程序法”。同时，对现有制度执行不够好，有的制度流于形式，有的服务窗口没有统一规范的标准，设备配置不合理，服务项目不全，纳税人还不能在纳税大厅办理全部涉税事项等。另外，内部办事传递程序烦琐，为纳税人服务的时间和精力不足，难以满足为纳税人提供快捷便利服务的需要。

2009 年全国税务工作会议明确了健全纳税服务体系的指导方针，内容包括：建立健全以服务理念为统领的理论体系，以法律法规为依据的制度安排体系，以办税服务厅、12366 纳税服务热线和纳税服务网站为载体的平台建设体系，以满足纳税人合理需求为导向的业务体系，以科学化的组织建构和专业化的人才队伍为重点的组织保障体系，以减轻纳税人的负担、提高纳税人满意度和税法遵从度为目标的绩效评价体系，努力打造服务型税务机关。[①] 这个指导框架的提出，标志着我国纳税服务工作在思想上已经与现代税收征管工作的整体理念接轨，实践上也已揭开全面推进纳税服务工作的序幕[②]。

---

① 国家税务总局局长肖捷在 2009 年全国税务工作会议上的讲话.

第二节 现代纳税服务的理念、目标、原则及实施过程

传统税收征管对纳税服务的认识和实践相对滞后，不能满足现代征管的发展需要。优化纳税服务，构建现代纳税服务体系，首先需要进行思想认识方面的讨论，寻找尽可能先进的理念作为纳税服务的思想指向，进而考察工作开展所须遵循的原则要求，确定业务开展的目标，科学组织纳税服务实施的全过程。这些方面的探讨，是研究构建现代纳税服务业务系统的基础。

一、引入现代客户关系管理思想

客户关系管理（Customer Relationship Management，CRM）是近年来在企业界非常流行的一种通过改善与客户的信息交流和互动，掌握客户消费习惯和行为方式来提高客户忠诚度、扩大市场占有率的手段。“客户关系管理”的概念由美国 Gartner 集团率先提出，是选择和管理有价值客户及其关系的一种商业策略。CRM 要求以客户为中心的商业哲学和企业文化来支持有效的市场营销、销售与服务流程。它既是一种国际领先的、以“客户价值”为中心的企业管理理论、商业策略和企业运作实践，也是一种以信息技术为手段、有效提高企业收益、客户满意度、雇员生产力的管理体系。

客户关系管理理论对政府管理具有重要的借鉴意义，其许多管理思想和理念都可以应用于政府客户关系管理之中。当前，在纳税服务工作中引入客户关系管理思想尤为契合与必要。这样，就产生了“税收 CRM”的概念，即税务部门开展纳税服务要以纳税人为中心，通过拓展税务部门与纳税人、公众的沟通渠道和沟通方式，为广大纳税人提供优质高效便捷的服务，满足纳税人的需求，促进征纳关系的和谐。“税收 CRM”和 CRM 虽然具有很多相通之处，但是又有很大区别，这是因为企业和税务部门的经营目标有着本质的不同。企业是以赢利为根本目的，而税务部门则是以提高纳税人纳税遵从和税收征管效率为目的。

然而，企业 CRM 的许多管理思想和理念都可以应用于税收 CRM 中。比如，客户细分思想就对税务机关培养与纳税人之间亲密、长远的关系大有裨益。即使在传统税务机关的纳税服务方式中，这种将服务对象进行群体划分的情况就已经存在。几乎所有税务机关都能够界定主要纳税服务对象，或者说经

常使用本部门服务的群体。虽然划分比较粗略，但说明客户细分的观念雏形本来就伴随税收管理对象细分的情况存在于纳税服务中。CRM 是组织内部与外部客户对组织重要信息的无缝接入，它通过对组织电话系统、网站以及电子邮件等接触点（touchpoint）的整合，使客户通过自助服务就能实现重要产品购买的目的。税务机关应将 CRM 应用于日常纳税服务中，帮助税务部门管理与其“客户”即纳税人的关系。显然，税务部门比一般的企业或单位都拥有更多的客户，将客户关系管理引入纳税服务中，可以帮助税务部门提高服务质效。目前税务部门在这方面已有初步应用，如北京的纳税人税法咨询热线、有奖发票查询系统；深圳将征管系统、办公自动化系统、呼叫中心等多个系统紧密集成在一个网站里形成“一站式办公”综合办税系统。

“税收 CRM”应以提高纳税人满意度为中心，以客户关系理念为指导思想，以信息化技术为支撑。在普及和推行纳税服务的初始阶段，纳税服务人员对客户关系管理的认知、理解和参与，体现客户关系管理思想的规范和制度的制定，考核方法的确立以及组织机构的调整等，这些都是不可缺少的重要基础，只有在上述基础工作全部实现的基础上，加强信息化支撑才有更大的意义。

从管理科学的角度来考察，客户关系管理运用到纳税服务业务规划中，首先需要认同一个重要概念——将纳税人作为税务部门的一项重要资产，追求生命周期价值的最大化是“税收 CRM”的一个重要目标。

一是要引入企业客户关系管理经验，把纳税人的满意度作为衡量纳税服务工作的标准，增强服务意识，搞好分类服务。具体来说，要实现两个角色的转变：其一，实现纳税主体从监管对象向客户转变，把纳税人视为顾客，运用企业成功的商业化技术手段和经验，为纳税人提供高品质的纳税服务。首先，借鉴企业面向客户需求的组织架构，运用市场细分的方法，按照服务对象的不同，可以把纳税人划分为工薪阶层、投资收入者、独立劳动者、小型企业、大中型企业、免税者等不同的顾客群，根据纳税人的纳税能力和要求，提供各种专项纳税服务。其次，建立纳税人洞察体系，使税收服务在普遍化的基础上兼顾个性化，为纳税人提供个性化的服务。如在条件成熟时为大型企业和重点纳税人建立门户网站，向他们提供多种多样的个性化纳税服务。其二，实现征税主体从管理者向服务者的转变，实现从被动服务向主动服务的转变。纳税服务的范围需要大力拓展，同时有必要借鉴国外成功的经验和做法，按照企业化运作方式，设立客户服务部门，研究客户的需求，不断调整服务方式，提高服务质量；针对纳税人的特殊要求和问题，精心制订和实施特殊纳税人群体服务方案。

二是要建立以客户关系管理为核心的纳税人关系管理系统。纳税人关系管理包括渠道管理、内容管理、纳税人分析、交易业务集成等多个方面。对于税务机关而言，应在建立税收管理信息传递机制后（如进行一定程度的税收管理数据集中），对纳税人进行有效的、富有针对性的服务，并加强对纳税人状态的监控。现代纳税服务的特征是建立在信息共享基础上的专业化运作，纳税服务的环节从流程上可以分为两个阶段：一个阶段是以数据采集为基础的税款征收环节，可再向下细分为四个环节，即登记与认定、文书流转与审批、申报征收与计会统、发票管理；另一个阶段是以数据的综合使用为基础的税收管理环节，可再细分为纳税评估、税务稽查、个性化服务与综合服务等环节。而社会意义上的纳税服务包含三层含义：其一为税款征收环节的程序简化；其二为税收管理环节的准确、高效；其三为人性化的个性化服务与综合服务。以此为基础，建立纳税人唯一独立的账户系统和上述各环节的状态信息库，以纳税人客户关系管理和状态管理为原则梳理税收管理的业务流程，建立以 CRM 为核心的纳税人关系管理系统。

三是要运用客户关系管理理念实施个性化管理。首先，在服务的设计上，实现“以税务机关为中心”向“以纳税人需求为中心”的转变。涉及纳税的规章制度、征管软件实施之前，必须广泛听取纳税人的意见；优化办税流程，简并报送报表，减轻纳税人负担；加强税法宣传和办税辅导，依法实施法律救济；加强“网上办税服务厅”建设，通过网络提供高附加值服务；大力推行办税公开，确保办税过程透明高效。其次，在服务资源的运用上实现“分散投入”向“集中调配”的转变。加快部门信息共享，推进社会诚信体系和纳税信用体系建设，借助信息化手段实行分类管理和服务，加强纳税“大户室”建设，让诚信纳税人免于税务检查的困扰，集中征管力量对异常纳税人进行检查，从而减少低价值的税企接触，高效运用服务资源。最后，在服务与管理的关系处理上，实现“重管理、轻服务”向“以管理促服务”的转变。公正执法，从严打击不法纳税人，营造公平有序的市场竞争环境。这既是税务机关自身追求的目标，也是对纳税人最好的服务。

二、纳税服务理念

现代纳税服务理念讲求以纳税人为关注中心，以纳税人的合法合理需求为导向，树立征纳平等观念，按照依法、无偿、公平、公正的原则，将税收执法与优化服务有机融合起来，通过提供优质、高效、便捷的服务，引导纳税人自觉依法纳税，最大限度地防止纳税人出现纳税问题，提高纳税人的纳税遵从度，维护纳税人的合法权益。

（一）以纳税人合法合理需求为导向

按照客户关系管理的思想，需要以纳税人为关注中心，以纳税人的合法合理需求为导向，高度关注和满足纳税人的税务法定需求，尽可能满足纳税人由合法需求衍生出的合理需求，充分考察并以纳税人的服务需求引领纳税服务工作，确立相应的纳税服务工作方向与目标，为满足服务需求提供有效的方式和方法。

（二）树立征纳平等的观念

征纳双方是无附加条件的平等合作关系，纳税人有依法享受纳税服务的权利，税务机关有依法提供服务的义务，税务机关应转变观念、角色，改变高人一等的特权思想，充分尊重纳税人，维护征纳双方法律地位和人格尊严平等，构建公平公正的和谐征纳关系。

（三）防止纳税人出现纳税问题

纳税服务重在预防，追求最大限度地减少纳税问题的产生，纳税问题尽量税前解决，也就是将纳税问题的解决关口尽量前移，避免纳税人受到处罚，并相应减少税务机关发现和纠正纳税问题的成本。

（四）维护纳税人合法权益

以往，纳税人的基本权利常常被忽视，纳税人只要依法履行了纳税义务，就相应地拥有了纳税人权利，税务机关应通过维护纳税人权益，确保纳税人合法权益不受侵害，提高纳税人对税收工作的信任与理解，促使纳税人正确履行纳税义务。20 世纪末，《中国青年报》社会调查中心和新浪新闻中心曾就纳税人对行使权利和履行义务的“感觉”开展了一次联合调查，调查显示：83.4% 的人感觉作为纳税人“亏”，只履行义务没行使权利；39% 的纳税人很焦虑，表示很想行使监督权利，但不知道怎么办；12.3% 的受访者对纳税人的权益比较了解，其余 87.7% 的人则处于“完全不知道”和“知道一点点”的状态；80% 的人从来没行使过纳税人的任何一项权益。①

---

① 罗丽莉，彭炜．中国的纳税人权利的认识．中国论文下载中心，2008 - 06 - 12.

三、纳税服务的目标

纳税服务的根本目标是通过满足纳税人的合法合理需求，提高纳税遵从度；开展纳税服务的具体目标取向主要体现在追求规范、全面、便捷、经济四大方面。

满足纳税人合法合理需求：纳税服务公共产品提供的“顾客”主要为纳税人，顾客的需求决定组织的使命，满足纳税人税务方面合法合理的需求是税务机关的使命，也是纳税服务的根本目标。

规范（standard）：指通过建立健全纳税服务制度，规范纳税服务工作程序、税务人员的服务行为和纳税服务结果，保证纳税服务的质量，有效履行服务义务，切实保护纳税人的合法权益。

全面（overall）：指纳税服务涉及税收征收、管理、检查和实施税收法律救济等各个领域，需要全方位地满足纳税人的服务需求，防止服务出现死角或不到位。

便捷（convenient and fast）：指纳税人在履行义务或在主张权利的过程中，税务机关为纳税人提供的服务方式和渠道是方便、快捷、无障碍的。

经济（economy）：指税务机关提供纳税服务的过程应统筹规划，合理借助或配置各种资源，使纳税人在履行纳税义务和依法行使权利过程中，以最小的投入、最少的成本、最低的风险，取得最优的服务，实现纳税成本最小化。

长远来看，由于实施纳税服务的根本目标是提高纳税人的遵从度，所以纳税服务工作开展的成效如何，最终要以纳税人自行办税的水平为显著标志。也就是说，以严格执法为保障，衡量现代纳税服务业务开展的总体结果，需要考察纳税人履行纳税义务的主动程度和纳税人主动利用税务机关提供的条件实现高质量纳税的程度这两个方面。

四、纳税服务遵循的原则

（一）法定无偿原则

法定指税务机关应按照《中华人民共和国税收征收管理法》及相关法律规章制度规定，依法宣传税收法律，普及纳税知识，建立各项相关的服务渠道和措施；无偿指纳税人享受的纳税服务是免费的，是税务机关依法提供的公共产品和公共服务，纳税人无须为此付出税款之外的购买或使用成本。

（二）简便高效原则

“捐赋便利”自古有之。简便指纳税快捷、手续简单、程序清晰、渠道齐全，为纳税人履行义务创造便利的条件，纳税人的纳税成本保持低水平。高效指以最小的资源投入取得最大的效用和经济效益，边际效益最大化，质量损失率较低，投入产出率较高。西方经济学家亚当·斯密的“便利”、“最小征收费用”原则，瓦格纳的“便利、节省”原则，都蕴含了纳税服务的简便高效原则。

（三）文明公平原则

文明指服务态度友好礼貌、平等相待。公平指纳税服务公正、平等，为诚实守信的内外资企业、大型国有集体企业和私营个体纳税户以及城乡居民提供无歧视性服务，税负公平，应收尽收，做到相对税法的横向公平；为引导纳税遵从，适应纳税人不同的义务履行和权利行使能力及特点，依照企业纳税信誉的不同，推行差别化服务，做到相对税法的纵向公平。

（四）全程服务原则

在纳税人依法履行纳税义务和享受纳税权利的全部过程中，税务机关按照纳税人的需求及期望，依法向纳税人提供的全过程服务。税务机关应转变观念，将纳税服务的理念融入各项税收管理工作中，体现在征收管理的各个工作环节及具体业务事项中，避免把服务仅仅局限于纳税服务中心的职责和业务。

（五）信息对称原则

信息指税收法律、法规以及办税程序等税收知识，对称指征纳双方对税收法律、法规以及办税程序等了解掌握的数量、质量程度相同。国内外有关税务专家引用经济学上的“投入产出”、“博弈论（game theory）”、“信息不对称”等理论对纳税服务工作进行了研究分析，较为一致的结论是：纳税服务是解决征纳双方信息不对称的重要途径。因此，税务机关应通过相应的服务措施，帮助纳税人及时知晓税收法律法规，以促进纳税遵从。

（六）需求主导原则

20世纪90年代以来，将公众视为政府的“顾客”，一切以顾客需求为中心是发达国家政府改造运动的基本理念和实践依据，借鉴发达国家的政府改造理念，税务机关应以纳税人的服务需求引导纳税服务工作的开展，让纳税人的服务需求决定纳税服务开展的内容、方向、手段、方法、要求以及各种相关资源的调整与配置等。

五、实施纳税服务的一般组织过程

如何组织实施纳税服务工作，确保纳税服务目标的实现，首先，应以纳税人需求作为起点，调查、分析纳税人的需求，梳理纳税服务内容，查找税务机关有无服务缺位的地方，服务内容有无遗漏的地方，确定纳税服务手段及内容；其次，设计多套纳税服务方案或措施，列明各套方案的优缺点，适用群体、范围，受限环节、方位等；再次，组织相关专家论证、测试、筛选、评价，确定最优方案；最后，组织实施纳税服务方案或措施。在组织实施过程中发现新问题、新情况及时反馈到纳税人需求调查环节，税务机关及时调整服务方案，迅速适应纳税人各种情况的变动。从而形成一套从研究分析需求、可行性分析、决策、实施到信息反馈、服务监督与责任追究的工作机制，确保纳税服务工作的螺旋上升式发展。整个过程如图 2-3 所示。

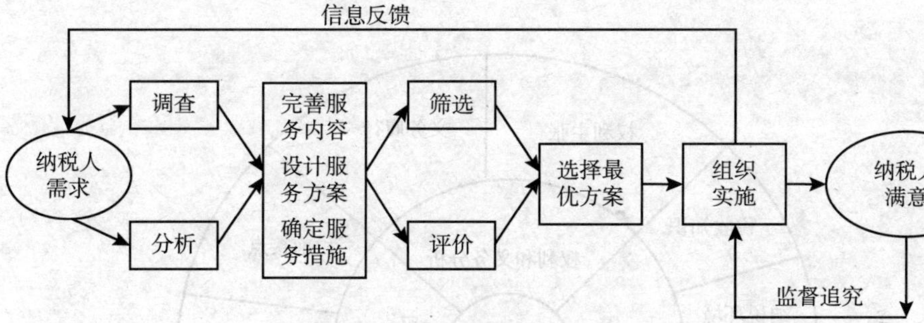

图 2-3 纳税服务组织过程示意图

第三节 纳税服务需求分析及内容

纳税人服务需求总体源自于税法的规定，具体受纳税人自身情况制约。纳税人的具体服务需求直接决定了纳税服务工作开展的具体内容和要求，全面深入地挖掘分析、发现掌握纳税人的需求，是有针对性地制定服务策略和方案，确定服务方法、渠道以及相应建立服务制度规范等的基础。当前我国对这些方面的考察研究仍处在初始阶段，本节介绍权利义务分析、业务接点分析、遵从度分析、需求调查四种需求分析方法，每一种方法在当前和今后一段时期内都有其作用和局限，通过综合使用，可以多角度、多层次地确定纳税人服务需求的轮廓。以下介绍基本的方法，实际工作中的应用则应更加具体深入。

一、纳税服务需求调查分析

传统情况下，税务机关在提供纳税服务的过程中往往片面地将自己置于完全主导地位，即提供什么服务、何时何地以及如何提供服务等较多根据税务机关自身的意志和计划进行，作为纳税服务接受者的纳税人大多只能被动地接受，少有主动参与或选择的自由。在这种服务格局下，税务机关效率低下，征纳双方互信度较低。同时，纳税人在税收征管活动一贯处于弱势地位，非常希望税务机关以纳税人为核心开展管理服务工作，更多尊重纳税人的选择，强化纳税人的参与，注重纳税人的评价，满足纳税人受人尊重的需要。因此，开展纳税服务工作，需要从纳税人角度出发研究纳税人需求，根据纳税人特点、态度、期望、行为等将纳税人划分为不同群体，并为不同群体提供不同的纳税服务，才能提出解决纳税服务问题的最佳方案，为纳税服务业务系统的构建奠定基础（如图 2－4 所示）。

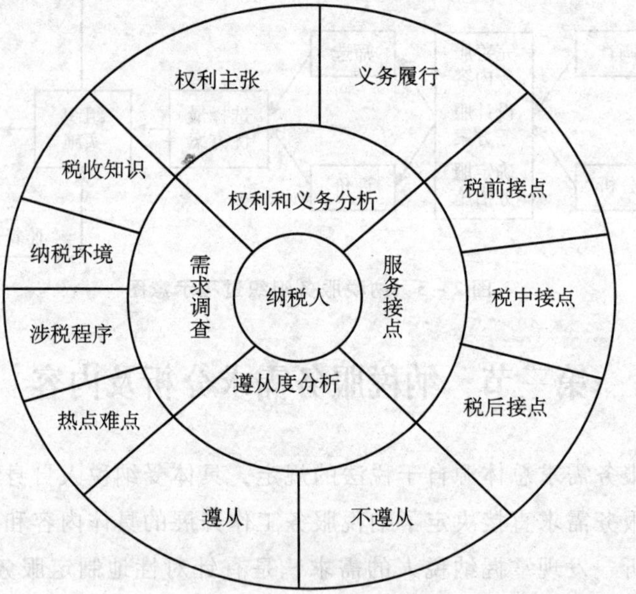

图 2－4 纳税服务需求分析示意图

（一）纳税人权利和义务分析

纳税人权利及义务是纳税人法定需求的基本来源，将纳税人权利和义务有机结合起来，通过研究、梳理、分析，可全面搜寻税务机关开展纳税服务的基本内容、措施和要求（见表2-1）。

表2-1　纳税人权利及义务简表

序号＼项目	纳税人	
	权利	义务
1	申请减、免税权	按时缴纳或解缴税款的义务
2	申请退税权	代扣、代收税款的义务
3	延期纳税申报权	依法办理税务登记的义务
4	延期缴纳税款权	按照规定使用税务登记证件的义务
5	陈述、申辩权	依法设置账簿、进行核算并保管账簿和有关资料的义务
6	听证权	财务会计制度或办法、会计核算软件备案的义务
7	申请行政复议权	按规定开具、使用、取得发票的义务
8	提起行政诉讼权	按照规定安装、使用税控装置的义务
9	请求国家赔偿权	办理纳税申报和报送纳税资料的义务
10	知情权	延期申报必须预缴税款的义务
11	监督权	依法代扣、代收税款的义务
12	检举权	依法计价核算与关联企业之间的业务往来的义务
13	委托税务代理权	结清税款或提供担保的义务
14	接受服务权	欠税人应当向抵押权人、质权人说明欠税情况的义务
15	咨询权	继续纳税和承担连带责任的义务
16	保密权	向税务机关提供税务信息的义务
17	拒绝检查权	接受税务检查的义务
18	举报受奖权	发生纳税争议先缴纳税款或提供担保的义务
19	……	……

1. 对纳税人权益维护需求的分析

纳税人权利是法律、法规赋予纳税人所享有的可以作出或不作出某些行为的权利。在税收征管过程中换另一个角度理解，也可以说是纳税人依法可要求税务机关作出或不作出某些行为的权利。这些行为的作出或不作出，与纳税人的合法利益密切相关。我国现阶段权益性服务的主要问题是纳税人维权需求实现度低，表现如对税务行政复议需求不足，分析其原因，主要有两个方面。一方面，纳税人权利意识淡薄，对通过税务行政复议等方式维护合法权益的了解不够、意识不强，这是由于以往税务机关在税法宣传时往往侧重纳税人义务的宣传，而忽视了对纳税人权利的宣传；另一方面，税务机关从自身的狭隘利益出发不愿让纳税人维权，即使纳税人申请维权，由于纳税人与税务机关对税收信息的占有不对等、税法规定弹性过大、解释权完全归税务机关等等原因，纳税人往往处于被动和不利的位置。因此，一是税务机关在宣传纳税人义务的同时，应加大纳税人权利方面的宣传，确保纳税人知悉权的实现。二是纳税人的权利对应税务机关的义务，税务机关应通过搜寻纳税人权利，防止自身服务"不作为"，防止侵害纳税人的权利，促使税务机关及时、正确地履行义务，保障纳税人权利的实现。三是税法赋予了纳税人提出异议和寻求法律援助的权利，按照纳税人需求权利维护实现的难易程度，大体可分为三种类型：简易性维权、一般性维权和复杂性维权，在纳税人权利主张时，按照纳税人得到尊重的难易程度，有侧重点地采取服务措施（见表2－2）。四是根据纳税人申请权益维护的群体、频率来看，法人纳税人申请维护权益的比重要相对自然人纳税人的比例要高，在权益维护上税务机关应侧重增加自然人的维权意识，通过保障纳税人权益的实现，促使纳税人正确履行义务。

表2－2 纳税人权利分析简表

项目 分类	纳税人权利	造成原因及分析	税务机关义务或措施
简易性维权	知情权	纳税人在主张权利时，较易得到尊重权利，税务机关比较容易实现的简单服务	宣传、告知
	接受服务权		加大服务力度
	咨询权		12366、网站答复
	举报受奖权		举报奖励兑付
	检举权		受理、查处、反馈举报
	委托税务代理权		加强代理监管
	保密权		遵守保密制度
	监督权		接受纳税人监督
一般性维权	申请减、免税权	纳税人在主张权利时，较难得到尊重权利，审核、审批手续烦琐，影响税收收入	转变观念、提高效率、简化审批手续，优化业务流程
	延期纳税申报权		
	延期缴纳税款权		
	申请退税权		

续表

项目 / 分类	纳税人权利	造成原因及分析	税务机关义务或措施
复杂性维权	陈述、申辩权	纳税人在主张权利时很难得到尊重，纳税人惧怕要求权利主张后，税务机关进行报复性的检查及处罚	告知
	听证权		主持听证
	申请行政复议权		提供法律救济
	提起行政诉讼权		提供法律救济
	请求国家赔偿权		提供法律救济

2. 纳税人履行义务需求分析

纳税人的纳税义务是根据税收法律、法规规定而产生的，必须履行的纳税义务。传统征管阶段税务机关为确保纳税人纳税义务的实现，往往是通过不断强化纳税人纳税义务的宣传，采取各种税源监控措施和手段，确保纳税人履行纳税义务。这虽然取得了一定的效果，但造成征纳矛盾走向消极的、对抗性的方面，给税收工作带来困难。因此，税务机关应着重分析纳税人履行纳税义务的情况，采取相应的服务措施，来促进征纳关系和谐发展。纳税人的纳税义务可从以下几个方面进行分析：一是纳税人履行纳税义务的情况；二是纳税人履行纳税义务的分布群体；三是纳税人履行纳税义务的频率体现；四是纳税人履行义务的过程。分析当前纳税人履行纳税义务的情况，即纳税人遵从度分析（见本节纳税人遵从度分析）。纳税人履行纳税义务的情况具体受纳税人行为、税收政策、社会环境、价值取向等因素的影响，纳税人履行纳税义务的薄弱环节主要在税中，薄弱群体主要在私营企业、个体工商业户，薄弱地区多分布在贫困地区，出现问题频率较高的环节多为申报征收。因此，应注重加大私营企业、个体工商业户、贫困地区、申报征收环节的宣传辅导，防止出现大面积的遵从度不均衡。根据纳税人履行纳税义务、从事纳税活动的过程可分为税前、税中、税后三个阶段，全面分析各个阶段履行的纳税义务，找出履行义务的阶段性特点，相应采取全方位服务措施，防止服务出现缺位，促进纳税人遵从度的提高（见表2-3）。

表 2－3　纳税人义务分析简表

项目／分类	纳税人义务	税务机关对应措施
税前履行义务	依法办理税务登记的义务	限时办证、联合办证
	按照规定使用税务登记证件的义务	提醒告知
	依法设置账簿、进行核算并保管账簿和有关资料的义务	提醒告知
	财务会计制度或办法、会计核算软件备案的义务	提醒告知
	按照规定安装、使用税控装置的义务	简化审批手续
	按规定开具、使用、取得发票的义务	简化领购手续
	向税务机关提供税务信息的义务	网站、电话、电子邮件
税中履行义务	按时缴纳或解缴税款的义务	银行转账、税库银一体化、提醒
	代扣、代收税款的义务	电子化申报
	办理纳税申报和报送纳税资料的义务	电子化申报
	延期申报必须预缴税款的义务	简化审批手续
	不得拒绝扣缴义务人代扣、代收税款的义务	电子化申报、提示法律责任
	依法计价核算与关联企业之间的业务往来的义务	纳税辅导
税后履行义务	结清税款或提供担保的义务	告知听证、复议、诉讼权利
	欠税人应当向抵押权人、质权人说明欠税情况的义务	欠税公告
	继续纳税和承担连带责任的义务	告知、严格执法、维护税法公平
	接受税务检查的义务	联合检查、一家查账多家认账、未经评估不得检查
	发生纳税争议先缴纳税款或提供担保的义务	告知听证、复议、诉讼权利

（二）征管业务接点分析

征管业务接点分析，主要是税务机关沿着《中华人民共和国税收征收管理法》这条程序法的主线，逐节、逐条、逐项地进行全面梳理，查找税务机关同纳税人涉税事项的接触点，从中全面寻求纳税服务的内容及措施。

通过搜寻《中华人民共和国税收征收管理法》的征纳接触点，查找出税务机关与纳税人的接点共100余个，详见本章附录。这些接点都有其相关的纳税服务业务单元，按照业务接点和业务单元，划分服务类别，全面充实纳税服务内容，防止税务机关提供纳税服务时出现遗漏。征管业务接触点正是征纳关系的关键“骨关节”，只有注重征纳接触点，对纳税服务关键点进行关键处理，加大对纳税服务接点部分的服务措施及力度，润滑、打通征纳关系的“关节梗塞”，才能形成和谐融洽的征纳关系。这100余个接触点是税务机关同纳税人打交道的交集点，也是直接展现税务机关形象的关键环节，充分关注接点上的服务，树立良好的服务形象，提供优质的纳税服务，纳税服务才能起到事半功倍的效果。

（三）纳税人遵从度分析

纳税人遵从度分析是指税务机关从纳税人的行为模式角度进行研究分析，根据纳税人遵从情况的群体，寻找配套的服务措施，促使纳税人依法、自觉、主动、及时、足额纳税的能力不断提高，以减少税款流失，提高纳税遵从。目前，纳税遵从度的高低在纳税服务上未有体现，在一定程度上削弱了纳税服务对纳税遵从度的激励作用。为此，调查统计纳税人在税收管理过程中表现出的遵从和不遵从情况，分析各种情况出现的类别、环节、人群、区域、规模、频率以及原因差别，从促进纳税遵从出发，采取分类服务措施，减少或基本消除纳税人的“无知性不遵从”、“懒惰性不遵从”、“情感性不遵从”，并促使“自私性不遵从”的纳税人转变观念，最终走向纳税遵从（如图2－5所示）。

（四）纳税人需求调查分析

美国学者马斯洛从社会学和心理学的概念出发，把人的需要按其重要程度和发生的先后顺序排成5个层次：生理上的需要、安全上的需要、感情和归属上的需要、地位和受人尊重的需要、自我实现的需要。马斯洛的人类需要层次理论认为，要尽可能在客观条件许可的情况下，针对不同的人对不同层次需要的追求，使其得到相对的满足，这有利于解决社会的矛盾和冲突，提高生产效率。根据马斯洛对人的需求研究原理，面向纳税人开展需求调查分析是准确细致了解纳税人需求和期望最为直接的方法，有利准确把握纳税人所急、所想、所需，寻找纳税服务重点、热点，对应寻求可能的解决措施，有利于开展“需求型、人性化”服务，有利于提高纳税人遵从度，有利于建立起和谐信赖的征纳关系，降低征纳博弈成本，提高征管质效。

本着“始于纳税人需求、终于纳税人满意”原则，应充分重视纳税人需求调查分析，可借鉴市场营销学中客户需求分析的科学方法，视纳税人（Taxpayer）为“客户”（Client），围绕“客户”开展需求调查，分析鉴别纳税人的合法合理需求。纳税人需求调查可以采取发放调查问卷、召开税企座谈会、网站或电话投票等形式。需要注意的是，不同情况的纳税人对法定需求的认知程度不同，需要相关的引导和鉴别。对纳税人需求的调查主要包括四个方面：

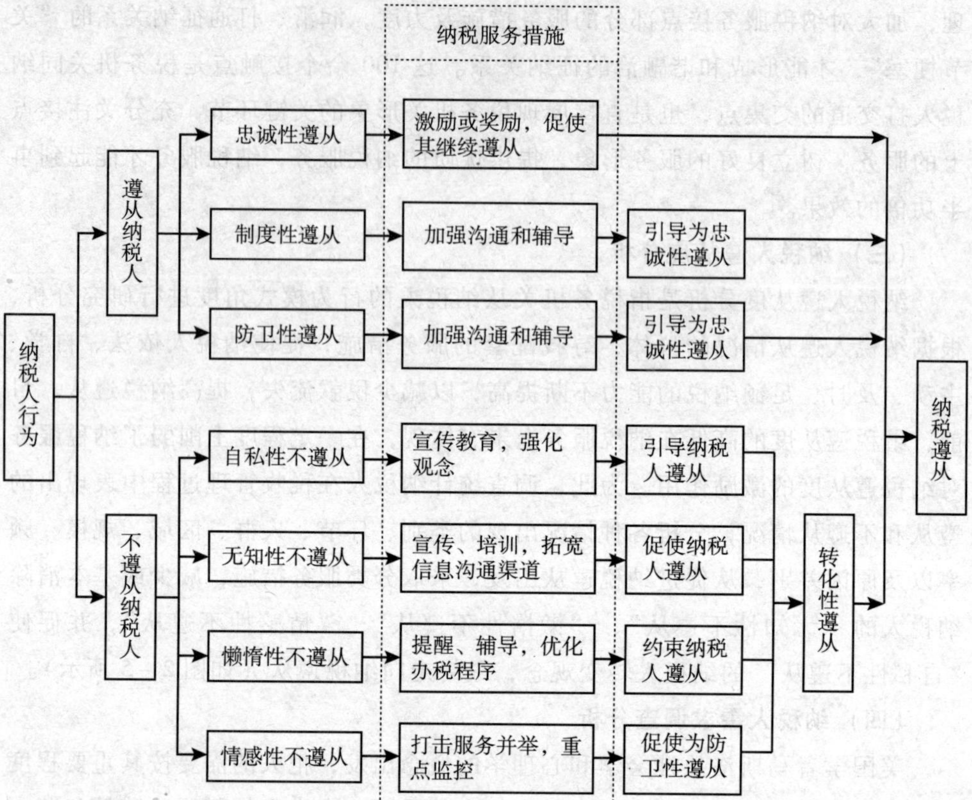

图 2－5 纳税遵从转化示意图

1. 纳税人知悉税收知识情况调查。包括：税收实体法、税收程序法、其他相关政策办法规定等。

2. 纳税人对纳税环境的评价调查。包括：办税环境、窗口职责划分、服务态度、服务效率、税务公告内容和方式、税务机关执法公平、审核与审批环节、申报资料、税务人员业务熟练程度等。

3. 纳税人对涉税程序繁简的调查。包括：申报纳税、办理税务登记、发票领购、税控装置申购、减免缓抵退税办理、税收优惠政策落实等。

4. 纳税人热点、难点问题调查。包括：最不满意的、最担心的、最关心的、最期望的、意见建议等。

调查完纳税人需求内容后，可从以下几个角度进行分析：一是分析哪些是纳税人的法定需求，哪些是纳税人由合法需求衍生出的合理需求，对纳税合法需求应无条件满足，对纳税人的合理需求应尽最大可能给予满足。二是分析哪些是纳税人已经满足的需求、基本满足的需求、未满足的需求，对已经满足的要巩固完善，对基本满足的要改进提高，对未满足的要充实补充。三是分析服务时间、服务地点、服务供给、服务需求的调节等，全面考虑区域经济发展水平、纳税人办税能力、地理位置以及状况等诸多因素对纳税人产生的影响，拓宽服务方式，提供相应的服务内容。四是分析纳税人的热点、难点问题，并从快、从速解决。五是分析纳税人的税收知识知悉情况，有针对性地宣传、辅导纳税人税收知识急需或欠缺的方面。六是分析纳税环境方面的情况，合理配置资源，改进服务环境。七是分析纳税人涉税程序方面的情况，简化烦琐程序，清除无用程序，归并重叠程序。

二、纳税服务内容

纳税服务的前提是税务机关根据税收法律法规的规定实施行政行为，内容是因纳税人需求而产生的，目的是为促进纳税人自行履行纳税义务，帮助纳税人行使权利。通过对纳税人服务需求的调查研究、分析梳理，明确具体的纳税服务内容。同时，建设“服务型”机关，促使税务机关由“管理型”向“服务型”转变，部分原来的管理型业务转变为纳入服务型业务，需要对纳税服务的内容进行重新定位，基本固定下来的纳税服务内容是税收征管工作的基本组成部分。

纳税服务作为税务机关在税收征管过程中向纳税人提供的旨在方便纳税人履行纳税义务和享受纳税权利的各项服务活动，其基本业务内容包括：税收宣传、税收咨询、纳税辅导、提醒服务、税企座谈、涉税审批、简化办税程序、上门服务、公开办税、举报投诉建议、纳税信用等级管理、法律救济、优惠政策落实、“12366”服务热线、网上办税等多元化申报纳税方式、纳税服务中心场所管理（税务登记办理，发票领购、代开、缴销，税控装置申购，纳税申报、提供表证单书）等。按照服务业务内容的属性进行的分类包括：

（一）权益性服务

权益性服务是指依照税法维护纳税人的合法权益，即尊重和保护纳税人的知情权、减免退税请求权、行政诉讼权、国家赔偿权以及控告权和检举权等。基本包括：知悉性权利，如知情权、咨询权、听证申请权等。受益性权利，如委托代理权、减免税申请权、延期申报纳税权等。保护性权利，如保密权、拒绝检查权、控告检举权、举报受奖权等。救济性权利，如请求赔偿权、复议申请权、诉讼权等。

国家税务总局2009年第1号公告向社会明确告知了纳税人的14项基本权利和10项基本义务，标志着我国税务机关对待纳税人法律地位的态度发生了整体性变化。在要求纳税人履行纳税义务的同时尊重纳税人的权益，无疑是税收征管的一个历史性进步。如何优化纳税服务，保障纳税人能够普遍、充分、及时和低成本地享受应有的权益，还需要长时间的努力。

（二）信息性服务

信息性服务是指税务机关及其工作人员在日常税收管理中，通过一定的方式，将有关税收法律、法规、规定及办税事项告知纳税人，提示纳税人及时、正确按规定办税。基本包括：税收实体法信息，目的是让纳税人了解向谁征税、征多少税、征税范围、计税依据、纳税环节、纳税义务发生时间、纳税期限、纳税地点等信息，如个人所得税法。税收程序法信息，目的是让纳税人了解如何办理税务登记、纳税申报、税款缴纳，扣缴义务人如何扣缴税款，税务机关如何催报催缴、检查、税收保全、强制执行等信息，如税收征管法。税收救济法信息，目的是让纳税人了解如何校正税收错误事项，处理同税务机关的涉税争议，保护纳税人合法权益的信息，如行政复议法、行政诉讼法等。

（三）知识性服务

知识性服务就是税务机关为满足纳税人理解认知纳税相关知识、解决技术性纳税问题、提高办税能力的需要，而提供的解读、培训、案例、指导性研究等方面的服务。知识性服务与信息性服务不同，后者发布、告知、提示的作用较强，而前者将深入到纳税过程，针对具体纳税问题进行释难解疑和提供建议方案。如，国家税务总局拟整合全国各类法规库、知识库和问题库等纳税咨询资源，建设全国统一的纳税指南库。

（四）程序性服务

程序性服务是指税务机关遵循简便、高效的原则，在征管业务流程中通过简化审批手续、优化办税程序等方式降低税务机关内耗，提高行政工作效率，对纳税人提供服务。基本包括：如何办理税务登记，如何办理发票领购与代开，如何进行纳税申报、税款缴纳，扣缴义务人如何扣缴税款，如何办理涉税事项申请、审核、审批，税务机关催报催缴、检查、税收保全、强制执行的管理程序，如何进行举报投诉，如何进行行政诉讼、复议、赔偿等。

（五）环境性服务

环境性服务就是为满足纳税人办理日常涉税事宜的需要，不断创建方便有序、优质高效的办税环境。基本包括：科学设置服务窗口，合理布局服务区，办税过程公平、公正、公开，服务行为标准规范，纳税服务的文化氛围等。

第四节 现代纳税服务的方式和载体

开展纳税服务，需要建立相对纳税人配套的服务方式和载体。方式强调服务的外在形式，载体侧重服务的具体手段，二者相辅相成，互为补充，共同为纳税人提供一些具体服务措施。现代税收征管对服务方式和载体有很多实践经验，主要趋势是服务业务开展方式走向集约化，服务载体的构建大量采用现代信息网络技术。本节从目前纳税服务发展阶段的情况，探讨介绍较为成型的多元化的纳税服务方式和现代化的纳税服务载体。

一、纳税服务方式

纳税服务方式是指税务机关和社会其他机构通过一定的方法向纳税人提供各种服务活动的形式。税务机关应坚持服务观念法制化、服务手段多元化、服务行为规范化的原则，积极探索运用多种服务方式，不断提高纳税服务的质量与效率。

（一）“一站式”服务

各级税务机关根据纳税人需求，对纳税人需要到税务机关办理的涉税事项，实行集中受理或办理，为纳税人提供“一站式”服务。

纳税服务场所的业务可分为受理和办理两类，对于可以在纳税服务场所内即时办结的受理事项，税务人员经审核，在符合规定的情况下即时办结；对于不能在纳税服务场所内即时办结的受理事项，统一受理后转交内部有关部门，按有关规定处理，并统一通过纳税服务场所将处理结果反馈纳税人，形成“统一受理、内部流转、限时办结、窗口出件”的一站式服务格局。

（二）税务公告

加强税务公告，实施透明式办税是保障纳税人知情权的根本途径。税务公告是税务机关依据国家法律、法规的规定，在税收征收、管理、检查和实施税收法律救济过程中，依照一定的程序和形式，加强税收政策和管理方式变化的宣传告知，使纳税人及时了解政策变化，熟悉办税程序，掌握管理要求，提高纳税人的遵从度。税务公告是纳税服务的重要方式之一。

税务公告的内容有：纳税人的权利和义务，即纳税人依据税收法律、行政法规应当享有的各项权利和履行的各种义务。纳税服务工作规范，包括税务机关开展纳税服务工作的内容、方式和承诺；纳税信用等级评定的标准、程序及激励与监控措施等。办税程序，包括纳税人办理税务登记、资格认定、纳税申报、缴纳税款、发票管理、税收减免的有关规定等。税务行政处罚，包括税务行政处罚的执法主体、权限、依据、标准和程序，以及组织税务行政听证的税务机关名称和举行听证的程序、时限、相关资料等。举报投诉监督，包括税务干部廉洁自律有关规定、受理纳税人投诉部门和监督举报电话、税务人员违反规定的责任追究等。税收法律救济，包括负责税务行政复议、税务行政诉讼和税务行政赔偿的税务机关名称，纳税人申请税务行政复议、诉讼和赔偿的程序、时限和相关资料等。其他应公告的事项，除法律有特别规定外，凡是涉及纳税人权利义务的规定和事项都应公告公开。经过长期工作实践，我国各级税务机关已经建立起了较为成熟的办税公开制度。

对于税务公告的形式，应因地制宜、采取多种有效方式实行税务公告。凡是有利于纳税人知情、纳税人办税和纳税人监督的形式都可以采用，主要有：纳税服务场所的触摸屏、显示屏、公告栏、办税指南、示意图；“12366”热线、网站、短信台；税务公示、公报、函告等；广播、电视、报刊等新闻媒体；政府网站、政府公报、政务公开栏、办税指南；宣传资料、宣传展板、公开信；新闻发布会、通报会、听证会、咨询会、座谈会、培训会，专家咨询、论证，以及邀请社会公众旁听会议；税收征收、管理、检查和实施税收法律救济环节中的宣传、辅导、受理咨询等措施。

（三）纳税辅导

纳税辅导是指税务机关为帮助不了解、不熟悉税法的纳税人群体正确履行纳税义务，辅助指导纳税人学习税法。纳税辅导是帮助纳税人熟悉税收法律法规，了解和掌握如何正确履行纳税义务的重要举措，是开展纳税服务的重点工作。纳税辅导既需注重对现有纳税人的辅导，又要重视对潜在纳税人的教育。对现有纳税人的辅导：一是通过政务网站、“12366”热线等纳税服务平台为纳税人提供办税指引、咨询服务，辅导纳税人做好税务登记、纳税申报、表格填写等涉税事项。二是在纳税服务场所，提供税务登记、纳税申报、发票领购等辅导，特别是对于设立税务登记、取得涉税认定资格的纳税人，应及时进行办税辅导。三是开展专项辅导。定期举办办税员培训班，也可针对纳税人容易出现税收违法行为的环节和实际情况需要，举办所得税汇缴、异常申报企业、受处罚和纳税信用等级较低的企业的培训班等。四是延伸纳税辅导服务对象，由原来的一般财务人员辅导服务，延伸到企业决策层服务，进一步培养纳税人的纳税意识。加强对潜在纳税人的教育，则需在各级学校开设税务课程，对学生进行税法教育，培养他们的纳税意识。

（四）个性化服务

个性化服务是指税务机关根据不同类型、不同群体或特定需求的纳税人提供有针对性的服务，即“纳税人分类法”服务。以往税务机关在个性化服务方面一直未加重视，造成一些问题：一是没有从纳税人角度出发，调查区分纳税人的不同需求，服务上“一相情愿”，服务结果难求实效。二是在开展普遍化服务的基础上未兼顾个性化，“一人生病，全家吃药”，常为解决个别问题而开展普遍工作，造成资源耗费大。三是未对纳税人进行分类服务，体现不出纳税信誉的差别服务待遇，缺乏遵从引导性。准确、全面地为纳税人提供优质服务，应全面评估纳税人状况，合理配置有限的资源，为纳税人提供个性化服务。

经济合作与发展组织（OECD）将纳税人分为：纳税人完全不遵从（已决定不依法纳税）、纳税人可能不遵从（不想纳税但如果税务机关予以注意会纳税）、纳税人想遵从但实现难度较大（试图依法纳税但并非总成功）和纳税人遵从（愿意依法纳税）等四类情况。对于前两类纳税人，税务机关应强化管理，严格执法，决不姑息，杜绝其不依法纳税的侥幸心理。对于第三类纳税人，税务机关则应协助其提高依法诚信纳税的能力。对于第四类纳税人，则要重点向其提供纳税服务。即根据不同纳税人的遵从状况，采取不同的措施，促使其不断提高税法遵从度。对于遵从（或诚信）的纳税人，税务机关要为其提供良好的服务和公平的管理。对于不遵从（或不诚信）的纳税人，税务机关要严格稽查，严格管理，严格处罚。对于通过服务可以提高遵从度的纳税人，税务机关要加强教育和引导。由此可见，优化纳税服务是提高税法遵从度的重要手段，应积极借鉴国际经验，准确把握税收征管发展规律，通过开展纳税服务，提高纳税人的税法遵从度。

1. 纳税信用等级管理。税务机关应根据国家税务总局纳税信用等级评定的相关规定，不断完善纳税信用等级指标，规范评定程序，开发评定软件，建立信用档案，注重维护纳税人合法权益。对税务机关评定的纳税信用等级有异议的，除可申诉外，还可依法申请税务行政复议。对不同等级（A、B、C、D四级）纳税人实行分类管理，享受不同服务待遇，对A级纳税人进一步拓展激励措施，增强A级的“吸引力”；对B级纳税人加强政策辅导；对C级和D级纳税人加强办税辅导和实施重点监控。从而形成一种激励和约束机制，促进纳税人诚实守信、依法纳税。

2. 特快通道。由于重点纳税人具有数量少、经营活动复杂、税收收入比重大、服务需求专业性较强、网络操作能力高等特征，税务机关应为重点纳税人开通“特快通道”，提供个性化服务。“特快通道”主要是通过电子邮箱服务（见本节第二部分：电子邮箱服务）、联络员服务、预约上门等方式，为重点纳税人提供涉税政策发布、政策咨询、发票领购、减免缓抵退税申请等服务。

联络员服务：税企双方互相确定各自联络员，定期交流，了解重点纳税人的生产经营情况和纳税服务需求，纳税人了解相关税收政策并提出服务需求。重点纳税人联络员提出税务登记、发票办理、减免缓抵退税等服务需求，税务机关联络员（即税收管理员）主要为满足重点纳税人以上需求，提供咨询、指导、联系、协调等全方位、全过程服务，同时在服务中掌握纳税人服务需求。

预约上门服务：凡重点纳税人资产重组、企业合并、分立、资产转让、投资新项目等综合、重大问题，需要税务部门提供咨询、辅导，或需现场分析解决问题的，均可通过联络员预约订制服务，税务机关按预约要求组织有关人员安排相应服务。

延时服务：各级税务机关应根据工作需要或纳税人要求开展延时服务。延长服务时间既可以由纳税人或办税人员申请提出，也可以由税务机关主动作出。纳税人或办税人员提出的，可以当面申请，也可以电话方式申请提出。税务机关提供延时服务不应向纳税人或经办人员收取任何费用。税务人员接到纳税人或办税人员延时办税的要求后，无故不应拒绝提供延时服务。

3. 税收优惠政策落实。税收优惠是指国家为实现特定的政策目标，对某些特定的课税对象、纳税人或地区给予的税收鼓励、优待和照顾的总称。税务机关在贯彻落实税收优惠政策过程中，一些地方的税务部门因顾及自身利益，不惜牺牲纳税人利益，认为只有本辖区内的税收增加了，税收任务完成了，才有工作业绩，造成税收优惠政策在贯彻中出现“梗阻”。税务机关应树立起“不落实税收优惠也是收过头税”的思想，做到“减税免税不减免服务”，确保纳税人权益不受侵害。税收优惠按照性质包括：区域性税收优惠，如在经济特区、经济技术开发区、高新技术开发区、老少边穷地区实行的税收优惠政策；时间性税收优惠，如对某些企业、某些行业、某些产品实行的定期减税或者免税等；范围性税收优惠，即只限于某种类型的行业或企业，如对民政福利企业实行的税收优惠等；目的性税收优惠，如为了鼓励产品出口、鼓励利用

"三废"、促进高新技术、下岗职工再就业等优惠政策。为保证税收优惠政策落实到位，应对以上相关纳税人的情况进行分类掌握，按照优惠政策的要求实施告知、提醒、速办、批处理等主动服务，充分保障纳税人享受应有的法定权益。

4. 针对特定纳税人群体的个性服务方案。针对不同特点、不同需求的纳税人，形成针对性的服务计划，提供个性化服务"套餐"。国家税务总局组织编写的分行业纳税指南就是典型的个性化服务措施。

【案例】 江苏成立台企"纳税人之家"

新华网江苏频道南京12月31日电（记者张展鹏） 记者31日从无锡市地税局获悉，江苏省首个台资企业"纳税人之家"近日在无锡成立，通过监督依法办税、开展行风评议、提供优质服务等一系列举措，为台资企业构建民主、开放、平等、维权的新型服务体系。

截至2009年6月，无锡市累计批准台资企业2109个，协议注册台资金额92亿美元，到位台资金额45.54亿美元，成为台资企业较为密集、台商较为集中的地区之一。此次在台资企业中建立"纳税人之家"，旨在通过构建守信平台、推动阳光税务、监督依法办税、开展行风评议、提供优质服务等一系列举措，推进开放式、参与式的税收管理，构建民主、开放、平等、维权的新型服务体系。

来自无锡市行业协会、台商投资协会的292名代表成为"纳税人之家"的首批成员，这也是该市继日资企业、欧美企业"纳税人之家"后成立的第三家以投资来源地为特征的"纳税人之家"。近年来，无锡高度重视"纳税人之家"建设在维护纳税人权益、构建和谐征纳关系中的重要作用，截至2009年底，全市已建成各类"纳税人之家"73家，今年以来，无锡依托"纳税人之家"平台开展各类活动2000多场次，切实维护纳税人的知情权、参与权、表达权、监督权。

来源：《中国税务报》2008年4月25日

（五）分层次服务

分层次服务是税务机关根据纳税服务需求的深度和服务业务操作的专业程度或难易程度进行层次划分并组织服务。纳税人遇到税收问题寻求帮助时，因问题的难易程度不一，现有常规的服务渠道往往不能及时解决问题，导致征纳成本增加。税务机关如果忽略纳税人提出需求的难易程度，实行教条式的同等服务待遇，就很难真正解决纳税人的问题。特别是税务机关未将深层次、业务性强的业务，纳入纳税服务业务序列，将导致纳税服务职能整体低效运行。因此，应按受理纳税服务业务内容的难易程度分类，实行专业分工服务，交由不同层次的税务人员协作办理。分层次服务虽然按纳税服务业务的难易程度分类提供服务，并不意味着各级次服务业务的割裂，而是相互关联，相互依赖，形成一个有机的服务整体。分层次服务包括：初级服务、中级服务、高级服务。初级服务主要是前台服务，中、高级服务主要是后台服务，应按照前、后台一体化的原则，设计岗责，规范流程，明确前后台之间的分工和责任，增强配合意识，使纳税服务中心成为一个前台与纳税人面对面沟通、后台与各管理部门密切联系的桥梁和纽带，形成面向纳税人的一体化服务平台。之所以分为三级纳税服务，是为了合理配置资源，使服务更加有针对性，使服务分工更加专业化。

1. 初级服务。纳税服务窗口直接为纳税人提供的简单服务，即前台服务，包括办税服务厅、税务网站、12366 热线等，服务的内容主要是办理税务登记证、发售发票、代开发票、提供表证单书、受理涉税审批、政策咨询、税法宣传、受理举报投诉等可以由前台人员直接完成的浅层次服务。此类服务的特点是服务业务量大，操作比较简单，容易解决，面向群体为所有纳税人，要求服务人员业务知识面广，能够即时满足纳税人的服务需求。

2. 中级服务。即解决前台不能直接解决的较为复杂的问题转到后台部门，由业务骨干人员完成的服务。包括前台无法答复的政策疑难问题、专用发票印制审批、减免缓抵退税审核审批等。此类服务的特点是服务业务量相对较少，业务专业性比较强，较难解决，面向对象为具有特定需求的纳税人，服务人员要求熟悉专业知识，满足纳税人服务需求的时间相对初级服务长。

3. 高级服务。即初、中级服务无法解决的复杂性问题，需由税收业务骨干组成专家组加以解决的服务。包括新建企业整体税收方案、企业改制税收方案、企业资产重组税收方案等。此类服务的特点是业务量较少，业务技术含量较高，综合性较强，面向对象为特定需求的纳税人，需集中精英人才力量，发挥资源优势为纳税人提供深度的服务，服务需求解决的时间长。

（六）社会化服务

社会化服务主要是挖掘税务机关以外的社会资源，依托社会资源为载体为纳税人开展的涉税服务。马克思指出协作对生产发展起着重要的作用，“创造了一种生产力”；梅奥等人的“霍桑实验”也实证证明了社会协作的必要性。为提高纳税服务的整体服务能力，应依托社会资源、加强社会部门协作而提供社会化服务。主要包括税务代理机构、税务咨询机构、会计师事务所、司法机关、协税护税组织、银行、报纸杂志社、邮电通讯部门、广播电视台、政府部门以及社会志愿者等。这些部门群体根据自身的特点和条件，为纳税人提供一定的社会服务，它们提供的服务，大多具有覆盖面广、专业性强的特点。

1. 税务代理。税务代理作为纳税服务工作的有益补充部分，税务机关要依法监督税务代理事业的发展，积极培育、规范和发展税务代理事业，充分发挥税务代理作为社会有偿纳税服务组织的重要作用。一是要规范和界定税务代理的服务业务范围，如：代理申报、代理办理税务登记、代理领购发票、代理记账、代理汇算清缴、代理税收筹划、财产损失认定等业务，给税务代理以生存和发展的空间。二是要准确界定税务机关履行的法定义务无偿服务与税务代理提供的有偿服务界限，税务机关应当依法行使税收执法权，不得指定税务代理，不得刁难纳税人，不得滥用职权，彻底切断税务机关与税务代理之间的经济联系，杜绝行政行为有偿化。三是要制定和落实税务代理的行政管理制度。按照《税收征收管理法》及其实施细则，以及相关制度的规定，统一制定和落实对税务代理的行政管理制度，引导税务代理事业的健康发展。四是要建立一支有中国特色的税务代理师队伍。截至 2009 年，全国注册税务师人数已达到 86714 人，比 2008 年增长 24%[①]。虽然增长较快，但是总体数量仍偏低，需进一步扩充壮大一支素质较高的从业人员。五是加快《税务代理师法》的立法，早日立法并不断加以完善，形成税务代理制度的法律规范。日本、韩国等国税务代理制度发展的经验已证明了税务代理立法的重要作用。

2. 政府及社会其他资源。依托社会资源，进一步拓展服务空间，特别是发挥政府各个部门的优势，取得政府的支持，将纳税服务工作融入社会之中，为纳税人提供更加方便、快捷、经济的服务。一是密切政府各个部门的配合。积极争取各级政府的有力支持，密切与公、检、法及工商、财政、银行、海关、质检、电信等各有关部门的配合和信息沟通，实现信息共享，从而降低税收成本，为纳税人提供更为优质高效的纳税服务。二是依托社会其他资源。借助社区、学校等各类社会机构的力量，加大税法的宣传力度；在学校开设税法课程，培养学生的依法纳税意识；借助邮政部门的力量，邮寄发放宣传资料、

① 中国税务报 . 2010 - 02 - 23.

申报表和税票；借助银行力量发放宣传资料、申报表、税票。为纳税人提供便利，并减轻税务部门自身的工作。美国申报表的发放采用税务局向纳税人邮寄或纳税人随时到各地邮局、银行和小区税务局领取的形式，同时发放纳税人指南，大约有40%的申报表是发给律师、会计师等代理申报人的。

根据有关资料统计，在我国众多的企业纳税户中，有委托代理管辖的纳税户数不足征收管理户数的10%，代理市场需求严重不足。与代理起步较晚而制度较为完善的日本相比，日本85%以上的企业都是通过税理士办理纳税事宜，税务代理人员数量成倍于税务人员；德国近90%纳税人的办税事宜都委托中介机构办理；澳大利亚的税务中介机构达到3万多家，全国80%以上的纳税人通过税务代理申报纳税。这种社会化办税方式，从业人员不领取政府薪金，却为政府开展了大量涉税服务，还创造了就业岗位，增加了政府的税收。

3. 纳税服务志愿者组织。当前，国外纳税服务志愿者活动开展的十分活跃，志愿者服务正以突出的社会效益受到越来越多国家政府和社会的重视，许多国家的志愿服务活动起步早、规模大、社会效益好，如英国、美国、加拿大等。纳税服务志愿者主要是由精通税法的税务师、会计师、经济师、律师、税务学会人员以及其他志愿者和团体组织等自愿组成服务机构，无偿为纳税人提供税收援助。志愿者经税务机关培训后，熟悉税法，具有较好的沟通能力和交流技巧，诚实、守信、专业。主要服务对象为特殊困难的弱势群体，老年人、残疾人、下岗职工、遭受重大自然灾害的纳税人以及其他处于困境的纳税人等。如，英国税收志愿者通过电话答复、登门为老年人办理服务手续、定期与帮助对象联络、免费发放纳税指南等方式，帮助纳税人了解有关税法，努力使其能够独立履行纳税义务，并维护自己的合法权益[①]。纳税服务志愿者组织关注弱势群体，拓宽了税法宣传的渠道，弥补了政府服务的缺位，丰富了纳税服务的内容。

二、现代纳税服务的载体

纳税人期望在他们所希望的任何时候与税务机关联系，并且能很方便地接收信息以及履行义务，这些需求的提出，以及现代科技的迅猛发展，信息技术在税收征管领域的广泛应用，为提升纳税服务层次和水平提供了内因的催化和外在条件实现的可能。

① 郭文武．国外纳税服务志愿者活动及其发展趋势．税收研究，2004（10）．

新西兰、英国、美国为提高电子服务普及率制定了具有挑战性的目标：新西兰的战略性目标为提供更多的在线服务；英国国内收入局和海关总署的目标为到2005年末，电子服务提供率达到100%，纳税人电子服务使用率达到50%；美国国内收入局的目标为到2007年末，80%的纳税申报表和信息以电子形式提供。可以看出，提供电子化服务是今后纳税服务发展的必然趋势，税务机关应充分运用通讯、网络、计算机等信息技术的实时在线、信息互通、资源共享等特点，突破时间和空间的限制，拓宽电子纳税服务的范围，为纳税人提供全天候、零距离、个性化、便捷、经济的服务，最大限度地满足纳税人需求。当前阶段电子化纳税服务的载体主要有以下几种：

（一）电子报税

为吸纳、保护并增强各种纳税遵从，减少情感性和懒惰性不遵从，使纳税人有条件顺利办理申报纳税事项，税务机关必须为纳税人提供简便、快捷的申报纳税方式。我国现阶段申报纳税的问题主要包括：一是申报方式单一。具体表现为大部分地区还是采取纳税人直接上门申报的方式，邮寄申报、电子申报等方式使用的较少，纳税人履行纳税申报义务的成本较高。二是内容复杂。具体表现为分税种设立申报表，申报表内容填写口径复杂，同一税种的申报资料过于烦琐。三是时间过于集中。具体表现为申报期多以月、季度终了后的10或15日内申报，造成申报期内纳税人申报密集，拥挤排队现象普遍，给纳税人造成申报不便。四是纳税申报与税款缴纳不能同步。纳税人进行申报后，税款在途时间较长，不能够实时划转国库。五是申报纳税成本较高。申报纳税和缴纳税款不仅消耗了纳税人的大量精力、财力，采用的纸质处理方式也消耗了税务部门相当比例的成本，在某些地区甚至高达20%～30%。我国税收征管法规定的申报方式有直接上门申报、邮寄、电话语音、电子数据交换、网络传输等，纳税人可以自由选择任何一种申报方式申报纳税，税务机关因此应建立多元化的纳税申报方式。随着信息技术的发展，纳税人应用网络能力的提高，直接上门、邮寄、电话语音、电子数据交换申报等已不能适应纳税人的需求，网上报税具有实现税收迅速入库、提高数据准确性、减少纳税人纸质作业、提高纳税效率、迅速收集特定范围纳税人数据、全天候、低成本等特点，受到纳税人的广泛青睐。“十五”期间，国、地税部门年平均的电子申报户数分别为419.29万户和213.15万户；自2006年起，我国采取电子申报的纳税人户数开始超过了上门申报的户数，当时国税系统电子申报户数达到716.89万户，地税系统电子申报户数为403.94万户，通过电子方式申报的税额占申报纳税总额的比重分别为53.16%和42.06%。随着电子税务的不断发展，网上申报的范围数量也将随之拓展。在发达国家，电子申报已经成为主流。美国从20世纪60年代开始就大量使用计算机，在全国范围内建立起计算机征管网络；意大利税收电子计算机系统已经构成一个遍布全国的税务信息通讯网络，各种资料集中存放、处理，并曾有一个税务部门（Agenzia della Entrate）报称实现了100%的电子申报率，采取了以下三种方式：强制税务代理人使用电子申报，提供以纳税人为主体的网络服务，与银行和邮局达成协议，除必须采用电子申报的以外，其他申报表的接收及处理由税务部门付费，通过银行或邮局处理的申报表仅占1.3%左右。信息化建设大大提升了纳税服务效率，美国、意大利各大纳税服务中心高峰期每天处理近20万份纳税申报单，大大降低了税收成本，方便了纳税人。

（二）纳税服务网站

纳税服务网站是面向纳税人和社会公众宣传税收法律法规、发放税务资料、实现征纳信息交流的重要途径。利用网络资源共享、信息互通、随时在线的特点，建立专门的纳税服务网站，可以同时向所有纳税人提供24小时不间断的纳税服务，包括接受纳税人网上申报和纳税，宣传税法和税收政策，解答纳税人的问题，进行税收执法公示，公布税务案件，收集纳税人意见等。建设服务网站已成为现代纳税服务愈来愈重要的渠道，应本着扩大和优化服务功能、丰富和完善服务内容的思路，整合网络资源，统一管理，规范网站建设，形成全天候、零距离、开放式的服务平台，提升纳税服务层次和水平。

1. 统一规划税务机关的纳税服务网站建设。应依据国家电子政务建设的部署和要求，结合税收管理和纳税服务的特点，按照方便纳税人的原则，根据纳税人的服务需求，统一组织、科学规划全国统一的纳税服务网站框架，可考虑在总局、省局、市局三个层面上建立纳税服务网站，各省市税务部门共享资源，对内部的网站进行整合，在国家税务总局网站的框架下建立自己的纳税服务网站。

2. 完善纳税服务网站的功能设计。分析纳税人的应用和操作特点，设计和完善纳税服务网站的功能，方便纳税人使用，纳税服务网站一般应设置以下功能：网上办税，政策查询，文书下载，举报建议，纳税指南，法规公告等。

3. 增强服务网站的实用性、维护性、安全性。纳税服务网站应界面友好、便于操作，在设计上简单、实用、人性化，方便税务机关及时发布信息，增强维护性，便于升级改造，同时应加强税务网站的安全，防止黑客袭击和病毒入侵，利用CA认证进行身份验证，制定相应的开发、维护、安全制度，确保纳税服务网站的稳定运行。

到2006年年底时，全国各级税务机关通过服务网站累计为纳税人提供政策咨询等服务已经达到10.81亿人次。2006年以后是我国税务网站建设应用的普及期，通过税务网站获得服务已经成为纳税人的普遍选择。厦门市地税局加强"电子税务局"建设，使95%以上的企业办理税务登记、纳税申报、税款缴纳、资料报送等涉税事项均可实现"足不出户，网上办理"；北京市地税局积极开展向纳税人免费送邮箱活动，无偿向纳税人提供税法知识，受到纳税人欢迎。

（三）"12366"热线

"12366"纳税服务热线是基于现代通讯技术建立起来的税务机关与纳税人之间开展双向交流、进行税法咨询、加强税法宣传辅导的纳税服务渠道，其特征是方便快捷，解决问题迅速及时。

1. 统一呼叫代号。2001年9月21日，信息产业部明确了全国税务系统统一的电话特服号码为"12366"，税务机关应设置并公开"12366"纳税服务热线，国、地税共享"12366"号码资源，取消原税务机关对外公开服务的电话号码，如涉税咨询、举报投诉等，统一由"12366"接听受理，方便纳税人拨打"12366"热线电话。

2. 合理规划建设模式。从"12366"建设单位上可分为"省级集中"和"市级集中"。"省级集中"即全省统一电话平台，集中设置人工坐席或在省内不同市（地）分散设置人工坐席。"市级集中"即以市（地）级为单位统一电话平台，集中人工坐席。从"12366"协作建设上可分为"分离式"、"共号式"、"一体式"共享号码资源。"分离式"，即同一地区国、地税部门分别开发和建设"12366"，分别聘用人员、分别开展咨询服务。"共号式"，即同一地区的国、地税部门共用"12366"号码资源，纳税人拨通"12366"后，通过语音分流装置进行语音分流。"一体式"，即国、地税部门同一平台、同一号码、统一人员、统一答复。

3. 完善服务内容。"12366"纳税服务热线应设置语音服务和人工坐席服务，主要通过自动语音、语音信箱、电话传真和人工服务等方式，为纳税人提供综合咨询服务、综合查询服务、举报投诉服务、纳税申报服务、通知提醒服务、征询纳税人意见等24小时全天候服务，准确、及时地为纳税人解决涉税问题。

4. 及时维护分析。"12366"纳税服务热线指定专人负责管理，加强运行维护工作，及时进行更新和完善系统的法规库、条规库、办税指南等信息，确保语音信息的及时性和准确性。并针对"12366"受理的重点、热点、难点问题，及时进行统计、整理、分析、比对，研究解决纳税人关心的重大问题。

5. 加强部门协作。"12366"受理的服务业务往往涉及范围广，需要多个部门解决。因此，应明确税务机关内部各部门的相关职责，加强部门协作，建立由"12366"管理部门统一受理、反馈、督办，其他职能部门转办、处理的快速反应机制，确保纳税人的涉税问题迅速得到解决。

（四）电话短信提醒

电话短信提醒服务是指在纳税人发生纳税义务或履行税收法律义务之前，通过电话短信提醒纳税人及时办理涉税事项的服务，目的是避免纳税人受到处罚，促使纳税人依法履行纳税义务。

提醒服务作为纳税服务的一项重要内容，目前的提醒方式主要有电话、短信、电子邮件、传真、邮件、报纸公告等，但符合当前社会发展形势的提醒方式主要是借助信息技术手段，借助电话、短信、电子邮件等方式。

提醒对象及群体针对有提醒需求的纳税人，以及懒惰性不遵从纳税人，帮助他们及时履行纳税义务。

提醒内容大体有催报催缴（未申报、申报税额大于入库金额、入库税额小于应入库税额等）、违章处罚、设立登记、换证、验证、税收公告、发票中奖、发票换版等。

将电话咨询和网上咨询的两套数据库进行整合，通过核心数据库对各类数据集中存储、集中管理并实现数据共享，把fax、e-mail、web等多重通讯方式集成在一起，整合搭建系统短信平台，建立起面向纳税人的呼叫中心（call center），开通电话对外呼叫功能，充分利用"12366"平台开展税收宣传、通知提醒、咨询查询等工作。

（五）电子邮箱

电子邮箱服务是为实现征纳双方互动，方便纳税人与税务机关联系和沟通，建立起的个性化征纳互动平台。税务人员可通过电子邮箱及时向纳税人发送税法，对所管辖纳税人的电子邮箱进行组群管理，实施有针对性的纳税辅导等。纳税人可通过电子邮箱在互联网上与税收管理员沟通，咨询、掌握税收政策和征管办法，而不必往返于税务机关。如，可建立“www. ××12366. com”邮箱服务系统，以纳税人纳税识别号为邮箱名，免费为纳税人提供电子邮箱，定期发送涉税资料和最新税收政策法规，搭建起咨询、疑难问题专题答复和纳税人个性需求服务的税企互动服务平台。

（六）同城通办

同城通办是指在信息化手段的支撑下，借鉴银行“通存通兑”的方法，依照“就近办理”的原则，使纳税人不受经营地点和所属税务机关限制，在某一城区或更大区域范围内的任何一个纳税服务网点均可办理税务登记、发票领购、发票兑奖、涉税申请等事宜，在任何一家联网金融机构均可办理纳税申报。

当前部分纳税人办理涉税事宜时，常遇到以下几个问题：一是距离所管辖税务机关路途较远；二是同一纳税人所开的分店分属两个辖区税务机关管理；三是很多兼职会计要跑多家税务局才能办理多家纳税人事宜；四是纳税申报金融机构网点固定。为解决上述问题，应依托信息技术，全面整合征管软件，重组业务流程，定岗定责，制订相关配套制度，实行同城通办。彻底打破涉税事项办理的地域、地点限制，实现纳税申报“同城通报通缴”、税务登记“同城通登通办”、发票发售“同城通售”等涉税事宜同城通办，解决纳税人必须到指定地点办理涉税事宜的问题，让纳税人自由选择办税地点及申报纳税的金融网点，充分尊重纳税人意愿，切实方便纳税人，降低纳税成本。

第五节　纳税服务的组织保障

现代纳税服务的开展趋向标准化、专业化、个性化等要求，使纳税服务工作的组织具有相当的工作量和复杂性，建立相对服务需求的快速反应能力也给纳税服务的组织管理带来了难度。为确保纳税服务工作优质、高效、规范、有序地开展，需要建立严密的组织体系作为保障。

一、建立专业化的纳税服务机构

建立专业化的纳税服务机构，是税收工作发展到一定历史阶段的必然产物，也是纳税服务工作向更高层次迈进的必然要求。为更好地满足纳税人的服务需求，应根据税收工作需要和便利纳税人的原则，按照依法、精简、效能、统一的要求，实现纳税服务机构扁平化、场所实体化、职能专业化、管理集约化；按照以纳税人为中心、统一高效、因地制宜的原则，科学界定机构职责、明确部门业务界限，做到职责分明，权责对等，合理配置人力、物力、财力等资源。如，美国国内收入局（Internal Revenue Service，IRS）在其重组和改革法案中明确将纳税服务作为税务工作的中心，围绕为纳税人服务这一中心进行了业务流程设计，以纳税人为中心进行了组织机构的重组再造，把按职能作用设置的检查、征收、纳税人服务、刑事调查等部门改为按纳税人类型设立专业化管理服务机构，设置了“大中型企业”、“小企业及个体经营者”、“个人纳税人”、“免税组织和政府组织”等4个管理部门，针对不同的需求提供更加专业化、系统化的管理和服务。

结合我国实际情况，进一步建立健全专业化的纳税服务组织机构是当务之急。当前我国税务机关设置的纳税服务机构主要有国家税务总局的纳税服务司、省级税务机关的纳税服务处和各级征收机构设置的纳税服务中心（服务大厅）。前两者是纳税服务的指导管理性机构，只有纳税服务中心（服务大厅）是面向纳税人的直接服务机构。到目前为止，各地纳税服务中心（服务大厅）也仅仅负责接办办税事宜或发票销售等浅表层次和前台环节的服务内容。这种服务机构设置格局仍难以适应现代税收征管的长远发展需求。

（一）整合纳税服务机构

为更好地开展纳税服务工作，需要设立省、市、县三级税务机关的纳税服务机构，对外挂牌，独立运作，专门负责为纳税人服务，按照统一高效的原则，统称“纳税服务中心”，统一业务规范、考核标准、人员管理、业务指导，各级纳税服务局隶属各级税务机关管理。省、市、县纳税服务局分别负责对系统内下级纳税服务中心的管理指导，在县级纳税服务局以下可结合实际，因地制宜设置纳税服务局网点。各级纳税服务局可根据实际情况内设需求调研投诉科（组），大企业服务科（组），“12366”热线、网站管理科（组），宣传咨询服务科（组），权益保障服务科（组）等部门。

（二）合理布设城乡服务网点

在遵循依法设置机构的前提下，按照以纳税人为中心、因地制宜的原则设置城、乡服务网点。在设置服务机构时既不宜刻意收缩基层机构，也不宜盲目设置纳税服务中心网点，更不能搞“一刀切”，应从便利纳税人和合理配置征管资源出发，设置城乡服务网点。

1. 城区纳税服务网点。归并、整合同一城区内的各个纳税服务网点，打破现有城区各个纳税服务网点业务割裂、各自为政的状况，解决纳税人仅能到指定服务网点办理涉税事宜的地域限制，实现同城通办。充分考虑城区内纳税人密度（指单位面积纳税人的户数）情况，纳税人密度高，服务工作量相应要大，应多设立纳税服务网点，或缩小服务网点的服务半径（指以纳税服务网点为轴心，服务所能涉及的范围），合理布置各个网点。

2. 乡镇纳税服务网点。乡镇纳税服务网点一般具有纳税人密度低、服务半径大、服务工作量小的特点，因此应整合各个乡镇的服务网点，合并纳税人密度低、服务工作量小的乡镇服务网点，打破“一乡一所”的服务局面，在纳税人密度相对高的乡镇成立组织规模（指组织人数、工作任务的重要性、所管辖范围和编制）相对较大的纳税服务网点，实施集中服务，对偏远地区、服务工作量少的地方派驻临时服务网点，确保纳税服务全面到位，实现资源的有效配置。

3. 纳税服务网点服务区的设置布局。按照统一高效的原则，纳税服务场所应统一布局设置，基本布局可设置五个区域，以基本满足纳税人的服务需求。包括：服务引导区，接待和具体指导不熟悉办税业务的纳税人如何办理业务，以及开辟“绿色通道”为老、弱、病、残等特殊人群提供服务。办税服务区，设置登记认定、发票管理、综合咨询、举报投诉窗口等，上述窗口也可设置为综合窗口，实施“一窗式”服务。申报征收区，负责受理纳税人申报、委托代收税款、打印完税证等工作。自助报税区，让没有条件上网的纳税人免费进行网上申报。休息区，用于纳税人等候办理涉税事宜，可放置税法宣传资料，设置纳税程序流程图、政务公开栏。

（三）纳税服务机构的职责

纳税服务机构负责纳税服务管理及部分直接的服务工作，主要是研究纳税人的服务需求，优化服务方式，提高服务质量，针对纳税人的特殊要求和问题，精心制订和实施特殊纳税人群体服务方案，同时后台保障各种服务手段渠道的畅通。纳税服务网点的职责主要是面向纳税人解决或受理问题。各类纳税服务机构的职责以其存在环节和作用特点的不同相应确立。对整合后的服务机构网络需相应确立以下职责：

1. 省纳税服务处（局）的主要工作职责

（1）负责全省纳税服务规范性、制度性文件的制定。

（2）负责全省纳税服务问卷调查、纳税服务满意度调查的组织实施。

（3）负责“12366”纳税服务系统的建设及运作。

（4）负责网上办税服务系统的建设、组织、实施和管理等。

（5）负责税收法律法规宣传和辅导等工作的组织、实施和管理等。

（6）负责其他纳税服务工作。

2. 市、县（区）纳税服务局的主要工作职责

（1）负责对纳税服务工作的指导、组织、管理、协调、监督和考核。

（2）负责纳税服务相关法律法规在本地的贯彻落实及本地纳税服务相关规定的制定。

（3）负责税收法律法规的宣传、辅导、咨询工作。

（4）负责推广应用“12366”纳税服务热线、维护服务网站。

（5）负责实施纳税信誉等级差别服务。

（6）负责对纳税人的维权、提醒服务。

（7）负责受理纳税人的举报、投诉、建议。

（8）负责其他纳税服务工作。

3. 基层纳税服务网点的主要工作职责

（1）负责税收法律法规的宣传、辅导、咨询工作。

（2）负责受理、转办纳税人的举报、投诉、建议。

（3）负责设立税务登记、资格认定。

（4）负责发票领购、发售、保管、缴销、兑奖、代开及税控IC卡的授权。

（5）负责申报征收办理。

（6）负责减、免、缓、抵、退税的受理。

（7）负责表证单书供应。

（8）负责税收公告。

（9）负责实施纳税信誉等级评定的管理。

（10）负责税务行政复议、税务行政赔偿、处罚听证的受理和转交。

（11）负责其他纳税服务工作。

二、健全纳税服务制度

科学规范的纳税服务工作制度是健全纳税服务体系的前提和基础。国家税务总局颁布的《纳税服务工作规范（试行）》，明确了各类纳税服务制度的框架，在此基础上，不断实践完善，形成科学完备的制度体系是当前纳税服务制度建设的主要任务。

（一）业务操作规范类制度

以纳税服务工作内容和流程为基础，制定纳税服务场所、咨询、宣传、辅导、信息化手段等在内的各项操作规范，确保纳税服务各项工作的标准化、规范化。

1. 建立纳税服务场所的相关服务制度。建立服务标准体系，制定规范化的服务标准、业务流程、岗责体系，规范服务行为。主要包括纳税服务场所"一窗式"服务、"一站式"服务、首问责任制、限时服务、全程服务、预约上门服务、税务公告、着装挂牌、文明用语服务等制度。

2. 建立税收政策咨询、辅导、宣传制度。主要包括税收政策宣传咨询、纳税辅导、税企恳谈、评估约谈、政策发布会等制度。宣传税收政策和办税程序，辅导表证单书使用等，将税收政策法规宣传、辅导工作制度化，帮助纳税人提高办税能力，确保税收政策宣传及时到位。

3. 建立信息化手段服务的配套制度。主要涉及"12366"纳税服务热线、政务网站、电子化申报、同城通办、特快通道（电子信箱）等方面，建立包括统筹规划开发、共享信息资源、及时维护分析、加强部门配合、相关责任追究等内容的制度。指导税务机关充分利用现代信息技术手段，为纳税人及时、准确地提供现代化的涉税服务。

（二）纳税人权益保障类制度

税务机关需制定发布与纳税人权利相关的各项配套制度，清晰、准确地阐明纳税人的相关权利，畅通纳税人权利实现和保护机制，确保纳税人的权益不受侵害。

1. 建立和落实各项税收管理制度。公平执法是对遵从度高的纳税人的最好服务，因此应严格依照税收征管法及其实施细则的规定，制定和落实税务认定、纳税申报、发票管理、税源精细化管理、纳税评估等各项税收管理制度，对不自觉履行纳税义务的纳税人严惩重罚，统一执法尺度，创造公平的税收法制环境。

2. 健全纳税人法律救济制度。制定税收法律救济制度，对纳税人提请的听证、行政复议、行政诉讼和行政赔偿，在公平、公正的环境下组织听证和行政复议，给予全面的税收法律政策援助，引导纳税人主张和行使权利，确保纳税人依法享受各项权利。

3. 建立规范税务稽查的各项制度。主要包括查前告知制、限时稽查制、查后对话制、廉政回访制、查后问题分析建议制、一家查账多家认账制、未经评估不得检查等制度。规范税务机关稽查的各项行为，减少税务机关的检查次数，保护纳税人的拒绝检查权。

4. 建立国、地税密切协作制度。制定国地联合办证、联合年检、联合检查审计等制度，维护纳税人权益，降低纳税成本，方便纳税人。

5. 建立举报投诉制度。建立“12366”纳税服务热线、服务网站、电子信箱及来人、来函受理举报投诉制度。及时接收、处理、反馈纳税人的各类涉税举报投诉，为举报人保密，维护、尊重举报人的举报权、知情权、保密权。

6. 建立纳税人需求调查制度。通过座谈、问卷调查、设立意见箱、设立局长接待日等形式，建立定期调查纳税人需求的制度，研究分析纳税人的行为模式，针对纳税人的不同需求，开展个性化服务。

（三）工作考核评价类制度

纳税服务考核评价是客观反映纳税服务工作绩效的主要手段，是保障纳税服务保持正确方向并持续改进和创新的有效机制，是整个纳税服务工作的重要组成部分。主要有两类：一类来自系统内部，上级对下级的监督考核；另一类来自系统外部，社会对纳税服务质量的评价，关键是来自社会的评价。

1. 建立税务机关内部考核监督制度

将以往的职业道德要求，转变为税务人员的基本行政行为规范，使纳税服务的内容制度化、规范化，并将其作为税务机关行政执法的有机组成部分来落实和考核。按照定量考核和定性考核、定期考核和日常考核相结合的原则，明确工作标准，量化、细化服务考核指标，建立服务质量、效能评价体系。税务机关内部对纳税服务的监督考核制度，包括税前、税中、税后的全过程监督考核，以充分发挥和调动税务人员优化服务的主观能动性和创造性，服务质量、效能评价需要建立相应的指标体系，如登记限时办结率、咨询答复准确率、电子化报缴率等。

2. 建立社会各界评价调查制度

纳税人满意度是衡量税务机关纳税服务工作质量的主要标准，按照“质量由纳税人来评价”的原则，建立社会对纳税服务质量的评价制度。纳税服务质量评价调查是多渠道的，可实行“12366”纳税服务热线、服务网站、来信来访、新闻监督、调查问卷、座谈会、行风建设、设立意见箱、服务评价器等方式进行。重点应发展第三方调查，第三方是指独立于征纳双方之外的机构或有关专家、社会人士，第三方与税务机关、纳税人没有利益冲突，所进行的调查公平公正，利于税务机关较为准确地了解纳税服务效果、质量和纳税人满意度。税务机关可以尝试鼓励发展一些对纳税服务质量进行中立评估的民间中介机构，这些机构具有准确的定性和定量评估手段，在经济、行政隶属关系上独立于税务机关，美国在这方面的经验值得借鉴，譬如：全美顾客满意指数和调查中心——洛普调查公司，帮助所得税申报志愿合作组织等。这些中介机构的评估结果真实准确，反映公众的立场，深受公众的信任。

3. 制定落实激励奖惩制度

实行纳税服务责任制，建立分配、奖惩、优胜劣汰制度，将纳税人满意度与税务人员利益挂钩，以提高服务人员的责任心、积极性和主动性。如，澳大利亚维多利亚州税务局通过了ISO9001质量认证，所有的工作程序、工作步骤、工作标准都有规范的标准体系，对于纳税服务工作也有详细的规定和量化的考核（标准及考核指标示例见表2－4）。维多利亚州税务局将纳税人满意度考核指标的下限定为75%，连续两年该局的社会满意度达到82%和83%。[①]

表2－4　澳大利亚维多利亚州税务局服务考核指标

考核项目	目标	频率
窗口部门在20秒之内接电话		每月
柜台在20分钟内提供服务		每月
在21天内回信答复税收问题		每月
在90天内处理行政复议		每月
网上汇算清缴的使用率		每月
第97条规章通过网上查询的使用率		每月
纳税人满意度	75%	年度
满足政府和议会所需文件时限	100%	每月

三、培养专业化的纳税服务人才

税务人员的思想政治素质、专业素质、作风、能力状况等，决定纳税服务质量的高低。因此，应将培养纳税服务专业队伍和提高纳税服务人员素质放到

① 吴茜．澳大利亚维多利亚州税务局纳税服务经验及借鉴．涉外税务，2005（3）．

重要位置，重视纳税服务人员培训、强化实践、注重职业发展和奖励，培养专业化的服务人才，以改进纳税服务质量和提高服务能力。

（一）培养纳税服务人员的业务素质

纳税服务的全面性，决定了纳税服务人员应具备“Π”型的较高层次知识结构，是复合型、全方位、综合型的人才，即不仅要有各方面专业知识的纵向深度，还应具有普遍知识的横向广度。因此，在培训培养纳税服务人员的税收业务时，应突出税收知识的全面性及专业性，使其全面掌握税收基础知识和本职岗位技能，以端正的态度、精湛的业务和扎实的作风满足日益现代化的税收管理和服务需要。实现从一般性知识培训到整体性人才资源开发的转变，形成一支业务素质过硬、知识结构合理、专业水平较高的纳税服务队伍。同时通过积累纳税服务人员的各种服务经验，借鉴各服务领域的实践成果，增强服务礼仪、服务技巧、沟通技巧等方面的技能。通过开展岗位练兵等活动，加强纳税服务理论的实践，提高服务人员的实际服务能力。

（二）培养纳税服务人员的政治素质

服务意识的增强是提高纳税服务质量的关键。在提高纳税服务业务素质的同时，应提高纳税服务人员的政治素质，加强政治思想、职业道德、勤政廉政教育，并着重培养纳税服务人员对服务工作的认同感、自豪感、使命感，改变淡薄的服务意识、观念，变被动服务为主动服务，树立正确的价值观和坚定的责任感，激励税务人员全心全意为纳税人服务。

四、纳税服务的信息化管理

网络实时在线、零距离、信息互通和资源共享等特点，为税务机关提升纳税服务水平提供了必要条件。纳税服务信息化管理即借助信息网络平台将纳税服务业务移植到网上运行，在信息技术的支撑下合理配置各种资源，实现规范控制、信息沟通、组织管理等方面的功能，形成精细分工、紧密联系和有效的制约，解决工作效率不高、服务质量难控制、前后台信息及业务传递工作量大等问题，切实提高纳税服务的智能化、精细化、个性化程度，大幅降低服务成本，取得最大的服务效益。

（一）强化软件系统开发

信息化建设是循序渐进、螺旋式上升的发展过程，尤其在软件系统的开发应用上，需要不断进行技术创新，将各类软件整合为一个有机整体，形成统一的、综合的软件应用系统平台，从而不断扩展软件系统的应用广度和深度，提升信息化应用水平，在纳税服务领域中发挥出综合效益。通过建立纳税人呼叫中心等方式，对于纳税人碰到的纳税疑难事项，由计算机进行电话自动查询答复，或由专人负责解答。对纳税人提出的问题，当场无法解答的，由专人进行记录，在规定时间内进行回复。

（二）提高信息化应用度

建立“网上税务局”，使纳税人方便地利用计算机进行政策咨询、下载办税表格、申报纳税、网上举报投诉，最大限度地方便纳税人。依托CTAIS系统和综合征管软件平台，建立“连锁办税服务厅”，使县域内各个办税服务厅都可以办理不同地域纳税人的涉税事宜。

（三）建设开放式的信息网络

积极推行“三网并重、三网联通”的策略，即：建设从国家税务总局到省、市、县国地税相通的内部网，加强与政府部门相连的外部网、与Internet相连的社会公众网的建设，以最大限度地实现全社会的涉税信息资源共享。通过实施“政府上网工程”，建立“虚拟政府”，建立完善网上服务渠道，以纳税人为中心，引进“客户关系管理”技术，为公民提供方便、快捷、高效的公共服务。

【案例】　山东地税应用《纳税服务管理系统》

山东省地税局于2004年开发应用了《纳税服务管理系统》，该系统作为税收业务管理信息平台的一部分，将纳税服务前台涉及的税务登记、发票领购、税控装置、涉税审批、“12366”热线以及直接面向纳税人的特快通道（电子信箱）、服务网站、专项查询等业务整合在一个平台上，搭建起一个直接面向纳税人和面向税务机关内部办公的平台，实现前台受理同后台办理的快速传递，成为集业务流程处理、流程追踪、流程监控等于一体的管理子系统。

来源：山东省地方税务局

（四）利用现代信息技术构建税务部门与纳税人互动的平台

为拓宽与纳税人沟通的渠道，创新纳税服务的形式，拉近与纳税人的距离，税务机关可以借助基于Web2.0技术，发布最新的税收政策，以图文并茂的形式开展税收宣传，及时听取纳税人的意见，在线解答纳税人的疑问。比如，可以探索在博客（Blog）上开通即时通讯聊窗——“税官在线”，实现一名税务干部或几名税务干部与多名网民同时交流沟通纳税人关心的话题，接受纳税人的咨询。税务人员还可将纳税人普遍关注的问题所涉及的税收政策及时整理发布在网上，便于更多的网民浏览。这种形式的互动对于促进征纳互动、了解纳税人实际需求、改进纳税服务工作具有重要的作用。

第六节 纳税服务的发展趋势及展望

纳税服务的发展方向，是基于纳税人实际的及潜在的服务需求，采用尽可能多样、便捷、可靠的服务方式，为纳税人提供尽可能丰富、便利、实用的服务内容。随着社会的不断发展，纳税服务在征管体系中的地位愈加重要，纳税人的服务需求呈现多样化、动态化，信息技术支持力度愈来愈强，纳税服务的专业性、个性化越发突出，纳税人权利日益需要得到尊重，纳税服务运营将趋于市场化。具体表现为以下几个方面：

一、建立纳税人洞察体系

所谓纳税人洞察体系，就是以建立、完善、整合纳税人信息库为基础，以纳税人的特点和需求洞察为主导，根据纳税人的心理和行为特点、日常表现，及时洞察其需求及期望，基于需求提供个性化、交互式的纳税服务。纳税人信息库将成为税务机关开展纳税服务的“智囊团”，便于对不同的纳税人进行类别细分，为洞察纳税人的特点，了解分析纳税人的状况，采取有效的服务措施，提供个性化服务创造便利。也有助于提高税务机关的决策预警和应变能力，及时防止或纠正纳税人的违法行为，提升税务机关的服务能力。如，美国国税局研究开发了“纳税服务分析系统”，把纳税人咨询的问题进行收集、分类、归纳，进行定量定性分析，以支持服务部门作出不断适应纳税人需求变化的服务决策。对属于纳税人应周知的事情，主动向纳税人集中提供信息；对于个性化问题，则通过柜台查询、电话查询、书面查询及其他个人联系方式提供信息。依托纳税服务分析系统开展个性化服务和共性化服务，个性化服务包括面晤联系、电话联系、通信联系、互联网联系、志愿者计划等；共性化服务包括召开小型企业税务研讨会、发行税务增刊及录像带、开辟电视税务诊所、通过广告委员会这一非营利性组织播放广告、通过金融信息网络播报税务信息等。

二、维护纳税人权益问题愈加突出

在保证现有纳税人权利实现的基础上，在税收活动的各个环节充分尊重纳税人的权利。一是在更多立法过程中实行纳税人听证程序。如：我国个人所得税法中扣除标准的确定，通过举行纳税人听证程序，充分尊重纳税人的权利。二是在税务案件审理中实行纳税人列席制度。税务案件检查结束，审理环节出具《审理报告》，下达《税务处理决定书》、《行政处罚决定书》后，既定事实很难改变，审理环节不够透明。因而应实行“阳光审理”，让纳税人列席案件审理，以便于纳税人了解审理情况，尊重纳税人的知情权。三是建立纳税人服务投诉中心。通过建立相对独立的纳税人服务投诉中心，在税务执法与纳税人权利发生冲突时，可以以公正的角色和超然的地位进行调查和审理，做出客观、公正的裁决，依法维护纳税人的正当权益。四是建立纳税人协会。当纳税人与税务机关产生矛盾或摩擦时，代表纳税人协调与税务机关之间的关系。

三、纳税服务运营趋向市场化

随着新公共管理（New Public Management）运动的兴起，私营部门的理念和手段逐渐为公共部门所采用，并且成为一种大趋势。纳税服务大部分业务的非执法性以及机构的非营利性，使纳税服务的一部分领域具备了引入市场、准市场机制的条件。服务主体可由单一主体发展为多元主体，也即转变“税务机关是不可替代的实体”的观念，引进纳税服务的市场竞争机制，允许和鼓励社会其他组织参与和提供纳税服务，改变当前税务机关、税务代理二元化为主体的服务结构，改变对纳税服务的垄断的做法，将所有非执法业务市场化，彼此展开竞争，降低政府的税收成本，提供更加高质量的纳税服务，这是税务机关纳税服务的未来治理模式。我国纳税服务体系建设走的是一条由税务机关建设为主导，同时提倡社会服务的路子，当纳税人实际的服务需求逐步扩大，社会服务机构走向成熟，税务机关通过行政方式开展纳税服务的一些内容和业务将逐步向社会、市场转移，形成各有侧重、互为补充的大服务格局。

四、纳税人服务组织的兴起

当税收征管工作不断进步，推动税收征纳关系良性互动发展，达到符合现代经济制度的和谐状态时，纳税人对维护自身权益的需求和行动就会相应突出，纳税人中将会逐步产生某种形式的组织，以实现维权行动的联合，如纳税人协会。纳税人协会的作用主要是评价政府税改方案，向广大纳税人介绍有关税收政策，维护纳税人权益及提供多种服务等。这类组织的出现，体现了一个国家税收征管的人本理念，标志着社会管理的民主程度和法制水平。纳税人组织不仅可以更好地保障纳税人的权益，而且能够为增进征纳双方的沟通、协调征纳关系开辟良好的渠道。

纳税人协会在发达国家较为普遍，美国、澳大利亚、德国、法国、日本等国都成立了此类机构。各国纳税人协会还联合成立了一个国际性机构——国际纳税人协会，来维护全世界纳税人的权益。国际纳税人协会的前身是世界纳税人协会，成立于1988年9月，2000年更名为国际纳税人协会，协会注册于瑞典。目前，该协会共有来自34个国家的39个成员协会，在布鲁塞尔、巴黎、斯德哥尔摩和华盛顿特区都设有办事处。国际纳税人协会是非营利性国际组织，是协调政府降低税负、减少浪费、维护全世界纳税人权益的统一战线。

【案例】 澳大利亚纳税人协会

澳大利亚纳税人协会成立于1919年，至今已有近90年的历史。1914年第一次世界大战爆发前，澳大利亚联邦政府曾经答应取消一些苛刻的所得税。战争爆发后，由于政府开支过大，一些商人担心政府背弃诺言就成立了一个协会，以监督政府实行减税。虽然最终减税的目的没有达到，但是这个协会不仅保留下来，而且得到了很大的发展。原来这个协会是由六个州的分部联合起来运作的松散型组织，名称是“澳大利亚纳税人联合会”，2000年1月，该协会改组成全国性实体，并改名为“澳大利亚纳税人协会”。

澳大利亚纳税人协会的总部设在墨尔本，设技术、管理和发行3个部门，在全国其他六个州各设一家代表处。澳大利亚纳税人协会共有包括纳税人、律师、税务代理人员等在内的正式会员约1.4万人，是一个有相当规模和影响力的社会团体。

来源：吴茜《澳大利亚维多利亚州税务局纳税服务经验及借鉴》《涉外税务》2005年第3期

【案例】　德国的纳税人协会

德国的纳税人协会是中立的社会民间组织，独立于各党派之外，依照协会章程自觉地履行其职责。

协会的宗旨是：认真搞好税务研究，完全代表纳税人的利益，无私地帮助纳税人充分了解税收和税法，履行纳税义务，监督国家机关在财税方面的政策、法规、行为。目的是：使政府能够节约、有效地使用税款；税收的额度限制在必要的范围内；税收的立法和政策必须顾及纳税人的承受能力；税法必须简洁明了，使纳税人便于理解；国家的财政开支必须符合国家的经济能力和状况，必须符合国家承担的市场经济的原则和义务。

协会的经费来自于会员交纳的会费。一般每个会员一年几十马克，退出协会不退还会费。目前德国纳税人协会有40万会员，为世界上最大的同业组织。

协会办有《纳税人》月刊，刊载有关税收知识、税收法规，并无偿地发给会员、图书馆、议员和政府部门。协会也通过新闻媒介开展宣传活动。会员在纳税事宜上如遇有麻烦，协会予以无偿帮助。对一些典型案例，协会还帮助雇请律师，并协助法院、检察院工作。协会现已建立了专业数据库，每天24小时不间断地为会员提供税务信息服务。

纳税人协会按其工作内容组成了收入法、税务总则改革、财政改革、税务改革（每年具体税种税目的修改案）、议员收入改革、政党经费改革等专业委员会，非常严格、认真地研究税法、财政预算，并发表意见和建议，同时将有关研究报告无偿提供给政府、图书馆及有关机构。

来源：广东省国家税务局网站“税务园地/财经纵横”栏目2001年

【案例】　北京市西城区成立纳税人之家

2003年7月，由西城区的19家企业自发组织的“西城区纳税人之家”正式成立，其成员不仅可以定期听取税务机关的工作报告，还能随时对税务机关的管理工作提出意见和建议。为达到更为广泛的宣传效果，我们帮助纳税人策划组织了一个隆重的成立仪式，并对后续活动进行了跟踪报道。我们希望能通过我们的努力，帮助纳税人真正将这个“家”建成税务机关与纳税人之间沟通的又一纽带和桥梁。

来源：北京市地方税务局网站

附录：税务机关与纳税人的服务接点表

接触点				税收征管法条款
第一章总则		1.（税前）管理	税法宣传（第7条）	第七条　税务机关应当广泛宣传税收法律、行政法规，普及纳税知识，无偿地为纳税人提供纳税咨询服务。
		2.（税前）	提供纳税咨询、保密（第8条）	第八条　纳税人、扣缴义务人有权向税务机关了解国家税收法律、行政法规的规定以及与纳税程序有关的情况。 纳税人、扣缴义务人有权要求税务机关为纳税人、扣缴义务人的情况保密。税务机关应当依法为纳税人、扣缴义务人的情况保密。
		3.（税前）管理	纳税信息共享（第6条）	第六条　纳税人、扣缴义务人和其他有关单位应当按照国家有关规定如实向税务机关提供与纳税和代扣代缴、代收代缴税款有关的信息。
		4.（税中）管理	检举奖励（第13条）	第十三条　任何单位和个人都有权检举违反税收法律、行政法规的行为。受到检举的机关和负责查处的机关应当为检举人保密。税务机关应当按照规定给予奖励。
		5.（税中）管理	尊重、保护，不得刁难纳税人、扣缴义务人（第9条）	第九条　税务机关、税务人员必须秉公执法，忠于职守，清正廉洁，礼貌待人，文明服务，尊重和保护纳税人、扣缴义务人的权利，依法接受监督。 税务人员不得索贿受贿、徇私舞弊、玩忽职守、不征或者少征应征税款；不得滥用职权多征税款或者故意刁难纳税人和扣缴义务人。
第二章税务管理	税务登记管理	6.（税前）管理	开业登记（第15条）	第十五条　企业，企业在外地设立的分支机构和从事生产、经营的场所，个体工商户和从事生产、经营的事业单位（以下统称从事生产、经营的纳税人）自领取营业执照之日起三十日内，持有关证件，向税务机关申报办理税务登记。税务机关应当自收到申报之日起三十日内审核并发给税务登记证件。 工商行政管理机关应当将办理登记注册、核发营业执照的情况，定期向税务机关通报。 本条第一款规定以外的纳税人办理税务登记和扣缴义务人办理扣缴税款登记的范围和办法，由国务院规定。
		7.（税前）管理	扣缴义务人登记（第15条）	第十五条　企业，企业在外地设立的分支机构和从事生产、经营的场所，个体工商户和从事生产、经营的事业单位（以下统称从事生产、经营的纳税人）自领取营业执照之日起三十日内，持有关证件，向税务机关申报办理税务登记。税务机关应当自收到申报之日起三十日内审核并发给税务登记证件。 工商行政管理机关应当将办理登记注册、核发营业执照的情况，定期向税务机关通报。 本条第一款规定以外的纳税人办理税务登记和扣缴义务人办理扣缴税款登记的范围和办法，由国务院规定。

续表

接触点				税收征管法条款
第二章税务管理	税务登记管理	8.（税中）管理	变更登记（第16条）	第十六条　从事生产、经营的纳税人，税务登记内容发生变化的，自工商行政管理机关办理变更登记之日起三十日内或者在向工商行政管理机关申请办理注销登记之前，持有关证件向税务机关申报办理变更或者注销税务登记。
		9.（税中）管理	停业、复业登记	
		10.（税中）管理	验、换证登记	
		11.（税后）管理	注销登记（第16条）	第十六条　从事生产、经营的纳税人，税务登记内容发生变化的，自工商行政管理机关办理变更登记之日起三十日内或者在向工商行政管理机关申请办理注销登记之前，持有关证件向税务机关申报办理变更或者注销税务登记。
		12.（税中）管理	纳税人报告全部账号（第17条）	第十七条　从事生产、经营的纳税人应当按照国家有关规定，持税务登记证件，在银行或者其他金融机构开立基本存款账户和其他存款账户，并将其全部账号向税务机关报告。 ……
		13.（税中）管理	查询账户建立（第17条）	第十七条　…… 税务机关依法查询从事生产、经营的纳税人开立账户的情况时，有关银行和其他金融机构应当予以协助。
		14.（税中）管理	非正常户管理	
	账簿、凭证管理	15.（税前）管理	建账管理（第19条）	第十九条　纳税人、扣缴义务人按照有关法律、行政法规和国务院财政、税务主管部门的规定设置账簿，根据合法、有效凭证记账，进行核算。
		16.（税中）管理	纳税人报送财务制度等资料备案（第20条）	第二十条　从事生产、经营的纳税人的财务、会计制度或者财务、会计处理办法和会计核算软件，应当报送税务机关备案。 ……

续表

接触点				税收征管法条款
第二章税务管理	账簿、凭证管理	17.（税中）管理	发票印制（第21条、第22条）	第二十一条　税务机关是发票的主管机关，负责发票印制、领购、开具、取得、保管、缴销的管理和监督。 第二十二条　增值税专用发票由国务院税务主管部门指定的企业印制；其他发票，按照国务院税务主管部门的规定，分别由省、自治区、直辖市国家税务局、地方税务局指定企业印制。 未经前款规定的税务机关指定，不得印制发票。
		18.（税中）管理	发票领购（第21条）	第二十一条　税务机关是发票的主管机关，负责发票印制、领购、开具、取得、保管、缴销的管理和监督。 ……
		19.（税中）管理	发票开具（第21条）	第二十一条　税务机关是发票的主管机关，负责发票印制、领购、开具、取得、保管、缴销的管理和监督。 …………………………………………………………
		20.（税中）管理	发票取得（第21条）	第二十一条　税务机关是发票的主管机关，负责发票印制、领购、开具、取得、保管、缴销的管理和监督。 ……
		21.（税中）管理	发票管理（第21条）	第二十一条　税务机关是发票的主管机关，负责发票印制、领购、开具、取得、保管、缴销的管理和监督。 ……
		22.（税中）管理	发票缴销、核销（第21条）	第二十一条　税务机关是发票的主管机关，负责发票印制、领购、开具、取得、保管、缴销的管理和监督。 ……
		23.（税前）管理	推广税控装置（第23条）	第二十三条　国家根据税收征收管理的需要，积极推广使用税控装置。纳税人应当按照规定安装、使用税控装置，不得损毁或者擅自改动税控装置。
		24.（税中）管理	纳税人报送纳税资料（第25条）	第二十五条　纳税人必须依照法律、行政法规规定或者税务机关依照法律、行政法规的规定确定的申报期限、申报内容如实办理纳税申报，报送纳税申报表、财务会计报表以及税务机关根据实际需要要求纳税人报送的其他纳税资料。 ……

续表

接触点				税收征管法条款
第二章 税务 管理	纳税 申报	25.（税中）管理	扣缴义务人报送纳税资料（第25条）	第二十五条　…… 扣缴义务人必须依照法律、行政法规规定或者税务机关依照法律、行政法规的规定确定的申报期限、申报内容如实报送代扣代缴、代收代缴税款报告表以及税务机关根据实际需要要求扣缴义务人报送的其他有关资料。
		26.（税中）征收	延期纳税申报核准（第27条）	第二十七条　纳税人、扣缴义务人不能按期办理纳税申报或者报送代扣代缴、代收代缴税款报告表的，经税务机关核准，可以延期申报。 ……
		27.（税中）征收	办理延期内税款结算（第27条）	第二十七条　…… 经核准延期办理前款规定的申报、报送事项的，应当在纳税期内按照上期实际缴纳的税额或者税务机关核定的税额预缴税款，并在核准的延期内办理税款结算。
		28.（税中）征收	委托代征税款（第29条）	第二十九条　除税务机关、税务人员以及经税务机关依照法律、行政法规委托的单位和人员外，任何单位和个人不得进行税款征收活动。
第三章 税款 征收		29.（税中）征收	支付扣缴义务人手续费（第30条）	第三十条　…… 税务机关按照规定付给扣缴义务人代扣、代收手续费。
		30.（税中）征收	缴纳或者解缴税款（第31条）	第三十一条　纳税人、扣缴义务人按照法律、行政法规规定或者税务机关依照法律、行政法规的规定确定的期限，缴纳或者解缴税款。纳税人因有特殊困难，不能按期缴纳税款的，经省、自治区、直辖市国家税务局、地方税务局批准，可以延期缴纳税款，但最长不得超过三个月。 ……
		31.（税中）征收	延期缴纳税款批准（第30条、第31条）	第三十条　扣缴义务人依法履行代扣、代收税款义务时，纳税人不得拒绝。纳税人拒绝的，扣缴义务人应当及时报告税务机关处理。 第三十一条　纳税人因有特殊困难，不能按期缴纳税款的，经省、自治区、直辖市国家税务局、地方税务局批准，可以延期缴纳税款，但最长不得超过三个月。
		32.（税中）征收	未按规定缴纳或解缴税款责令限期缴纳（第32条）	第三十二条　纳税人未按照规定期限缴纳税款的，扣缴义务人未按照规定期限解缴税款的，税务机关除责令限期缴纳外，从滞纳税款之日起，按日加收滞纳税款万分之五的滞纳金。
		33.（税中）征收	逾期纳税滞纳金加收（第32条）	第三十二条　纳税人未按照规定期限缴纳税款的，扣缴义务人未按照规定期限解缴税款的，税务机关除责令限期缴纳外，从滞纳税款之日起，按日加收滞纳税款万分之五的滞纳金。

续表

接触点				税收征管法条款
第三章 税款 征收		34.（税中）管理	办理减、免税审批（第33条）	第三十三条　纳税人可以依照法律、行政法规的规定书面申请减税、免税。 减税、免税的申请须经法律、行政法规规定的减税、免税审查批准机关审批；地方各级人民政府、各级人民政府主管部门、单位和个人违反法律、行政法规规定，擅自作出的减税、免税决定无效，税务机关不得执行，并向上级税务机关报告。
		35.（税后）征收	开具完税凭证（第34条）	第三十四条　税务机关征收税款时，必须给纳税人开具完税凭证。扣缴义务人代扣、代收税款时，纳税人要求扣缴义务人开具代扣、代收税款凭证的，扣缴义务人应当开具。
		36.（税前）征收	定期定额纳税核定（第35条）	第三十五条　纳税人有下列情形之一的，税务机关有权核定其应纳税额： （一）依照法律、行政法规的规定可以不设置账簿的； （二）依照法律、行政法规的规定应当设置但未设置账簿的； （三）擅自销毁账簿的或者拒不提供纳税资料的； （四）虽设置账簿，但账目混乱或者成本资料、收入凭证、费用凭证残缺不全，难以查账的； （五）发生纳税义务，未按照规定的期限办理纳税申报，经税务机关责令限期申报，逾期仍不申报的； （六）纳税人申报的计税依据明显偏低，又无正当理由的。 税务机关核定应纳税额的具体程序和方法由国务院税务主管部门规定。
		37.（税中）征收	关联企业应纳税额调整（第36条）	第三十六条　企业或者外国企业在中国境内设立的从事生产、经营的机构、场所与其关联企业之间的业务往来，应当按照独立企业之间的业务往来收取或者支付价款、费用；不按照独立企业之间的业务往来收取或者支付价款、费用，而减少其应纳税的收入或者所得额的，税务机关有权进行合理调整。
		38.（税前）管理	对未按规定办证以及临时经营的纳税人核定应纳税额（第37条一）	第三十七条　对未按照规定办理税务登记的从事生产、经营的纳税人以及临时从事经营的纳税人，由税务机关核定其应纳税额……
		39.（税前）征收	责令缴纳（第37条二）	第三十七条　对未按照规定办理税务登记的从事生产、经营的纳税人以及临时从事经营的纳税人，由税务机关核定其应纳税额，责令缴纳；不缴纳的，税务机关可以扣押其价值相当于应纳税款的商品、货物。扣押后缴纳应纳税款的，税务机关必须立即解除扣押，并归还所扣押的商品、货物；扣押后仍不缴纳税款的，经县以上税务局（分局）局长批准，依法拍卖或者变卖所扣押的商品、货物，以拍卖或者变卖所得抵缴税款。

续表

接触点				税收征管法条款
第三章税款征收		40.（税前）管理	扣押（第37条）	第三十七条　对未按照规定办理税务登记的从事生产、经营的纳税人以及临时从事经营的纳税人，由税务机关核定其应纳税额，责令缴纳；不缴纳的，税务机关可以扣押其价值相当于应纳税款的商品、货物。扣押后缴纳应纳税款的，税务机关必须立即解除扣押，并归还所扣押的商品、货物；扣押后仍不缴纳税款的，经县以上税务局（分局）局长批准，依法拍卖或者变卖所扣押的商品、货物，以拍卖或者变卖所得抵缴税款。
		41.（税前）管理	拍卖或者变卖（第37条）	第三十七条　对未按照规定办理税务登记的从事生产、经营的纳税人以及临时从事经营的纳税人，由税务机关核定其应纳税额，责令缴纳；不缴纳的，税务机关可以扣押其价值相当于应纳税款的商品、货物。扣押后缴纳应纳税款的，税务机关必须立即解除扣押，并归还所扣押的商品、货物；扣押后仍不缴纳税款的，经县以上税务局（分局）局长批准，依法拍卖或者变卖所扣押的商品、货物，以拍卖或者变卖所得抵缴税款。
		42.（税前）征收	有逃避纳税义务的责令限期缴纳应纳税款（第38条一）	第三十八条　税务机关有根据认为从事生产、经营的纳税人有逃避纳税义务行为的，可以在规定的纳税期之前，责令限期缴纳应纳税款；……
		43.（税前）征收	责成提供纳税担保（第38条二）	第三十八条　……在限期内发现纳税人有明显的转移、隐匿其应纳税的商品、货物以及其他财产或者应纳税的收入的迹象的，税务机关可以责成纳税人提供纳税担保。……
		44.（税前）管理	采取税收保全措施，书面通知冻结存款（第38条）	第三十八条　…… （一）书面通知纳税人开户银行或者其他金融机构冻结纳税人的金额相当于应纳税款的存款； ……
		45.（税前）管理	扣押、查封（第38条）	第三十八条　…… （二）扣押、查封纳税人的价值相当于应纳税款的商品、货物或者其他财产； ……
		46.（税后）监督	依法拍卖或者变卖（第38条）	第三十八条 …… 纳税人在前款规定的限期内缴纳税款的，税务机关必须立即解除税收保全措施；限期期满仍未缴纳税款的，经县以上税务局（分局）局长批准，税务机关可以书面通知纳税人开户银行或者其他金融机构从其冻结的存款中扣缴税款，或者依法拍卖或者变卖所扣押、查封的商品、货物或者其他财产，以拍卖或者变卖所得抵缴税款。

续表

接触点				税收征管法条款
第三章 税款 征收		47.（税后） 监督	承担赔偿（第 39 条）	第三十九条　纳税人在限期内已缴纳税款，税务机关未立即解除税收保全措施，使纳税人的合法利益遭受损失的，税务机关应当承担赔偿责任。
		48.（税前） 征收	未按照规定缴纳、解缴、担保的，责令限期缴纳（第 40 条）	第四十条　从事生产、经营的纳税人、扣缴义务人未按照规定的期限缴纳或者解缴税款，纳税担保人未按照规定的期限缴纳所担保的税款，由税务机关责令限期缴纳，逾期仍未缴纳的，经县以上税务局（分局）局长批准，税务机关可以采取下列强制执行措施： （一）书面通知其开户银行或者其他金融机构从其存款中扣缴税款； （二）扣押、查封、依法拍卖或者变卖其价值相当于应纳税款的商品、货物或者其他财产，以拍卖或者变卖所得抵缴税款。税务机关采取强制执行措施时，对前款所列纳税人、扣缴义务人、纳税担保人未缴纳的滞纳金同时强制执行。个人及其所扶养家属维持生活必需的住房和用品，不在强制执行措施的范围之内。
		49.（税前） 征收	强制执行书面通知金融部门扣缴税款（第 40 条）	第四十条…… （一）书面通知其开户银行或者其他金融机构从其存款中扣缴税款； ……
		50.（税中） 征收	扣押、查封、依法拍卖或者变卖（第 40 条）	第四十条　…… （二）扣押、查封、依法拍卖或者变卖其价值相当于应纳税款的商品、货物或者其他财产，以拍卖或者变卖所得抵缴税款。
		51.（税中） 征收	税收保全措施和强制执行的权限、程序和范围（第 42 条）	第四十二条　税务机关采取税收保全措施和强制执行措施必须依照法定权限和法定程序，不得查封、扣押纳税人个人及其所抚养家属维持生活必需的住房和用品。
		52.（税后） 管理	承担赔偿（第 43 条）	第四十三条　税务机关滥用职权违法采取税收保全措施、强制执行措施，或者采取税收保全措施、强制措施不当，使纳税人、扣缴义务人或者纳税担保人的合法权益遭受损失的，应当依法承担赔偿责任。
		53.（税后） 管理	阻止出境（第 44 条）	第四十四条　欠缴税款的纳税人或者它的法定代表人需要出境的，应当在出境前向税务机关结清应纳税款、滞纳金或者提供担保。未结清税款、滞纳金，又不提供担保的，税务机关可以通知出境管理机关阻止其出境。

续表

接触点				税收征管法条款
第三章税款征收		54.（税中）管理	税款追征（税收优先于担保债权）（第45条）	第四十五条　税务机关征收税款，税收优先于无担保债权，法律另有规定的除外；纳税人欠缴的税款发生在纳税人以其财产设定抵押、质押或者纳税人的财产被留置之前的，税收应当先于抵押权、质权、留置权执行。 ……
第三章税款征收		55.（税前）管理	欠税核销（第45条）	第四十五条　税务机关征收税款，税收优先于无担保债权，法律另有规定的除外；纳税人欠缴的税款发生在纳税人以其财产设定抵押、质押或者纳税人的财产被留置之前的，税收应当先于抵押权、质权、留置权执行。 纳税人欠缴税款，同时又被行政机关决定处以罚款、没收违法所得的，税收优先于罚款、没收违法所得。 ……
第三章税款征收		56.（税前）征收	欠缴税款公告（第45条）	第四十五条　…… 税务机关应当对纳税人欠缴税款的情况定期予以公告。
第三章税款征收		57.（税前）征收	提供有关欠税情况（第46条）	第四十六条　纳税人有欠税情形而以其财产设定抵押、质押的，应当向抵押权人、质权人说明其欠税情况。抵押权人、质权人可以请求税务机关提供有关的欠税情况。
第三章税款征收		58.（税前）征收	扣押时开付收据（第47条）	第四十七条　税务机关扣押商品、货物或者其他财产时，必须开付收据；……
第三章税款征收		59.（税前）征收	查封时开付清单（第47条）	第四十七条　……查封商品、货物或者其他财产时，必须开付清单。
第三章税款征收		60.（税前）管理	纳税人合并、分立报告（第48条一）	第四十八条　纳税人有合并、分立情形的，应当向税务机关报告，并依法缴清税款。纳税人合并时未缴清税款的，应当由合并后的纳税人继续履行未履行的纳税义务；……
第三章税款征收		61.（税前）管理	追征合并时未缴清税款（第48条一）	第四十八条　纳税人有合并、分立情形的，应当向税务机关报告，并依法缴清税款。纳税人合并时未缴清税款的，应当由合并后的纳税人继续履行未履行的纳税义务；……
第三章税款征收		62.（税前）管理	追征分立时未缴清税款（第48条二）	第四十八条　……纳税人分立时未缴清税款的，分立后的纳税人对未履行纳税义务应当承担连带责任。

续表

接触点				税收征管法条款
第三章税款征收		63.（税前）管理	欠缴税款数额大的处分不动产的报告制（第49条）	第四十九条 欠缴税款数额较大的纳税人在处分其不动产或者大额资产之前，应当向税务机关报告。
		64.（税后）征收	行使代位权（第50条一）	第五十条 欠缴税款的纳税人因怠于行使到期债权，或者放弃到期债权，或者无偿转让财产，或者以明显不合理的低价转让财产而受让人知道该情形，对国家税收造成损害的，税务机关可以依照合同法第七十三条、第七十四条的规定行使代位权、撤销权。 ……
		65.（税后）征收	行使撤销权（第50条二）	第五十条 …… 税务机关依照前款规定行使代位权、撤销权的，不免除欠缴税款的纳税人尚未履行的纳税义务和应承担的法律责任。
		66.（税后）征收	纳税人申请退款（第51条）	第五十一条 纳税人超过应纳税额缴纳的税款，税务机关发现后应当立即退还；纳税人自结算缴纳税款之日起三年内发现的，可以向税务机关要求退还多缴的税款并加算银行同期存款利息，税务机关及时查实后应当立即退还；涉及从国库中退库的，依照法律、行政法规有关国库管理的规定退还。
		67.（税后）征收	多征（缴）税款退还（第51条）	第五十一条 纳税人超过应纳税额缴纳的税款，税务机关发现后应当立即退还；纳税人自结算缴纳税款之日起三年内发现的，可以向税务机关要求退还多缴的税款并加算银行同期存款利息，税务机关及时查实后应当立即退还；涉及从国库中退库的，依照法律、行政法规有关国库管理的规定退还。
		68.（税前）征收	要求补缴税款（第52条一）	第五十二条 因税务机关的责任，致使纳税人、扣缴义务人未缴或者少缴税款的，税务机关在三年内可以要求纳税人、扣缴义务人补缴税款，但是不得加收滞纳金。……
		69.（税前）征收	追征税款、滞纳金（第52条二）	第五十二条 …… 因纳税人、扣缴义务人计算错误等失误，未缴或者少缴税款的，税务机关在三年内可以追征税款、滞纳金；有特殊情况的，追征期可以延长到五年。……

续表

接触点				税收征管法条款
第三章 税款 征收		70.（税前）征收	追征偷税、抗税、骗税（第52条三）	第五十二条　…… 对偷税、抗税、骗税的，税务机关追征其未缴或者少缴的税款、滞纳金或者所骗取的税款，不受前款规定期限的限制。
		71.（税后）征收	追征有关机关查处的税款、滞纳金（第53条）	第五十三条　国家税务局和地方税务局应当按照国家规定的税收征收管理范围和税款入库预算级次，将征收的税款缴入国库。 对审计机关、财政机关依法查出的税收违法行为，税务机关应当根据有关机关的决定、意见书，依法将应收的税款、滞纳金按照税款入库预算级次缴入国库，并将结果及时回复有关机关。
第四章 税务 检查		72.（税中）征收	查账（第54条一）	第五十四条（一）检查纳税人的账簿、记账凭证、报表和有关资料，检查扣缴义务人代扣代缴、代收代缴税款账簿、记账凭证和有关资料；……
		73.（税中）管理	场地检查（第54条二）	第五十四条　…… （二）到纳税人的生产、经营场所和货物存放地检查纳税人应纳税的商品、货物或者其他财产，检查扣缴义务人与代扣代缴、代收代缴税款有关的经营情况；……
		74.（税中）管理	责成提供资料（第54条三）	第五十四条　…… （三）责成纳税人、扣缴义务人提供与纳税或者代扣代缴、代收代缴税款有关的文件、证明材料和有关资料；……
		75.（税中）管理	询问（第54条四）	第五十四条　…… （四）询问纳税人、扣缴义务人与纳税或者代扣代缴、代收代缴税款有关的问题和情况； ……
		76.（税中）管理	在车站、码头、机场、邮政企业及其分支机构的查证（第54条五）	第五十四条　…… （五）到车站、码头、机场、邮政企业及其分支机构检查纳税人托运、邮寄应纳税商品、货物或者其他财产的有关单据、凭证和有关资料； ……
		77.（税中）管理	查询存款账户（第54条六）	第五十四条　……（六）经县以上税务局（分局）局长批准，凭全国统一格式的检查存款账户许可证明，查询从事生产、经营的纳税人、扣缴义务人在银行或者其他金融机构的存款账户。税务机关在调查税收违法案件时，经设区的市、自治州以上税务局（分局）局长批准，可以查询案件涉嫌人员的储蓄存款。税务机关查询所获得的资料，不得用于税收以外的用途。

续表

接触点				税收征管法条款
第四章 税务检查		78.（税中）管理	对从事生产、经营的纳税人以前纳税期的纳税情况进行检查的条件（第55条）	第五十五条　税务机关对从事生产、经营的纳税人以前纳税期的纳税情况进行检查时，发现纳税人有逃避纳税义务行为，并……可以按照本法规定的批准权限采取税收保全措施或者强制执行措施。
		79.（税中）管理	检查取证权（第56条）	第五十六条　纳税人、扣缴义务人必须接受税务机关依法进行的税务检查，如实反映情况，提供有关资料，不得拒绝、隐瞒。
		80.（税中）管理	配合协助，提供资料和证明（第57条）	第五十七条　税务机关依法进行税务检查时，有权向有关单位和个人调查纳税人、扣缴义务人和其他当事人与纳税或者代扣代缴、代收代缴税款有关的情况，有关单位和个人有义务向税务机关如实提供有关资料及证明材料。
		81.（税中）管理	记录、录音、录像、照相和复制（第58条）	第五十八条　税务机关调查税务违法案件时，对与案件有关的情况和资料，可以记录、录音、录像、照相和复制。
		82.（税中）管理	调账通知书、税务检查证和税务检查通知书（第59条）	第五十九条　税务机关派出的人员进行税务检查时，应当出示税务检查证和税务检查通知书，并有责任为被检查人保守秘密；未出示税务检查证和税务检查通知书的，被检查人有权拒绝检查。
		83. 管理	发票检查	
第五章 法律责任		84.（税后）管理	责令限期改正处以罚款（第60条、第61条、第62条、第64条、第65条、第70条）	第六十条　纳税人有下列行为之一的，由税务机关责令限期改正，可以处二千元以下的罚款；情节严重的，处二千元以上一万元以下的罚款： （一）未按照规定的期限申报办理税务登记、变更或者注销登记的； （二）未按照规定设置、保管账簿或者保管记账凭证和有关资料的； （三）未按照规定将财务、会计制度或者财务、会计处理办法和会计核算软件报送税务机关备查的； （四）未按照规定将其全部银行账号向税务机关报告的； （五）未按照规定安装、使用税控装置，或者损毁或者擅自改动税控装置的。

续表

接触点				税收征管法条款
第五章法律责任				纳税人不办理税务登记的，由税务机关责令限期改正；逾期不改正的，经税务机关提请，由工商行政管理机关吊销其营业执照。 纳税人未按照规定使用税务登记证件，或者转借、涂改、损毁、买卖、伪造税务登记证件的，处二千元以上一万元以下的罚款；情节严重的，处一万元以上五万元以下的罚款。 第六十一条　扣缴义务人未按照规定设置、保管代扣代缴、代收代缴税款账簿或者保管代扣代缴、代收代缴税款记账凭证及有关资料的，由税务机关责令限期改正，可以处二千元以下的罚款；情节严重的，处二千元以上五千元以下的罚款。 第六十二条　纳税人未按照规定的期限办理纳税申报和报送纳税资料的，或者扣缴义务人未按照规定的期限向税务机关报送代扣代缴、代收代缴税款报告表和有关资料的，由税务机关责令限期改正，可以处二千元以下的罚款；情节严重的，可以二千元以上一万元以下的罚款。 第六十四条　纳税人、扣缴义务人编造虚假计税依据的，由税务机关责令限期改正，并处五万元以下罚款。 纳税人不进行纳税申报，不缴或者少缴应纳税款的，由税务机关追缴其不缴或少缴的税款、滞纳金，并处不缴或少缴税款百分之五十以上五倍以下的罚款。 第六十五条　纳税人欠缴应纳税款，采取转移或者隐匿财产的手段，妨碍税务机关追缴欠缴的税款的，由税务机关追缴欠缴的税款、滞纳金，并处欠缴税款百分之五十以上五倍以下的罚款；构成犯罪的，依法追究刑事责任。 第七十条　纳税人、扣缴义务人逃避、拒绝或者以其他方式阻挠税务机关检查的，由税务机关责令改正，可以处一万元以下的罚款；情节严重的，处一万元以上五万元以下的罚款。
		85.（税前）管理	提请工商机关吊销营业执照（第60条）	第六十条　纳税人有下列行为之一的，由税务机关责令限期改正，可以处二千元以下的罚款；情节严重的，处二千元以上一万元以下的罚款： （一）未按照规定的期限申报办理税务登记、变更或者注销登记的； （二）未按照规定设置、保管账簿或者保管记账凭证和有关资料的； （三）未按照规定将财务、会计制度或者财务、会计处理办法和会计核算软件报送税务机关备查的； （四）未按照规定将其全部银行账号向税务机关报告的； （五）未按照规定安装、使用税控装置，或者损毁或者擅自改动税控装置的。 纳税人不办理税务登记的，由税务机关责令限期改正；逾期不改正的，经税务机关提请，由工商行政管理机关吊销其营业执照。 纳税人未按照规定使用税务登记证件，或者转借、涂改、损毁、买卖、伪造税务登记证件的，处二千元以上一万元以下的罚款；情节严重的，处一万元以上五万元以下的罚款。

续表

接触点				税收征管法条款
第五章法律责任		86.（税后）征收	追缴处罚款（第63条二，第67条二）	第六十三条 …… 扣缴义务人采取前款所列手段，不缴或者少缴已扣、已收税款，由税务机关追缴其不缴或者少缴的税款、滞纳金，并处不缴或者少缴的税款百分之五十以上五倍以下的罚款；构成犯罪的，依法追究刑事责任。 第六十七条 ……情节轻微，未构成犯罪的，由税务机关追缴其拒缴的税款、滞纳金，并处拒缴税款一倍以上五倍以下的罚款。
		87.（税后）征收	停办出口退税（第66条二）	第六十六条 …… 扣缴义务人采取前款所列手段，不缴或者少缴已扣、已收税款，由税务机关追缴其不缴或者少缴的税款、滞纳金，并处不缴或者少缴的税款百分之五十以上五倍以下的罚款；构成犯罪的，依法追究刑事责任。
		88.（税后）征收	责令限期缴纳预期仍未缴纳的处罚（第68条）	第六十八条 纳税人、扣缴义务人……可以处不缴或者少缴的税款百分之五十以上五倍以下的罚款。
		89.（税后）征收	逃避、拒绝、阻挠税务机关检查的处罚（第70条）	第七十条 纳税人、扣缴义务人……情节严重的，处一万元以上五万元以下的罚款。
		90.（税前）征收	向纳税人直接追缴，处扣缴义务人罚款（第69条）	第六十九条 扣缴义务人应扣未扣、应收而不收税款的，由税务机关向纳税人追缴税款，对扣缴义务人处应扣未扣、应收未收税款百分之五十以上三倍以下的罚款。
		91.（税中）管理	没收非法印制发票所得和工具，处罚款或移送（第71条）	第七十一条 违反本法第二十二条规定，非法印制发票的，由税务机关销毁非法印制的发票，没收违法所得和作案工具，并处一万元以上五万元以下的罚款；构成犯罪的，依法追究刑事责任。
		92.（税中）管理监督	拒不接受处理的，收缴或停止向其发售发票（第72条）	第七十二条 从事生产、经营的纳税人、扣缴义务人有本法规定的税收违法行为，拒不接受税务机关处理的，税务机关可以收缴其发票或者停止向其发售发票。
		93.（税后）监督	金融机构拒绝检查，对其主管人员和直接责任人罚款（第73条）	第七十三条 纳税人、扣缴义务人的开户银行或者其他金融机构拒绝接受税务机关依法检查纳税人、扣缴义务人存款账户，或者拒绝执行税务机关作出的冻结存款或者扣缴税款的决定，或者在接到税务机关的书面通知后帮助纳税人、扣缴义务人转移存款，造成税款流失的，由税务机关处十万元以上五十万元以下的罚款，对直接负责的主管人员和其他直接责任人员处一千元以上一万元以下的罚款。

续表

接触点				税收征管法条款
第五章法律责任		94.（税后）监督	移送司法机关（第77条一）	第七十七条　纳税人、扣缴义务人有本法第六十三条、第六十五条、第六十六条、第六十七条、第七十一条规定的行为涉嫌犯罪的，税务机关应当依法移交司法机关追究刑事责任。 ……
		95.（税后）监督	未经委托征收税款，责令退还收取的财务，予以处罚（第78条一）	第七十八条　未经税务机关依法委托征收税款的，责令退还收取的财物，依法给予行政处分或者行政处罚；致使他人合法权益受到损失的，依法承担赔偿责任；构成犯罪的，依法追究刑事责任。
		96.（税后）监督	使他人受到损失的，承担赔偿责任（第78条二）	第七十八条　未经税务机关依法委托征收税款的，责令退还收取的财物，依法给予行政处分或者行政处罚；致使他人合法权益受到损失的，依法承担赔偿责任；构成犯罪的，依法追究刑事责任。
		97.（税后）监督	查封、扣押生活必需品的，退还、处分（第79条）	第七十九条　税务机关、税务人员查封、扣押纳税人个人及其所扶养家属维持生活必需的住房和用品的，责令退还，依法给予行政处分；构成犯罪的，依法追究刑事责任。
		98.（税后）监督	刁难纳税人，对检举违法行为的纳税人打击报复的处分（第82条二、三）	第八十二条　…… 税务人员……并依法给予行政处分。 税务人员……并追究刑事责任。
		99.（税后）监督	复议案件受理（第88条）	第八十八条　纳税人、扣缴义务人、纳税担保人同税务机关在纳税上发生争议时，必须先依照税务机关的纳税决定缴纳或者解缴税款及滞纳金或者提供相应的担保，然后可以依法申请行政复议。对行政复议决定不服的，可以依法向人民法院起诉。 当事人对税务机关的处罚决定、强制执行措施或者税收保全措施不服的，可以依法申请行政复议，也可以依法向人民法院起诉。 当事人对税务机关的处罚决定逾期不申请行政复议也不向人民法院起诉、又不履行的，作出处罚决定的税务机关可以采取本法第四十条规定的强制执行措施，或者申请人民法院强制执行。

第三章

构建现代申报征收体系

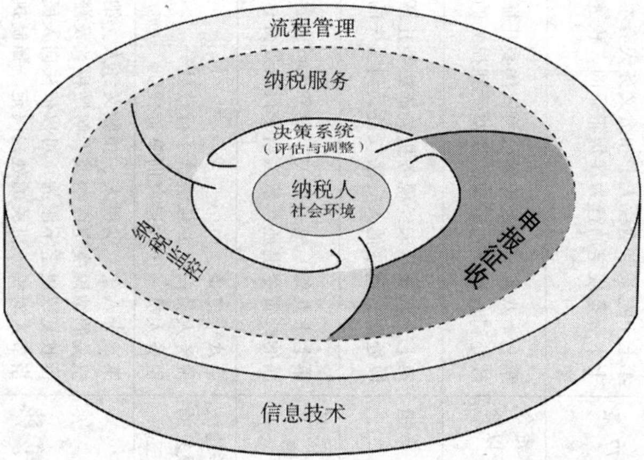

图 3－1　现代税收征管过程模型中的申报征收业务体系

申报缴纳税款是纳税人涉税活动的基本内容，相应的申报征收业务也是税务机关的基本征管业务类型。申报征收过程直接反映了纳税人遵从的结果，也是影响纳税遵从的重要环节，这个环节的成效直接影响税收管理质量、服务成效和征纳成本水平。申报征收活动连接并支持纳税服务与纳税监控环节，是组织税收征管活动所始终关注的一条主线。

高效开展申报征收业务，需要从促进纳税人自主申报，加强申报纳税管理，特别是从优化服务、降低税收成本出发，依托信息技术改造优化申报征收方式，形成现代的业务开展体系。随着经济社会和现代信息技术的发展，税务机关与纳税人优化申报征收方式、提高申报征收质量和效率的要求日益迫切。信息技术的普及应用、金融部门等协作性社会服务资源的日益完善、电子商务与电子政务的发展，为建立现代申报征收体系提供了条件。电子申报、电子缴税、电子核算等现代化的业务方式应运而生，国内外都已广泛应用，并逐渐发展成为申报征收业务开展方式的主流。由于申报征收及申报缴纳是征纳双方业务活动最先关注的内容，也是双方密集接触的基础环节，因而申报征收体系的构建能够成为整体推进征管改革，加快征管现代化改造的突破口。

申报征收体系包括纳税申报、税款征收（缴纳）和税收核算三项主要内容，建立以电子申报为主体的多元化纳税申报系统，以最大限度地延伸纳税申报的时间和空间，大幅度提高申报质量与效率；建立税（税务机关）、库（国库）、银（金融机构）等多方面联网的一体化税款征收系统，实现实时扣款、自动缴库，以使纳税人能够最为便捷地完成税款缴纳过程；建立电子集中核算系统，以实现电算化集中核算，大幅度提高税收核算的质量和效率。整体上以电子申报、一体化征收为基础，以税收集中核算为核心，完成纳税人纳税申报和税款缴纳的全过程，实现申报征收信息的高度共享和集中处理，准确及时地记录申报征收过程，达到统一规范征收行为，准确反映、严格监督税收资金运动，提高税收征管质量和效率的目的（如图3－2所示）。

第一节　现代申报征收体系简述

伴随我国经济、社会的发展，申报征收业务经历了几个演变阶段，从纳税申报方式、税款征收模式到税收核算形式等都发生了很大的变化。尤其是近十几年来，随着信息技术应用、社会化资源等方面条件的日益成熟，全国各地依托信息技术在申报征收方式改革上进行了大量的探索实践，现代化的申报征收体系逐渐形成。

一、申报征收业务的演变

（一）新中国成立初期至20世纪80年代初

这一时期，国民经济结构比较简单，经济活动规模较小，国家实行的是计划经济管理体制。与此相适应，税收专管员制度成为这一时期税收征管业务开展的基本形式。税收专管员征管模式的基本特点是“一员进户，各税统管”，

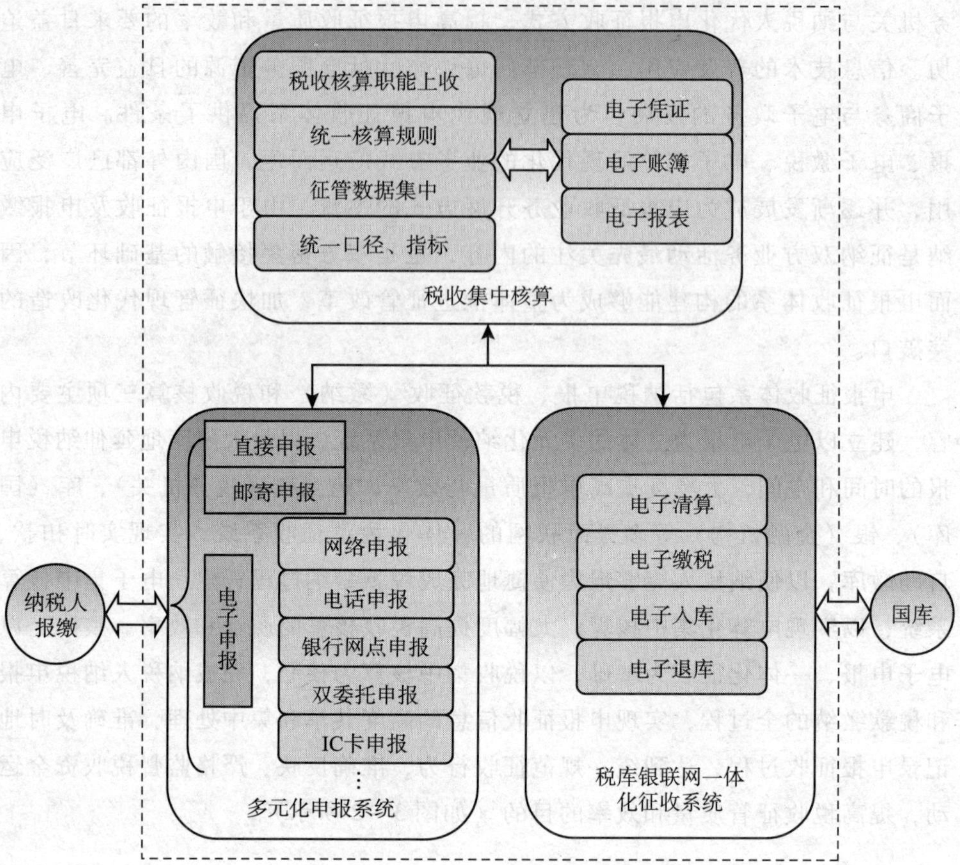

图 3-2 基于信息网络的申报征收核算管理系统

与之相适应的申报征收方式是纳税人几乎不进行申报，税收专管员上门收税，税款征收基本采用现金和支票方式，核算实行分级、分散的手工核算。尽管在当时也有关于纳税申报制度的规定，但由于专管员扮演企业纳税“保姆”的角色，纳税申报的法律意义并未引起足够的重视，征纳双方法律责任不清、偷漏不分的问题比较普遍。

（二）20 世纪 80 年代中期至 90 年代中期

改革开放之后，国家经济管理体制从计划经济走向有计划的商品经济，继而发展到社会主义市场经济早期阶段。这时的税收征管开始推行查、管分离或征、管、查分离的模式，申报征收业务没有大的改变，计算机技术得到初步应用，申报征收业务的信息化、电算化初显端倪，如单机开票、单机核算等，由于网络条件不具备，信息技术应用停留在简单模拟手工操作的状态，申报征收业务没有实质性的进步。

（三）20世纪90年代中期以来

随着社会主义市场经济的逐步确立和日趋完善，经济发展、社会进步和科学技术革命跨入了一个新的历史时期，经济规模迅速扩大，经济运行日趋复杂，税收对经济的调节作用日显重要，随之提出了“以申报纳税和优化服务为基础，以计算机网络为依托，集中征收，重点稽查”的税收征管模式。为适应“集中征收”的需要，税务机关开始建设申报征收大厅，逐步实现了由税务机关上门征税向纳税人到税务机关申报纳税的根本转变，明确界定了纳税人依法自行申报纳税的法定义务。虽然申报征收方式改革刚刚起步，申报征收活动运行质效依然不高，存在申报纳税不便、缴税安全性差、核算不够准确的问题，申报和核算两个方面的电子化仍然得到了长足发展。2006年之后，国家税务总局试行推广财税库银横向联网工作，开始了电子缴库体系的建设。在近二十年的时间里，我国税收征管中申报征收业务的申报、缴库、核算三个环节先后展开了电子化、网络化、数字化改造进程。

（四）传统申报征收活动存在的局限

到20世纪90年代，我国税收征管的申报征收体系仍然处于比较传统的阶段，存在一些问题。包括：

1. 纳税申报方式单一。纳税人报税以上门申报为主，时间地点过于集中，申报手续烦琐，绝大多数纳税人习惯于集中在征期内的最后三天申报纳税，征收大厅过于拥挤，征纳双方费时耗力，纳税申报效率低、时间长、成本高。特别是为数众多的个体业户也需逐一履行复杂的纳税申报手续，上门申报的积极性不高，个体税收征收实际上仍然依靠上门开票、上门催报、上门催缴。在较为单一原始的申报征收方式下，征纳双方的效率都很低下。

2. 申报数据不准确、不规范。由于采用直接申报方式，纳税人纸质报表的申报项目经常出现填写不规范、填写错误、字迹不清晰等情况，申报数据的规范性、准确性难以保证。同时，税务人员依据纳税人提供的纸质申报资料手工录入征管系统，发生的录入差错难以避免，容易导致纳税资料不准确，形成垃圾数据。

3. 税款缴库周期长。缴款方式的不同带来缴库时间的不一致，对于现金、支票等缴款方式，由于完税凭证的填开和传递方式不相同，造成了后续环节工作的差异及缴库时间不一致。其结果是数据传递和税款入库的周期长，对税收资金入库过程违规行为的监控难度较大，缴税环节复杂不便、安全性较低。

4. 税收核算结果不准确，核算成本高。早期的税收核算虽然经历了单机出表、单机核算、上下级数据传递核算、县级集中核算等不同的发展阶段，但是税收核算的电算化、税收数据的集中度依然很低。手工或半手工条件下的税收会计核算由各级层层完成，难以避免操作失误造成的差错。各级核算部门必须配备相当数量的专门核算人员，投入大量时间精力，占用资源多，核算成本高。

5. 难以控制执法随意行为。传统申报征收方式下，税务机关、国库、银行之间信息不能共享，征收过程透明度不高，不易监控税款的上解、入库时限，难以杜绝滞解税款等违规行为。税收征收机关集税款征收与税收核算两项权力于一身，存在干预甚至操纵税款在途过程和税收核算的空间，税款征收和组织收入活动中容易产生执法随意、违规操作等现象。

为解决以上问题，20 世纪 90 年代末，全国各地的税务机关纷纷探索对申报征收方式的改革，主要内容是在申报、缴库和核算各个环节应用信息网络管理技术，推进申报征收业务的现代化改造。在受理纳税申报、税款征收入库等环节，推行包括直接申报、邮寄申报、网络申报、电话申报等的多元化申报方式，尝试建立纳税人、税务机关、国库、银行之间的信息网络，推进申报、征收、入库全过程的电子化操作与实时自动监控。同时，充分利用管理信息系统、信息集中与共享技术，在税收会计电算化的基础上加快税收集中核算。经过较长时期的探索，逐渐形成了以电子介质为载体，以电子申报、税库银联网一体化征收、税收集中核算为手段的较为现代的申报征收体系，加快了税收票据信息、税金信息的传递速度，缩短了税款在途时间，加强了税款入库和欠税的监控，有效保证了税款准确、及时、足额、安全入库。

二、现代申报征收体系发展的基本条件

现代申报征收体系的构建是一项复杂的系统工程，必须建立在一定的经济、社会、行政、技术、征管机制等基础之上。

（一）税务机关内外部信息技术应用水平

以地级市为例，需要建立连通市、县（市、区）、乡（镇）三级，覆盖税务机关工作站点，以及与银行、国库、纳税人等相关单位实现外联的大型网络系统；需要形成一个支撑税收征管的方方面面，功能齐全、运行高效的大型征管信息系统平台，能够实现数据集中；需要征管人员能够具有较高的操作、维护信息

系统的能力。信息技术的社会应用是外部制约条件。目前全社会的互联网应用已经普及，各类计算机网络建设不断加快，信息技术研发能力不断提高，大中型企业大都建立了门户网站，许多企业通过会计电算化系统进行财务核算，金融机构信息技术应用程度较高，政府部门的电子政务建设也具备了较好的基础。20世纪90年代末到21世纪初，内外技术条件逐步具备，因而这个时期申报征收方式的改革较为普遍。国税系统应用“金税”二期工程逐步实现了现代申报征收方式，全国平台较为统一。地税系统的探索则是遍地花开，较为分散。

【案例】　九江地税推行多元化申报

江西九江市地方税务局“三个一”推行多元化申报。构建一个平台，即高起点建设了53条（县—乡镇）2M SDM宽带光纤信息化网络，15条（县—市）100M宽带光纤信息化网络（政府信息网），1条（市—省）100M宽带光纤，打造税收征管改革的技术平台；推行一个制度，即在全市地税系统统一部署，全面推行电话申报、网络申报、银行网点申报等多元化电子申报纳税，使多元化电子申报成为全市纳税人申报纳税的主要方式；实现一个集中，即全面实行县（市、区）局一级征收，通过集中征收实现数据高度集中处理，建立起初步集中的数据处理中心；完善一个机制，即配合税收征管改革的进程，推行“加强管理，重点检查，优质服务”的征收管理机制。

来源：《浅谈低成本、一体化、高起点建设地税信息化网络》郭桂材九江地方税务局网站2004年11月28日

【案例】　重庆市地税局积极构建多元化申报格局

为进一步优化纳税服务，提高办税效率，2008年，市地税局以税收信息化为支撑，积极推广网上申报、电话申报、同城通办等多元化申报方式，取得明显成效。一是网上申报进展迅速。截至2008年12月底，全市地税系统44个区县局和直属单位全部实现了网上申报纳税，覆盖率达到了100%。已有2.37万户企业通过网上申报纳税，占全市查账征收企业的33.4%，通过网上办税系统申报入库税款10.11亿元。

来源：重庆市政府网

【案例】　甘肃省两当县国税局推行多元化申报纳税成效显著

甘肃省两当县国税局大力推行多元化申报纳税，既推动了多元化纳税申报

方式的改革进程，又极大地方便了纳税人，节约了征纳成本，成效明显。一是目前全局有80%的企业实行了U盘报税。二是不达起征点按季申报的个体工商户已有382户成功实现了手机短信申报。三是截至12月中旬，全局通过财税库银系统正常纳税的纳税人有67户，占市局要求上线户的117.54%，成功扣税82万元。

来源：中国税务网

【案例】 铜仁地区国税局推行多元化申报实现税款双向便捷入库

12月征收期，全区5418户达起征点的双定户有2330户通过银行网点扣税，比例为43%，比上月增加9个百分点。12月，铜仁地区国税局在原已开通税、库、银三方横向联网的基础上又成功开通网上申报业务，该局拟定以每月30户左右向“一般纳税人”和“小规模纳税人”全面推开，纳税人将分别可选择“多元化申报”银行扣税和“网上申报”税库银扣税，大大降低纳税人的纳税成本，规避执法风险，提高纳税服务质量。

来源：中国铜仁政务网2009年12月25日

（二）税务、国库、银行等部门的协作

在现代申报征收体系的建设中，国库、银行作为税务机关征管业务的重要相关方，也必须具备相应的条件才能形成现代方式的协作，如电子清算系统、电子缴税系统、网络通讯系统等软硬件的建设应用等。随着金融部门信息技术应用的逐渐深入，大部分银行已建立起省级分行的数据处理中心，实现了银行传统柜台业务的集中处理和数据集中管理；基本实现了金融综合服务、电子商务支付的网络化和跨行支付清算全过程的自动化。银行系统的多元化服务较为齐全，电话银行、网上银行、自助银行等多种金融服务系统得到较快发展，网上查询、支付、转账及缴费等个人理财服务也发展较快。同时，银行营业网点较多，分布合理，服务规范，这些条件对税银合作非常有利。国库的信息化管理局面也已普遍成型，与税务机关的技术与机制协作正在加快推进。

（三）纳税人的技术条件和变革要求

随着经济社会的发展，纳税人对办税质量、效率甚至效益都有了更高的追求。纳税人对计算机、网络等信息技术的应用水平迅速提高，相当多的纳税人已经具备了电子办税的能力和条件，应用电子报税实现便捷纳税、降低纳税成本的需求日益迫切。

（四）征管机制的变革

新的体系建设需要制度保证。在现代申报征收体系建设过程中，除了电子签名法等相关的保障性规范逐步健全外，还要求税务机关内部工作机制以及税务、企业、国库、金融乃至财政等各相关方之间建立科学的管理办法、工作质量标准、岗位职责体系、监控评估机制等，以保障申报征收体系高效率、高质量运行。

三、构建现代申报征收体系的一般原则

现代申报征收体系的构建，实质上是将现代行政思想、管理原则以及现代信息技术等应用于税收的申报、征收、入库环节，实现科学、严密、高效的过程控制。在建设过程中应遵循以下几个原则：

（一）服务纳税人

纳税服务已成为税务机关的法定职责，以纳税人为关注焦点、充分满足纳税人的需求是现代税收征管的主要特征。申报征收是纳税人参与税收活动的主要环节，这个环节的服务成效影响纳税人满意度的高低，对和谐征纳关系的形成具有基础性的决定作用。现代申报征收体系的建设应贯彻以纳税人为中心的理念，从满足不同类型纳税人的申报需求出发，依托信息技术，构建多元化的申报系统、税库银联网一体化征收系统，为不同类型的纳税人提供全面、规范、便捷、经济的申报纳税服务。

（二）质量效率

现代申报征收体系追求管理的效益，既包含质量、效率两个内容，又包括税务机关和纳税人两个方面。整合应用现有的征管系统、同城电子清算系统等信息管理系统，充分利用现有或逐步成熟的社会资源改造申报征收体系，基本能够满足相当时期内我国申报征收体系现代化改造的需要，可以在提高管理服务效率的同时，节约征纳双方因改变业务方式而投入的成本。

（三）安全性

安全性是现代申报征收体系建设必须高度关注的内容。信息技术在税收征管中的应用，带来了数据通讯、存放、保密和系统运行等诸多方面的新课题。申报征收体系建设涉及税务机关、国库、银行、纳税人等多个方面和环节，任何一处失误或系统漏洞，都会造成不可挽回的损失。计算机系统、网络等“硬性”安全指标是系统安全的基础保证，必须采取相应的安全措施达到高级别的安全标准，必须从程序设计、数据传输、病毒防范、系统管理等方面保证信息

系统和数据的安全，确保万无一失。

（四）操作简便

现代申报征收体系面对所有纳税人，操作简便是业务体系建设的一个基本要求。因此在程序设计、业务流程等方面应尽可能简便，便于输入、输出、检查、上传、下载等具体操作。软件系统的界面及功能都应尽可能的简明易懂、容易操作，使得用户能够快捷方便地操作。

（五）统筹协作

现代申报征收体系是一项系统性、整体性极强的工作，必须将其作为一项系统工程进行科学规划，制定统一的建设规划、标准规范和安全策略，使其成为一个统一协调的整体，实现申报、征收、核算业务的一体化高效运作。在建设中，还应从整体上把握税收信息化和相关部门的信息化建设应用现状，统筹对业务流程、工作规范以及应用信息系统进行改造整合、升级完善和相互联结。

（六）前瞻性

首先，现代申报征收体系必须对将来的发展变化有着较强的适应性，具备系统的开放性和功能的扩展性。如，在税库银联网系统中预留财政、海关、工商等部门的接口，以便适应将来电子政务的发展，适应纳税人申报方式的变化。其次，应对业务流程进行优化设计，实现业务质量监控的实时性，以加强对申报、征收、入库等各环节的过程控制，并实施业务质量全程监测、评价调整等工作，同时适应相关征管业务的发展变化。

第二节　多元化纳税申报系统

申报纳税是纳税人应自觉履行的法定义务，也是确立征纳双方法律关系、法律责任的重要依据。随着我国经济社会的发展，传统单一的上门申报方式已难以适应时代发展的要求，多元化申报纳税方式逐渐得到广泛采用。特别是在计算机网络技术普及应用、社会信息化水平飞速提高的总体趋势下，电子报税以其方便、快捷、准确、安全、经济等优势，逐步成为当今报税方式发展的主流，构建以电子报税为主体的多元化申报方式成为国内外税务机关优化纳税服务、提高征管质效的重要努力方向。

一、现阶段电子申报存在的问题

电子申报不仅仅是简单的业务手段改造，而是一项需要各项配套措施的系统工程，需要从技术手段、法律规范、操作流程等各个方面规划、推动和保障。受我国社会环境、政策变化对征管环境的影响，再加上各种税收电子申报自身特点的不同，电子申报在我国的发展还很不均衡。电子报税方式在普及应用过程中，需要解决一些相关的问题。

（一）电子申报的有效性

在初期实行电子报税时，由于电子申报数据具有无形、易修改且不留明显痕迹的特点，易引发征纳双方的责任纠纷。有些地区采取纳税人报送电子数据的同时报送纸质报表的方式予以解决，虽然一定程度上保证了申报数据的一致性，但失去了电子申报的真正意义，电子申报的有效性受到挑战。

2004年8月28日，十届全国人大常委会第十一次会议通过了《中华人民共和国电子签名法》，自2005年4月1日起施行。该法的内容，一是确立了电子签名的法律效力，二是规范了电子签名行为，三是明确了认证机构的法律地位及认证程序，四是规定了电子签名的安全保障措施，五是明确了电子认证服务行政许可的实施机关。《中华人民共和国电子签名法》的颁布实施，使电子申报的有效性得到了法律保证，也为制定电子申报系统的技术规范提供了基本的依据。

（二）电子申报模式及数据标准的规范性

目前，国家税务总局还未对电子申报所采用的技术及数据格式制定统一规范的标准，各地税务机关各自为政，即使在同一地区也不尽相同，用不同的技术标准及数据格式开发电子申报产品，往往无法兼容，严重影响电子申报产品的标准性和电子申报数据的共享性。因此，必须制定统一规范的数据采集方式、数据格式及电子申报操作程序等方面的标准。

（三）电子申报操作流程的合理性

由于部分纳税申报操作流程是沿袭手工申报方式设计的，有必要根据电子报税的特点，面向现代征纳业务变革发展的方向，重新优化、简化、再造申报流程。

（四）申报数据利用不充分

申报数据是纳税监控、税收征管决策等工作的基础依据，申报数据的准确、完整、及时是有效开展监控、决策的前提。在实行电子申报过程中，一些税务机关只关注电子申报方式改革本身，而忽略了申报数据的采集，电子申报数据闲置、漏损现象不同程度地存在，影响了数据的分析、加工、挖掘和利用。

(五) 缺少规范促进电子申报发展的制度和措施

从目前实行电子申报的过程看，当数据、信息出现错误等情况后，要求纳税人重新提交正确数据时，纳税人一般非常配合电子申报工作。但当电子申报普及之后，必须有相应的制度或措施去约束税务机关、纳税人按照既定规范进行操作，以保证数据的可靠性和准确性。例如，美国的很多州都颁布了《电子报税法》，用以规范约束各方行为，提高电子申报的质效。再者，我国在推行电子申报时没有相应的鼓励政策与制约措施，制约了电子申报的发展，有必要借鉴英国、美国的做法，制定相应的鼓励政策。

【案例】 英国、美国推进电子报税

1. 英国鼓励电子报税。英国国内收入局发布公告称，该局将为全国150万小企业提供总额达8.25亿英镑的税收减免，以鼓励它们进行电子申报。英国国内收入局规定，大企业从2004年5月起必须实行电子报税，中型企业从2006年5月起实行电子申报，而小企业则不必在最近几年内强制实行电子申报，如果它们在2004年5月起的5年内自愿实行电子申报，则可得到总额8.25亿英镑的税收减免。英国国内收入局声称，以因特网、电话及其他电子设备为依托进行的电子申报是一种更快捷方便的报税方式。目前，该局正在向全国160万户企业下达通知书，告知这些企业它们被界定为大型企业（雇员在250人以上）、中型企业（雇员在50~249人之间）还是小型企业（雇员不足50人）。

2. 美国网上免费申报：美国财政部和国内收入署（IRS）2003年1月16日宣布：将新建一个网站，方便纳税人申报；网上进行纳税申报免费。财政部、IRS与税收软件公司联合成立了一个免费报税联盟，网站将由该联盟负责运作。联盟的下属公司将依据年龄、调整后总收入、居住地、服务状况以及申报类型等将纳税人设定为不同的资格要求（这种资格要求因纳税人不同而异），从而进行分类申报。新网站提供的免费申报，不仅简便、快捷、安全有效、能缩短纳税人获得退税的时间，还能为纳税人和IRS省钱。作为实现电子政府的举措之一，布什总统曾建议实行免费在线报税。

来源：《涉外税收》2003年第4期

(六) 电子申报应与税库银联网同步建设

税款的征收从流程上简单地讲只有两个环节，即纳税人申报和税款划解国库，在税款未入国库之前，都未完成税款的征收。实行电子申报以后，其税款划解入库的后续环节必须同步考虑，否则纳税人会感到税务机关的改革并不充分，便捷纳税无法完全得以实现。因此，在推行电子多元化申报的同时，必须建设新型的税库银联网一体化征收系统与之衔接配套。

【案例】　美国纳税申报电子化

美国国会在1998年联邦税务局改革与重组法案中要求，在2007年电子化申报方式的申报表必须达到80%的比例，为了实现这一目标，美国联邦税务局制定采取了一系列优惠措施：在2005年，只要2004年年收入低于或等于5万元就可以享受免费的电子申报服务，超过5百万美国人享受了免费服务；2007年又调整了年收入额度，只要2006年收入少于或等于5.2万美元，就可免费使用电子申报，将近有70%的个人所得税纳税人，也就是9000万纳税人使用了免费申报程序。从2005年开始，美国对所有规模超过5000万美元的公司，要求必须使用电子申报。对于免税组织而言，如果其资产超过1亿美元，必须使用电子申报。对于邮寄申报的退税处理需要6个星期，使用电子申报，最多需要3个星期。

来源：中国税务网

二、多元化申报的主要作用

（一）申报高效快捷，申报成本降低

以电子报税为主体的多元化申报，使纳税人不必专程到税务机关申报，申报的时间更加机动，申报地点得到扩展，从而节省了路途往返、排队等大量的时间、精力和费用，纳税成本大幅降低。对税务机关而言，处理申报的工作效率根本性提升，带来业务运营成本、工作差错成本的大幅降低，还能大量节省征收环节的力量配置。据报道，经美国税务部门核算，每一份手工报表的征收处理成本大约是2.49美元，而采用电子方式申报的处理成本仅仅只有18美分，电子申报在节省税收成本方面的作用非常明显。

（二）申报数据规范性增强

实行电子申报使纳税申报数据在源头上由纸制数据变成了电子数据。纳税申报软件根据相关法律规定和涉税业务逻辑关系设计，纳税人在数据录入时即可实现相当程度的自动计算和自动校验，从而大大减少了由简单申报错误带来的无效申报，提高了申报的质量和效率。接受申报后，税务机关也易于进行更为精细的电子审核，涉税数据的准确性、及时性、完整性能够得到极大提高。

（三）对申报纳税的监控能力提高

通过大力推行电子多元化纳税申报方式，扩大其应用面，特别是积极推进重点税源企业网上报税后，可有效提高电子信息的及时性、共享性，使税务机关及时掌握企业的税收信息及其他经济指标，利于对企业申报纳税状况的监控。

三、以电子报税为主体的多元化申报方式的主要内容

（一）多元化申报的主要类型

纳税申报是纳税人、扣缴义务人按照税法规定的期限和内容向主管税务机关提交有关纳税事项书面报告的法律行为，是界定纳税人、扣缴义务人法律责任的主要依据，是税务机关税收管理信息的主要来源。纳税申报方式是指纳税人向税务机关申报纳税的方式。《中华人民共和国税收征收管理法》及其实施细则赋予了纳税人选择不同纳税申报方式的权利，因而税务机关必须尽可能地提供各种适合的申报方式。税务机关应从纳税人对纳税申报方式的不同需求出发，依托信息技术，探索开发多种纳税申报方式以供纳税人选择，经整合、完善逐步形成高效的多元化纳税申报体系。通常按送达方式划分，主要包括以下几种类型：

1. 直接申报，是指纳税人、扣缴义务人直接到当地主管税务机关设立的纳税大厅申报纳税或者报送代扣代缴、代收代缴报告表的申报方式。

2. 邮寄申报，是指纳税人、扣缴义务人采用邮局寄送的方式向税务机关办理纳税申报或者报送代扣代缴、代收代缴报告表的申报方式。

3. 电子申报（数据电文申报），是指纳税人、扣缴义务人采用电子数据交换、网络传输、电报、电传或传真等方式向税务机关办理纳税申报或者报送代扣代缴、代收代缴报告表的申报方式。电子申报由纳税人申报系统、数据传输网络系统与税收征管系统等部分组成，纳税人利用报税工具（如计算机），通过通信网络系统，直接将申报资料发送给税务机关，完成纳税申报。电子申报成为纳税人与税务部门的电子信息交换，实现了申报的无纸化。电子申报的主要优势是使纳税人申报更加方便、快捷、安全，能够减轻税务机关转换税收数据的负担，并可以对数据进行集中和快速处理。

（二）电子申报的主要方式

由于电子申报满足了现代条件下纳税人经济、方便、快捷纳税的需要，而且能大幅提升税务部门的征管质效，降低税收成本，遂成为申报方式发展的主要方向，国内外税务机关在电子申报方面都进行了许多探索实践。如美国的电子申报从 1986 年开始起步，有 2.5 万个人纳税人通过 5 个传送中心传送税收申报

表。到2005年，有6800万个人纳税人使用电子申报。2004年，美国开通新的电子申报系统后，95%以上的公司可以采用电子申报。由于经济条件、税收制度、社会信息化程度等方面的差异，我国在电子申报的发展上与发达国家相比还有很大差距，许多地方的税务机关根据自身条件，借鉴国外的电子报税经验，因地制宜，探索出一些适应我国国情的电子申报方式，具有代表性的包括以下几种：

1. 网络申报

网络申报是指纳税人通过国际互联网，在规定的申报期内将电子申报数据传送至税务机关，完成申报纳税义务的一种申报方式。凡财务核算比较健全、会计电算化程度较高或具备网上申报条件的企业和单位，均可以采用网络申报方式申报纳税。

从国内外的情况来看，网络申报作为一种先进的申报方式，已成为申报方式发展的大趋势，其主要特点有：

（1）方便。纳税人完成申报纳税不受时间和地点的限制。

（2）快捷。数据传送快捷，申报效率高。

（3）高效。技术先进，操作简便，实时性好，中间环节少。

（4）成本低。纳税人可节约交通费、节省排队申报的时间。

（5）缺点是需要网络知识和较为成熟的网络作为支撑。对不具备计算机网络知识或偏远地区的纳税人不适用。

2. "双委托"申报

"双委托"申报是在申报方式改革实践中形成的针对个体等小规模纳税人的一种申报方式，是指税务机关、纳税人同时委托金融部门，在申报期内由税务机关发出批量扣款指令，由银行直接从纳税人缴税账户上扣款，完成申报征缴入库的一种申报方式。这种方式下，纳税申报与税款缴纳一体进行，扣款成功即为申报、纳税同时成功。凡符合法律法规规定的定期定额业户或小规模的纳税人，一般可以采用"双委托"方式申报纳税。其特点如下：

（1）纳税人采用委托银行代扣税款的缴税方式，不必再到办税厅排队缴税，足不出户即可实现申报缴税，既方便快捷，又节约纳税成本，免去往返税务机关的费用。

（2）纳税人只要在联网银行的任一金融网点开设电子借记卡或活期存折，并存足当期应纳税款，银行定期根据申报系统提供的纳税人当期税款征收信息自动扣缴税款，完成申报纳税，可避免现金丢失或纳税差错。

（3）扣税成功即为申报。在征期内税务机关下达批量扣税指令，银行接到指令后从纳税人缴纳税款专用账户中扣缴税款。由于采用核定征收的个体业户通常的申报内容相对固定，这种委托扣缴的方式给征纳双方简化申报过程手续、识别认定申报结果带来了极大便利。

(4) 实行简并征期。对实行定期定额征收的纳税人，由于其经营方式灵活、分散、变化快、税源小、经营人员文化水平参差不齐等特点，税务机关要用大量的人力、物力、财力进行征收管理，税收成本很高。因此，应从服务纳税人与减少税收成本出发简并征期，实行简易方式的纳税申报。简并征期后纳税人可每季（或半年等）申报一次税款，降低申报频率。

(5) 缺点是需要纳税人在申报征收之前必须预储不低于税款额度的款项，如有未预储的情况，申报不能成功，需要辅之以纳税提醒等服务措施。

3. 银行网点、代理申报（纳税）

银行网点申报是指税务机关、纳税人同时委托银行，在申报期内由纳税人到银行网点申报纳税，由银行网点代理接收申报信息并且从纳税人账户或信用卡中直接扣款完成税款划解，并将征收信息实时传输到税务机关审核确认申报纳税结果的纳税申报方式。对不具备网络申报又不采用核定征收方式的纳税人，一般可以采用此种方式。其特点如下：

(1) 纳税人可以到就近银行网点申报纳税，可把纳税申报表、财务报表等申报资料，直接报给银行网点，由银行网点受理，缩短纳税人的申报路径。

(2) 银行网点受理申报后进行审核，审核通过后录入申报信息即为申报成功，之后从纳税人缴纳税款专用账户扣缴税款上解。

(3) 缺点是纳税人申报内容出现较大变化时，在申报确认上容易出现效率问题。

4. 电话申报

电话申报是指纳税人以电话机为终端，以电话网为传输媒体，通过税务机关的电话办税服务系统，根据语音提示，分步输入纳税人的申报代码、申报密码、税种编码等数据进行纳税申报，通过税务机关与银行的计算机联网实时完成税款划缴，从而完成办税的方式。凡符合法律法规规定的定期定额业户或小规模的纳税人，一般也可采用电话申报方式申报纳税。其特点如下：

(1) 完整、详细的语音提示，方便快捷。

(2) 可用市内任何一部电话（手机）进行申报查询，只按市话进行收费。

(3) 保密性强，在不知道纳税人密码的情况下，不能进行申报和查询。

(4) 每次拨打只可进行特定税种申报和查询，查询过程中可随时挂机退出。

(5) 缺点是不适用于申报内容复杂的纳税人。

5. 自助报税机申报

自助报税机申报是指税务机关在纳税服务场所设置自助报税机，纳税人通过自助报税机的提示画面，输入相应的纳税代码、申报密码、税种税款等相关信息，经确认进行申报的方式。其特点如下：

(1) 直观简便，适用于不同类型纳税人。

(2) 一般设置在税务机关的办税服务厅，可以便利地获得指导。

(3) 缺点是需要一定投入，受到地点限制，不能普遍设置。

由于电子申报方式种类较多，作用特点、面向对象也不尽相同，而且我国区域经济社会的发展不平衡、纳税人情况复杂等因素使电子报税在一些地方难以应用。因而，在具体操作上，应充分依托信息技术，利用金融等部门的有利条件，逐步形成以网络申报、电话申报、“双委托”申报、银行网点申报等多种方式相结合的综合型电子申报方式，进而以电子报税方式为主体，以直接申报、邮寄申报为补充，形成多元化纳税申报系统。以电子报税为主体的多元化申报系统不应固定于一种模式，即使在发达国家也是如此。如美国的电子申报按不同的对象分为个人使用的、税务代理使用的、大中型公司使用的、自营企业使用的、非营利组织和慈善组织使用的、软件生产企业使用的等多种类型，而且邮寄申报等普通方式也同时并存。申报体系的建设应当根据纳税人申报纳税的基本需求和各地税务机关的实际状况出发，结合社会经济等方面的因素统筹进行建设，如图3-3所示：

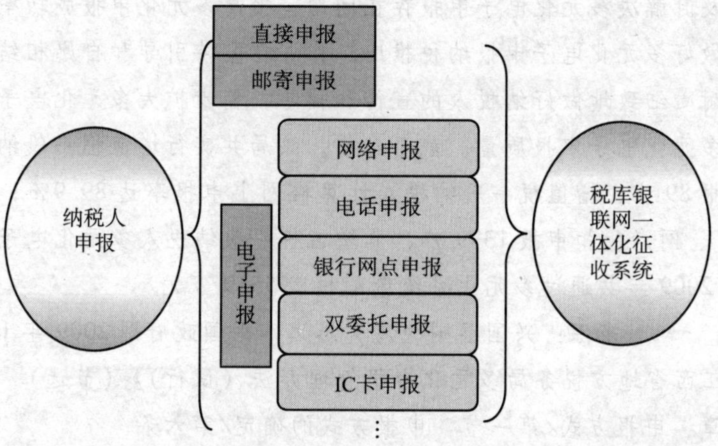

图3-3　以电子申报为主体的多元化申报系统示意图

【案例】 全国部分地区的多元化申报方式

1. 广东省国税局充分利用现代技术手段，积极推行纳税申报的网络化、电子化和多元化。直接申报、同城办税、邮寄申报、电话申报、电子申报等多种纳税申报方式和办法，在全省国税系统各基层征收“第一线”得到广泛运用，纳税人足不出户，即可完成纳税申报的有关事宜，即使出差在外，也可通过电话或电子邮件完成纳税申报，避免耽误税期。目前，全省已有10个市采用电话语音、7个市采用邮寄申报、7个市采用电子数据交换、4个市采用网络传输进行申报。除上门申报外，电子、邮寄等多元化申报户数由2001年的16万户增加到2004年的71万户，多元化申报纳税户数的比率由2001年的15%上升到了现在的51%。

来源：中国政府门户网站2005年10月26日转自《南方日报》

2. 浙江省地方税务局在2002年已经开始推行网上申报、电话申报方式，形成了以网上申报、电话申报等非接触式数据电文申报为主要方式，以上门申报、邮寄申报、代理申报为补充方式的多元化申报体系。

来源：中华会计网校网

3. 兴国县国税局多元化申报工作成效显著

该局一是加强与银行的工作联系，提高多元化电子申报缴税系统的应用质量。该局多次与银行协调沟通，及时核对、修改、处理扣款系统出现的种种问题，以提高申报率和扣款成功率。二是及时收集基层反映的多元化电子申报系统中出现的各种问题，进一步优化完善系统数据。三是深入企业辅导多元化电子申报，及时解决多元化电子申报存在问题，提高多元化申报成功率。四是积极稳妥地做好多元化电子申报纳税推广工作。在坚持引导和自愿相结合原则的基础上，耐心细致地做好纳税人的宣传和辅导，稳步扩大多元化电子申报覆盖面，提升多元化电子申报质量。截至日前，该局共实行增值税一般纳税人计算机网上申报89户，增值税一般纳税人计算机网上申报率达89.9%；实行电话申报66户、网点代扣申报1379户，非增值税一般纳税人多元化电子申报率为67.94%。2009年共通过多元化系统缴纳税款5559万元。

来源：兴国县国税局肖思远　兴国政府网2009年12月21日

4.《江西省地方税务局多元化申报管理办法（试行）》（节选）

第二章　申报方式/第一节　申报方式的确定/第六条

纳税人、扣缴义务人可以直接到地税机关办理纳税申报，或者报送代扣代缴、代收代缴税款报告表，也可以按照规定采取邮寄、数据电文或者其他方式办理上述申报、报送事项。

直接申报（上门申报），指纳税人、扣缴义务人自行到地税机关办理纳税申报或者报送代扣代缴、代收代缴报告表及有关资料。

数据电文申报（电子申报），指经地税机关批准的纳税人、扣缴义务人通过电话语音、电子数据交换和网络传输等形式办理的纳税申报。

邮寄申报，指经地税机关批准的纳税人、扣缴义务人使用统一规定的纳税申报专用信封，通过邮政部门办理交寄手续，并向邮政部门索取收据作为申报凭据的方式。

其他方式，指纳税人、扣缴义务人采用直接申报、邮寄申报、电子申报以外的办法向地税机关办理纳税申报或者报送代扣代缴、代收代缴报告表，如委托代理申报。

来源：江西省地方税务局网站

从以上案例可以看出，税务机关结束了多年来单一的上门申报方式，采取了多元化申报方式。在多元化申报中都以电子申报为主体方式，没有采取固定的模式，信息网络发展程度高的地方，网络申报使用的较多；地域广阔且信息网络发展程度不高的地方，邮寄申报应用的较好。因此，尽管地区状况不尽相同，实现以电子申报为主体的多元化申报将是主要的发展趋势。

【案例】 美国、阿根廷的多元申报

1. 美国的多元化申报。美国的税收征管申报方式主要有三种：一是纳税人直接将申报表邮寄到辖区服务中心；二是通过电话用个人电脑将申报表传到服务中心（称为“电子申报”）；三是将申报表送到小区税务局，再由小区税务局传到服务中心。

来源：中国电子政务网美国联邦税收征管经验及其借鉴

美国国内收入局2004年3月31日宣布，从即日起，美国的公司以及社会团体也可以像个人纳税人一样，采用电子方式进行年度所得税和信息申报了。国内收入局的企业所得税电子申报新系统开发完毕并交付使用。该系统是国内收入局的企业纳税现代化项目的主要内容之一。这是美国首次发布适用于企业的电子申报纳税系统，也是国内收入局第一次使用基于XML系统并通过互联网接收纳税申报表的系统。启用该系统后，公司和社会团体就可以使用调制解调器与互联网相连，并安全地传输报税数据。纳税人和税务代理人员还可以上网下载相关的纳税申报表填写帮助软件，这些软件是由几家专门的软件公司开发并经税务局批准使用的。申报表填完后，可以通过特定的互联网网站传给税务局。由于这些网站只有注册使用者才可以进入，其安全性是有保障的。通过该系统，公司和社会团体可以大大缩短填表及申报所需的时间。此外，税务代理人员可以用 PDF 文件的方式获得填写纳税申报表的有关资料，可以迅速与税务机关实现信息交流。据统计，美国企业在 2003 年共填写了 570 万份公司所得税申报表，即 1120 报表；而免税的社会团体则填写了 50.6 万份年度信息申报表即 990 报表，以及 39.5 万份自动延期表。在新的电子申报系统开通后，美国 95% 以上的公司可以采用电子申报，而在今年下半年，当国内收入局在该系统上发布了另外的 39 种报表后，所有公司都可以用这种方式报税。目前，已有 2/3 以上的免税社会团体可以采用电子申报，而到了明年，所有免税社会团体都可以采用这种方式。据透露，美国国内收入局正在加紧与一些州税务机关合作，希望将来能通过这种新系统，实现联邦和各州所有税种的电子申报和信息传输。

来源:《电子申报方便美国企业》税务网校/国际税讯

2. 阿根廷的多元化申报。阿根廷税务当局将纳税户按缴税多少划分为大、中、小三类，其中大户 25 万户，中户 200 万户，小户 100 万户，缴纳税款分别占税收总量的 80%、19% 和 1%。142 个税务署的任务就是针对大户抓征管，即收即查。每个税务署平均负责 3000 个纳税大户的征管，包括增值税、所得税、资产税、社会保障税等。所有纳税大户均实行申报，使用由税务局统一开发的申报软件编制申报表，并以磁盘方式提交给税务署，由税务人员受理读取申报数据。从 2000 年开始，各个税务署都配备了计算机，供纳税大户申报使用。纳税人将磁盘插入计算机，输入纳税人识别号、所属税种等代码，将磁盘内的申报数据自动转入税务局的计算机系统。同时为了防止出错，纳税人还将书面申报通过计算机旁的扫描仪存入税务署，税务局的计算机系统会对磁盘申报数据和书面申报数据自动进行核对。申报完毕，计算机自动输出申报回执，纳税人取得回执后到设在办税服务厅的银行税款经收柜台办理税款划缴手续。而银行的税款收缴信息通过计算机网络即时反映到税务署。纳税大户的申报及缴款动态、税务署当天就知道，从而确保了监控的及时性、准确性，进而能够对各种不符合规定的申报和缴款行为作出快速反应，采取措施加以纠正。

阿根廷对 100 万纳税小户全面实行定期定额管理，纳税人无须申报，由银行代收税款；200 万纳税中户也是由银行负责收缴，所不同的是中户要申报，直接向银行递交即可。税务局对中小户的征收给予指导，但不具体经办。税务局与 57 家商业银行签订了合同，共有多达 4900 个银行网点参与税款征收，纳税人申报缴纳十分方便。从 1999 年 8 月开始，中户也采用磁盘申报，程序与大户类似，但地点在银行而非税务署，税款运行周期也比大户长。大户申报当天即可得到征收结果，而中户通常要 4 天。当然，税务局委托银行代收税款也是要付费的，代收申报表 1 比索/份，代收税款 1 比索/笔，同时，税务局还要向 57 家银行支付 0.1% 的手续费，给设立在 142 个税务署的银行税款经收处 0.05% 的手续费，所有这些手续费约占税款总额的 0.17%。

来源：中国大学生网财政税收论文/国际税收《中国税务》

第三节　税收收入电子缴库联网系统

我国的税款征收经历了上门征收、集中征收等阶段。在上门征收阶段，主要采取专管员收取现金的方式；在办税厅集中征收阶段，纳税人需要往返于企业与税务部门之间，有的还要到金融部门缴款，要付出大量的人力、时间、交通等方面的投入，而且税务部门也需要收取大量现金后缴库。随着信息化建设应用水平的不断深入，我国税务部门在税款征收方面进行了许多有益的探索，出现了税银库、税库银、税邮库、财税库银等多种税款征收模式，并逐渐形成了以税库银为代表的较为成熟的征收系统。本节主要介绍税库银税收收入电子缴库联网系统（如图 3－4 所示）。

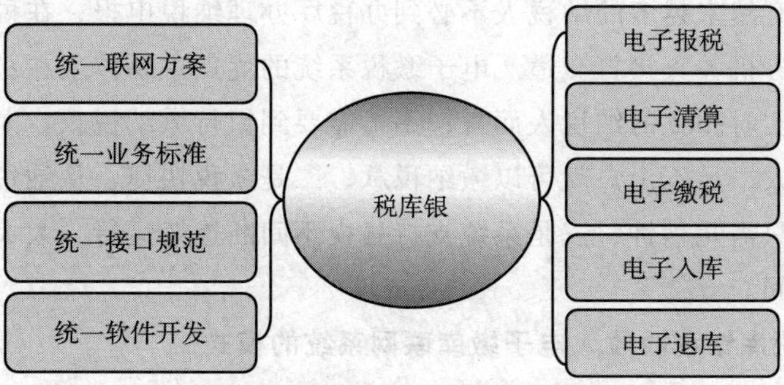

图 3－4　税库银联网一体化征收（缴库）系统

一、税库银税收收入电子缴库联网系统的基本情况

税库银税收收入电子缴库联网系统是运用信息网络技术，实现税务机关、人民银行、商业银行各自业务处理信息系统之间的网络连接，建立税务、国库、商业银行之间高效、实用、可靠的电子信息通道，根据纳税人的申报信息自动划缴应纳税款的电子缴税系统。通俗地讲，只要纳税人与税务机关和商业银行签订了协议，纳税人不论采取什么方式申报纳税，银行都能够自动从纳税人提供的账户中扣缴税款，如同利用银行账户办理电话、煤、气、水、电费缴纳一样方便。

税务—国库—银行三方联网构筑电子税收缴库系统，主要出现过两种方式，一种是税库银方式，一种是税银库方式，两者的区别在于所基于的主导方平台。立足于国库平台的税库银模式，充分利用和发挥了国库的清算和督促作用，在后台处理上比税银库模式更加便捷、高效。在纳税人完成申报后，税务部门直接向国库发出相应扣税信息，国库再将扣税信息转发给有关商业银行，商业银行收到扣税指令后实时扣缴纳税人账户相应的税款入库，税务部门不必与各商业银行再行联网。税务部门向国库发出扣税信息，形成的是“一一对应”的关系，节约了网络资源，并且减少了税务部门与各家商业银行的对账环节，税金划解核算全部自动实现，国库监控的力度得到加强，税收计会统质量与效率也相应提高。通过国库发出扣税信息，各商业银行视扣税为普通的结算业务，而且通过特有的国库平台，委托扣税成为一项正常公开的业务，可以面向市场，方便纳税人到任何一家符合条件的商业银行开户纳税，做到公开、公平、公信。税库银联网系统的推广应用改变了传统的纳税人到税务机关上门申报、到银行缴款的方式，实现了按照纳税人的申报信息电子划缴税款。可以说，今后将有越来越多的纳税人不必到办税厅办理纳税申报，在税款缴纳环节上不必与税务机关直接打交道。电子缴税系统的优点主要体现在：一是缴税方便，对实行实时扣款的纳税人而言，不再需要到银行缴纳税款，尤其是对网上申报的纳税人，足不出户就可以缴纳税款；二是缴税快捷，从纳税人确认缴税到缴税成功只需几秒钟；三是系统支持昼夜不间断连续运行，大大扩展了纳税人的缴税时间。

（一）税库银税收收入电子缴库联网系统的模式

1. 基于同城电子清算系统的税库银联网模式的基本业务流程

税务机关采用多元化申报系统接收纳税人申报信息，经审核确认后，自动

生成应扣税款信息同时传送给国库；国库将收到的应征税款信息记录和核验后传给电子清算系统；电子清算系统接受相应的纳税信息后，再传送到纳税人缴税账户开户银行；开户银行根据电子清算系统发来的指令实时从纳税人缴税账户中扣缴税款并生成划解税款信息，通过电子清算系统将所扣税款分户信息及划解信息传送国库；国库将开户银行传来的分户已扣税款信息与留存的分户应扣税款信息逐户比对，汇总后自动办理入库，并将分户已扣税款信息和入库信息传送给税务机关；税务机关将国库传来的已扣税款信息与应扣税款信息自动比对，对于扣税成功并已入库的税款进行会计账务处理，完成税款电子缴库的全部过程。对于扣款不成功的纳税人，根据情况实施催缴、处罚等后续管理。

2. 基于税库银专用联网系统的税库银联网模式的基本业务流程

税务机关采用多元化申报系统接收纳税人申报信息，经审核确认后，同时向缴税账户所在银行和国库实时传输应征税款信息；开户银行根据应征税款信息自动扣缴税款，同时分别向税务机关和国库实时传输扣款信息和划解税款；国库将税务机关的应征税款信息与银行扣税划解税款信息进行对比，向税务机关实时传输入库信息；税务机关根据银行的扣款信息与国库的入库信息进行对比销号，完成税款电子缴库的全部过程。

两者相比较，基于同城电子清算系统的税库银模式现代化程度较高，业务流程简捷，代表了发展方向。因此，本节对基于同城电子清算系统的税库银模式进一步加以介绍。

税库银税收收入电子缴库的目的在于实现税款征收的全面电子化，提高各方的工作效率，减轻申报、入库各个环节的压力，保证税款入库的及时性，加强税收资金的解缴入库管理，彻底解决入库信息的手工传递和部分手工对账问题；并通过税库银联网实现税款划解和会计统计核算的电子化，解决“核算必凭票”带来的工作量大、效率低、成本高，以及解决对税收资金流动状态反映、监督滞后的问题。

税库银税收收入电子缴库联网系统的建设主要围绕三项重点工作展开，包括：完善税务机关“多元化申报系统”，通过与银行、国库的信息交换，支持征收期内的多税种申报和征收期外税款征收划解的实时处理；完善国库“同城电子清算系统”，建立新的支持三方联网的“电子入库系统”，实现清算资金和税款征收入库的同步运行；改进商业银行模块程序，自动产生纳税人扣缴税款的“扣款单”，支持任何时点扣款，并在规定时间内将有关税票信息通过“同城电子清算系统”发送给国库进行资金逐笔清算（如图 3 - 5 所示）。

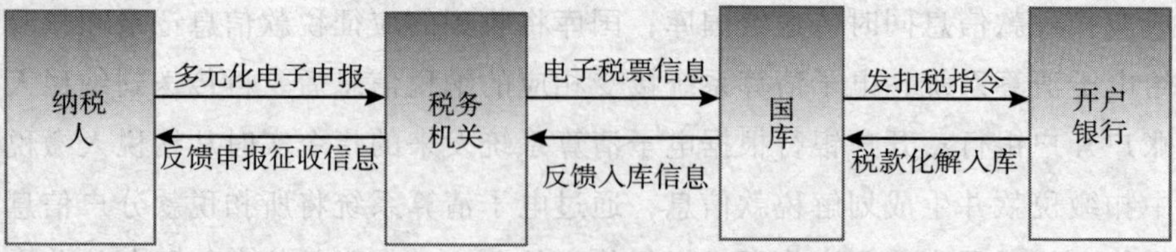

图3－5　税库银联网一体化示意图

实施税库银联网办税，既是对相关部门信息化的推动和促进，也是对现有各种联网办税方式的整合和提升，代表了跨部门联网办税的发展方向，成为我国税收征管现代化发展中的一大趋势。首先，随着省级税库银内部计算机网络的日益健全，推广实施省级税库银联网办税的基础条件、社会环境等逐步走向成熟；各相关部门内部数据和后台处理的“大集中”发展趋势，也使税库银联网办税走“省一级”模式在技术应用上成为可能。其次，推行财税库银联网办税，整合了其他跨部门联网办税方式的优点，充分利用了各部门的职能特点和相互关系来理顺税收征缴业务，其优越性更加明显。特别是发挥国库监管作用推动银行实时扣税，提高了税款征收入库效率；税务机关不再与银行直接联网、不必指定扣税银行，方便了纳税人，也有利于银行业的公平竞争。最后，走“省一级”联网模式，避免了目前“一个城市一个联网中心，一套联网系统”所存在的不统一、重复建设以及信息孤岛等诸多问题，能够实现全省联网办税的统一网络、统一接口、统一规范，有助于从根本上提升省级联网办税的层次和水平。

由于税库银联网电子缴库联网方式的优势明显，国际、国内都已有很好的发展模式，成为电子缴税的主流。我国部分地区根据当地实际也发展出其他如税银库、税邮库等模式，在一定历史阶段也可以作为有益的辅助或过渡方式。

【案例】　北京、广州、武汉、青岛的联网系统

1. 北京市的财税库行横向联网。是指中国人民银行和国家税务总局按照统一联网方案、统一业务标准、统一接口规范、统一软件开发的要求，建立国库与财政、税务、银行/信用社等部门间的电子信息通道，为税收收入的征缴、入库、退库、更正、对账等业务，提供安全、准确、快捷的电子处理手段。

来源：新华网

2. 广州市的电子缴税入库系统。人民银行广州分行营业管理部、广州市

国税局、地税局、各商业银行等有关部门在达成共识的基础上，推出广州市电子缴税入库系统（以下简称ETS）。2002年1月8日，ETS正式投入应用。目前，广州市16家商业银行共1000多个营业网点（含储蓄所），15个区（县级市）国税局、地税局共30个征收分局均加入ETS，全市近30万纳税人通过ETS缴税。ETS联网模式以人民银行系统作为联网系统的中心，人民银行（国库）一面与财、税部门联网，另一面与商业银行联网。在这一模式下，纳税人与开户银行、税务机关签订委托代扣税款的协议后，税务机关将纳税人的纳税申报信息转换为扣税信息，通过联网系统发送国库经收处（纳税人开户银行），将税款划转待结算财政款项账户。日终清算时，人民银行按扣款交易成功的金额从商业银行的结算账户扣款并划缴国库。

来源：北京财政网预算管理会计月刊2004年第五期

3. 武汉市的电子缴税入库系统。它是武汉市国家税务局、地方税务局改革现行税款入库方式的重要举措。市财政局、国税局、地税局、国库及各商业银行合作，共同建立了武汉市电子缴税入库系统（下称“FTS”系统），以方便纳税人缴纳税款，实现税款征收无纸化、税款解缴一体化和收入对账电子化，提高征管质量和效能。它的开发应用将逐步取代现行各种传统的缴税入库方式，成为今后纳税人缴纳税款的主要渠道和方式。

来源：武汉市国家税务局网

4. 青岛市的各级财政、国税、地税、国库部门及各商业银行的信息管理网络。这套网络首次实现了财政、国税、地税、国库等部门的税收信息共享，纳税人可以选择多种方式缴纳税收，可在青岛的13家银行进行缴税。全网络共分为“一横十七纵”，“一横”是指在市级财税库行各部门实现横向联网。“十七纵”是指市财政、市国税、市地税、人民银行市中心支行和13家入网商业银行共17个部门完成与各自系统内各市区的纵向联网，从而建立了财政收支缴拨、财政资金交割和财政收支信息查询分析的三个应用平台。

来源：山东地税网

【案例】 税邮联网一体化征收

青海省国家税务局与漳州市地方税务局的税邮联网一体化征收，开辟了联网的另一种模式，此模式适用于地域广阔、点多、面广、线长的地区。青海省国家税务局对全省个体“定期定额”户（简称双定户）委托青海省邮政局，采取批量扣税的方式汇总税款缴入国库，进行税邮库一体化征收。

来源：青海省国家税务局网站

漳州市地税局在考虑到邮政储蓄机构点多、面广、线长（144个乡镇建立了166个邮政自办站和981个邮政代办站，组建了1005名代办员队伍，邮路长达2838公里，邮政业务触及城乡各个角落，可上门为个人代办邮政储蓄业务）等优势后，选择邮政部门作为协作单位，建立起税邮一体化管理系统，通过邮政储蓄划缴税款，依托邮政系统投递税收完税凭证，利用邮政电话语音系统自动催缴税款，借此为纳税人申报纳税提供"一条龙"服务。

来源：计世网　黄瑞銮　林志生　张雅聪

【案例】 美国联邦税款电子支付系统（the Electronic Federal Tax Payment System，EFTPS）

这是由美国财政部提供的一项免费服务，该系统由国内收入局（IRS）和财金管理服务部门（FMS）始建于1996年，目的是为了帮助纳税人（包括个人和企业）自己通过网络、电话或其金融机构实现联邦税收支付的电子化。纳税人可以选择每日、每周或每季自行通过该系统缴纳税款，也可以委托金融机构通过该系统缴纳。纳税人通过该系统支付的所有税款都必须是通过美国合法的金融机构受理的，包括商业银行、互助储蓄银行、联邦储蓄银行、储蓄贷款协会等。

纳税人通过EFTPS支付税款通常有两种方式，自行办理和委托金融机构办理。EFTPS同时提供计划支付功能，即纳税人可以在最后的纳税期限之前一年之内（公司120天之内）向EFTPS发出支付指令，并指定付款时间。EFTPS将会存储税款支付指令和纳税人提供的金融机构账号，并在指定的税款支付日完成税款划转。

来源：中国人民大学财政金融学院　周虹　谷昱璇

（二）电子缴税无纸化的实现条件

税库银联网要求用电子信息传递各种缴税数据实行电子缴税，实现无纸化完税。根据有关规定符合以下条件的电子缴税，税库银联网单位之间可使用电子缴款书划缴税款，不再使用纸质缴款书。

1. 税库银联网系统的运行安全、可靠、稳定；

2. 税库银联网系统电子信息的传输实行了全过程加密及身份确认，符合国家有关业务信息安全和保密要求，能够保证电子信息的完整性、不可篡改性和不可否认性；

3. 税库银联网系统电子信息由税务机关发起，通过国库汇集、校验后转发商业银行、信用社等；

4. 税库银联网系统电子信息能够及时备份、存档，并具备按权限随时调取、查用的功能，实现信息共享；

5. 税库银联网系统具备及时电子对账功能，并保存详细的对账结果；

6. 各联网单位已制定完善制度办法和操作规程，明确各方职责，建立联系协调机制，及时解决工作中出现的问题；

7. 从纳税人账户自动划缴税款的，税务机关、纳税人开户银行事先已与纳税人签订具有法律效力的委托缴税协议。

采用其他模式如果符合有关规定的也可以用电子缴款书替代纸质缴款书，但是需要逐步向税库银目标模式过渡。

（三）税库银联网电子缴库联网系统的基本特点

1. 应用面广。纳税人不论采用何种纳税申报方式均可使用税库银联网系统缴纳税款。

2. 方便适用。纳税人可自行指定在已加入税库银联网系统的商业银行（信用社）开立的账户为缴税账户，纳税人可就近选择缴税银行或使用原有的银行存款账户。

3. 缴税入库自动化。税库银联网系统是横跨税务、国库、银行等部门的应用系统，只要缴税账户存款充足，纳税人在完成申报的同时，系统也即时自动为纳税人划缴税款。

4. 征收无纸化。纳税人使用缴税账户通过税库银联网系统缴税的，税务机关不再开具完税凭证，如果纳税人需要开具可以统一由纳税人开户银行或税务机关开具。

（四）电子缴税业务流程

1. 电子缴税业务流程（如图 3 – 6 所示）

（1）税务机关接受申报。纳税人通过多元化申报系统向税务机关提交申报表，税务机关审核无误后，经征管信息系统处理形成电子税票，发送到国库电子清算系统，并等待响应。

（2）国库发出扣税指令。国库电子清算系统收到电子税票后，对电子税票进行校验；核对电子税票登记税票信息，并向电子税票中指定的纳税人开户行发起扣款请求。不合格的电子税票则返回税务机关征管系统，同时注明原因。

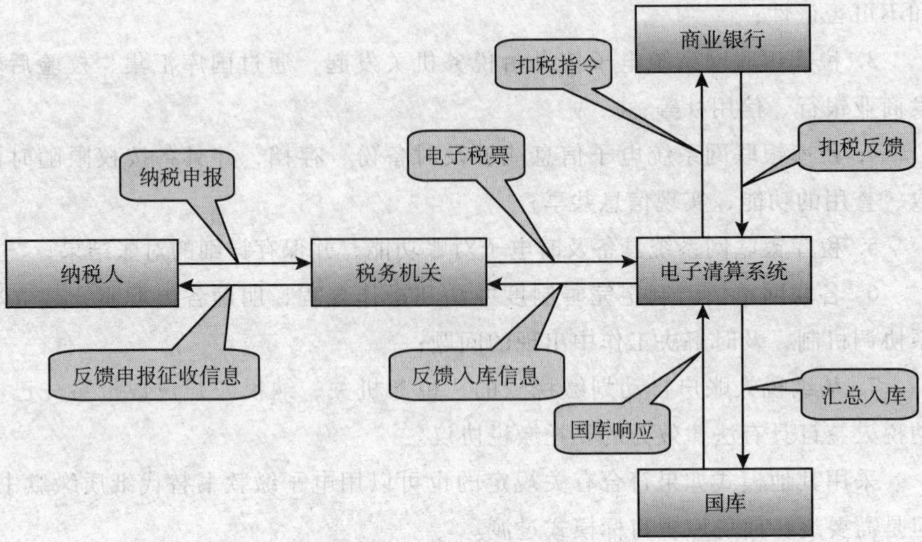

图 3－6　电子缴税流程示意图

(3) 商业银行扣款。商业银行收到扣款请求后，按扣款请求信息自动在纳税人账户上扣款。随即向国库电子清算系统返回扣款响应，并在扣款响应中附带扣款成功（不成功）标志。对于不成功的交易，注明失败原因。

(4) 国库电子清算系统扣款响应。国库电子清算系统收到商业银行扣款响应后，如扣款成功，则向税务征管系统返回成功税票响应，否则向税务征管系统返回拒绝税票响应，并注明拒绝原因。

(5) 税务机关处理税票响应。税务机关区别税票响应中的不同状态，作相应处理。若为成功状态，则通知纳税人纳税完成，并打印相应凭证交纳税人；若余额不足，则转入催缴；若账户或开户行错误，则请纳税人进行更正；若由系统原因引起的扣款不成功或超时，则进行查询或冲正。

(6) 清算入库。国库电子清算系统进行结账处理，对正确扣款的税票，分征收机关按级次、科目自动汇总后，通过国库接口系统自动记入国库会计核算系统，并由国库综合业务系统打印收入报表。

(7) 国库与商业银行、税务机关对账。国库电子清算系统通过网络与税务机关、商业银行对账。

2. 税款更正、退库

(1) 税款更正。对已入库的税款，如发现预算科目、预算级次错误，由税务部门开具《更正通知书》，由系统自动发送到国库，国库审核更正后，通过系统返回确认信息，再由税务部门的税收会计做相应的调整。

(2) 税款退库。纳税人向税务机关递交《退税申请书》及各类已缴税凭证，税务部门按权限审批后，开具《税收收入退还书》，并将《税收收入退还书》的信息及所附缴税凭证信息发送到国库；国库受理后进行审核，审核通过后作销号处理，国库电子清算系统向商业银行发起退库请求；商业银行接到信息后处理退库业务；国库电子清算系统处理退库响应后，税务机关处理退库完成通知，日终清算。

税库银联网系统并不是单一的税款征收系统，而是税款征收、划解、核算的电子化和规范化工程，它通过涉税各方的网络连接，推动了业务流程优化、应用技术更新、资源整合和制度创新等，客观上规范了税库银三方和纳税人的办税行为，从而构建起一个新的良好的征管环境。

二、税库银联网建设面临的问题

由于地区之间、部门之间信息化程度不同，清算条件存在差异，电子缴税也相应呈现出不同的模式，面临着业务标准难以统一、部门协调困难，系统开发重复、缺乏经费支持以及制度保障不到位等困难，税库银联网工作的发展很不平衡，在思想认识、人员素质、硬件建设、法律支持和网络安全上存在一些问题，主要体现在以下几个方面：

（一）思想观念问题

税库银联网建设首先在于理念的更新，不少税务机关对此的认识程度不够，主要表现在：一是缺乏现代管理意识。对税库银联网的必要性、紧迫性认识不足，思想认识还停留在原始粗放型管理阶段；二是存在等靠观望思想；三是缺乏从实际出发实事求是的态度，对税库银联网的复杂性和困难估计不足，在工程建设上急于求成，硬件重复投入，软件重复开发，流程设计不合理，造成不必要的浪费；四是对推行国库业务无纸化、信息化的认识有待进一步提高，对保证政府资金安全、防范和化解风险的控制技术和措施有待完善。

（二）税库银三方组织结构的复杂性

信息时代要求横向联网的流程设计科学、运转畅通，从目前税务机关、国库、商业银行的组织结构来看，呈现机构层次多、点多面广、各自机构职能齐全的特点，机构设置不够合理，岗位不够规范，运转不够顺畅等问题，给税库银联网建设带来很大难度，容易出现高技术、低效益的现象。

（三）税库银软件兼容性差

由于税库银联网涉及多个部门，这些部门信息技术应用水平不一，各部门自有信息系统的开发时间、开发单位和使用语言各不相同，经初步调查，仅目前应用系统涉及的语言一项就有 C、VC、VC + +. NET、C + Builder、PowerBuilder 等多种，造成通讯协议不相兼容，信息共享难度大。

（四）缺乏战略规划和低水平重复建设

我国各地社会发展的多样性、经济发展的不平衡性等因素制约了税库银联网的发展，税库银联网建设缺乏统一的规划，导致发展的不一致，体现为开展的时间不一致，建设的标准不一致，应用模式不一致等，建设的前瞻性、扩展性不高，存在低水平建设现象。

（五）国、地税扣缴工作的协调性

国、地税机关按照法律法规的授权范围，分别对纳税人进行管理。但在银税工作中，如果让纳税人分别开立两个纳税账户，分别缴纳国税、地税，势必增加纳税人的工作量。因此，一般情况下应采取国、地税共用一个纳税账户的办法，如此就产生了以下问题：在对应缴税款的扣缴时，当纳税人的账户余额只够缴国、地税的一方税款时，银行面临国税、地税选择的问题，以及应由谁来催缴税款、谁做违法处罚。随着税库银联网建设的深入，纳税人同时接受两家税务机关的服务、管理和监督，将给纳税人带来诸多不便。税务机关对于这种体制上的问题自身难以协调。解决上述问题，需要国税、地税机关的密切协作，共用一个纳税账户时，国、地税机关需达成共识，在税务机关、纳税人、金融机构几方签订的协议书中，明确规定纳税人纳税账户余额的扣缴顺序，从而避免所扣税款的模糊性。对纳税人欠缴税款的催缴等，两部门应联合行动，以维护良好的税收秩序。

（六）工作人员的适应性

税库银联网促进了信息化与税收业务的高度融合，工作人员的信息化操作应用能力在一定程度上决定了工作质量和效率，税务人员需要学习掌握现代化的管理手段和方法，适应税收工作科学化、精细化管理的需要。还需要研究把握新形势下的工作体制和机制，增强贯彻新机制的意识和能力，税收信息化工作人员需要提高统筹规划、项目管理和专业技术的能力。

【案例】　南京市地税局税款征收全部实现“城乡一体、税库银联网、实时扣款”

经过地税、国库和各商业银行历时 8 个月的努力，南京市地方税收税款实时征解系统在“三区两县”全面运行，标志着南京地税税款征解“城乡一体、税库银联网、实时扣款”工程顺利实现，成为南京市财税历史上的一次重大变革。从此，南京市“三区两县”13000户纳税人将和城郊区纳税人一样，告别了沿用多年的支票缴税方式，取而代之的是以信息技术和网络技术为支撑的税款申报、划缴和出具税票的“一体化”操作。

2000年，南京市地税局已在该市城郊区实现了“税库银联网、实时扣款”。2003年，该局又把推行“城乡一体”税款实时征解系统，作为南京地税实现税务管理现代化和打造服务型税务的重要举措。“城乡一体”税款实时征解系统的推广运用，简化了办税流程、提高了办税效率，对推动南京区域经济发展、优化投资环境具有重要意义。以前，“三区两县”纳税人在支票缴税方式下，从申报到打印税票一般需要2～3分钟；而且一笔税款从开出税票到最终入库，少则三五天，多则十天半个月。实行“城乡一体、税库银联网、实时扣款”之后，纳税人不仅不再需要揣着支票奔波于税务局和银行之间，而且办税时间也缩短为原先的1/4，一笔税款从生成扣款数据到划缴入库仅仅需要几秒钟，真正实现了税款“零在途”，大大提高了财政资金的使用效率，既受到纳税人普遍欢迎，也受到各级地方政府的欢迎。

来源：南京市地税局网站

三、财税库银横向联网系统

财税库银税收收入电子缴库横向联网（TIPS系统）是由财政部门、税务机关、国库、商业银行（含信用社）利用信息网络技术，通过电子网络系统办理税收收入征缴入库等业务，税款直接缴入国库，实现税款征缴信息共享的缴库模式。

自2007年起，财政部、国家税务总局、中国人民银行制定了《财税库银税收收入电子缴库横向联网实施方案》，以“简化纳税缴库程序，方便纳税人缴税，提高税款征缴工作效率；实行税款资金实时划缴，保证税款及时足额入库；实现财政部门、税务机关、国库间的信息共享，为相关部门进行统计分析和研究制定宏观调控政策提供支持”为目标，在全国推行财税库银税横向联网。主要内容包括：一是实行电子缴库。电子缴库主要采取划缴入库方式。不具备划缴入库条件的，采取自缴入库方式。在电子缴库信息发送方式上，电子缴款书等税收收入电子缴库信息由税务机关发送国库，国库转发到纳税人开户银行和财政部门。实行电子缴库后，税收收入的退库业务、国库更正业务、免抵调业务以及对账业务，通过横向联网系统采取电子化方式操作，纸质凭证和电子凭证信息一并使用，以纸质凭证为依据，相互比对无误后办理业务，相关信息传送比照税款电子缴库程序办理。二是建立健全信息共享机制。财税库三方通过横向联网系统，按规定程序自动交换信息，实现对电子缴库信息、国库报表信息以及其他信息的共享。相关信息包括电子缴款书、电子退库书、电子更正通知书、电子免抵调通知书等财税库三方通过横向联网系统办理电子缴库等业务中收发的各种信息，以及为方便相关部门进行各项统计分析和预算执行分析而需要共享的其他相关信息。三是建立财税库银税收收入电子缴库横向联网系统。在财税库银各方业务程序相互独立的基础上，利用现代信息网络技术，采取三方横向联网方式，在财政部门、税务机关、国库、银行间建立横向联网系统。

全国财税库银横向联网系统税收收入缴库业务主要有两类处理流程，即征收机关发起扣税业务和银行端发起申报缴税。其中，采用征收机关发起的扣税方式最为便捷，应用也最广泛，其业务流程如图 3－7 所示：

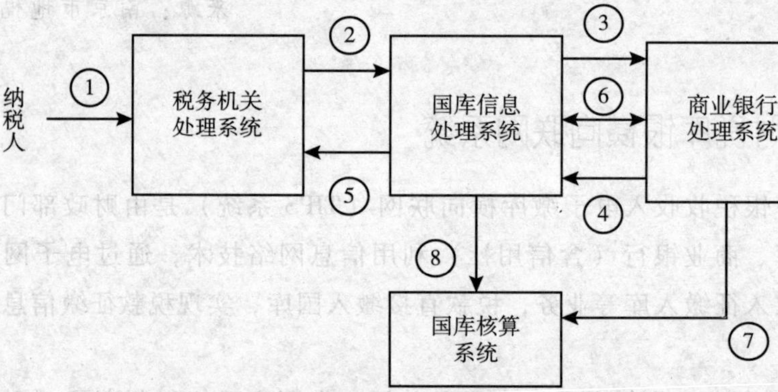

图 3－7　财税库银横向联网系统中的税款缴库流程

①纳税人进行纳税申报；

②税务机关根据纳税申报形成扣税信息，并将信息发送至国库信息处理系统；

③国库信息处理系统将扣税信息转发至商业银行；

④商业银行根据扣税信息扣款，并将扣款回执发送至国库信息处理系统；

⑤国库信息处理系统将扣款回执转发至税务机关；

⑥国库与商业银行清算行对账，内容为银行已扣款信息；

⑦商业银行的清算行将资金划转国库；

⑧国库部门进行资金信息勾对，并下载税票信息，导入国库会计核算系统。

其中，第②步至第⑥步都由横向联网系统实时自动完成，纳税人和征收机关可以立即查询扣税是否成功，扣税成功后，税款自动从纳税人的开户银行转到清算银行，清算银行与国库每天进行两次以上对账，并按照对账结果将经收的税款划转国库。

据有关统计，税收收入电子缴库横向联网自2006年在部分省市成功试点运行以来，截至2008年年底，全国已有23个省（市、区）的征收机关、人民银行国库部门、商业银行（信用社）加入TIPS，共有8390家联网机构实现与TIPS的连接。其中，北京等13个省（市、区）的国税和地税部门全部加入横向联网；辽宁等5个省（市、区）的财政部门加入横向联网，实现了税收收入信息的共享；全国最大的14家股份制商业银行全都加入横向联网；已经上线省市的城市商业银行、农村商业银行和信用社大都加入了横向联网，支持税收收入电子缴库业务。2008年，通过横向联网成功办理的税收收入、退库以及其他业务共计1856万笔，金额5373亿元。其中，各类收入业务1855万笔，金额5337亿元。最高日处理业务量达到39.3万笔，金额225.4亿元。自2006年TIPS上线以来，已成功办理税收缴库业务3029多万笔，金额8730多亿元。财税库银横向联网系统实现了税收管理和税收数据高度集中，数据信息多方共享，实现了纳税实时申报，实时入库，实时查询，并为纳税人提供全方位的纳税环境创造了条件，纳税人可以在征收机关同时完成申报和缴税，甚至可以通过网上纳税申报、电话申报等方式实现7×24时的纳税缴库，极大地方便了纳税人。

【案例】　我国部分地区税库银横向联网推进情况

1.（瑞安）市国税局财税库银横向联网系统上线运行企业纳税点点鼠标

打开电脑，点点鼠标……日前，赛纳集团的助理会计小林不出办公室，就轻松完成了税收申报手续。市国税局实现财税库银横向联网系统上线运行以来，通过该系统缴纳税款的企业达到18852户，2个月来通过网上实时扣税和批量扣税共81739笔，金额达5.4亿元。

“以往要到国税局排队、填表，没有一天工夫是不行的。”小林告诉记者，财税库银横向联网系统上线运行以来，报税手续简化了，时间也缩短了。税款征收无纸化、税款解缴一体化和收入对账电子化，企业足不出户就能纳税。

“不仅纳税人觉得方便了，我们的工作效率也提高了。”市国税局计划征收科科长胡立明说，财税库银横向联网系统的上线，加快了税款入库速度，横向联网系统将网上申报户的税款在途时间减少到1天，有效避免纳税人欠缴税款、银行延压税款的风险，同时也提高了工作效率，一举多得。

来源：瑞安政务网

2. 财税库银横向联网电子缴税业务在拉萨试点成功

由自治区财政厅、国税局和人民银行拉萨中心支行联合推广的财税库银横向联网电子缴税业务经过在拉萨城区试点取得成功后，于今年10月1日推广应用至今，已有367户纳税人享受到了缴税少排队甚至在家就能缴税的实惠。自治区国税局有关负责人昨日介绍，明年有望能让受惠人群增加至3000户左右，并考虑逐步在全区陆续推广。

通过10月份和11月份的情况来看，系统扣税运行正常，两个月通过横向联网系统扣税入库税收收入为11408.17万元。

来源：饶春艳李林徐文婷报道《西藏商报》/中国西藏新闻网2009年12月10日

3. 四川全省国税系统财税库银横向联网节点全面开通

在成都、自贡、乐山等首批上线基础上，近日，其余18个市（州）的财税库银横向联网电子缴税系统测试工作圆满结束，标志着该系统实现全省覆盖，推动了多元化纳税申报方式的改革进程。此次测试，共对18家国有、股份制商业银行和农村信用合作社进行了银税协议签署、实时扣款、批量扣税、银行端缴税查询等相关业务测试，基本涵盖了我省纳税人涉及的主要开户银行。

来源：四川省国家税务局网站2009年12月10日

4. 重庆财税库银横向联网今年起市民可网上缴税

商报讯（记者梁龄）今年起，市民及企业缴税可足不出户，5分钟左右即搞定。昨日，人民银行重庆营管部发布消息称，我市财税库银横向联网系统，已覆盖全市所有国、地税网点，今后我市市民及企业，都可通过财税库银横向联网系统，自动划缴税款。

来源：《重庆商报》2010年1月28日

四、实施税库银联网系统的作用

（一）改变了税款缴库模式，提高了缴库质量效率

税库银电子缴库系统的建设应用，可彻底改变传统方式下的缴库流程复杂、税款上缴时间长、效率低下等问题，入库变成实时交款、实时缴库，缩短了在途时间。系统运行后，能够自动完成申报入库、资金清算、对账销号等过程，每笔税款都是在纳税申报的同时征收入库，有效避免了在途税款，可杜绝税款积压、挪用等问题的发生。税库银联网将税款征收入库核算过程全部纳入计算机管理，操作人员无法更改记录，避免了人为改变入库级次，入错库、对错账等问题。数据的共享还可实时监控税款征收入库的全过程，确保工作的质量。

（二）确保了税款安全、准确、及时、完整入库，方便了纳税人缴税

通过集中结算，实时完成纳税人缴税专用账户和国库之间税款的自动划拨。为了使税款及时划入国库，方便纳税人交款，系统集中划款信息，统一向银行发送，实现了银行实时划款，然后将划款处理结果返回给系统。

（三）实现了税款入库过程的全程电子化

这一系统的建设应用，减轻了征期内前台受理申报的工作量，提高了工作效率，降低了税收征收成本。申报、缴款、入库实现了全程电子信息传递和自动控制。同城通办使纳税人可从所在区域的任一地点委托银行申报缴税，不受申报缴税地点的限制。无纸化完税，突破了使用纸制完税凭证的工作量极限，税务、银行、国库间应用电子票证，流程简化，管理便捷，提高了税收征收效率。

（四）减少了会计核算中间环节，优化了税收会计工作流程

税库银联网之后，税款集中入库，基层征收单位不需要进行税收会计核算，可以撤销上解会计职能，上级局会计核算所需数据可以通过网络直接获取，而无须基层征收单位上报数据；税款在专业银行可以直接划转国库，减少了中间环节。核算环节的压缩使税收会计工作流程得以优化，上级税务核算部门与基层征收单位及国库之间数据不一致的矛盾迎刃而解。

第四节　税收会计集中核算系统

一、税收会计集中核算的内容

新中国成立后的税收会计工作，经历了一个“建立健全—削弱—恢复—破坏—加强—再加强”的曲折发展过程。十一届三中全会后，随着经济体制和财税体制改革的不断深入，税收工作在国民经济中的地位和作用日益加强，税收会计工作也重新受到了重视。1996年，国家税务总局制定了新的《税收会计核算办法》，对我国传统的税收会计核算制度进行了重大改革，改变记账方法，加强对每个纳税户的分户监控管理。1999年，国家税务总局根据税收征管深化发展的需要，修改完善了《税收会计核算办法》，制定了《税收会计核算制度》。经过几年的发展，税收会计核算的基础性工作逐步得到加强，税收会计在提高税收管理质量等方面发挥了重要作用。

20世纪80年代初，税务机关开始将计算机引入计会工作，这一时期计算机应用主要集中在会计核算、统计报表处理等方面。20世纪90年代，计算机逐步在税收核算中发挥了重要作用，会计电算化得到普遍应用，税库银联网一体化征收的实现以及税收数据的向上集中为税收会计集中核算提供了条件，税收会计核算也逐步向集中核算过渡。目前，全国税务系统税收会计核算存在县级集中核算、市级集中核算和省级集中核算等几种不同的集中层次。

在集中核算的大趋势下，目前全国大部分地区基本实现了县级集中核算，并逐步实现更高层级的集中。如，山东地税于2002年实行了县级集中核算，2004年实现了市级数据集中，2007年实施省级数据集中，随着数据向上集中，税收会计核算的进一步向上集中也随之成为必然。其他如山东国税已经实行了市级会计集中核算，江西、安徽国税已经实行了省级会计集中核算，取得了很好的效果。

（一）税收集中核算系统的内容

税收会计核算是对税收资金运动情况进行核算、监督的一种管理活动。税收集中核算系统（如图3－8）是在数据集中的基础上，上收核算职能，由上级机关直接进行核算，在全区域建立统一的会计核算主体，税收资金在一个会计核算主体中进行税收会计核算和会计稽核业务的系统。该系统在统一清算业务、核算规则、数据口径的基础上，由系统根据具体的征管业务发生信息，自动生成电子凭证，进行各种税款划解、退付、比销、对账、记账、核对、结算、编制报表等一系列税收会计统计操作。对集中会计核算主体来说，可以根据征管信息资料直接记账并产生报表，无需再层层上报。

税收集中核算系统可实现对税收资金及其运动的连续、系统、全面、综合的核算与控制，及时、准确地为税收决策提供信息资料。该系统的运行，能够充分发挥税收会计核算和监督税收资金运动的作用，提高会计核算的质量和效

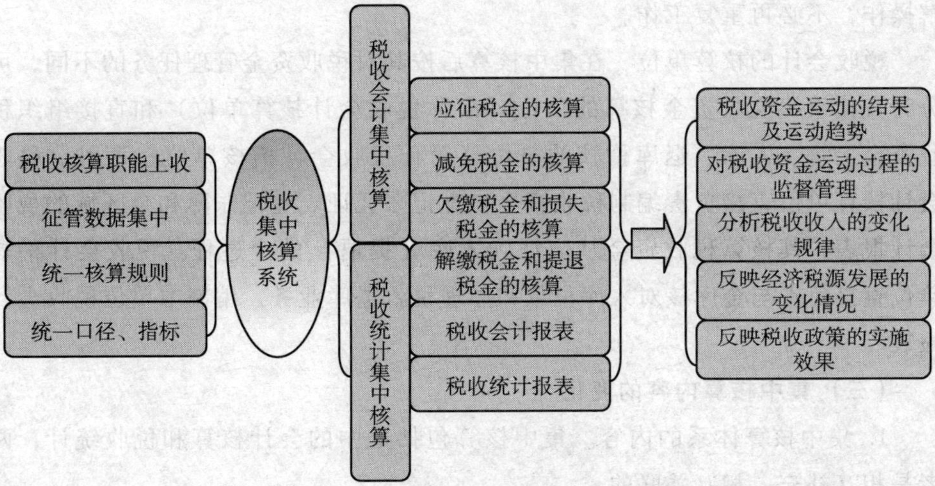

图 3－8　税收集中核算系统的示意图

率，并能实时提供各种会计信息；还能解决会计核算口径统一的问题，促进核算过程的规范化，强化上级部门对各下级部门的税收监督管理。

（二）税收集中核算后各核算单位及职能的变化

目前，税收会计核算类型分为上解单位、入库单位、双重单位、混合单位四种。这种分类沿用了手工记账的做法，适应数据未实现集中共享的历史阶段，数据实现集中后，这种方式就显得重复而没有必要。从税收业务上分析核算单位的职能，各核算类型的业务划分如下：

上解单位的业务。征收税款，将税款上解到上级税务机关，为上级税务机关生成原始凭证汇总单，编制本单位的凭证、账、表；

入库单位的业务。入库下级单位上解的税款，接收下级单位的原始凭证汇总单，编制本单位的凭证、账、表；

双重单位的业务。征收税款、入库所征收的税款，编制本单位的凭证、账、表；

混合单位的业务。上解单位和双重单位的业务合并。

从税收会计方面看，四种核算单位类型的划分有一定的历史局限性，在手工开票、记账条件下非常实用，但在实行计算机集中处理时上述业务可以合并为征收税款、入库税款、形成凭证、账、表等，按照传统流程处理非常烦琐，简化税收会计核算类型、合并业务非常必要。如，简化税收会计核算类型、合并业务后，可以扁平化设置，将县及所辖分局看成一个单位，在业务量上可分解操作，不必再重复工作。

税收会计的核算单位，在集中核算后按其对税收资金管理任务的不同，可分为直接组织税收资金核算的单位（简称税收会计核算单位）和直接组织税收资金上解、入库、退库稽核的单位（简称税收会计稽核单位）两种。税收会计核算单位直接负责编制税收资金核算记账凭证、登记账簿和全区域的税收会计报表，其核算税收资金从应征到入库（提退）的全过程。税收会计稽核单位直接负责与金库核对入库税款和办理税款退库业务，编制本单位税收会计报表。

（三）集中核算内容的变化

1. 集中核算体系的内容。集中核算包括集中的会计核算和税收统计，两者是相互补充、相互关联的。

（1）集中的税收会计核算。主要包括以下几个方面的内容：税收会计集中核算以税收资金活动为记账主体，采用“借贷记账法”，反映税收资金的运动变化情况。一是对税收会计核算科目进行规范、统一；二是在整个系统内制定统一的核算时间和结账日期，使各级税务机关的核算步调一致；三是优化税收会计核算流程，规范、统一会计凭证与记账；四是出具统一的税收会计报表，为税收会计分析提供支持；五是出具统一的税收计划进度报表；六是统一发布各地税务机关的税收会计报表结果。只有这样，税收会计核算才能做到规范、统一、高效、准确。

（2）税收统计。具体包括两个方面：一是建立全区域统一的纳税人分户汇总体系。为纳税监控、纳税服务提供最基础的支持。纳税人的分户汇总即以纳税人为主体，按照属地原则，分类反映各个纳税人的纳税情况及其他涉税行为。不但包括与税收会计核算一致的纳税人相关的应征税金、入库税金、欠缴税金、减免税金、提退税金的情况，还包括纳税人其他涉税行为的核算或记录，如税务登记资料的变更、发票的领购、代征代扣税款、纳税评估、接受税务检查稽查、纳税信誉等级评定等情况，彻底解决纳税人分户核算不到位，无法获得全面、完整的纳税人纳税信息，无法有效实施纳税监控的问题。二是税收统计报表出具更加灵活快捷。以税源结构分析为主体，利用数据集中和统一的优势，全区域各地税务机关统一灵活、快捷制作税收统计报表，及时进行税收统计分析和决策支持。

二、税收集中核算的制约因素

（一）税收会计制度不能完全适应集中核算的发展

随着近几年税收征管改革的不断深化，税收信息化程度不断提高，税务机关的核算范围和核算主体都发生了很大变化，而税收会计制度未作出相应的变动，税收会计制度的一些规定与现行的征管模式不相适应。

（二）现有国库体制限制了会计集中核算的程度

目前，税务机关在集中征收的基础上实现了区域性的集中核算，但由于国库都是以行政区域作为独立单位，这样势必出现一个集中核算单位对着多个国库和地方财政的问题，造成核算成本加大、工作环节增多。

（三）数据质量影响税收集中核算的质量

税务登记和税种核定管理是申报征收数据存入征管数据库的重要基础性环节，此环节信息的正确与否，也即数据质量的高低，将直接影响税收会计核算结果的质量。为此，要对税务登记和税种核定进行严格、准确的梳理、规范，保证税款属性的正确性，同时要加强对临时纳税人申报征收等数据的录入，确保数据质量。

（四）人员素质不适应税收集中核算的要求

税收会计集中核算工作业务量大、要求高，要求税收会计人员既要熟悉税收业务又要具备一定的计算机专业知识。是否具备良好的职业判断能力是影响会统报表质量的重要因素，当出现复杂多变的业务问题时，需要税收会计人员能够运用相关知识、技能和经验，作出正确的会计分析、估计、判断，并进行处理。工作人员的职业道德水平也是影响会统报表质量的重要因素，有关人员必须严格遵循职业规范，在报表出现错误时，不能在当期一调了之，必须追根溯源，找出错误发生的原因，对原始数据进行调整，以确保下期报表质量。就目前情况看，人员素质也成为制约集中核算的瓶颈。

三、推行税收会计集中核算的主要条件

推行税收会计集中核算，必须在熟练应用会计电算化的基础上，借助税库银联网一体化征收系统，由集中核算机关进行会计处理，及时掌握、准确监控税收资金运动的全过程，在此基础上需要重点把握好以下因素：

（一）上收核算职能，建立统一的核算规则

按税收会计集中核算暂行办法的要求上收核算权至市（省），逐级上收核

算权，优化下级税务机关税收会计职能。把分级、分散的核算变为集中核算，提高核算质量与效率。

上收税收会计核算职能，需在管理部门设置税收会计核算岗位，对申报征收、会计核算和会计凭证管理等计征业务进行规范，明确征收与管理的工作职责，以确保集中征收和核算工作真正落实到位。上收税款退库职责，规范退库标准，防止乱提退行为及混淆退库级次等问题的发生，建立统一的核算规则。

（二）实现数据（市级、省级）集中，建立高效的数据质量管理体系

通过加速信息化建设应用，实现全区域征管数据的大集中，由数据处理中心统一管理全区域的数据，任何单位与人员无权调整与改动数据。通过健全数据管理办法，对数据的采集、录入、更正、删除等环节加以规范，统一数据标准，按规定程序和权限及时清理垃圾数据，确保数据规范准确。必须建立数据备份和恢复机制，在各项业务活动中实行数据安全和授权措施。通过高度集中的信息处理系统，有效盘活散置于征管一线的申报征收信息，简化税收会计核算程序，提高核算质量和效率。

（三）统一数据和代码标准，健全规范计会统指标体系

建立规范的计统指标体系是计统部门的一项重要基础性工作，是开展组织收入工作的重要前提。目前，税收计统指标存在着体系陈旧、信息少、数据质量不高等突出问题，应按照国家税务总局“总体规划、分步实施、先易后难”的原则，逐步构建规范完整的计统指标体系。其主要内容包含：税收计统基本数据，包括税款的应征、入库、欠税、缓缴税、减免税、退税等；税收业务基本数据，包括税收征管业务的有关数据和增值税、所得税等各税种专业管理的有关数据，以及出口退税管理的有关数据等；税收分析档案基本数据，包括影响收入变动的各种因素、行业企业的生产经营及税收数据、主要宏观经济数据等。对税务部门已有的数据，分别从各类税收管理软件或“一户式”存储等信息资源中筛选整合；对于需要补充采集的数据，提出明确的数据标准和采集要求，加强与统计、财政、商贸、金融、物价等部门以及行业主管部门的衔接，建立稳定顺畅的信息来源渠道。力争建成一个涵盖经济与税收、宏观与微观、企业与税务的完备的计统数据库，更好地满足收入管理与分析监控的需要。

四、实行税收集中核算的主要影响

税收会计集中核算后，全区域在统一核算规则、数据口径的基础上，由信息系统根据具体的实际业务发生信息，自动生成电子凭证，进行各种税款划解、退付、比销、对账、记账、核对、结算、编制报表等一系列税收会计统计操作，减少了手工操作和人为干预的因素，对申报、征收、入库过程进行全程、严密的监控和完整、真实的反映。这些将对核算体系产生如下影响：

（一）改变了税收核算体制

税收会计集中核算改变了过去信息处理各自为战的分散局面，用电算化的手段，从多元化申报系统、税库银一体化征收系统等直接取得核算基础资料，使税收核算主体逐步上移，核算权力逐步集中，核算规则逐步统一，核算环节由事后逐步走向全程，从根本上防止核算管理层次环节过多带来的控制难度问题，从而走向税收核算的集约化管理。

（二）提高了税收核算的规范性

集中核算带来标准的统一，可以有效防治和控制分散核算条件下可能产生的种种问题。如核算中不同单位对不同核算对象使用不同口径、截取不同时间区段、采用差别精确度、对特殊情形的随意处理等，也就有效解决了这些情况带来的核算过程芜杂、核算结果精确度不足等弊病。如，在记账环节，从应征开始严密控制，严把入口关，对应征的几个方面全面实行电子化录入。以企业所得税的核算管理为例，在年终税务检查后，根据检查结论对认定项目的所属区间及违纪税额正确记账记入应征，在征收时按标准征收滞纳金。这样根本上消除了税务检查、稽查税款在从确认应征到税款入库过程中的人为因素，使税款资金的流动更为规范可控。

（三）保证了会计数据真实可靠

集中处理的数据直接来源于数据库的税务登记、纳税核定与申报征收数据，有效避免了人工核算的差错，以及分散处理的数据汇总过程中的疏漏与人为调整，很大程度上保证了数据的真实性。高质量的数据进入信息系统，才能得以有效利用。从小的范围来说，建立在真实数据基础之上的计划管理与税收监督更加科学，有利于加强税收会计的控制与监督职能，能够对税收资金及其运动进行分析，对整个数据流向进行全方位的监控，使税收会计管理贯穿于整个税收资金运动过程，有效杜绝因决策信息来源失真而造成的误判，为各级领导决策提供可靠的依据，满足内部加强税收管理的需要。从大的范围来说，税收法规的制定来源于税收会计统计信息，同时各项政策对收入的影响，也需要使用税收会计统计信息来反映其真实效果。

税收会计核算中电子缴款书、电子记账凭证、电子账簿等的应用，在电算化的基础上迈出了新的一步，即原始凭证电子化。税收会计核算实现电算化，核算数据标准统一，会计监督反映实现电子化，监督反映的准确性和生成报表数据的正确性能够得到保证。

（四）优化了会计人员的配置

核算权上收后，可实现税收会计核算的扁平化运作，取消基层税务所的会计人员，县（市、区）局机关税收会计由于职能转变可对人员进行削减，从而将税收会计人员从过去繁杂的日常记账工作中解放出来，将更多的时间用于深入基层开展税源调查和分析，为领导决策提供更准确、翔实的信息。

（五）强化了税收会计监督职能

税收会计利用网络资源和税收软件实时监控，获取辖区内所有征收单位税款的申报、缴纳、欠缴、提退等税收资金及其运动的各类信息，由于数据获取的及时性与充分性长足提高，会计监督的实施能够由传统的集中于事后转变为面向全程，会计监督更为主动，可以及时反映和纠正税收执法过程中的违法行为，及时对税款运行实行严密的动态跟踪监督，防止税款的流失，确保税款的安全完整和及时足额入库。

（六）提高了税收预测的准确性

电算化的集中核算与传统核算相比，在税收预警、预测等的及时性、准确性上有很大的提高。如税收会计集中核算示意图（见图 3－9）所示，实行信息网络技术支撑下的税收会计集中核算后，可以大幅度增强数据采集的准确、及时、完整，规范会计核算工作流程，确保数据产生真实、税源底数清晰、欠税数据真实可靠，使税收会计核算更好地起到核算和监督税收资金运动的作用，全面反映税收资金运动的全过程。

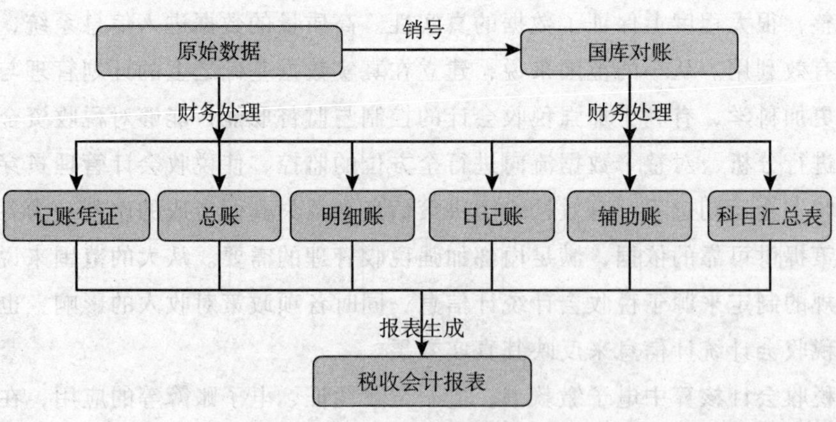

图 3－9 税收会计集中核算示意图

第五节　现代申报征收体系建设显现的总体效能及发展展望

一、现代申报征收体系的建设应用成效

从我国探索与实践来看，对现代申报征收体系的探索发展较快的地区，已经初步实现了以电子申报为主体的多元化申报方式、税库银联网一体化缴税方式及税收会计集中核算的改革，发展中显现出的主要效能体现在以下几个方面：

（一）促进了征管资源的优化配置，实现了税收征管工作的重心转移

传统的纳税申报方式都是通过手工受理、审核、录入申报资料，工作量大、效率低。推行以电子报税为主体的多元化申报后，系统自动接收申报数据、网络传输信息自动生成，打印票据等工作转移到了银行，可将征收大厅人员从烦琐的手工劳动中解放出来，充实到管理和稽查一线，解决征管力量不足造成的管理缺位问题。

税库银联网一体化缴税实现后，税库银三方简化了原有的税款收缴、入库流程，并且由手工操作全部转变为电子自动化操作，提高了工作效率，节省了工作人员。采取数据集中和系统集成的技术方式，还能够节省软硬件设备与维护人员的配置。税库银联网后，各层级工作重心面临重大调整。以市级局为例，申报缴税、收入统计和税收分析在全市范围内集中统一处理，市局机关不再是纯粹的管理机关，将面向所属纳税人承担更多直接参与申报征收业务控制和收入统计分析的职责；各县（市、区）局的职能更多地接收处理具体申报征收问题，基层税务所的征收职能部分剥离，工作重心转向纳税服务和监控。税库银联网后，税收征收管理将从过去的税务部门单一管理向多部门联合管理转变；从过去的主要依靠人脑和有限的信息来源进行主观决策，向由信息系统提供及时、可靠的海量数据进行科学、依法、民主决策转变。

税收集中核算的实现，上收了基层的会计核算职能，减轻了基层以往繁重的核算任务，使基层税务部门可大幅削减税收会计人员和全部取消基层税务所的会计人员，充实到税收征管的重要部位。对于将大量甚至大部征管力量集中于征收环节的传统征管而言，现代申报征收方式带来征管力量的配置优化，是解放税收管理生产力的革命性变革。

为适应电子申报方式、税库银联网缴库方式等税收征管改革所进行的业务

重组、流程优化、机构整合，对传统业务流程及工作方式的改变，工作岗责和人员配置的优化，能够有力促进税收征管的扁平化、集约化。

【案例】　南京国税申报征收方式改革成效

南京国税征管机构整合情况。南京国税的申报征收方式改革，为征管组织形式、征管人力资源的优化配置提供了条件，全省征管机构由759个收缩到613个（压缩近20%），实现了部分执法权的上收。征管机构收缩、征管范围扩大、征管人力资源集中，使征管资源得到了更趋合理的配置，初步形成了以城市为中心的专业化税收征管新格局。

来源：南京市地税局网站

【案例】　山东泰安地税申报征收方式改革后的变化情况

泰安地税推行多元化电子报税方式后，由于办税厅不再承担申报征收职能，全市有52个办税服务厅只保留一个服务窗口，负责税务登记、发票发售和咨询等功能；46个将登记、发票、咨询等职能移入各级政务大厅后被撤并。征收大厅人员减少了三分之一，节省下来的人员充实到税源监控等部门，优化了征管力量配置，加强了税源控管能力，解决了管理缺位问题。全市征、管、查人员比例由40:44:16变为6:60:34，直接承担税款征收业务的人员由299人减少到46人，减少84%，个体业户和农村零散税收占用的征管力量由70%降为30%，解放了地税机关的生产力。征管力量逐步向管理、稽查、服务转移，向城镇、重点税源和纳税大户转移。稽查和日常检查人员由216人增加到367人，增长70%，占到总人数的34%。

来源：泰安市地税局网站2005年

（二）提高了征管质效，降低了征纳成本

通过多元化申报纳税系统，征管过程中各级均可以及时掌握征收单位的申报、入库、处罚、欠税情况，相关信息的高度共享，能够极大地提高税收信息处理的实效性和真实性，还可有效规范征收管理，遏制混级、混库、违章减免税款等问题的发生。原来办税厅窗口人员受理一户申报，从录入、审核到打票一般至少需要5分钟，而多元化申报系统的运行将使这些工作自动完成。过去一般只有征期结束后，才能掌握纳税人的申报缴税结果，而通过多元化申报系统可以实时掌握纳税人的申报缴税情况，便于税务机关采取相应措施强化税源控管。电子申报改变了传统的数据采集模式，大大减少了一线税务征收人员的数据录入工作量，减轻了办税服务厅在纳税高峰的压力，大幅降低了输入、审核的错误率，带来税收征管质量与效率的大幅提升。计算机全程数据流使得从税款申报到征收入库等一系列环节更加透明、安全，减少了人为因素的干扰，促进了依法治税和规范管理。

税库银联网构建了税款入库的“高速公路”，能够实现区域内的税款同城通办，在掌握税收收入入库进度、及时反馈信息、提高数据处理速度和质量上成效明显。它的实施，加速了税款缴库速度，从根本上改变了税票的传递方式，实现了税款即时入库。税库银联网，将税款征收延伸到了银行窗口和企业桌面，大大减少了税票销号环节的工作，提高了数据的准确性和及时性，降低了征收成本，减少了纳税人的缴税支出，减轻上门缴税、申报给城市交通带来的压力。在各项成本费用和资源消费降到最低的基础上，提高了税款征收效能。在税务机关、上解银行和国库全面实现计算机联网的基础上，税务机关、上解银行和国库不再需要目前的纸质税票作为原始凭据流转，将全部依据电子数据处理税款的上解、入库等各项业务，税票将由此失去以往付款凭证、收入凭证和核算凭证的原有功能，逐步退出会计核算并最终被各种电子转账凭证所取代。财税库行联网后，征收流程将极大简化，税款入库将变得直接而简单，征收工作从过去的高耗低效向效率不断提高和成本不断下降转变，随着工作进程的不断推进，税款征收效率将会伴随着整个社会纳税成本的大幅下降而呈现不断提升的趋势。

税收会计集中核算，一是促进了征管工作的严密和规范。分散及传统的手工核算，会计监督分散，标准不一，无法做到数据采集口径统一，不能保证税收会计核算的完整、及时与统一。会计集中核算，可以在全区域范围内统一税务登记、申报征收乃至日常稽核等工作的标准，全区域征管流程与内部制度相配套，所有操作人员以统一的标准开展工作，真正实现数据采集、信息维护和数据分析应用的“三位一体”。二是税收会计核算原始凭证走向电子化。在进一步完善软件功能的基础上，以往作为会计原始凭证的纳税申报表等纸制资料将逐渐淡出，根据电算化税收会计核算办法的规定，将申报征收的各项计算机数据资料作为税收会计核算的原始凭证，通过定期打印和备份存储等方式，建立完整的电子会计原始凭证资料，满足电子化条件下会计核算的需要。三是提高税、库、银三方的工作质量和效率。税务机关、上解银行和国库之间实现计算机联网，各方通过联网并采用电子方式实现上解银行向国库划解税款，以及税务机关与国库进行销号对账等税款入库和核算的全过程业务。由于实行电子结算和销号，税务机关与上解银行、国库可以实行税票信息的共享，因此可最大限度地提高各方工作效率，保证税款解库和销号的准确性、及时性。四是税收会计核算及监督的科学性不断提高。随着会计集中核算功能的不断完善，可对会计汇集的数据进行深度的加工和分析，充分利用技术手段强化税收会计监督，将税务机关的税款入库、退库、欠税分类审批和核算、会统报表编制等执法行为全部纳入信息系统的监控范围，实现对各项税收会计行为的实时自动监控。

（三）改变了信息处理方式，为纳税监控提供有用的数据资源

以电子申报为主体的多元化申报、税库银联网一体化征收、税收电算化集中核算以及登记、发票等其他税收征管业务，全部在一个信息系统平台内运行，可使全区域纳税人的相关税收数据实现电子化采集并汇集到征管数据库中。特别是将以往停留在表证单书上的纳税人申报征收、财务经营等“死数字”转化为电子“活数据”，使利用信息化工具高效加工利用税收数据成为可能，为开展纳税评估、实施重点税源监控等提供了关键的数据源。在这个意义上，申报征收方式改革成为现代征管体系建设的突破口。

多元化申报系统的应用，简化和优化了征管流程，利用电子申报这一手段实现税企联网，可全面掌握每个纳税人的经营情况，并可利用电子数据进行分析，提高税收征管的针对性和准确性。

税库银联网一体化征收简化了业务流程，运用电子信息交换，使税务机关能够实时掌控纳税人的缴税信息，掌握信息的速度与规模大大提高。对银行、国库、纳税人的信息掌握非常及时，对成功缴税入库的信息记录、对未成功缴税入库的反馈非常迅速，得以在信息反馈后迅速作出催缴、划解、入库等反应。对涉税信息的实时掌握，有利于杜绝纳税人、税务机关、银行、国库在税款上的占压、滞解等违法现象。

税收集中核算在上收核算职能的同时实施电算化核算，在结账的实效性与准确性上有了质的飞跃，同时对纳税人实施单户核算，进行一户式管理，为查询数据提供了快捷的渠道，可为纳税评估提供及时、真实的电子资料。

（四）提高了纳税服务水平，促进了纳税遵从度的提升

申报征收作为纳税人参与税收活动的主要内容，申报征收方式的改进也相应成为优化纳税服务的一项首要任务。以电子报税为主体的多元申报和税库银联网一体化征收实现了纳税人纳税申报、税款缴纳的电子化、网络化、无纸化，规范、全面、便捷、经济的纳税服务得到充分体现，为纳税人节省了大量的时间成本、费用成本和人工成本，优化了纳税人依法纳税的心理成本，促进了和谐融洽、良性互动的征纳关系的形成，从而促进纳税人纳税遵从度的有效提升。

【案例】　北京地税税库银横向联网改革成效

北京市地方税务局进行征管改革后，在申报征收方面应用现代化手段，采取多元化的申报财税库银联网缴税，成效非常突出，现摘录部分数据如下：

成功的标志：一是加强了内部管理，提高了工作效率，降低了总体税收成本。二是为纳税人提供方便、透明的纳税平台，实现了政府的人性化服务，降低了纳税人的纳税成本。三是将税收征收管理工作统一到税收法律法规中来，消除了各级征收机关的执法偏差。四是为机构改革实现机构设置扁平化创造条件。

（一）申报征收方面

新旧系统邮寄申报的费用情况对比

	旧系统		新系统
	2002 年	2003 年	2004 年 1～3 月
邮寄申报户数	104801	97487	21172
申报周期	按月	按月	按季或半年
费用支付方	税务机关	税务机关、纳税人	税务机关、纳税人
总费用（万元）	1200	763	11.9

说明：由于申报纳税过程中申报缴款流程的合并以及表证单书的简化，使得传统的邮寄申报方式大大减少，减轻了税收成本以及纳税人的费用负担。

新旧系统表证单书用量对比

表格类别	印刷数量（万份）			印刷费用（万元）		
	旧系统	新系统	减少数量	旧系统	新系统	减少金额
申报征收	251.5	114.6	136.9	185.5	127.4	58.1
征收核算（缴款书）	358.4	585	226.6	133.9	86.7	47.2
合计						105.3

说明：表证单书的简化降低了印刷费用。

北京市地税局征收人员、稽查人员与评估人员数量变化情况

	2002 年	2003 年	2004 年
征收人员	1236	898	658
稽查与评估人员	1032	1102	1234

（二）财税库银横向联网方面

新旧系统硬件资源配置以及维护人员情况表

名称	旧系统		新系统	
	数量	金额（万元）	数量	金额（万元）
网络设备	80	400	80	400
主机	26	4420	16	1500
服务器	200	1000	4	80
软件维护人员	200		2	
合计		5820		1980

注：旧系统采用数据分散存储的方式，使得每个区县以及税务所都有服务器；新系统实现数据与应用集中，只在市局有服务器，大大减少了硬件投资与维护成本。

财税库银联网方式对比表

			旧系统（C/S 结构）		新系统（B/S 结构）	
			数量	费用（万元）	数量	费用（万元）
系统建设	网络通信	物理线路	22	44	2	4
		网络设备	22	110	2	10
	硬件设备	服务器	22	220	3	300
系统运营维护	网络通信	物理线路	22	44	2	4
		网络设备	22	110	2	10
	硬件设备	服务器	22	15	3	30
合计				543		358

注：旧系统中无备份，新系统中增加了灾备中心的备份线路及设备。

说明：税务的数据大集中是财税库银联网的前提保证和最优方式。如在旧系统上实现财税库行联网，需要税务 22 个区县、分局及市局，分别与 16 家银行、22 个国库支库、18 个财政局及市国库、市财政局连接，其工程难度和成本可想而知。由于16家银行早已完成了金融业的内部联网，在新系统上，只要市地税局和市财政局与市人行管理扩容后的“金融城域网”相连接，即可实现财税库行联网。这样，既避免了重复建设，又大大降低了联网成本。

充分利用现有社会资源，全面提高财税库银的工作效率，特别是提高税款入库速度和财政金的周转率，从而降低财税库行的运行成本。

核销人员统计

	2003年	2004年	2005年
人数	124	143	0

更正数据变动表

	旧系统	全联网
预算更正	373384	0
跨区更正	5618	0
合计	373384	0

注：旧系统是指2003年的数据，2005年将实现全联网。

说明：联网后税款征收的数据更加准确，反映更加及时。业务流程的改变和财税库行的联网，使税款征收数据由纳税人填写一次，银行、国库各录入一次，税务部门录入两次，共计五次，变为纳税人或银行只录入一次，平均每月少录入约468万笔，减少了国库和税务大量的重复工作；若每次录入的差错率为千分之一，可减少差错4680笔，使税款征收数据更加准确；而且联网后税款的缴纳是实时完成、即时反映的，让财政、国库、税务部门能够更加及时地掌握、监控和了解税收资金的运动状况，完成好各部门的工作职责。

来源：北京市地方税务局2004年有关工作报告

二、现代申报征收体系的发展展望

随着经济社会的快速发展，税收法制的逐渐完善，信息化建设应用水平的不断提高，以及现代管理科学在税收征管中的普遍应用，现代申报征收体系有着日益广阔的发展空间和更加优越的发展前景，当前的建设发展中也显现出一些明显的趋向。

（一）纳税申报方式进一步趋向科学化、个性化

随着政府电子政务的不断发展，全社会信息共享程度将越来越高，税务机关可共享的社会信息资源日趋充分，申报征收方式有望进一步适应电子商务时代的要求，走向通过对“信息流”的监控控管税源的途径。由于税务机关与外界的信息交换主要包括纳税人信息和跨部门、跨行业信息，根据计算机及通讯技术的现有水平及发展趋势，税务机关势必采用网络与外界进行信息交换，电子方式最终将发展成为报税和缴税的主流。同时，对一些税种如个人所得税、房产税、土地使用税、车船税等，税务机关监控的灵敏程度也将提高。如，个人所得税在实名存储、电子结算等制度规范下，税务机关通过共享数据可以准确获得纳税人的收入支出情况，根据其家庭状况、居住区域等参数、系数，可以准确地计算出应缴税金，核算出纳税人的应纳税额。在条件具备的阶段，对该税种的申报征收方式有可能出现大的变革，如简化申报。对必须由纳税人自行申报的税种，实现申报数据自动生成，突破手工填制录入的瓶颈。纳税人纳税申报模块与企业财务软件自动连接，申报数据由企业财务软件自动生成（不可更改），并自动导入申报系统，使申报数据真实、准确（在财务软件中开发纳税申报数据自动生产模块，对外开发标准接口）。

（二）多方联网一体化征收系统的功能进一步扩展

随着网络信息技术的快速发展，纳税申报征收将形成一体化的完整体系。纳税人、税务机关、银行、国库、财政将形成一个完整的信息系统，能够做到纳税人申报后，税务机关即时自动审核、银行即时自动划款、国库即时自动入库、财政部门即时自动到账。

利用税库银联网一体化扩展性能，实现人民银行（国库）与财政、国税、地税、海关和各商业银行之间等的联网。以国库为信息交换中心，财政、国税、地税、海关等部门为信息交换节点，实现国库收付信息化、网络化处理，税款入库与财政拨款的电子化，及信息资源共享，确保预算收入及时、准确、足额入库，保证财政资金的正常调度，加快资金周转，提高工作效率和管理水平，并为政府机关及有关部门提供决策信息。

随着电子商务的发展，电子货币的普及，将为税银库联网拓展更加广阔的空间，不论是企业还是个人，实名账户使用电子货币，税款入库将更加高效快捷，税务机关可从纳税人账号自动划入国库，促进纳税人纳税义务的更好履行。

从税库银联网发展的历程来看，先后经历了县级税库银联网、市（地）

级税库银联网、省级税库银联网，省级税库银联网成为主要发展趋势。而今后，在信息技术的推动下，税库银联网办税必定向全国联网发展，在缴款实现省内通办的基础上，逐步实现全国通办。

（三）税收核算走向省域集中

税收会计核算的逐步集中现已成为必然趋势和发展方向。在目前市县级区域性集中征收和集中核算的基础上，随着信息技术的发展和社会化、网络化办税条件的逐步成熟，特别是当前税收征管信息数据的大步迈向省级集中，将使税收会计核算逐步克服财政体制等的一些限制，甚至走向更大区域的集中核算。除国税系统在全国范围推行“金税”工程，基于统一的平台加快省级集中核算外，目前许多省份的地税系统已经实现了省级集中，如江苏省、辽宁省、山东省、湖南省等。在市级集中核算的基础上实现省级集中核算，重要税种收入探索全国集中核算管理，甚至走向跨省的大区域集中核算，这些是一些发达国家已经实践过的事情，当我国税收管理具备相应条件时，也会相应向这一方向演进。

第四章

构建现代纳税监控体系

纳税监控是税务机关根据税收法律、行政法规的规定，监测纳税人涉税行为，保证纳税人履行依法纳税义务和税收应收尽收的税收征管行为。纳税监控业务是税收征管以纳税人行为方式为核心关注焦点，促进纳税遵从行为、纠正纳税不遵从行为的征管业务措施，是实现依法治税、提高税收征收率、促进应收尽收的主要手段。纳税监控业务不同于传统税收征管中的税源管理业务，税源管理业务是纳税监控业务的基础组成部分。由于受国家法制程度、社会文化、公民意识及经济、技术发展水平等的影响，纳税监控业务在不同的地方地位有所不同。发达国家由于具备健全的法制环境、完善的社会信用体系、诚信纳税的文化背景和高度发达的信息技术应用水平，社会化税收监管体系完备、信息共享程度很高，中介机构的作用突出，纳税遵从度和税收征收率保持在较高水平，一般采用以纳税服务为主、纳税监控为辅、两者有机结合的征管业务方略；而在包括我国在内的大多发展中国家，由于在很多方面与发达国家存在不小的差距，公民纳税意识不强、纳税遵从度不高，在一个相当长的历史时期内，纳税监控业务将是一项居于主导地位的征管业务。

由于从本质上来看，纳税不遵从行为产生和税收流失的根源在于征纳双方的信息不对称，征纳双方的信息对称程度决定了税务机关发现纠正纳税不遵从行为的水平。因此，纳税监控业务的实质就是对纳税人涉税信息的监控管理，以最大限度地获取、利用涉税信息，解决征纳双方的信息不对称状况，发现和纠正纳税不遵从行为，促进税收的应收尽收。随着市场经济的迅猛发展和经济全球化、信息化、知识经济的快速扩张，税收征管的对象及其规模、结构、分布等状况日趋复杂，涉税信息迅速膨胀，呈几何倍数增长，征纳双方涉税信息不对称的状况日益加剧。依托现代信息技术，提高税务机关的涉税信息监控管理能力，改善征纳双方信息不对称状况，加强对纳税不遵从行为的控制，成为构建现代纳税监控体系的主要途径。国家税务总局因此提出了“信息管税”的征管新思路，认为：“信息管税”是全面提高税收征管水平的必由之路，即充分利用现代信息技术手段，以解决征纳双方信息不对称问题为重点，以涉税信息的采集、分析、利用为主线，完善税收信息管理机制，健全税源管理体系，加强业务与技术的融合，达到提高税法遵从度和税收征收率的目的。由于数据是信息的原始形态，贯穿税收征管全过程的载体大多以数据的形式出现，纳税监控活动采集、分析的对象也都是涉税数据，因此，本文使用了“以数管税”这一概念。

一个健全完善的纳税监控体系（如图 4－1 所示）就是税务机关依托现代信息技术，以对税源源泉监测控制为起点，以涉税数据采集、分析、应用为主线，以纳税评估为核心，以各类强制性纠正措施为基本手段，以税务稽查为最后关口，突出行业、税种个性化管理，加大税收实现控制措施、促进税收应收尽收的征管业务运作体系。该体系强调税务机关对纳税人履行纳税义务行为的控制力，通过提高涉税信息监控管理能力，增强对纳税人税源情况的监测能力和税收实现的控制能力，及时发现、纠正各种税收不遵从行为，提高税收征收率。现代纳税监控活动以信息技术手段为支撑，使“以数管税”最大程度地作用于纳税人纳税行为的全过程（如图 4－2 所示）。

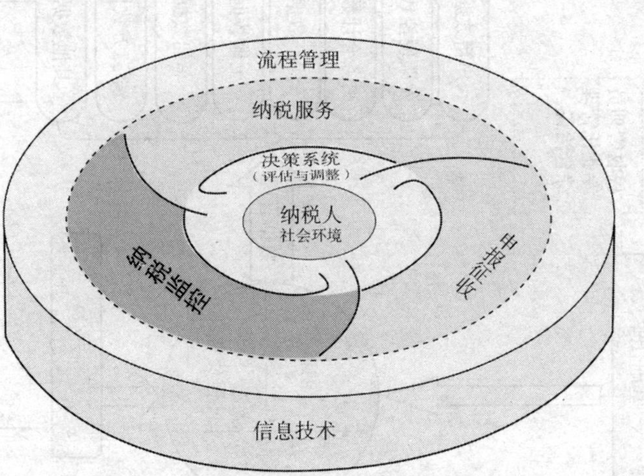

图 4－1　现代税收征管过程模型中的纳税监控体系

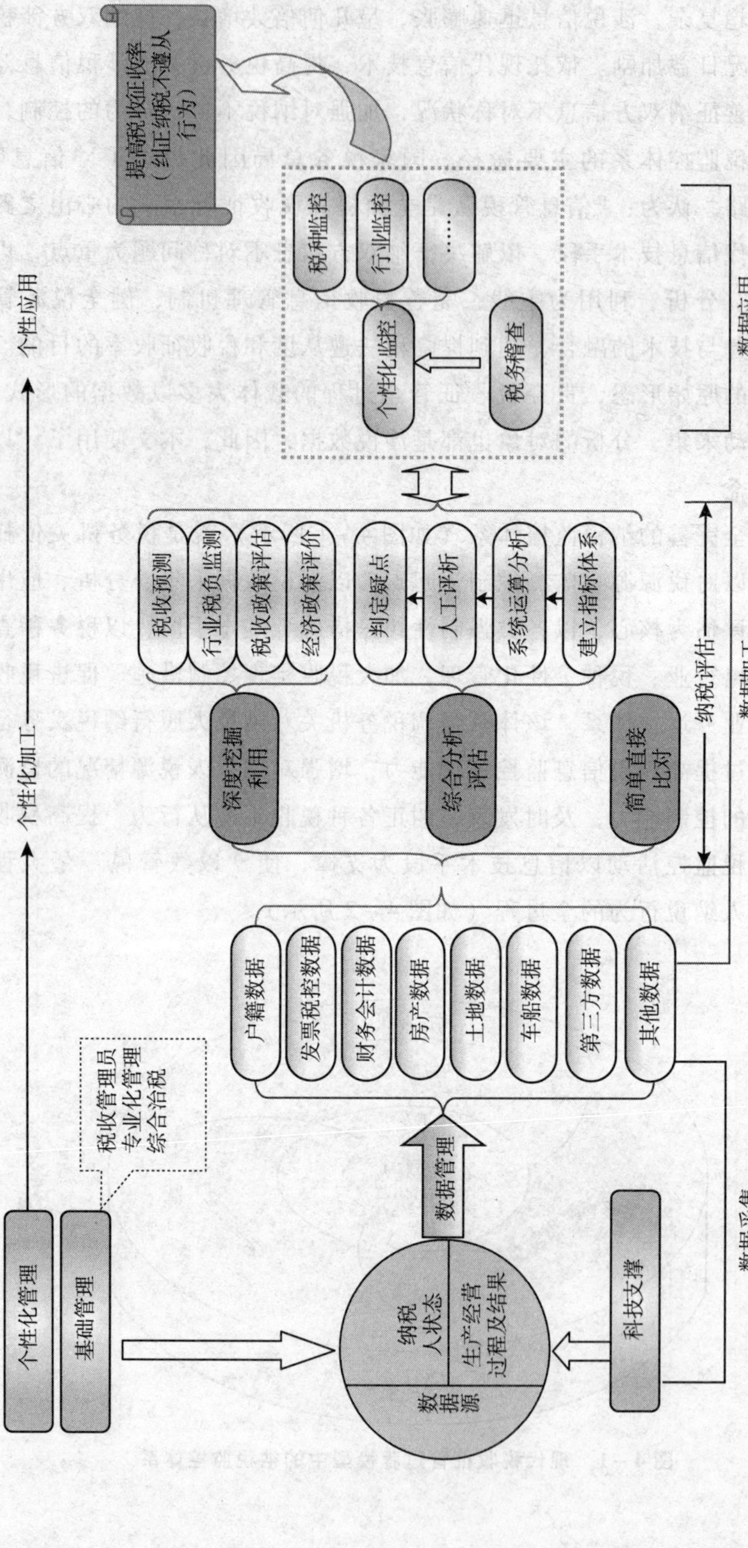

图4-2 基于涉税数据处理过程的纳税监控体系示意图

第一节　现代纳税监控体系的基础

一、理念基础

传统的税收征管通常就税收论税收，以完成税收收入为出发点和最终目标，在对税收征管内在规律的把握上有所欠缺，对纳税人纳税遵从行为的监控不够得力，与市场经济条件下纳税遵从行为的复杂状况不相适应，影响了税收征管的质量和效率。我国税务机关在落实现行税收征管模式的过程中，通过推行以电子报税为主的多元化纳税申报体系，正在逐步实现纳税申报的受理对象——纳税申报表、财务报表等数据的电子化；随着税收信息化建设应用的不断深入，各类涉税数据也逐步实现电子化采集、传输、存储，传统纸质载体的数据正在逐步被取代。这些都为实行"以数管税"提供了丰富的涉税数据资源，创造了必要的条件。"以数管税"成为纳税监控业务活动开展的主导理念和基本思路，即通过提高税务机关的涉税数据监控管理能力，实现涉税数据的全面采集、科学开发、有效利用和合理配置，据以改善征纳双方信息不对称状况、提高纳税遵从。"以数管税"理念在纳税监控体系中的应用，又对纳税监控种种繁杂的事务性管理工作提出了优化需求，从而推动纳税监控手段、方法、措施的改造、提升，使纳税监控业务具有更高的效率和更强的针对性（如图 4－3 所示）。

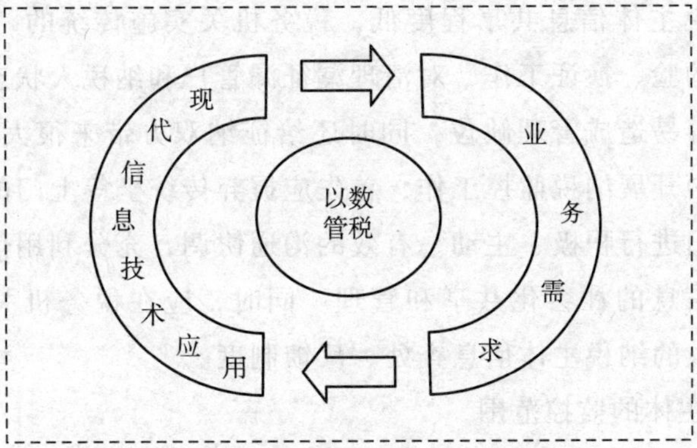

图 4－3　纳税监控体系的信息技术应用

二、技术支撑

“以数管税”理念的确立，对纳税监控中现代信息技术的应用提出了必要要求，以确保涉税数据采集、存储、加工、传递的实现。现代信息技术渗透、应用到纳税监控业务的各主要业务处理环节，形成对纳税监控的总体支撑。主要是开发应用一体化的纳税监控信息化平台，实现对涉税数据的高度整合、共享、开发、利用；针对纳税监控业务中具有特殊性要求的部分业务，则需开发相应的应用系统。从整体上形成对纳税监控业务的信息化支撑。

三、管理要素

在纳税活动中，税收政策法规的贯彻落实有两大要素，即执行主体和标的物。税收政策的执行主体是纳税人，实施的标的物是纳税人生产经营的过程及结果。税务机关纳税监控业务因此相应分为对纳税人的监控和对纳税人生产经营过程及结果（以下简称经济活动）的监控。

（一）对纳税人的监控

纳税人是社会产品价值的生产者，社会财富的创造者，税款的缴纳者和承担者。因此，纳税监控首先要对创造和拥有财富的纳税主体——纳税人实施监控。监控不住纳税人，也就无从发现和监控税基，必然导致税收流失。最大程度地提高、增强税务机关掌握纳税主体信息的能力，是纳税监控业务的基本任务。

长期以来，受管理理念、技术手段和部门协作水平等因素的影响，政府各部门掌握的纳税主体信息共享程度低，税务机关实施传统的“坐等式”税务登记和形式化的验、换证工作，对清理漏征漏管户和纳税人状态变化的监控效果不够明显，容易造成管理缺位，同时还给征纳双方带来很大的后续工作量。现代税收征管中开展纳税监控工作，首先应摒弃传统坐等上门的管理意识，与各政府职能部门进行积极、主动、有效的沟通协调，充分利用信息化手段，实现对纳税主体信息的社会化共享和管理。同时，应在税务机关内部建立起衔接、有序、高效的纳税主体信息查处、反馈制度。

1. 对纳税主体的监控范围

根据对纳税主体监控的需要，以下发生纳税义务的法人和自然人均需纳入税务机关的监控范围（如图 4 – 4 所示）：

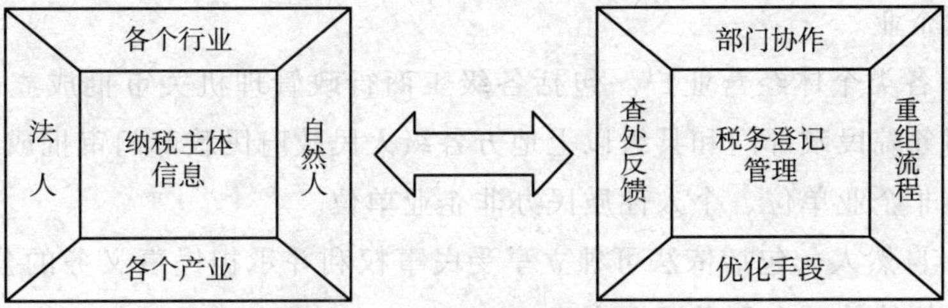

图 4－4　对纳税主体信息的监控

(1) 各级工商行政管理机关审批成立的企业法人。具体包括公司、非公司制企业法人。

(2) 国务院机构编制管理机关和县级以上地方各级人民政府机构编制管理机关审批成立的取得应税所得的事业单位法人。包括各级党委、政府直属事业单位；党中央、国务院直属事业单位设立的事业单位；各级人大、政协机关、人民法院、人民检察院和各民主党派机关设立的事业单位；各级党委部门和政府部门设立的事业单位；使用财政性经费的社会团体设立的事业单位；国有企业及其他组织利用国有资产设立的事业单位；依照法律或有关规定，应当由各级登记管理机关登记的其他事业单位等。

(3) 国务院民政部门和县级以上地方各级人民政府民政部门审批成立的取得应税所得的社会团体法人。包括学术性社团，如各类学会、研究会等；行业性社团，如各类协会、商会等；专业性社团，如各类从事专业业务的促进会等；联合性社团，如各类联合会、联谊会（同学会、校友会）等；各类基金会；其他群众团体，如工会、共青团等。

(4) 国务院民政部门和县级以上地方各级人民政府民政部门审批成立的取得应税所得的其他法人。包括居民委员会、村民委员会以及民办非企业单位。

(5) 取得应税所得或支付个人所得的机关法人。包括县级以上各级中国共产党委员会及其所属各工作部门；县级以上各级人民代表大会机关；县级以上各级人民政府及其所属各工作部门；县级以上各级政治协商会议机关；县级以上各级人民法院、检察院机关；县级以上各民主党派机关；乡、镇中国共产党委员会和人民政府，以及街道办事处等。

(6) 各种法人分支机构。包括企业法人分支机构或经营单位；机关法人、事业单位法人和社会团体法人的分支机构、派出机构或代表机构等。

(7) 各级工商行政管理机关审批成立的独资合伙企业。包括个人独资企业、合伙企业。

（8）各类个体经营业户。包括各级工商行政管理机关审批成立的个体工商户、国务院民政部门和县级以上地方各级人民政府民政部门审批成立的合伙性质民办非企业单位、个人性质民办非企业单位。

（9）自然人。包括依法可独立享受民事权利并承担民事义务的公民个人，在我国居住的外国人和无国籍人。

2. 建立纳税主体监控体系

由于纳税主体信息主要来自于工商行政管理等政府部门，《税收征管法》及其实施细则明确了工商行政管理等部门与税务机关的信息交换制度；并规定地方各级人民政府应当积极支持税务系统的信息化建设，并组织有关部门实现相关信息的共享。这为打破政府各部门之间的信息屏障，加强对纳税主体信息监控的提供了法律保障。

（1）在当地政府的领导下，明确各政府职能部门的协作责任，以及纳税人信息传递的内容、方式等，建立协作配合考核制度。对信息化程度不高的部门，纳税主体信息可以纸质、磁盘等方式进行传递、采集；对信息化程度较高的部门，如工商等部门，可以进行联网采集。

（2）优化、重组各职能部门的审批管理流程，积极探索税务登记审批前置。在政府的协调下，优化、整合各职能部门的管理流程，实现信息联网，推动税务登记手续的强制性前置。

（3）整合国家税务局、地方税务局税务登记管理职责、权限。明确划分国、地税税务登记管理的职责，在税务机关内部实现税务登记代码的统一，建立统一的税务登记数据库，实现国地税统一办证。

（4）对税务登记证件进行必要的改革。长期以来，税务登记证件以纸质的单一形式存在，限制了税务登记证件在更大范围内的作用发挥。在政府部门、社会机构信息技术应用不断扩展深入的条件下，积极探索实施“办税一卡通”等形式，以IC卡甚至数字证照代替纸质的税务登记证副本、发票领购簿等税务证件，登录纳税人所有涉税信息，广泛应用于税务登记、纳税申报、申请减免退税、发票领购等税务领域，同时还可以为实行统一的税务登记编码制度奠定基础。

（5）建立纳税人信息快速查处、反馈制度。在各级税务机关建立纳税主体信息采集机构，及时采集、接收纳税主体信息，利用信息技术对采集的纳税主体信息进行登记、甄别。如，按照信息所在行政区域和税收征管范围，传递信息到所属税务机关，具体由税收管理员按照税法和征管规程的规定，认真落实涉税信息，并及时反馈信息查处结果。

（二）对经济活动的监控

税收政策实施的标的物是纳税人生产经营的过程及结果。由于税收具有内在的调节功能，使得税收政策法规的标的物不仅涉及纳税人生产经营的过程及结果，还包括纳税人的资产、行为等各种相关经济活动。确定税基是纳税监控业务对经济活动实施监控的基本要求，从经济与税收的关系来看，税基来源于社会产品价值 C + V + M 中的国民收入 V + M 部分，它们又分别构成不同税种的税基。其中，V 是新创造价值中进行必要扣除后归劳动者个人支配的薪酬部分，它主要构成个人所得税等税种的税基；M 是剩余产品的价值，主要构成企业所得税的税基。而现代税收理论中对商品流转额的课税税基又涉及全部的社会产品价值 C + V + M，同时纳税人资产最终来源于收入的积累，这意味着必须把纳税人的全部经济活动纳入纳税监控的范围（如图 4 - 5 所示）。

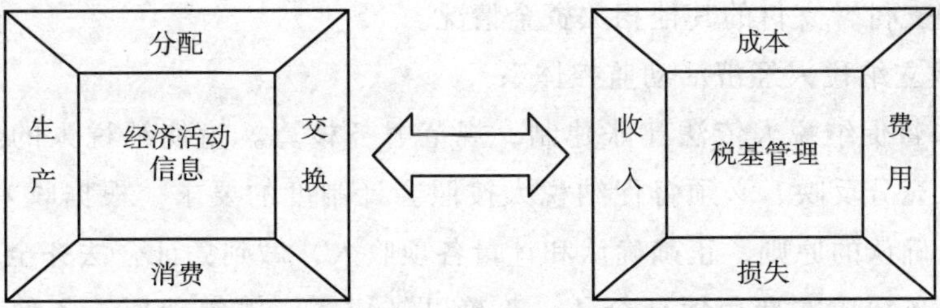

图 4 - 5　对纳税人经济活动的监控

1. 对经济活动的监控范围

根据社会再生产理论，纳税人的生产经营过程，不仅是一个物资和服务产品的生产过程，而且是一个资金循环流转的过程。在现代市场经济条件下，物资、资金、信息构成了纳税人经济活动运转的三大要素。其中，物资流是纳税人赖以生存的基础；资金流是纳税人和社会化大生产相联系的财产物资的货币表现形式，最能反映纳税人的生产经营状况和赢利水平；信息流则是纳税人物资流、资金流的表现形式。对纳税人经济活动的监控主要通过对信息流的监管实现对物资流、资金流的掌控。

（1）物资流管理

①存货（劳务）管理：掌握纳税人各种存货（劳务）种类及购进、入库、

发出、耗用、盘点，以及设计生产能力、生产工艺、主要原料、主要产品等情况。

②待处理财产损失管理：掌握纳税人在财产清查过程中查明的各种财产盘盈、盘亏和毁损等情况；了解对非正常损失购进货物以及非正常损失的在产品、产成品所耗用的购进货物和应税劳务增值税处理，以及财产损失的企业所得税税前扣除情况。

③固定资产及在建工程的管理：掌握纳税人固定资产、在建工程的增减变化。通过分析固定资产及在建工程变化，了解与固定资产、在建工程购建有关的税种税基变动情况。

（2）资金流管理

①资金收入管理：了解纳税人销售商品、提供劳务收到的资金、其他业务收入、应收账款及其他应收款项、借款收回、收回的其他相关资金情况。

②资金流出管理：了解纳税人购入存货、购建固定资产及在建工程、接受劳务等支付的资金、应付账款及其他应付款、税款支付、银行贷款本息支付、各种费用支付，支付的其他相关资金情况。

2. 建立纳税人经济活动监控体系

（1）督促纳税人依法建账建制，规范财务核算。为使纳税人的经济活动信息得以充分反映，必须督促纳税人按照会计制度的要求，根据收入的性质，按照收入确认的原则，正确确认和计量各项收入，做到凭证合法齐全，入账及时足额；各项成本费用凭证合法，正确结转成本、摊销费用。各种存货的购进、发出、盘点及产成品出入库手续完备，原始凭证合法齐全，计量计价准确无误；准予扣除项目计算正确；按月结账，及时编报财务会计报表，做到账表、账实相符，并按规定保存账簿、进货凭证、销货凭证和其他会计凭证、报表、完税凭证，以及其他纳税资料。

（2）推广应用税控装置，提高税基监控的科技含量。《税收征管法》规定“纳税人应该按照税务机关的要求安装税控装置”，这为税控装置的推广应用提供了法律依据。自 1997 年至今，我国税务机关已推广应用了税控加油机、出租车税控计价器和税控收款机等税控装置，应用范围在不断扩展。实践证明，使用税控装置的效果非常明显。由于税控装置能够置于经济活动的事前、事中，对纳税人的流转额实施监控，可如实反映纳税人的收入情况，保证计税依据和有关涉税数据的正确生成、传递、存储，遏制经济交易过程中的作假现象。随着税控装置在各个行业的推广应用，税务机关可有效掌控纳税人的流转额。

（3）实行“以票控税”。在现阶段，发票仍然是经济单位之间进行各种经济活动、商品交易的重要原始凭证，与税基管理密切相关。现行发票改革的措施主要包括：推行有奖发票和发票违法举报奖励，调动消费者索要发票的积极性；提高发票印制、使用、识别的科技含量，逐步用电子数码防伪替代纸质材料防伪；简并发票种类，推广机打发票和定额发票，逐步取消手工发票；建立发票税控管理信息系统，实现对发票数据的信息化处理。

（4）通过金融部门掌握纳税人的资金周转情况。《税收征管法》规定从事生产、经营的纳税人应当按照国家有关规定，持税务登记证件，在银行或者其他金融机构开立基本存款账户和其他存款账户，并将其全部账号向税务机关报告。由于这一规定在落实中存在机制缺陷，当前需要加以改进：一是改变单纯由纳税人向税务机关报告银行账号的方法，采取由税务机关和人民银行开户管理部门直接联网的方法，实时取得纳税人开户信息；二是探讨建立商业银行定期向税务机关报告各开户企业一定时期内资金周转情况的报告制度。税务机关与金融部门的信息共享，可以同时满足两者的信息需求，实现“双赢”。

（5）加强收入支付方向税务机关进行全员全额明细报告的制度。主要用于控管个人所得税纳税人的收入。为纳税人个人建立收入档案，通过扣缴义务人向税务机关进行全员全额明细申报，以取得收入的个人居民身份证号为标识，对纳税人从不同渠道取得的收入进行汇总，掌控纳税人一定时期内的收入。

（6）依法核定。在上述方法难以掌握纳税人税基的情况下，由税务机关根据《税收征管法》的规定，采取一定的程序和方法，依法核定纳税人的税基。

四、管理基础

由于纳税监控面覆盖国民经济的各产业、行业，以及生产、交换、分配、消费等各环节，必须将纳税人及其收入、财产、行为等情况全面纳入监控视野。信息化条件下的“以数管税”，把数据形式表现的纳税人实物数量及其收入、财产、行为等价值数量作为纳税监控的对象，实现对涉税数据的加工应用，通过对涉税数据的监控管理，突破了传统管理方式下纳税监控面窄、管理层次低、管理粗放等问题，能够有效扩大税务机关对税源的监测面、控制面，提高纳税监控质效。“以数管税”的实现，不但需要一定的技术条件，还需要有规范的管理基础。多年来，我国各级税务机关通过不断健全完善税收征管体制机制、方式手段，使构建“以数管税”的纳税监控体系具备了规范坚实的管理基础。这些管理基础性工作主要包括（如图 4－6 所示）：

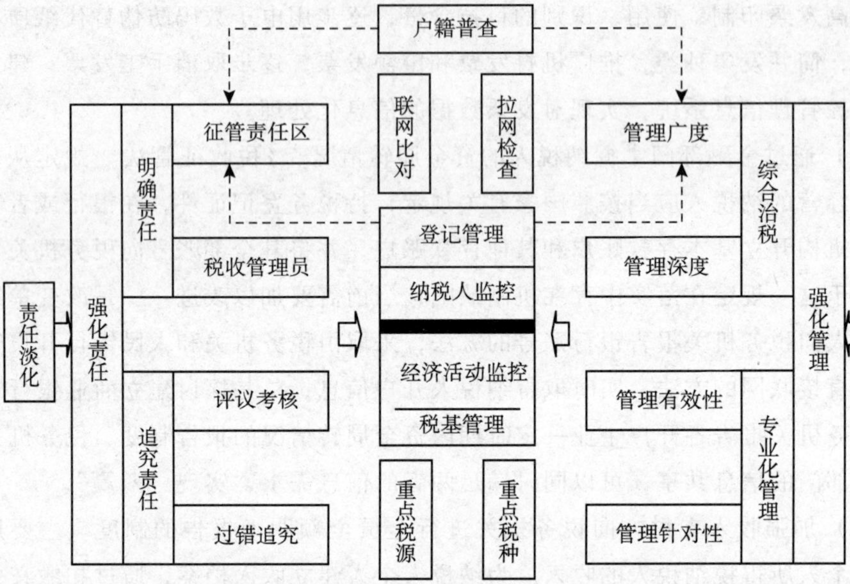

图 4－6　纳税监控基础性管理工作示意图

（一）税源专业化管理

专业化是现代社会化大生产和社会经济运行的有效方式和手段，核心要义是分工与协作，分工的科学化和合理性决定专业化管理的水平，协作的衔接方式和紧密程度决定专业化管理的效率。专业化管理的主旨是形成精细的分工、紧密的协作和有效的制约，合理配置资源，产生最大效益。实行专业化管理是应对经济税源复杂变化、实现社会化大生产格局下的“以数管税”、提高纳税监控质量和效率的必然需要。国家税务总局因此将税源管理专业化作为当前税收征管工作的一项重中之重，提出了科学分类税源、按专业化要求调整职能岗责、建立税源管理专业化运行机制、优化人力资源配置、强化信息化对专业化的支撑等工作任务。纳税监控业务管理专业化的基本内涵包括：

——管理对象的科学分类。对管理对象的科学分类是为了有针对性地明确管理分工、资源配置的导向，是推进管理专业化的基本出发点。随着市场经济的发展、产业结构的调整和企业改制的深入，经济主体的状况和变化日趋复杂，面对行业门类众多、经济规模各异、经营方式多样、核算水平参差不齐、纳税信用高低不一的纳税主体，只有进行科学分类，才能实施有针对性的管理，提高纳税监控水平。对纳税人的科学分类，目的是准确把握纳税人规模、行业等特点和规律，按照控制税收风险的先后排序，有针对性地细化管理分工，形成协作配合，引导资源的优化配置，提高管理效益。纳税监控业务的专业化可借鉴企业细分客户、区别需求、提供服务的专业化经营管理理念，按照管理对象的特点进行细分，据以设置机构和职能，确定管理需求，定制管理策略。对纳税人科学分类的方式、程度和层次，决定了专业化的水平。对纳税人的分类有分规模、分行业、分税种、分类型等多种方式，需要结合实际合理选用不同的方式，设定科学的标准。如，依据对纳税人规模的分类设立大企业管理机构，已成为国内外普遍通行的做法。如，澳大利亚于 1994 年率先建立了大企业与国际管理局；英国国内收入局于 1997 年建立了大企业办公室，下设 19 个分局和 15 个行业办公室；新西兰、荷兰等国也先后建立了此类机构。1998 年，美国进行了 50 年来最大的税务机构改革，将 4 个大区局和 33 个地区局变为按纳税人规模和类型设置的 4 个业务局，分别为大中企业、小企业和独立劳动者、工资和投资收入、免税者和政府部门四类管理部门，其中重中之重是大中型企业局，下设 5 个行业分局；美国对纳税人的细分程度很高，如将薪酬和投资纳税人分为低收入简单申报、高收入简单申报、中等家庭、复杂申报、离婚/分散的个人、账户到期且没有申报、稍老的/退休的纳税人七类，针对性极强地分析各类纳税人的具体需求，提出针对需求的服务和管理策略。美国、英国、澳大利亚等发达国家实行专业化分类管理、建立大企业管理机构的做法，有利于管理的专门化、成本的最小化、服务的最优化，有利于执法的统一性、人才的集聚性、复杂问题处理的有效性。在我国，国家税务总局也已于 2009 年设立了大企业管理司，省级国税机关的大企业管理机构也都已经成立。基于纳税人的特点，突出以重点税源为重心的专业化分类管理成为我国税源管理的发展趋向。

——内部管理的专业化分工。管理分工是税源管理专业化的主要内容和最终实现方式。它是基于对纳税人的分类，在税务机关内部进行管理结构的优化调整。既要打破传统的按区域“包户到人、各事统管”的管理方式，又要科学选用、合理组合与之相适应的各种分类管理方式，调整管理职能，细化岗位职责，重组再造流程，优化资源配置，形成专业化管理格局。主要包括两个方面，在纵向上，按照不同的管理职能，将税源管理职责分解到中央、省、市、县、所和税收管理员各层级，细化分工，优化流程；特别是在基层一线，通过分规模、分行业、分业务事项等不同管理方式的科学组合，实现专业化分工。在横向上，明确相关部门的税源管理职能，建立工作衔接程序和合作制度，在管理层实现一体化专业协作。整体形成纵向上下联动、横向协作互动的专业化、立体化税源管理体系。内部分类管理方式的选择取决于对税源状况的分析和管理需求的把握，包括分规模、分行业、分类型、分税种、分遵从度和信用等级等多种方式，现阶段较为普遍适用的主要有分规模、分行业、分业务事项三种，三种方式各有优劣，适用对象、层次、范围不尽相同：

第一，分规模管理，即在一定范围内打破局部地域界限，根据纳税人的经营规模，按照重点税源和非重点税源等类别，设置机构的管理职能和专业的管理岗位。其优点在于：这种方式能够体现防范税收风险的先后次序，抓住不同经营规模企业在内部控制和会计核算等方面的差异，不同规模税源在征管方式方面的差异，以及不同规模税源间的问题矛盾，采取有针对性、实效性的管理措施，将征管资源有效配置到重点税源控管上，优先控制和防范重点税源的流失，有效控管主体税源。不足之处是：区域性差异较大，规模划分标准不易统一；较注重点上的管理，不易实现线上的监控；在税源分散的情况下，重点税源集中管理会给纳税人带来一些不便。

第二，分行业管理，即在一定范围内打破局部地域界限，按照行业系统和隶属关系，设置机构的管理职能和专业的管理岗位。其优点在于：有利于了解同行业纳税人的经营管理方式和会计核算特点，把握行业的经营运作规律、行业规则，以及生产工艺流程、能耗、物耗等方面的内容，将纳税人置于行业纳税人群体中进行评估分析，对同行业纳税人点、线特征的掌控相对分规模管理更为精准，管理的针对性更强；有利于引导资源的合理配置，培养行业管理人才。不足之处在于：所管纳税业户大小不一、相对分散，易出现漏征漏管情况；不少企业经营项目过多、行业交叉、不易细分；虽然有利于加强线上的监管，但对重点税源的管理较为分散。

第三，分业务事项管理，即按照管理的不同业务事项，设置机构的管理职能和专业的管理岗位，细化工作分工，按事设岗，分岗管事。其优点在于：管理业务按事项分类设岗，管理人员按岗位明确分工，工作专业性强，有利于提高工作熟练程度和人员的岗位技能，优化人力资源配置，提高工作质量和效率，相互制约较为有效。不足之处是：此种方式主要基于内部的分工与协作，难以把握纳税人的行业、规模等特点，税源信息的掌控较为零散，不利于税源整体情况的分析、掌控、预测；如果分工过细会带来协作成本的提高，影响工作效率。

其他分类管理方式诸如：根据纳税人经营方式和组织形式分类，将纳税人划分为股份制企业、独资企业、企业集团、关联企业等不同类型，实施分类管理；根据纳税人缴纳的税种分类，一般可分为流转税、所得税、财产行为税等类型，实施分类管理；根据纳税人遵从度分类，可分为纳税遵从和纳税不遵从，再将纳税遵从具体细化为忠诚性遵从、制度性遵从、防卫性遵从，纳税不遵细化为自私性不遵从、无知性不遵从、懒惰性不遵从、情感性不遵从等类型，采取有针对性的管理措施；根据纳税人信用等级分类，可将诚信纳税程度分为三或四类，不同等级采取不同的管理措施。这些分类方式较分规模、分行业在实效性、可操作性上有较大的欠缺。在对纳税人进行分类时，可根据纳税监控业务的需要和管理实际，适当选择不同的分类管理方式或选择不同分类管理方式的合理组合。从我国当前的纳税人和税收征管状况，以及纳税监控业务的工作实际来看，分规模、分行业和分业务事项三种专业化管理方式较为普遍适用，在实际操作中，这三种分类管理方式需要因地制宜、相互结合，理顺先后次序，明确主辅关系，进行科学组合、合理搭配，据以确定职能调整的方向、管理分工的方式。

——人力资源的优化配置。人力资源的科学合理配置决定了专业化的质效。推进管理专业化，需要根据分类管理的需求，按照机构、部门、岗位的职能，科学合理地配置人力资源。在管理层，最大限度地集中专业人才，组建管理团队，发挥规模效益；在操作层，依据岗位工作职责和税收管理员的技能、能级，进行合理配置，做到人尽其才、才尽其用，保障专业化管理职能的有效落实。

——信息化对专业化的支撑。信息化是专业化分工协作的基本支撑，是实行“以数管税”的主要技术手段和资源。推进管理专业化，首先需要按专业化的要求，调整软件系统的职能、岗责、权限、流程，将全部业务事项统一到任务管理平台上，实现工作的自动推送、网上流转和流水作业，提高工作质量和运转速效，降低工作成本；其次，根据“以数管税”的要求，依托信息化，实现信息的收集、传输、存储、加工、维护和应用，不断提高、扩展、深化信息分析利用水平。

【案例】　山东等地地方税务局税源分类管理思路

山东地税提出“抓大、控中、定小”工作思路，构建以专门的税源管理机构为中枢，以“分级、分类、分岗”管理为主要内容，以基层一线专业分工为基础，以一体化部门协作为保障的专业化管理格局。具体而言，就是在设立省、市、县三级税源管理机构，由税源管理机构承担重点税源纳税评估职能的基础上，实行“分级”管理，即划分不同规模的重点税源户，分别由省、市、县三级税源管理部门实施评估管理；“分类”管理，即结合税源的规模和行业特点，采取相应的分类管理方式和机构职能设置方式，对不同类型的税源实施有针对性的管理；“分岗”管理，即在基层一线按照业务事项设置岗责体系，实行按事设岗、分岗管事。

广东地税提出了“抓大、控中、规范小”的工作思路，推出了“内分离”和“外分离”相结合的专业化税源管理模式。

浙江地税提出了“抓大、评中、定小”的分类管理思路，实行了人对事、事对户、间接式的税源控管模式。

来源：山东省地方税务局、广东省地方税务局、浙江省地方税务局

（二）税收管理员制度

税收管理员是纳税监控业务的具体实施者和直接操作者，税收管理员制度是纳税监控体系运行最底层的一项基础管理制度。税收管理员承担的纳税监控业务主要包括日常监控、纳税评估、日常检查等。

——日常监控：包括掌握辖区内的税源户籍变动情况，发票使用情况，调查核实纳税业户的生产经营、财务核算情况，进行税款催报催缴，核实管户申报纳税情况，提出一般性涉税违章行为纠正处理意见，进行税源调研分析等。

——纳税评估：包括评估分析、约谈举证、评估疑点的调查核实、评估处理等。

——日常检查：包括注销登记检查、发票检查、发票协查、所得税汇缴检查、按计划或根据征管需要进行日常的税务检查。

从当前税收征管的发展趋势来看，税收管理员制度面临着两项重大调整：其一是纳税评估职能尤其是重点税源评估分析职能的上收。这是因为评估分析是一项专业性强、复杂程度高的工作，评估分析人员不仅要精通税收、财会业务，而且还要能够利用信息数据和各种方法对纳税人申报的真实性进行定性分

析和定量测算，税收管理员很难完成；由上级管理部门承担纳税评估职能，不但能够解决税收管理员的素质欠缺问题，而且由于上级管理部门可掌握大量信息，能够在较大范围内通过行业评估发现异常户，实现面、线、点的有效结合，不仅有利于强化税源的分类管理，还可有针对性地加强对基层一线税源管理工作的指导。国家税务总局因此曾提出将评估分析、风险监控等职能上收到县级以上税务机关。由于纳税评估业务开展过程中单级运作推行较难，“多级平行，各负其责，上下联动，互为补充”或成为解决途径。其二是实现由“管户”为主向“管事”为主的转变。“管户”与“管事”是多年来的一个热点、焦点问题，经历了一个长期的演变、更替过程，管户制由于具有管理到户、责任到人、方便沟通等优势，长期以来在堵塞漏征漏管、动态监控纳税人、收入计划落实、统计调查和纳税辅导等方面发挥了重要作用。但随着形势的发展，税收管理员管户制度的问题逐渐显现出来：人少户多、人少事多的矛盾突出，人员素质难以适应纳税人经济活动、财务制度、经营方式和税收政策等的复杂状况，划片管户、各事统管的方式，保持着税收管理员和纳税户的直接联系，难以实现有效制约，容易产生执法风险和廉政隐患。随着管理基础的日益规范，特别是税收信息化建设应用的不断深入和涉税数据的高度集中共享，已经能够弥补管事制的不足，具备了由“管户”向“管事”转变的条件。基于此，由“管户”向“管事”转变提上了重要议事日程，由“管户”为主向“管事”为主的转变，可以将税收管理员从复杂繁重或力不从心的工作事务中解放出来，有利于提高岗位技能，做到人尽其才，才尽其用；能够与信息化的流程管理相匹配，提高工作质效；可以准确把握纳税人的需求，提高纳税服务的针对性，规范性；还可打破税收管理员与纳税人的固定关联，有效防范执法风险。受管理状况和条件的影响，由“管户”转向“管事”还需要一个较长的演变过程，但已成为管理方式转变和税收管理员制度调整的必然发展方向。

（三）社会综合治税

社会综合治税是以税收法律、法规为依据，依靠各级政府、部门和社会机构的支持，实现第三方涉税信息采集共享，依托社会资源对部分税收委托代征的一项管理措施。首先，其最主要的作用是实现税务机关与外部的信息交互，促进除纳税人和税务机关外的第三方涉税信息的高度共享，为“以数管税”提供必要的数据资源。社会综合治税已成为当前第三方涉税信息采集共享覆盖面最大、涉及面最广的一项管理措施。其次，综合治税能够充分利用社会资源，把部分易漏难管的税收征收上来，解决零散税收征管的老大难问题，降低征收成本。通过大范围的社会协税护税，优化治税环境。社会综合治税的主要工作内容包括：

1. 建立健全政府综合治税组织体系。政府领导是综合治税工作的关键，在政府统筹协调下才能调动各部门、各单位参与综合治税的积极性。因此，要建立政府社会综合治税工作组织领导机构，根据工作需要，明确组成部门及人员，明确各相关部门、单位的综合治税责任和义务，将综合治税工作纳入政府日常行政工作范围，并进行政务督查，发挥政府社会综合治税机构的组织、协调和指导作用。

2. 建立健全综合治税网络。在各级健全以单位、部门提供涉税信息和接受委托代征税款为主要内容的综合治税网络，每个相关单位指定信息员。

3. 明确综合治税信息来源渠道和采集范围。

4. 健全第三方信息采集机制。信息采集形式主要有：一是通过建立信息技术平台采集信息。主要是与工商、技术监督、统计、审计、公安、建设等部门联网，依托信息化实现信息交换和共享；在联网条件无法满足的情况下，可利用各类磁介质手段传递和采集信息。二是实行派员制采集信息。由税务机关固定专人，分别派至或跟踪几个部门，及时收集有关涉税信息。三是实行联审制采集信息。与有关部门联合，对有关项目的审查审批、注册登记等实行联合审批，在项目实施的最初环节实现信息共享和交换。四是实行聘员制采集信息。在有关部门和单位，以及居委会、行政村等聘请专门的涉税信息采集员，签订协议书，明确相关责任、义务和权利，广泛采集和传递涉税信息。通过完善信息采集机制，确保第三方涉税信息采集的准确性、连续性、及时性，最大限度地提高税务机关掌控税源信息的能力。目前，建设应用外部信息交换系统实现第三方信息的交互共享，已成为国家“金税三期”和部分省份税收信息化建设的一项重要内容。

5. 建立涉税信息处理反馈机制。对各种渠道采集的第三方涉税信息进行筛选和分析，剔除无用信息，将有效信息按统一标准进行分类。对于能据此直接加强税收征管或者直接实现税收收入的信息，按照税收征管责任区的划分，及时下达给税收管理员，将应税信息反映的税收事项纳入正常管理。在强化涉税信息处理的同时，对传递的每一条涉税信息及时跟踪问效，确保各项涉税信息利用到位、征收到位；对于宏观税源信息，可作为进行税源分析、支持领导决策的依据。

【案例】　山东地税推行社会综合治税

山东省地方税务局自2003年起开始推行以整合信息、促进协互、加强控管为主要目的，以“政府领导、部门配合、社会参与、地税主管、信息化支撑”为主要内容的社会综合治税，建立起了包括政府领导分管、组织机构保障、沟通联络渠道、督导落实制度、考核奖惩措施等在内的社会综合治税长效工作机制，极大地提高了第三方涉税信息的共享程度，扩展了委托代征的范围，为实行“以数管税”创造了必要的条件。山东省政府办公厅两次发文在全省推行，国家税务总局也进行了推广。

来源：山东省地方税务局

（四）税源普查、调查

税源普查、调查是采集纳税人有关税源信息的一项重要的日常管理措施。主要内容包括：

1. 实施定期户籍普查。在属地管理原则下，由税收管理员对一定地域范围内的纳税人进行拉网式检查，对漏征漏管户进行清理。也可在政府统一组织下，由工商、税务、技术监督、公安等部门组成联合普查组，对不按规定办理有关税务登记手续的纳税人进行清查、处罚。

2. 定期实施重点税源、税种调查。根据税制结构构成情况，对重点税源企业及增值税、营业税、企业所得税等重点税种抽取一定的样本企业进行税源调查。了解掌握重点税种税收总体情况、税源基本状况、法定税基确认调整情况、税负情况等。

统筹上述理念基础、技术支撑、管理要素、管理基础等因素，是规划、设计纳税监控体系的基本前提，上述因素贯穿和支撑纳税监控体系的全过程。

第二节　纳税监控体系的建构

建构纳税监控体系，应充分体现“以数管税”的要求，以涉税数据采集、分析、应用为主线，重新优化管理职能，细化岗责体系，完善管理制度，重组业务流程，架构技术支撑，达到提高涉税数据监控管理能力，改善征纳双方信息不对称状况的目的。数据采集、分析、应用构成纳税监控体系的整体框架，其中，数据采集是“以数管税”的基础和前提环节，数据分析是“以数管税”的核心环节，将数据分析后形成的信息应用于管理是“以数管税”的效益实现环节；同时，还需要在这一过程中切实加强数据质量管理，充分满足“以数管税”的需要。

一、涉税数据的采集

涉税数据采集作为纳税监控体系的基础前提环节，直接决定了“以数管税”能否具备必要的数据资源，具有真实、完整、及时的涉税数据才能满足数据加工分析的需要。涉税数据采集需要科学划分采集内容、拓宽采集渠道、改进采集方式，累积充分可靠的涉税数据资源。

（一）涉税数据的分类

对涉税数据进行科学分类，有助于明确数据采集的总体导向。涉税数据是反映纳税人生产经营变化情况和国民经济宏观发展变化状况的各种数据，它包括纳税人的自然状况、生产情况、财务指标等，也包括各类产业、行业、地区的经济发展状态。根据不同角度和口径，可将涉税数据分为不同的种类：

按数据来源分，可分为纳税人数据、税务机关内部数据和第三方数据；按数据形态分，可分为动态数据和静态数据；按数据反映对象范围分，可分为微观数据和宏观数据；按涉及的征管业务分，可分为申报征收类、服务类、稽查类、计统类、税收法制类等数据；按数据载体分，可分为电子数据和纸质数据。

（二）涉税数据的采集渠道

纳税监控业务所需要的涉税数据采集主要来源于以下几个渠道：

1. 纳税服务体系：在现代税收征管系统中，纳税服务体系在实现对纳税人服务职能的同时，掌握了与纳税人及其生产经营直接相关的税收数据。如税务登记、发票发售代开、审核审批、认定管理等服务业务，涉及纳税监控所需的户籍、财务、减免、应纳税种等数据。

2. 申报征收体系：申报征收体系在实现自身职能时，采集、生成了纳税人财务报表、各税（费）纳税申报、税款入库等数据，以及产生的未申报、逾期申报、异常申报、欠税等数据。这些都是纳税监控业务所必须的税收数据。

3. 社会综合治税网络：由于纳税监控对象的复杂性，税务机关需要政府各职能部门、金融保险、社会中介、扣缴义务人等各方面的广泛支持，采集纳税监控所需的各类第三方数据。

4. 社会举报：通过社会举报提供涉税数据可实现对各种税收违法违章行为的快速打击。

（三）采集方式

涉税数据来源渠道多、数量大，采集方式的优劣将直接影响涉税数据的采集质量和效率。在目前社会信息化网络监控尚不发达的条件下，应实行人机结合的方式进行采集，努力扩大信息化等自动采集方式。

海量涉税数据的采集应依托信息技术实现电子化采集，电子化采集主要通过各类软件系统，以数据电文、磁介质载体等形式，实现各类纳税人涉税数据、税务机关内部业务数据的采集和外部第三方数据的交换。

纳税监控对数据质量的高要求，决定了涉税数据采集在依托信息技术的同时必须充分发挥工作人员的作用。人工实地采集主要是通过税收管理员或专门的检查人员深入企业实地调查、普查、汇查等方式，动态采集纳税人与税收有关的经济活动信息，作为补充、验证纳税人户籍和申报、财务等数据的可靠依据。

（四）采集内容

基于纳税监控业务的需要，涉税数据采集的具体内容主要包括：

1. 户籍数据

（1）登记数据：通常为税务机关常用的相对固定的静态数据，如纳税人识别号、纳税人名称、经营地址、经营范围、法人代表、行政隶属关系、企业登记注册类型、国民经济行业分类等。

（2）账户账号数据：主要采集纳税人开户银行名称、地址、账户类型、账户账号、开（销）户时间等数据，以掌握纳税人银行开户情况。

（3）组织机构数据：主要采集纳税人分支机构、关联企业名称、生产经营地址、管理控制关系、享受优惠政策等数据。

（4）资本构成数据：主要采集企业股东姓名（名称）、地址、投资方式、投资金额、投资比例等数据。

（5）生产流程数据：主要采集纳税人基本生产设备、设计生产能力、基本生产工艺、主要原料、主要产品等数据。

（6）合并（分立）数据：主要采集纳税人合并（分立）原因、合并（分立）前基本情况和欠缴税款数据，以及合并（分立）后的基本情况。

2. 发票税控数据

采集纳税人发票领购资格认定、发票计划、发票领购、发票开具、发票缴销、发票结存和税控装置的申购、变更、注销、IC卡报数以及授权等数据。

3. 财务会计数据

（1）财务会计制度种类数据：根据纳税人实际执行的会计制度类型采集，主要包括分行业企业财务会计制度、新企业会计制度、新金融企业会计制度、新企业会计准则、事业单位会计制度、行政单位会计制度、小企业会计制度、民间非营利性组织会计制度等。

（2）会计核算软件数据：采用电子计算机记账的纳税人，应采集记账软件的名称和版本号，批准使用的机关、软件使用说明等数据。

（3）账簿设置数据：纳税人按照《中华人民共和国会计法》、国家统一的会计制度和会计准则的规定，设置必要的会计科目，建立并正确登记各类总账及相应的明细账、日记账和其他辅助账，进行会计核算，及时提供合法、真实、准确、完整的会计信息。纳税人一般应设置以下账簿：总账、现金日计账、银行存款日计账、费用类明细账、成本类明细账、存货明细账、固定资产类明细账、相应项目的备查账、各项往来明细账以及设置的其他账簿。

（4）核算方式数据：根据纳税人核算方式不同，可分为独立核算与非独立核算。

（5）会计报表数据：按纳税人所适用的会计制度编制财务报表不同种类，采集资产负债表、利润表、现金流量表及各种附表数据。

（6）会计处理方法数据：采集纳税人根据统一财务会计制度规定，依据自身生产经营实际情况确定采用的会计处理方法数据，包括：收入确认方法，如建造合同按照完成合同法确认收入，还是按照完工百分比法或其他方法确认收入；低值易耗品摊销方法，包括一次摊销法、分期摊销法、五五摊销法；折旧方法，包括直线折旧法（平均年限法、工作量法）、加速折旧法（双倍余额递减法、年数总和法等）；成本核算方法，纳税人结合生产工艺流程，根据财务会计制度规定采用的具体的产成品、半成品成本计算方法、存货计价方法、间接成本分配方法；坏账损失核算方法，包括直接转销法、备抵法；企业所得税会计处理方法，包括应付税款法、纳税影响会计法（债务法、递延法等）。

4. 申报纳税数据

采集增值税、营业税、企业所得税、个人所得税、城市维护建设税等各税种申报数据，以及未申报、零申报和申报异常变动等数据。

5. 房产数据采集

采集纳税人房产购建日期、座落地点、房屋用途、房屋结构、房屋建筑面积、房屋使用面积、房屋原值、法定免税原值、房屋余值、房屋租赁收入等数据。

6. 土地数据采集

采集纳税人土地坐落地点、土地价值、土地等级、占用土地总面积、免税土地面积、应税土地面积等数据。

对房地产开发纳税人，采集项目名称、项目地址、受让（行政划拨）时间、建设项目起讫时间、预算成本、开发土地面积、开发建筑面积、转让房地产面积、转让房地产收入等数据。

7. 车船数据采集

采集纳税人拥有的车船种类、数量、单位税额等数据。

8. 税种数据采集

采集纳税人适用的税种、税目、税率等数据。

9. 第三方数据采集

第三方数据采集的内容主要包括来自工商、质监、民政、建设、经贸、交通、国土、房产、公安、财政、物价、电力和乡镇、村街等有关政府部门和行业，银行、保险等金融机构，以及某些电子商务平台形成的第三方涉税数据。

10. 其他数据采集

主要采集与纳税监控有关的其他数据，包括：

（1）股票相关数据：主要采集企业股票发行价格、股本结构、股票价格波动、企业公告等数据。

（2）社会举报数据：采集各种涉税举报数据。

（3）调查、普查数据：采集各种调查、普查数据，如营业税税源调查、企业所得税税源调查、房产税税源调查、土地使用税税源调查等数据。

（4）所得税汇算清缴数据：采集所得税汇算清缴调整项目、金额、应纳税所得额、应补退税等汇算清缴数据。对亏损的，应采集纳税人延续弥补亏损年度、纳税申报年度，按照税法规定调整后的亏损或所得额、盈利年度弥补以前年度的亏损额或亏损年度被弥补的亏损额、盈利年度弥补亏损后的应纳税所得额或亏损年度未弥补的亏损额等数据。

（5）历史数据：采集纳税人的各种历史数据，包括生产能力、产品结构（比例）、收入、成本、费用、税收实现等数据。

二、涉税数据的分析

涉税数据分析是"以数管税"的核心环节，从根本上决定了"以数管税"的效益。其作用是将采集到的原始涉税数据通过归集整理、比对评估、深度挖掘等方式转化为有价值的税源信息，据以使税务机关对纳税人的纳税状况作出准确的判断，发现税收疑点，实现堵漏增收，纠正纳税不遵从行为。

（一）涉税数据的归集

涉税数据的归集是在对采集的海量数据进行甄别的基础上，按照纳税监控工作的需要，进行数据的分类存储、口径转换和抽取调用。

1. 分类存储

分类存储是对采集的涉税数据按照一定的分类标准进行归集，确保涉税数据存储规范。分类存储标准可根据涉税数据来源划分，如第三方数据，可按照工商、公安、技术监督等不同来源部门进行分类存储；也可按照业务类别划分，如将工商、技术监督、民政等关于登记管理的数据进行分类存储。

2. 口径转换

口径转换是根据数据的国家标准或税务行业标准对涉税数据进行的标准化处理，或在功能指向趋同的涉税数据间进行的关联影射，以满足不同来源涉税数据加工比对的需要。如在利用公安机关的车辆登记信息进行车船税差额比对中，需在车辆"车牌号码"与"行政区划对应的税务机关代码"两者间建立关联。

3. 抽取调用

抽取调用是按照涉税数据加工方法，对已进行口径转换分类存储的涉税数据进行抽取、调用、加工，以反映涉税管理状态的过程。

（二）涉税数据分析的层次

涉税数据分析可分为微观分析和宏观分析两个层次。微观分析主要通过纳税评估来实现，纳税评估作为国际上监控税收的通常做法，在防范税收风险、提高征管能力方面发挥着至关重要的作用，它以审核、评价纳税申报的准确性为主要内容。宏观分析则作用于支持纳税监控的管理决策。为提高涉税数据的分析效益，可将其划分为不同的层次：

1. 涉税数据的直接比对。即通过设置比对指标，即时或定期对相关涉税数据进行比对，发现税收或管理问题。这一层次的评估目前通常被称为日常评估或税收预警，运用于相对简单的纳税监控业务。

2. 涉税数据的综合评估。通过建立纳税评估指标体系或行业评估模型等，综合分析涉税数据，对纳税人纳税申报的真实性和准确性实行综合评估，按照规定的程序，运用不同的评估方法来完成。这一层次的评估目前被称为专业评估或综合评估，运用于复杂程度高的纳税监控业务。

3. 涉税数据的深度挖掘。对涉税数据进行深层次的分析挖掘，作用于宏观税收分析、行业税负监控、税收预测、税收政策评价等方面的决策支持，提升纳税监控的科学化水平和数据的综合分析效益。

（三）涉税数据的分析方法

在涉税数据分析过程中涉及很多分析方法，评估质量及效率的高低，取决于分析方法的正确选择，对不同的涉税管理对象、管理环节和管理任务需要使用不同的分析方法。由于数据分析方法复杂繁多，本书仅列举一些在纳税评估中常用到的分析运算方法。

1. 按照指标参照对象划分，可分为横向分析法和纵向分析法，即与同行业参数值比较分析和与自身上期或历史年度的同期比较分析。

横向分析法是利用税务机关已掌握的纳税人的相关财务数据和纳税数据与根据同行业的标准值设定的参数值（预警值）相比较，找出偏离参数值（预警值）的异常纳税人的方法。

纵向分析法是将纳税人当期的财务指标或征管指标作为基期指标，和本年度的上期指标或历史年度的同期指标进行比对，分析其指标变动趋势，从而找出纳税异常的方法。

2. 按照数据的处理方式划分，可分为直接核对法和逻辑审核法。

直接核对法是税务机关根据所掌握的纳税人的各种涉税数据，与纳税人、扣缴义务人的申报数据进行比较，从而发现申报纳税异常的原因。常用的比对分析方法有：申报数据与鉴定数据的核对；申报数据与税控、发票数据的核对；未申报数据核对，零申报数据核对，以及与相关税种的核对、与外部信息的核对等类型。

逻辑审核法是税务机关根据掌握的各类关联指标之间的逻辑关系，以及各种报表之间的逻辑关系，对纳税人、扣缴义务人的纳税申报内容进行计算分析。

3. 按照加工分析的方式不同，可分为趋势分析法、决策树分析法、差额比对分析法、方差系数分析法、回归分析法等。

趋势分析法是将纳税人连续数期的相同指标或比率数据进行比对，分析其变动趋势是否正常，从而分析纳税人可能存在的纳税问题。

决策树分析法是对复杂的需要多级判断和递进分析的涉税数据，通过多层运算和选优，寻找疑点存在的方向并最终确定纳税疑点的方法。

差额比对分析法是对简单的可直接通过数据差额运算取得结果的一种方法。对简单的可直接通过数据差额运算取得结果的涉税数据进行加工，大量使用此种方法。

方差系数分析法是根据某个涉税数据指标的理想状态和正常数据下允许偏离的幅度（离差系数），判断涉税数据是否在正常区间之内。

回归分析法是根据相关税种计税依据的构成因素和数值，用直线建模，评估整个社会、某个纳税人的纳税程度，找出具体纳税人的纳税差距。

以上分析方法在涉税数据加工过程中既可单独使用，也可结合使用。在具体的涉税数据分析中，应根据涉税数据的不同特点，有针对性地选择加工分析方法，以增加涉税数据分析的灵活性、准确性。由于纳税评估作为纳税监控业务的主导性措施和纳税监控业务体系的核心环节，涉及很多内容，本章将在第三节中加以专门论述。

三、涉税数据的应用

通过多层次、多维度对涉税数据进行概括、归纳、测算、演绎、比对、分析、挖掘，将混沌的数据转变为有价值的信息，使税务机关及时发现、纠正处理纳税人的各种税收违法违规行为，有针对性地实现对纳税人行为模式的纠偏、引导。

（一）登记数据比对应用

根据从工商、民政、技术监督等部门采集的登记数据，应用直接核对法与税务机关已有纳税人登记数据进行比对，从而发现纳税人未按规定办理开业、变更、注销税务登记等问题。通过联网比对，使纳税人户籍管理、登记服务环节前移，改变以往管理方式漏登漏管多、纳税服务不到位的状况。

（二）征收方式鉴定应用

根据采集的生产流程数据、财务会计数据、申报纳税数据、增值税一般纳税人认定数据，了解纳税人账簿设置是否齐全；是否正确确认和计量各项收入、结转成本、摊销费用；存货核算是否准确；是否按月结账并及时编报财务会计报表；是否按规定保存账簿、进货凭证、销货凭证和其他会计凭证、报表、完税凭证以及其他纳税资料；是否根据税务机关税种认定进行相关税种的纳税申报。从而判断纳税人执行财务会计制度的情况和纳税申报情况，决定是否对相关税种实施核定征收。

(三) 关联企业管理应用

根据组织机构数据、资本构成数据、合并（分立）数据、财务报表数据，综合分析企业的组织关系、关联关系、投资比例等情况，根据《税收征管法》第三十六条及其实施细则第五十一条的规定，进行关联企业关联关系认定。通过企业披露的或税务管理员实地调查认定的关联企业间提供劳务、购销业务、融通资金、提供财产使用权、转让财产等关联交易情况，对关联交易定价的合法性、合理性进行跟踪管理。

(四) 催报催缴管理应用

申报征收序列在申报期后期提前生成未申报名单，通过纳税服务软件系统进行申报提醒。征期过后，过滤掉一个月以内的新办户，生成催报催缴名单，根据征管责任区的划分，产生催报催缴文书，落实到税收管理员，同时对催报催缴过程实施控制，将连续三个征收期未申报的纳税人认定为非正常户。

(五) 欠税清理应用

除对欠税依法进行公告外，通过财务报表中的《现金流量表》、合并（分立）数据，结合税收管理员的实地调查，随时掌握欠税企业的资金流入、流出动向，有效监督和协调欠税企业的资金分配，为清理欠税和对欠税企业实行税收保全及强制执行措施提供依据。

(六) 税种、行业税收管理应用

不同涉税数据特别是有关税源的数据，对应不同税种、行业实施税收管理的应用层次不同，具体可分为三种类型：

1. 直接比对确定税收的数据。如国税局增值税、消费税数据、国地税共管个体工商户应纳税经营额数据；发票及税控装置提供的数据等。

2. 发现纳税人及经济活动线索的数据。如建筑工程招投标、土地转让出让、房屋出租数据等。

3. 抵减税收的数据。如小型微利企业、高新企业等资格认定、技术合同认定登记、环境保护、节能节水项目数据等。

4. 掌握客观经济税源状况的分析参考数据。如统计、经贸数据等。

(七) 稽查、检查应用

高度共享的海量涉税数据，科学加工的税源信息，能够打破稽查、检查与日常征管之间的信息孤岛，为税务稽查、检查提供对象，可增强稽查、检查的针对性并提高工作效率。

（八）纳税人信誉等级评定应用

按照综合涉税数据反映的纳税人违反税务登记、纳税申报、账簿凭证管理、税款缴纳有关规定的违法违规行为处理情况，根据纳税信用等级评定的有关办法规定进行纳税人信誉等级评定。

四、涉税数据管理

数据质量是现代税收征管的“生命线”。随着信息化对纳税监控支撑力度的日益增强，涉税数据的重要性愈加凸显，真实、准确、规范、完整的涉税数据成为监控、服务、决策等活动的关键性前提和根本性要素。加强数据质量管理成为实行“以数管税”的根本措施。

（一）数据源头管理

纳税人是涉税数据产生的源头，提高数据质量必须以控制纳税人报送数据质量为前端环节，在管理、稽查、服务等活动中实施相应的配套管理措施。如，稽查部门在实施税务检查的过程中，首先要审核纳税报送的财务、申报等数据的真实性，对于纳税人弄虚作假、编报虚假数据的，应严格按照《税收征管法》的有关规定进行处罚；管理部门在进行评估约谈、汇算清缴时，要重点核查纳税人报送的财务、申报等数据的真实性，对于纳税人弄虚作假、编报虚假数据的，做出相应处理；服务部门在评定纳税人信用等级时，也应将是否诚信报送涉税数据作为重要标准。

（二）涉税数据的甄别

涉税数据的甄别是税务机关对采集的涉税数据进行的审查辨别。在进行涉税数据分析前，需要对数据的时效性、重要性、标准性等进行审查判断，避免垃圾数据的输入，提高涉税数据分析的质效。

1. 涉税数据时效性的甄别

涉税数据时效性越强，涉税数据的价值越高，可使纳税监控由事后监控转向事前、事中监控。反之则容易产生涉税数据价值的衰减，甚至价值的丧失，形成垃圾数据。对采集的涉税数据时效性进行甄别，剔除无价值数据，以避免垃圾数据对纳税监控资源的占用。

2. 涉税数据重要性的甄别

重要性决定对涉税数据处理的优先级别。根据相对税收征管特别是表现在相对税收收入等方面关联性强弱的不同，可将涉税数据分为直接比对发现税收的数据，发现税收线索的辅助数据，掌握客观经济涉税状况的分析参考数据等。

3. 涉税数据标准性的甄别

标准性是涉税数据交换、共享的基础。由于纳税人会计核算和有关部门宏观经济管理信息化程度的高低有别，以及各经济管理部门间数据行业标准的不同，不利于涉税数据交换、共享、加工和抽取。因此，需要对采集的涉税数据标准性进行甄别，按照税务行业的数据标准，对原始数据进行标准化处理。数据甄别应通过人机结合的方式实现，除通过工作人员甄别数据质量要求外，还应在各类相关征管业务软件系统中设置相应的功能，依托计算机对数据质量进行自动校验。

（三）明确数据管理职责

海量涉税数据以符号、数字、图形、报表、公文等多种形式分布在不同的管理部门和管理层级，渗透到税收征管工作的各个方面和环节。明确各管理层级、管理部门在涉税数据管理方面的职责，是加强涉税数据质量管理的基础保障。按照现行的征管机构设置方式，大致可明确以下职责划分。

1. 各管理层级的涉税数据管理职责

按照现行机构的一般设置，各有关部门的职责如下。

省级以上税务机关：负责制定统一的数据标准和相关管理办法，建立完善相关业务序列的涉税数据工作制度，对下一级税务机关的数据管理进行指导、监控与考核。

省级以下税务机关：承担涉税数据采集工作；按照岗位分工，承担相应的数据维护、审核、修正与处理工作。

2. 各管理部门的涉税数据管理职责

征收管理部门：负责税款核定、财务报表及发票税控等数据。

计划统计部门：负责税款征收、会计统计、重点税源及税收票证等数据。

税政部门：负责减免税、税源普查及各税种等数据。

政策法规部门：负责法律救济、大案要案等数据。

综合治税部门：负责来自税务机关以外的第三方数据。

稽查部门：负责稽查选案、检查、审理、执行中所涉及的各种数据。

信息中心：负责数据库的管理、数据的安全保密和修正、数据分析技术的建立和发展。

（四）设置数据管理岗位

在明确不同管理层级、管理部门涉税数据管理职责的基础上，在各个管理层级、管理部门分别设立数据管理、审核、稽核岗位（或职责）。参考方案如下：

1. 在市级以上税务机关征收管理、计划统计、税政、政策法规、稽查、信息中心等部门内设数据管理岗，负责本部门相关业务数据的管理、应用，并对下级税务机关的数据管理情况实施监控、考核。主要工作职责是：

负责拟定并组织实施本部门相关业务数据的管理制度和办法；拟定本部门相关数据的采集、录入、维护、审核等工作规程及质量标准；本部门相关数据的日常审查、审核，组织开展基层基础数据的检查、清理工作；对外进行与数据有关业务的沟通、协调工作；本部门发布数据的审核把关工作；对下级税务机关的数据管理情况进行监督、考核；相关数据管理的其他工作。

2. 县（市、区）局征收管理、计划统计、税政、政策法规、稽查、信息中心等部门内设数据监控岗，分别负责本部门相关业务数据的管理，并对所属基层单位的数据管理情况实施监控与考核。主要工作职责是：

负责拟定具体实施意见，做好上级数据管理制度与办法的贯彻落实工作；落实数据管理工作规程和质量标准，负责相关数据口径的维护管理工作；本部门相关数据的日常审查、审核，组织开展基层基础数据的检查、清理工作；对外进行与数据有关业务的沟通、协调工作；本部门发布（上报）数据的审核把关工作；对基层一线单位的数据管理情况进行监督、考核；相关数据管理的其他工作。

3. 各基层分局（所）内设数据稽核岗，负责对本单位纳税服务、纳税监控、综合治税和信息管理等岗位录入数据的审查、考核工作。主要工作职责是：

负责落实各级数据管理制度和办法，维护本单位的数据；本单位各岗位采集、录入数据质量的审查、核对等工作；组织开展本单位各类业务基础数据的检查、清理工作；本单位发布（上报）数据的审核把关工作；对本单位各岗位采集、录入数据情况进行监督、考核；相关数据管理的其他工作。

（五）明确数据质量标准

在纳税监控体系中，涉税数据的标准化是管理科学化、精细化的基础和前提。通过对海量涉税数据进行适当分类，如将涉税数据按照业务类别分为税务登记类数据、发票税控类数据、纳税申报类数据、企业财务类数据、征收会统类数据、税务检查类数据、涉税审批类数据、纳税评估类数据、综合治税类数据、税收执行类数据、税收法制类数据等，分别规定不同类别涉税数据的录入标准，能够有效提高涉税数据的质量。

（六）涉税数据质量审核

由于当前提高涉税数据的质量问题受到内、外部环境的多重制约，所以必须以充分措施加强数据质量管理工作。

1. 实行三级审核。税收管理员负责数据采集录入时的初级审核，包括审核财务报表、纳税申报表的数据是否完整，钩稽关系是否正确，征管基础数据是否维护完整、数据是否真实可靠等；二级数据稽核岗负责对税收管理员审核数据后的二次审查工作；三级抽查人员负责数据的抽查考核工作。

2. 利用软件审核。为提高涉税数据质量审核工作效率，可根据不同业务类别涉税数据的标准，通过开发应用数据审核软件进行计算机自动审核检测。实行计算机检测与人工审核、定期检查和不定期抽查相结合的方式，抽取有关数据进行逐户、逐表、逐项审核，发现数据的失真、缺项等问题，及时进行修正、补录。

第三节　现代纳税监控体系的核心——纳税评估

纳税评估作为一项国际通行的税收征管手段，在税收征管工作中得到广泛应用并在监控纳税不遵从行为上发挥了关键作用。纳税评估运用科学的分析方法对采集到的海量涉税数据进行分析加工处理，通过评估能够发现单税种、行业管理中存在的问题以及管理中的薄弱环节，识别纳税不遵从行为，评估结果还可为申报征收、纳税服务及管理决策等方面提供导向性线索。随着税收信息化建设应用的深入和税收数据集中程度的提高，纳税评估已成为涉税数据加工分析的主要工作内容，成为“以数管税”的核心环节，可以说，纳税评估是纳税监控体系的核心。

一、纳税评估的概念

纳税评估是指税务机关根据纳税人、扣缴义务人报送的纳税申报资料，以及日常掌握的各种涉税信息资料，按照一定的程序和方法，对其在一定期间内履行纳税义务、扣缴义务情况的真实性和准确性做出定性和定量的判断，对发现的异常问题及时纠正和处理，促使纳税人依法申报纳税的综合管理活动。当前，具体表现为税务机关通过对纳税人和扣缴义务人履行纳税和缴纳税款情况的真实性、准确性、合法性进行综合评定，及时发现、纠正和处理纳税行为中的错误，促进纳税遵从，提高纳税申报的真实性。完全意义上的纳税评估不仅包括对纳税结果的评估，还应当包括纳税过程规范性的内容，甚至涉及评估纳税过程中的服务需求等内容，更深层意义上的纳税评估还应对纳税行为状态及行为模式进行评估。

二、纳税评估的内容

具体的纳税评估工作包括：根据宏观税收分析和行业税负监控结果以及相关数据设立评估指标及其预警值；综合运用各类比对分析方法筛选评估对象；对所筛选出的异常情况进行深入分析并做出定性和定量的判断；对评估分析中发现的问题分别采取税务约谈、调查核实、处理处罚、提出管理建议、移交稽查部门查处等方法进行处理；维护更新税源管理数据，为税收宏观分析和行业税负监控提供基础信息。针对不同税种，需要分析评估不同内容，各税种主要的评估内容简列如下：

（一）增值税

1. 分析是否存在混淆增值税与营业税征税范围，错用税率等异常情况及原因。

2. 将销售额变动率和税负率与相应的正常峰值进行比较，分析是否存在变动异常的情况及原因。

3. 对增值税纳税申报表、资产负债表、损益表和其他有关资料，进行毛益率测算分析，存货、负债、进项税额结合分析和销售额指标的分析，对形成异常申报的原因作出判断。

4. 对应纳税额与工（商）业增加值的弹性系数与预警值进行比较，分析其是否存在异常的情况及其原因。

5. 将纳税人的工（商）业增加值税负与同行业工（商）业增加值税负进行比较，分析其存在差异的原因。

6. 将增值税纳税申报表计算的本期进项税额与纳税人财务会计报表计算的本期进项税额进行比较，分析存在异常的原因。

7. 将纳税人本期的进项税额与该纳税人历史同期的进项税额控制额进行比较，分析存在异常的原因。

8. 将纳税人本期进项税额与同行业、同等规模纳税人的本期进项税额控制额进行比较，分析存在异常的原因。

9. 将纳税人本期的进项税额与税收管理员掌握的本期进项税额实际情况进行比较，分析存在异常的原因。

10. 将纳税人申报的销售收入与通过投入产出评估分析指标推算出来的销售收入进行比对，分析存在异常的原因。

（二）营业税

1. 纳税申报表中适用的税目与其营业项目是否一致；对不同营业税应税项目是否分别核算；应税项目与减免税项目是否分别核算。

2. 营业税税负与上年同期、同行业税负相比是否发生重大变化，如果发生，能否做出合理解释。

3. 本期营业税申报缴纳入库税额与上期、上年同期入库税额相比是否有重大变化，如有，分析其是否符合实际。

4. 本期营业税增长率与上年同期、同行业营业税增长率相比，分析其是否存在变动异常及其原因。

5. 根据采集到的销售不动产信息与房屋租赁信息按照相应的项目计算应纳营业税额与实际已入库的相应项目的营业税额比对，分析是否存在未按规定申报缴纳营业税的问题。

6. 分析纳税人在一定时期内的发票使用情况（包括定额发票、税控机发票），计算应纳营业税额与实际已纳营业税额比对的结果，评估分析纳税人申报的营业税是否存在问题。

7. 通过征管信息库分析纳税人是否存在零申报、未申报、逾期申报、欠税等异常情况，能否给出合理的解释。

8. 分析《利润表》中的“主营业务税金及附加”与“主营业务收入”变动趋势是否同步，进而评估纳税人是否存在实现营业收入而未申报的问题。

9. 分析《利润表》中的“主营业务收入”本期发生数是否与申报表中的“营业收入”一致；转让无形资产或销售不动产，采取预收款方式的建筑业及房地产业，分析其“主营业务收入”本年累计数与《资产负债表》中的“预收账款”累计发生数（期末数减年初数）之和是否与纳税申报表中的“营业收入”相一致。

10. 分析委托代征建筑业营业税的纳税人的《资产负债表》中的“在建工程”项目（期末数 - 年初数 >0），是否存在应代征而未代征税款的问题。

11. 对从事广告业、旅游业、律师业、代理业纳税人的《资产负债表》中的“应付账款”项目进行审核，计算分析该项目在期末数与年初数相差很大的情况下，是否存在少计营业收入的问题。

12. 分析《资产负债表》中的“应收账款”变动率与营业税变动率的关系，如果两者的变动趋势不同步，纳税人可能存在应收账款不计收入或少计收入的问题。

13. 分析《利润表》中的“其他业务利润”增长率与营业税入库增长率之间的关系，如果前者大大高于后者，纳税人可能存在发生应税收入而未申报缴纳税款的问题。

14. 对《资产负债表》中的“无形资产”期初数与期末数进行比对，分析纳税人是否存无形资产减少而未申报缴纳营业税的问题。

15 根据所掌握纳税人的相关涉税信息，调查计算同行业营业税趋势变动率，用该纳税人的营业税趋势变动率与同行业的趋势变动率相比对，如果差距很大，则要分析其存在差距的原因。

16. 分析企业与关联企业的业务往来情况，是否存在相互抵消应付款项，少计营业收入从而少申报缴纳营业税的问题。

（三）城市维护建设税

1. 城市维护建设税适用的税率是否正确。

2. 城市维护建设税的计税依据与纳税人实际缴纳的增值税、消费税、营业税之和是否一致。

3. 纳税人检查补缴的增值税、消费税、营业税是否足额补缴了城市维护建设税。

4. 本期应纳税额与本期、上年同期相比有无重大变化，能否得到合理解释。

5. 分析纳税人在一定时期内的发票使用情况（包括定额发票、税控机发票），计算应纳城市维护建设税额与实际已纳城市维护建设税额比对的结果，评估纳税人申报城市维护建设税是否存在问题。

6. 根据增值税、消费税、营业税信息计算出的应缴纳城市维护建设税与实际入库城市维护建设税的比对，分析是否存在未按照要求足额缴纳城市维护建设税的问题。

7. 通过征管信息库分析纳税人是否存在零申报、未申报、逾期申报、欠税等异常情况，能否给出合理的解释。

8. 通过计算城市维护建设税与流转税变动系数，分析城市维护建设税变动趋势与流转税变动趋势是否同步，如果不同步或变动趋势呈反方向，能否得到合理解释。

（四）教育费附加

1. 教育费附加适用的费率是否正确。

2. 教育费附加的计费依据与纳税人实际缴纳的增值税、消费税、营业税之和是否一致。

3. 纳税人检查补缴的增值税、消费税、营业税是否足额补缴了教育费附加。

4. 本期缴费额与上年同期相比有无重大变化，能否得到合理解释。

5. 分析纳税人在一定时期内的发票使用情况（包括定额发票、税控机发票），计算应纳教育费附加与实际已纳的比对结果，评估纳税人申报教育费附加是否存在问题。

6. 根据增值税、消费税、营业税信息计算出的应缴纳教育费附加与实际入库教育费附加的比对，分析是否存在未按照要求足额缴纳教育费附加的问题。

7. 通过征管信息库分析纳税人是否存在零申报、未申报、逾期申报、欠税等异常情况，能否给出合理的解释。

8. 通过计算教育费附加与流转税变动系数，分析教育费附加变动趋势与流转税变动趋势是否同步，如果不同步或变动趋势呈反方向，能否得到合理解释。

（五）资源税

1. 纳税申报表中的项目、数字填写是否完整，适用税目、单位税额及各项数字计算是否准确。

2. 本期应纳相应税目的税额与上期纳税额、上年同期纳税额比对，有无较大差异。

3. 对缴纳资源税的纳税人，分析其资源税增长变动趋势与主营业务收入的变动趋势的关系，评估纳税人是否足额缴纳资源税。

4. 通过征管信息库分析纳税人是否存在零申报、未申报、逾期申报、欠税等异常情况，能否给出合理的解释。

5. 分析资源税税负与上年同期、同行业税负相比是否发生重大变化。如有，能否做出合理解释。

6. 自产自用的应税产品以及开采或生产不同税目的产品，是否按规定足额申报缴纳资源税。

（六）房产税

1. 纳税人是否据实申报房产原值或房屋租金收入，适用的税率是否正确。

2. 比对分析纳税人实际申报税额与征管数据库中登记的房产信息计算出来的应纳税额，是否存在未足额申报的问题。

3. 本期应纳税额与上期纳税额、上年同期纳税额比对，有无较大差异，解释是否合理。

4. 通过征管信息库分析纳税人是否存在零申报、未申报、逾期申报、欠税等异常情况，能否给出合理的解释。

5. 分析房产税（城市房地产税）变动率与《资产负债表》中“固定资产”的变动率之间的关系是否存在较大差异，如果差异较大，分析其是否存在固定资产增加而未足额缴纳房产税（城市房地产税）的问题。

6. 分析《资产负债表》中的“在建工程”、“固定资产”项目与纳税人缴纳的房产税（城市房地产税）的关系，评估是否存在部分在建工程（“在建工程”期末数－期初数<0）完工，转为固定资产，而没有相应缴纳房产税（城市房地产税）的问题；评估是否存在“在建工程”、“固定资产”相应项目没有发生变化，而纳税人缴纳的税额发生变化，分析其原因是否合理。

（七）城镇土地使用税

1. 纳税人申报实际占用的土地面积、减免税土地面积是否真实，适用的单位税额是否符合税法要求。

2. 比对分析纳税人实际申报税额与征管数据库中登记的土地信息计算出来的应纳税额，是否存在未足额申报的问题。

3. 对土地信息计算出的应缴纳城镇土地使用税额与征管数据库中已缴的城镇土地使用税额进行比对，分析纳税人是否存在未足额申报城镇土地使用税的问题。

4. 通过征管信息库分析纳税人是否存在异常的零申报、未申报、逾期申报、欠税等情况，能否给出合理的解释。

5. 分析《资产负债表》中的“在建工程”项目是否发生变化。如果发生变化，评估纳税人是否存在应缴纳城镇土地使用税而未缴纳的问题。

6. 对《资产负债表》中的“无形资产”期初数与期末数进行比对，分析纳税人是否存在因土地增加相应增减了无形资产而未申报缴纳城镇土地使用税的问题。

7. 通过计算土地使用税变动率分析纳税人本期应纳税额与上年同期已纳税额是否存在差异，是否能做出合理的解释。

8. 应税土地面积与法定减免税土地面积发生变化，纳税人是否按照税法规定做出合理的调整。

（八）车船使用税（车船使用牌照税）

1. 纳税人申报的车船类型、净吨位（载重吨位）等是否符合实际，适用税额及应纳税额的计算是否正确。

2. 纳税人申报缴纳的车船使用税（车船使用牌照税）与征管数据库中登记的车船应纳税额比对，分析是否足额缴纳税款。

3. 本期应纳税额与上期纳税额、上年同期纳税额比对，有无较大差异，解释是否合理。

4. 根据从公安、交通以及农机等部门采集的车船信息，分析是否按规定足额缴纳车船使用税（车船使用牌照税）。

（九）土地增值税

1. 对缴纳土地增值税的纳税人，分析其销售不动产缴纳的营业税与缴纳的土地增值税的比例是否等于营业税与土地增值税的税率比值，如果两者的比大于税率的比值，则纳税人可能存在销售不动产只缴纳营业税而未申报缴纳土地增值税的问题。

2. 对房地产企业的《资产负债表》中的“预收账款”项目和《利润表》中的“主营业务收入”项目之和乘以预征率，计算预征税款数额，与征管数据库中的已缴土地增值税额进行比对分析，评估房地产企业是否足额申报缴纳了土地增值税。

3. 通过征管信息库分析纳税人是否存在异常的零申报、未申报、逾期申报、欠税等情况，能否给出合理的解释。

4. 计算房地产企业土地增值税与主营业务收入变动系数，分析其主营业务收入变动趋势与土地增值税变动趋势的关系，进而评估该企业是否存在实现营业收入而未足额申报土地增值税的问题。

5. 比对分析《资产负债表》中的“固定资产”项目变动率与土地增值税变动率的关系，评估企业是否存在因销售不动产减少固定资产而未按要求申报缴纳土地增值税的问题。

6. 对本期应纳土地增值税与上期、上年同期已纳土地增值税进行比对，分析两者是否存在较大差异。

7. 普通商品房的界定标准是否符合规定。

8. 预征项目进行清算时，有无将其他项目的支出混入该预征项目的情况，适用税率是否正确。

（十）印花税

1. 纳税人申报不同应税项目所适用的税率是否正确，有无变向降低税率的问题。

2. 对本期各税目应纳税额与上期、上年同期已纳税额进行比对分析，有无重大差异，能否合理解释。

3. 通过征管信息库分析纳税人是否存在异常欠税情况，能否给出合理的解释。

4. 分析纳税人《资产负债表》中的“实收资本”和“资本公积”两个项目的本期数与上期数相比是否增加，如果增加，是否存在未申报缴纳印花税的问题。

5. 分析纳税人《资产负债表》中的“短期借款”和“长期借款”项目的增加额，是否按适用税率申报缴纳借款合同印花税。

6. 分析固定资产变动率与印花税变动率的关系，评估纳税人是否存在增加固定资产而未按照建筑安装工程承包合同的金额贴花。

（十一）个人所得税

1. 在会计年度终了后，根据企业《利润表》中“工资总额”的本年累计数与全年平均“职工人数”，总体估算出企业全年应代扣代缴个人所得税额，与该企业全年已代扣代缴的个人所得税额比对，分析该企业是否存在少扣少缴个人所得税的问题。

2. 根据本期应代扣代缴的个人所得税额与上期、上年同期已代扣代缴个人所得税额的比对，分析是否存在很大差异，能否正确合理解释。

3. 计算个人所得税占地方各税的比重，通过该比重与上年同期、同行业本期比重的比对分析，发现企业在代扣代缴个人所得税方面存在的问题。

4. 根据征管数据库中的未代扣代缴个人所得税的异常问题，分析原因是否合理。

5. 计算个人所得税（工资薪金所得）的平均负担率，与上年同期、本期同行业平均负担率比较分析，发现企业在代扣代缴个人所得税方面存在的问题。

6. 根据《利润表》中的“工资总额”累计数与上年同期“工资总额”累

计数计算工资总额的变动趋势，再根据征管数据库中纳税人本期和上年同期已缴纳的个人所得税，计算个人所得税的变动趋势，分析两者的变动关系，是否存在工资总额增长幅度大于个人所得税增长幅度而企业少申报个人所得税的问题。

7. 会计年度终了，根据《年度决算报表——利润及利润分配表》中的“应付优先股股利”、“应付普通股股利”、“转做资本（股本）的普通股股利”之和，计算“股息、利息、红利”个人所得税额，与纳税人已代扣代缴的“股息、利息、红利”个人所得税额比对，分析是否存在很大差异，评估纳税人是否存在发放股息、红利未代扣代缴个人所得税的问题。

8. 分析《资产负债表》中“盈余公积”项目的增减变化情况，评估纳税人是否存在动用盈余公积发放股息、红利和奖金的问题。

9. 核实外籍人员在我国的居住时间和有效证明材料的真实性，确定在境内的居住时间计算是否正确，是否按规定计算并缴纳在境内应纳的个人所得税。

（十二）企业所得税

1. 审核《企业所得税年度纳税申报表》中“应纳所得税额”与《利润表》中的“所得税费用”累计数是否一致，结合所得税会计核算方法，分析企业是否存在未提或已提企业所得税但未申报的问题。

2. 年度终了后，比较本年企业所得税入库累计数与上年同期入库的企业所得税累计数是否存在很大差异，能否做出合理解释。

3. 根据盈利企业《企业所得税年度纳税申报表》中“应纳税所得额”与征管数据库中企业已缴纳的企业所得税累计数额，计算企业所得税的征收率，再将本期征收率与上年同期征收率比较是否存在较大差异，评估该企业是否足额申报缴纳企业所得税。

4. 在《利润表》中“利润总额”本年累计数小于零的情况下，分析企业的亏损是否异常，评估企业是否存在虚报亏损的问题。

5. 通过征管信息库中的信息，分析纳税人是否存在异常的零申报、未申报、逾期申报、欠税等情况，能否给出合理的解释。

6. 分析企业所得税负担率是否在同行业负担率预警区间内，如果不在区间内，评估企业自行申报的企业所得税是否真实。

7. 计算企业所得税贡献率，比较当年贡献率与上年贡献率是否存在很大差异，从而评估纳税人实现的利润是否虚假。

8. 对纳税人《资产负债表》中的“累计折旧”、“预提费用”、“无形资产”等项目进行分析，评估企业是否存在通过多提折旧、违反税法规定预提费用、违规进行无形资产摊销等行为而少缴企业所得税的问题。

9. 根据《企业所得税年度纳税申报表》附表五中“资产总额”、“企业从业人数”、“所属行业”，分析该企业是否存在不符合小型微利企业条件适用低税率少缴企业所得税的问题。

10. 根据当地政府有关部门对国有企业工资薪金限定额的规定，与企业实际发放的工资总额比对分析，评估企业是否多列工资薪金支出少缴企业所得税。

11. 审核企业计提福利费、工会经费、职工教育费时的计提依据与计提比例是否符合规定。

12. 分析《利润表》中的“主营业务成本”、“管理费用”、“财务费用”的增减变动是否存在异常，评估纳税人是否存在多列或少列成本费用影响企业所得税申报的问题。

13. 计算企业的本期“销售利润率”、“资产收益率”、“资本收益率”、“所有者权益报酬率”、“盈利增长率”等指标与上年同期、同行业相应指标比对分析，评估企业是否存在企业所得税申报异常问题。

14. 分析成本费用变动与主营业务收入之间的变动关系，评估企业是否存在多列成本费用或少列收入影响企业所得税申报的问题。

15. 根据《资产负债表》“长期股权投资”是否发生增减变动，结合《企业所得税年度纳税申报表》附表十一，分析股权转让所得税务处理是否正确。

三、纳税评估体系的构成

纳税评估工作的推行与开展需要一整套高效的管理体系作为支撑，评估体系的主要构成包括评估的组织、机制、工具、方法等内容，其中评估工具主要依赖相应的软件系统。

（一）纳税评估的组织

针对纳税评估内容广泛、专业性强、人员素质要求高的特点，税务机关应设置专业的组织机构，确保纳税评估工作的有效开展。评估机构具体负责制定和落实纳税评估综合性制度，确定评估范围、评估手段；研究制定相关税种评估分析指标体系和分析方法，建立纳税评估数学模型，测算纳税评估行业及相关的预警参数（标准值）；测算、发布和采集相关税收经济的宏观分析指标；纳税评估工作的组织实施、协调指导、考核检查等管理工作，以及相应信息技术的支持。随着网络技术的飞速发展和数据集中程度的提高，信息化条件下的纳税评估已成为必然发展趋势，评估的计算分析工作可由数据处理业务部门和评估专家组承担。

（二）纳税评估的制度保障

完善的纳税评估体系必须有健全的法律和规章作为制度保障，相关的法规是纳税评估权力的来源。国际上，不少国家完善的纳税评估制度都有相应的法律和法规作为制度保障，对纳税评估的范围、内容、时机、依据、操作方法等均作出明确的规定。如，新加坡税务机关之所以能够方便地从其他部门获得所需要的信息，得以高效率地开展纳税评估，不仅因为法律已经赋予它这种权力，而且依法确立了严格的操作规范。为了规范纳税评估工作的各个环节，国家税务总局制定了《纳税评估管理办法（试行）》，并逐步予以完善，形成了我国纳税评估的工作规范，但还未在法律法规中得以体现。

（三）纳税评估的岗责

纳税评估作为纳税监控手段，贯穿税收征管的始终，需要各相关环节的参与，为保证纳税评估工作的科学化，提高评估质量与效率，需要建立岗责链条，明确各环节之间资料传递的步骤、时限和责任。尤其是基层税务机关担负着疑点的破解工作，需要量化责任，约束各岗位间的传递和衔接，促进部门间的协调配合，形成密切协作、循环往复的工作格局。当前一些地方对建立纳税评估的岗责链条进行了积极探索，如设立评估主办岗、评估分析岗、评估审核审批岗、约谈核实岗等，不同的岗位承担不同的评估任务。在日常管理工作中，为确保评估工作的顺利开展，必须明确各岗位的职责、工作标准和过错责任。为了避免岗位设置过乱，可根据纳税评估工作的需要，对岗位设置行规范统一。譬如：纳税评估工作的约谈、调查核实基本由基层分局（所）去落实，所以基层的具体评估工作可以结合征管责任区由税源管理岗的人员来承担。如表 4－1 所示，列举了具体岗责的设置情况，图 4－7 则反映了以市级为主导的纳税评估岗责和基本流程设置情况。

表 4－1　纳税评估岗位职责明细表

项目	岗位职责	工作标准	过错责任
评估主办岗	1. 制订并提报评估计划； 2. 对计算机生成的评估对象疑点进行初步评估分析； 3. 根据评估对象所属区域进行任务分配； 4. 对相关评估数据进行统计分析； 5. 制作相关的评估文书资料；对下级反馈的文书资料进行审核； 6. 按规定传递相关的文书资料及资料归档； 7. 指导、跟踪、考核下级纳税评估工作的落实情况； 8. 其他工作。	1. 评估计划的制订是否完整、及时、合理； 2. 对计算机生成的评估对象疑点进行初步分析时运用的方法是否得当、时间是否及时； 3. 分配任务是否准确、及时； 4. 文书制作是否规范、符合要求； 5. 对下级反馈文书资料的审核是否及时、准确无误； 6. 统计相关数据是否准确，分析是否透彻； 7. 资料传递是否合乎要求、及时归档。	1. 评估计划制订不符合要求； 2. 进行初步分析时运用分析方法不得当； 3. 任务分配不及时、分配错误； 4. 文书制作不规范、不及时； 5. 对下级上报的文书资料审核不及时、有误； 6. 数据统计不准确、分析不透彻； 7. 资料传递或归档不及时。
评估分析岗	1. 根据评估计划设定的条件要求，从税源信息数据库中采集评估所需要的全部信息； 2. 应用评估软件计算分析，初步确定评估对象； 3. 维护评估参数预警值； 4. 维护经调整后发布的评估指标； 5. 对评估指标的有效性进行分析和确定； 6. 其他工作。	1. 从涉税数据库中采集的信息是否及时、完整、准确； 2. 参数预警值维护是否正确、及时； 3. 对指标的维护是否及时、准确； 4. 对调整并发布的指标是否进行及时、准确维护； 5. 疑点纳税人清册是否及时传递； 6. 保证系统的正常运转。	1. 采集的数据不及时、不完整、有误； 2. 预警值维护不准确、不及时； 3. 对系统生成的疑点纳税人清册传递不及时； 4. 系统运行不畅通； 5. 指标有效性维护不准确。
约谈核实岗	1. 对上级下达的或本级审核通过的评估任务实施评估； 2. 运用相关指标对评估对象的纳税申报情况进行评估分析； 3. 对评估对象组织约谈核实，破译疑点； 4. 根据纳税人自查或举证情况进行综合评价，确定疑点的性质并提出相应的处理意见； 5. 追缴评估确认后的税款； 6. 制作相应的文书资料； 7. 向评估对象送达相关的文书资料； 8. 传递相关的资料； 9. 其他。	1. 按照评估规程及时实施评估； 2. 正确应用分析方法，分析评估对象的申报情况； 3. 及时组织约谈核实，准确破译疑点； 4. 约谈核实结束后，根据疑点的落实情况提出正确的处理意见； 5. 制作文书资料是否规范； 6. 送达文书资料是否及时； 7. 评估文书资料传递是否及时。	1. 未及时实施评估； 2. 评估分析方法不当； 3. 文书制作不规范； 4. 文书送达不及时； 5. 文书资料传递不及时； 6. 评定处理结果明显有误； 7. 未按规定组织约谈核实，破译疑点。
评估审批岗	1. 对提交的评估计划进行审核审批； 2. 对系统生成的疑点纳税人清册进行审核； 3. 对评估认定结论进行审核审批； 4. 对评估选案建议书进行审批； 5. 对约谈核实报告及约谈举证资料进行审核； 6. 其他。	1. 对评估计划审核审批及时、准确； 2. 对疑点纳税人清册审核及时、准确； 3. 对评估认定结论审批及时、准确，提出相关的意见； 4. 及时、正确审批评估选案建议书； 5. 及时审批约谈核实报告及约谈举证资料，确保资料的准确性； 6. 及时传递相关资料。	1. 审核审批不及时； 2. 审核审批有误； 3. 资料传递不及时。

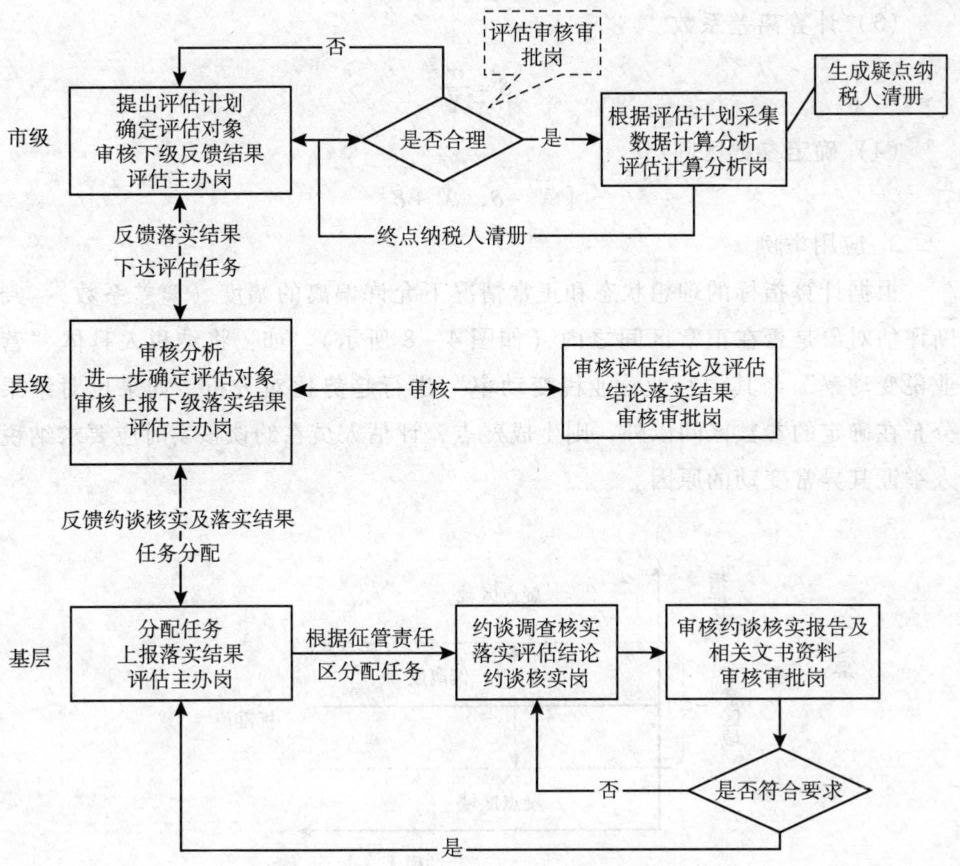

图 4－7　纳税评估岗责及流程设置示例

四、纳税评估分析方法

由于在本章第二节中已从不同角度对数据加工处理方法进行了相关分类和说明，此处主要几种常用的方法原理及应用进行介绍。

（一）方差系数分析

1. 分析原理

（1）计算指标标准值

$$\bar{X} = \frac{\sum Xf}{\sum f}$$

（2）计算标准差

$$\sigma = \sqrt{\frac{\sum (X - \bar{X})^2 f}{\sum f}}$$

(3) 计算离差系数

$$\delta = \frac{\sigma}{\bar{X}}$$

(4) 确定参数区间

$$[\bar{X} - \delta,\ \bar{X} + \delta]$$

2. 应用举例

根据计算指标的理想状态和正常情况下允许偏离的幅度（离差系数），判断评估对象是否在正常区间之内（如图 4-8 所示）。如：将纳税人具体“营业税变动率”与其“行业营业税变动率”进行趋势比对分析，如果比对结果分布在确定的参数区间以外，则生成疑点，评估人员在约谈核实时应要求纳税人举证其异常变动的原因。

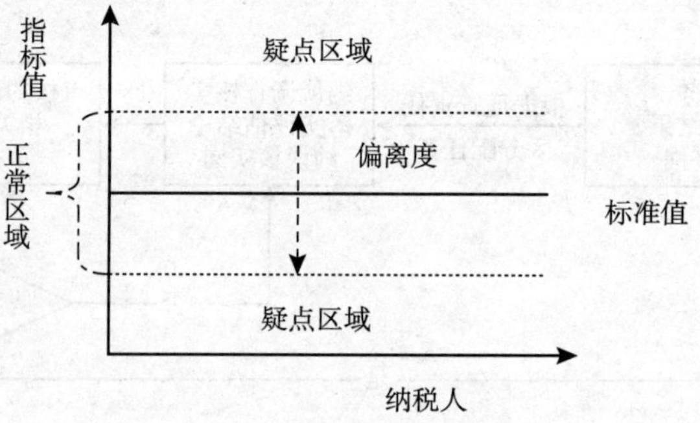

图 4-8 方差系数分析法的应用

(二) 决策树分析

1. 分析原理

通过层层罗列问题发生的步骤以及发生的条件与结果，从而寻找解决问题的“根结点”。(如图 4-9 所示)。

2. 应用举例

对复杂的需要多级判断和递进分析的情况，采用此种分析法，通过多层运算和选优寻找疑点存在的方向并最终确定。如：在纳税人“当年入库所得税额”大于零的条件下，如果其“当年所得税负担率”小于“上年同期所得税负担率”，说明纳税人可能存在未足额申报缴纳企业所得税的问题，则“企业所得税变动率”指标出现疑点。

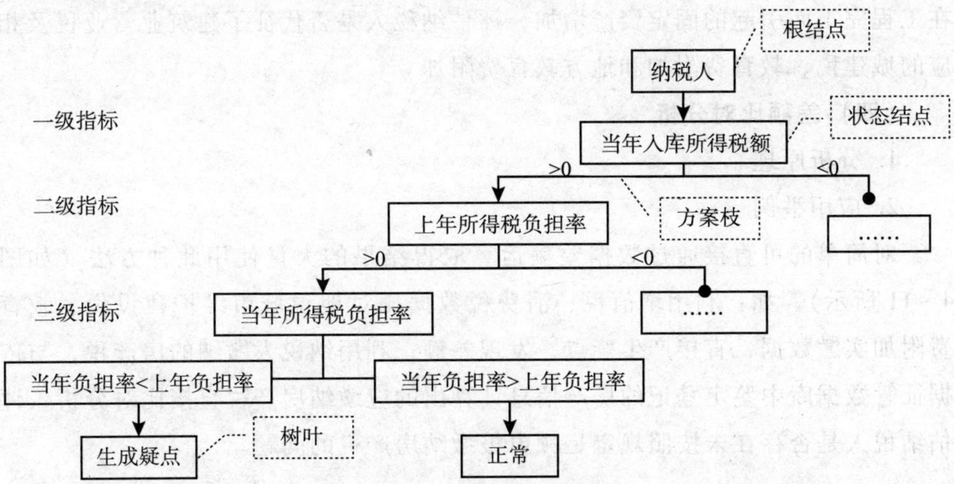

图 4－9　决策树分析法的应用

（三）关联分析

1. 分析原理

2. 应用举例

对一个方面发现的疑点，通过其影响的其他经营、纳税的关联方面，“顺藤摸瓜”寻找有可能的疑点（如图 4－10 所示）。如：在对《资产负债表》中“固定资产”项目的“期初数”与“期末数”关系进行分析时，如果期末数－期初数＞零，说明固定资产增加，评估人员首先要分析增加的固定资产是不是应税房产，是否缴纳了房产税；如果“固定资产”的期末数－期初数＞零，并且“在建工程”项目的期末数－期初数＜零，评估人员就要分析其是否存

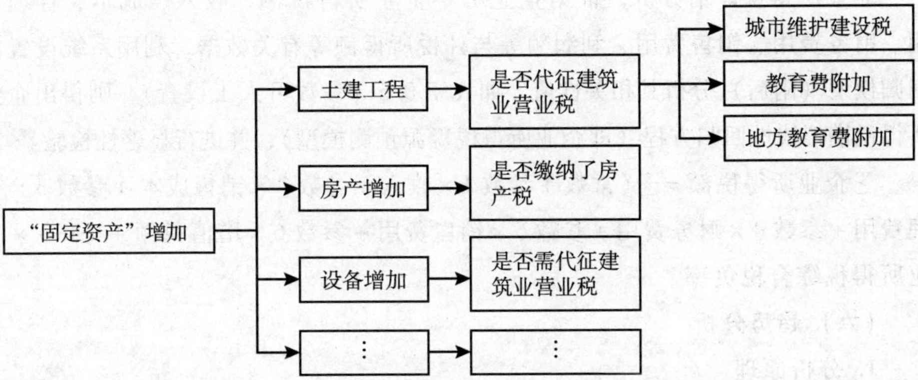

图 4－10　关联分析法的应用

在工程完工而引起的固定资产增加，评估纳税人是否代征了建筑业营业税及相应的城建税、教育费附加和地方教育费附加。

（四）差额比对分析

1. 分析原理

2. 应用举例

对简单的可直接通过数据差额运算取得结果的大量使用此种方法（如图4-11所示）。如：利用增值税、消费税数据比对地税城市维护建设税、教育费附加实缴数据，直接产生疑点、发现差额；利用纳税人缴纳的房产税，与依据征管数据库中鉴定登记的房产信息计算出的应缴纳房产税直接比对分析，评估纳税人是否存在未按照规定足额申报缴纳房产税的问题。

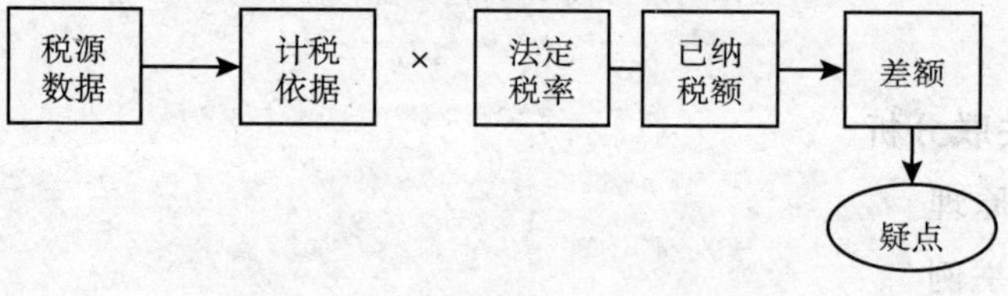

图4-11 差额比对分析法的应用

（五）回归分析

1. 分析原理

根据相关税种计税依据的构成因素和数值建立数学模型，评估整个社会、某个纳税人究竟有多大税源，找出具体纳税人的纳税差距。

2. 应用举例

企业所得税评估分析，根据企业历年企业所得税额、收入、成本、管理费用、财务费用、销售费用、利润额等与计税所得额等有关数据，利用系统设置的回归模型（附后）分析其相关性值，如大于0.6（参数可人工设置），则得出企业所得税模拟线性回归方程（即企业所得税税源预测模型），并进行显著性检验。

∑企业所得税额=∑（常数+参数1×收入+参数2×销售成本+参数3×管理费用+参数4×财务费用+参数5×销售费用+参数6×增值税额+……）×企业所得税综合税负率。

（六）趋势分析

1. 分析原理

根据具体纳税人近年来某指标的具体变化走势，分析纳税人可能存在的问题。

2. 应用举例

在个人所得税评估分析中，对某企业的财务费用率进行评估，该企业三年来财务费用率分别为0.02%、0.04%、0.03%，第二年突然成倍增长，与汇算清缴调整表、个人所得税扣缴额关联比对，则提示个人所得税增长变化大，也没有超利率调整，从而确定疑点，如图4－12所示。

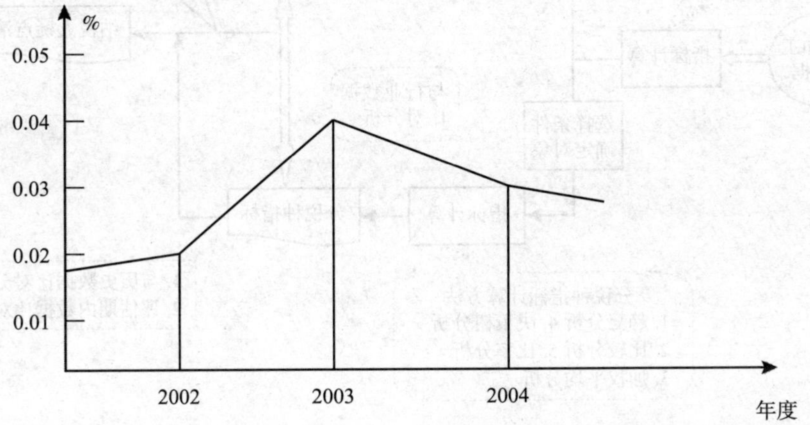

图4－12　趋势分析法的应用

在纳税评估工作中，评估分析方法主要是在计算行业指标、确定参数和计算分税种指标时使用。即：对采集加工后的分行业涉税数据，采用相关的行业指标计算方法计算出不同行业的指标值，然后采用离差计算分析法计算参数，确定行业的预警值；在计算纳税人相关指标时，采用分税种指标计算方法，将计算出来的分税种指标值与历史数据和评估期内的数据进行比对分析，同时将分税种指标值与预警值进行比对分析，将分税种指标值不在行业预警值区域内的纳税人筛选出来，生成纳税疑点清册。对于不同的评估对象、评估内容使用的评估方法也相应不同。

五、纳税评估指标体系

（一）评估指标的概念及设计原则

纳税评估指标是税务机关筛选评估对象、进行运算分析时所选用的主要指标，根据不同的分类标准，可分为通用分析指标和特定分析指标；税收指标、财务指标、生产经营指标以及外部信息指标；定性指标和定量指标等（如图

4-13所示）。纳税评估指标在评估工作中起着十分重要的作用，设计的指标质量直接关系到纳税评估工作的效益。其设计应遵循以下原则：

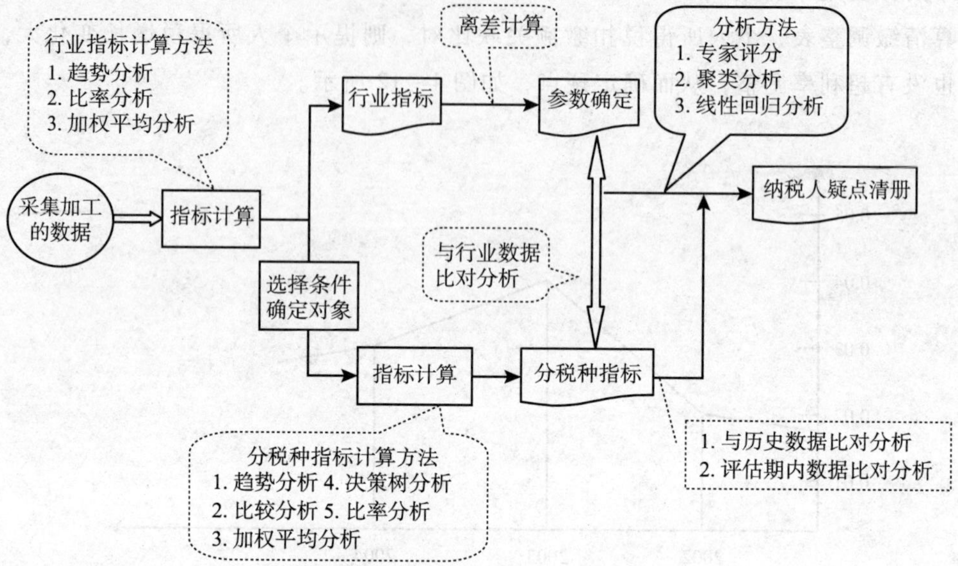

图4-13 评估分析方法的分布

1. 实用性原则。评估指标的设计必须从纳税监控工作实际出发，结合评估工作的实际需要进行设计。评估工作所需要的指标不在于多，而在于实用。

2. 有效性原则。在设计评估指标时，必须结合评估工作的需要及目的，设计有效的评估指标，即设计的评估指标在纳税评估工作中应发挥其最大的效用。

3. 通用性原则。所设计的指标在评估中对大部分税种均适用。

4. 选用性原则。针对某税种的特点设置评估指标，只适用某一个或某几个税种的指标，或只适用于某种情况下的指标。

（二）科学设计纳税评估指标体系

纳税评估指标体系是指税务机关在广泛收集纳税人、扣缴义务人涉税资料的基础上，对资料信息进行汇总和整理，运用管理学、统计学、审计学和其他学科等知识，采用数学模型等先进的计算方法确定相关的指标，并测算有关指标的峰值，从而建立起的指标预警体系。它是纳税评估体系中的一个核心内容，在纳税评估工作中起着十分重要的作用。税务机关可通过指标体系分析纳税人、扣缴义务人的涉税情况，对筛选出来的异常纳税人进行重点监控管理。

纳税评估的事实依据是税务机关通过一定的手段、途径和方法，获取有关纳税人、扣缴义务人的各种涉税信息，通过运用先进的数学模型对采集到的海量数据进行科学分析，不断提高数据分析的质量，增强评估的准确性。纳税评估体系能否有效运行和达到预期的目标，最为关键的因素是所设计的评估指标体系是否科学合理。这就要求在评估工作中根据监控管理的需要尽可能建立起一套科学的评估指标体系。纳税评估指标体系的建立是一个动态、持续的过程，需要在实践工作中不断修正、丰富和完善。科学合理的指标体系应当能够综合反映纳税人、扣缴义务人被税务机关鉴定的各个税种，尽量贴近纳税人、扣缴义务人的财务核算实际，避免不同税种之间“各自为战”。

信息化支撑下的纳税评估体系确定行业内的平均值，实际上是对企业真实纳税标准的一个假设，现在的评估是将评估指标的测算结果直接与行业正常值进行比较，只要该企业被测算的指标处于正常值的合理变动幅度内，就被视为正常情况。实际上，这只是相对的，因为评估对象的规模大小、同行业企业数量的多少、企业产品类型的多少等因素，都会对行业峰值产生较大影响；另外，企业还受到所处的环境、面临的风险、资金流向等诸多因素的影响，单凭评估指标测算和评价很难合理确定申报的合法性和真实性。指标体系的局限性和不完善性直接制约着纳税评估工作的质量和效果，所以必须建立一套科学合理的纳税评估指标体系。

【案例】　泰安地税纳税评估指标体系

山东省泰安市地方税务局在纳税评估工作实践中，较早形成了一套适合地方税收管理的纳税评估指标体系。指标分为两大类，一类为纳税人或行业的经济、财务、税收具体实现类指标；另一类为比对参照标准类指标，纳税评估通过两类指标间的分析比对开展。指标体系建立情况主要有，一是纳税人或行业具体实现指标的设立及指标值确定。根据国家公认的企业评价标准和财务管理指标，以及税收征管的需要，设立经济评价、税收征管和分税种三大类共175个基本指标，综合三类指标作为评价纳税人具体涉税情况、开展微观评估的基本依据；将经济评价和税收征管指标作为评价行业涉税情况、确定征管薄弱行业、开展宏观评估的基本依据。根据不同指标的性质和特点，设定279个数学模型和计算公式，用以计算176项纳税人或行业的具体指标值。纳税评估软件系统根据设定的指标和植入的计算公式，自动从各税源信息数据库中提取596种基础数据，作为构成公式的元素值，计算或直接确定具体指标值。二是评估比对参照标准值的设立及指标值确定。指标设计如图4－14所示。

来源：泰安市地方税务局

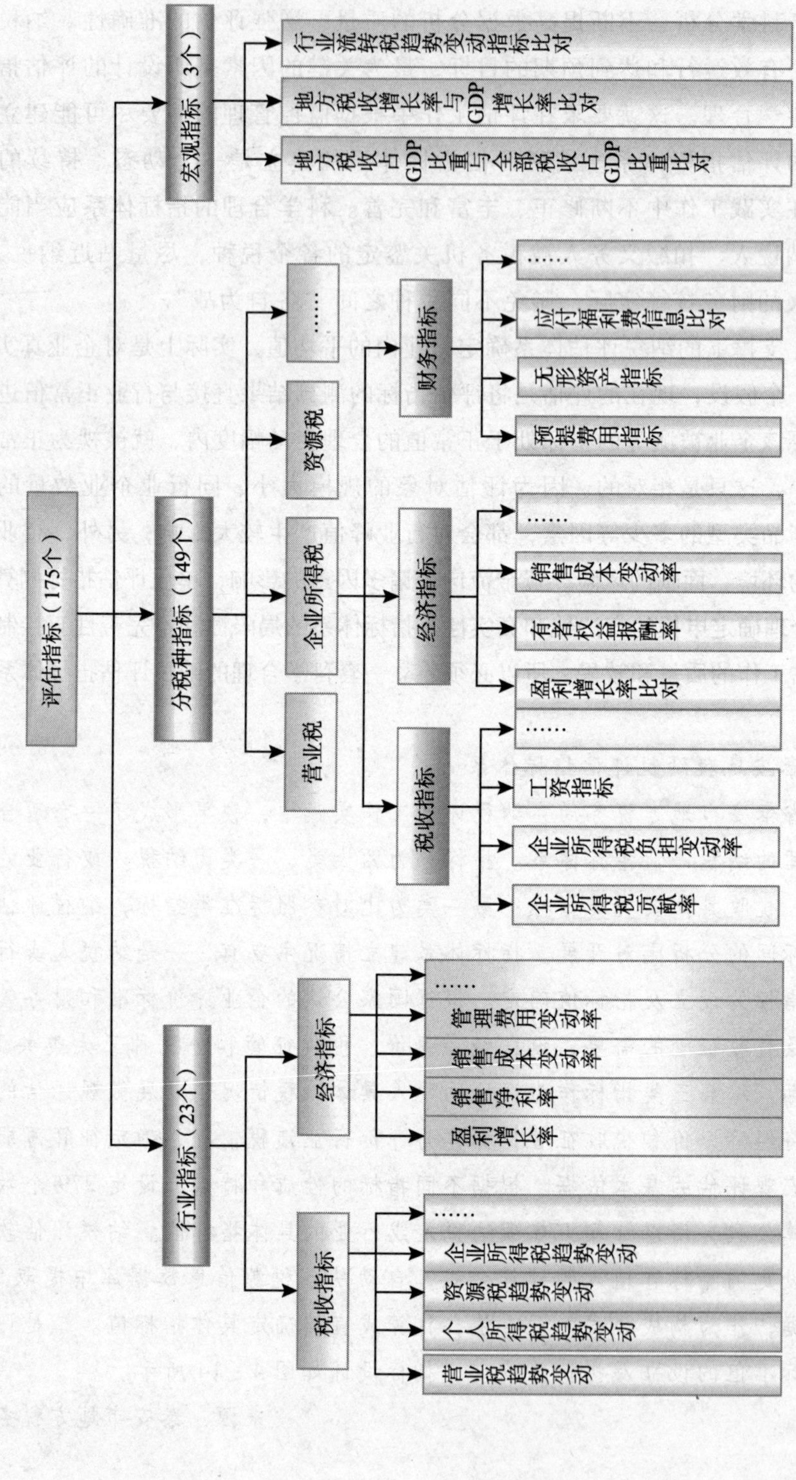

图4-14 山东省泰安市地方税务局指标体系图

六、纳税评估的工作流程

纳税评估的流程包括任务计划、实施评估、情况核实、结果处理等基本环节，实施中的具体环节设置可繁可简。从图 4－15 所示的流程设定情况中，可以体现纳税评估的基本步骤和一些具体的关联环节。

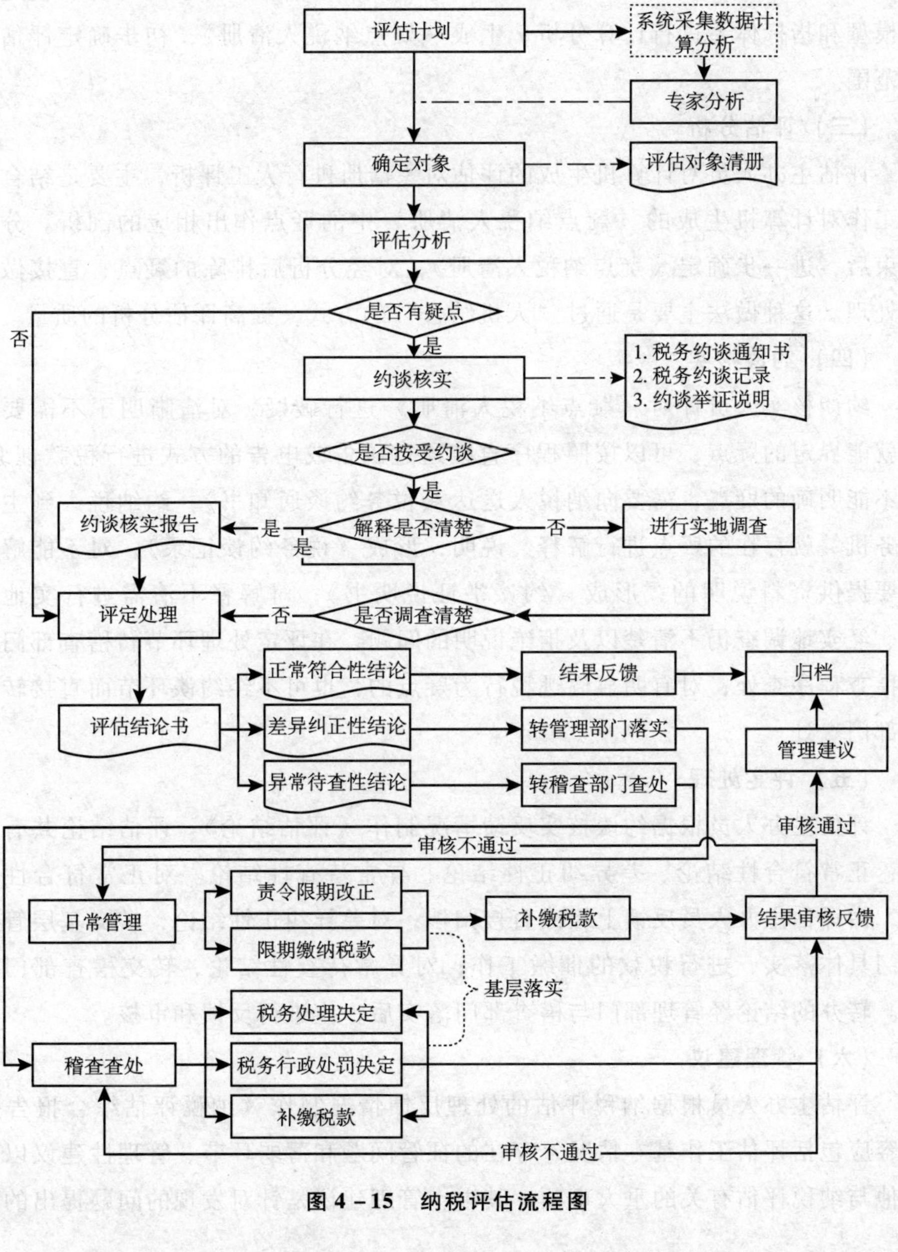

图 4－15　纳税评估流程图

（一）评估计划

税务机关可根据评估需要提出评估计划，评估计划包括评估目的、评估条件、评估区域、评估期间、标准值的参照区域等内容。省、市、县、税收管理员各级均可根据工作需要提出纳税评估计划。

（二）确定对象

根据评估计划，由计算分析人员采集相关数据信息，并应用计算机使用数学模型和指标体系进行计算分析，生成《疑点纳税人清册》，初步确定评估对象范围。

（三）评估分析

评估主办人员对计算机生成的评估对象清册进行人工评析，主要是结合实际工作对计算机生成的《疑点纳税人清册》中的疑点作出相应的剖析。分析结束后，进一步确定《疑点纳税人清册》，对经分析后排除的疑点，直接做归档处理。这种做法主要是通过“人机结合”的方式，提高评估分析的质量。

（四）约谈核实

约谈核实人员针对《疑点纳税人清册》进行破疑，对清晰明了不需要约谈就能界定的疑点，可以按照程序直接通过函告或电告的方式进行税款催缴；对不能明确的疑点，需要向纳税人送达《税务约谈通知书》，约纳税人到主管税务机关就存在的疑点进行解释、说明，形成《税务约谈记录》，对不能解释需要提供资料说明的，形成《约谈举证说明书》；对解释不清需进行实地调查、经实地调查仍不清楚以及拒绝说明的问题，在评定处理环节转稽查部门按照稽查程序查处；对有明显偷逃税行为疑点的，也可不经约谈环节而直接转稽查部门查处。

（五）评定处理

评估主办人员根据约谈核实反馈情况制作《评估结论》。评估结论共有三种：正常符合性结论、差异纠正性结论、异常待查性结论。对正常符合性结论，由评估主办人员反馈上级或直接归档；对差异纠正性结论，转交基层管理部门具体落实，进行税款的催缴工作；对异常待查性结论，转交稽查部门查处。转办的结论经管理部门与稽查部门落实后，应进行反馈和审核。

（六）管理建议

评估主办人员根据纳税评估的处理反馈情况制作《纳税评估综合报告》，内容应包括评估工作基本情况、存在的征管问题和薄弱环节、管理性建议以及其他与纳税评估有关的重大事项。其中，管理建议是针对发现的问题提出的加强措施和改进工作的有关建议。

七、纳税评估的发展趋势

纳税评估是一项融管理与服务于一体的综合性税收管理活动。从服务纳税人的角度来看，税务代理的性质和作用决定了其适合参与纳税评估工作。税务代理是沟通税务机关和纳税人之间的桥梁和纽带，在申报环节实行代理，纳税人不仅可以在代理人员的帮助下减少纳税错误，而且可以用足用好税收优惠政策，做好税收筹划。此外，代理人员可以通过履行其职责查询和调查纳税人的有关信息，准确地对纳税人进行分析并做出相关判断，使纳税人能更好地履行纳税义务。从长远来看，在步入信息社会并以信息技术为支撑的征、纳活动中，征、纳双方互动围绕的根本焦点问题是信息不对称问题。在“以数管税”的大趋势下，税务机关的纳税评估活动将发展为纳税监控业务的核心环节而存在。中介机构协助纳税人的纳税评估活动更适合作为一项社会提供的纳税服务得到发展。

第四节　纳税监控体系中的“个性化”监控

纳税监控体系中的“个性化”监控，是指适应不同行业、产业、企业，以及某些特殊经济行为（活动）对涉税数据采集、加工、应用的特殊要求，采用具有针对性的措施，提高监控质量和效率。本节结合我国当前情况，对几个特殊的纳税监控领域进行简要探讨。

一、纳税监控体系中的分税种监控

实现税种的精细化管理是纳税监控体系的一项重点，特别是对流转税、所得税及地方税等主体税种，需要根据税种的特点，围绕“以数管税”的主线，从税源的确定、监测、控制等方面采取更多具有针对性的措施。

（一）增值税纳税监控

增值税是对在我国境内销售货物或者提供加工、修理修配劳务以及进口货物的单位和个人，就其取得的货物或应税劳务的增值额征税，具有税率简化的特点。增值税的纳税监控主要包括：加强增值税专用发票管理和非增值税专用发票及其他抵扣凭证的管理，实施“一窗式”管理，进行票表稽核比对，分类实施一般规模纳税人、小规模纳税人管理等措施。

1. 增值税专用发票管理

（1）加强增值税专用发票领购管理

在发票领购供应上，严格专用发票限量限额管理，制定防伪税控系统最高开票限额审批规程，严格执行辅导期一般纳税人按次限量供应政策和其他一般纳税人按月限量供应政策。

（2）防伪税控系统发票开具、认证

加强对税控企业的辅导、培训，努力提高防伪税控系统的开票质量，有效减少红字发票率和作废发票率。在专用发票数据采集上，进一步完善报税审核制度，明确审核责任，提高审核质量，防止存根联信息的漏采、漏报。

逐步推广使用增值税专用发票网上认证系统，由纳税人通过扫描仪将专用发票抵扣联上的主要信息自行进行采集并转化为电子信息。在一定的安全机制下，将电子信息通过互联网传输给国税机关，由国税机关的防伪税控服务器进行认定。网上认证能够消除认证工作的时空限制，缩短纳税人与国税机关空间上的距离，且纳税人可以随时对取得的专用发票抵扣联通过互联网进行识伪认证，及时有效地避免假发票带来的经济损失。

（3）落实异常发票协查制度

对防伪税控认证子系统、交叉稽核子系统中发现的涉嫌违规发票，如无法认证、认证不符、密文有误、比对不符、缺联、重号等发票，系统会自动传输到协查子系统，便于及时组织实施协查。同时，应设置增值税专用发票和其他抵扣凭证审核检查岗，明确岗位职责，完善相关制度，制定工作规程，建立反应灵敏、配合有力、运转高效的异常发票快速反应协查机制，确保异常发票协查工作的质量和效率。

2. 强化“四小票”管理

随着防伪税控系统的全面推行及金税工程二期在全国的全面覆盖，增值税专用发票的管理取得了一定的成效，有力打击和遏制了利用增值税专用发票犯罪的势头，但对非增值税专用发票其他抵扣凭证的管理，还存在薄弱环节。非增值税专用发票其他抵扣凭证是指税收法律法规规定可以据以抵扣增值税进项税金的非增值税专用发票，主要有：运输发票、农副产品收购凭证、海关进口增值税专用缴款书（海关完税凭证）和废旧物资发票，通常称之为“四小票”。

“四小票”的管理应以加强抵扣管理为切入点，突出行业特点，把握行业规律，达到强化管理的目的。按照现有除农产品收购发票之外的“三小票”

数据票表比对和票票比对机制，加强电子信息的采集，提高比对相符率。对于国家税务总局下发的比对异常增值税抵扣凭证，主管税务机关的税源管理、稽查部门应分工协作、进行全面审核检查，重点对海关代征进口增值税专用缴款书、废旧物资发票、货物运输业发票中的“金额不符票”和“缺联票”进行严格审核检查。审核检查时，不仅要核对企业留存的发票与申报的清单是否相符，而且要与前两个月申报的清单核对，防止重复申报抵扣。同时，要同纳税人的有关购销合同、账务处理、资金往来、入库实物等结合起来进行检查，切实做到每票都查，查清原因，严格处理。并结合管理实际，全面加强“四小票”日常监控管理。具体包括：

(1) 严格开票资格审核。审核废旧物资回收经营业务单位是否经工商行政管理部门批准，是否有固定的经营地点及仓储场地。审核农产品收购企业营业执照经营范围中是否注明有收购业务，收购的农产品是否为农业生产者自产的免税农产品。

(2) 加强票面稽核。“四小票”申报抵扣进项税额时，首先必须进行票面审核，对填开不规范，内容不全、不实的发票，一律不得作为进项税额抵扣凭证。

(3) 加强清单管理。纳税人报送废旧物资发票、农副产品收购凭证、货物运输发票、海关完税凭证的同时，必须填报抵扣清单，抵扣清单金额必须与增值税纳税申报表附列资料相关栏目金额相符。

(4) 提高发票信息采集录入质量。通过加强对纳税人的培训辅导，帮助其熟练使用采集软件，准确录入发票信息，降低差错率、不符率。对内，制定严格的岗位责任制，落实发票信息采集责任，仔细研究采集和录入工作中出现的问题，改进采集手段。办税窗口应认真审核，从严把关，确保数据采集、录入操作无误。

(5) 强化部门配合，逐步把“四小票”纳入金税工程管理。目前，由税务机关代开的发票已纳入防伪税控管理，废旧物资发票的开具进入防伪税控也即将成为可能，而“海关完税凭证”的信息由海关管理，运输发票的开具由地税管理，部门分割，条块管理，需要进一步加强同地税和海关等部门的沟通与协作。一是对于运输发票，应统一全国运输发票的样式，进行电脑开具，数据实现信息化采集。国税机关把运输发票视同增值税专用发票，进行认证采集，提高运输发票比对成功率。二是加强与海关部门的沟通与协调，在全国范围内实现信息共享，加强海关代征增值税的管理。由海关、税务机关相互提供近三年的海关代征增值税明细数据、进口货物的企业在海关缴纳进口增值税情况，以及企业使用海关完税凭证抵扣税款的信息；防止企业重复退税，对向海关申请退税的企业，必须提供未在税务机关抵扣进口增值税税款的证明；进一步统一规范税务机关和海关往来的文书格式；在电子口岸系统中增设“海关完税凭证”电子数据；数据化信息采集，增加海关完税凭证抵扣联的防伪功能。通过努力逐步将“四小票”纳入金税工程的范畴。

3.“一窗式”管理

“一窗式”管理工作的核心是通过对增值税一般纳税人申报的进项抵扣数与金税认证数，申报的销项数与金税抄报数，依托计算机进行实时比对。推行“一窗式”管理模式解决了纳税申报和防伪税控报税、认证相脱节的问题，将金税二期工程中增值税事后的“票票稽核”改为与纳税申报过程同步的“票表稽核”，强化了增值税管理，有力地发挥了“金税工程”打击偷逃税的“杀手锏”作用。具体做到：采用电子申报系统进行“票表稽核”，实现比对数据的电子化和比对过程的自动化；实现报税、专用发票认证和纳税申报三项业务在税务端的整合，使相互独立的系统一体化；实现对企业纳税申报问题的事后监控到事中监控，通过软件系统将申报异常信息及时反馈给纳税人。

办税窗口在审核纳税人申报资料后，将 CTAIS 系统与防伪税控系统进行连接，对专用发票存根联，专用发票抵扣联、运输发票、海关完税凭证、废旧物资发票等数据进行比对，对发现的问题及时进行处理。具体流程如图 4 -16 所示。

各征收单位将防伪税控报税系统采集的纳税人税控 IC 卡记录的增值税专用发票销项金额、税额数据逐户即刻传入共享目录，增值税电子申报系统在共享目录下自动提取销项金额、税额数据；将上月防伪税控认证系统采集的增值税专用发票抵扣联进项金额、税额数据一次性传入共享目录，增值税电子申报系统在共享目录下自动提取进项金额、税额数据。纳税人进行电子申报时，增值税电子申报系统将自动提取该纳税人的销项金额、税额数据和抵扣联进项金额、税额数据，并即时比对纳税人申报表附列资料所填写的“防伪税控系统开具的增值税专用发票”和“本期认证相符且本期申报抵扣”的相应数据。如出现“票表稽核”比对结果不符的情况，增值税电子申报系统自动提示不符的原因，企业可调整申报数据，重新申报。申报系统自动记录“票表稽核”比对结果，并统计申报异常企业“票表稽核”情况，交管理部门核查。

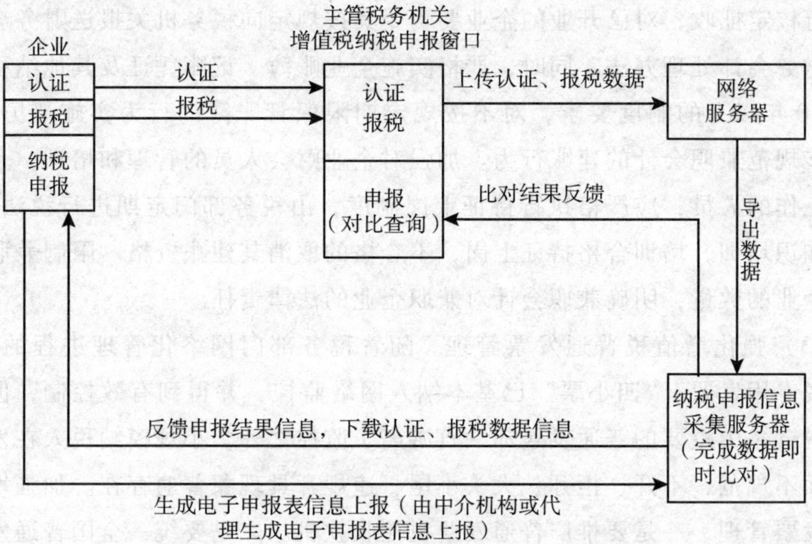

图 4-16 "一窗式"管理工作流程示意图

4. 小规模纳税人增值税纳税监控

《中华人民共和国增值税暂行条例》将增值税纳税人划分为一般纳税人和小规模纳税人。随着防伪税控系统的应用和"一窗式"管理的推行，一般纳税人的管理已迈入正轨。而小规模纳税人的管理由于会计核算不健全，税收核算不准确，税务机关监控力度不够等原因，存在着纳税意识淡薄、纳税申报不实、低税负申报和零申报比例过高等问题，需加大对其纳税的监控力度。包括：

（1）建立纳税申报定期分析制度，加强日常监控。对企业生产经营状况不了解或者了解不全面是当前小规模企业监控薄弱的主要原因之一，应全面建立和实施纳税申报定期分析制度，分析有关情况，交流管理信息，适时进行纳税评估。为确保查账征收企业申报的真实性，在日常申报中，应要求小规模纳税人报送反映生产经营变化的其他纳税资料。如工业企业可报送购进材料、完工产成品、销售成本、库存产成品等数据；商业企业按月报送购进商品、结转的商品成本、流通费用等数据。税收管理员建立反映上述数据的征收台账并及时进行分析，以利于全面了解小规模纳税人申报收入的真实性。

（2）完善建账监管，规范财务管理，促进建账质量。严格企业账簿审验、使用、保管制度，对新开业的小规模纳税企业，严格按规定设置账簿，否则一律实行核定征收，对已开业的企业要责令其按规定向税务机关报送财务会计制度和财务会计处理办法。同时，严格实施企业账簿、记账凭证及其他纳税资料保存10年以上的制度要求，对不按规定期限保管账簿的行为实施严厉处罚。进一步规范兼职会计的建账行为。加强对企业财会人员的管理和培训，凡从事财会工作的人员，应严格执行持证上岗制度，由税务部门定期进行税法业务、财会知识培训，培训合格持证上岗，不合格的取消其建账资格。限制兼职会计兼职企业的数量，明确兼职会计对兼职企业的法律责任。

（3）强化增值税普通发票管理。随着税务部门网络化管理进程的加快，增值税专用发票、“四小票”已基本纳入网络监控，并得到有效控制，但作为增值税链条中重要的普通发票却一直游离于监控之外。小规模纳税人在发票使用方面不规范，不开、拒开、大头小尾、违规开具现象普遍存在。加强增值税普通发票管理，一是要推广普通发票税控收款机。二是要统一全国普通发票的代码和号码。针对当前各地区普通发票管理上的不统一，普通发票的真假难以识别，借鉴增值税专用发票管理的成功经验，有必要建立全国统一的普通发票代码和号码，便于统一管理和识别。三是建立网上协查机制。由于各省、市之间以及国、地税之间普通发票管理的不统一，就难以对其真伪进行准确的鉴定。在统一全国普通发票代码和号码的基础上，建立普通发票的网上协查机制，及时对普通发票进行真假查询，能够堵塞当前普通发票管理上的漏洞，减少税收的流失。同时，在推广税控装置的基础上，结合“一窗式”管理，对普通发票进行票表比对。

5. 增值税纳税评估

由于征管对象日趋复杂化，销售不开发票、不入账、做假账以及现金交易等情况时有发生，纳税人涉税违法行为的隐蔽性越来越强，实施科学、高效的纳税评估，能够有效解决这一问题。包括：

（1）建立科学的纳税评估指标体系。纳税评估指标是衡量纳税人纳税申报真实性、准确性的标尺，因此，制定指标一定要符合增值税管理的基本规律。增值税纳税评估应设置的评估指标主要包括：税负率、税负率差异幅度、销售变动率、毛利率、资产负债率、存货周转率、总资产周转率、销售利润率、总资产利润率、成本利润率、进项税额控制数等。在设置指标体系后，应当合理确定峰值和警戒值及同一指标的区间上下限数值。以税负率为例，由于同行业纳税人的规模、经营能力存在差别，其税负率也不可能完全一致。因此，可采取抽样调查的方式，分大、中、小三种规模，选取不同数量纳税人的资料，利用统计方法计算税负率情况，并根据实际情况的变化逐步进行修正，使税负率的确定建立在科学、合理的基础上，为评估分析提供可靠的依据。

（2）全面采集纳税评估信息。获取和储存必要的涉税信息数据是纳税评估的基础。因此，一要建立评估信息提供机制，规定纳税人必须提供的信息项目和具体要求，确保税务资料报送及时、齐全。二要按照“一户式”管理要求，将纳税人的各类纳税信息资料进行收集、储存。主要包括：纳税人税务登记基本情况，各项核定、认定、减免缓抵退税审批事项的结果，纳税人申报纳税资料，财务会计报表，增值税交叉稽核系统的各类票证比对结果等。三要通过税收管理员开展日常管理、调查，掌握纳税人的生产经营实际情况。主要包括：生产经营规模、产销量、工艺流程、成本、费用、能耗、物耗以及其他与税收有关的数据信息。四要通过外部信息交换，获取所在地区主要经济指标、产业和行业的相关指标数据。

（3）提高评估分析质量。根据已确定的纳税评估指标体系和收集的评估信息，采取定量分析与定性分析相结合的方式，从多层面对纳税人申报纳税情况进行评估分析，逐步审定其申报纳税数据的真实性、合法性。例如，通过收入类、成本类、利润类指标分析，测算纳税人是否有存在少计收入、多列成本、账外销售等问题。通过资产类指标测算，分析纳税人经营能力，判断其偿债能力、纳税能力。通过销项税额、进项税额综合分析，判断纳税人是否存在少计销项、多计进项的问题。通过不同时期纵向比对、同行业横向比对，分析纳税人税负率是否偏低，变动是否异常。不断优化完善纳税评估软件，尽量将更多的评估指标应用于评估软件进行评估分析，以提高工作质量和效率。要将纳税评估对象涵盖全部纳税人，并拓宽评估范围，在增值税评估的基础上，将消费税也纳入评估范围。

（4）搞好评估结果处理。首先要做好约谈、举证工作。约谈、举证是纳税评估工作中认定处理阶段的重要环节。在约谈前，评估人员应查阅企业财务报表、纳税申报表并向有关税收管理员了解情况，全面掌握企业生产经营情况、财务核算情况、纳税情况及发票使用情况，做好各项准备工作，并拟好约谈提纲。实践证明，在约谈中纳税人经常会以“效益不好、亏本经营”等理由搪塞过关，只有清楚掌握其实际生产经营情况，才能把握约谈的主动权。此外，评估约谈人员在询问方法、技巧上也要有讲究，有不少问题要从生产工序、库存变化、成本核算漏洞、预收应付账款等较深层面进行提问，并对纳税人的应答理由是否真实合理作出准确的分析与定性，才不会被表面现象和某种看似合理的理由所蒙蔽。并要搞好税务稽查，对约谈、举证不能解决的问题，及时转入税务稽查程序。纳税评估部门要建立稽查案件交接档案，准确提供评估信息，与稽查部门搞好工作衔接与配合。稽查部门应根据转办的案件，及时实施税务稽查，将问题查清查透，确保纳税评估发挥实效。

（二）营业税纳税监控

营业税涉及服务业、销售不动产、交通运输业、邮电通讯业、转让无形资产、文化体育业、金融保险业、建筑安装业等九个税目，行业多，点多面广，税源分散，且流动性、复杂性、隐蔽性强，税源信息难以掌握。根据营业税的税源特点，其纳税监控思路一般确定为“以票管税、源泉控管”。

1. 发挥以票管税作用，实施营业税纳税监控

（1）以票管税

一是严格发票领购资格审批。对申请领购发票的纳税人，应严格把好发票领购“入口关”。纳税监控部门在纳税人办理税务登记之初，就要对纳税人的实际经营范围和可能的发票用量进行详细测量，并将相关信息传递到受理部门。

二是严格发票代开管理。主管税务机关对要求代开发票的单位和个人的申请资料进行核对，包括《代开普通发票申请表》、合法身份证件以及接受劳务服务方出具的书面确认证明等，核对一致的，方可予以代开，对申请代开发票的单位和个人，应当按照税收法律、法规的有关规定征收税款。

三是加强发票审验发售管理。发票审验主要是票税比对，审验纳税人是否按照票面金额足额缴纳税款，防止“票税分离”。发票未经审验的，不得发售新的发票。以服务业为例，发票分为税控收款机发票和定额普通发票。对使用税控收款机发票纳税人领购发票及税控装置授权前，主管税务机关应要求其提供上期领购的发票存根或IC卡，进行IC卡数据比对，应重点对发票的开具金额（税控IC卡报数反映的发票填开金额）与纳税申报的营业额进行比对。对营业税纳税人普通发票审验管理采取“验旧售新”方法。对享受税收优惠政策的定期定额户发票审验，应重点对当月开具的金额与核定的经营额进行比对，有异常的，移送管理部门约谈、核查，防止出现纳税人无限制使用发票逃税和借用发票的问题。

四是加强发票检查。发票检查主要内容是检查纳税人是否按照法定渠道取得发票，是否按规定开具使用发票，是否按票面金额缴纳税款。其中变化较大的是货物运输业发票检查（核查）管理。地税征收机关对所有开具的货物运

输业发票核对纳税人填报的清单，同时要将征税以后的货物运输业发票存根联数据形成的清单完整、准确上传。国税征收机关必须对纳税人填报的清单进行认真核对，并将清单信息完整、准确上传。比对异常的货物运输业发票先由抵扣方主管国税机关进行审核检查，经审核检查后，仍不能查清原因的，及时向开票方主管地税机关传递信息，发函核查。

（2）以票管税中的“盲点”管理

“以票管税”存在的前提应当是：索取和使用发票成为全社会的自觉行为，成为所有纳税人的财务制度和会计管理行为规范，只有这样，才能全面凭借发票管理，监控到所有营业税税源。但是，我国现有的经济体制和管理手段还达不到这样的水平。现代电子商务的不断发展，不少商品、劳务交易可以通过电子信息完成，这样一来，会计信息具有更大的隐蔽性。如果税务机关只依靠发票的监控，就无法完全掌握纳税人的应税收入，也无法对税源实行全方位的控管；有必要对部分中小型纳税业户进行核定征收，并最终鼓励、规范其建账建制。现代营业税纳税监控要求不仅要完善营业税税收法律法规，而且要完善财会制度，同时，建立健全严谨的金融监管制度，压缩现金交易空间，管住纳税人经营的资金流向。在此基础上，再辅之以“以票管税”等措施，逐步建立完备的营业税纳税监控体系。

2. 采集加工应用信息，实施源泉控管

（1）营业税税源信息采集

税务部门要根据营业税不同单位和行业的情况，有针对性地采取措施，创建有效的信息采集形式，加大信息共享的广度和深度。例如，通过与工商、公安、建设、公路等职能部门建立信息联网，对建筑施工工程招投标和承包合同实现信息共享，实行辅助项目登记管理方法，有效控制建筑业营业税税源。利用获取的房地产交易信息，掌握单位、个人在房地产二级市场转让房地产的有关税源信息，有效控制销售不动产的营业税税源。利用社区获取房屋出租、装修信息，有效控制房屋出租业、装修业营业税税源。营业税涉税信息采集要具有准确性、及时性和连续性，最大限度地提高地税机关捕捉信息的能力，从而达到控制税收源头的目的。

（2）营业税税源信息加工

税务部门要对大量的营业税税源信息进行梳理分析，采用有效的涉税信息，促进税源控管；根据信息处理的实际需要，充实涉税信息整理工作力量、涉税信息的整理加工，使涉税信息变成控制税源、组织收入的依据。例如，采集的建筑施工税源信息要区分主管单位、所属细目、是否外来企业施工等进行处理。

(3) 营业税税源信息应用

通过整理分析后的营业税税源信息可部分转化为计税依据，应将税源信息及时下达到各基层征收单位，并通过地税部门组织征收、委托有关单位代征代扣等多种征管方式变成实实在在的税收收入。山东省地方税务局开发应用的《山东地税管理信息系统》，为包括营业税在内的税源信息的采集、加工、应用搭建了一个信息化平台。

(三) 房产税、城镇土地使用税纳税监控

房产税、城镇土地使用税税源信息分散，当前纳税人申报准确性、及时性不够，税务人员无法及时获取税源变更的信息以实现涉税数据的动态管理。其监控思路一般确定为：以信息化支撑为依托，以纳税人纳税申报资料与税务登记资料、社会网络获取资料对比排查为手段，掌握涉税数据，实施全面、统一、规范、有效的动态监控管理。

1. 采集两税信息，建立信息资料库

(1) 通过对房产、土地的登记，建立税源档案资料库

采集房管部门、土地管理部门纳税人分户信息，同时充分利用纳税人统一办理税务登记换证的时机，全面采集所有纳税人的房产、土地纳税原始资料。通过设计《自有房屋土地登记表》、《租借房屋土地登记表》、《房屋土地变更登记表》，将纳税人自有、租借、变更房屋、土地的有关信息纳入税务登记换证的填表内容，取得比较完整的原始资料。对填报资料不完整的，责成纳税人进行补报或重新填报，保证税源信息的真实性、完整性。

(2) 通过纳税申报，建立纳税申报资料库

征收窗口利用纳税人申报的相关信息，将房产税、城镇土地使用税纳税人的税务登记证号码、应纳税额、是否出租等事项录入计算机，采集信息形成纳税申报数据资料库。

2. 加工应用信息，自动核对排查

开发比对管理软件，将纳税申报资料库与税源档案库进行核对，并对核对结果分别处理。通过房屋数据与土地数据、房屋建筑面积与房产原值、税源库数据与当年申报数据相核对的“三核对”办法，对纳税人登记资料进行审核。对从价计征的房产税以及土地使用税两库资料自动核对，对两个数据库数据不一致的，进行重点审核，查找薄弱环节。对从租计征房产税的资料进行核对。

将出租人、承租人的资料进行对照审核，通过承租人提供的房屋、土地坐落地资料，查找出租人的详细情况，据此催报催缴或限期改正。

3. 注重数据更新，强化动态管理

随着经济的发展，城市发展规模的扩大，房产税、城镇土地使用税纳税人户数和规模也会有所改变，税源档案库建立后，对纳税人因新建、购置、受让、改建、扩建、拆除、转让、改变用途、减免税等引起的房产、土地变化情况，规定纳税人及时到地税机关填报《房产、土地变更登记表》，办理变更登记。随时掌握房产税、城镇土地使用税税源变化情况，包括纳税人的登记、变更、注销，及其税源变化情况（如图4－17所示）。

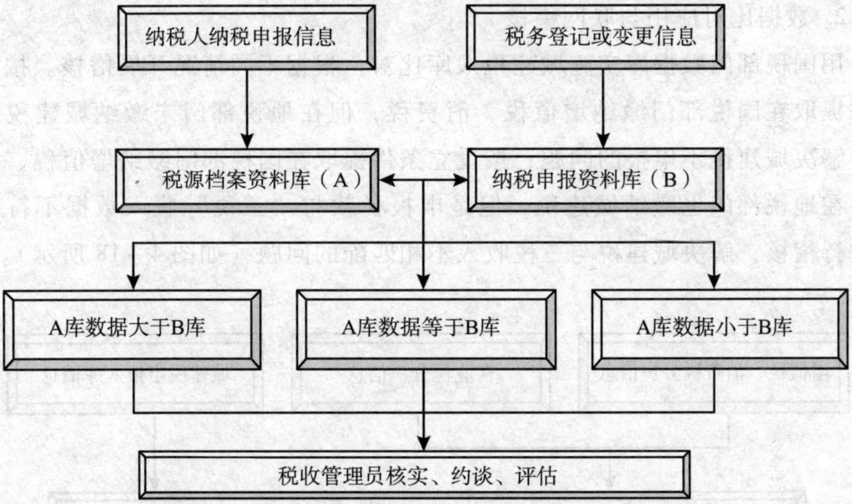

图4－17　房产税和城镇土地使用税纳税监控示意图

（四）城市维护建设税纳税监控

城建税的征收管理受增值税、消费税、营业税三个税种征管水平的制约，三税免税信息、税款查补信息不共享，就难以进行纳税监控。其监控思路为：通过国地税合作，依托信息化网络，建立国地税信息共享交换平台，以现代信息技术为手段，对税源的产生到税款的入库实行全过程环节监控，提高城建税管理的深度与广度，提升城建税征收率。教育费附加由于计税依据、纳税期限等方面与城建税相同，可采取同样的监控措施。

1. 国、地税信息交换采集

建立国地税数据交换机制：设立交换机实现国地税联网，实时相互传递业务信息，实现国地税税款入库信息数据库同步共享，进行数据交换协作。

（1）国税机关根据地税机关所提需求，向同级地税机关传递增值税、消费税分户征收信息。

（2）国税机关将办理税务登记的纳税人临时开票征收“两税”的有关信息，通过计算机网络及时传递给地税机关。

（3）国税机关在检查或采取强制执行措施追缴纳税人应缴的“两税”时，向同级地税机关通报情况，提供追补“两税”纳税人名称、追补“两税”应缴纳税款，追补“两税”已入库税款等有关信息。

（4）地税机关发现纳税人有漏报、少报销售收入偷漏“两税”的，应及时向国税机关通报情况，提供相关信息。

2. 数据比对应用与联网稽核

用国税部门数据库实施城建税入库比对，根据不同情况开展稽核。按设立条件提取在国税部门缴纳增值税、消费税，但在地税部门未缴纳城建税的企业，解决城建税不申报的问题；按设立条件提取在国税部门缴纳增值税、消费税，在地税部门也缴纳城建税，但是申报税款与“三税”收入数据不符的企业进行稽核，解决城建税与三税收入不相匹配的问题（如图 4－18 所示）。

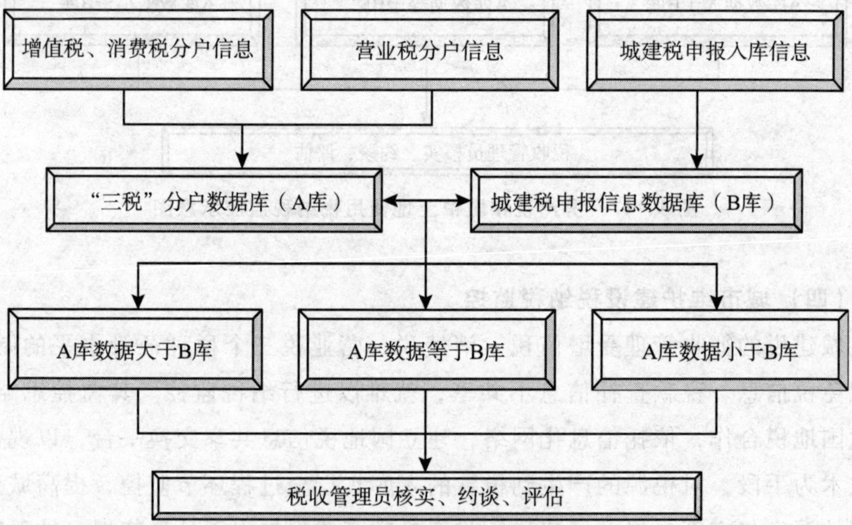

图 4－18　城建税纳税监控示意图

（五）印花税纳税监控

印花税具有征收面广、税负轻、由纳税人自行购买并粘贴印花税票完成纳税义务等特点。其纳税监控思路为：实施源泉控管，强化核定征收，加强印花税代售人监控管理，实现印花税全方位、高密度纳税监控。

1. 强化信息采集加工利用，实施源泉控管

印花税纳税监控要加强涉税信息管理，加强与银行、保险公司、房管局、土地管理部门、建设局等有关部门的联系沟通，及时取得应征印花税合同的相关信息。对新办企业设立的营业账簿和领取的各项权利许可证照在其办理税务登记时及时提醒，并督促其申报缴纳印花税，同时进一步加强印花税的委托代征工作，特别是加强对房地产企业与购房者签订的购房合同、与建安企业签订的建安合同以及签订的其他各类购销合同的印花税委托代征工作，从源头上堵塞印花税征管漏洞。

2. 加强印花税代售人监控管理

加强对印花税代售人代售税款的监控管理，根据实际情况，选择制度健全、管理规范、信誉可靠的单位或个人委托代售印花税票，并对代售人进行业务指导、检查和监督。税务机关加强对印花税应税凭证的监控管理，要求纳税人统一设置印花税应税凭证登记簿，保证各类应税凭证及时、准确、完整地进行登记；要求纳税人指定专门部门、专人负责应税凭证的管理。

3. 核定征收

纳税人在经济交往中书立的凭证种类很多，而印花税只对印花税税目税率表中列举的凭证和经财政部确定征税的其他凭证征税，应税凭证的鉴别和认定困难，难以全方位进行纳税监控。对经济合同类印花税采用核定计税依据征税的措施，可以较好地实施印花税纳税监控。

（1）核定征收范围。包括：未按规定建立印花税应税凭证登记簿，或未如实登记和完整保存应税凭证的；拒不提供应税凭证或不如实提供应税凭证致使计税依据明显偏低的；采用按期汇总缴纳办法，未按地方税务机关规定的期限报送汇总缴纳印花税情况报告，经地方税务机关责令限期报告，逾期仍不报告的或者地方税务机关在检查中发现纳税人有未按规定汇总缴纳印花税情况的。

（2）应税核定率测量。印花税核定征收的基本计算公式为：

应纳印花税税额 = 销售（营业）收入 × 应税核定率 × 适用税率

应税核定率测量是核定征收中的关键工作。应税核定率，即根据纳税人的实际生产经营收入，参考纳税人各期印花税纳税情况及同行业合同签订情况，确定的科学合理的应贴花比例。税务机关应定期对各行业、各类应税合同签订

情况、合同金额占该类业务总金额的比重、不同行业及不同类型应税项目印花税收入情况及其他印花税涉税因素进行统计、测算，评估各行业印花税纳税状况及税负水平。在此基础上，按照经济合同的不同类别，根据调查测算的数据，确定一定时期、一定地域的应税核定率，其确定原则是符合大多数调查样本的实际情况。

在实际纳税监控工作中，纳税人的购销合同中采购金额较营业收入更加难以掌握，可以尝试分行业测算购进物资金额占主营业务收入的比例，即采购金额系数。以销售收入乘以采购金额系数与应税核定率的积，依此核定经济合同印花税。

$$\text{应纳印花税税额} = \text{销售（营业）收入} \times \text{采购金额系数} \times \text{应税核定率} \times \text{适用税率}$$

$$\text{采购金额系数} = \frac{\text{（采购成本、费用等）}}{\text{销售（营业）收入}}$$

（3）信息化条件下的核定征收。利用信息化手段，依托税收征管信息平台，对纳税人的印花税应税项目由人工核定变为微机核定征收。通过网络报税软件，在纳税人录入财务报表及印花税合同项目相关信息后，关联测量的核定征收率、采购金额系数，提取网络报税软件报表中“主营业务收入”信息，按照印花税核定征收计算公式，由计算机自动核定生成当期各个项目应纳印花税金额，并自动申报纳税（如图4－19所示）。

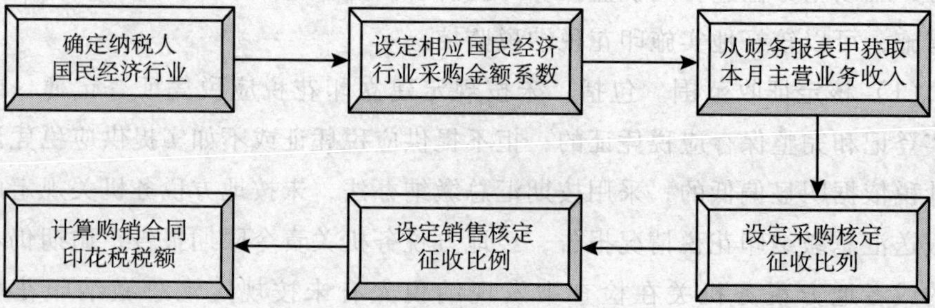

图4－19 印花税纳税监控示意图

地方税务机关核定征收印花税，应向纳税人发放《核定征收印花税通知书》，注明核定征收的计税依据和规定的税款缴纳期限。同时应逐步建立印花税基础资料库，包括：分行业印花税纳税情况、分户纳税资料等，确定科学合理的评估模型，保证核定征收的及时、准确、公平、合理。

（六）企业所得税监控

涉税数据的采集、加工、应用，改变了企业所得税涉税数据的失真、衰减等现象。在信息化的支持下，得以全面反映企业所得税各征收管理环节、税款计算过程、审核审批项目、取消审批（核）项目等涉税数据的变化，有利于落实企业所得税"核实税基，完善汇缴，强化评估，分类管理"的总体要求，提高税务机关综合管理能力和监控水平（如图4－20所示）。

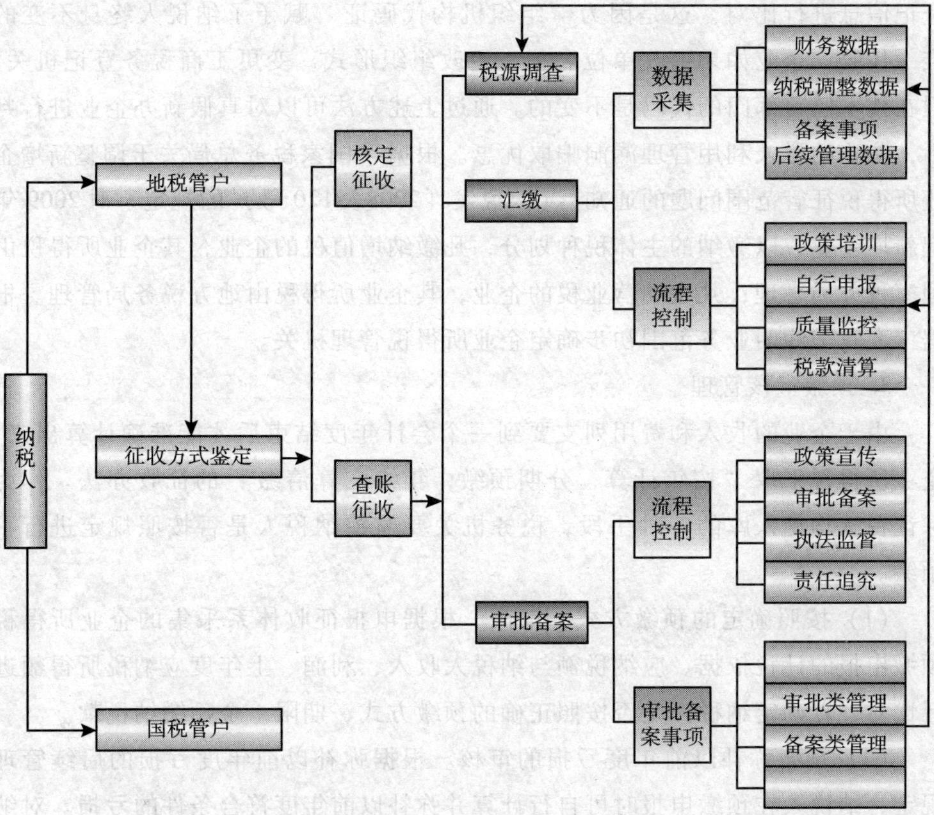

图4－20　企业所得税纳税监控示意图

1. 纳税人身份及征收方式认定

根据现行企业所得税法规定，企业所得税纳税人是依照中国法律、行政法规在中国境内成立的企业、事业单位、社会团体以及其他取得收入的组织、依照外国（地区）法律成立的企业，包括依照外国（地区）法律成立的企业和其他取得收入的组织。通过采集工商、民政等第三方数据，对企业所得税纳税人身份及征收方式进行认定，防止企业所得税漏征漏管。

2. 新办企业登记比对

自2001年到2008年，在工商部门办理开业登记的企业划归国税机关管理。有的纳税人摇身一变为新企业，骗取所得税优惠。通过社会综合治税渠道，一方面，借助工商部门、社会中介组织等采集新注册成立的企业及企业注册资金中非货币性资产、货币性资产所占比例，正确区分企业所得税管辖税务机关；另一方面，借助技术监督部门“组织机构代码证”数据与国税、地税登记信息进行比对。这是因为“组织机构代码证”赋予了纳税人终身不变的唯一代码，企业如果更改单位名称，更改组织形式，变更工商税务登记机关，但在技术监督部门的代码是不变的。通过上述方法可以对真假新办企业进行判断，防止纳税人利用管理漏洞骗取优惠。根据《国家税务总局关于调整新增企业所得税征管范围问题的通知》（国税发〔2008〕120号）的规定，对2009年起新增企业，以缴纳的主体税种划分，凡缴纳增值税的企业，其企业所得税由国家税务局管理；凡缴纳营业税的企业，其企业所得税由地方税务局管理。根据工商登记注明业务范围初步确定企业所得税管理机关。

3. 预缴审核管理

由于企业的收入和费用列支要到一个会计年度结束后才能准确计算出来，企业所得税采取“按年计算，分期预缴，年终汇算清缴”的征收办法。作为保证税款均衡入库的一种手段，税务机关要监控纳税人是否按照规定进行了预缴。

（1）按照确定的预缴方式、期限，根据申报征收体系采集的企业所得税预缴申报的计税依据、应纳税额与纳税人收入、利润、上年度应纳税所得额进行比对，以确定纳税人是否按照正确的预缴方式、期限、金额缴纳税款。

（2）预缴弥补以前年度亏损的审核。根据弥补以前年度亏损的后续管理规定，纳税人在预缴申报时可自行计算并弥补以前年度符合条件的亏损。对纳税人在预缴环节申报弥补以前年度亏损的，详细采集当期弥补亏损所属年度、金额的信息，与亏损弥补台账进行比对，实施动态监控。

4. 取消审批项目后续管理

根据国务院取消和调整行政审批项目的工作要求，国家税务总局陆续取消了若干企业所得税审批（核）项目，由事前审批（核）转向事中、事后监控。企业所得税管理方式的改革，要求税务机关更加快速、全面地掌握了解纳税人取消审批（核）项目的涉税数据，不断提高企业所得税税基管理能力。

（1）应用“后续管理软件系统”，与年终所得税汇算清缴申报相结合，科学细化后续管理事项基本指标，采集税前弥补以前年度亏损、改变成本计算方法、技术开发费加计扣除、固定资产加速折旧、综合利用资源减计收入、广告费税前扣除、高新技术企业减免税、非货币性资产投资（债务重组、接受非货币性资产捐赠）、企业购置并实际使用环境保护、节能节水、安全生产等专用设备的投资等备案事项的基础数据，满足事后分析比对的需要。

（2）建立电子台账，实施动态监控。根据采集的备案事项基础数据，自动生成“企业税前弥补以前年度亏损台账”、“高新技术企业所得税减免税台账”、“企业非货币性资产投资确认所得、债务重组所得、捐赠收入管理台账”、“企业技术开发费加计扣除管理台账”、“企业广告费税前扣除管理台账”、“综合利用资源减计收入台账”、“环境保护、节能节水、安全生产等专用设备投资台账”等电子台账，与企业年终汇算清缴数据进行比对。

（3）利用第三方数据，实施内外比对。根据采集的经贸委、科技部门相关数据，对未报送相关备案事项数据的企业进行审查核实。

5. 审核审批管理

根据国务院关于取消和调整行政审批项目的有关决定，将企业所得税减免税审批、对企业财产损失企业所得税税前扣除的审批等，作为税务机关保留的审核审批项目。为规范保留项目的审批，国家税务总局陆续出台了一系列管理办法，形成了较为规范的企业所得税审核审批制度体系。

（1）对审核审批事项文件规定进行清理、归类，明确有关优惠政策的享受主体，以信息化手段对审核审批类型、法律依据等进行管理，便于审核人员就纳税人申请资料与审核审批事项法定条件的相关性进行审核。

（2）结合纳税服务体系建设，进一步拓宽审核审批事项受理渠道，实现审核审批事项申请网上受理及审批公示。

（3）实现审核审批事项信息在政府相关部门间的交流共享。

（4）审核审批事项全部纳入信息系统管理，杜绝审核审批事项在信息系统之外的“体外循环”。按照《行政许可法》规定，强化对纳税人申请和税务机关受理、审查、公示、审批实施等各个环节的管理。上级税务机关可实现对审批机关的实时监控，下级机关可实现审核审批事项向上级机关的自动备案。

（5）建立审核审批事项电子台账，明确审核审批数据与预缴申报、汇算清缴等环节的钩稽关系，强化逻辑性比对。

6. 汇算清缴管理

纳税人是企业所得税汇算清缴的主体。在汇算清缴阶段，纳税服务、申报征收、纳税监控三大业务序列需要协调运作，共同保障纳税人汇算清缴工作的进行。

税务机关通过纳税服务体系，为纳税人提供汇算清缴政策咨询、培训、辅导，负责有关纸质、电子资料的提供，利用企业汇缴申报信息，及时进行申报、缴纳提醒，提高纳税人自行汇算清缴的能力和质量。

通过以电子申报为主题的多元化申报体系，为纳税人提供灵活、简便的汇缴数据录入方式，方便、高效的汇缴申报渠道，满足纳税人多次申报的需要，提供汇缴申报相关数据。

通过纳税监控体系进行汇算清缴质量评估，监控税源清算。

（1）汇算清缴调整质量评估

纳税调整是由利润向应纳税所得额进行的转换，是所得税汇算清缴的关键环节，纳税调整质量直接关系企业所得税的足额征收。

根据申报征收体系提供的所得税汇算清缴数据，利用纳税评估手段，依据纳税调整规律，对企业所得税纳税调整项目进行细化分解，合理设置指标、公式，对纳税调整质量进行评估、审核，进而帮助、指导企业重新进行调整、申报，提高纳税人自核自缴质量。

（2）汇算清缴补退税管理

由于年终所得税汇算清缴期长达五个月，一些基层一线税务机关出于种种原因，使某些企业的汇算清缴税款不能在汇缴期内及时、足额入库，致使税款“体外循环”，影响了税法的严肃性，容易出现违法违纪行为。将纳税人汇算清缴数据全部纳入信息系统，将税款转为“体内循环”，建立企业预缴税款数据与年终汇缴税款数据的严密钩稽关系。对未及时缴纳税款的，严格滞纳金加收，及时进行催报催缴，采取税收保全、强制执行等税收实现控制措施。

（七）个人所得税监控

为加强个人所得税管理，国家税务总局提出了“四一三”的工作思路，在信息化建设的基础上，建立完善四项制度，改进和强化三个管理。抓住建档管理和全员全额管理是贯彻落实“四一三”工作思路的关键（如图 4－21 所示）。

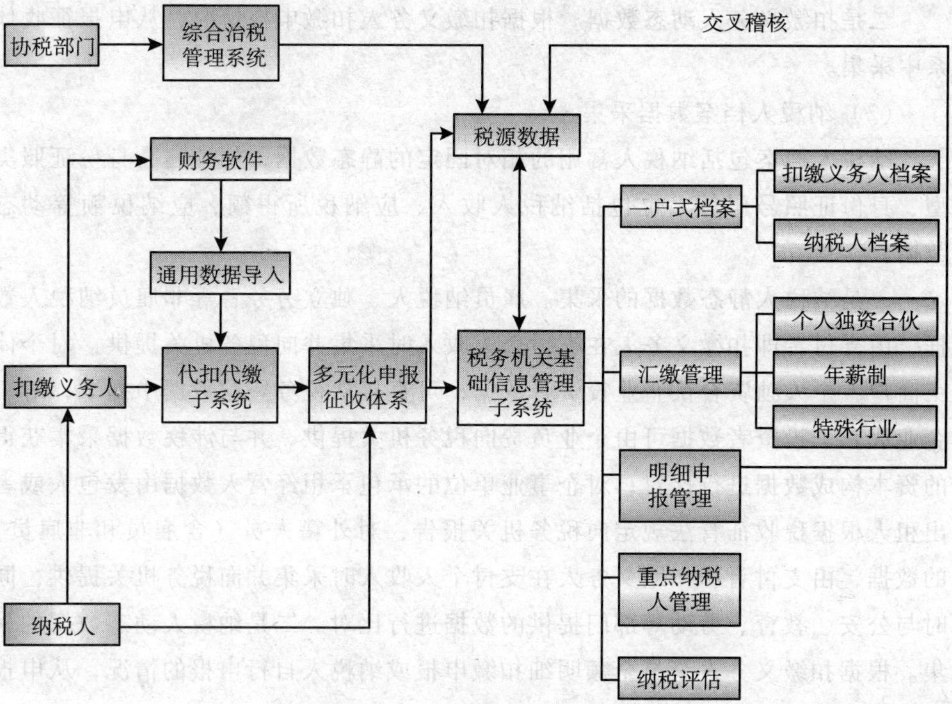

图 4-21 个人所得税纳税监控示意图

1. 档案建立

个人所得税档案管理是强化个人所得税源泉控管的重要措施，也是借助信息化手段实现个人所得税精细化管理的前提。通过全面采集、归集个人所得税涉税数据建档，实现对扣缴义务人、纳税人涉税资料、数据的一户式存储，为个人所得税评估稽核奠定基础。

（1）扣缴义务人档案数据采集

扣缴义务人档案包括扣缴义务人常用的相对固定的静态数据，如扣缴义务人编码、扣缴义务人名称等，也包括扣缴义务人支付个人收入额、扣缴税额等动态数据。

一是扣缴义务人静态数据。由于工商、民政、国税、技术监督等部门的登记数据比对，极大地减少了漏登漏管户，企事业单位、社会团体、民办非企业单位等扣缴义务人的静态基础数据可直接从税务登记中提取生成。对于行政单位等扣缴义务人，由于实行了财政部门集中支付工资，可通过社会综合网络，从财政部门采集。

二是扣缴义务人动态数据。根据扣缴义务人扣缴申报情况，从申报征收体系中采集。

(2) 纳税人档案数据采集

纳税人档案包括纳税人常用的相对固定的静态数据，如姓名、身份证照类型、身份证照号码等，也包括纳税人收入、应纳税所得额、应纳税额等动态数据。

一是纳税人静态数据的采集。雇员纳税人、独立劳务者等非雇员纳税人数据，由支付者即扣缴义务人在支付个人收入时采集并向税务机关提供；对个体工商户，个人独资合伙企业投资者数据，可直接从税务登记数据中提取；对于企业股东、投资者数据可由企业负责向税务机关提供，并与涉税数据采集获得的资本构成数据进行比对；对企事业单位的承包承租经营人数据由发包人或者出租人根据税收征管法规定向税务机关报告；对外籍人员（含雇员和非雇员）的数据，由支付者即扣缴义务人在支付个人收入时采集并向税务机关提供，同时与公安、教育、劳动等部门提供的数据进行比对。二是纳税人动态数据的采集。根据扣缴义务人全员全额明细扣缴申报或纳税人自行申报的情况，从申报征收体系中归集。

2. 全员全额管理

全员全额管理是指凡取得应税收入的个人，无论收入额是否达到个人所得税的纳税标准，均应就其取得的全部收入，通过代扣代缴和个人申报，全部纳入税务机关管理。

(1) 扣缴义务人明细申报

长期以来，由于《支付个人收入明细表》、《扣缴个人所得税报告表》以纸质形式报送为主，在信息处理手段落后的情况下进行全员全额明细申报，难以实现涉税数据的有效采集、加工、应用。泰安市地方税务局在探索个人所得税纳税监控过程中，开发推广了《个人所得税代扣代缴系统》，构建、完善了现代申报征收体系，为扣缴义务人的明细申报提供了多元化支撑。其作用在于：一是应用《个人所得税代扣代缴管理系统》的扣缴义务人，可根据该软件直接生成全员全额明细申报资料。二是利用 Excel 办公软件，或开发专门的企业端全员全额数据录入软件，便于扣缴义务人从现有的劳资、财务管理软件中导入全员全额数据。通过上述方式生成的明细扣缴电子资料，实现《支付个人收入明细表》、《扣缴个人所得税报告表》的有机结合，扣缴义务人通过电子申报方式，根据其掌握的支付所得个人的基本信息、支付所得数额、扣缴税款的具体数额和总额以及其他相关涉税信息，向税务机关办理全员全额扣缴申报。申报征收体系采集的扣缴申报信息分别进入扣缴义务人和纳税人档案。由于向扣缴义务人提供了全员全额明细数据采集的工具，改变了传统方式下扣缴义务人手工填写带来的弊端，消除了扣缴义务人对全员全额明细申报的抵触情绪。

（2）纳税人纳税申报

根据采集的个人涉税数据，按照国务院规定的由纳税人向主管税务机关办理纳税申报的范围，确定纳税申报对象，为其提供优良的纳税辅导服务、方便快捷的纳税申报方式。一是根据纳税人档案归集的纳税人所得数据，筛选、确定年所得12万元以上，以及两处或者两处以上取得工资、薪金所得的纳税人，由纳税服务体系进行申报纳税提醒，并提供纳税辅导服务。二是根据社会综合治税网络提供的其他需纳税人办理纳税申报的情报、线索，由税收管理员进行调查、核实后，通知纳税人办理申报。上述纳税申报数据经申报征收体系采集后进入纳税人档案。

3. 评估稽核

（1）扣缴义务人的纳税评估

根据扣缴义务人档案存储的个人所得涉税数据，结合采集的财务会计、社会综合治税等数据，利用纳税评估系统软件，根据个人所得税评估指标进行具体评估分析，查找主要行业、企业、群体，锁定引起个人所得税变化的具体因素，据此与评估对象进行约谈，要求其说明情况并纠正错误，或者交由稽查部门实施稽查，并进行后续的重点管理。

（2）个人收入的交叉稽核

根据个人所得税纳税人档案，结合社会综合治税、税务检查等发现的个人收入信息，利用信息技术，对多处、多次取得所得的纳税人进行筛选，并进行相应的税务处理。一是交叉稽核的前提。由于个人所得税纳税人数量巨大，涉税数据来源复杂，为确保建立纳税人与各种涉税数据的对应关系，在涉税数据采集中，无论是扣缴义务人申报、纳税人自行申报，还是社会综合治税、税务机关检查采集的个人涉税数据，都必须同时采集纳税人居民身份证号，并确保居民身份证号码的正确、完整。二是交叉稽核的实施。包括：通过对纳税人档案记录的交叉稽核，可以发现纳税人从不同扣缴义务人处取得的工资薪金、利息股息红利、劳务报酬、稿酬、财产租赁等不同所得项目；通过对不同扣缴义务人支付的相关所得项目收入的交叉稽核和归集，对纳税人是否向税务机关办理纳税申报、是否足额缴纳的税款进行监控；由于纳税人档案管理的局限性，对未建档，以及已建档但无扣缴义务申报数据或未自行申报纳税人缺乏监控，通过与第三方个人收入信息的比对，对未纳入档案管理的纳税人进行建档，对未纳入档案管理的收入进行采集，进一步拓宽税务机关对纳税人及其收入的监控能力。

4. 开具个人完税证明

由于纳税人档案的建立，使税务机关能够及时、方便地汇总纳税人全年个人所得税纳税情况。为纳税人开具个人所得税完税证明，改变了传统条件下个人得税管理粗放，不能为纳税人开具完税证明的状况。开具完税证明不仅优化了纳税服务，在推动全员全额管理工作，加强对扣缴义务人扣缴情况和纳税人纳税情况的交叉稽核，提升个人所得税征管水平的同时，可以增强公众纳税意识，培养公民依法纳税的责任感和自豪感，为向综合与分类相结合的税制过渡奠定了基础，充实完善了个人信用。

二、当前纳税监控中的部分难点、重点

不同的行业有不同的税源分布特点。应对各行业进行特点分析，分别采取控管措施。建筑安装、房地产等行业是行业监控中的控管重点，城区房屋出租业又是目前行业监控中一个特殊难点。

（一）建筑安装业纳税监控

1. 建筑安装业税源特点

（1）纳税人信息匮乏，征管质效较低

目前大部分税务部门对建筑安装业纳税人可以从纳税申报表和财务报表中获取征管信息，但是只能从整体上掌握其收入、成本、费用、税金、资金流动等财务指标，而难以准确掌握纳税人具体施工工程项目的纳税状况，经常发生零申报、申报不实甚至不申报等现象，未能全面掌握施工企业完整、真实的纳税和财务情况，给建筑安装业工程税收监控造成困难。

（2）财务核算真实性较差，影响税款征收

由于竞争激烈，建筑市场压标压价，一部分不具备施工资质或施工资质等级较低的建筑企业采取不同的经营方式，挂靠在施工资质较高的企业或向其借用施工资质，税务机关难以将这些施工企业纳入正常的税收管理，给日常的税款征收和监管带来一定的难度。

（3）行业管理机制不健全，综合控税力度不强

税务部门与建设、审计、监察等部门缺乏足够的配合和协调，对建设工程的情况不能及时沟通。税务部门不参加竞招标过程，不能从源头上掌握单项工程施工计划，而目前的纳税申报表又未要求纳税人按单项工程进行申报，使税务机关对纳税人施工项目难以进行有效的源泉控管。未与审计部门建立有效的联系机制，不能及时掌握竣工工程最终造价，确定最终应缴税金，清缴税款。

（4）工程周期长，结算不及时

由于多数建筑企业建设周期长、销售期间长、结算不及时等原因，造成了拖欠税款，部分单位存在偷税行为。虽然税务部门加大了稽查和处罚力度，但由于时间跨度较大，较难核实其数据的真实性。已经竣工但尚未办理结算的工程，因建设单位拖欠工程款施工、单位不主动申请验收或因工程质量等原因而不能办理验收会致使工程款久拖未结，纳税时间滞后。

针对建筑安装业税源特点，应采用信息化手段，按照劳务发生地原则，以工程项目为管理对象，指定专门的项目管理人员，利用建筑安装业税收动态管理软件，对纳税人、建设单位通过计算机网络实时申报的项目信息进行纳税监控。

2. 采集建设项目信息

按照“部门配合，源头控管”的方针，加强各级有关职能部门的配合，在目前税收征管模式的基础上，依托信息化，与发改委、建设、土地管理等职能部门建立信息采集网络。发改委、建设、土地管理部门次月将上月建设项目批准计划、建设项目招标承包、土地审批等情况向地税机关传递。纳税人在承揽、中标建筑工程时，应在承揽、中标合同签订后一定期限内持税务登记证副本、工程承包合同、工程预算书等资料到当地主管税务机关办理有关登记手续。同时要求有关建设单位应自工程立项后一定期限内，持立项批准书、工程投资计划等手续向当地主管税务机关办理登记手续。

3. 项目信息加工应用

（1）分类处理、加工项目信息

税务机关汇集纳税申报信息、工程项目信息及规划、建设等相关部门提供的工程项目信息，及时登记台账，按建设项目进行分类登记管理，对建设项目信息进行加工分析，按照项目所在地、投资额、总分包等情况确定管辖权限，指定主管税务机关进行税源管理。

（2）票证比对，实行“建安付款准支证”制度纳税人与建设单位结算工程款时，税收管理员监控建设方在支付工程款时必须取得合法的建安发票。针对建筑业支付预付款的行业实际，纳税人在收取预付款时，必须先到项目所在地地方税务机关开具“建安付款准支证”，同时按结算金额缴纳营业税、城建税、教育费附加及所得税，建设单位必须凭“建安付款准支证”方可支付工程价款。如果建设单位不凭发票或者“建安付款准支证”擅自支付或超过发票、“建安付款准支证”所列金额支付价款，造成纳税人少缴税款的，税务机关可以责成建设单位配合追缴有关税款。

(3) 建设项目税款清缴结算

规定建设单位必须在工程（项目）完工决算后，凭工程决算书到当地税务机关办理资产转资手续；纳税人在年度终了或工程（项目）完工决算后，凭“工程决算书”、“完税凭证”到当地税务机关办理工程应缴税款决算，多退少补。由此防止因工程建设周期长而发生的偷逃税款问题。只要项目不结算，说明施工单位还欠缴税款，税务机关将根据已采集的计划竣工日期、计划投资额等数据，及时跟踪检查，追缴欠税。

4. 异地施工建筑业纳税监控

建立建筑施工企业机构所在地税务机关与劳务发生地税务机关信息交换机制（函告制度）。一旦建筑施工企业机构所在地税务部门发现辖区建筑施工企业异地施工未在当地缴纳营业税的，必须向其追缴营业税及滞纳金。建筑施工企业在异地施工是否缴税的标志，就是有无异地建筑业应税劳务收入的完税凭证。建筑施工企业机构所在地税务机关根据劳务发生地税务机关函告信息，加强企业所得税监控，防止纳税人收入不入账、减少利润、少缴税款。

5. 运用信息化手段，实现建筑业税源网络化监控

开发应用《建筑业税收动态信息管理（纳税监控）系统》，对建筑业税收实行网络化监控。按照项目管理的原则，税务机关要以每个工地为对象实施纳税监控，按照劳务发生地原则，利用建筑业税收项目管理软件，对纳税人通过计算机网络实时申报的项目信息进行税收监控。各级税务机关和税务人员通过网络了解每一个工程项目的基本情况、预计税款、实际缴纳税款、工程进度以及负责该项目税收征管的责任人员等情况，同时全面掌握一个地区内建筑业工程的分布情况、规模以及建筑业税收的税源状况、结构。依托网络实现建筑劳务发生地税务机关与建筑施工企业机构所在地税务机关纳税人涉税信息的共享；通过对建筑施工企业实行项目管理的方法，全面采集工程项目信息，有效控制工程项目税源。

（二）房地产业纳税监控

1. 房地产行业的税源特点

（1）发展迅速，经营方式复杂多变

从纳税监控角度来讲，房地产行业经营方式较多，体现在：开发主体的多元化，既有政府组织的旧城改造，又有房地产开发商的自主开发；既有村民委员会组织的房地产开发，又有企业单位和个人从事的房地产买卖等。经营方式主要有自建自售、委托开发、委托销售、城市规划建设中拆旧盖新等方式。分配方式主要有以地换房、以房换地、以房抵工程款等。

（2）涉及税种较多，收入比重较大

房地产行业是现行税制下涉税较多的行业之一，主要包括营业税、企业所得税、土地增值税、城建税、土地使用税、房产税（城市房地产税）、车船税、印花税、个人所得税、教育费附加等。涉及税收政策多、涉税金额高，征管难度大。针对其税源特点，应提高房地产业纳税监控的科学化、精细化水平，通过整合现有征管资源，实现信息共享，加强部门协调配合，搞好房地产行业各征管环节的连接，实施"一体化"监控管理。

2. 源头信息采集管理

虽然房地产行业各税种的纳税人、计税依据等税制要素不尽相同，但是税收征管所依据的基础信息大致相同。需要加强申报管理，积极争取房地产管理、契税征收等部门的配合与支持，充分掌握各税种征管所依据的基础信息，包括：转让方、中介方和承受方的名称、识别号码，房地产的转让价格、转让时间、面积、位置等信息。逐步实现各管理部门之间、各税种之间的信息共享，提高纳税监控水平；以契税管理先缴纳税款、后办理产权证书为抓手，以信息共享、数据比对为依托，通过部门配合、环节控制，实现房地产业诸税种间的有机衔接。

3. 部门配合，信息流转加工

将采集的房地产交易的有关信息，进行分类加工传递，将土地使用权承受方及其承受土地使用权的交易信息，及时传递给管理房地产开发环节有关税收的税务机关或岗位；将房地产转让方及其房地产交易信息，及时传递给管理房地产转让环节有关税收的税务机关或岗位；将房地产承受方及其承受房地产的有关交易信息，及时传递给管理房地产保有环节有关税收的税务机关或岗位。合理加工传递共享的信息，将房地产交易信息进行分类整理，交由不同纳税监控管理部门落实，应用于房地产税收各环节的监控。

4. 应用信息强化房地产各环节的纳税监控

充分利用房地产纳税监控获取的有关信息，明确责任人，跟踪掌握有关房地产税收的税源情况。

（1）跟踪了解土地利用规划、计划投资、施工单位、出包合同或协议以及建设施工进度等情况，掌握从事建设施工、装饰装修的单位或个人应缴纳的营业税及附加、所得税、印花税等税种的税源情况，加强房地产开发建设过程中的纳税监控。

（2）跟踪了解并掌握房地产开发商发生的房地产开发成本、费用、商品房预售和实际销售、收款方式、收款时间等情况，并利用契税征管中获取的房地产开发商销售商品房的信息，对房地产开发企业缴税情况进行纳税评估，发现问题，及时采取有效措施解决，加强房地产开发企业的纳税监控。

（3）利用获取的房地产交易信息，掌握单位、个人在房地产二级市场转让房地产的有关税源信息，将转让方名称、识别号码，转让房地产的坐落地点、面积、价格与有关纳税申报资料进行比对分析。发现漏缴税款的，及时进行追缴，切实加强在房地产二级交易市场转让房地产的纳税监控。

（4）采取多种方式跟踪了解承受方承受的房产装饰装修情况，对承受的新建商品房还要跟踪了解物业管理情况，及时掌握有关税源，采取有效措施加强对实施装饰装修施工和物业管理的单位或个人的纳税监控（见图4－22）。

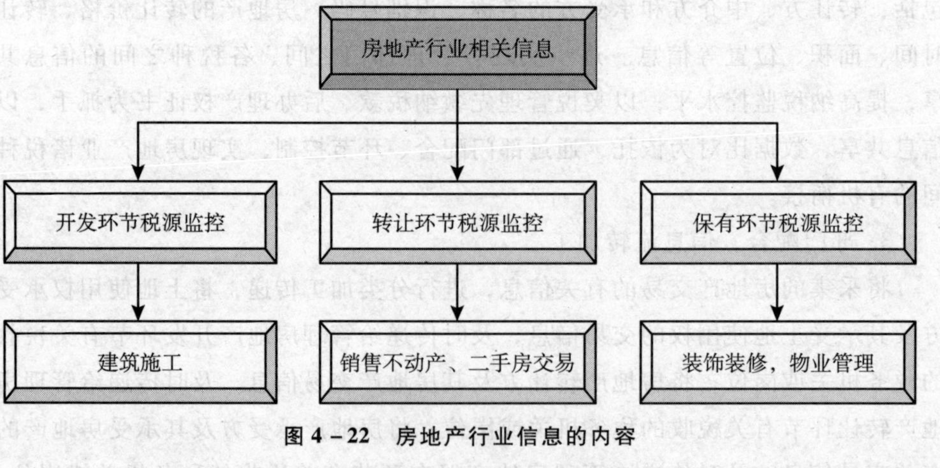

图4－22 房地产行业信息的内容

（三）城区房屋出租业纳税监控

1. 城区房屋出租业的税源特点

（1）房屋出租交易隐蔽。

由于城区出租房屋的承租对象大多数是个人，租金一般都以现金方式结算，租赁双方除租房合同外，一般都不再需要其他有约束力的书证（如发票等）。同时也部分存在着有变相出租、转租和再转租的现象，这些收入都带有很大的隐蔽性，税务部门难以发现并认定，纳税监控工作也较难实施。

（2）征管力量不足，纳税监控难度大

近几年来，税收总收入翻了几番，个人出租房屋收入不确定，仅靠税务人员加强管理力不从心。同时，涉及的税种多，在计算应税所得额过程中，扣除项目多，计算审核较繁杂，以及纳税期限无法确定等诸多问题，造成既不便于纳税人申报，也不利于税务机关的管理。

针对其税源特点，应依托街道办事处（居民委员会）、村民委员会、物业管理单位、承租单位和公安、建设、房产、国土资源管理部门，以及中介机构等具备代征资格的单位（简称代征单位），代征税收及附加，搭建纳税监控网络，采集加工应用房屋出租信息，以委托代征单位代征代管为载体，实现城区房屋出租税收的“覆盖式”纳税监控。

2. 依托代征单位，搭建纳税监控网络

充分利用代征单位对本辖区内房产租赁业户基本情况掌握较清楚的有利条件，主管税务机关与代征单位签订《协税护税协议书》，指定专人负责协助税务机关搞好出租房屋纳税监控。在具体实施过程中，根据《协税护税协议书》约定，代征单位发现居民出租房产的行为，及时登记造册，并将出租情况传递给主管税务机关。

3. 房屋出租涉税信息采集加工分析

一是对于发现的出租情况，边征收、边整理，以代征单位为基础建立起“房产租赁情况登记卡”和“房产租赁业税款征收台账”，详细登记出租房屋所在的街道号码、承租单位名称、应纳税款、入库税金等情况。二是以征收局为单位，把掌握的所有出租情况录入微机，建立“房产租赁情况数据库”，便于税收管理员积累资料，及时催缴税款。三是建立房产租赁业户“租房报告制度”。对于已纳入正常管理的租赁业户或经常出租房屋的个人，要求出租人停租时必须向主管税务机关报告，由主管税务机关进行登记、核实，防止纳税人利用停租期偷漏税款。税务机关根据协护税网络提供的情况，计算并核定应纳税款，并张榜公布，接受社会监督。

4. 应用信息，委托代征税款

与代征单位签订“委托代征地方税收协议书”，向代征单位核发“委托代征证书”，明确双方的权、责、利，代征人严格按照税收法律、法规和规章的规定，依据税务部门提供的纳税人应征税款数额，按照“委托代征地方税收协议书”中规定的代征范围、代征内容、权限以及期限进行税款的代征代缴工作。税务机关应该对代征工作进行检查、监督，并负责对代征人员进行相应的业务指导和培训。对延期缴纳税款的，下达限期纳税通知书，责令纳税人缴纳税款。

【案例】 山东省地税局强化房地产业税收综合治理

山东地税积极探索实践加强房地产业税收管理的新思路，逐步形成了房地产行业从建房、售房到出租、装修各个环节的一体化管理新格局，特别是以加强房屋出租、装修税收管理为突破口，依靠政府领导，争取相关部门的支持，形成了“政府领导、地税主管、部门参与、综合治理”的房屋出租、装修税收管理模式，把收税管理和社区管理紧密结合，一方面，通过社区管理组织齐抓共管，有效地解决了租房、装修房税收管理信息不灵、人手不够、力度不大、效果不好的问题；另一方面，通过加大管理力度，增加税收收入，也有效解决了社区建设财力不足的问题。

来源：山东省地方税务局

（四）电子商务的纳税监控

随着网络技术的发展，一种新的贸易形式——电子商务蓬勃发展起来，电子商务对传统的商业经济模式和方法形成了巨大的冲击，特别是对现行税收制度、纳税监控提出了全面的挑战。电子商务作为一种新的有别于传统商务的贸易方式，其承载的内容仍然是现实社会中人们时常使用的商品、劳务，其内容实质未发生根本变化。世界各国和经济组织对电子商务税收纷纷作出反应。发达国家作为主要的电子商务来源国，积极主张在制定相关税收政策时采取宽松措施以利于电子商务的发展。他们一致同意免征关税、保持税收中性及公平、比特税不可行（“比特税”是按互联网使用者在网上传输的信息容量课税）。我国国务院办公厅《关于加快电子商务发展的若干意见》第八条就电子商务征税问题提出：“研究制定鼓励电子商务发展的财税政策。有关部门应本着积极稳妥推进的原则，加快研究制定电子商务税费优惠政策，加强电子商务税费管理。”尽管我国现阶段尚未对电子商务进行征税，但是加强电子商务税收管理、强化纳税监控已经提上议事日程。我国应以现行税收制度为基础，针对电子商务的特点，对现行税收制度作必要的修改、补充和完善，这样做既不会对现行税制造成太大的影响，也不会产生太大的财政风险。

1. 电子商务的特点

（1）电子商务发展速度迅猛。近年来，电子商务发展速度惊人。世界电子贸易从2000年开始，以每年翻一番的速度增长，电子商务以其节省时间、节约费用、方便快捷的优势成为很多网民的固定购物渠道。同时，越来越多的企业加入电子商务的行列，开始利用网络的优势拓展自己的经营活动。2009年11月，商务部发布了《关于加快流通领域电子商务发展的意见》，明确了未来政府部门对电子商务的引导、扶持措施。2009年，电子商务的行业站点数保持着高速增长，截至2009年12月，电子商务的总网站数达到1.56万家，同比增长了32.34%，其中B2C网站数超过了9400家，同比猛增了43.79%。在电子商务网站红火建设的同时，电子商务网站的受众范围也在不断扩展。2009年12月电子商务网站的访客数达到2.67亿，同比增加了61.29%，这比总网民数的增长率高出了21个百分点。在12月，全国网民中有86.49%访问过电子商务网站，这一比例同比增加了13个百分点，达到了历史新高。在电子商务网站的访客中，B2C网站的访客数占到92.01%，同比增加2.5个百分点。

（2）交易主体隐蔽性较强。随着贸易全球化和商务链条上中间环节的减少，交易主体日趋分散和多样。虽然电子签名法实施后，电子签名将成为网上通行的“身份证”，通过电子签名，可以实现对交易主体身份的认证，保证交易的不可否认性。但是，电子签名在电子商务中的使用，尤其是在B2C（企业和消费者间的电子商务）和C2C（消费者与消费者之间的电子商务）模式中的使用在相当一段时期不会很广泛，因为《电子签名法》第三条规定，当事人可以约定使用或者不使用电子签名，电子签名不具备强制性。电子商务中，尤其是在B2C、C2C模式和小额交易中，税务机关要想在虚拟的网络空间和保密技术日新月异的条件下获取交易主体身份等相关信息仍然相当困难。

（3）企业商务活动覆盖区域扩大化。电子商务使企业经营活动打破地域、国界、时间、空间的限制，经营跨地区和跨国业务的公司数量剧增，原本无力开拓国际业务的中小企业也能通过网络进入国际市场。从这个意义上讲，网络化加速了国际贸易全球化的进程。

（4）电子商务征税涉及问题较多。许多发展中国家的政府认为，对电子交易不断增加的收入征税将是一个巨大的挑战。包括：监督电子交易的技术和制度能力；专业人才的问题；在一些非正规领域的执行和强制执行的问题；通信系统的基础设施问题。这些问题在我国也同样存在，解决起来有很大的难度，因为税收问题涉及很多方面，包括电子商务的经营主体资格问题，电子商务本身的界定问题，网络实名的问题，交易信息的有效记录保存和确认的问题，消费者网上消费是否索要发票的问题，数字产品交易有效监控的问题，跨区域及跨国电子商务的税收管理问题等等，涉及宏观政策法律环境、管理体系、网络技术措施和消费者意识等许多方面。所以，电子商务的税收问题难以在短期内得到彻底解决，目前只能是在现有税收体制下逐步完善：一方面，给那些应该得到扶持的电子商务以恰当的优惠措施；另一方面，也要避免利用电子商务偷税漏税及双重征税的情况发生。电子商务税收问题的彻底解决有待于电子商务整体政策法律环境的完善，甚至是全球性的政策环境的完善，这不是一个短期的过程。

2. 合理确定税收管辖权

产生电子商务课税问题的根本原因在于互联网上经济活动的高度流动性与各个国家之间信息的不对称性。经济国际化、一体化是当今世界发展的趋势。电子商务交易的数字化、虚拟化、隐匿化和支付方式的电子化，使交易场所、提供商品和服务的使用地难以判断，以至于来源地税收管辖权失效。

如果片面强调居民税收管辖权，则发展中国家作为电子商务商品和服务的输入国，其对来源于本国的外国企业所得税税收管辖权，将被削弱或完全丧失，这显然不利于发展中国家的经济发展和国际竞争。国际上电子商务比较发达的国家均是采用属人原则确定居民管辖权，发展中国家则广泛使用属地原则确立来源地管辖权。随着电子贸易的迅猛发展，收入来源地管辖权越来越难以适应国际税收的要求，这就迫使发展中国家必须逐步适应居民管辖权原则，积极与发达国家进行磋商、协调，以便争取更多的利益。近期可采用居民税收管辖权与来源地税收管辖权并存的方案，以后逐步向居民管辖权过渡，对通过网络从境外购进的商品和劳务，可参照欧盟国家的做法，由购买方代其缴纳增值税。

3. 电子商务纳税人监控

强化电子商务纳税人身份监控，为此后开展税款征收、税务管理活动提供前提依据。电子商务对“人”的监控上带来的难题主要体现在对纳税主体的身份判定上。即如何判断从事经营活动的纳税人的真实身份、国籍、其机构所在地等。主要有四种方法可用于监控纳税人主体。

（1）采用公共注册登记和身份识别号码系统。即要求从事电子商务的企业和个人通过登录税务机关的主页申请数字化税务登记，申请时要按要求登记税务文书，提交银行账号、电子信箱、计算机超级密码的备份钥匙等信息资料，由税务机关提供一个源代码（由税务登记标识和税号组成）。该企业和个人据此向网络服务供应商申请寄宿网站或向互联网域名注册机构申请交易用的网址，并在网站的主页和电子文件上使用该代码；非商业性质的网站所有人则将其单位法人代码或个人身份证号码展示在网站上。目前有些国家正在尝试在互联网上设立单一的政府登记点（business entry point）。企业可以通过互联网，将不同登记部门都需要的企业的基本信息同时输送到政府的各个有关部门，从而消除企业在登记方面的重复劳动。

（2）要求企业在交易活动中使用验证机构。在电子交易中，无论是数字时间戳服务（Digital Time Stamping）还是数字证书（Digital Card）发放，都不是交易的双方自己能完成的，而需要一个具有权威性和公正性的第三方来完成，如 CA（Certification Authorities）。CA 就是承担网上安全电子交易认证服务，能签发数字证书（认证书中包含了交易主体的有关身份信息），并能确认用户身份的服务机构。如上海市电子商务安全管理中心有限公司，是上海唯一从事电子商务安全证书制作、颁发和管理业务的权威机构，所有参加电子商务的主体，必须获得它颁发的电子证书（数字证书），确定其电子商务服务器的合法性，相当于在网上领取营业执照。这种类似机构可以协助税务机关识别网上纳税人的身份。

（3）加强商业用 IP 号码分配和转让的管理。任何一台计算机要想接入互联网都必须要有一个 IP 号码。在互联网上，计算机之间通过拨打对方 IP 号码的方式传输数据包（信息）。因为数量有限，所以接入互联网的计算机的 IP 号码是动态分配的，每次用户接入互联网，其 IP 号码都不同。但是出于商业上 24 小时经营的需要，专线上网（不使用拨号上网）的互联网企业的 IP 号码会相对稳定。因此，如果得到相关主体，如互联网服务供应商（ISP）的配合，IP 号码可用于确定网上计算机的位置、所有者身份、姓名、地址。由于企业很容易可以从国外获得 IP 号码。为此，要对商业用途的 IP 号码的分配、转让进行严格的公开登记，登记内容包括企业名称、地址、登记号等；对商业网站和运营、驻留（host）网站的组织实行许可证制度，从而达到源泉控制的目的。

（4）建立域名登记新规则。即要求网络用户的域名中建立方位性、行业性域名段，并采用汉字、数字或英文标注，以确保网络纳税人身份的空间有序性。

4. 电子商务交易信息监控

电子商务企业从经营模式上来看，大致分为两种类型，一种是实际经营者，或称自营模式，即将自产或购入的商品（含有形商品和数字化商品）在自有网站上销售。在这种模式下，网络成为其宣传和展示商品的方式，而其实际运作与传统商业模式较为接近，其交易信息监控难度不大。另一种为平台搭建者，或称为平台模式，即电子商务网站的经营者仅为交易双方提供交易平台，自身不经营商品。在这一模式下，平台上的交易主体呈现出多样性和复杂性的特点，平台搭建者的经营模式和对交易平台的监控程度也有所不同。对此，应当对电子商务交易信息根据其经营模式的不同特点，确定不同的监控方式进行分类管理。将扮演平台搭建者角色的互联网服务提供商作为监控重点，获取更多的电子交易信息和数据，提高纳税监控能力。一定程度上解决电子商务中交易主体隐蔽性强、难以监控的问题。

(1) 交易记录完整性监控。一是鼓励企业使用周密的系统进行密钥管理，诸如使用 PKI（Public Key Infrastructure）技术。这种软件可使用户重新获得丢失的密码，还可将密码妥善保管并供需要时调用。税务检查人员不仅可通过该系统获取密钥实施查账行为，而且可预防企业不经意而丢失密钥情况的发生。二是鼓励使用新的确认技术如时间戳（time stamping），它能提供电子文件发表时间的安全保护，当它与其他控制系统共同使用时，能在更大程度上保证数据的完整性，为此税务管理当局要与软件开发商合作，鼓励他们在软件的设计中采用时间戳技术。三是鼓励互联网企业使用带有日志文件的应用软件，日志文件记录对系统的操作，企业保管日志文件以备税务人员检查。

(2) 交易记录真实性监控。通过完善立法，规范电子商务交易真实性。如在《会计法》中制定财务软件使用新规则，增加有关企业财务的修改权限，修改痕迹保留方法，保留年限的规定；在《征管法》中拓展税务机关的权力，明确税务机关对企业财务法定接口的调用权及相应的法律责任，以及税务机关对海关、银行及各类社会中介机构的信息访问权，责成电子商务企业解密权及追查身份权等等。同时，建立电子或数字签名及电子文档、密钥使用管理、安全认证、电子银行、电子货币使用等方面的法律规范等，使电子商务交易处于有序、安全、规范的运行体系中，并有利于税务部门开展监管活动。

(3) 交易可控性监控。一是建立网络商务中心。将网络商务中心、税务局信息中心，人民银行国库计算机中心及纳税户电脑联成一个规范的网络，所有网上交易必须通过网络商务中心进行，网络商务中心因此可以掌握网上交易情况，并负责代扣代缴税款。二是根据国外目前提出的电子商务税收方案，解决电子记录完整性问题的初步方案是采用“信息摘要”（Message Digests）和“数字公证”（digital notarization）技术。这两项技术都可以用于鉴别电子记录是否被篡改。将上述技术应用于税收征管时，要避免给电子商务纳税人造成繁重的额外负担。三是开发智能纳税监控软件。智能监控软件要求能自动识别通过网络实现交易的应税商品或劳务，确定所运用的税种、税目、税率、自动计算税额，并自动将税款划入税务机关指定的账户之中。智能征税软件要强制安装在所有提供电子商务活动的网络服务商的服务器上。使得所有电子商务交易主体在网上达成交易，签署电子商务合同前，必须先点击纳税按钮方能实现交易。

（4）交易资金流监控。在电子商务的纳税监控中，税务机关难以追踪、掌握、识别买卖双方的电子商务交易数据并以此作为计税依据。加强对电子商务资金流的监控，通过金融机构在支付环节扣缴税款方式，减少税款流失。虽然电子商务具有高流动性和隐匿性的特点，但只要有交易就会有资金流，而在电子商务中，凡是采用网上支付方式的，都要通过金融机构来实现。因此，可以通过法律形式，确定金融机构在支付环节负有扣缴税款义务，减少税款流失。针对网上贸易常用的三种支付方式，分别采取三种方法监控税款。在信用卡支付体系中，由颁发信用卡的机构（银行），负责从所收佣金中扣缴增值税款；在客户账户支付体系中，由客户在直接划款给售货方的同时扣缴税款；在电子货币支付体系中，由银行负责转账，并在发行或兑现电子货币时扣缴税款。税务机关应加强与金融机构的合作，通过共享金融机构存储的电子商务交易的支付数据，提高税务机关对电子商务资金流的监控能力。从支付环节入手，监控电子商务交易行为是一种简单而有效的方法。

（五）私营企业纳税监控

1. 私营企业的税源特点

（1）私营企业经济发展迅猛。近年来，私营企业发展迅速，从发展模式上看，私营企业已经逐步从单纯追求量的扩张，向经营上规模、技术上水平、产品上档次、管理高效益的方向发展。

（2）多数私营企业账务核算不健全。部分企业不能按照税务机关的要求设置、使用、保管账簿。有的账簿设置不全，有的设置账外账，有的甚至不设账簿，造成收入、成本、费用凭证残缺不全，会计信息失真，不能正确进行税收核算。

（3）所有权和经营权相结合的家族企业为主体。企业主要投资人集所有权与经营权于一身，并以他（她）的血缘、亲缘关系为纽带，组成经营管理网络的营利性经济组织，是企业和家族的复合体。产权结构单一，股权分布集中，主要投资人占有绝大部分股份。绝大多数企业的所有权与经营权紧密结合，经营决策权高度集中统一于主要投资人手中。

2. 督促私营企业建账建制

依法建账既是私营企业自身依法经营、健康发展的需要，也是税务机关加强纳税监控、强化查账征收的需要。主管税务机关应监督私营企业严格执行账簿的审验、使用、保管制度。对新开业的私营企业，要严格按照规定要求建账建制；对已开业的私营企业，要责令企业报送财务会计制度和财务会计处理办法，按规定保管账簿、记账凭证和其他纳税资料。加大对私营企业财务核算的监督，核查企业账账、账证、账实的匹配关系，判断企业的财务核算质量，通过企业的非财务信息，如用工、用电、生产工艺等，判断企业财务核算的准确性，使税源得到有效监控。同时要强化对可疑行为的查处力度，使“账外账”、“两套账”无藏身之处。针对私营企业财务人员素质普遍不高，有些企业聘请兼职会计的实际情况，税务部门要加强对这些人员的管理、培训与考核，实行财务人员持证上岗制度，同时限制兼职会计兼职企业的数量，明确兼职会计对兼职企业的法律责任。

3. 定额核定征收，公平税负

对待私营企业，在监控其建账建制的过程中，要加大定额核定征收管理，但是定额必须按规定的标准和程序进行，税务机关不能图方便随意扩大定额范围，不能受人情和税收任务的影响，从低或从高进行核定。实行税收核定时首先要针对私营企业点多面广的特点，从工商、银行等相关部门采集数据，分行业、分类型进行税源及其变化的分析与预测，做到税收核定时心中有数。其次要搞好典型调查，典型调查的户数必须达到一定比例，选择的典型户必须具有代表性，对典型户的各项数据要查细查实，并将根据这些数据计算的税额与企业自报的税额、同行业同规模企业的税额进行认真比较分析，经过企业代表与税务人员共同评议后，最终确定定额，并予公布。定额要保证同行业、同规模、类似地理位置的税负公平，创造企业竞争的公平环境。最后，对定额征收的私营企业不能放松管理，定额必须定期调整。税务部门在税收核定时一定要认真细致，摈弃核定征收比查账征收方便的思想，这样才能保证私营企业的税源得到有效监控。

4. 私营企业社会化监控

要加强对私营企业税源的社会化监控，一是要改革交易制度，实现交易的非现金化。私营企业纳税监控的主要难点在于存在大量现金交易。金融等相关部门要完善立法，限制企业的银行开户数量，改革交易制度，减少经济活动中的现金结算量。同时要明确金融部门协助税务机关进行纳税监控的操作机制与责任。二是要解决地方政府拉抢税源问题。目前地方政府拉抢的税源主要来自私营企业。对此，有关部门必须高度重视，地方政府必须坚持依法行政，支持税务部门依法治税，杜绝越权出台税收优惠政策。要明确地方政府领导的协税护税组织职责与责任追究制度，彻底根除拉抢税源现象。三是利用社会信息，清理私营企业漏征漏管户。私营企业由于其经营特点，小规模企业的漏征漏管问题严重，应利用工商、街道、技术监督等第三方信息，强化漏征漏管户管理。

（六）关联企业的纳税监控

随着经济全球化进程的不断加快、现代企业制度的推行和资本市场的发展，关联企业这种企业之间的联合已成为现实经济生活中一种日益重要的经济现象。企业之间为了扩大规模、抢占市场、分享资源、优势互补、实现利益最大化等目的，广泛运用资金、经营、人事等方面的控制关系以及实施其他直接或间接控制的重大影响，建立了越来越紧密的相互关系，控制或参与其他企业的经营。这种企业间千丝万缕的复杂控制与被控制关系，就是所说的关联关系。关联企业，是指有下列关系之一的公司、企业和其他经济组织：在资金、经营、购销等方面，存在直接或者间接的拥有或控制关系；直接或者间接地同为第三者所拥有或控制；在利益上具有相关联的其他关系。

1. 关联企业特点

（1）关联企业是由具有独立法人人格的企业组成的企业群体。关联企业是两个或两个以上的具有关联关系的企业组成的企业群体，本身不是一种企业组织形式，不是独立法人，没有法律人格，没有权利能力和行为能力。各成员企业是其中一分子，体现了企业之间的某种联系。关联企业各成员都是有独立法人人格的公司、企业和其他经济组织。

（2）关联企业的各成员企业在经济上存在支配与从属关系。关联企业是企业间通过股权参与或资本渗透、合同机制或其他手段，如人事渗透、表决权协议等特定的手段与方法，形成的企业之间的联合。尽管关联企业中各成员虽然保持着其法律上的独立性，但正是由于这些特定联系的存在，使得关联企业之间广泛存在着支配与从属、控制与被控制关系，各成员企业的经济地位已经发生了倾斜，关联企业各成员企业之间事实上形成了不平等的支配与从属关系。

（3）关联企业是由多种联系纽带连结而成的企业群体。形成关联企业的联系纽带主要有四种：一是资产联系纽带。控股公司通过股权参与并进而控制子公司的业务活动。二是合同维系方式。公司通过控制合同、盈余转移合同等，将公司指挥支配的权力置于另一企业成员之下，或是负有将其全部盈余移转给另一个企业的义务的合同。三是人事控制。四是其他直接或间接控制关系或重大影响。五是对一方的财务和经营政策有参与决策的权利或对决策的做出有实际重大影响。

（4）关联企业是基于特定的经济目的而形成的。形成关联企业的目的和动机是复杂多样的。一般来说，其具体的经济目的和动机可能基于垄断市场考虑，也可能是基于避免风险、降低成本，寻求合作扩大规模、逃避税收义务等方面的考虑；还可能是基于加强竞争能力的考虑。

2. 关联企业纳税监控

（1）关联企业认定。认定企业间是否存在联属关系或关联关系，是对关联企业业务往来进行税务调整的前提。关联企业通常是指联属企业和有关联关系的企业。企业与其他企业之间有下列关系之一者，将被认定为关联企业或有关联关系的企业。一是在资金、经营、购销等方面，存在直接或者间接的拥有或者控制关系；二是直接或者间接地同为第三者所拥有或者控制；三是在其他利益上相关联。

上述“控制关系”，可以分为股权控制与非股权控制，包括企业间具有实际支配与被支配关系或者存在通过人为定价方式转移利润的关系。对上述三种情况的关联关系，依照国家税务总局的具体解释，有股权控制、融资控制、人员控制、技术控制、购销控制以及家庭、亲属等在利益上相关联的关系等八个方面：相互间直接或间接持有其中一方的股份总和达到25%或以上的；相互间直接或间接同为第三者拥有或控制股份达到25%或以上的；企业与另一企业之间借贷资金占企业自有资金50%或以上，或企业借贷资金总额的10%是由另一企业担保的；企业的董事或经理等高级管理人员一半以上或有一名常务董事是由另一企业所委派的；企业的生产经营活动必须由另一企业提供的特许权利（包括工业产权、专有技术等）才能正常进行的；企业生产经营购进的原材料、零配件等（包括价格及交易条件等）是由另一企业所控制的或供应的；企业生产的产品或商品的销售（包括价格及交易条件等）是由另一企业所控制的；对企业生产经营、交易具有实际控制的其他利益上相关联的关系，包括家属、亲属关系等。

（2）关联企业业务往来的价格费用调整。关联企业的形成，一方面适应了企业发展的现实需要；另一方面，通过构架企业间的关联关系，控股股东、董事等借助关联交易在关联企业之间进行非常规的资产和利益转移，使得控制企业可能通过任意压低或抬高购销业务价格，多收、少收或不收劳务费用，在融通资金上支付或收取超过或低于同类业务的正常情形，在转让财产、提供财产使用权以及其他业务往来中，不能按照独立企业之间业务往来作价或者收取、支付费用。有必要对关联企业的业务往来进行监控和调整。包括：

一是关联企业交易调整方法选择。为了防止跨国经营的关联企业利用上述转让定价逃避税收，有关国家就有必要根据征税的要求和为各方所共同接受的分配原则，制订出一个能被征纳双方都情愿接受的跨国收入和费用的分配标准。在国际上，各国关于国际关联企业价格和费用分配所遵循的原则是独立核算原则和总利润原则两种。然而总利润原则存在着许多缺陷，诸如缺乏一个可行的重新分配利润的标准、在实践中很难找到一个能为各国及有关各方所共同接受的分配利润的机构；因此，世界各国在规定关联企业收入及费用分配标准时，几乎都采用独立核算原则。我国在对关联企业收入及费用进行分配时，按照正常交易原则，首先采取以交易为基础的转让定价方法，而把以利润为基础的转让定价作为最后不得已而使用的方法。要求关联企业顺序择用三种方法，能够使用可比非受控价格法的就必须使用这种方法，不能使用这种方法的则应使用再销售价格法，如果前两种方法都无法使用，才能运用成本加利润法。当然，如果跨国纳税人能够证明企业间交易的转让定价方法明显比上述三种方法更合理，那么也可以允许它们使用自己的方法。

二是商品交易价格的调整。企业与关联企业之间的购销业务，不按独立企业之间的业务往来作价的，税务机关可以按独立企业之间进行相同或者类似业务活动的价格、按照再销售给无关联关系的第三者价格所应取得的利润水平、按照成本加合理的费用和利润以及按其他合理的方法进行调整。

三是融通资金收付利息的调整。企业与关联企业之间融通资金所支付或者收取的利息，超过或者低于没有关联关系所能同意的数额，或者其利率超过或者低于同类业务的正常利率的，税务机关可以参照正常利率进行调整。“没有关联关系所能同意的数额”，是指无关联关系的独立企业之间可以接受的融通资金时的利息。“正常利率”，是指根据融通资金项目的不同形式、不同数额的具体情况在中国或国外金融市场相同或类似条件的商业信贷的利率。

四是劳务费用的调整。劳务，通常包括推销、管理、技术服务、行政事务、科研、法律或会计事务等服务。企业与关联企业之间提供劳务，不按独立企业之间业务往来收取和支付劳务费用的，税务机关可以参照类似劳务活动的正常收费标准进行调整。如缺乏相同或类似劳务收取的报酬可供参考时，可按提供劳务的成本加正常利润进行调整。

五是财产收益和所得的调整。企业与关联企业之间转让财产、提供财产使用权等业务往来，不按独立企业之间业务往来作价或收取、支付费用的，税务机关可以参照没有关联关系所能同意的数额进行调整。“没有关联关系所能同意的数额”，是指无关联关系的独立企业之间转让该项财产、提供财产使用权时可以接受的数额。

六是业务往来的价格费用调整后纳税监控。对关联企业价格调整后，要强化其后续监控。企业与其关联企业间的业务往来没有按独立企业间业务往来收取或者支付价款、费用，经依照上述方法进行调整所调增的利润（包括调减亏损），除了企业应当按照调整后的盈亏情况纳税以外，如果该企业没有把转移出去的利润调回并相应进行账务调整，对其关联方取得的超过没有关联关系所应取得的数额部分，视同股息分配，并且不得享受税法所规定的免税待遇。如果其关联方取得的所得为利息或者是特许权使用费，仍然全额计算征收所得税，并对已全额计算征税的，不予调整。

3. 目前关联企业纳税监控中的缺位

（1）关联企业认定覆盖范围小。当前税务机关的关联企业管理仍然局限于外商投资企业和外国企业，不适应关联企业的发展态势。从前面分析可以看出，关联企业的发展已经远远超出了外商投资企业和外国企业的范围，越来越多的内资企业也具备了关联企业的所有特征，应当纳入税收调整的范畴。但在国家税务总局2004年修订的《关联企业间业务往来税务管理规程》中，企业发生关联业务，向主管税务机关报送年度所得税申报表时，仍然注明附送《外商投资企业和外国企业关联企业业务往来情况年度申报表》，这不能说不是一种遗憾。

（2）税务调整的对象不完整。目前税务机关对关联企业的税务调整主要局限于企业所得税的调整上，但在关联企业交易中，如果出现未按独立企业往来支付商品价格或劳务费用、转让财产时，可能涉及的税种不仅仅是企业所得税，可能还涉及增值税、营业税等增值税、财产行为税的调整事项。

(3) 税务审计的法律定位不清，带来操作上的困难。税务审计不同于税务管理，前者在组织方式、工作程序、工作要求上远远超过税务管理的要求，需要专业人员才能实施和完成；税务审计也不同于税务检查，后者更具有法律强制性；从法律定位上税务审计是介于管理与检查之间的一种专业化的纳税服务程序，或者说是一种风险规避程序，是一种专业化的纳税评估行为。

(七) 连锁企业纳税监控

目前，连锁经营已成为商品流通业中最具活力的经营方式，在我国零售业、餐饮业等服务行业中普遍应用。连锁企业作为一种新的经营方式，凭借其纵向扩张据点、横向降低费用等优势，一直占据广阔商品市场空间，蕴藏着巨大的商机和丰厚的税源。连锁企业因其自身网点辐射性大、跨区域经营性强等特点，同时由于发展时间短，现阶段我国连锁经营的总体水平仍然较低，突出表现是企业规模偏小、规范化程度不高。税务机关的监控难度很大，漏征漏管大量存在，存在的偷漏增值税、企业所得税等现象比较严重。

1. 连锁企业税源特点

(1) 连锁企业发展迅速，区域跨度大。随着市场经济的发展，我国连锁企业种类日益繁多，涉及面广，跨地区、跨行业经营，连锁机构少则十几个，多则上百个。各种经济成分，多种经营方式，多种流通渠道同时并存，总部、连锁店不在一个省、市，经营区域范围大。税务机关较难实现全方位纳税监控。

(2) 连锁企业户籍变更大，导致税收收入不稳定。连锁经营企业由于经营的特殊性、灵活性，在经营地点选择上比较多变灵活，其品牌效应较强，受经营地段影响较小，其往往选择税收负担少的区域进行经营。

(3) 连锁经营方式复杂，监控难度大。目前连锁经营方式归纳起来大体有三种，直营连锁（正规连锁），门店均由总部全资或控股开设，通过总部直接领导并且对各店铺实施员工、财务、物品及商流、物流、信息流等统一经营协助，并利用组织集中管理，分散销售特征，充分发挥了规模效应；自愿连锁（自由连锁），连锁企业的门店均为独立法人，各自的资产所有权关系不变，在总部的指导下共同经营。各门店使用共同名，并与总部签订义务、购买、销售、宣传等攸关双方权利义务之事项合同，并依合同中协定展开经营活动；特许连锁（加盟连锁或特许经营），系指各门店与总部签订特许经营合同而取得总部商标、商号、经营技术、专利、专用技术与销售总部门开发商品之特许权，但经营权集中于总部。目前直营连锁增值税及企业所得税由总机构统一缴纳，其他独立核算连锁经营门店向所在地申报缴纳税款。多种连锁经营方式给纳税监控带来较大难度。

2. 连锁企业增值税纳税监控

为了防止分支机构间利用统一调配物资的配货机制互开增值税发票偷逃增值税行为的发生，必须加强对连锁店零售环节的有效监控。具体措施可以是对销售、库存系统实施税务监控，使得税务稽查机关能够得到任何时期较为准确的零售汇总表，并结合其原库存量、当期进货量、当期向其他分支机构移送的货物量这些主要指标形成较为有力的核查机制。即分支机构原库存加上当期进货应等于零售汇总额与本期向外移送数量之和，并应在计算增值税时，将移出的货物从进项税额中减除。这样，无论分支机构间在开发票时兜多少圈子，也不能再逃避增值税款。

3. 连锁企业所得税纳税监控

现行税法规定直营连锁企业由总部统一向总部所在地税务机关缴纳企业所得税和增值税，这不仅使得总部所在地税务机关对异地分支机构的经营情况难以详细掌握，而且也使得分支机构所在地税务机关由于拿不到分支机构实际贡献的企业所得税而缺乏共同稽查的动力。为防止企业所得税流失，应考虑建立"企业所得税返还机制"，即由总部所在地征收连锁企业的所得税后，按分支机构实际的贡献额，向分支机构所在地进行税收返还。这样，既符合了税收收入的来源地原则，又激发了异地税务部门之间共同稽查的积极性，使得税务机关能够把对于计算应纳增值税和企业所得税都非常重要的销售收入掌握准确。具体操作方案可由直营连锁企业分布区域的共同上级财政税收部门拟订。

第五节 构建现代税务稽查体系

税务稽查作为纳税监控体系的重要组成部分，是继征收、管理环节后，为保证征管运行、防止纳税人逃避纳税义务设置的"最后一道防线"。税务稽查作为约束规范征纳双方行为、打击涉税违法犯罪的重要手段，在维护税法尊严、营造良好税收环境等方面发挥了其他纳税监控手段无法替代的重要作用。我国传统税务稽查在税收征管中基本上处于辅助、被动地位，难以适应新形势下复杂征管任务的需要。深化税收征管改革，需要建立新型的税务稽查体系和强有力的稽查运行机制。税务稽查体系建设涉及方面较多，如图 4－23 所示：

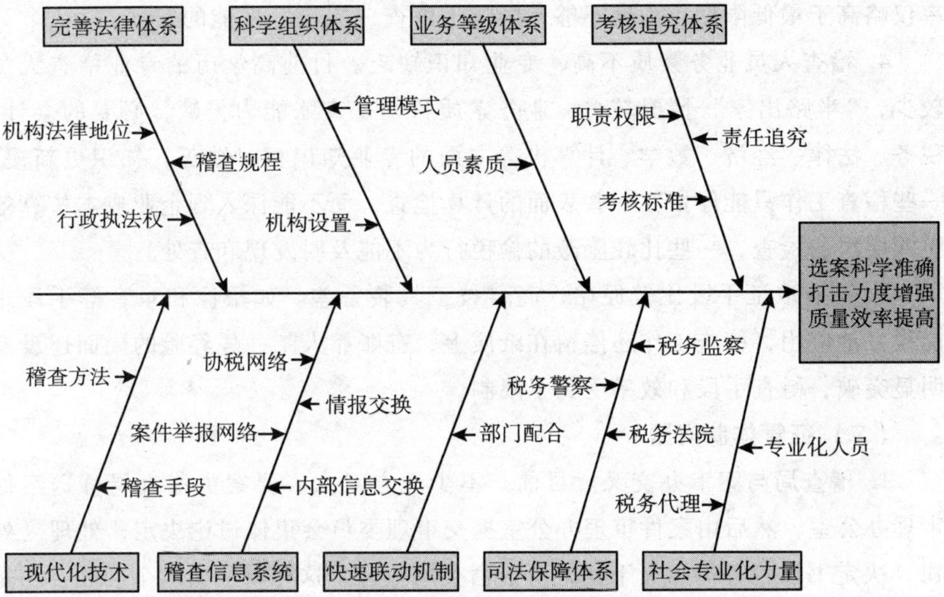

图 4－23　税务稽查体系示意图

一、传统税务稽查存在的问题

（一）当前税务稽查存在的问题

1. 税务稽查选案缺乏科学性。税务稽查实施以选案为起点，传统稽查依赖人工选案，随意性较大。虽然计算机选案逐步提上日程，但尚没有科学严密的选案指标体系作为支撑，许多稽查选案工作仅凭税务登记底册结合主观印象进行，使一部分存在偷逃税问题的纳税人成了“漏网之鱼”。选案缺乏科学性成为制约税务稽查质量与效率的一个基础因素。

2. “四分离”制度难以实施，税务稽查内部制衡不足。新的稽查模式要求税务稽查按选案、检查、审理和执行四个环节实现分离，但是由于目前税务稽查人员编制少、管理区域大、任务较繁重，从工作环节和人员配置上都难以确保“四分离”，也就起不到监督执法作用，往往会出现“一查到底”的现象，即一组稽查人员从选案到执行完成全部稽查工作的局面，这种无监督的稽查容易出现“人情税”和“关系税”。

3. 稽查处罚力度不够强。受执法环境的制约，执法不严、以罚代刑、执法手段软弱等问题的存在，降低了纳税人应承担的高风险违法成本，为纳税人提供了一个铤而走险的机会，导致国家税收的流失。从目前情况看，检查处罚率仅略高于最低限度，力度不够，影响了稽查“威慑”职能的发挥。

4. 稽查人员业务素质不高，专业知识缺乏。目前高学历的专业稽查人员较少，“半路出家”情况较多，业务素质特别是查账能力欠缺，必要的会计、税务、法律、经济、数学、计算机等方面的专业知识相对缺乏，知识更新慢，一些稽查工作只能停留在一些表面的计算检查，而不能深入到企业成本核算等更深层次的检查，一些比较隐蔽的偷税行为不能及时发现和查处。

5. 稽查取证手段比较原始，高科技工具装备差。如摄像和录音等手段未能很好地应用，稽查工作还停留在纸质上，查账靠人工、凭经验的局面还没有明显突破，稽查手段和效率受到了限制。

（二）征管体制问题

1. 稽查局与案审办交叉。目前，不少地方对大、要案由稽查局移送案件审理办公室，然后由案件审理办公室提交审理委员会集体讨论决定，处理（处罚）决定书以税务局名义下达，再由稽查局执行，这样就引出两个问题：一是如果纳税人要复议，就会出现越过县级向市级税务机关复议，给纳税人带来不便；二是以税务局名义作出处理（处罚）决定，与税收征管法及其实施细则中规定稽查局是专司偷逃税机构的规定有悖。

2. 稽查与选案办交叉。稽查选案具有专业性，稽查选案是稽查局职能之一；有些地区设选案办，它是连接征管及各科室与稽查局的桥梁，各科室及基层分局在日常工作中获得一定信息，对涉税问题应通过选案办，由选案办报选案委批准后作为“稽查案源”，然后由稽查局负责查处。目前有些地区将专项检查选案列为选案办范围，事实上将稽查局的选案职能分离了出去。

3. 稽查与征管脱节。稽查工作是税收征管的一个重要组成部分，又承担着“以查促管”的职责。但实际工作中稽查与征管之间缺乏配合，造成了稽查与征管各管一段的局面。税收征管过于强调申报率、入库率及一些形式上的规范，忽视了对纳税人的基础管理，同时税收征管缺乏信息反馈制度，无法及时获得相关的稽查第一手资料，对存在的问题不能对症下药，从而使此类问题得不到根本治理，出现屡查屡犯等现象。

（三）稽查与政府有关部门协作问题

稽查与有关部门的配合虽有一定程度的加强，但仍不够理想。如银行未能将纳税人开户情况全部反映在税务登记上，稽查人员查核纳税人账户花费精力大；国、地税部门信息共享程度不够，涉税违法案件不能同时受到查处；税务机关的司法保障体系，主要依靠有关部门作后盾，没有主动权，导致稽查执法权威性不高，打击乏力。此外，一些当地政府以“涵养税源”或“改善投资环境”为借口，自设章法，对引进的企业或重点企业加以袒护，直接影响了稽查查处。

二、税务稽查的创新发展

（一）创新选案方式，推行“稽查准入制”

信息技术在税务稽查方面的广泛应用，改变了传统税务稽查由于税收信息采集网络不健全，获取信息的渠道不畅通，对纳税人、扣缴义务人日常征管信息掌握了解不全面，以及与征管信息没有实现共享等原因造成的选案的盲目性。现代税务稽查应充分利用现已建立起来的计算机网络，国地税稽查部门建立起双方共享的案源基础档案信息库，实现稽查信息和征管信息的高度共享，多层次、多角度、多方位地获取纳税人的经营信息、财务信息以及相关的涉税信息资料，并通过纳税评估为税务稽查提供案源。这不仅能够保证稽查选案的客观性、科学性，而且能够提高稽查选案的准确性。

为提高稽查工作效率与质量，降低稽查成本，更好地体现重点稽查、以查促管和为纳税人服务的理念，减少检查工作的随意性和阻力干扰，应全面推行税务稽查准入制，即采取函告、约谈、评估等方式，把一些问题处理于正式实施税务稽查之前，以一种新的理念引导纳税人自觉纳税，鼓励纳税人诚信纳税。

（二）创新稽查体制，实行“一级稽查”

新一轮税收征管改革的目标是要实现税收征管工作的现代化，而现代化税收管理表现在组织机构体系方面，要在信息共享的基础上，横向上要逐步实现专业化和精细化，纵向上要逐步实现扁平化，适度地集中和全方位地监控税收执法权。

针对原有的税收征管机构横向上征、管、查职责不清，监督制约不力，纵向上层次过多，运行效率不高的问题，需要推广“一级稽查”体制，即市或县设立税务稽查局，充实稽查人员（美国联邦税务审计机构人员占全部税务人员的35%），税务稽查工作由市或县稽查局统一集中管理，负责管辖范围内的全部稽查工作。从选案、稽查、审理到执行，全部由辖区稽查局负责，征收分局不再负责税收检查。“一级稽查”体制的实施，有助于精简稽查机构，精干稽查队伍；减少管理层次，提高运行效率。稽查工作由省稽查局统一部署、统一指挥、人员统一调配，这样能够克服过去多头部署、多头指挥、多头重复检查等弊端，大大提高稽查工作效率，提高稽查的级次，减少稽查工作的阻力。凡是全省性的重大税收违法案件，由省稽查局直接组织检查和督办，凡属市一级的重大税收违法案件，由市一级稽查局直接组织检查处理，这样可大大减少很多人为的干预和阻力，强化税务稽查执法。

（三）创新稽查理念，实现“稽查转型”

税务稽查是整个税收征管工作的重要组成部分，稽查工作的质量不仅能促进征管质量的提高，而且本身也直接反映出一个地区的税收征管质量和管理水平。为此，针对传统税务稽查工作存在的重检查户数（检查面）、轻检查深度和重查补收入数量、轻稽查执法的倾向，税务稽查应实现“数量收入型”向“质量执法型”（或“监督打击型”）的转变。

评价稽查工作的好坏，不仅要看检查面有多大，户数有多少，更重要的是看查出了多少有问题的户数；不仅要看查补了多少税款，更重要的是要看处罚是否达到法律规定的处罚幅度；不仅要看稽查取得的直接效果，更重要的是要看稽查取得的间接效果。要实现稽查转型，就要做到：一是在选案上要做到科学准确，提高选案的准确率。因为选案不准会给稽查部门造成大量的无效劳动。二是在检查上要集中力量，突出重点检查，突破大案要案，要打歼灭战，不打击溃战，不要分散主力，四面出击。三是在案件的处理上，要做到处罚的裁量适当，达到移送标准的要坚决按规定移送，符合强制执行条件的要坚决采取强制执行措施，坚决杜绝以补代罚、以罚代刑等类似的问题发生。四是在检查处理后，要坚持对重大税收违法案件进行全面曝光，扩大稽查的社会影响效果。

为实现稽查转型，要建立完善有效的稽查质量评估指标体系，该体系可包括一次选案变动率、选案准确率、税务文书使用合格率、立案率、稽查定量完成率、稽查结果准确率、稽查报告准确率、执法程序规范率、审理退案率、处罚率、滞纳金加收率、查补税款入库率、罚款入库率、结案率、案件公告率、案件移送率、档案规范率等考核指标。同时还可以把稽查质量作为分配稽查经费的一个因素。

（四）创新队伍建设，实行“等级管理”

加强税务稽查人员队伍的建设，是搞好税务稽查工作的保证。人是决定因素，要以人为本，充实和加强稽查力量。要有战略眼光，通过培训、进修、鼓励自学、岗位练兵等多种方式提高在职税务稽查人员的业务素质，实施严格的后续教育管理，以适应知识更新的形势，并且要大力加强税务稽查人员的思想政治工作，标本兼治，防患于未然，从而建立一支政治合格、业务精通、作风过硬的“能征善战的特种部队”和“智囊团”。要在干部管理上真正形成能者上、平者让、庸者下，竞争上岗，优胜劣汰的机制。要加强税务稽查机关领导班子建设，把政治素质高、工作作风硬，精通经济、财会、税收、计算机，擅长查账，富有开拓进取精神，有高度工作责任感、年富力强的干部提拔到领导工作岗位上来。为激发稽查队伍的活力，可以将稽查人员分为初、中、高三个等级，通过考核、考试综合评定级别，取得资格证书后再发给稽查证，持证上岗。

（五）创新稽查方式，实现“观念转变”

税务稽查人员要增强服务意识，把服务的理念融入到税务稽查的全过程之中。纠正那种问题尚未查清就对纳税人做“有罪判定”的思维定势；消除那种开口就查、闭口就罚的恶劣态度；杜绝动辄训斥、盛气凌人的粗暴作风。在建立平等、人性化，文明征纳关系的基础上，推行稽查约谈制和稽查公告制。稽查约谈制就是要求税务稽查人员在正式实施税务检查时，坚持事前与纳税人约谈，通过约谈，一方面，进一步向纳税人宣传有关税收政策法规，解答纳税人在涉税事宜上的疑惑，帮助纳税人正确履行各项纳税义务；另一方面，给办税人员必要的提醒，使办税人员及时补正纳税方面的疏漏，以免被税务机关查补税款而遭受经济损失和名誉损失。稽查公告制就是规定凡是查处的重大偷税案件，在稽查终结后，要在当地媒体上就查处情况予以公告。这种做法，一是可以提高税务稽查的透明度，二是可以达到打击一个、震慑一片的效果。通过推行稽查约谈制和稽查公告制，对于改善征纳关系、推进诚信纳税、优化税收服务、规范税收秩序具有重要作用。

（六）创新信息交换方式，实现“查管评互动”

由于信息渠道不畅通，信息难以有效共享，使得传统的税务稽查不能及时准确得到纳税人日常纳税申报等涉税信息，对纳税人信息的占有量相对较少，并且稽查情况不能及时反馈给征收管理部门，导致部门之间管理的相对“隔绝”，各自为战。随着信息技术在税收领域的广泛应用，应将征管信息与稽查信息通过网络实现无缝连接，使得税务稽查部门在稽查的相关环节能够及时、准确采集到纳税人日常的征管信息，为稽查部门综合分析纳税人情况提供数据资源。同时，税务稽查通过信息处理平台及时将稽查信息传递给征收管理部门，对征收管理部门日常工作中存在的漏洞，特别是对分行业、单税种管理中的薄弱环节能够及时反馈，便于强化征管措施，加强征收管理，从而真正起到以查促管、管评互动的作用，使税务稽查部门与征收管理部门之间形成良性互动。

三、构建现代税务稽查体系

在“以纳税申报和优化服务为基础，以计算机网络为依托，集中征收，重点稽查，强化管理”新的税收征管模式下，普遍推行纳税申报和税务代理制度以后，税务机关的主要力量将转向日常的、重点的税务稽查。税务稽查是现代税收征管模式的“重中之重”，是税收征管改革的重头戏，建立科学、严密、高效的现代税务稽查体系是现阶段税务稽查工作迫切需要解决的问题。

（一）现代税务稽查体系的概念

现代税务稽查体系是依据税收相关法律和税务稽查管理规程，结合管理学、计量经济学、数理统计等前沿学科理论，充分应用计算机、网络、数据（仓）库、数据挖掘、无线通讯、雷达预警、建模方法等现代科学技术成果，建立在海量数据基础之上，人机结合的税务稽查体系。该体系从案源选择到案件稽查、案件审理等各个环节中的每项工作，把能够结构化的工作内容运用计算机来完成，从而最大限度地节约人力，提高税务稽查效率和准确性。

（二）现代税务稽查体系的特点

1. 形成一个闭合循环

现代税务稽查体系以信息流为主线，贯穿税务稽查的各个环节，形成一个螺旋上升的闭合循环（见图 4 – 24）。

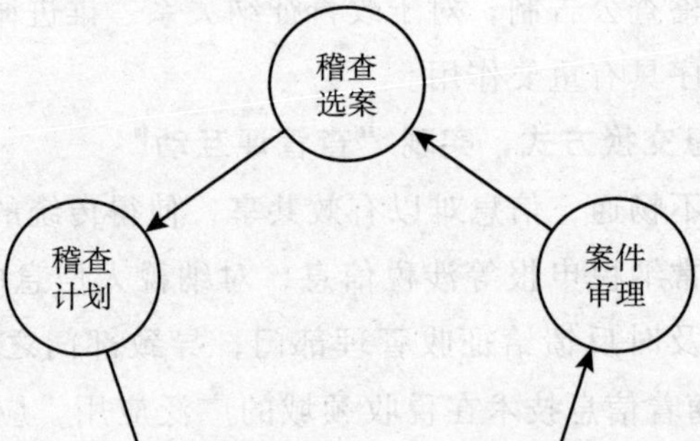

图 4 – 24　税务稽查闭合循环示意图

在现代税务稽查体系构建初期，稽查范例资料是比较少且不全面的，案例分析方法是不成熟的。同时，稽查选案的方法、模型和算法也是不完善的。这些因素都会制约案例分析和选案的准确性、有效性。随着体系的运行，通过总结稽查、审计和选案等专家的经验和知识，不断完善、丰富、充实范例库和选案方法、模型等，逐渐提高案例分析和选案水平。

2. 人机结合，实现稽查自动化

采用计算机领域的多项技术，如数据仓库、数据挖掘、人工智能、计算机建模和范例推理等技术，以及计量经济学、数理统计等新兴学科的研究成果，通过数据分析构成稽查“雷达”机制，迅速准确地找出稽查疑点，并为稽查指明方向。

采用自动学习和纠错功能，持续完善选案模型、算法和指标体系，同时如遇稽查难题或税收政策不明可通过电脑网络向系统、专家、领导咨询。

采用无线网络、企业财务数据和企业税务数据融合等技术，实现在稽查现场直接调用或查询税务征管系统的海量数据库，迅速获取稽查所需的数据资料，从而加快稽查速度。

采用现代化手段对稽查证据进行现场扫描、录音和对库存进行现场盘点。

改变手工和电脑稽查形不成网络的局面，稽查主管部门可以通过网络对每个稽查点实施监控，以便掌握稽查进度，进行考核，控制工作质量。

（三）现代税务稽查体系构建

随着征管模式在全国范围内的实施，税务稽查的地位和职能作用不断得到突出和强化，但由于一些主客观原因，税务稽查工作并未达到预期效果，因此，健全税务稽查法律体系，完善“一级稽查”的模式，改进税务稽查方法，处理好税务稽查部门和相互部门的关系，强化稽查人员的专业素质，优化税务稽查要素质量（税务稽查活动是由税务稽查法规、制度、规程、机构、人员、技术以及稽查监控等稽查要素构成的），实现税务稽查要素的最佳结合，建立强有力的税务稽查运作机制，强化税务稽查职能，是建立科学、严密、高效的新型税务稽查体系的有效途径。

1. 健全科学、严密的稽查法律体系

“依法治税”体现到税务稽查中，首先要建立有关税务稽查的专门法规、制度和规程，做到“有法可依”、“有章可循”；其次要求进一步明确税务稽查的专属权，确定税务稽查机构的法律地位。虽然《税收征管法》赋予了税务稽查足够的税务行政执法权，但是随着偷骗税和反偷骗税斗争的日趋激烈，税务稽查机构仅有的税收执法权是不够的，应借鉴海关缉私警的做法，从法律上赋予税务稽查机关一定的刑事侦查权，即在被查对象具有重大骗税嫌疑或其他紧急情况下，无须中断稽查移送公安机关，有权继续办案，从而提高办案效率，降低办案成本，加大对偷逃税违法行为的打击力度；再次，加快税收实体法的立法进程，以行政法规的形式确立和强化税务稽查的法律地位。随着稽查体制改革和稽查工作实践的不断深入，有必要修改完善现有的《税务稽查工作规程》。通过健全和完善税务稽查法规，使税务稽查、税务审计、税务监察、税务行政、税务刑法等法规，形成相互衔接、规范有力的税务稽查法规体系，把税务稽查纳入法制化轨道，确保税务稽查有序有效。

2. 构建令行禁止、运转有序的稽查组织体系

我国的税务机关应按集中统一、灵活性和专业性相结合的原则设立税务稽查机构，统一名称和规格，明确职责和权限，按选案、实施、审理、执行的税务稽查工作流程分别设置职能部门，做到相互制约、相互配合。“一级稽查”模式已成为世界上多数发达国家普遍采用的一种模式，也是我国正在推行的稽查模式。“一级稽查”模式就是由税务稽查机构专门负责税务稽查工作，对选出的稽查对象实施专项检查，在税务稽查部门内部建立选案、稽查、审理、执行“四分离”制度，即在各省辖市或有条件的县（市）只设一个稽查局，扩大编制，将原来的稽查局和各检查分局合并成新的稽查局，税务稽查工作由市或县稽查局统一集中管理，负责管辖范围内的全部稽查工作。从选案、稽查、审理到执行，全部由辖区稽查局负责，征收分局不再负责税务稽查。由于各地经济发展不平衡，税收征管难易程度不同，税务人员素质参差不齐，各地也可根据其实际情况，本着有利于工作的原则，实行一级管理二级稽查模式组建稽查机构。即市或县税务稽查局部分专业稽查人员负责辖区内的专项稽查以及对重大涉税案件的查处，同时在征收分局内部设立稽查所，负责其辖区范围内的日常稽查工作。稽查局只负责对征收分局稽查工作的业务指导和监督管理。在条件成熟的情况下，国、地税稽查部门可以合二为一，以降低征管成本，提高稽查效率。

3. 加强队伍建设，建立稽查业务等级体系

强化税务稽查，当务之急是尽快建立一支高素质的稽查队伍。首先要选配较高素质的稽查人员，严把进人关，实行资格考试制度，考试合格的方可从事税务稽查工作。其次，根据稽查工作的需要，明确稽查人员应具有的政治业务素质，明确不同等级的资格条件，采取“考评结合、以考为主”确定稽查人

员的不同等级，制定晋升标准，不同等级的人员给予不同的待遇，做到能上能下，能进能出。最后，狠抓培训、搞好学历教育和继续教育。针对当前知识更新和偷骗税手段变化快的特点，要定期不定期对稽查人员进行培训，不断更新知识，以适应稽查工作的新要求，提高稽查人员的审计能力和查账能力。

4. 建立科学的稽查考核和责任追究体系

为了提高税务稽查工作质量，增强稽查人员的工作责任心，充分发挥其主观能动性，保证税务稽查任务的圆满完成，必须把稽查工作的各个环节拿到“流水线”上进行控制，明确岗位职责、工作时限、稽查质量等内容，建立科学的便于操作的税务稽查工作考核体系，依据考核成绩作为奖惩、晋级的依据。同时，建立税务稽查责任追究制，追究是执法责任制落实的保障，要从制度上促使稽查人员依法稽查，按章操作，提高执法水平，防止稽查人员执法的随意性和不廉洁行为的发生。

5. 实现税务稽查技术现代化

税务稽查技术包括税务稽查方法和稽查手段两个方面。税务稽查技术现代化是将现代科学技术成果运用于税务稽查，并实现科学有效稽查的过程与结果。它能大幅度提高税务稽查效率，提高税务稽查的科学性。

税务稽查方法的现代化是指在税务稽查中普遍运用各种现代管理的科学方法，如心理学、逻辑学等，将这些方法与税务稽查的具体账务稽查方法、调查方法、分析方法等有机结合起来，解决税务稽查中诸如选案、取证、查处等系列问题。同时，要充分注重定量分析的重要作用，避免单纯地运用定性方法的主观偏见和感情用事。

税务稽查手段的现代化，是指在税务稽查中运用各种现代先进工具进行税务稽查，包括现代化的计算工具、现代化的通讯工具以及现代化的交通工具等，以提高稽查效率，保证税务稽查目的更好地实现。

6. 建立税务稽查信息系统

在充分利用计算机科技手段的基础上，要建立一个多渠道、多层次的纵横交错、上下贯通的税务稽查信息网络。由于税务稽查涉及面广，被稽查对象数量众多，情况复杂，要把以群众管理为基础，以专业管理为主导，坚持专业管理和群众管理相结合这一原则运用到税务稽查中来。为此，一是要根据各地具体情况，建立纵横交错、严密健全的协税组织和协税网络；二是要建立税务违法案件举报网络；三是建立国税与地税相互之间、税务与工商行政管理等单位之间的税务稽查情报交换网；四是建立税务稽查内部信息交流、税务稽查机构与征收机构及税务代理机构等信息交流网络。另外，还应建立专门的税务稽查信息管理机构，对各信息网点和信息员提供的数据资料进行收集、整理、储存。同时，建立必备的税务稽查信息管理制度，确保网络运行的畅通。

7. 完善司法保障体系

在我国现阶段社会经济条件下，税务稽查主体与被稽查对象之间从根本上讲不存在对抗性的矛盾冲突，但双方利益之间的矛盾仍然存在。后者作为“理性的经济人”总在千方百计地想减少税收方面的支出，而且我国公民的纳税意识还较淡薄，这就会导致双方比较激烈的博弈，并且这种博弈还将在相当长的一段历史时期内长期存在。只有赋予税务机关依法行使税务征收、管理、稽查的独立地位，树立税务执法权威，才可能真正实现依法办事。西方发达国家大都建立了完善的税务司法保障体系。如，加拿大设立了联邦税务法院专门审理税务行政案件，涉税刑事案件则由普通法院审理。

我国相对独立的税务司法保障体系尚未健全，从一定程度上制约、影响了税务稽查工作的有效开展。当前，公安机关办理的涉税刑事案件主要是税务机关移送的案件，若公安机关认为证据不足，则退回税务机关。检察机关审查起诉和人民法院审理的涉税刑事案件则由公安机关移送。但由于涉税案件及税务、财务、法律等多方面的知识，专业性和技术性都较强，要求办案人员不仅具有《刑法》、《刑事诉讼法》等法律知识，还必须具有扎实的财会、税收等基础知识和丰富的查账、审计经验，但是目前负责侦查税收案件的公安机关存在不熟悉税收业务和办案经费不足等问题。故在实践中，税务机关移送公安机关的涉税案件往往是久拖不决，甚至个别地方在税务机关花费了大量人力和物力查清事实，将犯罪嫌疑人移送公安机关后，公安机关仍以“证据不足”等理由退回税务机关。因此，应参照国外成功的做法，建立一个相对独立的由税务警察和税务法院等机构组成的税务司法保障体系，并配备税务警察、税务法官、税务律师等专业人员，同时建立相应的税务司法程序，以保证涉税案件侦查、起诉、审判和裁决的程序化和规范化。建立相对独立的税务监察机构，加大对税收执法的监督力度，对税务机关作出的税收管理、征税、检查、处罚、扣押等方面的处理进行监督，遏制税收执法的随意性。同时，加大税务公开力度，把税收政策、执法责任、执法程序、税务人员的违法违纪行为和处理结果等情况，采取多种有效形式予以公开，加强社会对税务行政和执法的监督力度。

8. 建立联动快速反应机制

目前，公民的纳税意识还不够高，社会各方面的税收法治观念还不够强，成为制约税务稽查工作的重要因素。根据司法与行政分权制约的原则，司法机关负责对涉税犯罪案件的立案、侦查、拘捕、起诉和审判，税务机关负责配合。为缩短办案周期，减少重复劳动，加强打击力度，应建立对涉税违法案件的快速反应机制，尽快实现部门间协调配合的规范化、法制化，减少人为因素和部门利益冲突，以形成打击合力。还要加强与工商、海关、银行、技术监督等部门的合作，建立信息互联网，确保信息畅通、打击有效。同时，还要建立涉税违法案件举报、受理、查处、反馈、奖励和曝光机制，动员广大人民群众，揭露并打击犯罪行为，从而有效防止和减少涉税犯罪的发生。深圳市地方税务局罗湖分局自建立发票违法案件快速反应机制后，在不到一年的试点过程中，发票供应量增加了3.34%，分局受理的有效举报发票案件下降了38.6%。2004年1～10月，罗湖区第三产业税收收入达44.5亿元，比上年同期增收1.18亿元。

9. 利用社会专业化力量

目前，大多数税务机关仍代行了许多本不该由其承担的具体行政事务性工作，充当“保姆式”的角色，严重影响了税务稽查的效率，使之没有足够精力查处偷、逃、欠税等行为。建立“申报、代理、稽查”三位一体的税务征管模式后，税务机关的职责是对申报和代理进行稽查。税务代理人可以接受纳税人、扣缴义务人委托审查纳税情况。首先，对一般性稽查对象的税务稽查，税务机关可以利用税务代理机构，如果税务代理机构出具的纳税审查报告不实，税务机关可以依法对其提起诉讼，追究其法律责任。其次，按照国际惯例，借鉴大多数西方发达国家（如美国等），税务稽查机关对纳税人、扣缴义务人进行稽查前要求被稽查对象提交经注册会计师审查的年度会计报表审计报告的做法，我国《企业会计制度》也规定“年度财务报告，于年度终了后在规定的时间内连同中国注册会计师查账报告一并报送主管财政机关”，而税务稽查人员对此利用的不够。另外，必要时可以邀请律师、工程师、资产评估师等某方面的专家参与有关案件的税务稽查。

（四）现代税务稽查系统的构成

根据税务稽查“四分离”的要求，现代税务稽查系统由五个环节六个子系统组成。五个环节为稽查选案、稽查计划、案件稽查、案件审理和案件执行，各环节之间通过信息流（数据库）互相连接。六个子系统为稽查选案管理、稽查计划管理、案头审计、案件稽查、案件审理和案件执行，这是稽查工作的支撑系统。如图 4－25 所示：

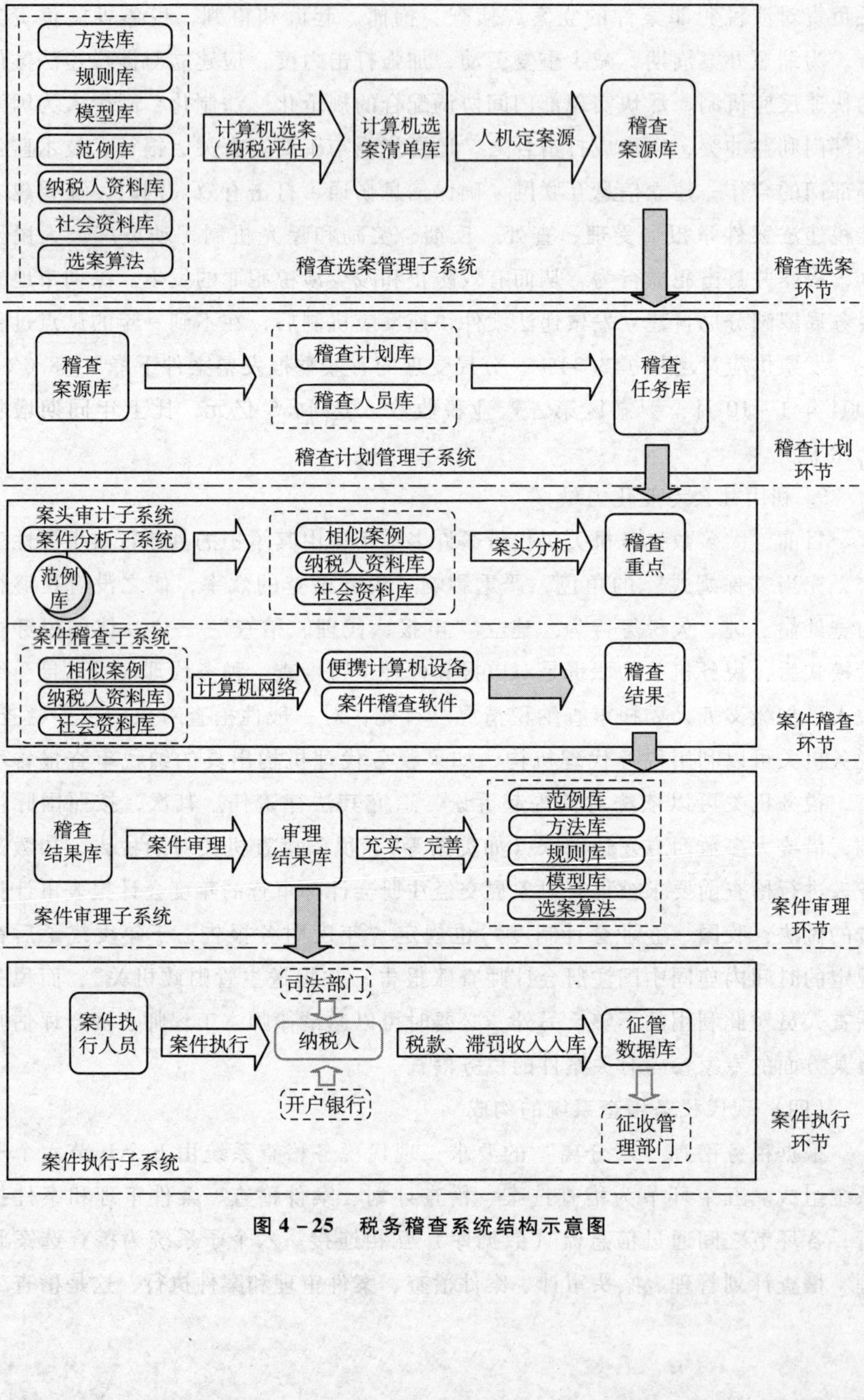

图 4－25　税务稽查系统结构示意图

1. 稽查选案管理子系统

选案准确性是提高税务稽查效率和质量的基础和关键。选案工作是税务稽查工作中结构化程度较高的部分，可充分应用计算机技术，结合计量经济学、数理统计、人工智能和建模技术，构成稽查“雷达”机制，实现以计算机为主、人工为辅的案源选择方式。

在稽查选案子系统中，一方面，应用范例推理技术，从范例库中分析历史稽查案例；另一方面，结合税收、会计相关法律法规以及税务专家经验，运用计量经济理论、数理统计、人工智能和建模技术，构建规则库、方法库、模型库和选案算法，通过运行选案软件，从纳税人资料（仓）库、社会资料（仓）库中初步筛选出不诚实纳税的纳税人名单，经人工分析后确定当期需要稽查的纳税人名单。

目前，全国各地都在开展纳税评估工作，随着信息技术在税收领域的广泛应用和纳税评估指标、制度、组织、方法等体系的建立和不断完善，纳税评估软件系统可成为税务稽查的选案管理子系统。

2. 稽查计划管理子系统

该系统根据选案结果和案件的复杂程度，结合稽查人员实际情况，合理配置资源，实现最优组合，制订当期稽查计划，分配稽查任务，并在数据库中保存任务分配情况，以备将来稽查质量的考核。

3. 案头审计子系统

案头审计子系统为稽查人员提供分析稽查对象的平台和工具。稽查人员可以运行该系统从历史案例中查找相似案例，吸取前人的稽查经验和方法以避免检查时的盲目性，通过分析稽查对象资料，制订实地稽查方案，确定重点核对数据。

4. 案件稽查子系统

该系统应用于税务人员对稽查对象的实地稽查过程。通过无线网络技术和便携式计算机设备，税务人员在稽查现场可直接访问和查询税务系统数据（仓）库数据，实现现场办公；利用案件稽查软件，通过财务数据融合技术，迅速获得稽查所需要的稽查对象涉税数据；通过现代化手段对稽查证据进行现场扫描、录音和对库存进行现场盘点，快速得出稽查结果，提高稽查效率。

5. 案件审理子系统

通过案件审理子系统，税务审理专家可对稽查结果的合法性、公正性、准确性进行再审查。审理专家通过运行案例分析系统查找相似案例的审理过程和审理结果，查找稽查结果中的问题，制订审理方案。然后，审理专家和选案专家一同分析当期稽查案例，把当期案例充实到案例库中，根据分析结果完善选案模型、算法、规则和方法，提高选案准确性。

6. 案件执行子系统

该系统应用于连贯和监督案件执行人员执行税款、滞补罚收入的过程。案件执行人员接到案件审理结果后，根据税收征管法及其实施细则等法律法规的规定，分不同情况对纳税人采取相应的执行措施。对罚款执行中有难度的，按照法定程序申请由人民法院协助执行；对采取税收保全或强制执行措施的，需要冻结纳税人账户或通过纳税人账户扣缴应纳税款、滞纳金等款项，按照法定程序由金融部门协助实施，确保税款、滞纳金、罚款的及时入库。同时将执行信息通过网络反馈征收管理部门。执行的相关资料存档，以便为纳税人的信用等级评定工作提供相关的资料依据。

第五章

构建现代税收征管体系的信息化技术平台

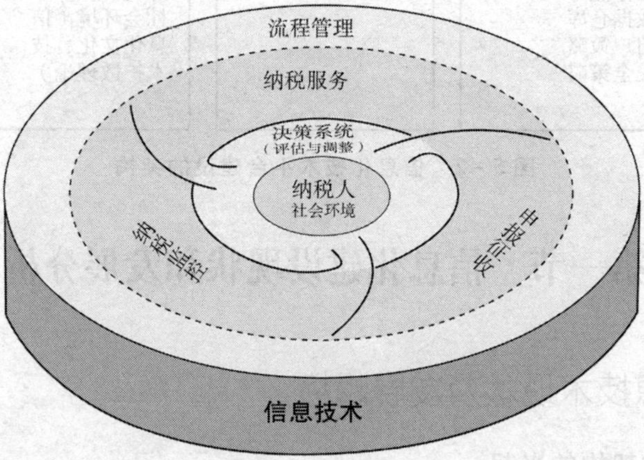

图 5－1　现代税收征管过程模型体系中的信息技术平台

信息技术是建立现代税收管理体系的重要支撑手段，现代税收征管体系的建设过程首先表现为信息化过程。税收信息化是利用信息技术这一先进生产力对传统的税收管理模式做彻底变革，引入先进的管理思想，建立起更加高效、精炼、严密的业务运作模式。税收信息化建设涵盖三个层面的工作：税收管理信息化、税收业务信息化、支撑手段信息化。其中，税收管理信息化是信息化建设的核心，税收业务信息化是信息化建设的主要内容，支撑手段信息化是信息化建设的具体实现形式。

税收信息化是税收管理变革过程，是一项复杂的系统工程，是利用信息技术实现先进的管理理念，并与征管改革、业务重组、机构建设相配套，全面提升税收管理水平的过程。税收信息化的最终成果是体现科学管理思想的征管模式的运行，软件和网络是支持其运行的载体。

本章着重探讨我国现代税收管理体系的信息化支撑平台构成要素和建设策略，如图 5－2 所示。

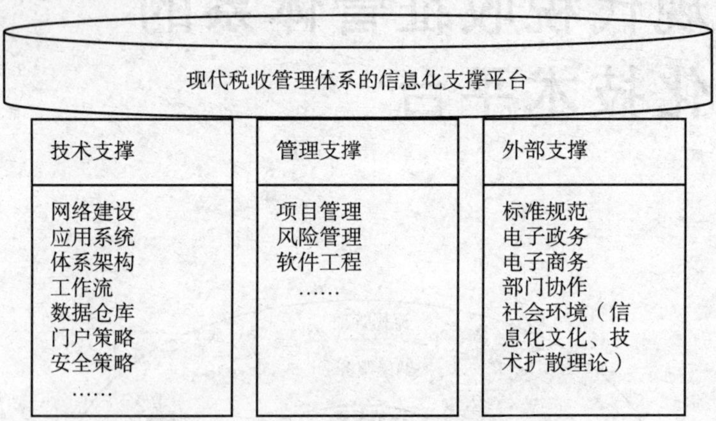

图 5－2 信息化技术平台建设的架构

第一节 信息化建设现状和发展分析

一、信息技术现状及发展趋势

（一）总体架构的兴起

在多年信息化建设中，不断获得成功经验和失败教训，使得大型企业和政府机构都逐渐认识到了企业级架构（EA）的重要性。在政府层面，国家电子政务工程建设的强制性规范，也要求政府机构大型工程必须进行总体架构的规划。

（二）应用架构的革新

SOA 架构的兴起和发展，对应用架构的演变产生了重大的影响。当前，国际 IT 业界认为企业级信息系统包含了三大类应用，即：业务交易处理类应用、业务协作处理类应用和业务智能类应用，这些应用日益被集成为一体，为企业或组织提供一个企业级业务集成平台。

面向服务的体系架构（SOA）促进了面向服务的基础设施（SOI）建设，产生了共享 IT 服务的发展趋势。一个面向服务的体系架构（SOA）可以让不同组织的软件实现无缝连接，为端到端税务流程提供支持。

此外，SOA 对服务和部件的重复使用，不仅可以降低风险，而且还可以使现有应用软件的投资回报率最大化。

（三）信息技术发展趋势

近几年，电子商务和网上支付、信息卡支付、银行卡支付在我国快速发展，目前已经形成了每年数千亿的资金流，这对税务工作者既是机遇也是挑战，挑战在于交易的虚拟化，使得税源监控形式发生了重大变化；机遇是，现金交易的减少，实际上使得税务机关更加容易从银行、电子商务企业、银联公司等“资金网关”获取交易的最真实的信息。

ADSL 及其他 xDSL 技术是目前国内家庭互联网接入的主要形式。光纤接入是一种新的网络接入形式，具有带宽高、传输距离长、抗干扰能力强的优点，是目前正在迅速普及的一种技术。3G 是无线网络接入的最新形式，具有带宽高、具有一定移动性的特点。这三种互联网接入形式相互补充，使互联网越来越成为人们获取和发布信息的主要渠道。税务信息化建设必然要面对和适应这个潮流。

其他涉及的技术还包括：

- CA 签名和智能电子表单技术使得无纸化、零印刷成为可能；
- 二维条码技术使得纸质表单“零录入”成为可能；
- 云计算可以提供无限扩展、随时获取、按需获取的计算能力。

二、国外税收信息化建设经验分析

在主要发达国家和地区的税务管理信息化进程中，有两个明显特征：一是随着信息技术对社会、经济领域方方面面的渗透，信息技术已不仅仅是一种“载体”和“手段”，而且实现了与业务的相互推动；二是由于各国、各地区税务管理的发展阶段、历史使命、战略目标及实施策略的不同，其进行税务管理现代化建设的途径也大不相同，各有千秋。发达国家和地区税务管理信息化建设的成功实践，值得我们从多方面予以借鉴。

（一）美国

美国税务管理信息化建设，得益于美国税务管理现代化。他们在 20 世纪 90 年代中后期不失时机地改变了他们的管理理念，重新修订了使命宣言，明确了“为纳税人提供优质服务”的战略目标。但其原信息系统由于缺乏从上而下的集中专业化管理，每个服务中心和地区采用不同的产品，信息系统的庞大和凌乱导致了数据更新的缓慢和不同系统间数据的不同步性，操作的复杂性，对最终用户的高成本、低质量服务，以及控制和安全性方面的问题，因此，根本无法实现新的战略目标。为此，美国对原有的信息系统进行了“伤筋动骨”的改造。这一工程在美国税务现代化发展进程中扮演了相当重要的角色。

其成功经验之一，是制定了“技术现代化蓝图”。该蓝图于1997年公布，实施后于2006年又发布了新的版本。其方法是：在信息化建设中先建立一个能容纳一系列新系统的框架，这些新系统可以应用现代技术标准和财务管理手段，并胜任所有主要的税收管理工作。然后，在继续完善总体框架同时还规划一系列目标明确且可管理的工程以满足那些重要的特殊需求。在这个过程中，新旧系统能精确地互换数据直至数据由旧系统转移至新系统中。

其成功经验之二，是建立了“专业化信息技术管理机构”。美国税务局高度重视信息技术现代化的组织工作，为了实现资源利用、技术管理（包括核心业务系统的现代化改造和原有系统的管理）的专业化和高质量，他们建立一个能向税务局业务部门提供高质量高效率服务的专业化信息技术管理机构。首先，他们将所有信息系统的主要管理工作全都划归首席信息官集中管理，将核心系统的现代化改造由税务局最高领导统一指挥，并成立了一个核心业务系统实施管理委员会，下设企业工程管理办公室，负责整个工程中所有项目的协调管理工作。其次，引入“外脑”，和一批顶级技术与咨询公司签署了一份主服务协议，与他们合作管理核心业务与技术系统的现代化改造工作，使业务和技术的相互推动，开发和应用能够有效支持现代化业务活动的技术。

（二）新加坡和澳大利亚

两国税务局的信息化建设具有很多相似之处，其水平在世界范围内的税务机关中均处于领先地位，这是确保其税收收入高、人员数量少、税收成本低的一个重要原因。据新加坡国税局年报显示，2001年的税收总收入为183.6亿新币（约合人民币845亿元），税收成本仅为0.9%；员工总数1737人，其中技术人员732人，占员工总数的42%。

澳大利亚国土总面积为700多万平方公里，人口只有1800万，为了让纳税人便捷、有效地获得税务咨询服务，税务当局除在窗口岗位设置“税法咨询服务”岗位、在征纳税过程中面对面地向纳税人提供细致的咨询服务、举办不定期税法演讲、不定期地印发税法辅导资料外，主要利用因特网进行税法咨询服务，以克服地域和经费上的难题（澳大利亚新闻媒体大部分是由私人经营并以营利为目的的）。澳大利亚因特网用户很多，遍及全国，几乎每个企业、每个家庭都在应用因特网，这种生活方式极大地带动了这种因特网税法咨询工作的开展，明显降低了税企两方的税收成本。

其信息化建设的成功经验之一，是“政府主导，统一行动”。两国的政府信息化建设一直由政府主导，政府不仅全面完善了相关的法律、法规，每年还要投入大量的资金，对税务局也不例外。例如新加坡政府一方面设立了“资讯通信发展管理局”，专事电子政务的全面协调发展，使得新加坡各级政府的电子政务发展更加有序、协调一致；另一方面建设独具特色的电子公民中心，主要向公民提供方便、快捷的网上服务，用户不必具体知道有关事务是由哪个部门或由谁提供的，只要按程序接受政府服务就可以。又如澳大利亚政府和企业联合组成的“数字鸿沟跨部门工作组”，由大约30个来自于政府、企业和社区的不同组织组成，其宗旨是促进政府、企业和社区之间深层次的合作和共享澳大利亚缩小数字鸿沟项目的相关信息。

其成功经验之二，是“高度重视战略规划”。由于信息化建设投入大、周期长，受环境、资源状况等因素的影响大，同时为适应信息化建设“系统建设—扩张—整合—能力提升”的螺旋式上升的需要，两国税务局均高度重视战略规划。如从1993年开始，由新加坡税务局、新加坡电脑局与埃森哲公司共同实施了税务信息系统的整合规划及其实施项目，经过3年的努力，新加坡“集成税务信息系统”（IRIS）于1996年顺利启用。到2000年，新加坡税务局又用2年多的时间，与咨询方合作进行新的信息系统建设战略规划，以适应未来新的一代纳税群体和税务机构运作的需要。

其成功经验之三，是“科学确立信息化建设模式”。两国税务局均采用了内联合、外联合两种建设模式。内联合是由税务局内部专职领导统筹管理，有效指挥并协调技术、业务、行政部门；外联合通常采用聘请咨询公司的方式，在团队中引入“外脑”，从管理层到执行层，从规划设计到建设实施都得到相关专家的咨询和帮助。这两种建设模式，前者有利于发挥各职能部门的优势，形成协力，减少内耗；后者有助于利用社会资源，确保决定和实施的科学、高效，同时，将社会资源掌握的知识转移到内部，提升了未来税务信息系统整体建设、管理水平。

其成功经验之四，是“科学设计 IT 架构”。两国税务局均具有先进的 IT 架构，其主要特征是具备“集成性”、“便利性”、“整体性”、“扩展性”。即对原有的业务流程进行深入调研、分析的基础上，重新制定了业务流程，再按业务流程把主要业务功能和税种集成到一个单一的、无缝的处理架构中，完成核心的税收业务处理；建立了纳税人服务模块和税收会计模块，用来进行前台与纳税人之间的接触以及后台税收收入的会计处理；建立了影像数据库、工作明细数据库、登记数据库、财务数据库、函件数据库、案件数据库等六大数据库，形成了一个统一的整体并能提供足够技术及信息支持；应用 EAI (Enterprise Application Integration) 技术，为未来进一步提高业务管理、业务协作和交易效率做好准备。在该 IT 架构的推动下，两国的税收征管不断取得新突破。例如，新加坡纳税评估周期从 18 个月缩短到 5 个月，员工流失率从 12% 减少到 7%，税务管理成本也大幅降低至不足 1%（约 0.09 新元/每新元税款）。

（三）中国香港

中国香港税务局在信息化建设方面起步较早，其信息系统覆盖了税收征收管理、纳税人服务以及内部办公管理等各个领域，有效地降低了税收成本，提高了工作效率和纳税人服务水平。尤其值得重视的是，他们陆续解决了许多制约信息化发展的“瓶颈”问题。

一是明确定位计算机信息部门职能，提高了信息化建设效率。中国香港税务局针对“新的业务需求不断出现，信息部门的技术人员疲于应付各种新需求的开发，严重制约了税务局信息化整体建设的发展”这一问题，加强了软件开发规划和需求的管理，导入市场机制，对软件开发进行科学规划和管理。其计算机信息部门不再负责软件的开发，只负责软件开发需求的提出和运行维护工作。软件开发工作统一由中国香港特别行政区政府资讯科技署派出的电脑专家负责。

二是设立数据处理机构，有效解决了数据的残缺和失真问题。中国香港税务局同样实行集中数据录入的模式，其数据处理机构由各税种管理科的中央处理组和总务行政科的电脑组构成。中央处理组只负责输入少量的纳税资料，如收到报税表的日期，以及更改营业地址、通讯地址、授权税务代表（理）等纳税人资料。电脑组的资料录入员专职录入纳税人的基本信息、涉税信息和财务信息等大部分的纳税资料。在每年 4 月的报税高峰期，电脑组内设资料处理组的 38 名录入员（公务员编制）分班轮流、高速高效地录入报税表，而且实行双岗校验录入，以保证数据的准确性。专职录入员每人每小时击键3万个字符，每分钟可以处理2~3份报税表。而经特许拥有录入权限的评税人员可以对数据库进行查询和维护，但其权限受到限制，并随时受到电脑自动监测系统的抽样监测。

三是提高数据使用效率，建立了科学合理的纳税评估体系。中国香港税务局根据纳税人档案资料和申报资料，由计算机自动评税，打印并发出税单，再抽样由评税员复核评税；对不按时申报、不申报或不按时交税的纳税人，由计算机统一生成处罚通知并进一步跟踪，直至起诉。由于中国香港税务局的大部分评税和所有处罚都是由计算机处理，在提高效率的同时减少了人为因素。

四是全方位开发纳税服务系统，优化了纳税服务。中国香港税务局启用了多层次的电子申报系统，包括磁带、磁盘、只读光盘、网上报税等，例如全香港雇主填报的薪俸税及退休金报税表约有300多万份，其中通过电子申报的占70.5%；启用了电话、互联网和其他电子传讯、咨询系统，纳税人可以通过电话、网站等获取各种税务资料以及传真或下载税务表格等；启用了方便的电子支付手段，如香港纳税人使用得最多的"缴费灵"系统，纳税人只要登录该网站，输入自己的消费卡号、密码、支付金额等，用鼠标轻轻一点，税款便交由这家互联网代理商转入税务局账户，另外，该系统亦可以通过电话、ATM柜员机实现24小时在线支付，其效率和方便程度令纳税人相当满意。

（四）英、法等国

英国的税法烦琐复杂，一些纳税人，尤其是年老、低收入、低文化水平的纳税人，由于对税法缺乏了解而又无力承担昂贵的咨询费用，因此经常由于无知而发生税务违章，受到税务局的处罚，为此，英国税务局开发并启用了几乎所有的电子传讯方式，为各种纳税人提供免费的咨询服务。法国税务局特别强调与纳税人之间的沟通，近几年，他们设立了税收咨询因特网站和电子信箱，在48小时内对来信给予答复。据税务总局统计，1999年接待的来访者共280万人次，答复电话咨询240万人次，共有75万人通过迷你电脑终端、80万人通过因特网查询申报答案。

三、我国税收信息化沿革及现状

我国税收信息化建设始于20世纪80年代，从简单的公文处理开始，逐步应用到税收业务处理，建设现代化办税服务厅，构建国家、省、市、县四级广域网络，推广税收征管软件等系列管理软件，开展网上纳税服务。随着金税二期增值税管理信息系统、出口退税及综合征管系统在全国各省市基本推广完成，在全国国税则形成了围绕着上述三大系统的逐步规范的应用格局，并实现了应用的省级集中。特别是2002年总局启动金税三期工程之后，在全国国、地税基本上实现了IT基础设施的统一和规范。经过20多年的发展，我国税收信息化建设取得了巨大的成就，为服务税收现代化建设奠定了坚实的技术支撑。主要体现在以下几个方面：

（一）网络设备①

1995年“金税工程”启动以后，随着应用的不断增加和基础设施的不断改善，网络带宽也在不断提高，多数地区达到2M以上。依托通畅的网络支持，税务信息的相互交换，为各种应用系统的推广使用提供了可靠保证。

截至2007年底，全国税务系统局域网个数为17210个，上网运行的工作站数为472276个；全国税务系统计算机广域网联通节点数23428个。其中：国税系统投入运行的局域网个数为8679个，上网运行的工作站数为282047个，广域网联通节点数为10603个，已形成了总局、省局、地（市）局和区（县）局的四级广域网，成为国税系统的网络通信支撑平台和业务运行平台；地税系统投入运行的局域网个数为8531个，上网运行的工作站数为190229个，广域网联通节点数为12825个，总局与省级地税局已经实现了互联，部分省地税局也已完成本系统内的广域网建设，多数地区的网络已延伸到县属征收分局（所）一级。

（二）硬件设施②

为配合CTAIS在全国推广，国家税务总局自2003年开始为大部分省、市配备HP小型机SUPER DONE作为征管服务器，各省、市在实现本地的大集中工程建设过程中，也陆续安装了IBM595系列、HP superdone等高端主机和配套的存储设备。截至2007年底，各级税务行业陆续配置了PC服务器25000多台，PC机60多万台。各级地税系统为了配合省级大集中也加大了硬件设施的投入。依托信息技术为纳税人服务的体系初步形成，全国80%以上的纳税人和85%以上的税款通过计算机进行管理和征收。

截至2007年底，全国国税系统共拥有各类PC终端设备244886台，打印机168909台，扫描仪3474台；全国地税系统共有各类PC终端设备182722

① 引自税务行业相关统计数字.

② 同上.

台，打印机 124893 台。

（三）应用系统

经过二十多年的建设，税收信息化程度已有显著提高，全国税务系统推广的综合征管系统、增值税管理信息系统、出口退税系统等业务应用软件已覆盖全国大部分省市，这些软件所包含的业务功能已在不同程度上覆盖了税收征管的各个层级、部门和业务。但也存在种类繁多、标准不一的问题。据不完全统计，全国税务机关在用各类应用系统的总数量有上百个，仅国家税务总局组织建设的应用系统就有三四十种，主要有：金税工程（二期）增值税发票管理系统、综合征管系统（CTAIS）、出口退税系统，以及公文处理系统（ODPS）等。

1. 金税工程（二期）增值税发票管理系统

增值税发票管理系统是在四级网络上运行的第一个应用系统，2001 年 7 月在全国投入运行。该系统依托覆盖全国税务机关的计算机网络对增值税专用发票和企业纳税状况进行严密监控，包括增值税防伪税控开票子系统、防伪税控认证子系统、增值税计算机交叉稽核子系统和发票协查子系统四个子系统，覆盖增值税专用发票的计算机开具及其各个管理环节。

2. CTAIS 系统

CTAIS 系统的全称是中国税收管理信息系统（China Taxation Administration Information System），是国家税务总局向全国国税行业统一推广的税收征管业务系统。该系统基本覆盖了基层事务处理、管理监控和辅助决策等各个税收征管环节的业务，提供了管理服务、征收监控、税务稽查、税收法制及税务执行五个系列的基层税收征管系统和市局级管理与监控系统。2000 年完成建设后开始推广，2002 年底已在浙江、山东、河南全省和 73 个市全面上线，2006 年已覆盖到全国国税系统。

3. 出口退税管理系统

该系统包括出口退税审核子系统和免抵退税审核子系统两部分。目前已在所有出口退税管理机关运行，并与“国家口岸电子执法系统”联网，实现了对出口退税业务的计算机管理和网上监控。

4. 区域性征收管理系统

全国地税系统目前一般运行由省级税务机关自身组织建设、维护和推广应用的统一征管软件，业务需求有一定的差异性，软件的技术标准、运行平台、开发工具等也各不相同，处理模式有集中、集中加分布、分散式等。这类软件在完成本地税收业务处理有其实用性，但给更高层次的信息共享带来一定困难。

5. 财税库银横向联网系统

财税库银横向联网系统是指财政、税务、国库、银行利用信息技术，通过网络办理税收收入征缴入库等业务。国家税务总局与财政部、中国人民银行国库清算中心联合开发了 TIPS 系统，实现了财税库银的横向联网，极大地提高了税款划转和核算效率。2006 年开始在有关省、市试点运行，目前已经在全国范围内推广应用。

四、我国税收信息化建设与国外先进水平的比较及存在的问题

（一）国内外水平比较

我国税收信息化建设与国外发达国家相比，还存在较大差距和不同，表现在：

1. 信息基础设施建设存在差距：发达国家高速信息网已经通向千家万户，而我国东部地区基础设施建设较好，西部地区由于技术、资金、人员素质等原因发展滞后，这种失衡严重制约了我国信息化整体发展水平。

2. 发展阶段不同：从美国、新加坡、澳大利亚的信息化历程分析，我国的税收信息化的信息整合、数据集中阶段尚未完成，数据分析利用刚刚起步。根据“诺兰模型”① 对信息化发展阶段的划分，上述各国处于全社会集成阶段，以纳税人为核心，提倡服务的理念和意识。而我国税收信息化建设缺少良好的外部环境，仍然偏重管理和监控。

3. 应用水平不同：发达国家已经实现应用系统的优化整合，走向更加复杂的机构内外结合、网上交易等领域，真正成为电子政府的组成部分。而我国的应用系统功能单一，条块分割严重，仍处于较低的应用水平。

（二）存在的问题

由于税务信息化起步较早，受当时的认识和技术水平限制，信息化建设也暴露出了一些深层次的问题，这些问题随着信息化向纵深发展已逐步成为影响和制约业务发展和信息化建设的“瓶颈”，具体表现在：

1. 制度层面存在问题

（1）组织机构层级化严重，没有按照流程优化的要求配置资源、设立岗位、界定职责、组建机构；

（2）税收政策的制定者对信息化特质考虑不够，造成某些业务只能停留在简单模拟手工操作的模式上，增加基层工作量，影响规范操作，数据无法共

---

① 高复先．信息资源规划——信息化建设基础工程．清华大学出版社，2002.

享，难以实施科学完整的监控和考核，影响政策的刚性；

（3）税收政策发布缺乏业务与技术一体化的保障，发布执行与软件修改不同步，造成部分政策制度游离于信息系统之外，难以保障政策制度按时贯彻落实到位；

（4）税收政策和制度的评估体系尚待健全。对税收政策和制度实施的效能缺乏客观的评估手段，无法从多层次、多维度反馈政策制度的执行情况；

（5）运维体系有待提升完善。对业务运维的重要性认识不足，导致业务运维工作缺乏科学有效的计划、组织和控制，一定程度上影响了征管业务的正常运行；

（6）存在的执法随意性造成源头上的假数据、人情案、协议案，导致一些案件和数据的机外循环，失去监控。

2. 流程层面存在问题

（1）流程管理模式仍然是以职能为导向，没有做到信息依照流程流动，机构通过流程衔接，部门人员依托流程协同运作的运行管理模式；

（2）现有系统业务流程模拟手工操作模式的痕迹依然浓重，需要充分利用信息化手段进行优化和改造；

（3）业务缺乏标准化，业务名词不统一、指标口径不统一，管理流程没有标准规范；

（4）当前征管流程和岗责体系未能与税务管理模式形成良性互动和调节机制。信息化条件下征管流程的优化、重组，与目前的岗责体系、组织机构、人力资源、税收征管模式不相匹配。

3. 数据层面存在问题

（1）数据管理制度不健全、数据管理权限不清晰、数据标准不统一、数据采集的入口不唯一，导致数据交叉并存，质量不高；

（2）由于大量的信息孤岛的存在，系统内没有统一的税务数据视图，数据不一致、数据不准确，第三方数据的获取难度大；

（3）应用系统的数据结构是按照联机事务处理系统的要求设计的，查询、统计、报表等应用在这样的数据架构下实现复杂且效率低下；

（4）缺乏健全的信息交互机制和交互平台。

4. 功能层面存在问题

（1）税收征管系统业务功能尚未完全覆盖国、地税所有税收业务，以及社会保险费和代征的基金、费项目。

（2）操作型和管理决策型业务功能的衔接不足，尚未形成决策层、管理层和执行层分工协作、高效沟通的工作局面。

（3）现有部分数据应用系统尚未能对领导层的管理决策业务提供强有力的支撑。

（4）综合征管软件与单项软件之间、单项软件与单项软件之间存在功能的交叉和重叠。

（5）刚性的应用系统扩展性不强、适应能力差、难以跟随业务变化。

5. 认识层面存在问题

各级领导及工作人员对税务信息化的认识有待提高，对信息化建设的认识和观念相对滞后，存在无用论、形式论。有的甚至片面认为信息化就是计算机技术，就是简单模拟手工操作，一提信息化建设就是技术的事，而忽视了管理观念的创新和管理体制的优化。

导致上述问题的原因主要有技术、外部环境和管理方面，技术和管理从来都是相互促进互为条件的，技术的推广应用需要科学的管理模式，而技术的进步又推动管理模式的创新。利用先进的技术手段和管理理念对上述问题提出一套完整的解决方案，构建一个现代税收管理体系的技术支撑平台，是我国税收信息化发展的迫切需要和必然趋势。

第二节　我国现代税收征管体系的信息技术平台建设策略

信息化支撑平台的建设必须依靠信息技术手段，结合先进的管理思想，完成税收业务流程再造和其他配套改革，促进税收业务与信息系统的有机融合，形成全面依托信息技术、充分体现专业化特征的税收业务运行体系，基本实现税务管理现代化。

当前，我国正在实施政府职能转变，推进服务型政府的建设。作为政府重要职能部门，税务机关必须依托信息化技术构建完善的税收管理体系和纳税服务体系，以服务促管理，以管理促效率，实现职能转型，构建信息化支撑平台的意义也在于此。从纳税人角度来看，信息技术的引入可以提供灵活多样的多元化申报和丰富翔实的涉税服务；从税务管理工作角度来看，信息化技术的引入可以简化税收管理流程，提高信息共享程度，促进征管效率、监控水平和数据分析利用水平的进一步提高。信息化支撑平台建设的支撑体系结构如图 5－3 所示：

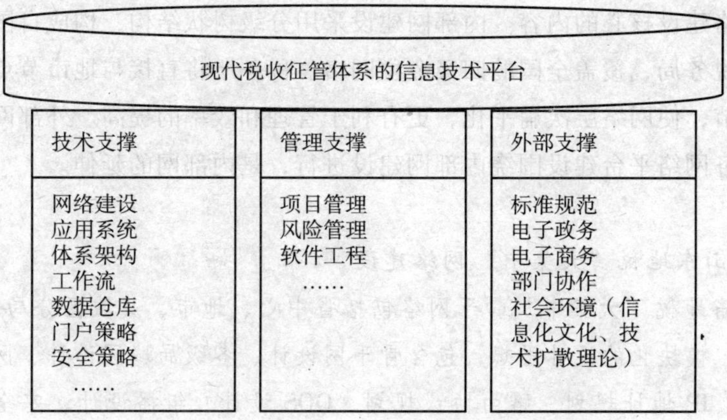

图 5－3　信息技术平台建设的支撑体系结构

现代税收管理体系的信息化支撑平台的成功建设和运行需要技术、外部和管理三大支撑体系：技术支撑体系依靠网络技术、数据库技术、中间件技术、数据仓库技术、工作流技术等提供可靠技术保证；管理支撑体系是指建设过程需要引入管理领域中先进的方法和理念，如 BPR、系统论、控制论、信息论的思想和技术管理方面的支撑，如项目管理、风险管理、软件工程等思想；外部支撑体系主要指信息化平台的成功实施需要良好的法律环境、部门间协作标准化等外部环境作保障，整个社会都运行在信息化的平台上，信息化支撑平台才能更好地发挥其作用。

一、技术支撑体系建设

信息化平台建立在信息技术基础之上，技术支撑是必不可少的，涉及很多方面的内容，这里只就其中比较重要的几点进行探讨，并提出相关建设策略。

（一）网络建设策略

网络建设是信息化基础设施建设的重要组成部分，是信息化平台能够发挥其作用的物质基础。网络规划必须满足以下原则：能够支持不同种类的环境（X. 25、FR、ATM、SDH 等多种环境）；网络必须是可扩展的、可靠的、可集中管理的；网络必须提供服务质量保证。

网络建设至少包括三个方面：一是内部网的建设，主要满足税务部门内部人员的工作需要；二是外部网的建设，主要满足税务部门与政府相关部门的信息交换；三是为纳税人服务网络平台的建设，主要是基于互联网基础上的、为满足纳税人电子申报、信息咨询等服务纳税人的电子业务处理。其中，税务系统内部网建设是网络建设核心的内容。内部网建设采用分级树状结构，构成自国家税务总局至区县税务局，覆盖全国的四级金税网络。税务所将直接与地市节点连接，减少中间环节，使网络层次扁平化，更有利于管理和效率的提高。外部网建设和为纳税人服务网络平台建设围绕内部网建设进行，是内部网的延伸。

【案例】 山东地税“大集中”网络建设

山东省地税“大集中”骨干网络包括省中心、地市、县城区分局三层结构，采用分层、模块化的设计思想，包含骨干网设计、各级局域网设计、网络可靠冗余性设计、IP 地址规划、路由协议规划、QOS 设计、组播设计、安全设计、网络管理系统设计、网流分析系统设计以及网络割接方案设计（见图 5-4）。

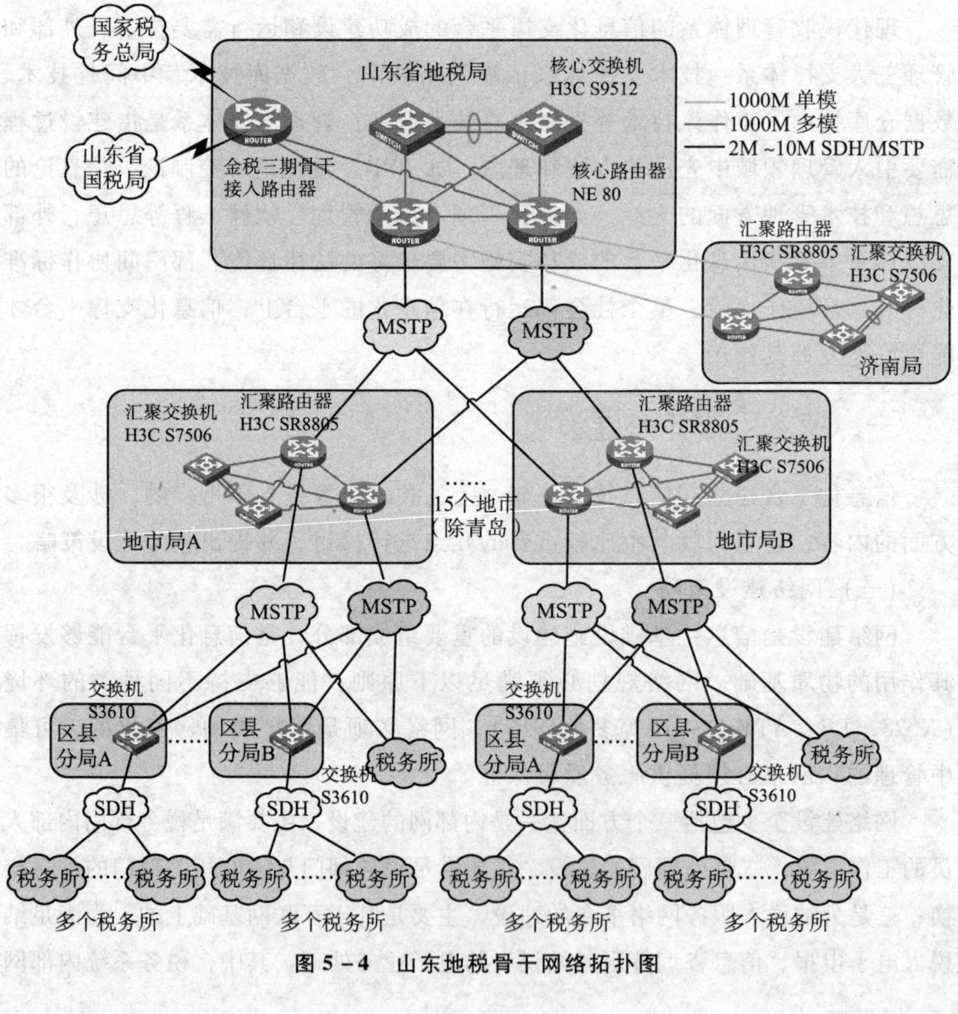

图 5-4 山东地税骨干网络拓扑图

（1）利用设备、网络可靠冗余性设计，路由协议、BFD、GR、快速路由、VRRP + MSTP 等协议冗余性设计部署，实现网络平台的高可靠性；

（2）利用设备自身安全设置、分层分区访问控制，与安全设备配合实现网络平台的高安全性；

（3）利用宽带 IP 技术，实现网络对数据及语音、视频会议、监控等多媒体业务的良好支持。利用 QOS 技术实现针对不同应用提供不同的服务质量，实现网络平台的高可用性；

（4）利用集中或分布式网络管理平台实现全网设备统一管理，通过流量分析系统实现全网业务流的高可见性管理，实现网络平台的高可管理性。

来源：山东省地方税务局

（二）应用系统功能架构设计策略

从税收业务的角度出发，税务应用系统包括征管执法类、行政管理类、决策支持类和外部信息交换类业务，并涵盖相关纳税服务。从应用系统架构来看，信息化支撑平台的建设应确立其应用目标和技术目标。

1. 应用目标

信息化支撑平台的应用目标主要包括为税务机关内部服务、为纳税人和社会公众服务、跨部门信息交换服务三大内容，包括以下具体目标：

（1）网上办税

建立完整的基于 Internet 和 Intranet 的、集科学管理思想和先进信息技术为一体的、应用系统高度统一、数据高度集中的、基于 Web 的、有良好安全保障的集中式网上税收管理系统，实现统一规范的征管业务流程，实现执法的透明度和一致性。

（2）网上办公

建立基于个性化门户的统一网上办公系统，用统一的信息交换平台集成人事、行政、公文、文化建设等在内的所有内部办公系统，进行统一权限管理和单点登录。

（3）管理与决策支持

基于数据仓库技术采集来源于各个业务子系统和外部信息源的信息，按主题为不同信息消费者提供全方位的决策支持。通过网络信息监控平台对税收业务环节、税收进度、组织文化建设、网络系统平台进行全方位的监控，提供每个监控对象的状态变化、过程变化、进度情况等决策者关心的信息；

利用数学模型进行宏观税收分析，如行业税负、税收计划预测、纳税信誉评估等。

(4) 为纳税人服务

建立基于 Internet 的虚拟办税厅，提供全方位的网上纳税人服务系统；建立基于 CRM 的纳税服务中心，使得纳税人足不出户就能办结全部涉税事项。

2. 技术目标

(1) 建立基于三层体系结构的应用系统，适应业务流程的变化；

(2) 基于科学合理的技术架构，对已经投入应用的现有系统进行有效的整合，特别是数据层的整合；

(3) 建立相对完善的与信息化支撑平台模式相适应的系统安全体系，解决系统各环节，特别是纳税人电子申报、网上服务中存在的安全隐患；

(4) 采用合理技术开发策略，注重模块化设计和部署，提高系统的运行效率，适应系统在各个运行时期特别是业务高峰时期的申报、征收、开票、查询等方面的压力负荷；

(5) 建立统一的信息门户，处理和展示分布在不同应用系统中的数据和信息资源，实现单点注册和统一权限管理。

【案例】“金税三期”应用系统建设规划

金税工程（三期）应用系统的建设将包括征收管理、行政管理、纳税服务、决策支持四大类应用系统，并将全面应用在各级税务机关（见图 5-5）。

1. 征收管理系统。包括管理、征收、检查、处罚、执行、救济等子系统。

2. 行政管理系统。包括综合办公、人力资源、财务管理、监察监督等子系统。

3. 决策支持系统。包括税收业务决策支持和行政管理决策支持。

4. 纳税服务系统。

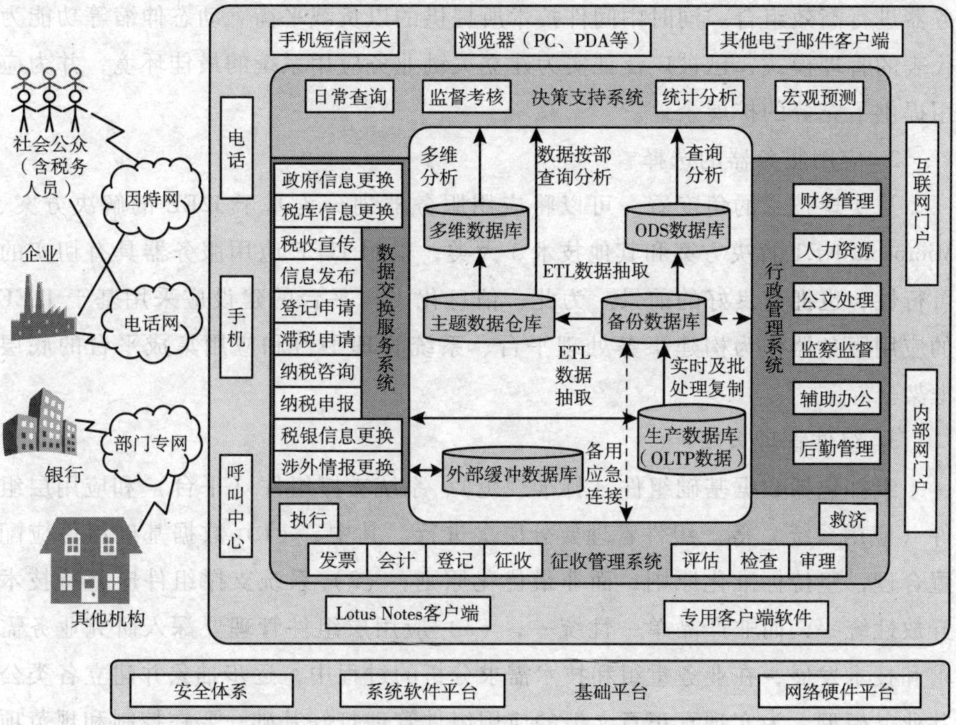

图 5－5　金税工程（三期）应用系统总体框架

（三）应用体系结构选择策略

信息技术的发展呈现多元化态势，新技术、新平台层出不穷，选择最适合税务行业的、最有效的、最有生命力的体系架构构建信息化支撑平台，是摆在税务部门决策者面前的重大课题。

1. 应用体系结构的选择

随着微机和网络技术的迅速发展，许多应用系统广泛采用两层 C/S 体系结构。但面对应用规模和要求的不断提高，两层结构也渐显不足，难以支持大客户量和大事务流量等，加上分布式技术的普及和完善，使一些大型 MIS 系统开始寻求以三层结构来替代两层结构，形成所谓的 B/W/S 结构（Browser/WebServer/Server），即将应用功能明确地划分为逻辑上独立的表示层、功能层和数据层三大块。

三（N）层结构的中间层以多元服务缓冲池的方式管理大量乃至海量的客户端，并为其提供相应的业务逻辑处理。采用这一结构可以连接、集成多种异构的服务器平台，通过有效的组织和管理，在极为宽广的范围内将客户机与服务器进行高效组合。同时中间件技术所提供的以负载平衡、动态伸缩等功能为代表的管理模式，已被广泛证实为建立关键业务应用系统的最佳环境，并为应用提供了充分的扩展余地。

2. 应用服务器的选择

从实现技术的角度看，可以将应用服务器划分为基于 J2EE 的解决方案、Microsoft. NET 解决方案和其他技术 3 大类，采用 J2EE 应用服务器具有切实的可行性，也拥有良好的前景。为此，信息化支撑平台的建设应采用基于 J2EE 的应用服务器作为构建事务处理平台、系统管理平台和应用集成平台的底层框架。

3. 组件管理策略

组件包括数据基础组件（标准规范）、系统支撑组件（平台）和应用层组件（应用系统）等。组件管理要分层次进行。其中，（1）数据基础组件应配置合理，坚持标准化原则，而非最优化原则；（2）系统支撑组件应坚持技术开放性统一，而非产品单一性统一；（3）应用层组件管理要深入研究业务需求和技术发展，在业务重组和技术需求分析的过程中，逐步抽象并建立各类公共业务模型，为实现真正意义上的应用组件管理打好基础。要在控制和规范项目建设过程基础文档的条件下，借助高校、科研单位、软件公司的力量，做好模型建立和科学化、标准化工作。模型建立应在数据共享、功能集成两方面适度耦合，不可对任何一极绝对化。

【案例】 山东地税省级集中工程应用体系结构

该项目的技术架构是以“模型—视图—控制（MVC）架构”模式作为基本架构。系统整体设计遵循“高内聚、低耦合”的设计原则，应用组件之间适度的耦合关系。同时，将积累的税务行业经验进行总结提炼，利用领域工程方法，针对该领域的共性需求进行需求分析和业务建模，采用组件化编程策略，进行架构设计和构件开发，开发出来的架构和构件具有此领域的特点，在此领域有很高的可复用性，在实现应用系统的快速搭建、保证系统良好的可拆分性、方便系统的维护升级等方面具有较大的优势。

按照服务组件在架构中的分布层次，将系统架构的服务组件分为表示层、Web 层、应用层、数据层以及系统服务层组件。具体描述见图 5－6：

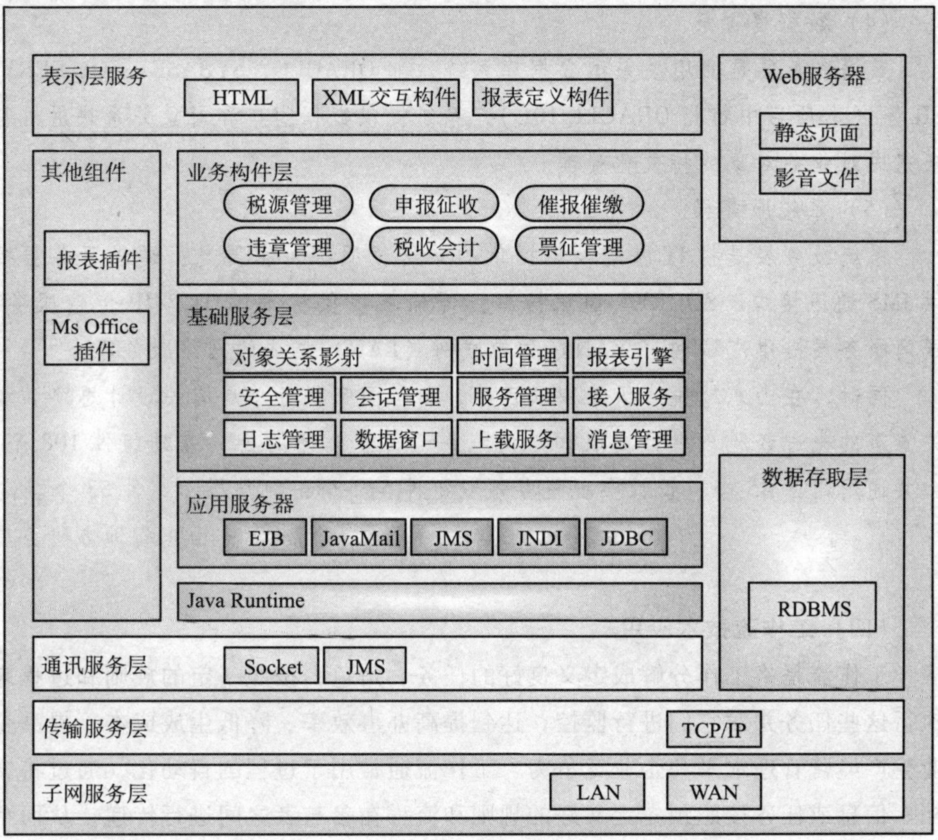

图 5－6　系统技术架构图

(1) 表示层

表示层负责提供不同渠道的展示与呈现能力，将同一个应用层组件的返回结果以不同的技术手段展现给用户。由于表示层和应用层的交换基于 XML 技术，因而表示层可以支持不同的实现方式（包括浏览器、语音、短信等）。

(2) Web 层

Web 层将基于 J2EE 的标准表示逻辑 Servlet 和 Jsp 技术开发，采用了 MVC（模型—视图—控制器）架构模式。

(3) 应用层

应用层实现所有的业务逻辑。应用层包含的基础构件有会话管理、安全控制、服务管理等，它们大多由无状态的会话 EJB 实现，因此具有 EJB 的良好的分布特性：负载均衡、分布透明等。

（4）数据资源层

数据资源层是商用关系型数据库系统，如 ORACLE、SYBASE、SQL SERVER 等（本项目中特指 ORACLE 10G），系统提供数据窗口和对象关系映射机制来完成对业务对象的持久化处理。

（5）系统服务层

系统服务层是指 IT 基础设施提供的系统级服务，主要是：通讯服务层提供 JMS 通讯接口、SOCKET 通讯接口；传输层提供标准的 TCP/IP 传输服务；子网服务层提供广域网（WAN）和局域网（LAN）构成的网络服务等。

同时，在山东地税省级集中项目中，参考国家税务总局有关设计思路和相关省市的先进经验，累计提取和建设统一、科学合理的公共基础组件 108 个；公共通用组件 45 个；设计实现税务领域组件 512 个；前端展示组件 53 个。

来源：山东省地方税务局

（四）工作流技术应用

工作流是将工作分解成定义良好的任务、角色，按照一定的规则和过程来执行这些任务并对它们进行监控，达到提高办事效率、降低生成成本、提高企业生产经营管理水平和企业竞争力。工作流通常用于过程的自动化，通过将文档、信息或任务按照预先定义好的规则和流程在参与者之间进行传递，从而帮助用户实现或完成整个经营目标。

工作流系统根据其用途和技术的不同，可分为以下四种：

1. 管理（Administrative）工作流：用于执行简单协同规则的、可重复和可预测的流程，它的执行步骤和规则是事先定义的，不要求控制复杂流程和访问多个信息系统。

2. 群件（Adhoc）工作流：多用于执行办公流程或处理异常情况，能够提供合作协同功能，但不控制各工作顺序，支持它的 WFMS 也叫群件。

3. 协同（Collaborative）工作流：主要由参与者的交互来刻画，不像其他类型的工作流总是向前流转，它还包括循环流和反向流。

4. 生产（Production）工作流：工作流的高级形式，是关键业务流程的一种实现，直接关系到组织的功能，一般指大规模复杂结构的执行环境，包含各类任务、人和组织。

另外，按照底层实现技术的不同也可将工作流系统分为：邮件型工作流、文档型工作流和过程型工作流。邮件型工作流依赖于电子邮件，适用于协同

(Collaborative) 和群件 (AdHoc) 工作流；文档型工作流基于文档流转的思想，它与外部应用的交互受限，适用于管理工作流；过程型工作流对应于生产工作流，它实现自己的通信机制，在底层数据库的基础上提供大量与传统和新应用的接口。

(五) 数据仓库技术①

数据仓库是一个面向主题的、集成的、基于时间变化的、且“非易失”(Non-volatile) 的数据集合，主要用于企业的业务决策制定过程——业务智能。数据仓库 (DW) 概念的提出，为税务部门提高处理海量数据效率提供了一种行之有效的手段。数据仓库概念把数据处理划分为操作型处理和分析型处理两种不同类型，从而建立起了 DB－DW 的两层体系结构。很多信息要从分布、异构的海量数据中挖掘而得，传统的 DBMS 难以满足这一需求，因此基于数据仓库技术 (Data Warehouse) 的决策支持系统应运而生。数据仓库作为多维的、面向主题的、集成的、在一定周期内保持稳定的、随时间变化的、用以支持组织决策分析的数据集合，借助先进灵活的 ETL 工具或者组件，可将来自各个关系型数据库的信息进行集成，根据分析主题的要求来组织和存储数据，供用户进行数据分析，并辅助决策支持，为决策者提供有用的决策支持信息与知识。数据仓库技术不是单一的技术或软件，它融合了数据库理论、统计学、数据可视化和人工智能技术等多项研究领域，在大量数据中发现有价值的知识，用于决策支持。基于数据仓库的决策支持系统的研究重点是如何利用数据仓库及相关技术来发现知识以及如何向用户解释和表达知识，为决策支持提供更有力的支持，有效地克服传统决策支持系统数据管理难以忽视历史数据等问题。

1. 数据仓库系统与业务系统的关系

数据仓库系统主要用于海量数据综合处理，满足用户在运行效率、系统维护、方便快速响应用户查询请求等方面的要求。构建数据仓库系统时，首先需要通过操作数据存储 (ODS) 对业务系统中的原始数据进行加工、抽取，加载到多维数据库，再将基于主题的运算结果通过前端展示工具，发布到用户端。ODS 是介于 DB 和 DW 之间的一种数据存储技术，ODS 的数据具有面向主题、集成的、可变的和数据是当前的或是接近当前的 4 个基本特征，对进入 ODS 的数据需要进行转化和集成处理。ODS 只是存放当前或接近当前的数据，如果

① 国家税务总局．中国税收信息化发展战略研究．2002.

需要的话还可以对ODS中的数据进行增、删和更新等操作，虽然DW中的数据也是面向主题和集成的，但这些数据一般不进行修改。

业务系统产生的数据经过决策支持系统的集成、处理和展现、发布，转化为包括决策层、管理层在内的整个机构可以共享的可用信息和知识。决策支持应用能够直接作用到业务系统并与之结合，使得业务系统拥有智能化的分析引擎，形成电子税务的管理闭环。业务管理和决策支持集中之后，可以相互支撑、相互优化，构建“功能齐全、协调高效、信息共享、监控严密、安全稳定、保障有力”的电子税务管理信息系统，为信息化支撑平台建设打好基础。

2. 数据仓库项目建设的一般内容

数据仓库可以基于数据统一视角，建立多个数据集市，并针对不同的分析需求，从分析指标、维度、粒度等方面进行主题设计，来满足多种不同的信息消费者的要求。

数据仓库的建设需要着重考虑以下几个因素：第一，最终用户特别是业务专家，在数据仓库的使用上，会受到一些限制，专业用户会发现信息的数据生产者只限于数据的提交过程，而不是面对信息的所有消费者，因此在数据仓库的基础上需要引入一些专门的分析手段和技术从多角度和更深层次发掘信息。第二，原始的生产数据库需要定期刷新到数据仓库中，其刷新的频率需要根据实际情况认真研究、确定（比如每天、每周、每月刷新一次，等等）。由于数据仓库系统规模很大，因此，通常需要构架在对称多处理机（SMP）甚至是海量并行处理机（MPP）等高性能硬件平台上。

构建基于数据仓库技术的分析系统一般包括以下内容：①设计分析主题的指标、维度、粒度；②完成ODS中分析系统所需要的数据结构的创建；③创建分析模型（Cube）的逻辑结构、物理结构；④完成从ODS到分析模型的数据抽取、转换、清洗、加载；⑤构建分析模型；⑥编辑、处理、生成多维数据立方体；⑦完成前端数据展示界面的设计；⑧安装、调试、测试、验证数据和试运行。

3. 税务数据仓库系统建设的几种趋势

趋势1：不求大而全，将重要分析主题做深做透。

数据仓库在税务的应用可以分为查询统计、管理监控、分析预测三大功能。要完成该框架的全部内容，开发周期较长；决策支持系统对指标体系和分析方法的要求相当高，大而全往往不能做深做透，分析只能浮于表面，肤浅的应用会导致数据仓库系统失去价值。

趋势 2：重视税款分析和纳税人评估等关键分析主题的设计和应用。

现行征管软件以纳税人和财务核算为两大主线，贯穿各个业务分支，体现了为纳税人服务的税务管理思想。税务数据仓库建设顺应这两大主线产生了两大分析主题，即税款分析和纳税人评估，受到各级管理者的普遍重视。

趋势 3：决策支持系统为信息系统建设核心。

信息化建设最终将围绕领导决策为中心而建设。以往数据中心的建设误区是将所有的业务数据简单地集中，并没有充分提供分析决策系统所需的数据。应以决策支持系统的分析主题所需的数据出发建设数据仓库，规范数据采集标准、采集范围、采集时效、采集方式，要求各业务系统的数据模型以数据仓库为标准，如纳税评估需要企业三大财务报表，应由数据仓库系统统一规划数据模型和指标体系，再由征管软件或其他系统提供数据入口。

有关数据库技术以及应用此类技术建设征管决策支持系统的内容，本书将在第六章中继续加以介绍。

（六）网格计算技术

网格计算是伴随着互联网技术迅速发展起来的、专门针对复杂科学计算的新型计算模式。这种计算模式依托互联网把分散在不同地理位置的电脑组织成一个“虚拟的超级计算机”，其中每一台参与计算的计算机就是一个“节点”，而整个计算是由成千上万个“节点”组成的“一张网格”，所以这种计算方式叫网格计算。

网格计算实际上是分布式计算（Distributed Computing）的一种，它具有两个优势：一个是数据处理能力超强；另一个是能充分利用网上的闲置处理能力。网格计算模式首先把要计算的数据分割成若干“小片”，而计算这些“小片”的软件通常是一个预先编制好的屏幕保护程序，然后不同节点的计算机可以根据自己的处理能力下载一个或多个数据片断和这个屏幕保护程序。只要节点用户不使用计算机时，屏保程序就会工作，其闲置计算能力就被充分地调动起来了，显然这种计算模式具有很强的数据处理能力。

税务部门在充分利用已有资源和内部系统广域网络环境下，未来面临海量数据处理和分析应用，网格计算技术无疑有着广阔的发展应用前景。

（七）数据模型设计策略

税务业务的中心是“税收征管”，税收征管业务发生在纳税人和税务机构之间，因此税务机构（包括内部的机关、部门、岗位和人员）与纳税人构成两极的主题域，并随着税务活动的发生，各自形成相应主题信息，因此在数据架构设计时应考虑建立以下数据模型：

（1）以纳税人为核心的数据模型

以纳税人为核心的数据模型是以纳税人为核心的关系管理模型的数据支撑架构。该模型以纳税人为核心，将纳税人的静态信息、动态行为信息统一存储在纳税人周围，为实现“一户式”纳税人信息奠定了良好的基础。并且，以纳税人为核心的数据模型，也为纳税人服务体系的建设提供了数据保障。不论从任何的角度，任何的流程入口去观察纳税人，都可以看到权限范围内统一的、全面的纳税人数据，这也是纳税人服务水平建设的要求。

（2）以税款为核心的数据模型

以税款为核心的数据模型，反映税款的流动过程，以及过程中每个环节的属性构成，对于设计征管系统的核心——申报征收服务，具有非常重要的意义。以税款为中心的总体数据模型反映了以税款为中心的各种行为、环节及这些行为和环节产生的信息。通过此总体模型，可以从总体上把握税款的所有相关的业务环节、流程等信息。通过对这些业务环节和流程进行分析，并附以相关的数据信息，可以为下一步具体业务需求分析设计提供良好的参考基础。

（3）以流程为核心的数据模型

税务机构对税管行为的管理是通过其运营系统提供的各种信息来完成的。而在运营系统中，关于税管行为的信息被分散到税金或税户的管理流程中，且一些重要的、反映税管行为的信息没有被保留下来。因此，传统的税管行为信息都只反映了税管行为的某个方面和某些环节，而缺乏一个统一完整的视角对税管的各种行为进行全面有效的分析和监控。加强对税管行为的分析和监控，同时为适应这种新的要求，必须为新的管理职能提供相应的管理信息。因此，必须建立以流程为核心的数据模型，反映每个业务流程所需要的和产生的数据。通过建立统一的税管行为数据模型，可以对税管行为的所有（包括历史信息）属性和行为进行分析，为各税务行为管理和检查提供完整的、准确的信息。

（4）以税管资料为核心的数据模型

税管资料是指发票、票证、各种凭证、文书在内的税务管理过程中所用到的资料。以税管资料为核心的数据模型，可以反映以票控税的基本思想。同时通过对税管资料的管理，加强重要票据的管理和监控力度，达到依法治税的目标。税务机构通过税管资料来对税金、纳税户进行管理。税管资料记录了税金、税户等相关信息。由于税管资料种类繁多、内容复杂且对税务管理有重要的意义，因此必须能够对税管资料进行统一的分析。

(5) 以税务机构为核心的数据模型

税务机构是执行税管行为，利用税管资料对税户进行管理，来达到税务最终目标——税金的基础。要保证整个税务行为的效果和效率，保证对纳税户的管理，保障税金的收入，则必须对税务机构进行分析和监测。通过对税务机构的分析和监测，可以评价各税务机构的效率、工作质量等方面；为税务局进一步提高税收工作质量打好坚实的基础。税务机构视角主要分析税务机构的人员配置、财务核算、资产状况等方面，包括人员组成、税收成本等。

(6) 以员工为核心的数据模型

税务机构本身是一个层次结构，市局分局科室的某个税务人员，都处在该层次结构上的不同阶段。不论是哪个层次，都包括所在岗位责任、人事基本信息、工作业绩考核信息、财务信息以及其他相关的信息，这些信息完整地反映了一个人或一个组织的全方位状态，对这些信息的有效使用可以获得大量的关于组织结构运行状况的资料，从而不断优化组织结构设计和相关的业务流程再设计。

(八) 门户策略

随着信息技术的飞速发展，所有组织正在逐步向网络商务时代演进，门户(EP) 技术应运而生。这种技术允许用户通过网络访问个性化的界面和应用来实现商务活动，将客户、雇员、合作伙伴或供应商的业务流程直接连接，并可进行自我服务，帮助组织达到节约资源、拓展市场的目的。税务部门的信息门户由一系列基础设施和应用系统构成，可以向税务机构及内部工作人员、纳税人、相关政府机构和其他群体提供个性化信息服务，实现 B2E（面向内部员工)、B2B（面向合作部门）和 B2C（面向纳税人）等多重功能。税收信息化发展到今天，为纳税人服务的呼声越来越高，门户策略是为纳税人服务的较好实现方式。

信息化支撑平台的信息门户应该构建在合理的技术平台上，可以实现对后台所有的应用程序的信息交互和数据共享，并通过实时的个性化引擎和基于角色的内容展现引擎，把各种各样的数据和信息以多种方式展示到用户面前，并提供相应的安全和网络服务。它至少应该具备以下特点：

1. 可扩展性

信息门户从其他应用系统集成了大量信息和服务。因此，其架构必须具有足够的可扩展性来适应这一集成特点。可扩展性意味着可以将其他新的技术应用集成到平台本身，而不需要重新设计、规划平台。

可扩展性包括以下五点：第一，内容可扩展：具有即插即用的模块来连接不同系统的不同内容。第二，服务可扩展：具有功能灵活的适配器将交互应用和 Web 服务（Web Service）集成到门户的个性化社区页面。第三，安全可扩展：具有良好的认证系统，可以同步来自其他系统的用户安全属性。第四，搜索可扩展：提供强大的搜索引擎，提高职工工作效率。第五，媒体可扩展：可以将门户中的内容传送到其他平台和设备上。

2. 开放性

目前，很多税务部门的开发环境、应用平台有所不同，并没有完全遵循 XML、Java 或 Web 服务等公共标准，要把这些异类的资源集成到门户中，必须具有开放性。开放性的要求信息发布和渠道集成平台满足以下六个方面要求：第一，Internet 架构。具有按照不同环境编码的组件、适应不同的平台、在 Internet 上通过 SOAP 等标准发送命令，以便平台可以运行于任何配置的计算机上，跨越不同的网络；第二，开放的用户界面。具有可互换的 Java 和 ASP 用户界面，支持任何环境下的定制；第三，开放的设计界面。具有 Java 和 COM 接口，支持两种标准下的开发；第四，开放的应用集成。能够实现在任何语言、任何环境、任何平台上的应用集成；第五，开放的安全模型。具有从任何 LDAP 用户目录导入用户、组和权限的能力，并且可以与所有领先的策略管理和单点登录（SSO）厂商集成；第六，跨平台支持。具有在 100% Unix 或 Windows 操作环境下运行的能力。

（九）安全体系建设策略①

由于信息化程度的提高和信息技术的飞速更新，信息安全成为信息化支撑平台建设过程中必须正视的问题。信息化支撑平台的信息安全策略，应考虑实体安全、运行安全和信息资源安全三个方面。实体安全主要指环境、设备和介质的安全；运行安全指应采取风险分析、审计跟踪、备份与恢复、应急等措施；信息资源安全指应该采取标识与鉴别、访问控制、审计、完整性、可用性、机密性等措施。对于信息化支撑平台的建设，应着重考虑以下几方面的安全策略：

1. 系统软件平台安全

系统软件平台包括位于应用系统的下层的操作系统、数据库（数据仓

① 戴英侠，连一峰，王航．系统安全与入侵检测．清华大学出版社，2002.

库)、中间件等，其安全性高低决定了应用系统能否正常使用。虽然 Unix 和 Windows 系统的安全性能已经逐渐提高，但仍存在漏洞和后门，一旦发现应及时采取有效措施。如安装补丁程序、关闭不必要的服务和进程等。为防止病毒对系统的破坏，应利用前面讲到的防火墙技术和访问控制与认证技术，确保系统软件平台的安全。

2. 应用系统层安全策略

应用系统对用户必须进行身份认证、资格审查和角色控制，防止假冒、欺骗和抵赖。面向同一个用户的不同应用系统还需要有相同的安全权限审查方法。对于系统所处理的数据，需要保证正确生成、完整保存和安全传输。

应用系统的安全应当建立在基于公开密钥基础设施 PKI 平台上，不同应用系统的安全设计要有相同的角色认证方法，在开发建设时满足以下安全特性：系统具有安全的身份认证机制，确保用户的真实性；各类用户对各业务、数据和资源的访问权利和访问权限受到严格控制；对于特定的系统、数据、资源的访问，系统应具有完整的安全记录和严格的审计能力；涉及机密或秘密信息时，需要进行加密传输；关键数据定期进行备份。

3. 建立异地灾难备份中心

随着数据集中程度的进一步提高，存储的数据由原先分散在各地市数据库中逐步提高到省级甚至相当一部分将进一步集中到总局集中存储。数据集中有利于管理、监控和降低成本，但遭遇危险的破坏性也在同时提高。另外，保持业务的连续性是信息化支撑平台建设的一个基本条件，必须保证业务系统不间断运行，解决各种导致计算机系统失效的意外情况发生时，确保数据处理中心由于灾难等原因无法正常工作时，关键应用及时切换并继续运行。因此，必须考虑建立异地灾难备份中心，通过技术手段确保关键业务及数据处理的安全、不间断运行。

4. 纳税服务层安全策略

内部网与外部网物理隔离，所以信息安全性较高，而面向纳税人服务面对的是互联网，安全系数较低。如何解决数据电文等纳税服务层的安全问题一直是税务部门技术人员和社会上的安全专家们努力的方向。近年来，由于 CA 认证技术的不断发展并日臻完善并取得了相应的法律地位，这一困扰多年的安全问题基本可以彻底解决。

公开密钥基础设施 PKI 已成为业界标准，可以为信息提供高强度的数字签名和加密，支持交叉验证，并具有强大的密钥和证书管理机制，为证书在税务系统中的应用提供了完善的保障。在安全认证领域，经过时间和实践的检验，PKI技术和规范已日趋成熟，通过采用证书与应用系统的无缝集成，为网上报税系统提供了如下安全保障功能：身份认证、资格认证、保密性、完整性、不可抵赖性和信息的追认功能。另外，通过安全代理软件将安全强度提升到全球公认的标准。为了建立一套标准的时间，在CA系统还要引进时间印鉴来为网上报税系统提供完整的时间认定功能，避免在数据交易中出现由于时间因素带来的纠纷。

目前，税务系统正在构建自己的CA体系，完善CA政策。今后，对于已经按规定进行审核的纳税人可以直接发放证书，对于新纳税人在登记时直接接受其证书申请并进行审核、发证，并在证书中加入办理涉税事宜所需的其他数据信息，便于使用时直接由证书中获取相应信息，避免到后台数据库查询影响效率。当用户增加到一定数量后，可对CA系统进行分布式处理，缩短查询时间。

在网上办税系统中，有些面向全社会公开发布的功能并不需要证书来保护，如主页信息、税务系统的一些常识等，而有一些功能则需要由证书来保护，如网上申报系统、网上转账系统。因此，可对服务器端安全代理软件进行配置，使一个应用能处理多种安全要求。通过配置需要保护的应用来保证需要访问该端口的用户必须使用税务CA系统签发的有效证书，而其他不需要安全保护的用户则没有此限制。

（十）运维体系建设策略

随着税务系统信息处理集中度的提高、各应用系统的全面启用，税务机关对信息系统的依赖性日益增强，对运行维护也提出了新的挑战。创建先进的集中运维管理体系，实现主动积极的运维，确保信息系统安全、稳定、高效运行，成为迫切需要研究和解决的新课题。

1. 集中运维管理的主要目标

（1）提供对业务系统的全面监控，反映信息系统资源的健康状况和可用性，使所有IT设施（包括网络、主机、数据库、应用系统等）处于良好的运行状态；

（2）及时掌握各种资源现状和运行信息，为信息分析、系统优化、决策提供支持，实现管理信息和经验的共享；

（3）完善运维管控流程和制度，使得运维工作形成合力，提高整体运维水平，保障业务的稳定、高效、持续运行。

2. 集中运维管理的体系构建

（1）集中运维管理体系的主要内容

所谓集中运维，就是维护支持人员在集中运维管理中心的组织架构下，按照所制定的运行维护制度，采用各种技术支持工具，遵循运行维护的流程来完成所需的信息系统的运行维护工作，确保系统安全运行。集中运维体系主要包括运维管理中心、制度与流程、运行维护队伍、安全保障四个关键要素，彼此相互依赖。

运维管理中心的建立是信息系统推广、高效运行的重要保证，是集中管理的关键核心。包括工作模式的构建、组织架构及岗位职责的分派、运维管理系统的建设等。

运行维护队伍建设涉及队伍组建、人员管理两个方面，队伍组建主要指大集中建设思路下如何组建集中运维团队，人员管理则是指对集中运维团队采用科学有效的管理，确保运维工作的有序进行。

运维管理制度是指必须建立相应的管理制度，使维护工作有章可循、有据可查，并对制度的执行情况进行质量考核、工作评比，促进制度落实，确保高质量地完成各项运维任务。

运维管理流程是为了规范运行管理和操作，促进工作流程化、职责角色清晰化，根据运维管理制度建立的流程管理机制。解决问题的速度和质量得到有效提高，相关支持信息更为畅通和透明，服务信息更为完整和有效并可实现知识积累、知识管理。

安全保障体系是指为确保信息资源安全而采取的一系列措施，包括身份认证、访问控制、攻击抵御等。

运维支持工具是为完成运维任务而使用的所有监控分析工具（如运维管理工作平台、性能监控平台、呼叫中心等）。

（2）组织架构

集中运维管理体系一般采用分级管理模式，借助运维技术平台（呼叫中心，12366），实现多级运维支持部门协同，共同完成运维工作。

在省级集中处理模式下，当最终用户提出请求或者需对信息系统进行主动运维时，市级（基层）信息运维中心作为一级受理反馈部门接受服务请求，并提供一线帮助。对于无法解决的问题，提交二线也即省级集中运维中心处理。省级集中运维中心作为核心团队负责运行维护和管理工作，对网络、数据库、中间件、应用、安全等进行主动运维，并解决信息服务台转交的请求，在必要时协调供应商、开发商等外部资源。供应商、开发商作为三线支持，对运维中心提供二线不能解决的问题支持。

采用上述分级管理的工作模式，可以按照运维人员的不同技术能力分配到一、二、三线，实现了运维人员的专业化分工；对于技术要求相对较低的一线可根据工作量的增长及时增加，确保服务呼叫处理率，对于承担核心运维工作的二线人员，避免了初级服务请求的直接处理，保证其对关键应用和紧急故障的处理，可以大大提高集中运维的服务效率和质量；同时，分级管理的工作模式充分发挥不同人员的技术能力，克服了高能低用情况的发生，降低了运维服务总体成本。

(3) 制度和流程

集中运维模式要求针对运维实际工作需要建立、健全包括网络管理、中间件管理、数据库管理、操作系统管理、自执行任务管理、用户管理、配置管理、性能管理、机房管理、事件管理、安全管理以及外包公司管理等方面的运维制度和流程，制定统一的《IT 运维流程实施管理办法》，组织实施集中运维监控系统，实现了对复杂 IT 系统的全面监控。

运维制度应包括：日常事物管理制度、网络运行管理制度、系统运行管理制度、硬件设备管理制度、故障处理管理制度、安全管理制度。

运维流程应包括：事件管理流程、问题管理流程、变更管理流程和配置管理流程。通过固化流程的执行，将日常维护管理工作明确化，保证 IT 系统的稳定性、可靠性和用户的满意度，为税务系统提供可靠、高效、安全的 IT 服务。

(4) 运维支持平台

一是面向纳税人和社会公众的运维支持平台：目前，全国税务系统都构建了 12366 纳税服务平台。依托这一平台加以技术改造，积极探索利用先进的专业运维支持工具，创建完整的集中运维体系——12366 集中运维监控系统，成为集中运维管理的强有力的支持平台，是比较可行的选择。

二是面向税务局内部的运维支持平台：可分为底层的运行监控平台（机房运行监控、数据库、中间件、主机、存储、网络、安全等）和日常运维工作管理平台。依托日常工作管理平台，各级运维人员可以完成日常问题解答、性能监控、事件处理流转、知识库管理、工作考核等日常工作，使整个运维工作纳入规范化、高效率、一体化的运作轨道。

(5) 运维审计

通过对集中运维的制度、流程、人员、操作等各环节的具体执行情况进行定期检查和审核，形成相互促进的良性循环，能够实现运维质量的不断提升。

二、管理支撑体系建设

信息化支撑平台的建设，系统构造庞杂，需要系统论、控制论、信息论（以下简称“三论”）作为理论支撑。信息化支撑平台的管理支撑主要包括业务流程管理、组织机构管理、项目管理、软件工程等要素，由于业务流程管理和组织机构管理已经在前面章节中做了重点论述，这里将着重就其他几项要素进行探讨。

（一）项目管理

美国 Standish Group1994 年对超过 8400 个 IT 项目的研究表明，只有 16% 的项目实现其目标，50% 的项目需要补救，34% 的项目彻底失败。J. D. Frame 博士于 1997 年对 438 位项目工作人员进行了调查，结果表明，项目失败的比率也非常高。失败率如此高的原因除信息化项目灵活性、变化性的特点外，主要是缺乏科学的项目管理思想。

1. 项目管理及信息化项目管理的概念

所谓项目管理，就是将各种知识、技能、手段、技术应用到项目中，以满足或超过项目关系人的要求和期望。它贯穿于从开始、执行，直至终止整个项目过程。项目管理包括计划、组织、管理、评估四项基本业务。

所谓信息化项目管理，是指在一定期限内，依托一定的资源，为达成一定的信息化目标而进行的一系列活动。信息化项目至少包含三个关键要素，即：时间、资源、质量。其中资源的最终体现是成本，质量的最终体现是绩效，故信息化项目最核心的制约因素就是时间要素、成本要素、绩效要素，落实到具体的信息化项目中就是：项目有没有在进度上超出计划、项目在成本上有没有超出预算、项目在质量上有没有满足需求。

信息化支撑平台建设是一项非常庞大的系统工程。在建设过程中合理引入项目管理的思想，加强工程建设中项目的计划、组织、管理、评估等各个环节的控制，对工程建设的成败将产生重要影响。

2. 建设信息化支撑平台的项目管理内容

项目管理最基本的职能包括项目组织、项目计划、项目评价与控制三项职能。进一步分解，项目管理包括下述内容：人力资源管理、时间管理、质量管理、沟通管理、采购管理、成本管理、风险管理、变更管理、项目监理、项目审计等。下面仅对其中几个方面进行展开。

(1) 人力资源管理

人力资源管理是指组织对人力资源进行有效的管理、使用和开发的一系列活动的总称。在项目管理中"人"的因素极为重要，因为项目中所有活动均是由人来完成的。如何充分发挥"人"的作用，对于项目的成败起着至关重要的作用。人力资源管理中所涉及的内容就是如何发挥"人"的作用。在信息化支撑平台建设过程中，首先要解决人的问题，目前，我国税务系统人力资源管理方面要重点解决以下问题：①人力资源总量巨大，素质偏低。②人员结构不合理，缺乏专业性、复合型人才。③激励机制不健全，税务行业技术人员的主观能动性未能充分发挥。④人力资源管理停留在事务性管理层面，缺乏科学的考核评价体系。

信息化支撑平台是知识经济时代的产物，为其工作的人大多是知识型员工，这些员工按级别划分包括管理人员、业务人员，按从事的具体工作性质划分包括技术人员、业务人员。由于其拥有知识资本，在组织中具有较强的独立性和自主性，这就给管理带来新的管理问题。在建设信息化支撑平台的过程中，首先要树立"以人为本"的基本思想，通过增进沟通基础形成共识，在信任基础上彼此之间开展更好的合作，共同促进信息化支撑平台的建设。

(2) 项目监理

信息化支撑平台的建设是一项庞大的系统工程，它投资大、周期长、高技术、高风险，在建设过程中，对其进行严格、规范的管理和控制至关重要。引入监理机制成为保证在信息化支撑平台的建设工程质量的一项重要手段，也是税收信息化建设的当务之急。

工程监理制是国际上的普遍做法，但我国对信息工程的监理则刚刚起步，国家有关部门正在逐步完善相关法规和规范，一些建设单位和信息技术公司在这方面也率先做了非常有益的尝试，并取得了丰富的经验。

信息工程监理的目的就是力求信息工程项目能够在计划投资、进度和质量目标内建成使用。其基本任务包括：一是协调，主要指监控方站在中立的立场协调工程建设单位和承建部门双方的工作；二是管理，指信息工程建设的合同管理和信息管理；三是控制，指信息工程建设的质量控制、投资控制和进度控制。

(3) 项目审计

有关信息化项目审计的定义，这里引入1985年日本通产省情报处理开发协会IT审计委员会的定义："所谓信息化项目审计是指由独立于审计对象的IT

审计师站在客观的立场，对以计算机为核心的信息系统进行综合的检查、评价，向有关人员提出问题和劝告，追求系统的有效利用和故障排除，使系统更加健全。”

项目审计具有如下特点：①独立性。这是审计的基本特性，即由独立第三方审计。②综合性。以信息化项目的整体为对象的，采用综合方法进行检查和评价。③IT 审计师资格。IT 审计师必须具备信息技术及审计两方面的知识和能力。④审计报告。IT 审计的最终结果是以报告形式提交的。

在建设信息化支撑平台时引入信息系统审计是基于这样一种认识：信息化是有风险的；信息系统规模越大，功能越复杂，风险也就越大。20 世纪 80 年代美国企业信息系统失败率达到 50% 以上；90 年代美国电子政务的信息系统完全成功率仅 28%。这充分说明，建设信息化支撑平台的风险非常突出，需要独立第三方的审计和监督。

信息化支撑平台建设的项目审计可以根据公认的标准和指导规范对信息系统及业务应用的效能、效率、安全性进行监测、评估和控制，确保预定目标得以实现。按照科学的、符合实际的决策原则，它要经历规划阶段、实施阶段以及运行维护阶段的审计。审计不仅是项目完成时验收的需要，而且在信息系统运行、维护过程中更为重要，因为信息化支撑平台不可能在规划和实施阶段就十全十美，在建设过程中环境、技术、业务等都可能发生变化。这就要求定期或不定期地进行审计，发现问题、解决问题，以适应新的环境变化和业务需求。审计的目的是保证信息化过程每个环节始终处于可控之中。

（二）软件工程理论

信息化支撑平台作为一项包括信息网络、信息装备、应用信息系统、信息资源等许多方面的系统工程，其应用信息系统所占比重越来越大，开发和维护过程中遇到的问题也越来越严重，许多大型软件由于方法错误导致系统无法维护，只好提前报废，造成人力物力的巨大浪费，人们形象地称其为“软件危机”。为规范应用信息系统的开发和维护，于是引入了软件工程的管理学思想。

随着软件规模的不断扩大，软件开发不再是某种个体劳动的神秘技巧，而应该是一种各类人员分工协作、管理严密、组织优良的工程项目。必须充分吸取和借鉴人类长期以来从事工程项目所积累的原理、方法、概念。在良好的管理组织框架下，软件工程可以有条不紊地吸收众多人的智力，组合成一个整体，放大人类的智力。多年的实践中已经探索出一些成型的软件工程方法，其中有代表性的方法有以下几种：

①生命周期法：传统的管理学思想就是要把复杂问题简单化，应用信息系统作为一项工程存在生命周期，把这种生命周期划分为若干阶段，每一个阶段的任务相对独立，而且比较简单，便于不同人员分工协作。通常生命周期法划分为三个阶段：系统分析、系统设计和系统实施，其中系统分析又划分为问题定义、可行性研究和需求分析；系统设计又划分为总体设计、详细设计、编码与单元测试和综合测试；系统实施又划分为系统安装部署和软件维护。按照生命周期法的划分，各阶段的工作自上向下从抽象到具体顺序进行，就好像川流不息的瀑布，一泻千里，因此，生命周期法又可以形象地用瀑布模型来模拟。

②快速原型法：这种方法主要是针对用户需求难以确定的软件工程，可以先构建一个简单的原型系统供用户使用，用户在应用中不断发现问题，不断完善，从而逐步确立用户的需求和系统的功能。这种方法适用于小型系统的开发。

③面向对象的开发方法：这种方法是对传统方法的挑战，它把客观世界抽象成若干相互联系的对象，通过不同对象拥有的不同属性，很好地实现了封装性、继承性和多态性，简化了软件的开发过程。

上述三种方法各有优缺点，生命周期法适用于大型系统的开发，快速原型法适用于灵活多变应用系统的开发，面向对象开发法介于二者之间。面向对象的开发方法应用比较广泛，现在比较流行的组件可以看成是对象的扩展。

（三）风险管理

信息化项目的风险源于它不仅是一个技术工程，更是一个管理工程和系统工程。其风险在于以下三个方面：技术风险、管理风险、系统风险。①技术风险：包括新技术的成熟安全程度。技术的发展总是在应用中不断发现问题不断修改完善，率先使用者将承担风险；技术使用者对技术掌握程度，使用者对技术应用理解程度直接决定项目的优劣；项目的规模如果过于庞大、项目的技术结构设计过于复杂、项目的信息处理结构化程度过低，都会直接影响项目实施方对技术的把握，通常会造成资源配置和进度控制的困难，从而影响项目的质量。②管理风险：主要来自于项目人员的组织有效性，项目时间、资源的计划确定性和可控性，以及项目质量监控的力度和立场。对项目中的角色如何有效组织，并协同发挥积极因素是一个项目组织的课题，存在很多的不确定性。而项目进度的计划和项目预算是否具有确定性直接影响项目的可控程度。最后，项目监控的力度和立场在实际过程中会面临来自各方面的干扰和阻力。③系统风险：系统在这里指的是由信息化相关要素组成的动态联系的有机体系。主要指的是用户自身的组织规范化、组织的观念转变、组织责任与控制体系的适应性等。一个信息化项目如果没有相适应的组织体系和观念体系做保障，很难想象项目不会面临风险。

针对项目管理的三大风险，对应的项目管理方法是：重视自身的技术培训和基础设施建设，以强化技术能力，同时选择有技术优势和经验的开发商合作，以减少技术风险；重视自身的管理规范化，同时积极与开发方以及第三方专家组成高效的项目管理小组，对项目实施有效控制，以减少管理风险；重视观念的转变和组织体系的转变，为项目顺利推行提供良好的支撑环境。

针对项目管理的三个内容（项目规划、项目监控、项目评价），对应的项目管理方法是：在项目规划阶段，重视第三方专业咨询；在项目建设过程中有意识地引入第三方监理；在项目评估阶段，重视第三方的验收评估。通过引入专业的第三方，全过程地为项目管理保驾护航，减少项目风险。

广东省地方税务局在进行本省的信息化建设时，详细分析并归纳出各类风险，并提出应对措施，其做法对整个税务行业的信息化项目管理有重要的借鉴意义。这些风险按照大小排列如下：业务流程不规范、不确定；管理能力不足、不连续；资金不足；对合作伙伴管理不力；应用系统目标功能范围过大；需求不明确；需求经常改变；实现的功能与需求不一致；选择了不恰当的技术；对所选择的技术理解不透彻；缺乏掌握关键技术的人员；核心技术人员流失；系统运行维护不当；网络基础设施不满足；外部协作技术能力不够。

三、外部支撑体系建设

税收管理体系的信息化作为我国电子政务的重要组成部分，其建设和应用发展，离不开整个社会发展环境的支撑。其信息化支撑平台（见图5－7）建设的外部支撑体系建设主要探讨以下内容：

（一）信息化支撑平台建设的相关标准及规范

早期的信息化建设主要解决把工作人员从繁重重复的手工劳动中解放出来，软件开发规模小，硬件环境要求低，与外界联系需要交换的信息少，对信息化标准规范的要求也较少。随着税务系统的信息化建设十几年的发展，硬件环境从单机运行、局域网到广域网，软件环境从单机版到网络版，环境变化、技术更新、应用规模等都急需有相应的标准规范来指导，缺乏相关标准和规范已经成为重要的制约因素。

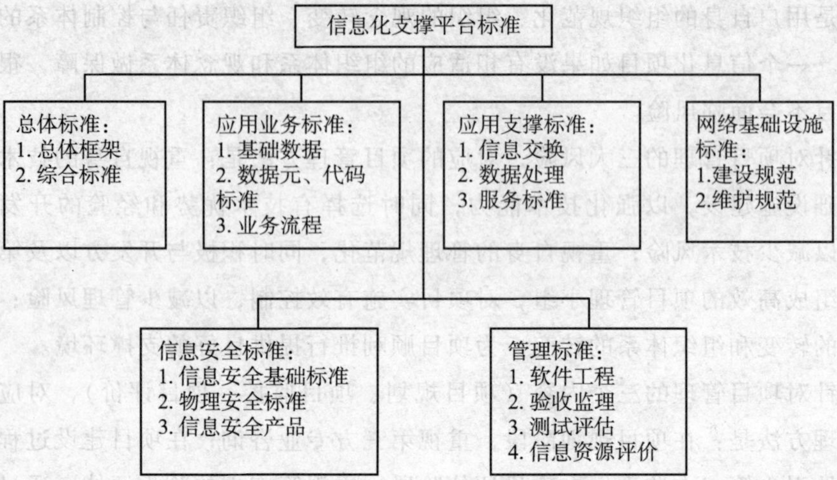

图 5－7　信息化支撑平台标准框架图

（二）电子政务发展环境对信息化支撑平台建设的影响

电子政务是借助电子信息技术而进行的政务活动，是电子信息技术与政务活动的交集。我国电子政务的建立和完善建设经历了从简单（办公自动化）到复杂（资源化、平台化、业务集成化）的过程。成功电子政务的显著标志是政府关键业务应用流程的电子化和网络化，并以此带动整个政府职能的转变。电子政务的行为主体包括行政机关及其工作人员、企事业单位等社会组织与社会公众。因此，政务应用也主要围绕行政主体之间的互动、行政主体与企事业单位等社会组织的互动、行政主体与社会公众的互动展开。

作为现代税收管理体系支撑的信息化支撑平台，是我国电子政务发展的重要内容之一，是网络经济中现有税务机构的生存形态，是从整个国民经济信息化建设、整个政府信息化建设和整个税务系统信息化建设的总体过程中逐步衍生出来的信息化程度很高的税务机构形态，其实质是实现网下税务和网上税务的有机结合，是税收信息化建设的高级目标。

从税收管理信息化与电子政务的关系来看，它是电子政务的一个重要组成部分。税务部门是国家宏观经济管理部门之一，政府对税收事务的管理是体现政府职能的一个重要方面，税收部门的信息化发展水平，在一定程度上代表了一个国家的电子政务发展水平。

近年来，为提高政府服务水平，很多政府机关事业单位提出并实行了“一站式”服务。将“一站式”服务的理念运用到电子政务上，便是“一站式电子政务”，它是电子政务发展的新阶段。一站式电子政务的实质是基于 Web 的政务集成，其支撑平台是开放的、可扩展的、不断延伸的政务系统可以根据需要不断地加入进来，而网上税务系统是整个电子政务系统的一个有机部分，它与其他业务系统共同遵循统一的技术标准和安全保密规范，在业务往来和信息共享方面密切相关。

一站式电子政务的发展对税务部门的信息化建设提出了更高的要求，信息化支撑平台的建设顺应了这一趋势。一方面，传统税务的主体业务要向网上转移，另一方面，电子税务又将不断创造出新的适合于互联网特点的、适合于纳税人多元化需求的个性服务，力求极大地提高工作效率，适应经济全球化和网络经济的潮流需要。建设这样一个信息化支撑平台的主要关键点就是构思新技术平台上的新型业务形态，实现以互联网和数据仓库为中心的系统集成。

税务部门的信息化任务在整个电子政务范畴下的应用模式下的业务框架示意图（见图 5－8）。从实现模式上看，电子政务的四种主要模式（即 G to G、G to E、G to B、G to C）在税务部门的信息化实践中都有体现。基于税务部门信息化与电子政务不可分割的联系，为了避免资源浪费与服务效率的整体

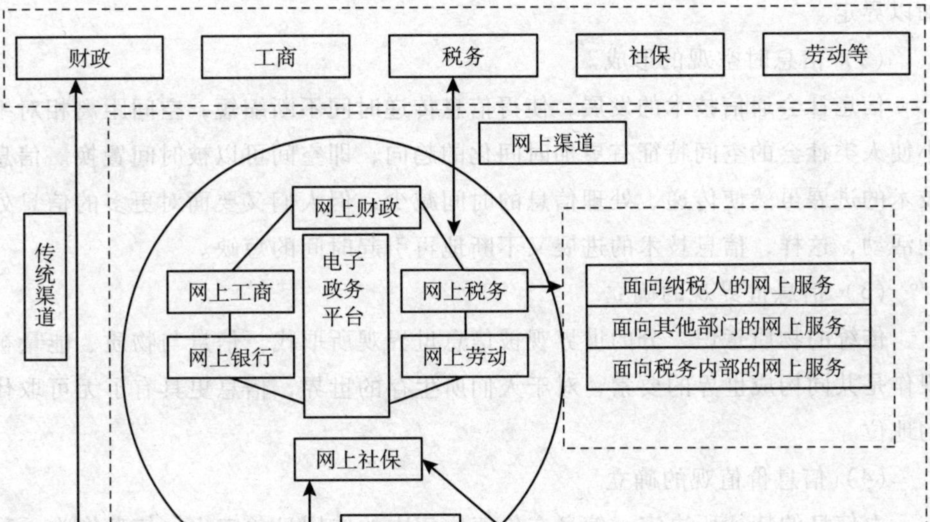

图 5－8　一站式架构下的税务部门信息化建设框架示意图

低下，提高信息共享度，信息化支撑平台的建设不能脱离国家电子政务的整体框架，而是应该与其他政府职能部门协调进行，遵守统一的标准与规范，比如建立通用的数据标准与业务规范问题（如税收 XML 语言），把支撑现代税收管理模式的技术支撑体系，纳入整体的电子政务体系建设之中。

（三）信息化文化对现代税收管理体系的影响

单纯从信息技术和信息经济的角度不能全面把握信息化的发展前景。从人文层面追问信息化建设，则还会发现信息文化的背景和发展水平对信息化建设具有举足轻重的制约作用。从信息文化的角度重新审视我们已熟知的税收信息化建设，分析信息文化对税收信息行为的影响，以信息文化这一新的规范对税收信息化建设进行过程塑造，提出促进信息化发展、改进信息行为的有效措施和建议，具有一定的现实意义。

1. 税收信息文化论的构建

（1）信息文化的内容

信息文化是处在发展与建构中的现象，因此，关于信息文化的认识也处在发展变化之中。狭义的信息文化是指组织内部在信息技术影响下所形成的新型企业文化的组成部分。广义的信息文化概念则是从宏观的信息社会的文化角度加以界定。

（2）信息时空观的形成

信息社会通信技术的发展，使得信息传递时间不断缩短，空间距离相对缩小使人类社会的空间特征有更加时间化的趋向，即空间可以被时间置换。信息技术的进展虽然使传递、处理信息的时间减少，但人们又要面对更多的信息处理活动，这样，信息技术的进展又不断地再引起时间的短缺。

（3）信息世界观的确立

传统的物质意识二分的世界观被信息世界观所取代，信息与物质、能量被视作是共同构成世界的要素，对于人们所生存的世界，信息更具有了无可取代的地位。

（4）信息价值观的确立

由信息的特征所决定，信息在价值增值中的作用日益突出。信息作为一种生产要素在各领域发挥着日益重要的作用，信息拥有者在竞争中占据着有利地位，权力“从资本占有者手里转移到职业官吏和技术治国论者，及信息提供者手里”。信息的价值观得以确立。“信息经济”、“知识经济”都是信息价值的体现。

2. 信息文化对税收信息化建设的影响

（1）信息文化改变了税收管理体制、组织的形态和结构，未来税收工作的主体结构将围绕网络建构而成，税务部门将围绕着网络建立起的新型虚拟社会结构及虚拟组织展开税收管理工作。面对社会组织分散化和社会结构日益复杂化的趋势，信息文化将建立起社会运转的新规范，将引导着税收信息化的发展趋势，决定着税收管理的新机制。

（2）信息技术和活动以前所未有的规模和深度渗透到人们生活的各个角落，引发了人们生活方式和行为方式的巨大变革。在信息文化环境下，人们的活动日益依赖各种信息中介，将改变人们的工作方式、交往方式和教育方式。同时，人们的信息意识、信息素养、信息心理和信息生产、传播、选择和应用等方式都受到信息文化的影响。

（3）信息垃圾与信息污染的大量产生挤占了信息空间造成信息选择困难。大量的信息迅速产生出来，其中许多未经筛选，可靠性差，甚至是虚假信息、失效信息、垃圾信息挤占了信息空间，无序的信息使人难辨真伪，难以取舍。信息量的巨大不仅未能消除人们认识中的不定性，反而使人无所适从，妨碍了信息的有效利用。

（4）信息超载与信息贫困的日趋对立。信息化社会最典型的特征之一，便是它无时无刻不在产生、交换和使用大量的信息流，信息按指数增长，呈现出信息过载的势头。但是，由于信息的不对称性，存在着信息垄断的可能性，信息不对称性同时体现在信息获取与处理能力的不均衡方面。税务机关难以获得实施征管工作必需的社会和纳税人的有效信息，出现有效信息贫困现象。信息超载和信息贫困给处理和有效利用信息带来严重的危害。

（5）信息依赖与信息焦虑的日益加剧。信息时代，人们往往不加批判地接受信息的改造，日渐丧失判断能力和选择能力，产生信息依赖。同时，由于信息技术的高科技特征，使得信息专家和信息部门逐渐成为各方面的权威。整个社会笼罩在一派“信息至上”的氛围中，过量的信息使人精神紧张、敏感，“信息能力”成为评价一切事物的标准。信息意味着权力，掌握信息的人就具有了对他人的支配能力，不掌握信息的人则受到歧视，产生信息焦虑。

（6）信息生产和利用中的“马太效应”加剧。信息的生产和传播具有自组织性，会产生自动的聚集效应，即信息生产和利用过程具有“马太效应”。马太效应的本质是：一旦优势出现，就会不断地加剧，自行强化运作、滚动。信息活动的马太效应主要体现在社会信息的生产、布局和利用过程中。

（7）需要建立信息行为的社会控制体系。信息文化环境下，信息生产、传播、选择、利用等活动成为社会成员重要的活动类型，但对信息活动，特别是与网络相关的信息活动的控制与管理却存在着诸多难题。一是要建设信息伦理规范。信息伦理（亦称信息道德），是社会成员进行信息活动和在信息社会生存的发展所表现出来的道德关系，是调整人与人之间、个人与社会之间以及国家之间信息关系的行为规范。信息伦理对于弥补有关法律的局限性、保障信息文化建设与信息社会的发展，具有独特的价值。二是加强信息法律建设。对于信息行为失范和信息犯罪行为，法律是最有效的控制手段，信息文化环境对信息法律建设产生较大的影响，信息法律建设应同信息伦理建设并重，以技术手段弥补信息法律的不足。三是要建立信息审查制度。实现信息完备、自选择和激励相容，同时用正强化手段激励对制造传播不良信息行为的举报，以减少不良信息行为的发生。

第三节　我国现代税收管理体系的信息化支撑平台建设应重点考虑的几个问题

构建现代化税收管理的信息化支撑体系不仅涉及网络建设、应用系统架构设计及体系选择、工作法技术应用、数据仓库技术、门户策略、安全体系建设和运维体系建设等方面，也涉及税务机构内、外及其相关人员方方面面的工作，必须重点考虑以下因素。

一、树立现代化的税收管理理念

提高工作质量和效率只是部门信息化工程中的一个量变过程，当信息化发展到一定阶段，必然会涉及部门权力的重新分配和局部利益、个人利益的变革。对税收管理而言，信息化是一场革命，而这种革命首先还是观念的变革。

目前，部分税务干部对信息化建设仍然存在一些错误的认识，甚至因此产生一些抵触情绪，如对权力的分解、集中、制约和监控等工作抵触，希望继续分散处理数据，保留对原始数据修改权，维护自由裁量权的滥用等等。

中国税收管理体制是一个上小下大、底座十分庞大的五层金字塔结构①。

① 许善达．用信息技术改造我们的工作．在中国现代化税收管理战略研讨会上的讲话．2002.

这个体制运行多年，曾经赋予每个层次的税务机构及其工作人员与其管理权限对应的一定执法自由裁量权。传统模式下的税收管理体制存在信息传递过程逐步衰减和失真、征纳双方和管理层级之间信息不一致、信息封锁比较严重等问题，导致上级税务机关无法对下级税务机关实施有效监管，管理层缺乏完整和真实的信息以辅助决策，更无法对执法自由裁量权实施有效监管。

现代化税收管理的目的是为实施征管、机构、人事制度“三位一体”的税收管理改革打造一个支撑平台，必然要采用业务再造、机构重组等现代管理思想，对传统的税收管理模式（包括内部和外部）进行彻底优化和改造，即对现有税收体制的改造，对权力监督和制约方式的改革，对现有法律、法规的变革。

各级税务机关及广大税务干部更新观念，自觉树立现代化的税收管理理念，积极投身到变革相关工作，是未来税收管理改革能否成功的重要因素。

二、重视税收业务流程的统一规范

目前，税务系统面临的一个大问题是业务管理水平低于信息化水平。信息化的前提是税收业务的规范化，业务流程和结构在信息化以前必须进行优化整合和规范。

税收管理的业务流程主要是以表证单书作为信息传递的重要载体。以往税收信息化实践中，通过业务需求分析将税收管理流程变成信息流转的过程中，基本上是按照纸质表证单书的格式和流转过程，设计计算机软件。甚至各管理环节的信息共享方式，也是上游环节将处理结果处理成纸质表证单书的格式，传给下游环节，基本违背了信息处理的“信息”特征。在进行数据库的逻辑和物理设计时，仍然按照纸质表证单书的格式设计数据库管理平台中的数据结构。由于纸质表证单书中的数据项重复太多，并且相关表证单书之间存在巨大的相关关系，造成现行税收管理信息系统的运行效率较低。

由于缺乏统一的规划，导致税务信息化建设自成体系、重复开发、功能交叉、信息不能共享，设备、网络等 IT 资源利用率低，在一定程度上造成了人、财、物的浪费。未来要在表证单书、业务处理流程、业务耦合关系、组织架构和权限管理体系等方面，应做到统一、规范、清晰、高效。

业务流程的规范、优化遵循简便、易行、透明的原则进行，即：统一和规范表证单书，定义内、外部数据的业务标准和技术标准；简并流程，去除流程中重复部分；将按手工工序进行的顺序执行流程改进为以处理数据为核心的准并行处理流程；明确定义流程中各个业务处理人的属性，实现业务处理的协同运作和痕迹保留；在规范业务操作的基础上，对流程的执行建立量化的运行考核体系，跟踪、记录流程执行过程中的阶段状态。

三、加强国、地税信息化建设的协调

现行国、地税管理机构并存的体制，导致纳税人经常需要同时向国、地税机关分别报送类似的数据；基于税种划分国、地税机关对纳税人的管理权限，导致不同税务机关征管的税种在计算依据或征管数据互为依存；国、地税机关税收信息化建设自成体系的格局，导致数据标准不一、数据交换和共享渠道不畅。

现代化的税收管理体制要求全面涵盖税收征管业务功能、工作流程和所有税种，提高系统间的信息共享程度，保证数据口径和数据来源的一致性，实现数据的一次采集多处使用和国、地税业务的数据互联和功能互通。在当前国、地税信息化程度不断提升的环境下，要充分考虑业务和技术的规范、统一的可行性，从提高管理效率和纳税服务水平的需要出发，适当探索建立国、地税公共应用平台，逐渐统一国、地税在征收管理、纳税服务、稽查、电子报税等方面的应用系统，使其在业务处理流程、底层技术框架、界面上保持统一。在业务层面上，可以根据数据和业务结构不同，在后台分别实现。

四、合理利用社会资源

税务部门信息化建设要坚持“以我为主，以社会为辅”的建设原则，搞清楚什么该由自己来做，什么该交给社会去做。同时，现代化税收管理建设的最终目的是要利用先进的信息技术为税收征管服务，为纳税人的纳税服务，降低征纳双方的税收成本，现代化税收管理建设应该加大财政资金的投入，尽量不要给纳税人增添负担。

世界各国电子政务的经验表明，政府部门不可能自己去建立一个完备的信息化系统，但是各部门如果没有自己的专职队伍，信息化的安全就无法保证。因此税务系统需要做好规划、管理、网络安全和认证等方面的工作，增加相关投入，有计划、有步骤地建立起一支专职的、核心的信息化干部队伍，同时充分利用各种社会资源，把安全和成本两方面结合起来考虑。发达国家税收信息化建设也曾借助“外脑”，即聘请外部咨询顾问公司合作，借助其在大型行业信息系统规划和架构、业务评估和流程重组、项目组织管控等方面的能力和经验，对税收业务和信息系统进行评估、战略规划以及参与设计、指导具体实施。这种方式利于实现内、外两方面的优势互补，规避税务部门完全自行承担项目建设所存缺陷而导致的风险，在达成项目目标、保障项目进度、节约项目投资等方面效果显著。北京、广东、深圳等地税务机关曾在实施大型信息化建设和整合项目时，也进行了这方面的尝试，都取得了不错的效果。

五、优化项目实施策略

项目实施策略对于整体税收信息化的建设成功将起到至关重要的作用，要想成功构建信息化支撑下的现代化税收管理体系，必须进一步优化项目的实施策略。

第一，建立工作机制，不断完善、补充、更新代码体系、数据标准和开发规范。信息共享是可实现目标，但功能完全集成难度极大。最主要的工作内容是在分布技术（如所谓多层结构）的支持下，在代码冗余、数据标准统一、功能集成之间寻求平衡，以提高运行效率并大大加快新项目进度。过分强调功能完全集成可能会导致“不可实现性”。

第二，应因事制宜、因时制宜，选择适当技术结构。如内部文书流转色彩较重（如OA）的项目应选择协作平台、工作流等技术；交互频繁、数据操作类的应用（如征管系统的税务端应用）可采用C/S/S结构；低交互性、高安全性、高可靠性的应用（征管系统的纳税人端应用）可考虑B/S/S结构。

第三，选择符合不同数据传输特点的数据传输方式（数据库复制、消息中间件、文档型数据库复制、邮件系统等）。绝对统一的数据交换通道在实际工作中很难实现，因此要在充分研究各应用子系统之间数据交换需求的基础上，按照应用需求、数据类型、交互类型的不同，采用不同的数据传输方式。

第四，合理确定数据分布模式和机构设置，按照权限管理决定部门及相关人员职责。必须依托集中的数据库群组（生产数据库），并在基层单位配置系统管理员和数据管理员，分别派驻应用系统、数据库服务器所在地，尽量解决数据类与功能模块的关联性问题，避免归类烦琐、系统运行效率不高。

第五，应合理配置技术人员和技术管理人员。软件开发专家不等于项目管理专家，技术人员、业务人员的理性思考与合作精神，对项目的成功具有决定性意义；正确的决策来源于合理的权利和责任机制。

第六，应出台具有长、中、短期的规划方案（包括目标、策略和进度），并据此实施。信息化内涵应包括应用软件开发、技术环境建设、制度建设和岗责体系建设。

第七，理论探索不能影响具体项目的实施。项目整合是一个复杂的系统工程，是一个不断进行的过程。因此，只有依靠统一的数据标准、代码体系和开发规范，让不同应用系统运行于不同数据库群组之上，才有可能在目前的现实条件下，在不断出现分类应用需求的情况下，实现数据和功能的一体化。

六、完善信息化建设的制度要求

税收信息系统一体化建设涉及业务、机构、人才、管理、资金和认识程度等方方面面，需要各级领导高度重视、各部门之间密切配合、各级税务干部齐心参与才能完成。

第一，要遵循信息化工作的科学性、规范性、程序性。信息一体化建设的前提是业务一体化。应按照信息技术客观规律的要求，采取业务再造、机构重组等现代管理思想，对税收业务规程、工作制度、考核体系等进行修改和完善，遵循“科学、简便、有效、共享”的原则，调整某些不适应现代化管理要求的制度。并根据信息化特征，规范信息采集渠道，完成新的税收业务规程和内部管理程序、工作制度的建设与革新。

第二，加强税收信息化专业队伍的建设和组织管理。税务系统应建立一支具有良好政治业务素质、结构合理、相对稳定的信息化专业开发服务队伍。应制定必要的特殊政策，从机构设置、工作环境、职称评审、待遇、再培训、职务晋升、干部交流等多方面，建立人才培养和激励机制，稳定技术队伍，解决日益突出的信息技术人才流失问题，并吸引更多的专业人才到税务机关工作。要通过学习进修、专题培训等方式，加快技术人员的知识更新，使其适应信息技术发展和税收信息化事业发展的需要。在总局、省局应建立相对集中的税务管理信息化开发和技术支持队伍，以实现对核心业务系统和技术的掌控。

第三，加强部门间密切配合。要树立全局观念，加强联系，信息技术部门要做好技术管理和技术支持、服务工作；业务部门也应要按照信息技术的要求，在软件开发、整合、项目推广、设备调整、资金管理等工作中，与技术管理部门密切配合，确保信息化建设协调有序。

第四，规范性与灵活性结合。上级管理部门应在一体化原则和标准的前提下，建立创新机制，适当放松并鼓励基层单位在采用信息技术新方法，以及进行征管改革创新、目标管理、为纳税人服务、部门合作办税、信息管理和信息资源开发使用等方面的探讨应用，以期获得更多更好的制度创新和技术创新。

第五，落实数据采集和管理工作。制定合理、科学的数据采集工作制度，严肃数据采集纪律，保证数据采集质量的完备性。数据采集质量的技术检测只是一个手段，更多的还必须靠管理制度和规范来解决。

第六章

现代税收征管的决策系统

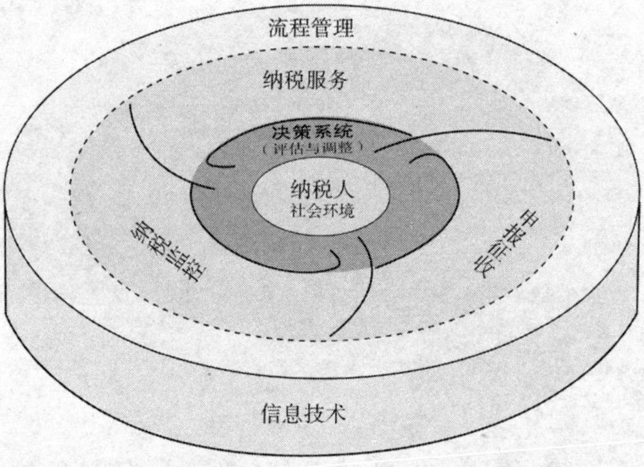

图 6－1　现代税收征管过程模型中的征管决策系统

管理的核心是决策。所谓决策，是对一些可能的方案（途径）进行选择的分析过程，也是对影响决策的诸因素进行逻辑判断与权衡的过程。由于现代税收经济运行面临的问题错综复杂，纳税人和外部环境纷繁多变，税收征管内部状况又千差万别，税收征管面临的不确定因素越来越多，这就需要在税收征管系统中建立一个具有评估与调整、学习与变革功能的决策子系统，以实现税收征管适应环境情势的自主进步与发展。其中，评估与调整是指发现、分析、解决税收征管所面临的现实问题的功能。形象地说，就是以征管决策子系统为“大脑”，对税收征管所面临的具体问题做出反应，或根据形势需要定制规划目标，指挥税收征管各业务子系统解决问题或达成目标。就评估与调整的功能而言，征管决策子系统是税收征管的"指挥系统"。学习与变革则是指适应环境变化的需要，形成税收征管的自主学习创新、推动变革的能力，实现税收征管在所处环境中的自适应、自组织功能。就学习与变革的功能而言，征管决策子系统是税收征管的"动力系统"。因此，本章征管决策子系统中决策的含义，虽然具有一般意义上的决策行为、活动的基本特质，却在深度和广度上超出了一般意义决策的范畴。

征管决策子系统所具有的评估与调整、学习与变革这两大功能，作用方向是实现三个"同步化"（如图6－2所示）。第一个"同步化"是指实现税收征管与纳税人变化的同步。与纳税人的变化保持同步，跟进相应的征管方略，税收征管的作用发挥才能到位，才能达成使纳税人的行为最大限度地趋近于税法规定这一税收征管的根本目标，也才能够促进税收集聚财政收入、宏观经济调控、调节财富分配等职能作用的有效发挥。做不到这一点，纳税人行为与税法规定的距离会越拉越大，造成税收职能作用的失灵，甚至产生较大的负面效应。如，我国目前对个人所得税的征缴还是基本以工薪收入为主，对高收入群体的税收控管则相对乏力，不但影响了税收和财富重新分配的公平性，而且会拉大收入差距，造成"马太效应"，这就需要研究和采取对高收入群体税收的有效控管策略。第二个"同步化"是指实现税收征管与社会环境变化的同步。美国著名社会思想家、未来学家阿尔文·托夫勒认为"如果一个国家设法加速了他的经济发展却将其重要的机构体制甩在了后面，那么这个国家最终创造财富的潜力将受到限制"①，"关键的公共事业机构没有与其周围旋风般的变化速度同步"。② 目前，政府的公共部门在发展速度、活动等方面远远落后于企业组织，税务部门亦然，税收征管系统作为经济社会系统中的一个子系统，就像整个机器中的一个部件，如果不能与周围环境的变化保持同步，其自身运转就会滞后，作用就会失灵，并对经济社会系统的整体运转造成不利影响。第三个"同步化"是指实现税收征管系统各组成部分的同步。税收征管系统的各组成部分也是相互作用、紧密联系、相辅相成的，各征管业务子系统之间和业务子系统、决策子系统、流程管理子系统之间，在运转速效、发展水平、相互衔接等各个方面都要保持协调同步，整个税收征管系统才能产生最佳效能。各部位

---

① 阿尔文·托夫勒，海蒂·托夫勒．全球化下的财富革命．转自经济导刊，2006（8）：41.

② 同注①。

之间的不均衡状态，会影响系统的整体效能。如，适应纳税监控业务“以数管税”和纳税服务业务便捷高效纳税的需要，迫切要求申报征收业务扩展电子报税方式；而电子报税方式的成果，又需要在纳税监控和纳税服务业务中得到及时有效应用；三者之间达到均衡状态，才能使业务效能趋向最优，任何部位的不均衡，都会形成对其他部位、整个业务系统的制约和不利影响。这就需要征管决策子系统对各部位的状态和问题做出反应、形成判断、定制策略、采取措施，不断调适寻优，使各组成部位趋向均衡状态，实现整体征管系统的协调运转和发展。此外，随着税收征管专业化水平的不断提高，还迫切要求相关知识的积累和普及，以降低各项征管业务之间协调分工的总成本，这也需要通过征管决策子系统学习与变革作用的发挥来实现。对应德鲁克提出的管理的三大使命“达成目的，使工作者有成就感，履行社会责任”，征管决策子系统的两大功能和三个作用可以得到较好的诠释。评估与调整功能和与纳税人的变化保持同步、征管系统各组成部分保持同步，是为了达成组织的核心目标；学习与变革功能则是以人为本，以提高工作人员的学习创新能力为根本，实现三个“同步化”；税收征管与经济社会发展保持同步，则是为了有效履行税收征管所负有的社会责任。

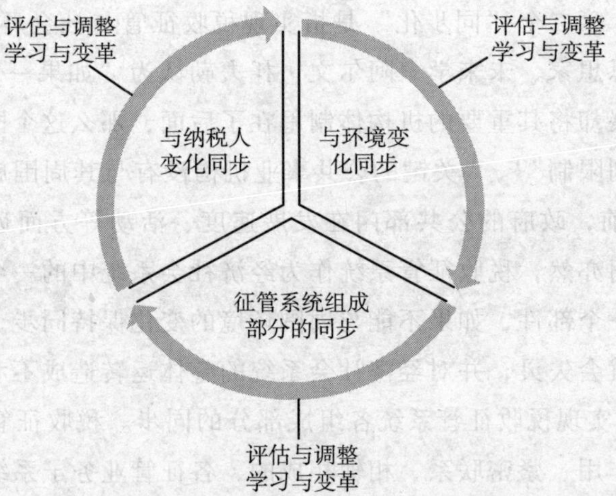

图 6－2 征管决策子系统的功能与作用

由此可见，征管决策子系统承载着征管系统自主、协调、持续发展的重要功能，通过“数据—信息—知识”的持续转化，监控、评价、测量、分析和解决税收征管各要素、各阶段、各环节、各层面存在的问题和需求，作用于税收征管活动资源、任务、过程、内容、方法、职能等的调适寻优，实现税收征管与纳税人、社会环境之间和征管各要素之间的“均衡—不均衡—均衡”的同步演变，以及税收征管“适应—不适应—适应”的持续发展。

在现代税收征管活动中，决策子系统是税收征管的中枢系统，地位和作用将日益凸显，因而需要对其建构进行科学的规划设计。由于对征管决策子系统的研究还只是刚刚破题，它作为一项承载着至关重要的功能作用和系统复杂的工程，既不完全等同于一般意义上的决策行为和决策活动，又没有相关的理论研究可资借鉴，研究的难度很大。本章尝试运用部分现代先进管理理论，结合税收征管的实际，进行一些探索式研究。

第一节　税收征收管理决策概述

税收征管的决策子系统评估与调整、学习与变革的两大功能不是相对孤立存在的，而是融合为一体的。其中，评估与调整功能构成了征管决策子系统的具体工作内容，是承载学习与变革功能的载体；学习与变革功能是决策子系统的深层次功用，是评估与调整功能的深度提升，蕴涵于评估与调整功能实现的过程中。正如企业组织的学习变革不是单独存在的，而是深植于企业的生产经营等现实活动中。因此，本节对征管决策子系统的设计将从评估与调整功能的实现入手，在过程中进行学习与变革功能的设计。

一、税收征管决策的含义与特征

（一）税收征管决策的含义

税收征管决策是指税务机关在现行税制框架下，为了实现税收征管的目标，在一定信息的基础上，采用科学的方法，从若干个备选方案中，选择一个满意的方案所进行的分析、判断、抉择和调整的过程。

（二）税收征管决策的特征

税收征管决策是管理决策的门类之一，它除了具备管理决策的普遍性、时效性、目的性、创造性、系统性、预测性、择优性和实践性等基本特征之外，还具有广泛的社会性、鲜明的政治性（法制化）和大量运用数理定量分析等特征。

1. 广泛的社会性。税收征管决策是税务机关税收管理活动的核心内容，税收征管决策在整个税收征管活动过程中无处不在、无时不有，无论税务机关的战略决策者，还是征管一线的普通税收管理员，都不可避免地时常面临新的问题、新的情况和新的机会，因而必须随时就如何科学地解决问题或利用机会以促进税收工作进步、事业发展作出判断和选择。由于税收征管活动具有广泛的社会性，使得征管决策也随之具有广泛的社会性。无论是确定税收征管决策的目标，还是选择实现目标的途径和手段，都必须充分考虑社会效益，考虑纳税人的利益和需求，以求得社会认同和支持，更好地履行税收征管的社会责任。

2. 鲜明的政治性。税收征管决策必须在税收法律、法规规定的框架下制定并实施，当税收征管决策者由于主观原因造成决策活动中有违法行为或造成严重的社会后果时，必须承担政治和法律的责任。税收征管决策的实施过程也是体现征管活动法治要求和促进税收法制化建设的过程，因而具有鲜明的政治性。

3. 大量运用数学模型进行定量分析。随着经济社会的迅猛发展、信息技术的飞速进步，以及全社会信息共享程度的逐步提升，税务机关积累了“海量”的经济税收数据，全国部分省（市）实现了省级税收数据“大集中”，“以数管税”成为必然。大量运用经济税收模型实施经济数据的分析运算，进行定量与定性分析，随之成为现代税收征管决策活动的特征之一。通过对海量数据的挖掘，提取有用的信息，发现蕴藏在经济税收数据背后的规律，提高税收征管决策质量，并以此指导税收管理实践，成为现代税收征管决策的发展趋势。

二、税收征管决策的基本要素

税收征管决策的过程是内部各要素之间相互影响，不断寻求平衡、互动的过程。税收征管决策是一项系统工程，其基本要素一般包括决策者、决策目标、决策信息、决策备选方案、决策情势、决策执行者和决策后果等内容。

（一）决策者

决策者即决策主体，是决策系统中体现主观能动性的要素，在决策活动中占有特别重要的地位。在税收征管决策活动中，征管决策者本身已经发展成为一个群体，已不再是个体。即便是作为个体存在的决策者，也已不再是仅仅代表其自身的个体，而是代表税务机关意志的个体。在一项具体的税收征管决策过程中，可能会有某一负有责任的个体作出最后决断，但是个体作为税收征管各层级中的一员，作为整个管理活动结构中的一个结点，无论其地位如何，其所作的决策都是为实现或达到目标而经由群体的努力实现的。根据决策的内容、性质、作用、范围的不同，可将征管决策者划分为战略层决策者、管理层决策者和操作层决策者三个不同层次。对所有决策者而言，对事物的洞察力、判断力、想象力、决断力，以及组织与执行的能力都是应必备的基本素质。

（二）决策目标

决策目标是决策机构在预定的时间、空间内所要达到的目的，是税收征管决策的出发点和归宿点。确定税收征管决策目标既是决策者的重要职责，也是进行科学决策的关键环节。根据实现目标所需要的条件，如人力、财力、物力及其他内外部资源环境条件，采取行之有效的科学预测方法和调查研究技术，对事关税收活动的各个方面进行定性、定量分析，才能够相应确定决策目标。决策目标对于引导决策机构的决策活动，协调各组织（或权力机构）之间的关系，调动决策者及决策组织机构中人员的创造精神，保证决策成果的完成，具有举足轻重的意义。征管决策目标一般分为总目标、长远目标、近期目标等，它具有一致性、社会性、层级性、可行性、明确性等特点。

【案例】　广州、南京、泰安三市地方税务局的战略目标决策

1999 年，广州市地税局确立了“三年内争创华南地区一流地税局”，“再用两年成为全国一流地税局”的目标，从 2004 年开始实施的第二个五年计划又将目标确定为“公众满意，全国领先的现代化广州地税”。南京市地税局成立之初提出的发展目标则包括三个阶段：1994 年至 1998 年为第一阶段，建立组织制度框架，使各项工作走上正轨；1999 年到 2000 年“二次创业”，以技术创新推动组织体制、制度创新和组织的全面发展，完成税收征管、干部人事和行政管理体制三大改革；2001 年以后为第三阶段，确立了“省内领先，全国同等城市创一流”和“实现税务管理现代化”的总目标，2003 年又提出与国际接轨实现“服务型税务”的构想。山东省泰安市地税局确立的 2001 年至 2003 年的目标是：坚持以人为本，依法治税，重点实施“人才兴税、科技兴税、管理兴税”三大战略，力争用三年左右时间，使地税管理初具现代化水平；2004 年至 2006 年则是着力构建现代化的地方税收管理体系，争创全国一流工作水平。以上三局确立发展目标都包含以改革用人机制来激活队伍，加大素质

教育培训力度，优先发展信息网络技术，改造征管和多方面工作流程，引进先进的管理模式等主要内容，总体都在抢占人才、科技、管理三大制高点，并以此形成整体合力，提高工作效能。三地依据全国税收征管发展形势和当地的经济社会发展情况、税收信息化应用水平、干部队伍素质、税收管理水平等状况来确定发展目标，对加快各自发展进程都起到了有力的定向、定型和引导作用。

来源：广东省地方税务局 南京市地方税务局 泰安市地方税务局

（三）决策信息

信息是决策的基本依据，信息是否准确、完整、及时，直接影响决策质量。传统税收征管决策可以调集、利用的信息量较小，征管决策的科学性因信息匮乏而受到制约。随着税收信息化水平和信息集中共享程度的不断提高，税务机关获取涉税信息的广度和深度空前拓展，掌控的信息数量呈几何级数增长，可利用的信息量迅速扩大。美国前总统卡特曾对信息作了形象的阐述："对于我们，信息就像阳光或氧气，它点燃创造智慧的火花，它照亮了通向未来的道路。"决策信息的重要性不言而喻，现代税收征管活动已经离不开税收信息，征管决策也越来越依赖于对海量信息的分析处理。

（四）决策备选方案

税收征管决策是对行动策略的选择，构成一个决策问题的必要条件是有多个可供选择的策略。决策备选方案实质上是对决策信息的进一步加工、分析和处理，是未来情形假设的集合。税收征管决策者首先要弄清每个备选方案在一定客观条件下实施所产生的效果（即策略的条件效果），在对各种方案分析评价的基础上，根据目的性、可行性、时效性等比较，选定一个最佳方案。

（五）决策情势

所谓决策情势是指决策所面临的时空状态，即通常所说的决策环境，是指影响决策产生、存在和发展的一切因素的总和，决策情势决定决策目标所能达到的程度。情势是始终处于不断变化之中的，任何事物的发展过程是必然性与偶然性的统一，在必然性中，有大量的偶发因素和随机事件存在。税收征管决策必须充分考虑决策环境的现状及其变化情况，及时调整策略，以应对环境变化对决策目标实现可能带来的影响。影响税收征管决策的因素有许多，总体可分为外部因素和内部因素两大类，外部环境一般包括经济、社会、民风文化、政治、道德水准、纳税人遵从度、部门协调等。内部环境一般包括税收征管资源条件，如工作人员状况、信息化应用水平、税务机关内部文化、决策者知识水平以及心理素质等。一切税收征管决策都是基于现实状况而开展的，现实的要求决定了税收征管决策思维的特点。实施正确的税收征管决策必须遵循经济税收发展规律，要充分考虑税收征管决策所处的社会、经济、政治、人文、干部队伍素质、设施装备、技术条件等内外部决策环境和资源条件，面向税收征管的价值目标，一切从实际出发，按照客观规律办事。

（六）决策执行者

税收征管决策的执行者是指在税收征管决策过程中采取实际行动，实现决策目标的人员或组织。任何一项税收征管决策都必须靠执行者来实施，税收征管决策的后果与执行者的素质、行为投入程度、创新精神及对征管决策的认同程度有直接的关系，征管决策执行者是税收征管决策得以有效执行的重要条件，也是决策过程必须关注的要素。

（七）决策后果

决策后果是指一项决策实施后所产生的效果和影响，正确的税收征管决策是以正确的认识、预测决策后果为前提的。税收征管决策是对未来情形的假设与判断，要想使一项决策有成效，就必须在选择决策方案前客观的评价每一个备选方案，必须设法预测决策方案实行后可能产生的后果，并把它与税收征管决策目标进行比较分析，以确定该项决策方案的价值。在传统的税收征管决策中，决策者往往只注重决策的制定与实施，而忽视了对决策后果的评价与预测，容易造成决策的偏差与失败。

三、税收征管决策的地位

决策是税收征管的核心，决策子系统是税收征管系统的中枢。税收征管决策决定着一个地区整个税收工作的战略部署，它对税收征管活动的各个环节产生作用，影响着税收征管活动的具体任务、过程、内容、方法、职能以及资源的整合与调配。由于税收经济运行和管理决策面临的问题错综复杂，不确定因素太多，各地区所处外部环境复杂多变，内部条件又千差万别，特别是在现代税收征收管理活动中，对税收征管决策的需求越来越多，税收征管决策的时效性越来越强，需要加工处理的数据信息越来越多，面对的决策环境越来越复杂，要求实施税收征管决策的密集程度越来越高。税收征管决策正确与否，产生的后果对税务机关自身及周边环境影响极其深远。这些影响包括税务机关内部资源的配置、税务机关的战略发展方向、税收征管决策的成本和风险、税收征管的质量和效率，甚至包括影响税收事业的成败。因此，税收征管决策处于税收管理活动的核心地位，是税收征收管理的中枢。

管理无止境，决策伴始终。决策是税收征管活动的驱动器。税收征管决策贯穿于整个税收征收管理活动的过程之中，从税收征管的第一道程序——税务登记到税务机关战略目标的制定和实施，税务机关的各层级管理者无时无刻不在实施税收征管决策，税收管理活动的一切环节和过程，都离不开税收征管决策。通过税收征管决策的制定与实施，对各项税收指标的精确监控、评价、测度、科学预测和分析，实时评估税收征管各环节的质量和效率，对税收征管工作及时作出评价，不断发现税收征管各阶段、各环节、各层面存在的问题，寻找差距和不足，合理配置、整合、利用税务机关的内部和外部资源，调整内部各要素的结构方式，促进税收征管各要素之间的互动与协调，不断寻优、调适、再寻优、再调适，不断实现新的平衡，发挥内部功能的最大效用，促进税收工作循环、持续、螺旋上升，并逐步靠近和实现组织目标。

决策是税收征管的“神经元”。决策受信息的启动，驱动税收征管对内外部情况变化作出反应，是税收征管系统动态性的源头。如，利用税收征管决策的评估与调整作用，可以发现税收管理制度存在的缺漏、时滞，及时采取补充完善措施。再如，税务机关内部资源的配置是一个从量变到质变发展的过程，在工作过程中需要不断优化资源配置，实现征管力量向重点税源、城镇、工矿区转移，向管理、稽查和服务环节转移，实现高层次人才向数据加工处理环节转移，这种不断变化就是量变的过程，当量的积累达到一定程度，必然带来税务机构设置、税源管理模式上的质的变化，征管决策需要把握资源配置从量变到质变的转化，适时适地地作出决策。

决策是税收征管与外部环境的联系纽带。税务部门承担着社会管理并为政府决策提供依据的职能。税收是经济规模、速度、结构和效益的直接反映，是经济运行的一面镜子。通过税收这面镜子，可以清楚地反映经济建设中存在的矛盾和问题。随着经济运行的日益复杂化和企业规模的不断扩大，政府关注经济运行质量的需求日趋扩大，发展区域经济的愿望越来越强烈，税务机关必须发挥自身优势，借助关键的、量化的指标对经济发展作出衡量和评价。必须不断提高对经济运行质量的认知程度，对经济运行中的热点、难点和焦点问题作出积极、快速、有效的反应，整体把握经济税收变化及其影响因素。必须更准确地反映企业的经营状态、行业的发展趋势、区域经济特点，以便更好地帮助政府进一步加快产业结构调整步伐、优化资源配置、制定未来经济发展战略，为地方经济建设出谋划策，当好参谋助手。

决策是现代税收征管学习与变革的“永动机”。现代税收征管置身于高速变幻的经济活动环境之中，需要通过学习与变革适应发展变化。“当今世界，以信息技术为主要标志的科技进步日新月异，高新技术成果向现实生产力的转化越来越快，初见端倪的知识经济预示人类的经济社会生活将发生新的巨大变化。世界各国都在抓紧制定面向新世纪的发展战略，争先抢占科技、产业、经济的制高点。面对这个态势，我们必须顺应潮流，乘势而上。”① 税务机关必须跟上时代、社会的发展进步，必须紧跟环境变化，否则就难以在变化中高效行使职能，阻碍生产力的发展。税务机关需要建立自适应于环境变化的学习变革能力，以此形成税收征管在环境变化下自主发展的根本动力。决策系统因此成为承载学习与变革的系统。

税收征管决策是税收征管中不可或缺的重要内容，它以纳税人和社会环境为关注焦点，根据经济、社会、政策、文化、队伍人员素质、技术条件等内外部环境，通过发挥“指挥中枢”和“动力系统”的作用，对税收征管活动及时进行评估与调整、推动学习与变革，实现征管资源的科学配置，促进税收征管达成目标。

四、税收征管决策的类型

税收征管决策有多种分类方法，研究税收征管决策的角度不同，其分类方法也不同。一般可根据税收征管决策的性质、作用，以及决策问题的性质和结构、决策目标的多寡、决策面对的情势等作不同的分类。

（一）常规型决策和非常规型决策

按照税收征管决策的性质分类，可分为常规型决策和非常规型决策。

常规型决策是在税收征管活动中重复出现的、例行的决策，一般是为当前具体的重复性问题而采取的选择与判断，用来确定决策方案的资料和背景大部分是已知的、确定的。例如，对纳税人违章使用发票的处理。这类问题通常被称为常规性问题，所使用的决策方法是程序化决策。由于问题经常出现，征管决策反复实施，所以事先设计出一些程序、规则政策来应对这些问题，一旦问题发生，就运用例行方法加以解决，这样税收管理员（管理者）不必再去建立一个复杂的决策过程。

非常规型决策多属战略性、关键性问题的决策。虽然它与常规决策相比数

① 江泽民．创新的关键在人才．江泽民文选．第2卷：132.

量上要少一些，但它在社会政治和经济管理中却占有非常重要的地位。非常规型决策一般具有随机性特点，所决策的问题无先例可循，也缺乏较可靠的信息，难度较大。如为了调整经济结构，一个地方的税收政策该如何调整；为了降低税收成本，优化资源配置，怎样设置基层税务机构等等。这类决策尤其要依靠科学的决策体制和方法，对不同的决策方案在经济、政治、社会以及生态、心理等方面的影响作出综合全面的评价。这里决策考虑的因素很多，相互关系极其复杂，需要充分运用现代化决策手段为支撑，实现定性与定量的结合，才能提高非常规决策的科学性、有效性。

（二）战略性决策、战术性决策和业务性决策

按照税收征管决策作用的层次分类，可以分为战略性决策、战术性决策和业务性决策。

战略性决策，是指与确定组织发展方向和远景有关的重大问题的决策，主要包括为使税务机关与外部环境保持适应性而对影响全局、左右税务机关长期发展的重大（如税收征管机构设置等）问题所作的决策。战略性决策主要由税务机关最高管理层（战略决策层）制定。

战术性决策又称为策略决策或管理决策，指的是为了执行和实施战略性决策，合理而有效地处理税收征管活动而做出的决策。战术性决策主要由中层管理人员（管理层）制定。

业务性决策又称为日常管理决策，是指为了执行战略性决策和战术性决策，对日常税收征管活动进行的决策。这类决策主要由税务机关基层操作人员（执行层）制定。

（三）结构化、非结构化和半结构化决策

按照税收征管决策问题的性质和结构分类，可分为结构化、非结构化和半结构化决策。

结构化决策指决策目标是确定的，可选的行动方案是明确的，或者是方案数量较少。结构化决策问题的本质和结构十分明确、易于识别，解决此类问题的方法是明确的、已知的，是处理确定的信息，总能得到准确的答案，是程序化的决策。换句话说，如果输入确定的信息，并用精确的方法处理这些信息，就能得到准确的结果。如申报资料的受理，税款及滞纳金的计算征缴等，此类决策的内容通常是常规性的决策，利用信息技术能够对结构化决策问题作出判断。

非结构化决策的目标之间往往是相互冲突的，可供决策者选择的行动方案很难加以区分，且某些方案可能带来的影响有高度的不确定性。非结构化决策问题的本质和结构十分复杂，决策过程的各个方面难以用过去解决同类问题的方法和步骤来处理，在非结构化决策中，可能存在若干“正确”的解决方案，但没有一种精确的方法或计算公式得出最优方案，也没有一组规则或标准能保证得到想要的最佳的解决方案。例如，如何运用税收杠杆适度调整房地产价格增长过快的问题，具体在哪些环节实施调控才能取得最佳效果？世界上有哪些成熟的做法可以让我们借鉴？这些都是比较复杂的、非结构化的问题，解决此类问题所运用的方法就是非结构化决策。

半结构化决策问题是介于结构化和非结构化之间的决策问题。决策的有关信息不确定或者有些模糊，或决策者不能完全取得决策所需的信息，这是半结构化决策的特征。决策支持系统适合于半结构化决策领域，即在解决结构化决策的基础上扩大多种决策方案，通过人机交互方式由人来选择和判断，解决某些不确定性因素，得到未预想到的辅助决策信息。

（四）良机决策和危机决策

按照税收征管决策的情势分类，可分为良机决策和危机决策。

在税收征管过程中，会出现许许多多的随机因素。如果随机因素有利于税收征管活动的开展，可称之为“良机”，良机抓得准，抓得及时，决策做得好，就能促进税收征管工作，这样的税收征管决策称之为“良机决策”。如2003年，广东地税抓住“非典”肆虐的紧要关头，积极推行电子报税，一举获得成功，促进了税收信息化的进程，这就是“良机决策”。

危机决策是指税收征管决策者所认定的基本利益和核心价值面临着严重威胁或挑战，突发事件以及不确定前景造成高度的紧张与压力，为使组织在危机中得以生存，并将危机所造成的损失限制在最低限度内，决策者必须在有限的时间内对事件做出关键性决策和应对措施，这种税收征管决策称之为“危机决策”。如果能够在危机发生前及时把产生危机的根源消除，有效预防和避免危机事件的发生，就可以最大限度地节约成本，使避免危机成为最好的危机管理。如，牢固树立“数据是税收工作的生命线”的观念，将税收数据质量作为危机目标来管理等等，就是“危机决策”的很好例证。

（五）定性决策与定量决策

按照税收征管决策的目标、变量是否可以用数量来表示，可分为定性决策和定量决策。

定性决策是指决策目标和决策变量由于受决策问题本身的限制，还不能用数量来表示的税收征管决策，这类决策主要依靠决策者的经验和判断力，用定性的方法加以分析、判断和选择。

定量决策是指决策目标和决策变量可以量化，可以用数学的方法进行模型分析。定量决策要求精确度比较高，在税收征管决策中使用的频率比较高。在具体税收征管决策实践中根据决策问题本身的性质采用定性与定量相结合的决策方法，往往能够取得更好的效果。

（六）单目标决策与多目标决策

按照决策目标的多少，可分为单目标决策和多目标决策。

单目标决策是指只有一个决策目标的税收征管决策，单目标决策是日常税收征管决策的主要内容。

多目标决策是指税收征管决策目标有两个或两个以上的决策，即在决策实践中，往往有一个占据主要地位的“主导目标”，同时也存在着处于从属地位的“附加目标”。在征管活动中特别是在实施改革的决策中，一项改革要有许多与之配套的措施共同作用才能取得好的成效。如泰安地税实施征管改革过程中首先制定“人才兴税、管理兴税、科技兴税”三大兴税战略，然后与之配套的涉及人事制度改革、行政管理改革、业务方式改革、组织机构改革等一系列改革，整个改革决策过程就是实施的多目标税收征管决策。

第二节 税收征管决策需要关注的焦点问题

实施税收征管决策必须关注影响征管决策的内外部因素和焦点问题，实现征管功能与内外部因素的平衡与协调，最终达到税收征管的目标。

一、影响税收征管决策的主要因素

影响税收征管决策的因素有许多，一般可分为外部因素和内部因素两大类。

（一）外部因素

税收征管决策要具有系统性、预见性、可行性，就必须清楚地认识并分析税收征管活动所处的外部环境。对税收征管决策产生影响的外部环境范围极其广泛，主要包括纳税人、社会环境、政治环境、经济环境、文化环境和国际环境、技术环境等。

1. 纳税人。纳税人是税收征管关注的主要焦点，是影响税收征管决策的核心因素。纳税人的行为取向、行为模式、行为结果，反映了纳税人相对税法规定在其行为上的不同响应方式。税收征管活动的实施以及纳税人履行义务和主张权利的行为活动都是以税收法律、法规为前提的。在这个框架下，税务机关与纳税人之间存在着互动关系，纳税人决定了税收征管活动所采取的方式和征管资源的配置，税收征管活动又直接影响纳税人的行为反应。税收征管活动的过程体现了税务机关与纳税人不断博弈、调整、平衡的过程。提高纳税人的纳税遵从度是税务机关的一项艰巨复杂的系统工程，纳税人的行为模式成为影响税收征管决策的首要因素。

2. 社会环境。社会环境主要包括社会道德风尚、传统习惯、民族心理、社会价值取向，社会人口的规模、结构、素质、分布和社会职业构成等。社会环境对税收征管决策具有最为广泛的影响，税收征管决策总是从自身具体所处的社会环境、社会背景和具体的社会关系出发的。税收征管决策能否得到社会公众的认可和支持，是决策者极为关心的问题。如一项税收政策的制定与出台，能否产生应有的效果、能否起到调节作用、能否得到社会公众的认可与支持，很大程度上取决于其是否适应其所处的社会环境。

3. 政治环境。政治环境主要是指制约税收征管决策的政治制度、政治结构、政治关系和法制状态等因素。政治环境决定税收征管决策的民主化程度，只有实现民主化，让公众参与税收征管决策，才能增进社会民主的发展。随着社会的进步，税收征管决策的民主化程度越来越高，大到税收法规的制定，小到税收征管的具体实践，无不体现了这一进步。如，在个人所得税法的修订过程中召开听证会，充分听取社会各界的声音，开了国内税收政策决策实施听证的先河。又如，吸收各界群众参与税收评定，体现税收的公平与公正。

4. 经济环境。经济环境主要包括经济制度和结构、经济实力和发展水平、经济利益等因素，要实现税收征管决策目标，必须从区域的实际情况尤其是社会经济发展的现实出发，任何超越或落后于经济发展水平的税收征管决策都不会取得好的效果。经济环境把握得准，税收征管决策就会得以顺利实施，继而就会促进经济环境的改善。否则，税收征管决策只能以失败告终。如，在一些地区早期的税收信息化建设过程中，没有充分考虑当地经济环境和生产力发展水平，盲目上马，贪大求洋，花费大量资金开发软件，购买机器设备，但由于当地社会生产力水平落后，计算机应用水平低下，部门间信息技术手段参差不齐，部门间数据信息共享程度低，数据采集渠道不畅，数据质量不高，不能满足税收征管的需要。同时由于计算机设备更新换代较快，一旦环境形势有所变化，便难以适应新的环境条件，造成设备闲置，增加了税收成本，形成资源的浪费。

5. 文化环境。文化环境主要包括文化传统、价值观念、文化教育水平、社会心理、行为规范、社风、民俗、信仰、人的思想观念、道德水准、诚信度、人文关系等环境条件，是影响税收征管决策的重要因素。当税收征管决策目标确定后，为实现这一目标所采取的方式方法与所处的文化环境有直接的关系。它决定了实施税收征管决策的手段和工具。因为文化环境已经深深地渗透到社会生活的各个领域，对人们的行为规范产生着深刻的影响，因而对税收征管实践活动也会产生潜在的、持久的、深远的影响。如一个地区的文化背景不同，纳税人的价值观念、行为模式、道德水准、诚信度也就不同，纳税人对税收法规的认知程度和纳税遵从度也就参差不齐，这些因素时刻影响着税收征管工作的关注重点与具体任务的确定，影响着税收征管活动在方式和方法上的选择，影响着税务机关人、财、物等资源的整合与调配，进而影响税收征管的内部结构、机制和管理方式。

6. 国际环境。随着经济全球化的逐步扩张，税收征管面临的环境更加复杂，对税收征管决策提出了更高的要求。在实施税收征管决策的过程中，不仅要客观地分析国内的税收环境，而且要冷静地面对国际环境。特别是我国加入WTO后更是风险与利益并存，机遇和挑战同在，科学正确的税收征管决策有利于税收征管在国际贸易发展、产业结构升级、外资引进利用、科技技术进步、区域经济发展、跨国公司避税防范等方面发挥重要作用。

7. 技术环境。科学技术和管理技术的进步和应用状况，特别是纳税人对两项技术的应用水平，是税收征管决策一个重要参照内容。显然，只有社会普遍应用计算机及网络技术时，税收征管的信息化才是适宜的，而对于管理不规范的纳税人，税收征管需要选择相应的管理措施。

（二）内部因素

影响税收征管决策的因素除外部因素以外，还包括税务机关内部的各种因素。一般包括：税务机关的组织结构（组织体制及运作方式）、内部文化（组织文化）、征管技术水平、税收征收管理者等方面的因素。

1. 税务机关的组织结构。组织结构是组织关系的框架，它通常由沟通、权力和工作流来定义，是实现组织目标和完成组织使命的工具。税务机关的组织结构影响着税收征管各环节信息的传递、征管决策的制定执行。一个有效的税务组织结构体系，能够使信息得到及时、准确的传达，能够保证税收征管决策方案的科学制订和贯彻执行，最终影响税收征管的质量和效率。发达国家税收征管的实践证明，税收征管效率与征管机构设置存在必然的因果关系，机构设置的简便精干是税收征管优质高效的前提条件。如，税收业务流程整合和岗责分工的科学性、规范性、有效性，直接影响和决定税收征管的质量和水平，税收业务整合和岗责分工科学、规范、行之有效，则税收征管质量和水平就高。再如，税务机构的设置和职能、职责、职权划分的科学性、规范性和有效性，也直接影响和决定税收征管的质量和水平。税收征管决策就是通过不断调适寻优，实现税务机关内部资源条件的不断优化，改变现实状况与应有状况的差距，以实现新的平衡为目的的管理活动。税务机关的组织体系及其运作方式对税收征管决策有着至关重要的影响。

2. 税务机关的内部文化。组织文化是组织成员共有的一整套假设、信仰、价值观和行为准则。税务机关的内部文化是保证税务机关统一思想、鼓舞士气、建立良好人际关系、保证税收征管决策目标顺利实现的深层次的力量，它对整个税收征管过程起到目标导向、团结凝聚、激励振奋的作用，决定着包括税收征管决策者在内的所有组织成员的行为准则，能够使税务机关内部的个体目标与组织目标保持一致，产生凝聚力和向心力，建立起共同愿景，改善组织成员的心智模式，激发组织成员的创新能力和执行能力，使整个税务机关形成统一协调、励精图治、积极向上的文化氛围，成为推动税收征管不断前进的不竭动力，保证税务机关各管理层面都能够积极主动地贯彻执行战略层的决策部署，逐步达成组织目标。税收征管决策的制定必须考虑到组织文化的特性，必须根据本组织特定的文化形态制定适合的战略目标，并采取恰当的措施和途径实现组织的发展战略。

3. 税收征管信息化水平。税收信息化即税收信息的收集、检索、分类、储存、传输、分析和应用的系统化、网络化。其特征是自动化程度高、信息储存量大、传输速度快，有较高的时效性、准确性和规范性。作为税收征管业务开展的技术载体，对征管业务的开展方式、实现能力以及征管资源的整合与配置具有决定作用。对于现代税收征管系统而言，信息化是必不可少的基本支撑能力，税收信息化应用水平的高低直接反映了税务机关的生产力水平，税收信息化已成为现代税收征管的基本要素。随着经济社会的快速发展，税收征管决策环境的复杂程度越来越高，科学性要求也越来越高，面对“海量”的税收数据、复杂的运算过程以及未来变化的不确定性，通过信息化方式为税收征管决策者提供决策支持，有利于提高税收征管活动的质量和效率。如果没有税收信息化作为支撑，税收征管决策要体现时效性、系统性、科学性，实现定性与定量的有机结合显然是无法做到的。

4. 税收征收管理者。人是生产力中最积极、最活跃、最具决定性和主导性的因素。税收征收管理者包括决策者和执行者。各层级税收管理决策者的整体素质、知识层次和结构、心理素质、素养、行为偏好、能力和精神状态，人员结构和人力资源配置的科学性、规范性和有效性，决策者对风险的态度，决策者的判断力和洞察力，决策执行者的执行力等，都是影响征管决策的重要因素。

5. 税收征管的其他内部资源条件。任何工作的开展都需要一定的条件支持，必然消耗一定的资源。税收征管决策过程需要立足实际条件和现有资源开展。一般而言，税务经费、固定资产是征管运行所依赖的常规资源，制约着征管活动开展的规模，并影响开展方式，这也是税收征管决策需要统筹考虑的因素。

二、税收征管决策所关注的焦点问题

在法制社会、信息时代、知识经济时代，税收征管决策面临的矛盾是多方面的，从现代税收征管的要求出发，挖掘税收征管决策过程中应把握的焦点问题，对科学实施税收征管决策有着重要意义。

（一）依法治税，内外并举

税收法定主义是现代法治国家普遍接受的税收基本原则，它是指所有的税收活动都必须依照法律、法规的规定进行。依法治税是税收法定主义在税收征管工作中的具体体现，是依法治国和国家税收管理的客观要求，是税收工作的宗旨和生命线，是税收征管长期的战略目标和永恒的主题。依法治税的要求贯穿于税收征管活动的全过程，自始至终约束着税收征管决策的制定和实施。

依法治税的内涵体现在两个方面，是依法征税与依法纳税的统一。在税收征管决策实践活动中，征管决策者必须认真实践依法治税，依照“内外并举，重在治内，以内促外”的指导思想，通过信息数据实施精确监控、评价、测度和分析，实时评估税收征管各环节的质量和效率，强化对税收执法权和行政管理权的监督，对税收工作及时作出评价，对纳税人遵从税法的程度作出判断。这一切税收征管实践活动所依据的都是税收法律、法规、规章和制度，通过这把“尺子”去衡量，去评价，不断发现税收征管各阶段、各环节、各层面存在的问题，寻找差距和不足，合理配置、整合、利用税务机关的内外部资源，促进税收征管各要素之间的互动，不断寻优、调适、再寻优、再调适，持续实现税务机关与外部环境之间、与纳税人之间、内部各部位之间的均衡状况。

（二）始终以纳税人为关注焦点

全国不少地方的税务机关引入了 ISO9000 质量管理体系，其核心思想之一就是“以顾客为关注焦点”。税务机关的首要“顾客”就是纳税人，“以纳税人为关注焦点”为税务机关建立了一种理念，找到了税务机关实施税收征管活动的根本出发点。“以纳税人为关注焦点”是“人本管理理念”在税收征管实践中的具体体现。纳税监控、纳税服务、申报征收等一系列税收征管活动，都必须坚持“以纳税人为中心”，运用科学有效的手段和措施，关注纳税人，研究纳税人，服务纳税人，梳理和优化税收征管业务流程，提高纳税监控能力和纳税服务水平，努力提升税收征管的质量和效率。

纳税人作为税收征管活动的关注焦点，对税收征管系统的内部结构、规模、功能、机制和管理方式产生极其深刻的影响。综观税收征管活动的全过程可以发现，税收征管策略、措施必须因纳税人行为、结构、层次、需求、遵从度的变化而适时调整，正是这些因素决定了征管工作的趋向，决定了征管措施的制定和管理方式及手段的选择，决定了税收征管人、财、物的流向，决定了征管业务流程的设置和优化，决定了税务机关内部机构的状况，决定了征管资源的配置。因而，在税收征管决策过程中，只有始终关注纳税人，才能作出正确的判断和选择，只有以纳税人为关注焦点做出的税收征管决策才是有效的、可行的。

（三）系统思考，整体把握

系统思考对税收征管决策有着至关重要的影响。它要求税收管理决策者在实施税收征管决策时要树立系统和整体观念，充分考虑决策环境对税收征管决策的影响，从整体和全局的角度把握问题，不能以偏概全，要充分考虑决策所涉及的整个系统和相关系统之间的关系，要从系统与要素、系统与结构、系统与环境、系统与功能等入手，把握内在规律，只有这样才能作出正确的判断和选择。彼得·圣吉说过：“系统思考的关键在于看出‘杠杆点’，亦即可引起结构重要而持久改善的点。一旦找到最佳的杠杆点，便能以小而专注的行动，创造最大的力量。非系统思考方式之所以损害特别大，便是因为它总是引导我们专注在低杠杆点的改变，即专注在改善压力最大处的症状”。正确理解杠杆原理，运用系统思考，是科学正确决策的关键因素。

系统思考是税收征管决策的基本前提，它贯穿于税收征管决策的始终。税收征管决策者如果不能坚持始终一贯的系统思考，税收征管决策随时都有脱离实际、误入歧途、偏离决策目标的可能。税收征管决策缺乏系统思考所造成的失误，最明显的有四种情形：其一，在决策目标的制定上，不能从历史到现实，从内部到外部，从主观到客观，全面、系统地进行调研，导致决策目标过高或过低。其二，在税收征管决策方案制订上，由于缺乏深入的系统思考，制订的方案不能够与决策环境有机结合，必然导致方案失去可行性。其三，在税收征管决策实施过程中，需要根据变化了的情况及时调整修改决策方案，如果决策者不做全面的调查研究，不能及时掌握反馈信息，就会偏离决策目标，最终导致决策失败。其四，由于不能充分地掌握决策信息和把握决策环境，不能在充分把握上情、摸透下情的基础上实施税收征管决策，税收征管决策就会失去方向性，就会出现“瞎指挥”、“乱决策”。

（四）数据是根本，信息是生命

信息是实施税收征管决策的根本。税收征管决策过程，实质上就是涉税信息投入与产出的过程，税收征管决策方案的制订与选择奠基于对各种涉税信息的采集、整理、分析、加工和利用上。在信息时代，信息成为比能源和物质更为重要的资源，科学决策首要的基础问题就是决策信息的准确性和实效性。信息的准确、全面、实效程度，直接影响税收征管决策的科学化程度。由于税收征管决策必须从“海量”涉税数据中发掘有用的信息，发现蕴藏在税收数据背后的规律，形成知识，以指导税收征管实践，支撑税收征管决策，所以征管过程必须始终高度重视数据的质量。如果数据质量不高，就会造成“假数真算”，就会出现“归零效应”。没有了高质量的数据，再先进的技术手段、再科学的技术平台也不能发挥其应有的作用，就无法得出有价值的决策信息。因而要牢固树立“数据是根本、信息是生命”的理念，树立风险意识、危机意识，建立防范机制，把数据质量列为危机目标来管理，把基础数据质量管理作为搞好征管决策工作的重要一环来抓。

【案例】 日本纳税情报的搜集和处理

对纳税资料情报的搜集、处理和利用，是各国税务当局加强税源控制和税收征管的普遍而有效的途径和方法之一。日本税务当局非常重视对各类纳税资料情报的搜集、处理和利用，日本国税机构分三级，即国税厅、国税局和税务署，三级税务机关每年均投入大量的人力和财力，搜集和整理有关纳税资料情报。按照日本有关税法规定，收集整理的资料包括法定资料和法定外资料。法定资料共有46种。一是所得税法规定的资料，二是继承税法规定的资料，三是租税特别措施法规定的资料，四是为了确保国内税的适当课税，就国外汇款等调查记录提出的法律规定的资料。法定外资料即税务部门和税务人员在法定资料外收集的与纳税有关的各种情报资料。如2000年7月至2001年6月，日本国税部门共搜集整理纳税人的纳税资料12400多万张，其中法定资料8600多万张，附列资料3800多万张。另外，日本国税厅2000年和2001年收到外国税务当局和向外国税务当局提供有关纳税资料情报分别达到26.6万件和23.8万件。这些资料涉及利息等支付记录，国外公债利息支付记录，分红、剩余金分配及基金利息支付记录，国外证券投资信托或国外股份分红支付记录，报酬、收费、合同金及奖金支付记录，股份注销时支付记录，以利润或剩余金进行股份或出资注销时支付记录，开放型或组合型证券投资信托收益分配支付记录，人寿保险金、共济金各收取人支付记录，损失（死亡）保险金、共济金各收取人支付记录，退职补助金等各收取人支付记录，信托各受益人（各委托人）记录，股份转让请求权或新股承兑权付与记录，特定股份或继承特定股份异动状况记录，特定短期国债等转让对价支付记录，特定短期国债等偿还金支付记录，国外汇款等调查记录。纳税人的纳税申报资料及附报资料，与纳税人进行交易的对象情报资料，到其他政府部门及中介机构收集与税收有关的情报资料，以及在税务调查或别的业务中偶然听到或看到的有关情报资料等。经有关内设职能机构审核、分析和评估后对发现有一般性问题的纳税人，移交调查职能部门进行调查（相当于我国的日常税务检查）；对发现有重大问题的纳税人（即通过审核、分析和评估，初步认定达到刑事犯罪标准的）移交稽查职能部门进行稽查。也正是这种科学严密的资料收集、处理方法，从而保证了税务调查、稽查选案的针对性和准确性。搜集、整理这些纳税资料情报信息，不但能防止税收流失，而且为检查国内其他纳税人和跨国纳税人提供了依据，成为日本税务当局赖以实施税收管理决策活动的根本。

来源：戴海先：《日本纳税资料情报的搜集和处理》《税务研究》2002年第12期。

（五）质量和效率并重

我国的税收征管工作已进入以完善征管体制为方向，以提高征管质量和效率为目标，以强化税源管理、优化纳税服务为重点，实现科学化、专业化、精细化管理的新阶段。在当今信息化、全球经济一体化和知识经济迅猛发展，特别是政府职能转变的大的社会背景下，作为政府重要职能部门的税务机关，面对复杂的社会、政治、经济环境的快速深刻变革，面对自身职能、地位、角色、组织结构不断变化的现实要求，面对结构复杂、千差万别的纳税人群体，只有通过不断的评估与调整、学习与变革，才能更好地探求经济税收的一般规律，找寻资源配置的最优方式，实现税收征管与所处的大系统、大环境的平衡与协调。唯此，税收征管的质量和效率才能得到根本提高。

第三节 税收征管决策系统的总体设计

征管决策子系统作为税收征管系统的中枢，发挥着至关重要的作用，需要进行统筹规划设计。由于对该领域的研究尚属破题阶段，本节尝试运用部分现代管理理论，结合税收征管实际，对征管决策子系统进行初步设计。

一、建构征管决策系统的总体目标

建构征管决策系统应以实现税收征管与纳税人、经济社会环境以及税收征管各部位的“同步化”发展为目的，以评估与调整、学习与变革的两大功能作用发挥为主要内容，构建包括运行机制、工作方法、组织结构、技术支撑等在内的征管决策体系，实现对征管活动的统一指挥协调、征管资源的集中整合配置和学习变革行为的持续组织实施，保持和发展税收征管的洞察能力、反应能力、抉择能力和学习变革能力。

二、建构征管决策系统的一般原则

建构税收征管决策系统，必须根据税收征管的客观条件，充分体现现代管理的科学规律，适应税收征管的发展要求。

（一）法治原则

法治是税收工作的生命线，法治原则要求必须坚持依法治税。依法治税的内涵体现在两个方面，即依法征税与依法纳税。依法征税要求税务机关的一切管理活动都必须在税收法制的框架下进行，管理者所作出的决策都必须符合税收法律、法规的要求，这是对征税的约束。纳税人必须依照税收法律的规定正确履行纳税义务，这是对纳税的约束。依法治税贯穿于税收征管活动的全过程，自始至终约束着税收征管决策的实施。

(二) 创新发展原则

发展问题是当今社会各行各业面临的共同问题。税务机关也必须不断提升自身生产力水平，谋求内部资源条件和外部资源利用的最大化，以适应社会发展的需要。“创新是一个民族进步的灵魂，是一个国家兴旺发达的不竭动力”①，作为重要经济职能部门的税务机关来说，更应该站在时代前列，实现科技创新和管理创新。税收征管决策者必须始终把提高税收征管质量和效率作为自身不懈的追求目标，把不断提高纳税人遵从度作为关注焦点，在求实的基础上勇于开拓创新，不断超越旧框架的束缚，实现税务机关各类资源的合理有效配置。

(三) 以纳税人为核心关注焦点的原则

一切从纳税人出发，一切以纳税人为落脚点。纳税人是影响税务机关合理配置资源的关键因素，纳税人行为模式及其变化发展对税收征管活动特别是税收征管的内部结构、机制和管理方式产生极其深刻的影响。纳税人的行为模式始终影响着税收征管决策，它是税收征管所要关注的焦点，征管措施的制定和选择，征管人、财、物和机构的调配和设置，最终对征管质量和效率产生深层影响。只有倍加关注纳税人，始终以纳税人为关注焦点，税收征管决策才是现实可行、科学有效的。

(四) 系统思考的原则

税收征管决策过程是系统的逻辑分析和综合判断过程，是发现问题、提出问题、分析问题和解决问题的运动过程，也是对未来情况作出动态判断的过程。税收征管决策面对的对象和环境是一个差异性协同、多样化统一的有机整体，各要素之间存在着千丝万缕的联系，这就决定了税收征管决策是一项复杂的系统工程，需要客观、全面、系统地考察整个征管过程，从系统与要素、系统与结构、系统与环境、系统与功能等方面入手，按照整体性、层次性、结构性、相关性和目的性的要求把握问题，确保决策效果。

(五) 利于执行的原则

一项不能实施的决策是失败的决策，面向执行是开展科学决策的必要条件。科学有效的税收征管决策必须是充分考虑执行环节、贴近操作实际、能够保证高度可行性的决策。

---

① 江泽民．在新西伯利亚科学城的演讲．江泽民文选．第二卷：237.

三、征管决策系统的运行机制

（一）评估与调整功能的机制设计

税收征管决策系统解决具体现实问题、实现评估与调整职能，可以按照决策的基本程序来进行过程机制的设计。决策理论认为，科学的决策程序通常分为以下几步：提出问题，确定目标，收集信息，预测未来，拟订方案，进行评价，优选方案，实施和反馈，这一决策程序，也就是人的认知过程在决策活动中的逻辑再现，税收征管决策的具体运作程序可参照上述过程加以设计。为更加机敏地响应环境变化，快速做出反应，可以按照“复杂适应系统理论”的要求，建立刺激—响应机制。复杂适应系统理论是美国约翰·霍普金斯大学心理学教授，著名的职业指导专家，复杂理论和非线性科学的先驱约翰·霍兰德提出的。其基本思想概括为：把系统中的成员是具有适应性的主体，能够与环境以及其他主体进行交互作用。主体在这种持续不断的交互作用的过程中，不断地“学习”或“积累经验”，并且根据学到的经验改变自身的结构和行为方式。霍兰德认为刺激—响应机制是复杂适应系统中主体的最基本的行为模式。这一行为模式包括：输入——环境（包括其他个体）的刺激；输出——个体的反应；规则——对什么样的刺激，做出怎样的反应的规则；探测器——接受刺激的器官；反应器——作出反应的器官。其中，探测器代表了主体从环境中抽取信息的能力，规则代表了处理这些信息的能力，反应器则代表了它反作用于环境的能力。具体到税收征管中，就是要在各组成主体中建立由探测器、规则和反应器组成，包括输入和输出过程的刺激—响应机制。换言之，就是在税收征管各子系统中，特别是征管决策系统中建立具有探测、反应等相应职能的部位或岗位，以及信息抽取、处理和输入、输出等运作制度，还应包括控制部门或岗位主动应对刺激—响应的考核激励评价制度，从而形成完备的刺激—响应机制。

1. 征管决策程序。

根据税收征管工作实际，可将税收征管决策划分为四个不同的阶段：即情报分析阶段、设计阶段、选择阶段、实施阶段（见图 6 - 3）。

——情报分析阶段。情报分析就是识别或发现问题、需求或机会，即发现问题所在。在此阶段，通过进一步研究和分析，在找出问题的基础上，确立决策目标。所谓问题，就是指在税收征管活动中决策对象的实际状况与应有状况之间的差距。问题是决策的逻辑起点。税收征管决策者只有发现税收征管活动

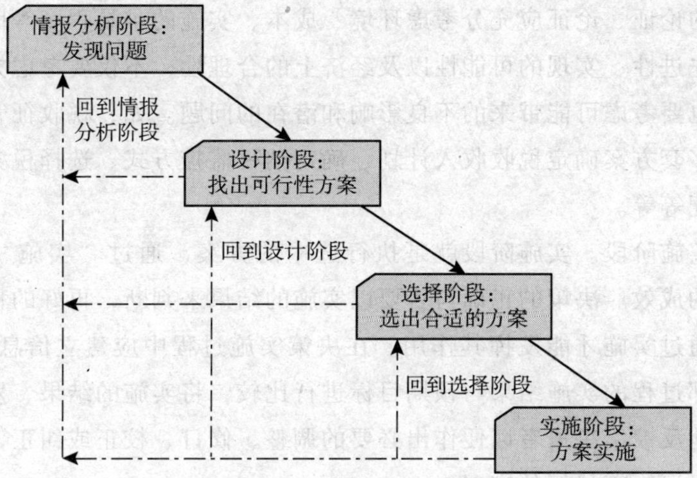

图 6－3 税收征管决策过程的四个阶段

现状与应有状况之间的差距（即问题）后，才会去想办法解决问题，即为什么决策，决策什么。情况分析阶段包括发现和解释那些需要引起注意的一些情况的征兆。这些征兆可能以各种形态出现，如税收收入的波动，收入结构的变化，产业结构调整与税收收入的非协调发展，行业税收负担的变化，税务机关税源控制能力的强弱，内部资源的配置合理与否，税收政策的变化、经济政策的调整以及社会各要素的变动对税收收入及税收征管的影响等等。税收征管决策必须对问题先有一个正确的“界定”，然后“对症下药”，才能取得事半功倍的效果。在此阶段，界定问题，找准问题的症结是最为关键的。

——设计阶段。设计阶段就是要考虑各种可能的方案，找出可行性方案，这些方案或能解决问题、或能满足需求、或能抓住机遇。税收征管决策目标确立后，提出若干行动方案以备选择是税收征管决策不可缺少的环节之一。这个阶段要尽可能找出所有具备实施条件、能保证决策目标实现的方案。拟订可行性方案的过程是一个发现、探索的过程，也是淘汰、补充、修订、选取方案的过程。如税务机关制定纳税监控、纳税服务方式时，总是要针对纳税人的行为模式，尽可能地找出多个实施方案以供选择。

——选择阶段。备选方案拟订后，决策者要与智囊团或委托各类专家和咨询机构对每个备选方案的利弊进行全面的分析、评价，评估每个方案的实施结果，然后选择一个最合适的方案，这是决策方案的确定阶段，一系列行动策略都将在该阶段做出。“凡事预则立，不预则废”，对每一方案的可行性都需要进行充分的论证，论证应充分考虑环境、成本、实施的难易程度等因素，突出技术上的先进性、实现的可能性以及经济上的合理性，不仅要考虑方案所带来的效益，也要考虑可能带来的不良影响和潜在的问题。如，税收征管决策者根据提供的多套方案确定税收收入计划、确定纳税监控方式、选择税务内部资源的合理调配等等。

——实施阶段。实施阶段就是执行选中的方案，通过“实施”检测税收征管决策的成效。决策的正确与否要以实施的结果来判断，再好的税收征管决策也只有通过实施才能发挥其作用。在决策实施过程中应建立信息反馈渠道，将每一局部过程的实施结果与预期目标进行比较，将实施的结果、发现的问题及时准确地反馈给决策者以便作出必要的调整、修订、校正或纠正，减少决策偏差，以保证决策目标的实现。

将决策方案转化为行动是税收征管决策中的重要一环，在税收征管决策实施过程中光有创造未来的热忱是不够的，必须“坐而言，起而行”。好的决策方案只有付诸实施，才能发挥其作用，不能演化为行动的税收征管决策最多只是一个美好的愿望。

当然，迅速将决策方案付诸行动并不是蛮干和盲动，要想使一项决策有成效，就必须在决策过程的一开始就考虑需要采取的行动。在把执行决策的具体步骤转换成决策执行者的任务和责任之前，需要回答以下几个问题：谁必须了解这项决策？实施决策需要采取哪些行动，谁来采取这些行动，为了便于执行，这些行动应该采取何种方式、何时来做，以有效地控制决策的执行。

【案例】 广州地税借“非典”之机推广网络报税

机遇本身就是一种新的信息，是客观事物本质的偶然发现，抓住它能够促进事物的运作和发展，取得事半功倍的效果，失去它就会影响事物的发展。在税收征管决策过程中，决策者要善于把握经济税收运行规律，积极探索，勇于创新，以机敏的眼光发现机遇、捕捉机遇、判断机遇，并在最适合的环境和条件下迅速做出正确的抉择。2003 年，“非典”肆虐，全国各地形势异常严峻，广州是重灾区，给人们的正常生活、工作带来极大威胁，有些活动不得不停止下来，大家都“谈非色变”。期间，广州市地税局抓住机遇，果断决策，大力推行网上报税，使广大纳税人或轻点鼠标，或按电话键盘，足不出户，轻轻松松完成纳税申报和税款缴纳，既免遭“非典”的困扰，又省去了税务局办税厅的往返之劳。通过电子报税（含电话报税），广州地税系统不但解决了“非典”给广大纳税人带来的影响，而且保证了国家税款的及时入库。同时，纳税人切身体会到了网上报税的方便与快捷，纳税人的遵从成本也大大降低。“非典”过后，电子报税的纳税户数达到正常纳税户数的90%以上，其中天河区高达98%以上，网上报税工作一举获得成功。

来源：广东省地方税务局网站

2. 税收征管决策的领域。

省以下税务机关的主要职责是税收征收管理，税收征管决策贯穿于税收征管实践活动的全过程，其应用领域覆盖税收征管工作的每一个环节，涉及税款征收（包括申报征收、审核评税、税收计划、会计、统计和票证管理等）、税源监控（包括户籍管理、信息采集和资料管理、纳税评估、综合治税管理等）、纳税服务（包括政策咨询、税法宣传、纳税辅导、税务登记资格认证管理、审核审批、信用等级管理、表证单书、举报受理、纳税服务质量测度等）、税收法制（包括税收政策法规、税务行政处罚、税务行政复议、税务行政诉讼、税务行政赔偿等）、税务稽查（包括稽查选案管理、检查管理、审理管理和执行管理）、税收收入管理（包括纳税能力估算、税收收入预测、同业税负分析）、资源配置与优化（包括人力、物力、财力、技术、流程等内部资源的配置及优化）、税收与经济分析、参与社会管理、税务机关组织目标和发展方向等等诸多方面。其中涉及发展方向、组织目标、资源配置等方面的税收征管决策属于战略性决策，其他属于战术性决策和业务性决策（如图6－4所示）。在这些领域中，因税收征管活动的层次不同，相应会产生决策的层次差别。

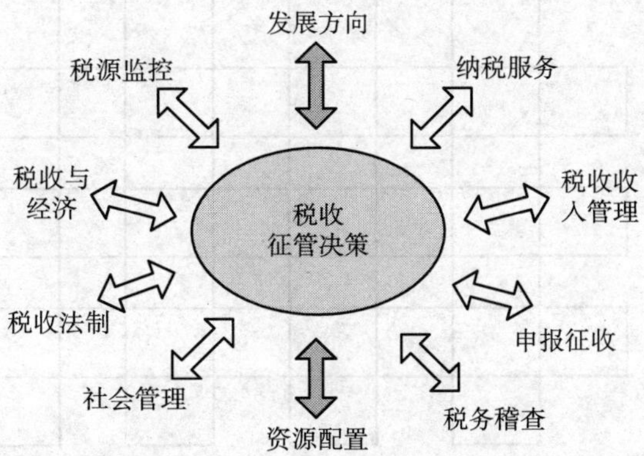

图6－4　税收征管决策的领域

(1) 税收征管活动的层次结构。税收征管活动是一项系统工程，它具有层次性和结构性。各级税务机关各个管理层面的管理需求，即为改变管理现状与目标差距的愿望和要求，是税收征管决策的基本前提。税收征管活动中哪些关键问题需要决策，各决策层次需要哪些方面的决策支持和帮助，这是需要研究的重要内容。从决策的角度去分析税收征管过程，一般有以下几个方面的内容：

——确定组织目标，确保税收征管工作长远发展；

——强化纳税监控，提高征收效率；

——流程优化与管理，合理配置资源，提高征管质效，降低征管成本；

——优化纳税服务，提高纳税人的遵从度；

——关注经济社会发展和政策变化，发挥经济社会管理职能，履行税收征管的社会责任。

以上几点是税收征管主体业务所对应的基本要求，其实质就是以纳税人为关注焦点，实现税收征管与纳税人、社会环境之间和征管各要素、各部位之间的良性互动、相互促进、共同发展。

税收征管活动的实施主体一般可分为三个层次：战略层（高层管理)、管理层（中层管理）和操作层（基层管理)。各管理层次的职能不同，其决策的目标、内容、范围、方法也不同，对征管决策的需求也不尽相同。尽管各层次存在差异，实施征管决策过程中，只有各个管理层次形成互动，才能取得良好的效果。税务征管的管理层次与业务职能层面呈现一个二维结构（见图6－5)。

图6－5 征管层次与业务职能的交叉结构

（2）税收征管决策的层次差别。税收征管各管理层实施征管工作的角度不同，其关注的问题、采用的方法、决策的目标、涉及的决策内容也相应不同，征管决策必然存在层次差别，各管理层与业务的节点也就存在着强弱之分。

——战略层的税收征管决策。战略层主要考虑的是税收征管的长远规划、发展方向和主要目标，处理中、长期事务。决策内容主要是针对日益增加的不确定性，评估税收征管所处的环境，分析优势劣势、面临的威胁和发展机遇，确定征管长期发展方向和目标，制定发展战略，确定获取和使用各种资源的政策以优化资源配置（人力、物力、财力、技术、流程等资源的配置与优化），贯彻实施管理理念、管理手段、管理机制、管理模式等，一般属于非结构化决策问题，决策者是税务机关的最高管理层。战略决策层关注的重点问题有关乎税收征管整体计划、组织、协调、指挥和控制的问题，即关于发展目标战略、征管工作中的重点、难点、热点问题等；税收征管体制、机制的建立和优化问题；考虑税收与社会的关系问题，关注税务机关的整体社会形象；研究税收政策变动、税制改革对宏观经济和微观经济的影响以及对税收收入的影响；国家宏观经济政策调整对税收的影响；宏观经济运行质量及其影响因素；经济税源变化规律以及税源预测；税务机关内部各项资源合理的配置，充分发挥资源效能最大化等等；为地方经济建设，产业结构调整，规避经济风险，为政府决策谏言献策。

——管理层的税收征管决策。管理层承上启下，其主要任务是落实战略决策层制定的发展战略，具体组织和分配资源，为一线员工即操作层提供支持，包括资源的获取与组织、监控等，涉及业务的计划、控制和调度。管理层所做决策是税收征管活动中战略决策的具体化，受到战略层所做目标和战略的限制，涉及的决策问题一般属于半结构化或结构化决策问题，决策者是税务机关的中层管理人员。管理层决策关注的重点是当前税收工作中的重点、难点、热点问题以及如何将战略决策内容落实到位的问题。宏观一点讲，管理层主要考虑和关注税收政策变动，税制改革对宏观经济和微观经济的影响，经济运行中的税收能力测度以及税源预测等问题。从微观上讲，管理层最关心纳税监控、申报征收、税收执法、纳税服务的质量和水平以及社会满意度等方面的具体问题。具体而言，包括经济总量与结构的发展趋势及对税收收入的影响；产业结构的变化对税收收入的影响；税收收入总量分析，如税收收入与 GDP 规模的关系分析，税收增长与 GDP 增长的关系分析；税收收入与投资、社会消费、劳动就业、货币投放的关系分析；重点项目对税收收入的影响，如固定资产投资对当地经济产生的影响以及潜在作用；如何处理减税与增收的关系；税收政策的变化对税收收入的影响；现行主要税种的税收超额负担的分析；税收收入预测，包括总体收入预测，分税种、分行业、分产业收入预测；各地区、各行业、各税种、各经济类型税收收入变化趋势及影响因素；同行业税负分析；纳税人户籍管理分析，包括对纳税人规模、所有制形式、行业等的结构分析、查询；征管质量、收入质量、税收收入贡献情况及其影响因素的分析测度；征管各环节、各要素的分析控制与评估以及税收征管措施的制定；对纳税人需求的判断及纳税人满意度的评估等等。

——操作层的税收征管决策。操作层管理活动是税收征管最基本的活动，它记录了每一项税收征管活动的过程。操作层的决策是在税收法律法规的限定下，为了保证有效地完成战略层和管理层制定的具体目标或任务而作出的判断，决策问题比较明确，问题的性质一般属于结构化决策，决策的实施者一般是税务机关的基层管理人员。需要关注和解决的问题是微观的、具体的税收征管业务问题，如，纳税人户籍管理的相关内容；管辖区域内业户的生产经营情况、申报情况、税款核定情况、税款缴纳情况、欠税情况、减免（退）税情况、发票管理使用情况、涉税处理处罚情况等；单户或行业税负问题；纳税人的纳税评估问题以及各项税收征管业务的告警等事宜。

为便于比较不同管理层级税收征管决策的差异，可以用图表的方式加以列示（如图6－6及表6－1所示）。

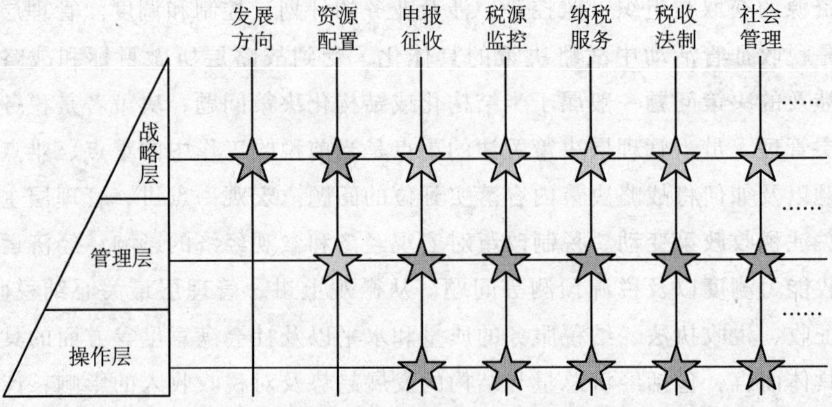

图6－6　管理决策层次与决策领域对应比较

表 6－1　不同层级税收征管决策的比较

决策种类	决策层决策活动	管理层决策活动	操作层决策活动
性质差别	非定型化多，定型化少	定型化多，非定型化少	基本定型化
层次差别	战略性的多	业务性的多	执行性的多
决策的复杂程度	复杂	比较复杂	比较简单
决策的定量化程度	大部分无定量化，具有风险性	既有定量化，又有非定量化	定量化

3. 征管决策方法。

在实施税收征管决策过程中，为了实现税收征管决策的科学化，在税收征管决策的每一阶段都应该采取科学的决策方法。税收征管决策方法基本与税收征管决策实施过程（阶段）相对应，不同阶段的任务和侧重点不同，采取的方法也就不同。例如，在确定目标阶段时采用的预测技术和方法，最常用的有“德尔斐法”、“回归分析法”、“趋势外推法”等多种方法；在拟订方案阶段，广泛运用智囊技术方法，有“头脑风暴法”、“哥顿法”、“对演法”等等；在评估方案阶段进行评估分析时，一般采用“决策树法”、“矩阵决策”、“模糊决策”等决策技术和方法。

也可以根据决策方法的性质将税收征管决策的方法分为“硬方法”、“软方法”和“软硬结合方法”三大类。“硬方法”概括地讲就是数学化、模型化和计算机化。其核心问题是将税收征管的各个变量以及变量与目标之间的关系，用数学关系式表达出来，即建立数学模型，通过计算机的定量分析运算，作出各种决策方案。“软方法”是指运用心理学、社会学等方面的成就，采取一些有效的组织形式，充分发挥专家的集体智慧进行定性分析，使决策更加准确和有效。这些方法常常用于税务机关战略决策、非结构化决策等重大而又极其复杂的税收征管决策实践活动，它的特点是充分运用集体的经验和智慧。当然，软方法和硬方法也不是决然分开的，现代税收征管决策多采用人机结合的方法（如智能专家系统）解决复杂的税收征管决策问题，就是所谓的“软硬结合方法”。下面简要列举一些经常使用到的决策方法：

——直观判断法。也称经验判断法，是一种定性分析法，它是靠专家和决策者的正确思维方法以及已经掌握的资料、信息，凭借丰富的经验和对未来有依据的综合分析，直接选取某一认为最好方案的税收征管决策方法。这是一种用经验做选择的传统的税收征管决策方法，在决策问题不十分复杂，方案又不多，能够较为明确地辨别出方案的优劣时，可以运用此方法做出决策。

——头脑风暴法。又称专家会议决策法，是指依靠一定数量专家的创造性思维，对决策对象未来的发展趋势及其状况做出集体判断的方法。其做法是邀请有关专家，通过会议形式，就特定决策问题敞开思想，各抒己见，借以启发决策新构想的产生。头脑风暴法的特点是：充分发挥若干专家所组成的团体宏观智能结构效应，在会上通过专家之间的信息交流和相互启发，引发思维共振，在较短的时间里取得更多新创意的效果。头脑风暴法分为直接头脑风暴法与质疑头脑风暴法两种基本形式。直接头脑风暴法的基本规则是：第一，在会上可以自由畅想，随心所欲地发言，发言不受限制；第二，无批评原则，即对他人的任何发言、见解和意见不做反驳和否定的判断；第三，充分发挥个人的独立思考和创新思维，广开言路，以便集思广益；第四，与会人员地位相同、不分尊卑，有同等的发言权；第五，禁止会上私下交谈，以防受他人的意见相左，破坏个人独立性。其中非批评原则是最重要的原则。质疑头脑风暴法也是一种集体产生设想的方法。这种方法是组织另外一些专家开会，对直接头脑风暴法所产生的系统化的设想进行质疑。头脑风暴法容易产生新创意，对预测具有很高的价值。

——典型实验法。某些税收征管决策问题是新问题或涉及的内外部因素较多，既没有过去的经验，又不能确切地评价各个备选方案的优劣与决策后果，这种情形下就需要采取典型试验法实施税收征管决策，“解剖麻雀”，“典型引路”就是这个道理。在实施过程中要随时收集资料，及时总结经验，正确分析出现的各种新问题、新情况，经过一定时间的运行，再对方案进行系统地评价和比较，确定最佳方案，并进行全面推广。如在推行征管改革初期就常常采用典型试验法进行先期试点，按照“典型引路”，“以点带面”的方式，推动征管改革全面开花，取得成效。典型试验法体现了“从个别到一般、再从一般到个别”的哲学思想，是推动税收征管工作不断深化的、常用的传统决策方法。

——德尔斐法。这是一种对传统专家会议法的面对面方式的改进和发展。德尔斐法采用匿名通信和反复征询意见的形式，通过书面的方式向专家们提出所要预测的问题，得到专家不同意见的答复后，将意见集中整理和归纳，然后匿名反馈给专家，再次征询意见和反馈。被征询的专家在互不知晓、彼此隔离的情况下不断交换意见，经过多次循环，最终得到一个比较一致的结果。匿名性和多轮反馈沟通是德尔斐法的特点（如图 6－7 所示）。

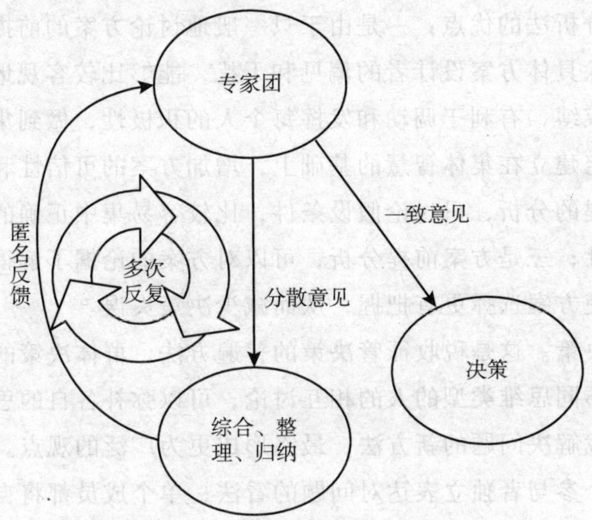

图 6－7　德尔斐法示意图

——模拟决策法。这种方法是指为取得对某种客观事物的准确认识，通过建立一个与所研究对象的结构、功能相似的微型模型，即同态模型，然后运行该模型，并对各种不同条件下的模拟运行结果进行评价、分析和优选，从而为税收征管决策提供依据的方法。模拟主要是针对某些事物大的结构和功能而言的，并不包括对事物各个细节的模拟。采用模拟决策方法的原因是，一些复杂庞大的实际系统，往往找不到有效的分析方法，而实地测试与研究需要花费大量费用和时间，一旦出错将会造成重大的损失。如进行一项重大改革，在改革全面铺开之前，根据决策问题的各个方面、各个要素之间的内在联系建立数学模型，输入不同的数据进行模拟计算，经过反复模拟与比较，确定改革方案。

——对演法。就是让相互对立的小组制订不同的方案，然后双方展开辩论，互攻其短，以求充分暴露矛盾，使方案越来越完善。如在确定一项征管改革方案时，常用此法使改革方案更加完善，使决策目标更加明确。

——方案前提分析法。这是价值分析的一种。它的出发点是，每个方案都有几个前提假设作为依据，方案是否正确以及正确程度如何，关键在于它的前提假设是否成立以及立论是否牢固可靠。在讨论和选择方案时，可以不直接讨论方案本身而讨论它的前提假设。通过直接讨论前提假设，达到间接选择方案的目的。在分析讨论方案前提时，应尽量详细具体，做到刨根问底，找出前提的前提、根据的根据。只要方案的假设前提成立，那么方案的选择就有把握了。方案前提分析法的优点：一是由于只一般地讨论方案的前提，不讨论具体方案，可以排除具体方案设计者的偏见和干扰，能够比较客观地分析问题，摆脱具体方案的束缚，有利于调动和发挥每个人的积极性，做到集思广益，使方案的形成和确定建立在集体智慧的基础上，增加方案的可信性和可靠性；二是只进行方案前提的分析，只讨论假设条件，比较容易集中正确的意见，保证方案选择的科学性；三是方案前提分析，可以对方案的论据了解得更具体、更深刻、更透彻，使方案选择更有把握，从而减少决策失误。

——群体决策。这是税收征管决策的普遍方法，群体决策的优势在于：通过一个群体中不同思维类型的人的相互讨论，可以弥补各自的思维缺陷，互相启发和激励寻找解决问题的新方法，最终形成更为广泛的观点。群体决策的主要步骤是：每个参与者独立表达对问题的看法；单个成员都将自己的意见上传给群体；进行非正式的公开讨论，阐明意见而不带有任何评价性；无记名投票来确定各个解决方案的优先次序；必要时可重复进行后两步。可见，群体决策往往费时费力，还容易导致不能令人满意的妥协性解决方案。那么，应如何使用群体决策并改善群体决策呢？一般来说，当要决策的问题具有相对不确定、需要群体间的合作和协调、问题及解决方案具有重要的组织影响、没有明显的期限压力和广泛的参与更有利于成功执行的情况下，应当进行群体决策。一名有效率的管理决策者必须周密地分析群体决策所在的环境，善于控制整个群体的处理流程，使每个群体成员都能平等地参与决策过程，以便做出更好的决策。

——哥顿法。这是美国学者哥顿发明的一种创新方法，主要是通过会议形式，根据主持人的引导，让与会者进行讨论，但会议的根本目的是什么，真正需要研究的问题是什么，实际上只有主持人自己知道，其他与会者都不知晓。这样做的目的是为了避免思维定势的约束，使大家能跳出框框去思考，充分发挥群体智慧以达到方案创新的目的。哥顿法有两个基本观点，一是“变陌生为熟悉”，即运用熟悉的方法处理陌生的问题；二是“变熟悉为陌生”，即运用陌生的方法处理熟悉的问题。从实践来看，后一种方式运用得更多一些，已逐渐形成哥顿法的主流。哥顿法强调要暂时抛开所要处理的问题，通过讨论一些其他的问题，从类比中得到启发，得到解决原来的问题一些创新思想、方法，然后再回到原来的问题上去。

——时间序列法。就是根据历史统计资料的时间序列，预测事物发展的趋势的一种决策预测方法。时间序列法主要用于短期预测。常用的有简单平均法、移动平均法、指数平滑法等。

——回归分析法。就是根据事物的因果关系对变量的一种预测方法。“因果关系”是蕴藏在经济税收运行中的一般规律，比如，GDP 对税收收入影响，工业增加值与增值税的关系分析，等等。主要包括一元回归、多元回归和非线性回归等。时间序列法、回归分析法是税收征管决策常用的定量分析方法。

——决策树法。这是决策过程的一种有序的概率的图解表示，它把几项可选方案及有关随机因素有序表示出来而自成一个树形。决策者根据树形图解中各种方案的可行概率进行决策的方法，是风险决策的一般性方法。树状图一般由决策点（常用方块表示）、方案枝（常用细线表示，一个方案枝代表一个方案）、状态结点（常用圆点表示）、概率枝（常用细线表示，每条概率枝代表一种自然状态）、结果点（收益值或损失值）几个关键部分组成（如图 6－8 所示）。决策树分析步骤是：第一，绘制决策树图形，这一过程是决策者对决策问题未来发展情况的可能性所作的预测。第二，预计概率，概率是标志随机事件发生的可能性大小的数值，对不确定性决策，影响决策方向发展的条件及其结果是不确定的。概率数值的大小可凭经验、历史数据的推算、预测获得。第三，计算期望值，通过从右向左依次计算期望值，确定衡量利弊、比较各个决策方案优劣的标准。第四，修枝，是选优、确定决策方案的过程。如在实施纳税评估过程中就运用了决策树法排查纳税人存在的纳税疑点，取得较好的效果。

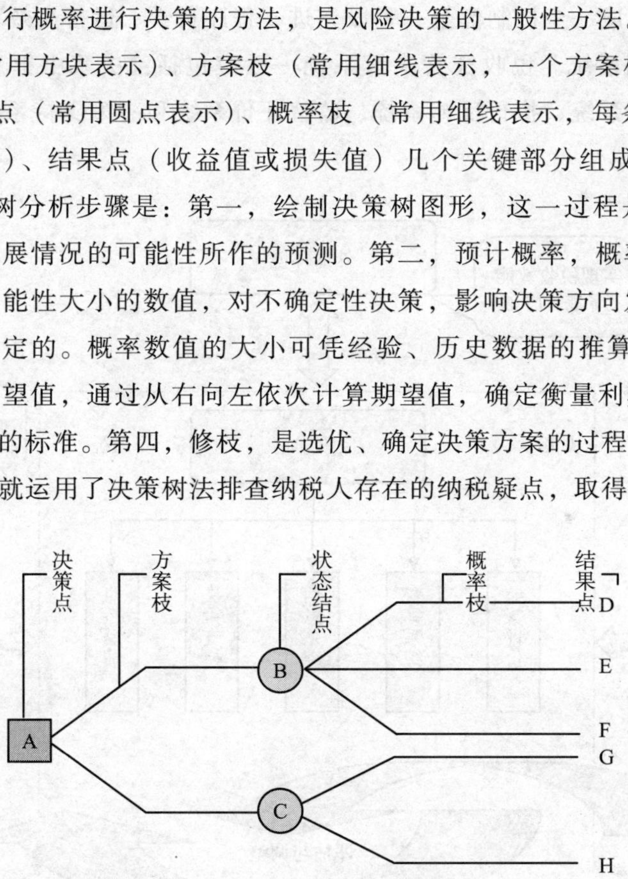

图 6－8　决策树法

——人机结合的方法。随着经济社会的飞速发展，影响税收征管决策的决策环境越来越复杂，现代税收征管决策的要求也越来越高，单靠“软方法”（定性的分析方法）或“硬方法”（定量的分析方法）不足以作出科学、可行、系统的决策，必须运用定量定性相结合的方法，即实现人的主观能动性与计算机强大功能的完美结合，这是计算机技术和近代数学发展的必然结果，也是税收征管决策发展的趋势。例如，通过人机结合实施纳税评估，能够精准地锁定纳税人存在的问题及分布状况，为采取有针对性的管理措施弥补薄弱环节提供可靠的依据。

税收征管决策的方法有许多种，在此也不能一一列举和介绍，在实际征管实践活动中，决策者只有灵活运用这些方法，才能做出较为科学的税收征管决策。

4. 征管决策系统的构成。

税收征管决策贯穿于税收管理活动的始终，要使税收征管决策取得满意的效果，必须形成一个机制健全、手段先进、程序科学、运行高效和功能最佳的税收征管决策系统。税收征管决策系统一般应包括：决策中枢系统、信息系统、智囊评估系统、执行反馈系统、监督评价系统和决策支持系统（如图 6－9 所示）。

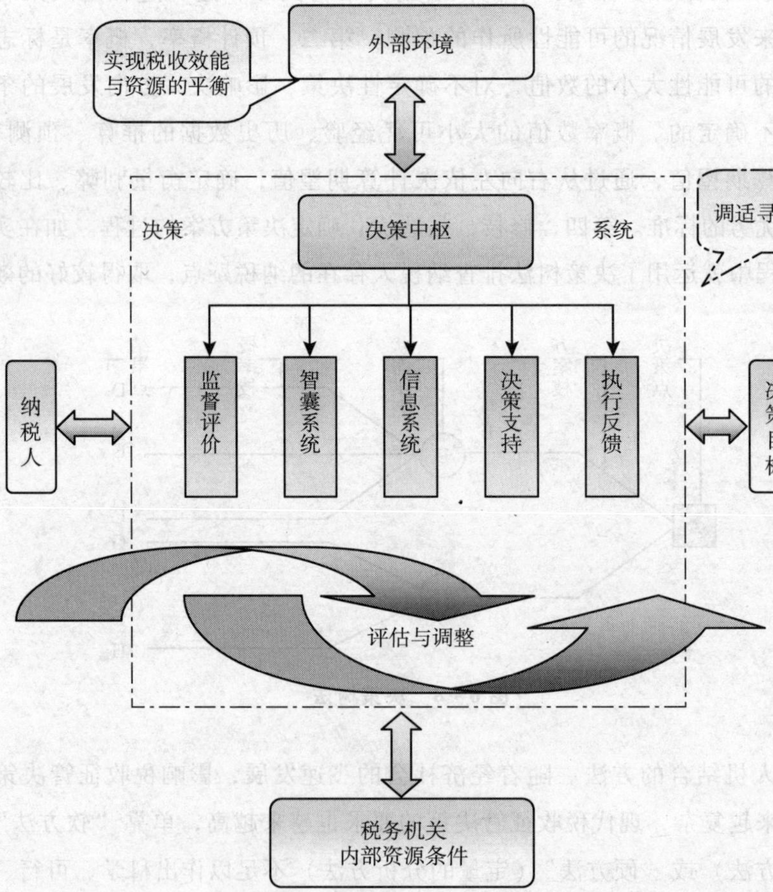

图 6－9 征管决策系统的构成

（1）决策中枢系统。决策中枢系统是决策系统的核心，由拥有决策权并负有责任的决策者及其设立的决策机构组成。其主要任务是：确定决策目标，评估决策方案，抉择最终方案，并对整个决策过程进行领导、协调和控制。

（2）信息系统。信息系统是专门为税收征管决策者收集和处理与决策对象有关的各类信息的决策服务性系统。其主要功能是：利用现代信息工具与手段，对来自各方面的信息进行综合处理、加工与分析，及时地为征管决策提供有价值的决策信息。

（3）智囊评估系统。智囊评估系统是专门为税收征管决策特别是领导决策服务的研究咨询系统，一般由经济、法律、税收、计算机、会计统计等不同专业的专业人员以及被模型化了的专家系统（智能专家系统）组成。其主要任务是：利用由信息系统提供的各种涉税信息资料，综合运用各种分析、评估与预测等决策方法，对适用性、可行性、可接受性等进行评估、求解，辅助决策中枢系统发现问题并加以界定，论证决策者提出的决策目标或确定目标，拟订并评估决策备选方案，为决策者提供科学的决策依据。

（4）执行反馈系统。执行反馈系统是将各项决策指令付诸实施的系统。它是一个由低级到高级的保证决策逐步实施的系统，它负责税收征管决策的执行与实施，并在执行过程中将执行情况及新的信息及时准确反馈到决策系统，使决策系统能够及时、全面了解决策实施的情况，发现决策实施中的问题。税收征管决策的过程就是不断进行评估、调适、寻优，实现各要素之间平衡的过程。这些都需要通过及时准确的反馈信息，以保证税收征管决策者及时作出反应。准确、及时地反馈决策执行过程中出现的问题是税收征管决策中不可缺失的重要一环。

（5）监督评价系统。监督评价系统是对执行系统贯彻、执行决策系统的指令情况进行检查监督的系统。税收征管决策的监督评价功能，不仅仅在于对过去工作的反映，通过评估能够发现问题、找出差距，可以重新调适目标、整合资源，寻找更优的解决问题的方案，以保证税收征管决策的顺利贯彻、执行和决策目标的实现。

（6）决策支持系统。决策支持系统（DSS）是在管理信息系统（MIS）基础上发展起来的，它的主要功能就是通过提高决策者的洞察力来为决策者提供帮助，改善决策效果。它的结构能使计算机加工信息的能力与决策者的思维、判断能力结合起来，从而能够解决更为复杂的决策问题。税收征管决策支持系统具备适应税务管理现代化要求的实行科学管理的“核心手段”，实现三大突破，一是建立数据仓库，实现数据集成，将分散在各个税收管理信息系统中的格式不一致、口径不统一的数据进行清洗、抽取、转换处理，形成面向主题的、集成的数据集合；二是快速获得各类综合性数据，满足税收征管活动的需要，实现利用空间换时间的目的；三是对历史数据进行充分处理和深度挖掘，对经济和税收综合数据等决策信息进行科学分析，运用科学的方法揭示税收征管各要素以及相关条件之间的关系、强度及均衡性，揭示税收征管的发展规律；通过对各项税收指标的精确监控、评价、测度和科学预测，不断寻优、调整、再寻优、再调整，以实现新的平衡，对税收工作及时作出全面评价，为合理配置资源，提高税收征管决策效果提供强有力的支撑。

（二）学习与变革功能的机制设计

征管决策系统的评估与调整功能基本等同于通常所说的决策行为、决策活动，但征管决策系统同时还承担着另一项更为重要的功能，即学习与变革功能，该功能以评估调整功能的实现为基础，是对评估与调整功能的深度提升，作用在于为税收征管自适应于环境变化，实现自主发展演进，提供深层次的动力。

在第一章的内容中，已经初步阐述了征管决策系统的运作机理，即“数据—信息—知识”的不断演化，这构成了征管决策系统运行的主干脉络。但在实际运作中，征管决策系统的运行是一个“噪声—数据—信息—知识—智慧”的完整演化过程（如图6-10所示）。其中，“噪声”是无效的、无价值的数据；“数据”是指对客观事物某一特征的数字化描述；“信息”是指加工处理后的有价值的数据；“知识”是分析信息形成的带有规律性的内容，具有指导性和创新性；“智慧”则是为达成目标而运用知识的能力。征管决策系统评估与调整、学习与变革两大功能的区别在于，评估与调整职能致力于从噪声到信息的演化，以针对现实问题做出反应、采取措施；而学习与变革职能则致力于从信息到智慧的演化，知识的创造是其主要内容，将知识转化为智慧是其根本目的。只有这样，知识的价值才能得以体现，税务组织才能具备发展变革所必需的智力资本，税收征管才能具有自主向前演进的内在能力。

21世纪的组织，最有价值的资产是组织内的知识工作者和他们的生产力，知识将取代土地、劳动、资本与机器设备，成为最重要的生产因素。税务组织要想具备应对复杂长远的环境变化、达成组织目标的内在能力，必须有效实现知识的创造、积累、共享和传播，这也是税收征管决策系统推动学习与变革的主要目的。随着知识成为最主要的财富来源，以及经济全球化和环境不确定性

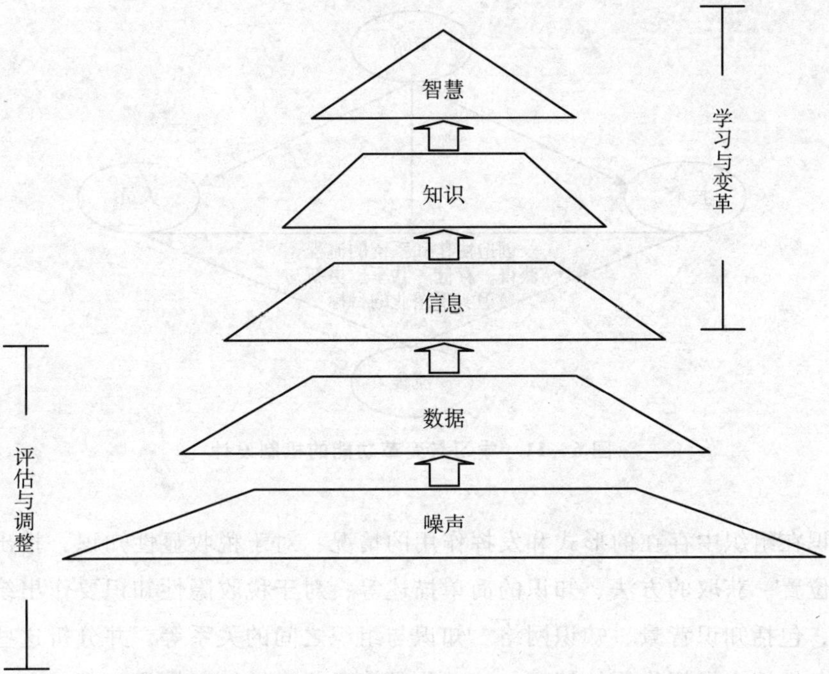

图 6-10　噪声—数据—信息—知识—智慧的梯级演化过程

的加剧，知识管理（Knowledge Management，KM）理论应运而生。知识管理作为使组织能够获得智力资本这种关键性战略资产并在内部分享的一种管理工具，对于征管决策系统的机制设计具有很强的指导意义。税务组织的知识管理，即在税务组织中建构一个知识系统，让税务组织中的资讯与知识，透过获得、创造、分享、整合、记录、存取、更新、创新等过程，不断的回馈到知识系统内，在税务组织中成为管理与应用的智慧资本，以适应环境的变化。税收征管决策系统应将知识管理作为面对环境变化和形势所做出的战略反应，根据知识管理所包含的基本元素（如图 6-11 所示），征管决策系统的学习与变革功能需要的策略、流程、人员、技术四个方面进行具体的筹划，形成知识管理的生态系统。

1. 策略。

采取编码化、个人化或群化、外化、融合、内化等方法实现税收征管隐性知识与显性知识的相互转换，增加知识的增量，扩展知识的存量，提高知识的共享和利用程度。隐性知识是指高度个性化而且难以格式化的知识，主观的理解、直觉和预感都属于隐性知识；显性知识是能用文字和数字表达出来，容易以硬数据的形式交流和共享的知识。根据这两种知识分类，确认与税收征管相

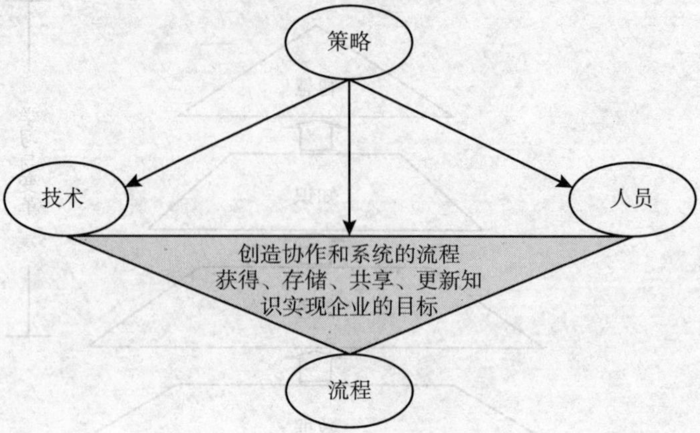

图 6－11 学习与变革功能的机制设计

关知识在组织中存在的形式和发挥作用的情况：对于税收显性知识，指出其存在的位置、获取的方法、知识的简单描述等；对于税收隐性知识要作出统计和描述，包括知识背景、知识网络、知识与组织之间的关系等，并分析这些知识在税务组织中发挥作用的情况。编码化是将税收显性知识搜集整理成文档的形式，这样就可以在税务组织内重复使用。采用这种策略，关键是着重激励税务组织的工作人员，让他们将知识记录下来；个人化是将税收隐性知识吸收消化成为工作人员自己的知识，这样就可以在税务组织中培养出大量的专家，采用这种策略，要着重激励税务组织的人员共享自己的知识；群化（Socialization）是将税收隐性知识转换为隐性知识，即通过共享经验产生新的税收隐性知识的过程；外化（Externalization）是把税收隐性知识转换为税收显性知识，比如将税收征管实践工作中的经验教训总结成书面形式；融合（Combination）是把税收显性知识组合形成更复杂、更系统的显性知识体系的过程；内化（Internalization）则是把税收显性知识转变为隐性知识，使之成为税务组织工作人员与团体的实际能力的过程。

2. 流程。

首先，建立包含知识获取、创造、分类、存储、分享、更新、价值等环节组成的运作流程（如图 6－12 所示）。

图 6－12 知识管理的核心流程

其次，对关键性的征管活动和业务流程进行分解，寻找为完成这些活动和业务所必需的知识，显示知识杠杆点。在税务组织关键的征管业务活动中，将能够带来直接效益的税收知识和对于实现税务组织发展战略和长期规划有重要贡献的知识作为知识杠杆点，以此作为对税务组织发展具有重要作用的关键知识。具体到税收征管中，如纳税评估、税务审计及数据加工分析等方面的知识。

最后，以税务组织的作业流程为线索，将税务组织现有知识与为实现组织目标所需知识进行对比，找出组织目前知识存在的不足，并结合税收知识杠杆点，以此作为甄选和评价税务组织知识潜在价值的标准。

3. 人员。

发现税收知识杠杆点中的有关人员，主要是在税收征管工作中能够独当一面的关键人员，使其获得组织知识库和知识专家的位置。像税收征管中的管理人才和纳税评估、税务审计、数据加工分析方面的业务人才等。美国联邦税务局（IRS）将确定高级主管所必需的工作技能和经验作为与税收管理现代化改造紧密相关的一项工作，并通过知识的创造和传播，逐渐建立实现组织目标的智力储备。如，IRS 在培养业务主管方面已经走在了联邦各政府机构的前列，它有一套严格的选拔与培养机制，能够成功地产生对 IRS 组织结构和业务有全面彻底了解的领导人。但即使在美国，税务组织一样难以摆脱作为行政部门在人才引进使用方面的制约，IRS 认为它的人才选拔与培养机制的“缺点是几乎所有的行政领导都是在 IRS 内部成长起来的”，“很难做到从外部吸收管理人才，这使得 IRS 的行政领导很难全面地学习吸收外部的先进经验。”20 世纪末，IRS 开始模仿其他机构的先进组织结构，通过设置一些与其他机构类似的领导职位，增加从外部选拔具有合适技能和经验的人才的可能性，并引进了许多高级人才。

4. 技术。

主要是通过门户技术、搜索引擎动技术、协作技术、E-Learning 技术、商业智能技术、内容管理技术和集成技术等七项主要技术要素的应用，形成信息技术支撑下的税务组织的知识管理系统。在知识管理系统的建设上，税务组织与现代企业相比还有很大的差距，这些先进技术的应用还有很长的路要走。

通过上述四项要素的设计，形成税务组织的知识管理战略，构成“知识管理的生态”（如图 6 – 13 所示），作用于征管战略的实现。

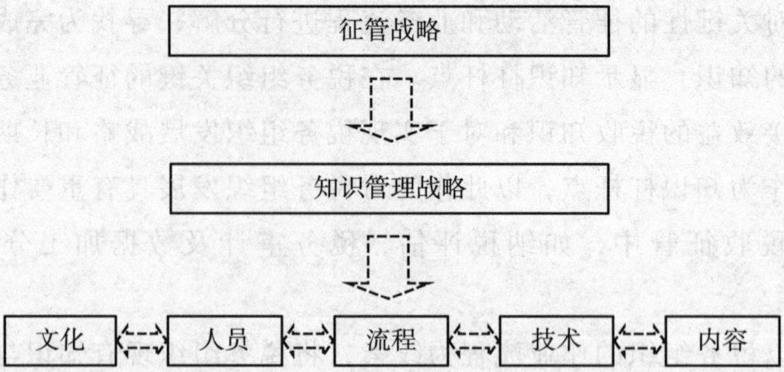

图 6－13 知识管理的生态

5. 知识管理系统的构成。

组织行为学专家陈国权提出了学习型组织过程模型，该模型可以为税务组织知识管理系统的建构提供具体的指导。他将组织学习视为一个包含“发现”、“发明”、“选择”、“执行”、“推广”到“反馈”的闭环循环过程，由获取知识子系统、发现子系统、发明子系统、选择子系统、执行子系统、推广子系统、反思子系统和知识库子系统、输出知识子系统构成（如图 6－14 所示），组织学习从“发现”变化和问题开始，进而“发明”解决的办法，对各种方法加以“选择”，“执行”新方法，并在更广的范围上“推广”，最后通过对全过程结果的“反馈”来进一步调整和改进，这六个阶段产生的知识以及外部环境的知识要流入组织的知识库，组织知识库中的知识又会对每个阶段产生影响，并输出到外部环境；通过位于模型中心的“知识库”以及上述六个过程与“知识库”之间的互动，提高分析和解决组织学习和适应环境变化问题的能力。税务组织要建立持续学习和自我更新的能力，就需要在业务流程、组织结构、管理制度以及信息系统中体现这七个基本环节和过程，形成组织学习的整体运行机制。

（三）税收征管决策系统的组织结构

“组织结构是进行决策和采取行动的媒介物。”按照西蒙对“组织”的理解（“组织”指的是一群人彼此沟通和彼此关系的模式），组织结构最终决定了组织成员间的彼此沟通和彼此关系。只有形成有利于沟通和联系的组织结构，才能保证决策活动的有效开展和决策结果的有效执行。结构影响行为，也是“系统思考”的基本特质。税收征管决策系统决策行为和活动的实施、机制的运行，乃至决策职能作用的实现，归根结底需要依赖相应的组织结构来实现。由于税收征管决策系统的建立还是一个新生事物，适应征管决策系统的组织结构也是一个需要探索实践的新课题。

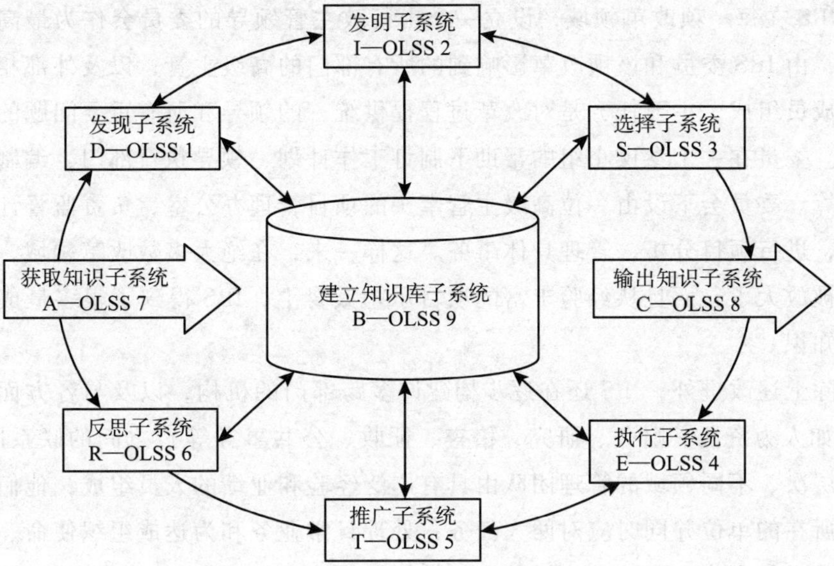

图 6-14　知识管理系统的构成

美国联邦税务局（IRS）在实施现代化改造的过程中，对组织结构的改进，充分体现了“组织结构是进行决策和采取行动的媒介物”的要求。美国联邦税务局（IRS）的最高机构及其所属各主要部门，都是由一个个管理团队组成的，并且上下级相互之间是密切联系的。最高管理机构由局长、副局长、各主要参谋职能官员，以及各主要业务部门的主管们共同组成，并设有全国顾问委员会、首席信息官、首席通讯和联络官，全国顾问委员会，向 IRS 各个部门提供税收意见，给予指导和提供法律方面的服务；首席通讯和联络官负责协调最高管理机构的交流活动的协调，形成高层领导之间、最高管理机构与执行部门之间的对话机制；首席信息官领导信息系统服务机构，为各业务部门提供高效、标准的支持和服务。

IRS 的各主要业务部门则是由主管、副主管，及 4～6 名具有参谋职能和直线职能的官员组成，如薪酬和投资业务部由大约六名最高执行主管组成管理团队，这一管理团队得到来自于信息系统、法律、税务等领域的高级执行主管们的有力支持，不仅有足够的权力、责任和能力来监控当前的业务活动，还可以对业务的战略和实践进行不断修正和改造，从而实现战略目标；其参谋职能包括：管理和财务，战略、规划和质量，联络沟通，业务系统规划，人力资源，雇员权益维护等。

IRS 在每一项改革领域，设立一个由行政主管领导的委员会作为最高管理机构，由 IRS 委员和该项改革影响到的所有部门的高级主管，以及外部相关部门的成员组成，主要任务是对改革过程提供统一的领导和所有重要问题的正确决策。委员在一个参谋小组的帮助下制订工作计划、领导执行部门，编制和执行预算。委员会下设由一位高级主管牵头的项目管理办公室，负责监督计划的进行，进行项目分析，管理具体事务。这样一来，在绝大多数改革领域，组织能力被放大了，而且从经验丰富的项目承担人身上，IRS 得到了很多最成功实践的知识。

除上述改进外，IRS 还在逐步构建许多跨部门的机构，以及与各方面的专家（如人力资源、财务、研究、稽查、征收、公共事务等）之间的联系网络。不同层次、不同领域的管理团队由具有广泛经验和业绩的人员组成，他们能够领导所在的单位并同时应对两大任务：处理日常业务和为达成组织使命、战略目标而进行现代化改造。这样的组织结构拥有非常活跃的、时刻进行的双向沟通，有利于组织内部各种沟通的有效进行，既有水平式的沟通，又有垂直式的沟通，这些沟通是双向进行的，在组织中所有的层次和组织外部的监管者之间进行，并充分发挥了不同领域人才的专长，作用于税收决策的科学制定和有效执行。

IRS 组织结构的现代化改造，对于建立适应征管决策系统运行的组织结构具有很强的借鉴价值。首先，各层级、各领域管理团队的建立，吸收了现代企业组织的特点，迥异于传统税务机关的组织结构，它们拥有足够的权力、丰富的业务专长和强大的组织能力，可以有效承载评估与调整、学习与变革两大职能，有效达成组织使命和目标。其次，各层级、各领域均高度注重参谋职能作用的发挥，设有专门的参谋职能官员、人员和小组，这是进行科学决策的基本前提，可以有效发挥复杂适应系统中“感应器”、“探测器”的作用，使组织具有自适应变化的机能。最后，注重建立跨部门的机构，以及与各方面的专家（如人力资源、财务、研究、稽查、征收、公共事务等）之间的联系网络，这样做可以打破部门间的樊篱，促进组织内部的沟通，提高信息、知识的共享程度和扩散使用效益。上述三种做法还扩大了参与决策的人员范围，扩展了各方人员参与决策的过程，能够实现各方人员对决策结果的高度认同，提高决策执行的公共意识和公共责任，并通过参与决策提高丰富各方人员的素质技能。

由此可见，一个适应征管决策系统的组织结构应具有以下特点：形成具有现代意义的，由高层领导、各类专家、各执行部门主管组成的“管理团队”

作为决策机构；形成由各方面专家组成的专门的参谋部位，作为支持决策的智囊和信息机构；自上而下鼓励和推动成立规模适度的、松散型的攻关、课题、研发小组，开展特定领域的研究，作为创新孵化器——先导小组，促进信息、知识的共享、扩散，强化将概念变为能力、理论化为实践的机能；通过设立信息主管、知识主管、通讯和联络官，实现对征管决策系统的组织管理、协调沟通和信息、技术服务。这其中，如果能够集中参谋人员和参谋职能，组成专门的支持决策的智囊和信息机构具有特别重要的意义。因为，当今一项决策所涉及的专业领域之广，所包含的不确定因素数量之大，结构形态之多，动态变化之复杂，使得无论哪一个天才的决策者也无法洞察一切、纵览全局。因此，将分散的支持决策的职能和资源集中起来，有利于发挥各方面人才集聚的知识互补效应和规模效应，统合信息和知识资源，还可以具体引导先导小组的成立，组织管理先导小组的运作。该组织将具体承担起税收征管决策系统的组织运行。这一组织可以在提高决策的科学化、实施评估与调整、推动学习与变革方面发挥主导作用，是具有现代意义上的组织形态。发达国家一些成功的智囊机构，为税务机关该类组织的建立提供了可资借鉴的蓝本。其中，以美国的兰德公司最具影响。

兰德公司（RAND）被称为现代智囊的“大脑集中营”，是当今美国乃至世界最负盛名的决策咨询机构，作为美国政府的“智库”，为美国官方提供“客观的分析和有效的解决方案”，影响和左右着美国的政治、经济、军事、外交等一系列重大事务的决策。兰德公司的成功主要依赖以下几点：一是它是高级人才的“摇篮”，招募了各领域的高级专业研究人才并促进他们之间的充分交流，以保证研究成果的高质量。二是善假力于人，聘请外部专家开展研究。并一直在倾力研究如何充分发挥专家的力量，真正让专家的知识对自己有用。正是由于其对专家咨询方式方法不断进行的思考与改进，最终有了德尔菲法、头脑风暴法等一系列著名方法的产生。三是建立完善的项目研究机制。兰德公司根据客户的需求确定研究项目，或针对一些有意义、会造成重大影响的而自主选择项目，形成《项目说明书》文件，包括问题、方法、背景、数据、进度、预算、时间表等，项目完成后会向项目委托人提供多达5个决策咨询选择，并将每一种选择可能产生的后果及利弊一并忠告用户，为决策者提供科学、客观、公正、全面的决策建议。

税务组织的智囊和信息机构虽然在地位、资源、层次等方面与兰德公司不具有可比性，但兰德公司作为决策咨询机构的先行者和成功者，其许多做法可以为税务组织所效仿。税务组织要建立一个支持决策和组织决策活动的组织机构，首先要最大程度地会聚高素质的人才，将税收征管各领域的高端人才集中到一起，开展决策支持活动。随着数据的高度集中，国内外许多税务机构已经成立了税收分析部门或数据处理部门，像美国、加拿大和澳大利亚等经济发达国家均设有专门的税收分析机构，且拥有一支庞大的税收分析队伍，在我国，成立专业的税收分析机构也已成为发展趋势。税收分析机构的功能指向支持各类征管决策，且具有信息资源方面的特有优势。因此，可将该机构作为一个智囊和信息机构，根据信息资源管理和知识管理的要求，结合企业的做法，设立信息主管（CIO）或知识主管领导这一部门，并充分摆布好该部门的智力构成问题。其次是采取专家咨询的方法，加强上述税收分析机构与各类税收研究机构、学院学校等的合作，或聘请外部专家进行相关课题的研究，这样有利于提高后者研究内容的针对性，并有利于将理论研究成果转化和运用到征管实践中去。近年来，专家咨询在我国政府决策中地位正在不断提高，同样将在税收决策方面发挥日渐重要的作用。最后由税收分析机构内部具体负责，甄别税务组织内部的人才，将具有相同业务专长的人员组成小规模的专业团队，开展不同项目的分析研究，建立项目研究机制，从而整合开发组织的集体智力，形成能够有效指导征管实践的项目研究成果。

第四节　税收征管决策支持系统的建构

近年来，随着税收信息化水平的进一步提高，功能强大的税收综合管理信息系统、多元化电子申报系统等得到广泛应用，税务机关获取各类涉税数据的渠道日益广泛和完善，各基础业务系统产生了大量的税收数据。这些数据本可以为决策者提供大量有用的信息，但由于各应用系统彼此孤立，形成信息孤岛，没有得到及时分析和利用，导致信息流失、资源浪费的现象较为严重。尽管在各个信息管理系统中或多或少都带有一些决策支持功能，但由于面向征管业务的管理信息系统综合利用税收数据支持决策的水平仍然较低，不能有效地将有用数据快速转化为决策信息，也就无法有效地为税收征管决策者提供决策支持。面对日趋复杂的经济税收环境，构建一个集先进性、可靠性、稳定性、开放性、安全性于一体的，科学、高效、智能化的决策支持平台，对税收数据进行深度挖掘，满足各层级税收征管的决策，已经成为当前税收信息化发展的一项重要内容。

一、税收征管决策支持系统的概念和基本构成

(一) 税收征管决策支持系统的概念

税收征管决策支持系统是一个基于计算机的，综合利用数据、信息、知识和模型，结合人的智力资源和计算机的运算能力，解决税收征管工作中非结构化或半结构化决策问题的系统。它协助决策者分析问题、探索决策方法，进行评价、预测和优选，从而提高决策的质量和效率。税收征管决策支持系统是经济发展和税收征管进一步深化的产物，同时又是系统科学、管理科学、计算机科学和行为科学等学科相互作用和渗透的结果。决策支持系统应用于税收征管领域，对税务机关的内部和外部数据信息进行综合深度分析处理，能够发现蕴藏在数据中有价值的信息，并形成知识作用于指导税收征管实践。它是为实现税收征管目标而对税收征管工作各环节进行评估和调整，通过不断调适寻优，为管理者提供决策支撑的信息系统。税收征管决策支持系统具有以下特性：用定量方式辅助决策，而不是代替决策；使用大量的数据和多个模型；支持决策制定过程；为多个管理层次上的用户提供决策支持；能支持相互独立的决策和相互依赖的决策；用于半结构化领域。20 世纪 90 年代兴起的数据仓库（Data Warehouse)、联机分析处理（OLAP）和数据挖掘（Data Mining）三项新技术，为税收征管决策支持系统开辟了一条从数据中获取辅助决策信息的新路子。新的决策支持系统与传统决策支持系统的结合，成为今后的发展方向。

(二) 税收征管决策支持系统的构成

税收征管决策支持系统一般有数据管理子系统、模型管理子系统、知识管理子系统和用户界面子系统几个组成部分（见图 6 - 15)：

1. 数据管理子系统。

数据管理子系统包括数据库和数据仓库以及数据库管理系统。数据仓库的数据主要从内部和外部数据源（数据库）中抽取和加载。内部数据主要来自于组织内部实现的任何可用的信息，如，税务综合管理信息系统、稽查信息系统、重点税源监控系统、增值税专用发票信息库、出口退税专用税票信息库、出口海关报关单信息、纳税人基本资料库、纳税人信用资料库等产生的数据信息（由于各地自行开发软件，各系统名称不尽一致)。外部数据包括政府各有关部门的信息、行业数据、市场调查数据、人口普查数据、国家经济数据等，这些外部数据来源都能为税收征管决策支持系统提供所需要的附加信息。另外，税收征管决策支持系统的信息来源还有一个渠道是个人信息，是将决策者

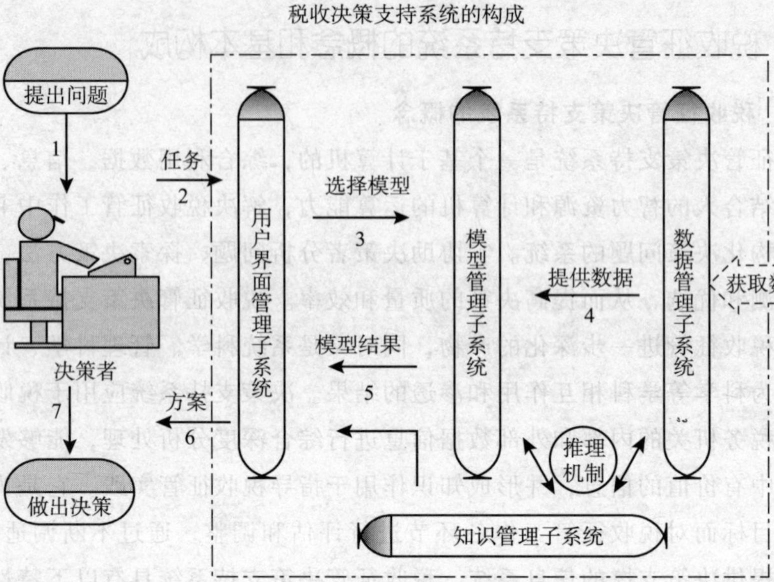

图 6－15　税收征管决策支持系统的构成

的经验和洞察力等个人信息输入到决策支持系统中去，以发挥其应有的作用。

2. 模型管理子系统。

模型管理子系统包含模型和模型管理系统，它是为实现特定目的而建立的模型集合构成的软件包，能够提供系统的分析能力和合适的软件管理能力。利用模型为决策者提供信息分析方式，对决策问题提供帮助。

3. 知识管理子系统。

许多非结构化和半结构化的问题非常复杂，除了通常的决策支持系统能力外，还需专家系统或者其他智能系统作支撑，这些系统就是把组织的知识嵌入其中，作为特别的专业知识为决策提供支持。知识管理有利于组织积聚、生产、保持和传播知识，收集和共享组织的知识资产以加快信息的流动和利用。因此，更高级的税收征管决策支持系统还包含知识管理的组件。知识库子系统包括知识库、推理机制、知识库管理系统以及数据库和模型库管理子系统的接口部分。

4. 用户界面子系统。

用户界面子系统实现用户与税收征管决策支持系统应用之间的交流与沟通，接收和检验用户的请求，协调数据库和模型库之间的通信，为决策者提供信息收集、问题识别以及模型构造、使用、改进、分析和计算等。它通过人机对话，便于输入和输出，使决策者能够利用决策支持系统的各种支持功能，选择方案。它包括用户界面和用户界面管理系统，以及便于实现组织内信息共享的 Internet 的发布方式。

二、构建税收征管决策支持系统的目标、原则和方法

（一）构建目标

税收征管决策支持系统作为一个为税收征管提供各种相关数据和数据分析工具的软件系统，是一个过程改进和强化输出的信息工具，也是一个辅助税务机关在经验数据的基础上做出理性决策的辅助工具。它以日常业务处理系统的数据为基础，利用数学的或智能的方法，对业务数据进行多层次、多角度、多种方式的挖掘、综合和分析，为决策提供帮助。一个成功的决策支持系统可以随意地存取并且有效地分析税收信息；能够准确地辨别偷漏税的区域和偷税、漏税者，并对其进行跟踪；能够区分辨别不同行业、不同地区、不同类型纳税人的行为特征，找出普遍规律；可以对不同行业、不同地区的应税收入进行较为准确的预测，从而帮助制订科学的税收计划等等。具体来说，税收征管决策支持系统的设计目标是：对各种业务数据（如征管数据、发票数据、网上报税系统、第三方信息数据）按税收业务的主题进行抽取、转换、加载等处理后，建立一个规范统一、高度共享的跨区域、跨应用的综合性主题数据中心，在此基础上，采用数据仓库、联机事务分析处理（OLAP）、数据挖掘、多元统计分析等先进技术，建设一个能够对研究对象（如税收收入）的规模、构成、分布、发展速度、平均水平、平衡程度等特征以及增长变化规律和发展趋势、对象之间（如 GDP 与税收收入）的相关关系、强度及均衡性等问题进行分析处理的平台。

（二）构建原则

1. 先进性和实用性原则。

决策支持系统要具有先进性，充分体现实用性，为税务机关尽可能地掌控税源，保证应收尽收、足额入库，提高征收力度和征收效率，降低税收成本，以及为纳税人提供优质服务、为地方经济建设出谋划策等税务决策提供有力支持。应成为一个集决策问题的描述、问题特征的输入、决策所需信息的存储和整理、决策结果的输出及分析于一体的信息系统，对税收征管决策的整个过程提供引导型和综合型的支持。

2. 共享性、安全性原则。

共享性是指以数据仓库技术为基础，将税务机关内部数据、外部数据经过

抽取、清洗、转换、加载，按照不同的分析重点，建成数据仓库，实现数据高度集中、规范与统一，为税收征管决策提供支持平台，保证决策之需，促进知识的流动与管理，实现数据信息的共享。

数据安全性问题是关系到决策支持系统的生命力的首要问题。在数据仓库的备份、防病毒、黑客的侵袭、冗灾系统的建立等方面不容忽视，而且是重中之重的基础性工作。

3. 可扩充性原则。

随着软硬件和决策支持技术的不断进步，税收征管决策支持系统必须能够进行平滑的扩充，同时决策支持系统和其他软件系统的接口也要灵活顺畅，以满足系统自身发展的需要。

（三）构建方法

税收征管决策支持系统是一个复杂的大系统，该系统的建立是一项十分复杂的工作。由于面向决策的问题是非结构化和半结构化的，用结构化的方法进行构建是行不通的。为此，需要将税收征管决策支持系统进行分解，先实现其中最主要部分的构建，然后逐步扩充。采用的方法主要有原型设计法、适应性设计法、发展式设计法和中间开始设计法等。由于原型法能够通过简单的需求分析，可以快速实现一个决策支持系统的原型，一般采用原型法。原型法是在系统构建中，首先有目的地设计出一个基本的系统原型，在此基础上迅速扩充能满足需要的决策支持系统的方法。税务机关和设计者在原型试用过程中可以随时发现存在的问题并提出新的需求，是一个重复迭代的过程。它主要包括四项活动：①定义税务机关需求（选择一个重要的子问题或问题的组成部分，开始构建本系统）；②建造原型（建造一个最初的、可运行的决策支持系统）；③完善需求（不断满足税务机关在原型试用中提出的新需求，扩充系统功能）；④完善原型系统（循环地扩展、修改、完善系统，直到一个相对稳定的系统构建出来）。

基于数据仓库的税收征管决策支持系统的构建可以按“先信息集成，后功能调优，再整体推进”的思路进行，包括三个基本步骤：首先，在维持现有信息系统日常运转的前提下，确定税收管理主题化模型，通过数据迁移，构筑税收征管数据仓库，建设税收征管综合信息体系，形成基于 Web 的税收征管联机事务分析平台，提供基于数据仓库的网络化决策；其次，在税收业务进一步改进的基础上，优化现行信息系统的体系结构，调整系统功能配置，扩充应用范围，将现行信息系统整合成以模型为核心的基于 Web 的联机事务分析处理系统（OLAP），提供基于数据模型的网络化业务应用；最后，以将主题模型进一步完善成适应税收征管现代化需要的税收征管信息模型为基础，实施联机事务处理系统和联机事务分析系统的合理连接和有效集成，形成既相对独立又有机统一的信息管理系统，并逐步引进和采用人工智能、数据挖掘、知识发现等智能信息处理先进技术，实现各个层面的决策支持。

三、税收征管决策支持系统应用技术

税收征管决策支持系统是以数据仓库技术为基础，应用联机分析处理（OLAP）和数据挖掘（Data Mining）等先进分析技术，对税收自身（如：税收收入）的规模、构成、分布、发展速度、平均水平、平衡程度等特征以及增长变化规律和发展趋势，经济与税收之间（如：GDP 与税收收入）的相关关系、强度及均衡性等问题进行分析、挖掘，以全面满足税收工作操作、管理、决策等多层面、全方位的应用需求，启动知识管理，形成知识库。为各级税务管理人员提供查询统计、分析监控、税收预警和税收与经济预测分析的数据利用平台。

（一）数据仓库

运用数据仓库技术解决决策支持的出发点就是“利用空间换时间”。税收征管决策分析需要处理海量历史数据，决策者需要耗用大量时间调取数据并等待分析结果，而数据仓库的数据是经过抽取集成的需占用系统资源空间非常大的经过清洗的面向分析主题的数据，并且数据仓库技术能够实现数据的快速分析运算，这恰恰为数据的调取和利用争取了时间。

1. 数据仓库的概念及结构。

数据仓库（Data Warehouse）是一个面向主题的、集成的、相对稳定的、反映历史变化的数据集合，用于支持管理决策。对于数据仓库的概念可以从两个层次予以理解，首先，数据仓库用于支持决策，面向分析型数据处理，它不同于税务综合信息管理系统的操作型数据库；其次，数据仓库是对多个异构的数据源有效集成，集成后按照主题（主题是税务机关利用数据仓库进行分析的关键点）进行了重组，并包含历史数据，而且存放在数据仓库中的数据一般不再修改。

构成税收征管决策支持系统的数据仓库的一般性结构包括数据源和数据抽取、数据存储与管理、数据展现三个部分（见图 6－16）。它们分别说明了数据从何而来和如何进入数据仓库、数据在数据仓库中如何进行存储和管理、如何把数据展示给决策者等问题。

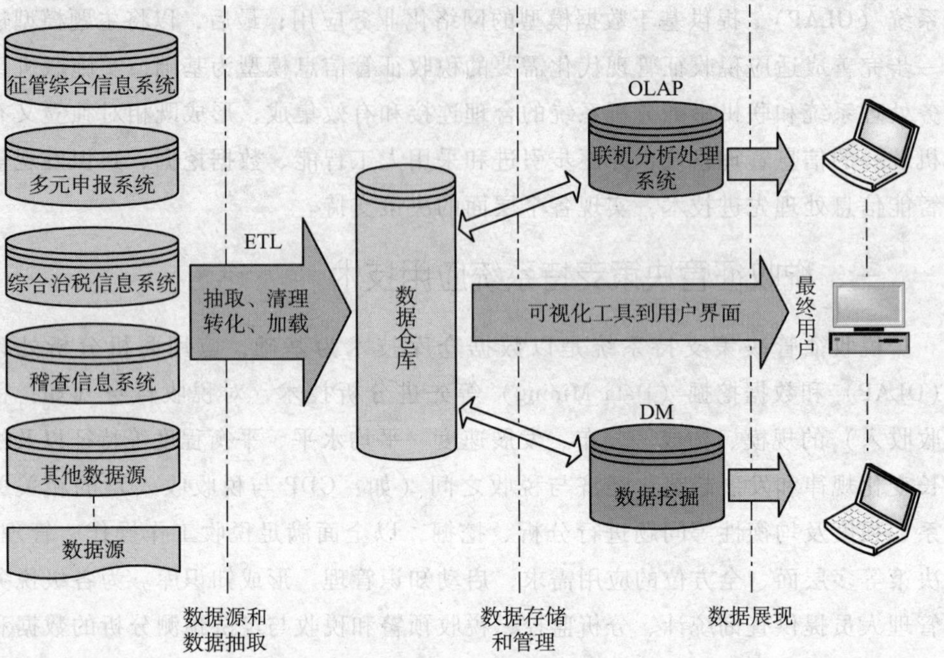

图 6-16　数据仓库的结构

2. 数据源和数据抽取。

数据源包括来自税务机关内部数据（如多元申报系统、征管综合信息系统、综合治税信息系统、稽查信息系统等采集的数据信息）和外部数据（来源于税务系统外部的数据，如财政部门、统计部门、工商行政管理部门、各大银行等等）。由于这些来源于操作型系统的源数据格式并不一致，要进入数据仓库必须经过清理/转化/加载过程（ETL）才能实现，数据仓库中的数据必须是清洁的、集成的、历史的。数据抽取的目的就是使所有的数据源具有通用且一致的格式，以准备装入到数据仓库中。

3. 数据存储和管理。

数据存储与管理必然涉及数据仓库的两个重要概念——主题和维。数据仓库的使用是围绕着主题来进行的，主题是对应组织中某一宏观分析领域所涉及的分析对象。也就是说主题是税务机关使用数据仓库进行税收征管决策时所关心的重点方面，是分析的关键点，是结合税收业务对税收征管决策支持系统所要达到的目的进行分析。数据仓库中的维是人们观察数据的特定角度，是考虑问题时的一类属性，相同类型数据的集合构成一个维，如时间维、地区维等，维有层次结构（对数据进行聚合分析时用到，如时间维可用日、周、月、季、年作为时间单位）、排序（定义变量）、计算逻辑（矩阵算法，可有效地指定规则）等属性。数据仓库中的数据是按照维来组织的，维成为数据仓库中识别数据的索引。典型的主题包括纳税人（面向纳税人主题的决策分析实质上是对纳税人的纳税能力所作的全面评估，主要体现税务机关对微观税源的监控，考虑的分析维度是税种、企业销售规模、地区、行业、时间五个维度）、税务机关（面向税务机关主题的分析主要反映税务机关的征税能力、效率和成本以及税务机关对纳税人提供纳税服务的质量情况，涉及维度主要有税种、时间、地区、行业、税收成本及纳税人满意指数测定指标所涉及的维度）、税收产品（即税种，反映各税种在税收收入中的贡献率，维度涉及税种、地区、时间、行业、经济类型等），税收征管决策需求的不断变化和增加，需要不断地完善和增加主题。

4. 数据展现。

（1）联机分析处理系统（OLAP）。数据仓库侧重于存储和管理面向决策主题的数据；而 OLAP 则侧重于数据仓库中的数据分析，并将其转换成辅助决策信息。OLAP 的一个重要特点是多维数据分析，多维分析是分析税收数据最有效的方法，是 OLAP 的灵魂，这与数据仓库的多维数据组织正好形成相互结合、相互补充的关系。它便于使用者从不同角度提取有关数据信息进行快速、一致、交互地存取，从而获得对数据的更深入了解。OLAP 是一个被广泛应用的数据仓库使用技术，比较典型的应用是对多维数据的切片和切块、钻取、旋转和聚合等分析，可以从多个维度、多个侧面和多重数据综合层分析数据，从而了解蕴藏在数据背后的规律。

（2）数据挖掘（DM）。数据挖掘（Data Mining）是采用数学的、统计的、人工智能和神经网络等领域的科学方法，从大量数据中挖掘出隐含的、先前未知的、对决策有潜在价值的关系、模式和趋势，并用这些知识和规则建立用于决策支持的模型，提供预测性决策支持的方法、工具和过程。它能发现决策者可能忽略的信息，并为税务部门做出前瞻的、基于知识的决策支持。数据挖掘作为决策支持系统的一个重要组成部分，越来越成为税务机关关注的焦点。在知识经济快速发展的背景下，税务机关只有运用高超的知识和技能去挖掘税收数据价值、提升价值，从中识别和抽取隐含的、潜在的有用信息，进行知识发现，全面反映税收工作的过程、成果、规律，实现税收数据增值，才能获得高额回报。

数据挖掘与联机分析处理系统两者都是数据仓库系统的分析工具，它们处理的问题不同，数据分析的深度不同，使用的技术也不同。数据挖掘是一种预测分析，是通过发现事物间潜在的关系和特征模式并利用这些特征模式进行的预测分析，联机分析处理系统则是一种验证型数据分析，通过不同层次和角度展现问题相关信息为决策者提供判断依据。

（二）模型库

模型是一种抽象的表示法，它说明了一个现象的组成或关系。税收征管决策支持系统列出模型库中所有模型的使用界面，分析者能够从中选取所需的分析模型。模型库负责管理税收经济分析模型，包括构建模型、更新模型和删除模型等功能。模型库系统中用模型字典描述所有模型的功能和接口，模型库中用组件的方式存储模型。每个组件包装的模型，需要调用的分析软件或组件都从方法库中调用，需要获得的外部数据从数据库系统中获得，模型的内部数据则从内部数据库获取，模型的生成结果可以存到模型的内部数据库中。根据不同的建模方法，税收征管决策支持系统模型库中一般含有统计模型、最优化模型、预测模型和敏感性分析模型等，具体包括税收宏观经济计量模型类、税收微观分析模型类、税收投入产出模型类和其他模型类等。这些分析方法或模型可以广泛用于税源分析、税收收入分析、税收收入预测和纳税人偷逃税分析等方面的研究和应用。

（三）知识库

有些半结构化和非结构化问题的求解单纯使用定量方法无法解决，或者不能完全解决。要做出科学的决策，要具备足够的、多元化、全方位的知识储备，单凭单个人或小集团的智慧与能力，已经无法适应现代社会所赋予的决策使命。因此，借助外脑，发挥群体决策的作用以及知识库的智力支持功能，就成为税收征管决策不可或缺的部分，这也是社会化大生产对“谋”与“断”专业分工的必然要求。为此，必须在税收征管决策支持系统中建立知识库，以存放各种规则、因果关系、管理者的经验等，并综合利用知识库、数据库和定量计算结果进行推理和问题求解的推理得出问题解决方案。知识库是税收征管决策支持系统实现智能化的关键部件，它所涉及的知识广泛，既有知识库特定的知识（领域专家长期积累起来的经验性知识），又有建模知识和求解方法知识，是定性推理和定量计算的有机结合。

四、税收征管决策支持系统的功能

税收征管决策支持系统包括查询统计、综合分析、税收预警、税收经济关系分析与预测等功能。具体功能如图 6－17 所示：

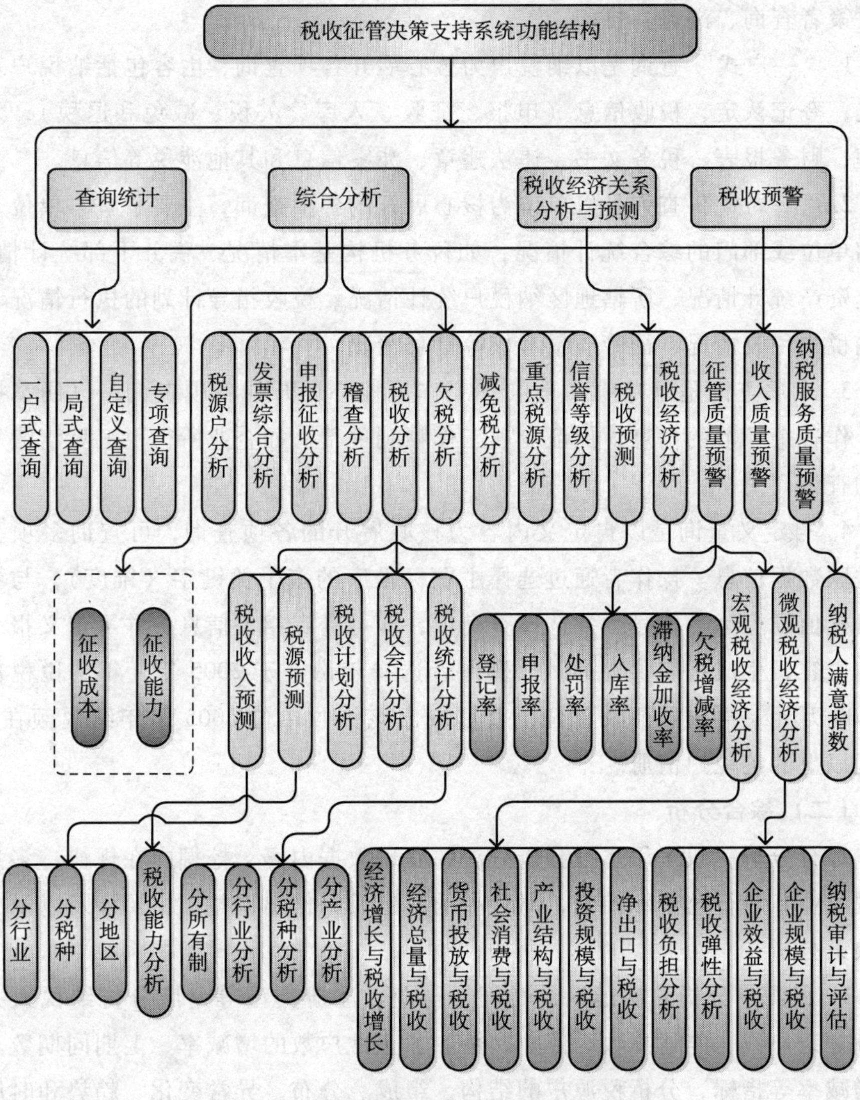

图 6-17 税收征管决策支持系统功能结构

（一）查询统计

查询统计是指各级税收管理者日常工作中用到的信息查询。包括："一户式"查询、"一局式"查询、专项查询、自定义查询。系统提供定式报表管理和自定义报表管理功能，包括：报表格式和数据的存储、报表检索、报表浏览、报表打印等。此外，系统在管理端捆绑了功能强大的报表制作工具，可以方便地制作复杂格式的各类报表，系统管理人员可以根据需要进行报表定制，供决策者查询、浏览、打印。

1. “一户式”查询是以纳税户为核心展开各项查询，内容包括纳税户基本情况，登记认定，税收信息（申报、征收、入库、欠税、减免和退税），发票管理，财务报表、税务文书，违法违章、涉案信息和其他涉税等信息。

2. “一局式”查询是以单位为核心展开的各项查询，主要了解本单位及其所辖单位或部门的综合统计情况，如税务机构基本情况、税务干部统计情况、固定资产统计情况、所辖地区纳税户统计情况、税收指导计划的执行情况、重点纳税户税收情况、征管质量考核等信息情况。

3. 专项查询是以专项（重点）工作为核心展开的各项查询，以便掌握专项工作各个环节的信息，保证专项工作顺利进行。如企业所得税汇算清缴等情况的查询。

4. 自定义查询是以自定义内容为核心展开的各项查询，可查询多项主题的关联数据信息。操作者通过选择主题标准库的多个关键字（维度），与各自的目标值配上运算符号，并选择查询项，即可查到相关信息，并可定义报表格式和内容，生成报表供查询。如操作者选择年份等于 2005 年、年纳税税额大于 100 万元，再选择征收单位，就可查出该征收单位 2005 年年纳税额在 100 万元以上的纳税户清册。

（二）综合分析

综合分析一般采用多维分析方法，发现数据内涵，挖掘内在规律，多角度对税收业务进行监督和控制，对存在的问题及时作出调整。主要涉及以下方面的决策分析：

1. 税源户分析。从地区、时间、行业、注册类型等角度分析纳税人办理税务登记户数、停业户数、停业次数、非正常户数的增减率、上期同期数、同比增减率等指标，分析税源户的结构、组成、分布、异常变化、趋势和时序变化等情况。

2. 申报征收分析。一般来说，税务机关组织税款的征收与入库，要先后经过三个主要环节：受理纳税申报环节、税款征收环节和税款入库环节。申报征收反映了税收资金的运动过程，税收资金运动顺次经历三个阶段时，其形态和反映经济业务活动也随之发生变化。通过对不同时间、税务机关、纳税人、行业、注册类型、应征税款、提退税金、欠缴税金、减免税金、在途税金、征收税款和入库税款等等指标的比较，分析税款运行的规律，发现税款征收过程中存在的问题，为完善措施，强化管理，提供决策支撑。

3. 稽查分析。从案件数量、发案率、立案率、结案率、案件审理率等指标分析稽查成果、税务处罚等情况，针对查出涉税违法事实、纳税人采取的偷逃税手段、稽查过程采取的方法、取得的证据、应用的财务会计知识等内容，利用聚类分析等方法，掌握税务违法违章案件的主要类型和分布情况，发现涉税违法行为的新领域、新动向、新手段，进一步分析违法案件存在的特点、规律及其成因，找出税务稽查的一般规律，堵塞征收管理的薄弱环节，为税务机关实施分类管理提供依据。

4. 重点税源分析。对重点企业的财务报表、生产经营状况、主要产品的产销量和库存变化、固定资产投资和技术改造情况、税款的申报、征收、抵扣、入库、欠税以及税收优惠政策执行等情况进行分析，及时掌握重点税源的现状和变化情况。同时，税务机关日常征管中掌握了大量经济数据资料，通过税务机关所掌握的规模企业的各类经济指标、财务指标与统计数据（如产品销售收入、利润总额、资产合计、注册资本、盈亏企业个数、亏损面、亏损企业亏损额、产成品存货、应收账款净额、流动资产平均余额、总资产贡献率、资产负债率、流动资产周转次数、成本费用利润率、产品销售率、注册资本税收贡献率等经济指标、财务指标）的比较分析，能够较真实地了解某一地区、某一行业、某一经济类型企业、某一企业的相关经济信息，特别是规模企业各项经济指标，为政府决策提供依据，同时便于各级税务部门掌握税源情况，强化税源分类管理提供保障。

5. 税收分析。（1）计划执行情况分析：以税收计划、时间、征收税款、入库税款、欠税税款、同期对比，占计划比率等指标分析税收计划执行情况，对基层税务机关组织收入执行情况进行评估。（2）税收会计分析：通过对税收资金的流动分析，监控税收收入质量，堵塞收入各环节的漏洞，为强化税收资金管理提供决策依据。（3）税收统计分析：一是税款结构分析。从税务机关、纳税人、税款种类、行业、登记注册类型、预算级次、应征税款、税款所属期、征收项目等角度对入库税款、增减率、上期同期数、同比增减率、地区比重等指标进行结构性分析，揭示税收收入的形成和变化趋势，反映结构变化、税收贡献率等情况和税收对产业结构调整及区域经济发展的影响；二是税收收入分布分析，通过应用绝对值分布分析方法，将所有纳税人的年纳税额分成若干区间，分析纳税人入库税款在这些区间的分布情况；三是税收收入发展分析，通过计算当期税收收入与前期税收收入的比值，考察税收收入的发展速度；四是税收收入增长的均衡性分析，通过应用平均值、方差等统计方法，考察税收收入在地区、行业、产业、收入种类、注册类型等方面增长的均衡性。

6. 欠税分析。包括清欠率分析、欠税核销（呆账）、新欠与陈欠比率分析；欠税额在地区、行业、经济类型、税种等属性上的分布情况分析；欠税状况与经济指标（应收账款）相关性分析；欠税总量、结构的趋势分析。通过欠税分析反映欠税的客观现状和变化情况（欠缴税金的总体规模、结构、分布及其发展变化趋势），揭示税收征管在地区、行业、税种、企业经济类型等方面的强弱差异和问题所在，同时更为重要的是以企业的现实财务状况作为税务部门清缴欠税的参照系，全面考虑企业的实际，充分发挥税务部门的主观能动性。通过对欠税企业、行业、地区欠税偿还能力的分析，为各级税务机关制定清欠措施，进一步完善征管质量考核体系提供决策依据。

7. 减免税分析。主要包括对越权、超期审批情况的分析监控；减免税额在地区、行业、税种、项目和经济类型等属性上的分布情况分析；减免状况与税收收入及社会经济状况相关性分析；减免税总量、结构的趋势分析。通过分类比较和历史比较，展示减免税的发展形势，揭示减免税政策执行差异，为强化减免税的监控、改进和完善减免税管理措施提供决策支持。

8. 税收成本与效率评价分析。税收行政效率，可以用税收成本率即税收的行政成本占税收收入的比率来反映，“一切赋税的征收，须使国民付出的，尽可能等于国家所收入的。”亚当·斯密在《国富论》中已经明确指出了税收成本的问题。税收成本与效率评价分析对于反映某一地区经济发展、税收征管水平、征管机构设置及税务人员和设备配备有着重要意义。它可为税务机关的机构、人员、资金等资源的合理配置，正确选择征管方式提供决策依据。衡量和分析税收成本和效率的指标体系主要有三个方面的指标集合：一是基本的指标，它反映征收成本与效率最基本的情况，如征收成本；二是特征性的指标，它反映征收成本与效率的特征及其基本构成形式，包括薪金收入率、行政费用收入率、设备费用收入率和基本修缮费用收入率；三是用途性指标，它反映征收成本的用途和对税收收入实现方式的作用，包括维系成本和效益成本。目前，我国的税收成本与发达国家相比存在着较大差距，早在1992年，美国国内收入局征收成本率为0.58%，新加坡为0.95%，澳大利亚为1.07%，日本为1.13%，英国为1.76%。在瑞典，即便是成本最高的所得税，其征收成本率也仅为1.5%。税收成本问题是一个不容回避和忽视的问题。研究税收成本对提高税收征管效率有着重要意义，通过对税收成本与效率各要素的深度分析，测算税收征管的标准成本或寻找税收成本的临界点，通过参数调整，按照

“精简、效能”的原则，不断寻找适合自身实际的、符合发展需要的资源配置“最优”方案，为推进征管改革、优化人员配备、调整机构设置、实现税收资源利用的最大化提供决策依据。

9. 征收率测算分析。征收率是实现的税收收入与应征税收的比值，是表明税收征管综合水平的重要指标。通过征收率的测算，可以充分反映、评价税务机关征管力度实际达到的水平，从而为分析影响征收率提高的各种因素，找出税收征管存在的问题和不足，全面衡量征管质量提供依据和标准。提高征收率是税收征管追求的目标，它对提高税收征管质量和效率有着深远意义。一是使税收增量扩大。在税制稳定的情况下，快于经济的增长部分都来自征收率的提高。这对组织收入工作意义重大；二是提高了税收收入占 GDP 的比重，对宏观税负是一个有效的拉动；三是创造了公平税负的环境。在税收政策稳定，不增加税收负担的情况下，征收率的提高会提高纳税人的实际税负，这种提高正是对过去没有依法履行纳税义务的纳税人的一种纠正，而对大多数诚信纳税的纳税人是一个公平的待遇。

（三）税收经济关系分析与预测

税收经济关系分析与预测包括宏观税收经济关系分析、微观税收经济关系分析和税收预测。宏观税收分析与微观税收分析研究的对象不同，数据源也不同。但分析的内容是一致的，都是税收经济内在的关系分析。税收与经济关系，在具体的税收工作中常常被称为税收与税源关系，通过税收宏观与微观经济分析，反映经济各要素对税收的影响，以及税收对经济的反作用，找出税收与经济的内在联系和规律，揭示税收征管中的问题，挖掘税收潜力，完善征管措施，同时为地方经济建设出谋划策。

宏观税收分析是从总体上把握税源变动状况、应征税收规模和征管力度评价，包括经济总量与税收总量分析，GDP 与税收收入发展均衡性分析，消费与税收分析（主要是从居民消费和社会消费两方面的消费结构与税收收入进行对比分析），投资与税收分析（包括投资对税收增长影响的分析、投资对税收滞后影响的分析、投资对税负的影响分析）等等。

微观税收经济关系分析是掌握微观税源动向、企业应纳税额变动规律，以反映税收经济关系的税收负担指标为核心，涉及税负水平测算、税负差异评估和税收负担变化趋势的分析，税源质量（税源质量的优劣一定程度上决定着对税收的贡献状况，对税源质量的评估可以为企业税负合理性的评估提供数据支持）、税源真伪和税源变化趋势分析。

税收预测主要是某地区、行业、税种的税收能力的估算，税收预测的主要作用是澄清税收和国民经济宏观指标之间的关系，这些宏观经济指标包括国内生产总值、固定资产投资、社会商品零售总额、货币投放量等国民经济指标，还需要估算税种结构、地区结构、地区都市化程度的不同对税收的影响，得出宏观税负、税收和国内生产总值的增长弹性，增长波动幅度，税收的绝对增长，税收结构变动等综合结论，在此基础上估算纳税能力，从而为预测税收收入和制订税收指导计划提供决策的依据。

1. 纳税能力估算。

税收纳税能力是指在既定的税制下，一个地区在经济运行中所形成的税收储量，是一个税收潜在能力的概念，它指的是可征税收的总能力。税收收入能力取决于三个因素：即经济发达程度、经济效益以及收入分配均衡程度。

利用科学的纳税能力估算的结果，可以提供一个较为客观的评价各地区税收工作综合业绩的标准，避免用实际税收收入做考核的弊端，使各地区可以在一个公平、统一的标准下进行评比；通过不同时期或不同地区纳税能力估算的结果，还可以评价税源质量的状况和变动趋势，指导与组织税收收入相关的各项工作。下面提供一个营业税纳税能力测算模型和步骤的案例（见下文案例），纳税能力估算还包括其他模型，参阅下文附录资料一。

【案例】 营业税纳税能力测算模型和步骤

营业税是流转税主体税种之一，其征收范围覆盖了第三产业中除批发零售业以外的行业，共规定了交通运输业、建筑安装业、金融保险业、邮电通信业、文化体育业、娱乐业、服务业、转让无形资产和销售不动产等9个税目，按照行业类别的不同分别采用不同的比例税率征收。

营业税纳税能力估算就是估算标准化税收收入，标准化税收收入是标准税基与标准税率的乘积，用计算公式可表示为：

$$营业税纳税能力 = \sum 标准税基_{ij} \times 标准税率_{ij}$$

标准税基：是对某个宏观总量指标经过调整后得到的，它接近法定税基。调整的依据主要是税收政策以及与税收相关的地区效益状况。

标准税率：在税基与宏观经济指标有明确的关系以及税率单一的情况下，可以直接用法定税率作为标准税率。虽然有时税率不是单一的，但可以比较容易地把不同档次的税率与对应的税基对接，用相应的税基将几档法定税率作加权平均，使用平均税率作为标准税率。

将营业税9个税目的标准税基分别乘以对应的标准税率，然后加总就得到该地区营业税税收能力估算值。

【附录资料一】　国外税收能力估算类模型借鉴

税收能力估算类模型主要包括回归分析法和典型税制法

回归分析法利用回归方法分析出经济变量和税收能力的数量关系，然后用这些经济变量的数值来间接测算税收能力的大小。使用回归分析法首先需要根据税收和经济关系的理论和实践，选取对税收能力影响较大的经济指标建立与税收能力相关的数学模型，确定它们之间的数量关系，然后利用这些关系测算税收能力。

建立税收能力回归测算模型的步骤一般是：

1. 根据税收和经济的关系，选取合适的经济指标作为税收能力的经济解释变量。

选择解释变量时需要注意：

(1) 解释变量和税收能力应该有理论上或实践上的关系；

(2) 解释变量的数值能够准确得到；

(3) 解释变量的数量并不是越多越好，宜少而精。

2. 建立一系列的数学表达式并使之能较好反映税收能力和经济解释变量之间的数量关系，在此根据需要可以建立单方程的回归模型或者建立含有多个方程的联立方程模型。

3. 搜集所有经济解释变量的相关数据，根据这些数据计算模型中数学表达式的参数值，根据结果对经济解释变量进行取舍，最后得到税收能力和选定经济解释变量之间的数学模型。

国外在分析研究税收比率、税收努力和税收能力的过程中，建立了一些回归方程模型可以供在税收能力测算的时候借鉴使用。这些回归模型中比较典型的有：

(1) 马斯格雷夫模型：

$$T/Y = a + \alpha Yp + \beta X/Y + \gamma E/Y + \delta A/Y$$

其中，T 为税收总收入，Y 为国内生产总值（GDP），Yp 为人均 GDP，X 为出口量，E 为采掘业的产出，A 为农业的产出。

根据这一公式，将某一地区的 Yp、X/Y、E/Y、A/Y 数据代入，可以估算出该地区的理想状况税收比率 T/Y 值，从而进一步求出纳税能力值 $T = Y \times T/Y$。

(2) 巴尔模型：

$$T/Y = a + b_1A_y + b_2N_y + b_3X_y$$

其中，T 为税收总收入，Y 为国内生产总值（GDP），A_y 为农业份额，N_y 为采矿份额，X_y 为出口份额。

(3) 劳兹—莫斯模型

$$T_y = a + bY_p + cXM_y$$

其中，T_y 为税收比率，Y_p 为人均 GDP，XM_y 为进出口总额占 GDP 的份额。

典型税制法最早由美国政府间关系顾问委员会于 1991 年应用于美国各州。其方法是在现行税制结构下，按照平均税率征税计算出预期收入，然后将预期收入和实际收入比较即得到税收努力指数，而预期收入即为税收能力。典型税制法需要计算每一个税种的平均税率，这可以通过建立每种税的税收水平和税基及控制变量的回归方程估算得到。

按照国际货币基金组织的税收分类，对各个税收努力指数进行测算比较时就采用了典型税制法。国际货币基金组织把税种分为七类：个人所得税（包括工资税但不包括社会保障税）、公司所得税、财产税（包括机动车辆税）、国内间接税（包括销售税、货物税及其他国内间接税）、进口税、出口税和其他税。因为较难得到实际税基的数据，测算中对每一种税都采用了代用税基。在进行纳税能力测算时，多采用典型税制法。

2. 税收收入预测。

实行科学的税收预测，促进税收征管决策的科学化具有重要的作用。税收预测主要是通过建立各种预测模型，对税收收入进行外推预测，以达到预测的目的。如在某地区历年税收收入数据的基础上，利用时间序列预测下一年度的税收收入；或根据与税收收入相关联的经济指标，利用多元线性回归预测下一年度某地区、行业、税种的税收收入。税收收入的预测值可以为制订下一年度税收收入计划、安排税收收入预算提供决策依据。

【案例】 以某地区为例预测 2005 年个人所得税收入

与个人所得税密切相关的经济指标是城乡居民可支配收入，根据居民可支配收入与个人所得税历史数据（见下表），经相关性分析，拟合优度 0.94，相关系数 R = 0.97，表现为高度相关，模型是可用的。得到回归方程：

Y = 3.161 × X − 11153

将下一年度城乡居民可支配收入预计值代入，即可得到个人所得税预计收入：预计实现个人所得税 19729 万元。

居民可支配收入与个人所得税历史数据　单位：元

年度	城市居民可支配收入	个人所得税
1995	3837	1490000
1996	4179	29110000
1997	4927	39220000
1998	4823	51610000
1999	5285	62180000
2000	6323	58630000
2001	7115	130530000
2002	7369	127620000
2003	7750	124220000
2004	8883	171910000

个人所得税与居民可支配收入相关性

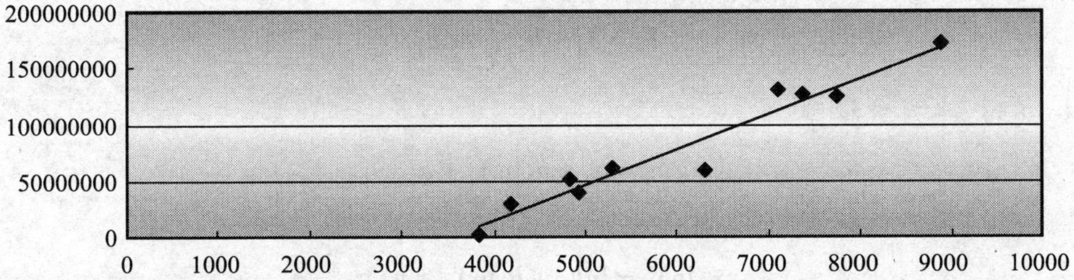

税收预测常用的方法还很多，如平均速度外推预测法、多元线性回归预测法、非线性预测法（二次曲线预测法、指数曲线预测法等）、季节比率预测法等等，可根据实际需要选取最优模型进行收入预测（具体模型参见附录资料二）。

【附录资料二】　税收收入预测方法模型

税收收入预测类定量模型主要有回归预测方法和确定型时间序列预测方法两大类。

回归预测方法又分为一元线性回归预测、多元线性回归预测和非线性回归预测三种模型。

一元线性回归预测是通过建立税收收入和其他具有经济变量的一元回归模型，然后通过其他经济变量的预测值来推断税收收入的预测值。这种预测需要税收收入和其他经济变量具有某种内在的线性趋势关系，而且需要得到未来该经济变量的较为准确的预测值，才能够进行比较准确的税收收入预测。

多元线性回归预测，通过建立税收收入和其他多个经济变量的回归模型，然后通过其他经济变量的预测值来推断税收收入的预测值。同一元线性回归预测方法，多元回归预测也需要税收收入和其他经济变量具有某种内在的线性趋势关系，而且需要得到未来这些经济变量的较为准确的预测值，才能够进行比较准确的税收收入预测。

税收收入与某些经济变量之间的相互关系可能不是线性关系，而是非线性关系，用线性回归分析就会与实际情况发生偏差，这是就需要采用非线性回归预测方法。常用的非线性模型有：

(1) 多项式模型

$$Y_t = a_0 + a_1 X_{1i} + a_2 X_{2i}^2 + \cdots + a_k X_{ki}^k + u_i$$

(2) 双曲函数模型

$$Y_i = b_0 + b_1 \frac{1}{X_i} + u_i$$

(3) 半对数模型

$$Y_i = b_0 + b_1 \ln X_i + u_i$$

(4) 双对数模型

$$\ln Y_i = \ln b_0 + b_1 \ln X_i + u_i$$

以上模型都可以利用变量变换的方法变为线性回归模型进行分析。实际工作中，偶尔也可能遇到不能线性化的非线性模型，此时一般的方法之一是将该模型泰勒展开为近似多项式，然后利用线性回归进行分析。

时间序列预测方法。时间序列是一串按时间记录的观察数据，时间序列预测方法是通过时间序列的过去分析经济变量随时间变化的统计规律，并将这种规律延伸到未来，对该经济变量进行预测。税收收入的时间序列分析是根据税收收入本身过去的规律来预测未来的税收收入，假定税收收入只是与时间有关，根据历史上税收收入的时间序列，分析税收收入变化的特征、趋势和发展规律，从而对未来税收收入做出分析和预测。时间序列分析分为确定型时间序列分析和随机型时间序列分析。

确定型时间序列分析方法简介

确定型时间序列预测方法的基本思想是用一个确定的时间函数来拟合时间序列数据，其模型的一般形式为：

$$Z_t = f(t, \beta) + u_t$$

Z_t 表示 t 时刻的预测变量，$f(t, \beta)$ 是以时间为参数的函数，u_t 为随机扰动项。模型中假定 u_t 服从正态分布，是一个零均值不相关序列。

确定型时间序列模型的关键是确定函数 f 的形式，然后估计出参数 β，即可以用来进行预测。

在日常税收征管活动中，为实现收入均衡入库，常常使用滚动预测模型进行月度收入预测。滚动预测是预测近期活动发展态势常用的动态预测方法。给定预测期的终点，利用历史资料，随着近期活动的不断实现，预测的期间也不断地缩短，在已实现数据的基础上修正预测参数，继续滚动预测其余期间的态势，即每实现一个月的税收，对实现税收增长系数进行滚动调整，预测其余各月的税收，直至 12 月。其步骤是：

利用历史资料找出修正的税收收入的月分布曲线；

利用预测年度已实现的税收与修正曲线的数据相比，求出实现税收的增长系数；

利用实现税收增长系数与经济预期增长速度加权求出税收年度增长系数；

以税收年度增长系数去乘修正后的税收月分布曲线各月的税收，求出预测年度各月的税收；

每实现一个月的税收，对实现税收增长系数进行滚动调整，预测其余各月的税收，直至 12 月。

3. 产业结构对税收收入的影响。

产业结构的变化是此消彼长，一种产业占 GDP 的比重的变化必将使另外两种产业占 GDP 的比重发生变化。产业结构决定经济增长方式和增长速度，如何调整产业结构更有利于税收的增长，这是各级政府所关心的，也是税务机关需要认真研究的。例如通过产业结构对地方税收中的主体税种影响的分析与测度，可以为地方政府调整产业结构、增加地方财力出谋划策，同时也可以发现税收征管中存在的薄弱环节，为进一步强化措施，堵塞漏洞，促进税收征管水平的提高提供帮助。

4. 纳税行为的监控与评估分析。

日常税收征管各个环节无处不存在对纳税行为的监控与评估，从办理税务登记开始，审核其证件是否齐全，对申请一般纳税人资格以及申请享受税收优惠的纳税人审核其是否具备条件，在税款征收中审核其是否如期缴纳税款等等，都是对纳税行为的监控与评估。特别是对纳税人进行的纳税评估更具有长远和现实意义。通过对纳税人申报信息、财务指标、征管信息、税控发票信息、第三方信息等税源基础数据进行分析比对、运算挖掘，从而掌控纳税人的营运能力、获利能力、偿债能力以及纳税能力，判断税源真伪，评价纳税人的遵从度，检验纳税人纳税申报的完整性、准确性和真实性，以强化税源监控力度，实施分类管理提供信息支持。以泰安地税纳税评估为例："泰安地税纳税评估管理系统"分前台查询、数据运算、数据库三层结构，分为疑点生成、评估处理、约谈核实、管理建议、统计查询、系统维护六个模块，实现自动运算和评估过程控制两大功能。主要通过 149 项指标、264 个数学公式进行分析、比对和运算，对近 600 个可能疑点进行评估。该局于 2003 年前已形成电子报税为主体的多元化申报征收格局和涵盖 37 个政府部门的社会综合治税体系，建立了企业网络申报信息、企业电子财务信息、征管信息、发票税控信息、部门涉税信息五个数据库，实现了全市数据市级集中。通过纳税评估，泰安地税步入了信息化、规范化、效能化阶段，进而带来深远影响，税务稽查选案的针对性、科学性和高效率空前提升，从而提高了税收征管质量和效率。①

5. 税收政策对经济的影响分析。

税收政策的调整会影响到税收收入总水平及其结构的变化，会使税收负担的分布状况发生变化，税收负担会在不同纳税人、不同产品、不同部门之间产生转移，会影响到国民收入的分配格局；将对产品结构、消费结构等产生影响，要进行定量分析，就要引入税收 CGE 模型（一般均衡性模型）分析，由于 CGE 模型具有清晰的微观经济结构和宏观与微观变量之间的连接关系，所以，它能描述多个市场和结构的相互作用，可以估计某一特殊政策变化所带来的直接和间接的影响，以及对经济整体的全局性影响；并通过对宏观经济结构和微观经济主体进行细致描述，对政策变动的效应进行细致评价。税收 CGE 模型能够模拟实际经济系统的运行，通过均衡解就可以解释、分析和预测经济运行系统，并可以对各种可能选择的经济政策进行选择，利用 CGE 模型能够全面评估税收政策的变动对整个经济系统总量和结构的影响。正是 CGE 模型的这个特点，使其在税收政策分析中得到高度重视和广泛应用，包括税收负担

① 来源：泰安市地方税务局。

分析、税制改革模拟和税收变动分析等方面。通过定量分析整个经济内部的生产和消费结构，以及产业和区域之间的联系，计算某一政策对经济的影响（具体体现为 GDP、就业等经济指标），从而为政策的分析和制定以及如何应对调整提供决策支持，为政府决策提供依据。税收 CGE 模型研究是较为前沿的课题之一，它对政府决策及税收收入分析将会产生深远影响。

（四）税收预警

税收预警分析是通过税收管理对象发展运行趋势的监控，对可能产生不良现象或后果的倾向性、苗头性问题予以前期警示的分析。预警的基本方法是通过对税收数据的比对、挖掘整理，依据数据之间的逻辑关系，观察分析税收事项发展变化偏离税收经济规律或税收制度规定的程度或异常现象，判断税收事项的发展正常与否，推断存在的税收问题，继而及时采取措施和加强管理。税收预警首先要设立预警指标，一般反映税收经济规律或存在税法约束机制的指标都可以作为预警指标。然后从税收制度和税法规定的约束以及税收所遵循的客观规律的分析入手，按照预警目的是控制事物运动规律和方向的基本思路，建立税收预警体系。根据税收管理部门、业务岗位监控工作要求，对税收业务的内容、范围、时效、质量、标准和运行逻辑的异常情况进行自动提示，利用告警功能，管理人员能够跟踪指标的变化，以便及早发现问题，加强税收监控管理，规避风险。监控对象分为税务机关、税收业务部门和纳税户三类。涉及税源监控、申报征收和纳税服务的各项业务，以满足对纳税人、税务机关历史背景资料的比较、评估、分析的需要，及时发现“异常情况”，从而寻找征管中存在的问题，达到事半功倍的效果。如未达税收指导计划进度报警，税款入库不及时报警，重点税源明显减少或转移报警，行业税负明显下降或抬升报警，征管“六率”指标未达标准报警，违反税法规定征收（漏征）税款报警，超过税收业务效能管理时限报警，纳税户连续零申报报警，纳税户发票用量增加而纳税额不增加报警，纳税户未申报报警，业户停业到期未复业报警，延期申报超期报警，缓缴税款到期报警，税收优惠到期报警，信誉等级管理措施不到位报警，纳税投诉报警，税收效能位差超出警戒值报警，超出规定实施稽查报警，税收执法责任制规定的其他事项（超出资格认定、审批时限等）落实不到位报警等等。

1. 同业税负分析。

同业税负分析在税收管理中有着广泛的应用前景，从实现税收政策的调整，到微观税收征管的考核、纳税评估和预警机制的建立，同业税负分析都可以提供客观、丰富的数据信息，为改善税收征管环境，充实和完善税收征管内容提供服务。同业税负分析研究的基本内容：一是行业税负水平测算；二是征收力度分析；三是税负预警分析；四是税负原因分析。

同业税负分析是微观税收分析的基础，通过比较各地区整体税负情况、同业税负离散状况和征收力度，并在总结同业税负规律特征基础上，进行税负预警分析，进而对同业税负预警税负偏低的原因进行分析。一般来说，实际税负的形成，从税源到税收涉及的因素和环节应包括税源、税基、税率、应缴税金和实缴税金等五个环节。围绕着五个环节可以逐一查证税收入库率、应缴税金的计算、税基与申报等的关系，进一步分清税收问题的类型和性质，对税收征管质量进行评价，发现税收征管的薄弱环节，为税收征管决策提供支持。

2. 税收征收效能位差分析。

通过税收效能位差分析，可以体现管理水平的优劣，为决策者正确评价税务机关的征管绩效，进行收入管理、纳税评估管理以及税务稽查等工作提供评价测度依据。税收征收效能位差是纳税能力与实际征收结果的差异关系描述。纳税能力是一定税源政策下的应税总量，它不但和税源数量有关系，还要受到税源质量的影响，在既定的条件下，一定的税源质量要与一定的税收能力相匹配，因此税收与税源质量之间存在着客观必然的联系。实际征收结果是实际税收征收情况的反映，如果按照一个地区的税源质量与纳税能力之间的关系，测算出的征收效果与实际征收结果有差异（测算征收结果大于实际税收收入属负位差，反之表现为正位差），出现正位差表明该地区整体征收效果好，负位差则表明该地区整体征收效果差。由于税收征收效能位差可以反映纳税能力与实际征收效果的关系，因此对评价地区税收征收管理工作有十分重要的意义。

3. 纳税服务质量的测定。

“用户满意度指数”是测定顾客满意度的经济指标。它以用户作为质量评价主体，以用户需求作为质量评价标准，按照消费行为学和营销学的研究结论，由预期质量、感知产品质量、感知服务质量、感知价值、用户满意度、用户抱怨和用户忠诚度等 7 个主要指标组成的模型。它的特点是收集用户对其感知到的质量状况和预期的质量水平等相关问题的回答结果，利用计量经济模型，计算出一个百分制的分数来显示用户的满意程度。如果用户满意度指数低就会产生抱怨甚至投诉，而用户满意度指数高就会提高用户的忠诚程度；同时，如果重视并妥善处理好用户的抱怨或化解了投诉，同样也可以提高用户的忠诚度。

随着政府职能的转变以及税务机关纳税服务的深入开展，以纳税人为关注焦点的理念已深入到税收管理的各个环节，服务质量的评价测度指标亟须完善，以“纳税人满意度指数”为测度指标不失为一个好的选择。从纳税人层面看，纳税人满意度指数反映了纳税人对税务机关的理念、行为、形象的满意、认同和支持程度，直接影响广大纳税人对税务机关的信任度和对税法的遵从度，并最终影响税务机关的征管质量和效率。税务机关可以使用这一指数评估纳税人遵从度，确定影响纳税人遵从度的潜在因素，精确地找到纳税服务的切入点也就是未满足的纳税人期望所在。从区域角度看，运用纳税人满意度指数的数据，可以对不同区域纳税人满意程度进行对比，也可以用各区域纳税人满意度指数与全国的指数指标进行对比；可以用不同区域、不同级别的税务机关的服务质量进行对比，从而找出优劣，为考核提供依据；同时，从社会角度看，纳税人满意度指数表达了广大纳税人对各级税务机关所提供服务质量的综合评价。它将成为一种外部驱动力，促使税务机关改进服务质量，提高服务水平，促进纳税人遵从度的提高。

目前，在税务系统还没有公认的“纳税人满意度指数”的测度标准体系，但已经有些地区的税务机关正在对这方面进行有益的探讨。可以借鉴“用户满意度指数”的测定模型和方法，即：可以通过税务部门形象、纳税人期望、纳税人感知质量、纳税人抱怨、纳税人信任度等指标测度纳税人满意度指数，为改善服务环境和质量，提高服务水平，同时为决策者正确评价、考核和测度各级税务机关的工作质量提供帮助。

五、税收征管决策支持系统的发展趋势

近几年来，税收征管决策支持系统已经得到了很大发展，特别是知识管理系统在税收领域的运用，税收征管决策支持系统与专家系统结合起来，形成了智能决策支持系统，实现了定量分析与定性分析的结合，进一步提高了辅助决策能力。随着新技术和相关学科的不断进步，税收征管决策支持系统必将进一步向更深、更广、更高层次的方向发展，形成税收征管高智能的中枢指挥系统，为税收征管实践活动提供更深层次的支持。

税收征管决策支持系统的发展趋势主要是由决策环境的变化和科学技术的进步来驱动的。促进征管决策支持系统进一步发展的动力主要来自以下几个方面：

一是计算机高速并行处理能力。高级计算机研究的目标是实现高速并行处

理，即在同一时间内有多个进程在同时运行，在求解复杂的非结构化或半结构化问题时，将大而复杂的问题系统分解为多个子问题系统，通过紧密结合的并行处理单元模块和存储模块分配算法和资源，实现快速求解。

二是人工神经网络的出现。人工神经网络是指有大量人工处理部件在内部广泛连接而成的可训练网络，它以现代神经网络科学的研究成果为基础，模拟人脑思维功能的基本特征，能进行多维的、并行的快速推理操作，它的出现必将推动决策支持系统向更深层次发展。

三是信息产业的进一步发展以及相关科学的最新研究成果。信息产业的进一步发展，多媒体技术得到长足发展，为决策支持系统提供了新的工具和手段。加之相关科学最新研究成果的不断涌现，为促进决策支持系统的发展起到了积极作用。这些学科与决策支持技术相互交叉、相互影响、相互渗透，将会带动税收征管决策支持系统的快速发展。

决策支持系统本身在不断发展，新的技术和相关学科的不断进步又为决策支持系统的新发展带来更大空间。主要的发展趋势体现在以下两个方面：即深度和广度的发展。深度上的扩展是指决策支持系统自身技术上的发展，软硬件环境的变化必将带来决策支持系统结构和功能上的深度变化。广度上的发展是指决策支持系统在应用范围上的扩展，决策支持中心、战略决策支持系统、基于人工神经网的决策支持系统、综合决策支持系统将是今后的主要发展方向。

另外，空间技术的不断发展，涉税信息的取得也会向更深更广的方向延伸，为税收征管决策提供更加翔实、准确的决策信息。更加先进的技术也将被应用到纳税监控及管理决策实践中去。如，通过卫星遥感、摄像来实现对采掘、财产类税收的源头监控。随着技术上的发展和应用范围上的极大扩展，如物联网，税收征管决策支持系统可望发挥更大的作用。

【案例】 英国着手利用空间技术监控税收

2006 年，英国的纳税人就从媒体上“听”到一个不好的消息：未来英国的上空可能出现“税收间谍”，税收管理人员将使用航拍技术和卫星照片来检查纳税人的房屋改善情况，并据此确定其应纳的市政税、遗产税及房屋转让交易时的资本利得税税额。据报道，英国政府有关部门正在着手这方面的工作，政府打算使用航空摄像和卫星摄影技术，确定每个家庭房产的详细情况，并建立数据库，然后由计算机系统确定每个家庭应缴的各种税款。使用卫星摄影技术能够观察到房屋的每个细节，从而使房屋的点滴变化和改进都处于税务人员的监视之下，那些过去用肉眼无法看出的微小改进，都将会被“空中间谍”侦察到。比如你家花园里的小屋是否被改成了办公室，厨房是否扩大了，门廊是否拓宽了，车道是否铺上了沥青，灌木丛范围是否扩大了等等。“空中间谍”会定期检查各个家庭的房屋情况，把有关资料储存起来，然后进行对比，立即就能发现户主对房屋做了哪些改进。可以想象，一旦这项计划实施，房产的任何变动都躲不过税收管理人员的视线了。

来源:《英国：空中会出现“税收间谍”吗?》《中国税务报》2006 年 1 月 11 日。

第七章

现代税收征管过程的流程管理

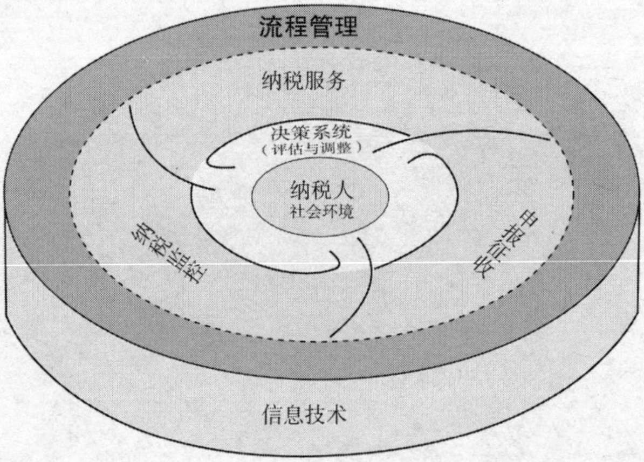

图 7－1　现代税收征管过程模型中的流程管理

本文把流程管理子系统作为税收征管系统的控制部位，居于征管过程模型示意图中的外圈，涵盖了税收征管系统的其他各要素，保障税收征管系统功能的最终实现。具体而言，就是通过流程管理子系统来控制征管决策子系统、业务子系统的运行和税收信息化支撑作用的发挥，将目标管理、绩效管理、质量管理、成本管理等现代先进的管理方式蕴涵于流程管理之中，控制税收征管愿景使命、目标战略等的达成，改善税收征管的质量和效率状态，使税收征管职能的履行趋向于最佳水平。税收征管的流程管理，就是在全面优化和梳理税收征管流程的基础上，规范税收征管开展过程的计划、启动、流转、分配、作业、监控和评价，从而使税收征管的目标任务通过流程分配，权力通过流程分解，执法通过流程控制，职能通过流程衔接，效率通过流程提高，资源配置通过流程优化，确保征管活动的规范运行和质效飞跃。一定意义上，就是达到国家税务总局在2002～2006年税收征管战略规划纲要中提出的征管“集约化”要求，即“合理地配置各种资源、形成精细的分工、紧密的联系和有效的制约、以最小投入求得最大产出的组织社会化大生产”。

征管流程管理追求对征管活动目标达成和质量、效率状态的控制，尤为突出对质量状态的控制，因为21世纪作为质量的世纪，质量因素是各类社会组织价值体现的核心要素，税收征管中的质量因素，不但直接体现为具体的征管工作质量，广义上也延伸为征管使命、战略、目标、计划等的完成质量，征管资源投入与产出的质量。因此，本文把征管流程控制具体分为事前、事中、事后三种控制方式，其中，事前控制是以梳理优化为主的业务流程优化，事中控制是以质量管理为主的过程控制，事后控制是以考核评价为主的质量评估与改进。通过对税收征管的全程控制，寻求最佳的业务开展过程、最优的业务实施结果和理想的投入产出水平，使税收征管能够最为有效的作用于纳税人行为状态的改善、履行所肩负的社会责任，最大限度地达成税收征管的使命。征管流程管理更深层次的作用在于，通过流程管理集成运用各类现代先进管理方式，促进税收工作人员良好意识观念、行为习惯的养成，形成一种有利于执行、始终趋向于达成征管工作使命的现代管理文化。海尔集团流程再造工程一条至关重要的理念就是“流程再造最重要的是对人的再造”。征管流程管理是体系化的系统，基本构成如图7－2所示。

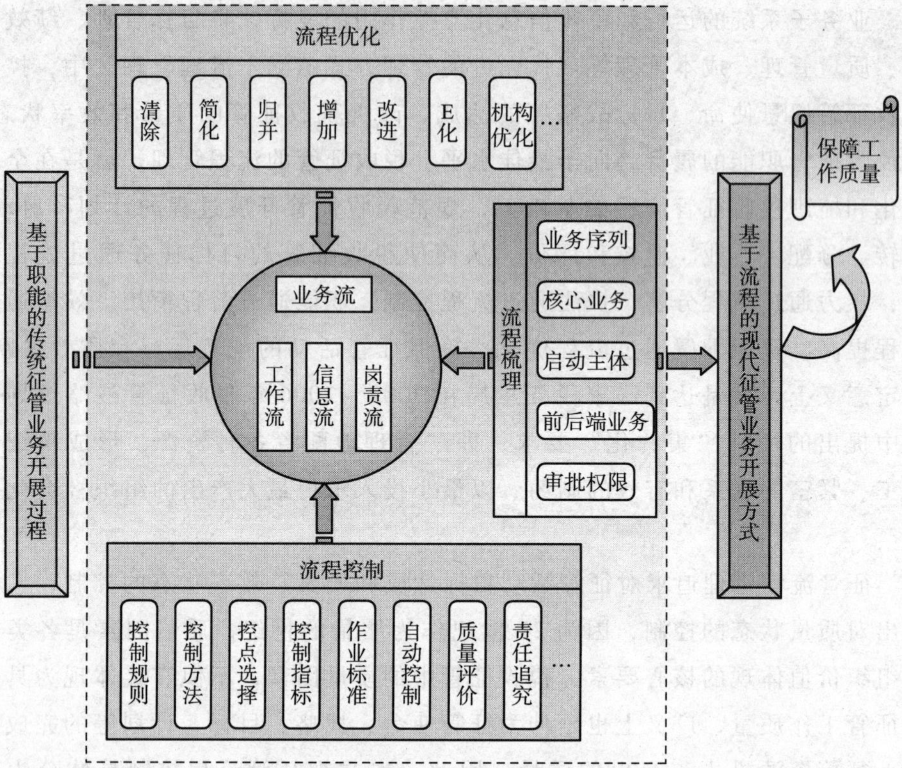

图 7－2 税收征管流程管理示意图

第一节 现代税收征管业务流程管理简述

一、税收征管业务流程

税收征管业务流程就是为了完成税收征管的既定目标、方针而进行的一系列逻辑相关的业务活动，它有一个起点，一个终点，有明确的目标、方针、资源等的输入与成果的输出。

（一）业务流程的要素

征管业务流程（如图 7－3 所示）包含以下六个要素：输入资源、活动、活动的相互作用（即结构）、输出结果、顾客、价值。

1. 输入资源。指为业务启动提供必需的信息、手续、对象状态等。如税务登记流程的输入为办证人所需提供的手续和情况；审批审核流程的输入为纳税人的开业申请和相关情况等。

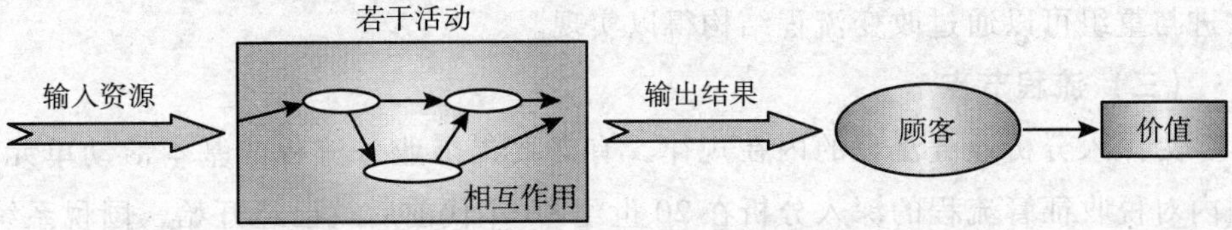

图 7-3　业务流程要素示意图

2. 活动。指对输入资源的处理动作。如申报征收流程对纳税人的申报或税款进行接收、审核、确认等相关处理。

3. 活动的相互作用（即结构）。指活动与活动间的关联作用。如上例活动中接受、审核、确认等活动间的顺序关系。

4. 输出结果。即业务处理结果展示或提供。如税务登记流程中为纳税人提供税务登记证；纳税评估流程提供纳税疑点清册。

5. 顾客。指业务流程所指向的对象。如纳税服务流程的顾客主要是纳税人。

6. 价值。指业务既定目标、方针的实现程度。

（二）业务流程的特点

现代税收征管业务流程应具有以下基本特点：

1. 目标性。有明确的输入，包括税收征管的愿景使命、战略目标、计划任务、质量标准和资源投入等，通过上述内容的输入，增强税收征管的目的性，选择有效适合的方式，保障控制结果的输出。

2. 内在性。所有税收征管业务都蕴涵着流程，只不过是有的已明确出来，有的尚未提炼出来。传统征管业务中也蕴涵着流程，但对流程的认识程度和流程在征管活动中的地位都明显不足。

3. 整体性。一条业务流程由多个业务环节构成，流程包含至少两个以上环节的业务活动及其结构或关系。

4. 流转性。顾名思义，流程中隐含“流转”意义。流程是按照一定的次序由一个活动到另一个活动先后展开的。

5. 层次性。组成流程的活动本身也可以是一个流程。流程是一个嵌套的概念，流程中的若干活动也可以看作是“子流程”，可以继续分解成若干活动。

6. 结构性。流程的结构可以有多种表现形式，如串联、并联、反馈等。这些表现形式的不同，往往给流程的输出效果带来很大影响。相当部分流程的改进与重组可以通过改变流程结构得以实现。

（三）流程节点

为深入分析业务流程的内在规律，有必要提炼业务流程的基本活动单元。国内对税收征管流程的深入分析在20世纪90年代前后就已经开始，国税系统如江苏省淮安市国税局、山东省潍坊市国税局，地税系统如广东省地税局、山东省淄博市地税局等较早尝试了对征管流程进行不同程度的优化梳理，其中江苏省淮安市国税局的梳理反响较大，成为这方面的一个典型。

1. 流程节点的概念

流程节点是税收业务的活动单元，是税收征管业务流程细分到可以单独完成一项活动的基本单元。

2. 流程节点的抽取

通过对各部门职能的行使过程和各单项事务的处理过程进行归纳，忽略内部的、个别的、不常发生的管理活动，对类似的活动进行“合并同类项”，可以抽取出“咨询、受理、调查、审核、审批、评估、检查、执行”8个税收活动单元。为便于加强业务流程的优化、梳理、控制、管理，将以上税收活动单元定义为流程节点，并将“审核”与“审批”两个税收活动单元合并为一个节点。即税收征管业务流程的活动单元涵盖“咨询、受理、调查、核批、评估、检查、执行”7个流程节点。流程节点的不同组合，形成不同的业务流程（如图7－4所示）。

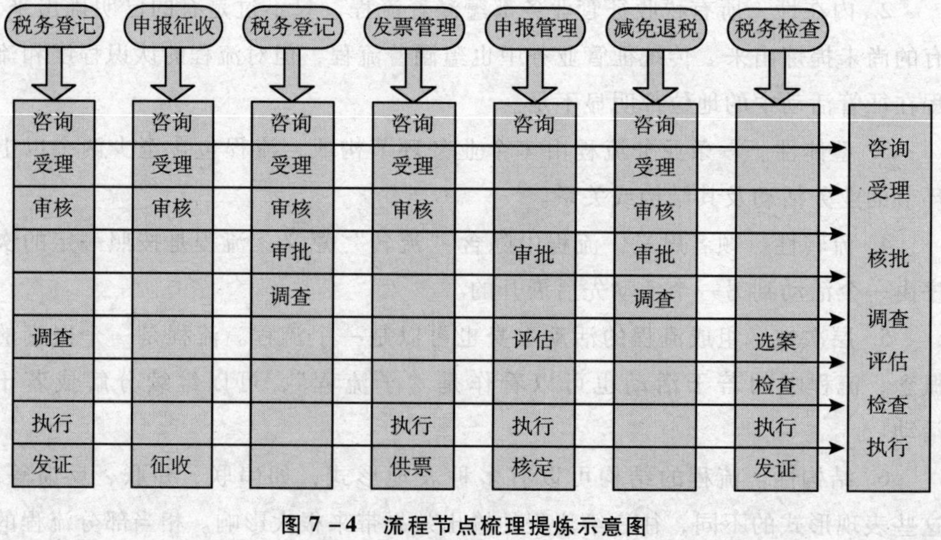

图7－4　流程节点梳理提炼示意图

【案例】 淮安国税对流程节点的抽取

按照税收信息运转阶段分析税收业务基本活动，再造流程遵循信息管理的内在规律，结合税收业务与纳税人的关联度，识别税收事务处理主流程是再造的第一步。

信息运转分为三个阶段，即收集、核实分析、增值利用。在考查流程必经环节时，真正影响运转时间和信息传递质量的环节是“税收事务处理流程基本单元”。对现有各个部门职能行使过程和各个单项事务的处理过程进行归纳，并忽略内部的、个别的、不常发生的管理活动后，我们可以把税收事务清晰地抽象为咨询、受理、调查、核批、评估、检查、执行7个基本活动单元，组成咨询—受理—调查—核批—评估—检查—执行的主流程。

从税收信息的运转阶段看，咨询、受理体现信息的收集，调查、核批体现对信息的核实分析，评估、检查体现信息的增值利用，这就构成收集—核实分析—增值利用的信息流。从征纳双方的连接方向看，咨询、受理、核批体现纳税人找税务机关；调查、执行体现税务机关找纳税人；评估、检查体现税务机关与纳税人的交互联系，形成了受理服务—调查核实—评估检查的工作流。

通过“流程挂接业务、合并同类项”的流程设计，规范了“依申请工作流、依职权工作流、内部管理流程”3大类、121条业务流程、89个业务事项。抽取了“咨询、受理、调查、审核、审批、评估、检查、执行”8个核心节点，各业务事项根据节点性质确定了业务类属。“咨询、受理、审核”类业务对应“征收服务”，“调查、检查、执行”类业务对应“日常管理”，“调查、评估”类业务对应“税源管理”，“审核、审批”类业务对应“综合管理”。

来源：江苏省淮安市国家税务局有关材料

3. 流程节点的应用

在具体的流程设计上，对每个流程节点的应用可依据信息处理的过程，遵循以下原则：一是对于仅需进行信息齐全性、规范性、逻辑性审核的工作流，只设受理节点。二是对于政策性、业务性或重要性较强，以案头资料审核为主的工作流，设受理、核批节点。三是对于法律法规、国家税务总局文件规定和出于管理控制必须要调查的工作流事项，设立受理、调查、核批节点。四是根据实际管理需要，对照调查、核批、评估、检查、执行各节点功能进行相应设置。

4. 流程节点的要素

流程节点应包含以下基本要素（如图 7－5 所示）：

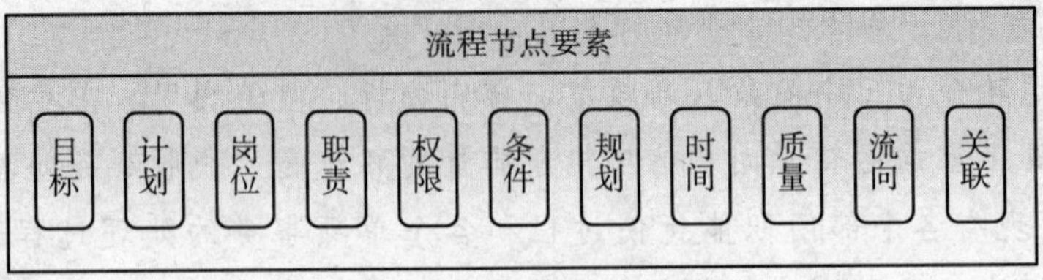

图 7－5 流程节点要素示意图

业务事项是什么（目标、计划），谁来做（岗位、职责、权限），怎么做（条件、规则、时间），做得怎样（监控评估——质量、流向、关联）。

（四）业务流程的“三流合一”

税收征管活动的流程是业务流，税收征管业务流对整个税收征管工作而言是实体的概念，在实际开展过程层面考察业务流仍然是抽象的，需要基于更为具体的载体才能够实现。业务流可以分解出工作流、信息流、岗责流，分别是业务流所蕴涵的“工作—工作的映射—人”三个不同视角的载体。对三个载体流与业务流的关系，可以简单地称之为“三流合一”（如图 7－6 所示）。对“三流”的控制分别强调了控制业务流的不同方面，其中对工作流的控制管理是监控业务流的主线，业务因工作流实现，信息随工作流流转，岗责依工作流传递。

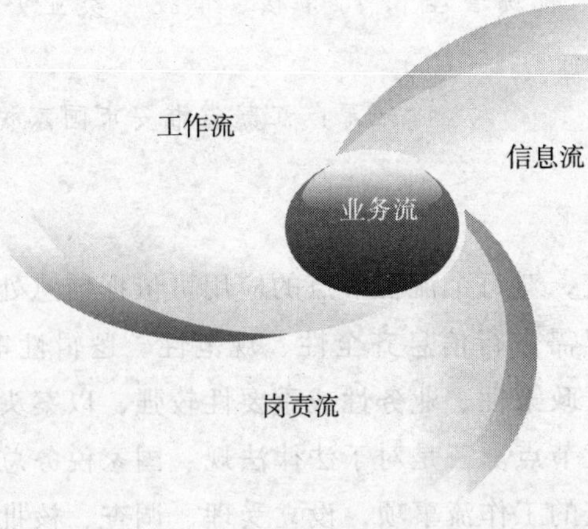

图 7－6 征管业务流的构成——“三流合一”

1. 业务流。

业务流是税收征管业务流转的过程，全面反映税收征管活动的计划、启动、流转、分配、作业、监控、评价和人在业务过程中的作用。

2. 工作流。

工作流是由业务流引导发生的一系列相互衔接的业务活动，它根据一系列过程、规则、文档、信息或任务，能够在不同的执行者之间进行传递与执行。每一条工作流都是由流程节点和业务信息两部分组成，即流程路径和流程逻辑。

【案例】 江苏国税以工作流运行为依托，规范税收执法活动

根据工作流管理协会的定义，工作流必须具备四个要素："何人在何时必须做何事，如何做"。这也是规范的税收管理活动所必须具备的要素。我们应用先进的工作流技术，发挥其能够实现业务流程的灵活定义，易于业务流程的整合和拓展，信息自动传递、不断增值，流程便于实时监控，开发周期短，维护成本低等优势，在启动、流转、分配和作业各个环节都体现工作流的四个要素，使税收管理各环节之间协作更紧密，协调更顺畅，税收管理活动更科学、更规范、更高效。

——通过工作流的规范启动，解决不作为和随意作为的问题。依申请工作流由受理节点根据纳税人提交的申请启动，只要纳税人有涉税申请事项，就有相应的工作流启动，税务机关工作人员必须进行相关业务处理。依职权工作流由税务人员根据管理职责要求，按规定的条件启动；或者由系统根据事先设定的条件自动启动，如纳税人逾期未申报，系统自动启动"责令限期申报工作流"。工作流运转过程，全部是在信息系统的支撑下进行的，工作流一旦启动，就必须流转到底，确保"件件有说法，事事有回音"，减少执法随意性。

——通过工作流的规范流转，解决部门协调不畅、工作推诿扯皮的问题。工作流使各个机构、各个岗位都处于"流水线"上，环环相扣、紧密衔接。一是工作流具有明确的方向性。由于工作流所流经的节点固化在系统中，工作流启动后，即按既定路径流转，实现信息在横向部门之间和纵向行政层级之间的顺畅流动，避免了人为协调和因此造成的流程阻滞。二是由于流程处理的信息是电子信息，纸质资料不参与流转，工作流流转快捷。三是通过在流程各节点设置处理时限，提醒操作人员及时处理，超期处理由系统自动记录。四是通过设置工作流退回功能，加强工作流流转过程中节点之间的控制，使不合格业务处理及时得到修正，从而提高流程处理质量和效率。

——通过工作流的规范分配，实现任务管理由领导派工为主向团队自主管理为主的转变。工作流流转到某一节点后，可自动将工作任务分配到某一具体的处理团队。利用工作流的分配功能，实现对工作任务的自动分配，由系统实时将工作任务推送到处理团队的每个人操作桌面，并在屏幕上滚动提示，把基层领导从过去日常工作分配事务中解脱出来。如，将全市1万平方公里的区域，划分为124个责任区。纳税人在哪个责任区由系统事先设定，每个责任区归属哪个团队管理也由系统事先设定，调查、执行的工作流启动后，系统自动将任务直接分配到相应团队。

——通过工作流的标准作业，促进执法行为的规范。组织业务骨干研究编写了30万字的作业标准，每项作业都含有内容、权限、流向、时限、方法等五项具体标准。一是由系统直接控制，把标准做到程序中；二是由系统以帮助的形式，推送到操作者的计算机桌面，供其参照，这样操作人员可以随时获取正在操作的某项具体事务的作业标准，促进执法行为的规范。

来源：江苏省国家税务局网站

3. 信息流。

信息流是指伴随着业务流产生的各种计划、指令、资料、文件、数据等的传递、接收和处理，也就是信息的输入、传输、加工处理和输出过程。信息流反映业务流的信息运动状态，指挥和调节业务流的运动过程。

【案例】 广东地税“大集中”强化信息流管理

1. 表示登记部门将纳税人的基本登记信息/更新登记信息/注销登记信息等传递给申报征收部门。

2. 表示服务部门将发票信息/账簿凭证管理信息/纳税人减免税信息/纳税服务信息/外部协作机构信息传递给申报征收部门。

3. 表示稽查部门将查处的各项应补税款和应退税款通知征收部门征收或退税；征收部门将无法送达文书的未申报户转稽查部门查处。

4. 表示复议部门在查清案件事实的基础上，将维持决定、履行决定和撤销、变更、确认违法决定结果的相关信息及时通知征收部门。

5. 表示法院受理由复议部门处理的上述案件后，将判决的撤销行政行为、限期履行职责、变更处罚通知等结果及时通知稽查部门。

6. 表示法院受理由复议部门处理的上述案件后，将判决的撤销行政行为、限期履行职责、变更处罚通知等结果的相关信息及时通知征收部门。

7. 表示税收统计部门从稽查部门获取相关信息，编制统计报表。

8. 表示征收部门向票证管理部门领取票证和结报已填用的票证；票证管理部门将票证审核检查中查处的应征、应退税款处理决定通知征收部门征收或退税。

9. 表示征收部门录入的所有应征（应退）税款、减免税款、已缴税款、提退税款等信息转税收会计进行核算，并将纳税申报表、税票等原始凭证转税收会计；同时，税收会计将核算信息反馈给征收部门。

10. 表示票证管理部门将销号后的有关票证及票证检查中查处的应征、应退和票款损失处理决定信息传税收会计进行核算，并将有关原始凭证转税收会计。

11. 表示管理部门将违反纳税登记、账簿凭证管理和发票管理规定的处罚信息和有关的原始凭证传税收会计进行核算。

12. 表示税收统计部门从管理服务部门获取相关信息，编制统计报表。

13. 表示税收统计部门从申报征收部门获取相关信息，编制统计报表。

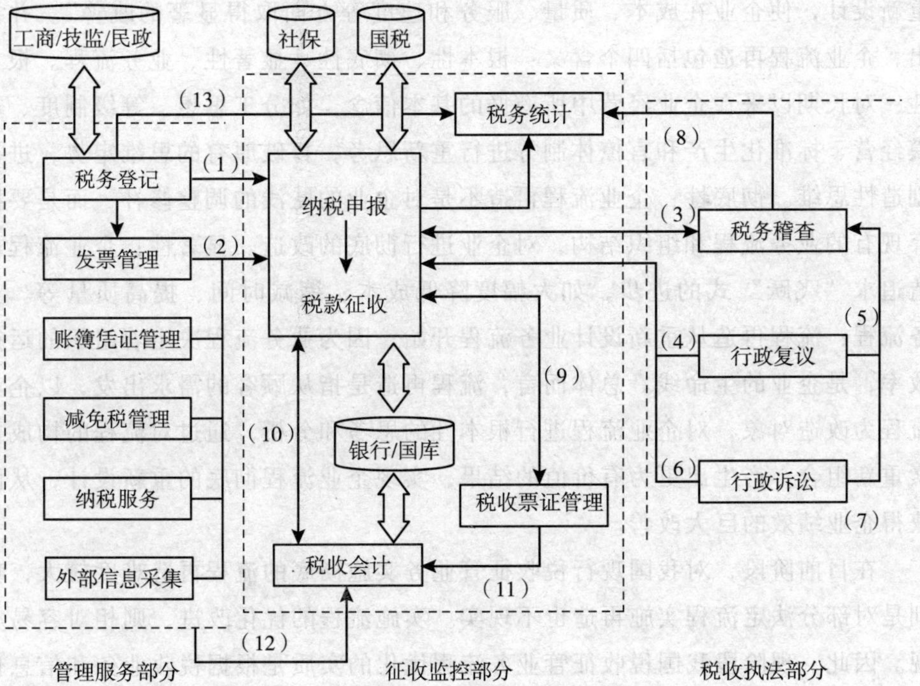

图 7－7　广东地税信息流管理示意图

来源：广东省地方税务局“大集中”有关材料

4. 岗责流。岗责流是指伴随着业务流的一系列活动对应的岗位及其职责、权限。在业务流转过程中，不同岗位、职权之间相互衔接传递，并产生特定职责关系。

二、税收征管业务流程优化

税收征管业务流程优化是一种以规范化的构造端到端的卓越业务流程为中心，以持续提高税务机关业务绩效为目的的系统化方法。实施流程优化的过程就是抽象、概括、归纳、选择、策划税收业务流程的过程，包括业务流程的优化（再造）和组织机构的优化（重组）。

流程优化是实施流程控制的前提，常用方法是流程重组、流程改进、流程再造等，其中，流程再造较为流行。1993 年，美国麻省理工学院教授迈克尔·哈默（Hammer）和 CSC 顾问公司的杰姆斯·钱皮（James hampy）联名出版了《企业流程再造工商管理革命宣言》，提出了流程再造理论。在这本书中，企业流程再造被定义为“对企业的业务流程作根本性的重新思考和彻底的重新设计，使企业在成本、质量、服务和速度等方面取得显著的改善”。并提出，企业流程再造包括四个含义：根本性、彻底性、显著性、业务流程。根本性：对长期以来在企业经营中所遵循的基本信念，如分工思想、等级制度、规模经营、标准化生产和官僚体制等进行重新思考，打破原有的思维定势，进行创造性思维。彻底性：企业流程再造不是对企业的肤浅的调整修补，而是要抛弃现有的业务流程和组织结构，对企业进行彻底的改造。显著性：企业流程再造追求“飞跃”式的进步，如大幅度降低成本、缩减时间、提高质量等。业务流程：流程再造从重新设计业务流程开始，因为业务流程决定着组织的运行效率，是企业的生命线。总体而言，流程再造是指从顾客的需求出发，以企业流程为改造对象，对企业流程进行根本性的思考和分析，通过对流程的构成要素重新组合，产生出更为有价值的结果，实现企业流程彻底的重新设计，从而获得企业绩效的巨大改善。

在目前阶段，对我国现行税收征管业务实施彻底的流程再造难度较大，特别是对部分法定流程实施再造也不现实。实施流程的优化改进，则相对容易实现。因此，现阶段我国税收征管业务流程优化的实质是根据税收业务和信息化内在规律，以流程为导向，对整个税收业务流程进行系统梳理整合、简化优化，寻求最短路径、最少环节、最简程序、最优方案，形成环环相扣的流水线式作业，既方便纳税人，又强化管理。税收征管流程优化必须坚持依法治税和优质服务的统一，充分发挥信息技术的优势，遵循循序渐进的原则，完成职责再明确、权力再分配、流程再简化、资源再配置的过程。而这个过程是一个系统过程，内涵包括：以流程为导向，重组税收业务，实现税收征管集约化；以机构为突破，重组税务机构，实现组织机构扁平化；以技术为依托，强化支撑作用，实现信息处理集中化；以人才为根本，提升队伍素质，实现干部能力综合化。

流程优化的方法一般包括：清除、简化、合并、增加、改进、自动化等。其中，清除是清除业务流程的无效增值环节；简化是在完成对无效增值环节的清除之后，对与增值有关的环节进行再设计和简化，清除对增值环节影响不大的复杂的细节；合并是在分工之后必然存在的对分工单元之间的协调，对业务进行合并重组；增加是随着征管业务变化而新增流程；改进是对业务流程从质量、时限、关联等方面的完善；自动化是设计以信息技术为支撑平台的业务流程。

三、基于流程的税收征管质量控制

基于流程的税收征管质量控制就是用预定标准对业务流程的实施过程进行监测、衡量和矫正，全面控制税收征管业务流程的计划、启动、流转、分配、作业、监控和评价，实现工作流、信息流、岗责流的紧密融合，从而确保业务流得以规范实现和严密控制。

我国传统税收征管属“粗放式”征管，征管方法落后，基础管理薄弱，征管质量处于较低的水平和层次上，税收征收管理滞后于税制改革及经济发展的步伐。首先，在内部管理上，各级税务机关内部管理制度和规定虽然很多，但由于没有按税收征管业务活动的流程特点建立全过程、全方位的科学、系统和完整的内部管理体系，管理上存在很多“空白点”，管理和控制不到位。其次，在税收业务管理上，存在着职责不清、执法随意性大，为纳税人服务的意识不强等问题。据最高人民法院的统计，税务行政诉讼案件呈逐年上升趋势。在服务纳税人方面，税务机关较多地从自身角度考虑如何管住税源，较少考虑如何为纳税人提供管理上的便利，造成办税效率低、办税成本高的问题，纳税人抱怨较多，管理质效较低。上述一系列征管质量问题都直接或间接地影响了税收职能作用的发挥。随着我国对外开放步伐的加快和市场经济的发展，要发挥好税收组织收入、服务经济发展的作用，必须加快税收征管现代化进程，从根本上提高税收征管质量。

（一）税收征管质量分析

税收征管质量是税务机关依法征税的管理活动及其过程等相关要素满足要求的程度，反映着一定时期内税务机关征管工作的能力和水平。对税收征管质量的控制水平，不仅可以有效检验税务机关行政执法的规范化程度与税收管理质量，同时也是特定时期、特定社会区域内税收法制化程度的一个显著标志。

1. 税收征管业务的质量。征管业务质量是指税收征收管理业务满足明确和隐含需要的能力的特性总和。这些特性主要包括：①功能性，指税收征收管理发挥作用与效能（如组织收入、为纳税人提供经营用的发票），满足纳税人或其他受益者的需要；②合法性，即税收征收管理业务要符合税收法律法规的要求；③合理性，即税收征收管理业务要在合法的前提下做到公正合理，如处罚不能畸轻畸重；④准确性，指税款、滞纳金的计算征收，发票的发售等业务应正确无误；⑤时间性，指税收征收管理业务的开展要及时、省时、准时，不能拖延；⑥文明性，指税收征收管理服务的文明程度，包括友好的态度、和谐的征纳关系等。

2. 税收征管过程的质量。税收征管业务的完成都必须经历一个过程，而过程的每一阶段又可看作是此过程的子过程。如税务行政处罚就要经过调查取证、审理、告知、听证等作出处罚决定的过程。所以过程质量问题存在于任何税收征管工作之中，要保证税收征管业务的质量就必须进行全过程的质量控制。

3. 与税收征管有关的工作质量。除直接参与税收征管过程的工作外，税收征管业务的完成还需要一些与税收征管过程间接相关的工作的支持，如资源配备、人员培训等。由于这些工作之间的整体性，一项工作的失误可能破坏其他工作，从而影响到税收征管业务的最终质量。所以，对每一项工作，无论是直接相关还是间接相关，都必须认真对待，保证质量。

（二）税收征管质量成本

国外质量管理专家认为，全世界每年因质量问题造成的各种损失之和约占社会总收入的20%～25%。研究税收征管质量成本和质量损失问题同样是税收管理的重要课题。由于人们对质量成本认识程度的不一致，形成了各种不同的表达，至今尚未达成共识。为了比较研究，择其主要表述列示于后。

1. 税收征管质量成本

税收征管质量成本是税收成本的重要组成部分，是为了确保税收征管的质量而发生的费用以及没有达到规定的质量标准所造成的损失。质量成本可分为鉴定成本、预防成本、损失成本（包括内部损失成本、外部损失成本）。质量成本控制的目的在于合理地投入预防和鉴定成本来获得损失成本的适当减少，从而实现最佳的质量成本分布，最终实现成本总额最小，此时所对应的质量水平便是最适宜的质量水平。基于流程的税收征管质量控制主要是通过控制税收征管活动的质量，最大限度地降低质量成本。

（1）质量成本表达式

质量成本 =（鉴定成本 + 预防成本）+（内部损失成本 + 外部损失成本）

公式中前一项为确保和提高征管质量所支出的费用，后一项为质量损失费用。为确保税收征管的质量，前一项成本应当保证其适当的投入，而第二项成本则应设法使其减少，这也是质量成本管理中主要控制的项目。

（2）质量成本特性曲线

图 7－8 中，横坐标表示产品质量的合格率，最左端表示 100% 不合格，最右端表示 100% 合格。曲线 1 代表预防成本和鉴定成本之和，曲线 2 代表内部损失成本和外部损失成本之和，四项质量之和就是质量成本总额，由曲线 3 表示。从图中可以发现质量成本的构成对质量水平影响很大。因此，基于流程的质量管理目标，在于寻找征管成本与质量的最佳结合点，追求税收征管的最佳效益。

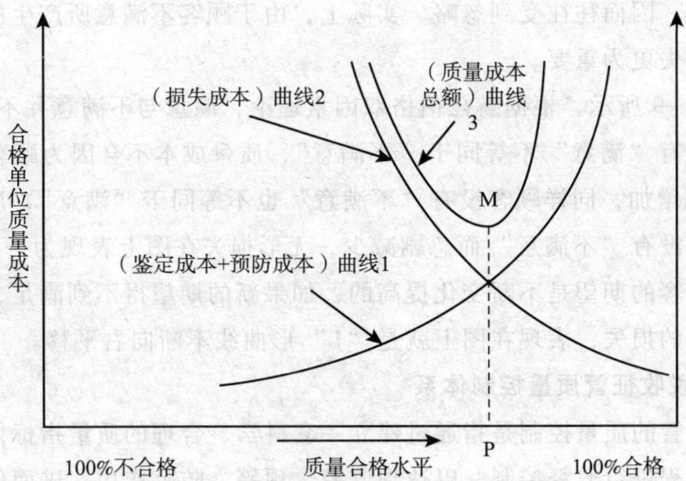

图 7－8　质量成本特性曲线示意图

税收征管质量成本是由于税收征管存在的或潜在的质量问题而投入改善的

资源消耗，属于税收征管活动的管理不善成本。所有处理税收征管质量问题的过程或工作都是非增值作业，这些非增值作业是不可能消灭的，只能通过不断地减少并提高质量水平。因此，税收质量成本的高低，与业务流程、组织机构的科学合理密切相关，如纳税手续烦琐会导致税收征管质量成本过高，降低质量成本必须从梳理优化流程入手；运转不畅的机构会带来业务风险，增加征管质量成本。

2. 税收征管质量损失成本

税收征管质量损失成本是由于顾客满意度的不同造成的损失。质量成本控制的一个主要目的在于合理地投入预防和鉴定成本来获得质量损失成本的适当减少。

以顾客为关注焦点（Customer Focus）是2000年版ISO9000族标准中新提出的八项质量管理原则之一。传统的税收征管质量成本管理以税务机关自身为关注焦点，质量成本的确认以是否符合规定的标准为依据，质量改进仅能依据可准确测量的内部损失和相对有限的信息，而不能以从纳税人那里反馈回来的质量问题为优先依据，对纳税人的需求期望漠不关心，为增加纳税人满意度和遵从度而支出的费用更是根本不在考虑之列。无形损失成本（Intangible Failure Costs）代表了由于顾客不满意而引起的机会成本。无形损失成本在顾客实际感觉到或预感到产品的质量缺陷而选择替代产品时随时发生，但很难察觉，也很难估计，因而往往受到忽略。实际上，由于顾客不满意所产生的无形损失相对有形损失更为重要。

如图7-9所示，根据赫兹伯格双因素理论，满意与不满意并不是对立的。如果顾客没有“满意”不等同于“不满意”，质量成本不会因为顾客没有“满意”而急剧增加，同样顾客没有“不满意”也不等同于“满意”，质量成本也不会因顾客没有“不满意”而急剧减少，无形损失在图上表现为一条“L”形的曲线。顾客的期望是不断变化提高的，如果新的期望得不到满足，仍然会形成一种无形的损失，表现在图上就是“L”形曲线不断向右平移。

（三）税收征管质量控制体系

税收征管的质量控制是指通过建立一套科学、合理的质量指标体系，对税收管理全过程进行监督控制，以达到监控、预警、防范作用，进而促进征管质量和效率提高的一系列工作的总称。质量控制体系包括内外监控的预警体系、监控体系和考核体系三大部分，三者互为条件，共同作用，实现对税收征管全过程的有效控制与管理。

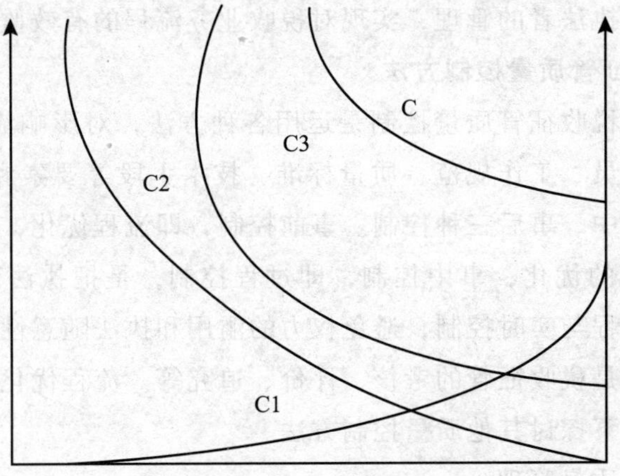

图 7-9　基于顾客的质量成本曲线

1. 预警体系。

预警体系是流程管理得以顺利实施的前提，是指通过对现有情况、数据进行分析与预测，对纳税人和税务机关未来可能发生的不规范行为提出警戒的一系列机制的总称。预警体系一般分三种：一是纳税监控体系，包括对税源户的监控、对税源数额的监控、对税源足额入库情况的监控，纳税监控水平的高低是衡量税收征管质量的重要标志。二是纳税申报监管体系，指对纳税人的不规范行为实施的预警，是加强税务管理、纠正纳税申报不实的重要手段。三是稽查预警体系，是指税务案件举报机制以及纠正干扰税收执法、协税护税不作为行为的预警机制。

2. 监控体系。

监控体系是以内部控制为主的一系列监控机制的总称，是质量控制体系的主要部分。主要是指上级税务机关按照国家税务总局设置的征管质量“六率”、金税工程“三率”等指标体系，对基层税务机关的执法行为进行常规监控与管理，使质量控制工作实现日常化、规范化。严密的监控体系是确保再造后征管业务流程正常运行的主要矫正机制。

3. 考核体系。

考核体系是指根据监控指标数据所反映的成绩或问题，对照奖惩处罚标准采取一定处理措施的总称。包括征管质量考核体系、税收执法责任制、“两权”监督体系以及相应的岗位职责体系等。从目的上讲，考核体系是上级税务机关通过对基层执法者的管理，实现对税收业务流程的有效监控。

（四）税收征管质量控制方法

基于流程的税收征管质量控制是运用各种方法，对影响流程开展的时间、空间、关联、人员、工作规范、质量标准、技术手段等要素和条件进行控制，可分为事前、事中、事后三种控制。事前控制，即流程优化，包括业务流程的优化和组织机构的优化；事中控制，即过程控制，是把执法环节进行适当分解，重在强化过程与实时控制，避免权力的滥用和执法随意性；事后控制，即反馈监督，主要是税收征管的考核、评价、追究等。流程优化已在本节第三部分作了论述，以下探讨其他质量控制方法。

1. ISO9000 质量管理

在流程优化的基础上，以 ISO9000 质量管理体系为平台，实施对征管活动的质量控制（如图 7－10 所示）。ISO9000 标准是国际标准化组织（ISO）制定和发布的第一个管理类标准，主要涵盖了以下几个方面的管理思想：一是全面满足顾客的需要（即保障工作质量），这是 ISO9000 的宗旨。二是过程控制的思想。对所有过程进行控制的思想是 ISO9000 标准的基本思想，ISO9000 标准对过程控制提出了三个方面的要求：明确过程网络，即确定每一项工作由哪些过程所组成；确定控制方式，即在过程网络确定后，应对每一过程进行分析，确定为达到质量体系要求，“过程”中必须采取的作业技术和活动，一般通过书面文件加以规定；实施制定措施，即确保每一个过程都按规定的要求进行，从而达到过程控制的目的。三是预防为主的思想。质量的优劣不是由检验决定的，而是通过过程形成的，因此质量管理要强调预防为主，即事先分析影响质量的各种因素，找出影响质量的主导因素，采取措施将其消灭在形成过程之中，防患于未然。四是持续改进的思想。质量改进旨在提高质量，在 ISO9000 标准所规定的组织的五项主要质量目标和质量职责中，有三项涉及质量改进。质量改进主要通过改进过程来实现，是一种以追求更高的过程效益和效率为目标的持续活动。持续的质量改进应是组织管理者追求的永恒目标。五是制度化管理的思想。ISO9000 标准的突出特点之一是其制度化管理的思想，即要求组织建立并保持文件化的质量体系，制作并保存质量记录，明确内部质量审核程序和方法，从而使工作的考核标准（质量体系文件）、考核依据（质量记录）、考核方法（内部质量审核）都明确化、制度化，形成制度化的管理体制。六是自我管理的思想。ISO9000 标准要求通过内部质量审核、纠正预防措施、管理评审、文件资料控制等四个支柱要素的协调动作来管理质量体系，使质量体系实现自我管理、自我完善。

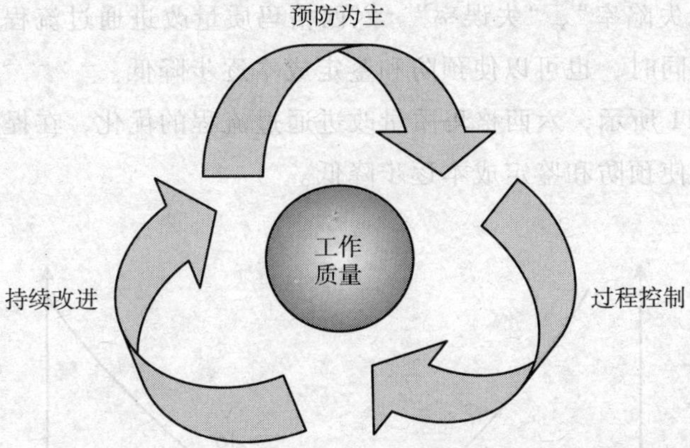

图 7－10 ISO9000 质量管理预防为主、过程控制、持续改进的循环过程

2. 六西格玛质量管理

六西格玛质量管理（6σ）是目前较为先进的质量管理方法，摩托罗拉等大公司利用此方法取得了巨大成功。六西格玛是一项以数据为基础，追求几乎完美的质量管理方法，几个西格玛是一种表示品质的统计尺度，任何一个工作程序都可用几个西格玛表示。六西格玛可解释为每一百万机会中会有 3.4 个出错的机会，即合格率是 99.99966%。六西格玛管理方法的重点是将所有的工作作为一种流程，采用量化的方法分析流程中影响质量的因素，找出最关键的因素加以改进从而达到更高的顾客满意度。

六西格玛质量管理从顾客的观点考虑质量问题，采用科学的方法，在经营的所有领域追求“无缺陷”的质量，以大大减少企业经营全领域的成本，提高企业的竞争力。它的目标是消除无附加值活动，缩短生产周期，增加利润。六西格玛质量管理是企业获得持续竞争力和利益的重要活动，它的成效主要表现在：顾客满意度提高、市场占有率增加，缺陷率降低、成本降低、生产周期缩短、投资回报率提高等。

六西格玛与 ISO9000 最大的差别在于六西格玛管理偏重强调消除错误、减少浪费以及避免重复劳动，对流程在可以量化基础上的优化提供了一整套有逻辑联系的流程改善工具与方法。六西格玛完全是从组织管理的特定环境、面对的客户和市场竞争因素出发，对关键业务流程进行优化和控制，从而带动组织中形成不断追求卓越的文化。

六西格玛质量管理对税收征管业务流程管理的意义在于，要求识别出税收征管核心业务流程，采用相应方法提高核心流程的运行质量，最大限度地减少核心流程的“失陷率”、“失误率”。六西格玛质量改进通过流程的优化，在提高质量水平的同时，也可以使预防和鉴定成本逐步降低。

如图 7－11 所示，六西格玛质量改进通过流程的优化，在提高质量水平的同时，也可以使预防和鉴定成本逐步降低。

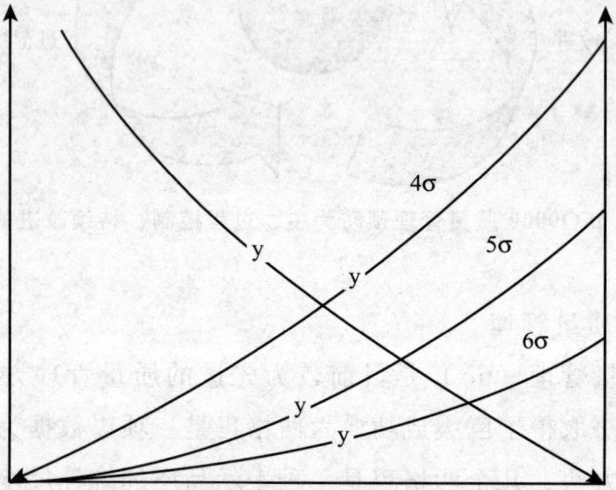

图 7－11 六西格玛质量管理下的质量管理曲线

3. 工作流管理系统

流程固然重要，但许多流程隐含在日常的操作中，因而不被重视，不能有效地管理和跟踪业务流程的执行。因此，迫切需要一种能够支持业务流程自动化（Business Process Automation，BPA）的软件工具来满足流程管理的需要，工作流管理系统正是顺应这一需求孕育而生的。工作流管理系统（Workflow Management System，WFMS）是定义、创建、执行工作流的系统，是用于实现工作流建模、执行、监控、分析、度量和优化的基础中间平台。

工作流管理系统最直接的用途就是和业务流程重构（Business Process Re-engineering，BPR）技术相结合管理流程，实现流程的自动化，从而使税收征管活动的各个机构、各个岗位都处于“流水线”上，环环相扣、紧密衔接。现代税收征管专业化、集约化、标准化的特点，促成税收征管质量的控制主要体现为以工作流管理系统为手段对业务流程实施控制。如：开发“征管流程控制系统”对征管业务进行自动化控制；依托“征管流程控制系统”，将每项征管业务经过的环节以及每个环节的作业内容、作业标准、作业时限、作业流向都具体设定在系统内，对每个环节上的操作人员由控制系统随机自动分配任务，在每项任务的待办、在办、已办过程中自动记录和汇总办理时间、办理质量等绩效评价指标，由绩效管理部门采取定期检查和不定期抽查的方式进行监督考核，从而实现对整个征管业务流程和岗位人员工作状态的自动化控制和全过程监控。

第二节　税收征管业务流程优化

税收征管业务流程优化（如图 7－12 所示）是根据现代征收征管的内在要求，对整个税收业务流程进行系统的梳理整合、简化优化，寻求最短路径、最少环节、最简程序、最优方案。流程优化是征收征管活动的事前控制，包括对税收征管业务流程的优化和对机构的优化，本节介绍税收征管业务流程优化的基本原理和方法，对机构的优化将在第四节加以介绍。

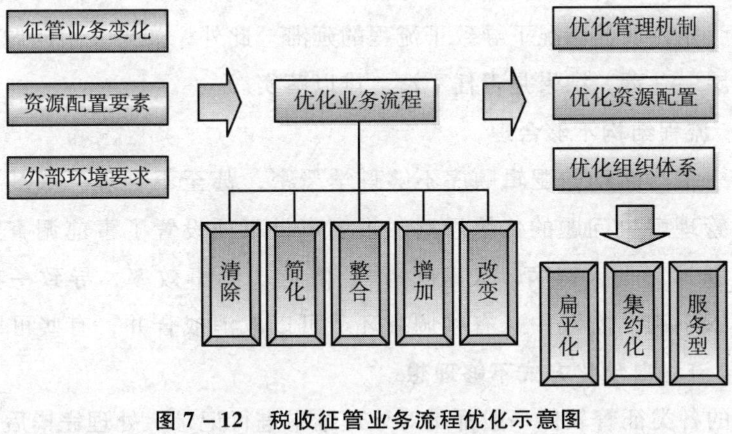

图 7－12　税收征管业务流程优化示意图

一、传统税收征管业务流程存在的问题

（一）流程设计原理不科学

我国传统税收征管业务体系基本上是从满足各征管环节职能需要的角度来划分、设计的。这种面向职能的业务划分，导致税务部门和纳税人之间呈多点接触。纳税人办理涉税事宜要在各职能部门间多头跑，呈单点对多点形态；而税务各部门对纳税人则是多头找、多次找，呈多点对单点形态。对纳税人的基本信息重复采集、多次采集，并造成不少流程交叉和重叠，部分流程职责难以

分清，不可避免地出现部门间工作和责任相互推诿，同时，客观上对纳税人形成了干扰。

（二）流程基本活动概念不确定

如纳税人报送一项涉税申请后，税务部门应该予以审批并做出同意与否的决定，但在用语上不够规范，审核、审批、核批等不一而足；到组织了解核实有关信息时，调查、核实、核查等称谓言人人殊。此外，税务业务流程到底有多少基本活动单元也很难说清。基本活动概念不确定容易导致业务活动环节发生游移，业务流程的确定性不足。

（三）具体流程中存在大量的非增值活动

以职能为前提，使设计业务时产生一种倾向，即因管理需要调整业务活动时，总是不断累加，造成了很多无意义的核批环节。如很多事项都要逐层上报审批，但最了解情况的往往是基层经办人员，后续的审批人员（各级领导）并不比经办人员掌握更多的信息，只起到中间人、二传手的作用，层级控制的效果并不明显，多数情况下导致了流程的延滞。此外，如果发生问题，因为人人有责、层层有责，结果是责任不清、难以落实。

（四）流程结构不够合理

流程中基本活动的逻辑顺序不够科学严密，甚至不合理。如基于尽可能通过日常管理解决问题的传统思路，很多审批事项设置了事前调查这一前置条件，也就是“一人得病，大家吃药”，降低了办事效率，导致一些遵纪守法的纳税人不满。实践中，有些调查环节可以取消或合并，有些可以后置。

（五）流程自动化方式不够理想

早期的各类征管软件一般都是对处理结果进行记录，处理完毕后无法回放处理过程，这就给事后的责任追究、绩效评价带来困难。此外，系统帮助、过程控制的思想在流程控制软件设计时体现得不够规范。

二、现代税收征管业务流程的特点

现代税收征管业务流程应体现三个总体特点，即征管质量高，征收成本低，方便纳税人。具体体现在以下方面：

（一）流程的合法性

流程必须符合税收法律法规的基本要求，应当在法律法规的基本框架下设计、优化、梳理业务流程。

（二）从纳税人出发

与纳税人直接关联的业务流程应以纳税人为关注焦点，与纳税人非直接相关的业务流程，亦应考虑对纳税人的潜在影响。

（三）业务流程的闭环式

由纳税人发起的流程，最终要回到纳税人那里；由内部发起的流程，最终要反馈到发起点，也就是做到“事事有回音，件件有说法”。

（四）强调“单点接触”

防止纳税人多头跑，纳税人发起流程后，相关事项要尽量在税务机关内部流转，做到“单点接入、单点接出”。

（五）防止重复活动

注重流程之间的关联，充分应用信息共享技术。对纳税人由一点、一次报送的相关信息，防止不同的部门要求纳税人重复报送，以防止信息口径、内容上的冲突和相关成本的上升。对内紧密业务衔接，促进业务成果共享，防止因重复劳动带来业务冲突和成本上升。

（六）信息有用

对于输入的信息从输出信息的有用性来考虑，尽可能地减少没有用途或用途小的输入。相对数据存放和使用而言，数据信息的准确和有用更为重要。

（七）简明精炼

通过对业务流程内在规律和流程之间关系的分析，优化或设计简练流畅的业务流程，达到业务流程高效流转的目的。

（八）遏制职权的非增值分配

通过对业务流程的优化梳理，取消部分审批事项和压缩非增值审批环节，防止一项业务经过多部门、多层次的非必要审批，进一步明确责、权、利，规范权限分配。

（九）规范统一

数据和应用系统高度集中后，必须强调规范和统一。如规则的统一、代码的统一，等等。

（十）信息路径最短

指充分应用信息共享，信息来源一次性获取，取消不必要的周转。

（十一）兼顾灵活定制

税收征管业务是不断变化的，业务流程也适时有所变化。业务流程控制系统一方面应根据业务变化不断修改已固化的业务流程；另一方面应建立业务流程的“灵活定制”制度，即在业务流程控制系统不作程序修改的前提下，能够按照一定规则增删相关业务流程。

（十二）追求全局最优

超过需求的产出对于流程而言就是一种浪费，因为它无效地占用了流程有限的资源。某一条业务流程应该发展到什么程度，应受全局业务流程的整体质效制约，不能为了追求某一条业务流程的局部最优，就过度占用全局的资源。因此，对每一条业务流程的评价，应从税收征管整体业务流程的角度上加以审视。

三、业务流程的梳理

业务流程的梳理是从各种必要的角度考察和梳理业务流程，分析各方面特点，抽取共性规律，便于分类优化和控制。

（一）核心业务流程

核心业务流程是税收征管活动中频繁发生、须臾不离、管理行为结果聚集的流程。核心业务流程有其固定性，但不同历史阶段、不同经济发展阶段的核心业务存在差异。现代税收征管注重关键业务和业务的关键环节，强调纳税服务的基础地位和纳税监控的重心地位，其核心业务流程较传统业务流程应有较大变化。

1. 核心业务流程的确定原则

（1）核心业务流程应能表达所属征管业务的方向和关键问题。

（2）核心业务流程应有明确的所有者（或部门）和用户。

（3）所有税务人员对核心业务流程的定义都应有清晰的理解。

（4）核心业务流程之间的依赖关系应尽量分散且最小化，即关联度、依赖性较弱。

（5）业务流程频繁发生。

（6）具备一定的普遍性、稳定性、可持续改进性。

2. 核心业务流程的内容

（1）传统核心业务流程。税收征管活动从对纳税人的登记开始，到税款的征收入库及其保障措施结束，传统的、一般性的业务流程包含：税务登记、发票管理、纳税申报、税款征收、催报催缴、纳税评估、会计统计、税务检查、一般执行。

（2）现代税收征管的核心业务流程。现代税收征管应体现集约化、标准化、系统化管理的特点观点，在传统核心业务流程的基础上，应增删部分流程。由于纳税服务基础性地位的进一步加强，纳税服务业务序列的纳税咨询、办税辅导、纳税提醒、纳税提示、“一窗式”服务的相关业务流程进入核心业务流程。决策支持活动中枢地位的确立，相应使决策支持的税收预警、查询统计、综合分析、税收预测等进入核心业务流程。申报征收核算业务序列的业务流程是税收征管活动主体数据采集、加工、汇集的主渠道，数据管理的业务流程进入核心业务流程。纳税监控业务的发展，则使纳税评估等流程进入核心流程。

【案例】《山东地税“大集中”系统》——申报征收业务流程

1. 模块概述

申报模块是申报征收岗进行营业税申报、所得税申报，代扣代缴、委托代征、以征代报，定期定额，个人所得税，其他税（费）申报等实现纳税申报的主要模块。

2. 申报征收流程

正常流程：操作人员录入按申报表类型录入申报表，开具税票。

更正流程：在申报表录入保存后，未开税票之前，这个时间段中，如果发现申报表错误，需要改正的，可在“申报表更正”模块进行，选择对应的申报表更正模块进行更正，然后保存开票。对于申报表录入后，已经开票但未缴款的，想更正申报表，先作废税票，可在“申报表更正”模块进行更正。如果是“已经开票已经缴款”或“应征已经记账”，则不能修改。

删除流程：申报表删除的前提条件与更正流程相同。

作业人员录入按申报表类型录入申报表，开具税票。

更正流程：在申报表录入保存后，未开税票之前，这个时间段中，如果发现申报表错误，需要改正的，可在“申报表更正”模块进行，选择对应的申报表更正模块进行更正，然后保存开票。对于申报表录入后，已经开票但未缴款的，想更正申报表，先作废税票，可在“申报表更正”模块进行更正。如果是“已经开票已经缴款”或“应征已经记账”，则不能修改。

删除流程：申报表删除的前提条件与更正流程相同。

3. 税票处理

税票重打：税票打印错误时，可在此模块进行重新打印。

税票作废：税票开出后，发现申报数据错误，需要改正或删除，必须先作废税票，在此模块进行。税票作废的前提条件是“未缴款”。已经缴款的税票不能作废。

税票作废处理过程：进入“税票处理—税票作废”模块，输入查询条件，点击查询按钮，显示符合条件的所有税票，选择要作废的税票和税票作废类型，点击作废按钮（见图 7－13）。

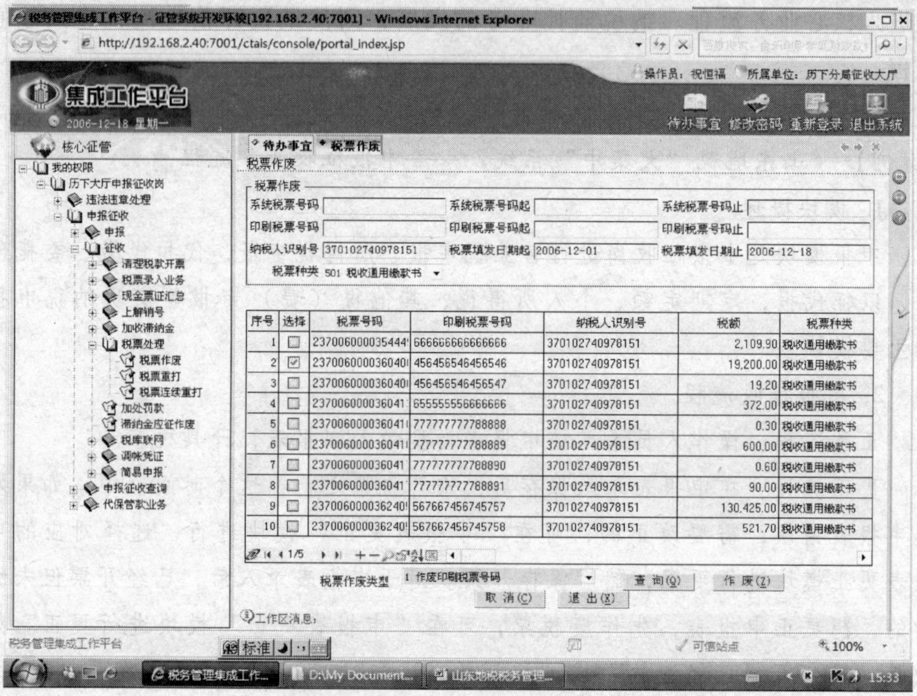

图 7－13　税票作废处理模块

税票重打处理过程：进入“税票处理—税票重打”模块，输入查询条件，点击查询按钮，显示符合条件的所有税票，选择要重打的税票，输入新税票号码，点击重打按钮（见图 7－14）。

变更登记、停业、外出经营、跨区迁移核查与设立登记核查操作流程基本一致，不再赘述，参照设立登记核查任务处理。

来源：摘自山东省地方税务局“大集中”有关材料

【案例】　泰安市地税局数据管理流程

1. 数据审核管理

图 7－14　税票重打处理模块

(1) 录入环节审核。税收监控岗对纳税服务岗录入的税务登记、税种核定信息进行审核，发现错误及时填写《税收业务数据更正通知书》交纳税服务岗进行更正。

(2) “E 税通”网上申报的数据在计算机审核把关的同时，由基层分局税收监控岗就数据填写的完整性、项目的齐全性进行审核。

(3) 综合审核检查。市局各部门对各税收业务软件中涉及的税收业务数据不定期地进行检查，发现问题及时通知相关岗位责令纠正。

基层征收分局每月对“网络申报”系统采集的企业各项财务经济指标的准确性、完整性进行审核检查。

2. 数据修正管理

(1) 税收业务数据一经录入系统并传递或转交，审核人及审批人不得再对录入数据进行修改。

对已传递、转交但尚未审批的数据，需修改的可由审核人或审批人填制《税收业务数据更正通知书》，注明理由后退回录入人员重新录入；已经审批的税收业务信息数据修正，根据具体业务要求实行层级审批。

(2) 信息录入岗位自我发现录入信息数据错误后，有更改操作权限的，及时更正数据错误；无修改操作权限的，填写《税收业务数据更正通知书》，报县级局相关部门修正。

各县级局计统部门根据每月账、证、表及税收票证审核出现的错误及时制作《税收业务数据更正通知书》向有关单位进行传递。

(3) 县级局也无权限修正的数据，报市局信息中心对有关数据进行修正。

市局信息中心根据县、市、区局提报的数据修正申请，对相关数据进行修正，并保存相关修正记录。

(4) 税收监控岗发现电子申报信息申报重复或申报有误，应于当日填写《税收业务数据更正通知书》，经基层分局局长批准，报县级局信息管理中心核定后，由信息管理中心予以作废。

(5) "E税通报税"或"双委托报税"重复扣款和误扣税款的信息修正。

当天扣款后发现的错误信息，通过"网络报税管理"系统的"撤销扣税"进行修正。

扣款次日后发现错误的信息，不得通过"网络报税管理"系统的"撤销扣税"进行修正，应通过农村信用社将款项手工转回。

扣款且入库的，填写《税收收入退还书》通过国库将款项退回。

(6) 不需要通过国库修改的跨月错误税款信息修正，通过《山东地税综合信息管理系统》的"会统模块"更正操作进行修正。

(7) 本月已开出税票尚未上解税款信息需作废的，应通知农信社将完税证作废，同时由农信社将款项手工转回，并通过"网络申报管理"系统将错误数据作废。

(8) 税款上解以后发现的科目或级次错误必须开具更正凭证并报送国库更改。由计统部门填制《更正通知书》送交国库盖章后，通过征管系统的更正模块进行更正。《更正通知书》后附错误票证复印件作为原始凭证装订。

(9) 与国库对账发现的错误入库数据，如金额错误多征税款等，需通过退税程序更正。

来源：山东省泰安市地方税务局

【案例】 泰安市地税局税收决策系统数据挖掘流程

数据挖掘就是以海量数据为基础不断地寻找并有效地发掘出其内涵的过

程，是循环的并不断受益的过程。

● 商业理解（业务角度理解项目的目标和要求，可以叫做税收业务目标），是从业务角度来理解项目的目标和要求，以此转化为数据挖掘问题，并制订可行计划。

● 数据理解，对数据源进行评估，理解数据的属性和质量。

● 数据准备，该阶段是将数据进行转换，利于模型的建立。

● 建立模型，是发现知识的重要环节，主要选用各种建模技术，同时校验参数，以达到最优值。此阶段的一些方法在数据形式上会有具体要求，常常必须回到数据准备阶段。

● 模型评估，是对模型进行多方面的评价，从而确定它是否完全达到了税收业务目标。

● 结果发布，是将数据挖掘结果嵌入到决策过程中去，依赖模型的效能，对决策支持系统作调整和修正，以保证决策者正确运用信息。

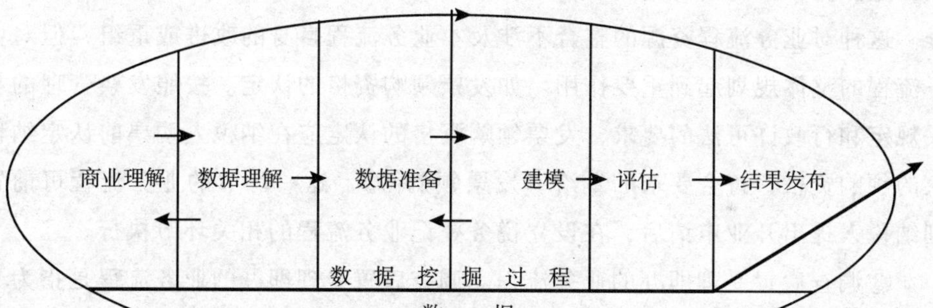

图 7－15　泰安地税数据挖掘流程示意图

来源：山东省泰安市地方税务局

（二）不同启动主体的流程

从启动主体入手对业务流程进行梳理是流程优化的重要角度。江苏省淮安市国家税务局较早对此开展研究，后期各地开展的业务流程梳理多延续淮安国税的基本思路。主要内容如下：

1. 由纳税人发起的流程

为便于进一步方便纳税人，服务纳税人，根据流程“以顾客为中心”、

"单点接触"的原则和行政许可法的相关要求，对由纳税人发起的流程作如下归类。

(1) 受理即办的业务流程

"受理即办"是指税务机关在纳税人手续完备的前提下，由受理岗位直接核批办结。根据审批权限的不同，这种类型的业务流程可分为以下三类。

①直接受理核批的业务流程。直接受理核批的业务流程是指根据相关法律法规要求，受理岗位能够有权限当场办理、直接核批的流程。纳税服务流程和申报征收流程是其主体。对这类业务流程的控制，侧重点在于征管业务的办理时限、业务流向、业务关联度。如发票的发售管理。在纳税人提出购票申请后，发票发售岗位在对其购票资格和相关资料进行受理、审核后，符合条件的，可当场审批并当场办理。发票的发售应实行即时办结制，取消由科长岗、分局所长岗审批和有关部门签字认可的制度，以减少活动之间的等待。

②调查前置受理即办的业务流程。调查前置受理即办的业务流程是指为了减少业务流程之间的等待时间，将部分应在本流程的独立行为前置到前一流程。这种对业务流程资源的整合不涉及本业务流程自身的改进或重组，但对业务流程的整体规划起到重要作用。如发票领购资格的认定。按照发票管理的相关规定和行政许可法的要求，发票领购资格的认定应在纳税人购票前认定纳税人的领购资格，符合要求的发给《发票领购簿》。这一环节的业务流程可前置到纳税人提出开业申请后，在设立税务登记业务流程的相关环节执行。

③调查后置受理即办的业务流程。调查后置受理即办的业务流程是指为了减少税务机关过量活动的支出和减少纳税人的时间成本，将部分应在本业务流程解决的问题后置到以后相关联的业务流程进行。这种整合方式也不涉及对业务流程自身的改进或重组，但对提高业务流程的质效和满足纳税人对降低成本的需求起到重要作用。如设立税务登记。在纳税人提出开业登记申请后，税务机关在对纳税人提供的相关资料进行审核的同时，应对其资料和其他相关涉税事宜的真实性进行调查，以确定纳税人是否具备相关涉税申请的资格，符合条件的予以批准并核发证件。在符合法律法规要求的前提下，对这类涉及调查的环节，可后置到以后的相关业务流程。因为纳税人提供相关资料后，税务机关通过纸质资料审核或网上电子信息的审核，资料本身符合要求的，即可以予以批准；对其真实性的调查后置到纳税监控流程，不合法的可以依据违法违章处理的业务流程予以执行。

【案例】《山东地税“大集中”系统》——自然人登记业务流程

步骤一：以登记受理岗的人员登录系统。然后，选择自然人登记模块（见图 7－16）。

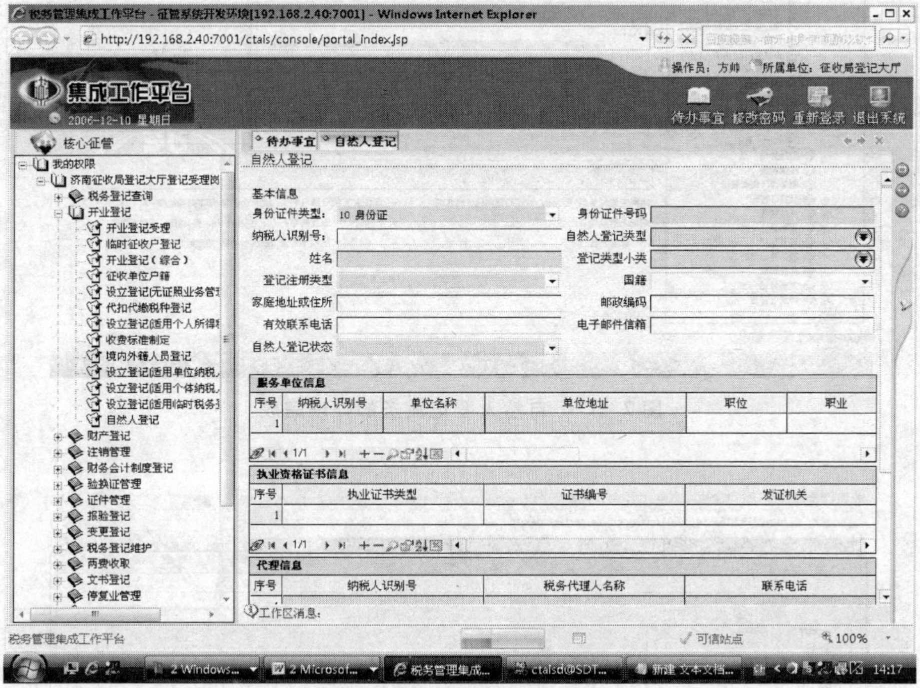

图 7－16　自然人登记模块

步骤二：录入自然人身份证号码。如已存在此自然人，系统则会自动带出其相关信息。接下来，录入自然人的基本信息，然后录入地税主管税务局、地税主管税务所（科）、纳税人所处街乡、隶属关系、征管责任区、税收专管员。录入完毕自然人基本信息后，点击保存按钮。系统会自动产生以英文“Z”打头，代表此纳税人为自然人的识别号（见图 7－17）。

步骤三：点击页面下方的税种核定，可以对此自然人进行税种的增加和删除。设置完毕，点击保存即可（见图 7－18）。

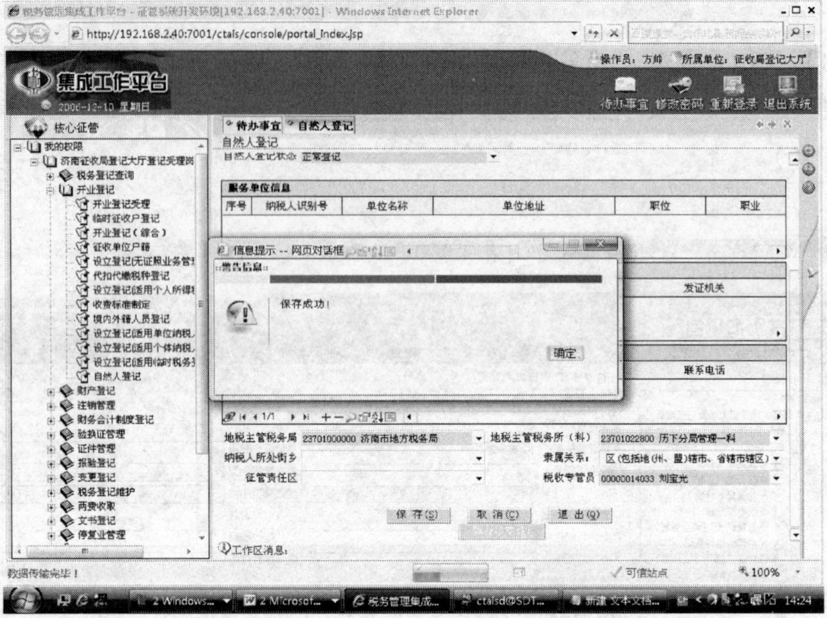

图 7－17 自然人登记业务的处理完成

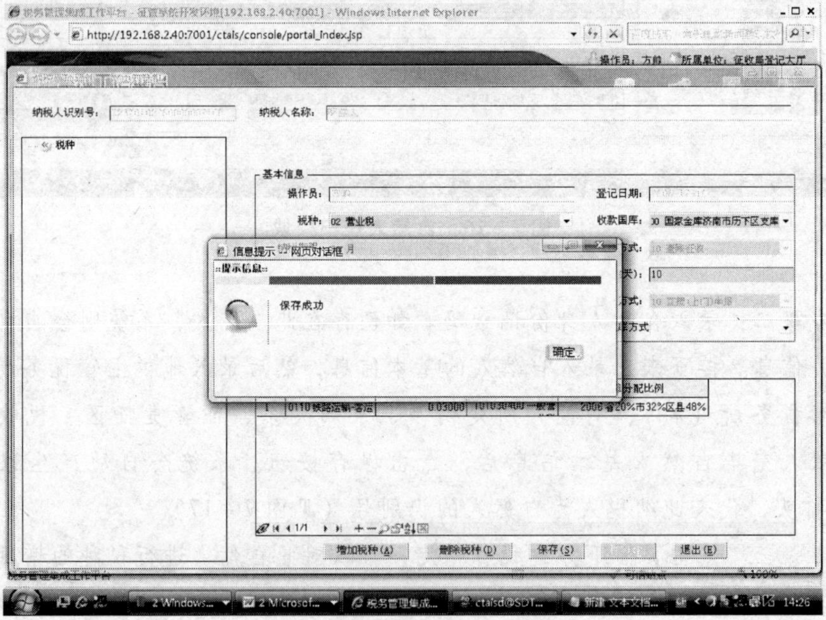

图 7－18 自然人税种核定处理

来源：摘自山东省地方税务局“大集中”有关材料

（2）受理转调查的业务流程

根据相关规定，受理岗位受理纳税人的申请后，有的需要转纳税监控部门进行调查核实，对于审计性调查事项则要转评估机构进行调查核实。

①一般性调查事项转调查的业务流程。是指税务机关将受理的一般性的事项转调查机构，如税种认定。对纳税人应纳税种的认定，应对纳税人的经营范围进行实地调查，可转交纳税监控部门进行调查。

②将审计性调查事项转评估机构进行调查核实，再回复给受理岗核批的事项。如定期定额征收。对纳税人提出的定期定额申请，受理岗位在受理后，认定其定期定额征收方式，具体应纳税额的核定转调查机构。调查机构、评估机构在按照关于核定征收的相关业务流程对纳税人的应纳税额进行核定后，将相关核定信息回复给受理岗位。

（3）受理转调查转核批的业务流程

按照相关法律法规的要求，对纳税人提出的申请，有的需要报上级部门审批。根据单点接触纳税人的原则，这类业务事项应由受理岗位一次性受理核批，以后相关业务流程在税务机关内部流转。这类流程划分为：一般性调查事项转调查机构的业务流程；审计性调查事项逐级上报核批的业务流程，即将审计性调查事项转评估机构进行调查核实，再上报地市局（含）以上税务机关核批，由上级局直接回复受理岗的事项（如税收优惠的相关审批等）。

2. 由税务机关发起的业务流程

由税务机关发起的业务流程，是行政主体主动实施的行政行为。

（1）由调查执行环节直接启动的业务流程。由调查执行环节直接启动的业务流程是纳税监控的重要手段。如税收管理员对税源的日常监控，根据举报对纳税人的税务检查，税务机关对按行政许可法取消的 25 项事前审批事项的后续管理等。

（2）由评估环节根据数据处理结果启动。由评估环节根据数据处理结果启动的业务流程是税务机关对涉税信息进行处理分析和应用的过程。如纳税评估的疑点分析，由评估主办岗人员对计算机生成的评估对象清册进行人工评析，主要是结合实际工作对计算机生成的疑点纳税人清册中的纳税人疑点进行相应的剖析；分析结束后，进一步确定疑点纳税人清册，对经分析后排除的疑点，直接做归档处理；计算机对某一方面没有生成的疑点，但是人工在评析时认为纳税人在此方面有存在疑点的可能，则由人工将其设定为疑点。

（3）由调查执行环节根据数据处理结果启动的业务流程。由调查执行环节根据数据处理结果启动的业务流程是税务机关根据应用涉税信息的综合处理结果的过程，纳税监控流程是其主体。如纳税评估的约谈核实环节，纳税评估机构在对纳税申报的真实性进行评估后，约谈核实岗人员针对评估主办岗人员转来的疑点纳税人清册，对疑点纳税人存在的疑点进行破疑，通过向纳税人送达税务约谈通知书，约纳税人到主管税务机关就存在的疑点进行解释、说明，评估人员对纳税人的解释形成税务约谈记录，对于纳税人不能口头解释、需要提供资料说明的，形成约谈举证说明书，对解释不清的要进行实地调查，对拒绝约谈的或经实地调查仍不能说清的，税务机关在评定处理时转稽查部门按照稽查程序查处。

（三）划分前、后端业务的流程

为了促进业务流程的再造和优化，可将业务流程按照前、后端处理方式进行划分。广东省地方税务局较早对税收征管的前、后端业务进行了科学划分，并进行了变革尝试。

1. 前端业务流程

前端业务流程是指税务机关面向纳税人、受理涉税事项的业务流程，是税务机关处理与纳税人发生交互业务的主要渠道。

前端业务流程一般包括：税务登记的受理、发证，发票的供应；申报的受理，税款的征收，涉税文书的受理，以及各种办税服务，如税法公告、税务咨询、信息查询、举报投诉等。前端业务流程在简化业务流程的基础上，把业务重心更多地集中在信息采集的规范性、完整性以及纳税服务的多元化、全方位上。前端业务流程的展开，可以是各纳税服务窗口，可以是各种纳税服务，也可以是借助电子媒介形成的虚拟“窗口”，如网络、电话等。

2. 后端业务流程

后端业务流程是集中处理税收征管业务的“加工厂”，一般包括：登记审核、申报审核、税款对账、税票管理、发票管理、涉税文书审批、纳税核定、会计、统计核算和档案管理等。与前端直接面向纳税人的业务流程有所不同，后端的业务流程处理对于纳税人来说大多是不可见的。后端业务流程是在数据集中的前提下，将大部分的业务处理和所有的业务数据集中起来，形成后端统一、规范的业务操作，消除当前各地业务操作上的差异和人为干预。后端业务重点强调审核、校对、数据处理、分析功能以及对纳税人的管理监控，并根据业务的不同区分集中的层次。后端业务流程作为业务处理的核心环节与前端业务流程共同组成了完整的税收征管业务流程。

上述前、后端业务流程的划分是对现有征管业务流程的进一步细分，由于税务稽查、行政复议、行政诉讼等作为纳税监控与法律救济措施，有其相对独立性，因此未归入其中。但登记、征收业务流程是上述工作的基础，必须通过信息的有效共享，增强征管与稽查等后续业务流程的衔接，强化纳税监控，突出信息共享的作用。

3. 前、后端业务流程的划分依据

前端业务流程突出的是遵循既定的业务规则进行广泛的数据采集与多元的纳税服务，体现的是税务机关为纳税人提供方便快捷的纳税环境和信息获取手段的服务理念；后端业务流程突出的是制定统一的业务规则，并进行高度集中的信息处理与严密的内外监控管理，体现的是对纳税人和税务机关内部集中管理与规范监控的理念。由于前、后端业务流程的侧重点不同，因此在前后端业务流程划分的新视角下，可以根据前后端业务的不同理念及发展方向，对相关的业务流程进行重组、充实和优化。

前、后端的划分使前端业务流程主要通过各种先进的信息技术手段，提高日常大量事务型工作的效率，优化对纳税人的服务。后端业务流程的有效集中处理既能够规范业务操作、统一执法，又能够上收管理权力，强化上级税务机关对下级执法行为和征管质量的监控。依托信息技术，原先被束缚在前端征收业务流程上大量的税务工作人员能够得到解放，投入到纳税服务和纳税监控工作中。

【案例】广东地税“大集中”对前、后端业务的划分及相关变革

1. 前后端业务划分的标准及意义

在“大集中”即将付诸实施的情况下，为了促进业务流程的再造和优化，我们考虑在原先“登记、征管、稽查”专业化分工的基础上，从另一个角度将业务按照前、后端处理方式进行划分。

所谓前端，是指税务机关面向纳税人、受理涉税事务的窗口，它可以是各级税务机关开设的办税服务厅，也可以是借助电子媒介形成的虚拟“窗口”，如网络、电话等。前端是税务机关处理与纳税人发生交互业务的主要渠道，包括：税务登记的受理、发证；发票的供应；申报的受理；税款的征收；税票的填开；涉税文书的受理；以及各种办税服务，如税法公告、税务咨询、信息查

询、举报投诉等。前端业务在简化业务流程的基础上，将把业务重心更多地集中在信息采集的规范性、完整性以及纳税服务的多元化、全方位。

所谓后端，是集中处理税收征管业务的“加工厂”。后端业务包括登记审核、申报审核、税款对账、税票管理、发票管理、涉税文书审批、纳税核定、会计、统计核算和档案管理等。与前端直接面向纳税人的业务交往不同，后端的业务处理对于纳税人来说是不可见的。后端业务是在“大集中”的前提下，将大部分的业务处理和所有的业务数据集中起来，形成后端统一的、规范的业务操作，消除当前各地业务操作上的差异和人为干预。后端业务将重点强调审核、校对、数据处理、分析功能以及对纳税人的管理监控，并根据业务的不同区分集中的层次。后端业务作为业务处理的核心环节与前端业务共同组成了完整的业务流程。

上述前、后端的划分是对现有征管业务的进一步细分，税务稽查、行政复议、行政诉讼等作为纳税监控与法律救济措施，有其相对独立性，未归入其中。但登记、征收业务是上述工作的基础，必须通过信息的有效共享，增强征管与稽查等后续业务的衔接，强化税源监控，突出信息共享的作用。稽查工作在目前纳税人诚信纳税意识不强的情况下尤其需要加强。

综上所述，前、后端业务划分的依据是，前端业务突出的是遵循既定的业务规则进行广泛的数据采集与多元的纳税服务，体现的是税务机关为纳税人提供方便快捷的纳税环境和信息获取手段的服务理念；后端业务突出的是制定统一的业务规则，并进行高度集中的信息处理与严密的内外监控管理，体现的是对纳税人和税务机关内部集中管理与规范监控的理念。由于前、后端业务的侧重点不同，因此在前后端业务划分的新视角下，广东地税可以根据前后端业务的不同理念及发展方向，对相关的业务流程进行重组、充实和优化；同时，根据前、后端业务的变化情况，相应进行机构和人员的优化调整。

前、后端的划分使前端业务主要通过各种先进的信息技术手段，提高日常大量事务型工作的效率，优化对纳税人的服务。后端业务的有效集中处理既能够规范各地的业务操作、统一执法，又能够上收管理权力，强化上级税务机关对下级执法行为和征管质量的监控。依托信息技术，原先被束缚在前端征收业务上大量的税务工作人员能够得到解放，投入到税务管理、税源监控和稽查工作之中，全地税系统的人力资源获得重新分配和有效利用。由此可见，前、后端业务的划分符合税务管理发展的趋势，对于充分体现广东地税业务战略对执法、管理和服务并重的要求具有重要的现实指导意义。

2. 业务重心的调整

上述前后端业务划分，是将业务划分成前端的交易服务型以及后端的管理决策型业务。广东地税实现“大集中”之后，征管业务的管理监控权将上收到市级和省级，解决由于权力分散而出现的基层税务机关的不规范执法行为。同时，体现了国家税务总局“科技加管理”的思想，充分利用“大集中”信息化手段监控基层执法，提高征管质量和效率，从根本上实现依法治税。

来源：广东省地方税务局“大集中”有关材料

从上述案例的四级组织结构来看，基于流程的业务职能重新划分将使业务重心在各级税务机关发生重要的调整。县级和县级以下税务机关的业务将以前端的交易服务型业务为主，处理与纳税人发生交互的各类涉税事项，例如受理申报缴款和文书等。市级和市级以上税务机关业务重心将调整为后端的管理决策型业务，例如各项核定工作的权限上收到市级机构，减免税的审核批准必须经省级税务机关处理，由省级税务机关总揽税源监控的信息并制订合理的税收计划，等等。需要特别强调的是，众多的业务审核规则由广东省地税局统一制定后，固化在信息系统之中，基层税务机构只能按照系统的规则执行具体的操作。这样，既减轻了管理权上收后上级税务机关审批的工作量，同时保证了基层税务机构执法的规范性和严肃性。

（四）不同审批权限的流程

审批权限不同的业务流程是指根据法律法规的规定，业务事项的审批权限分别归属于哪一级税务机关的业务流程。对不同审批权限的业务流程进行梳理的意义在于，能够清晰地确定审批权限分别归属于哪一级税务机关，从而为审批权限的整合、前置、后置和更好地控制业务流程提供依据。如设立登记、变更登记、注销登记等业务流程的审批权限在县级税务机关，通过对相关功能的整合，可以将部分审批权限前置，实现受理即办，提高效率。

【案例】 江苏国税——审批权限不同的业务流程（整理节选）

序号	办税业务名称	工作流	审批权限及其前、后置
1	发票发售	纳税人申请→受理审核→旧票核销→发票发售	纳税服务窗口审批

续表

序号	办税业务名称	工作流	审批权限及其前、后置
2	发票缴销	纳税人申请→受理审核→发票收缴	纳税服务窗口审批
3	认证	纳税人申请→受理认证	纳税服务窗口受理
4	丢失、被盗防伪税控设备处理	纳税人申请→受理审核→办理	纳税服务窗口受理
5	流动资产、固定资产净损失	纳税人申请→受理审核→调查→审批	纳税服务窗口受理，按权限审批
6	提取管理费审批	纳税人申请→受理审核→审批	纳税服务窗口受理，按权限审批
7	国产设备投资立项审批	纳税人申请→受理审核→调查→审批	纳税服务窗口受理，按权限审批
8	自印普通发票审批	纳税人申请→受理审核→审批	市、县局审批，可以将审批前移至纳税服务窗口
9	发票丢失、被盗	纳税人申请→受理审核→备案	主管税务机关受理
10	发票代开	纳税人申请→受理审核→审批开具	纳税服务窗口
11	外出经营报验登记	纳税人申请→受理审核→审批登记	纳税服务窗口审批
12	供票资格认定	纳税人申请→受理审核→调查→审批认定	审批前移至纳税服务窗口
13	延缴税款审批	纳税人申请→受理审核→市、县局审核→省辖市局审核→省局审批	省局审批
14	税务登记验证、换证	纳税人申请→受理审核→审批验证、换证	市、县局审批，可以将审批前移至纳税服务窗口
15	个体工商户定期定额核定	纳税人申请→受理审核→调查→审批核定	市、县局审批，可以将审批前移至纳税服务窗口
16	个体工商户定期定额调整	纳税人申请→受理审核→调查→审批调整	市、县局审批，可以将审批前移至纳税服务窗口
17	企业所得税定额或应税所得率的调整	纳税人申请→受理审核→调查→审批调整	市、县局审批，可以将审批前移至纳税服务窗口
18	设立登记	纳税人申请→受理审核→审批发证	市、县局审批，可以将审批前移至行政审批中心和纳税服务窗口
19	变更登记	纳税人申请→受理审核→审批办理变更事项	市、县局审批，可以将审批前移至行政审批中心和纳税服务窗口
20	注销税务登记	纳税人申请→受理审核→审批注销	市、县局审批，可以将审批前移至行政审批中心和纳税服务窗口
21	扣缴义务人登记	扣缴义务人申请→受理审核→审批登记	市、县局审批，可以将审批前移至行政审批中心和纳税服务窗口
22	停业登记	纳税人申请→受理审核→结清税款、收缴发票、证件→审批	主管税务机关

续表

序号	办税业务名称	工作流	审批权限及其前、后置
23	复业登记	纳税人申请→受理审核→办理复业登记	主管税务机关
24	遗失税务登记证补办	纳税人申请→受理审核→补办税务登记证	主管税务机关
25	延期申报申请	纳税人申请→受理审核→审批	主管税务机关
26	纳税申报方式审批	纳税人申请→受理审核→审批	主管税务机关
27	《固定业户外出经营活动税收管理证明》	纳税人申请→受理审核→批准开具	主管税务机关受理处理
		……	

来源：江苏省国家税务局有关材料

（五）不同业务序列的流程

从流程的本质来看，一条业务流程往往会涉及各项征管业务，业务流程不能简单地以税收征管业务序列为标准划分。为了探讨流程在业务过程中各业务序列间的关系，需要从流程的主体业务角度梳理业务流程。

1. 不同序列业务流程的特点

（1）以纳税服务序列为主体的流程。前端业务流程是其主体，流程控制的重点在于时限和办理质量，同时一些业务需要关注信息数据的准确、完整、真实，如政策咨询、税法宣传、纳税辅导、举报投诉受理、发票发售与代开、提供表证单书、税务处罚听证、涉税审核审批受理、纳税人信誉等级管理等。

（2）以申报征收序列为主体的流程。关注数据信息取得的准确、完整、真实、及时，以及信息数据处理中的保真与处理过程中的规则、能力问题，如纳税申报、税款征收、税收会计、税收统计、税收票证、税收计划等。

【案例】《山东地税“大集中”系统》——会计记账流程

1. 主要流程

开始→执行记账→查询结账日期→取消。

2. 流程说明

（1）执行记账

选择税务机关，输入要记账的日期，就可以对当天发生的业务登记记账凭证。既支持按日生成记账凭证也支持按 n 天生成记账凭证（其中 1 < n≤当月天数）。

(2) 查询结账日期

查询当前会计核算单位的结账日期。

(3) 正常流程

计征科税收会计岗通过“计征科税收会计岗—账务处理—会计记账”模块进入会计记账界面，用于每日对当天发生的业务登记记账凭证。本系统既支持按日生成记账凭证也支持按 n 天生成记账凭证（其中 1 < n≤当月天数，当月天数为结账日期设置中的当前期间天数）。

界面：（见图 7－19）

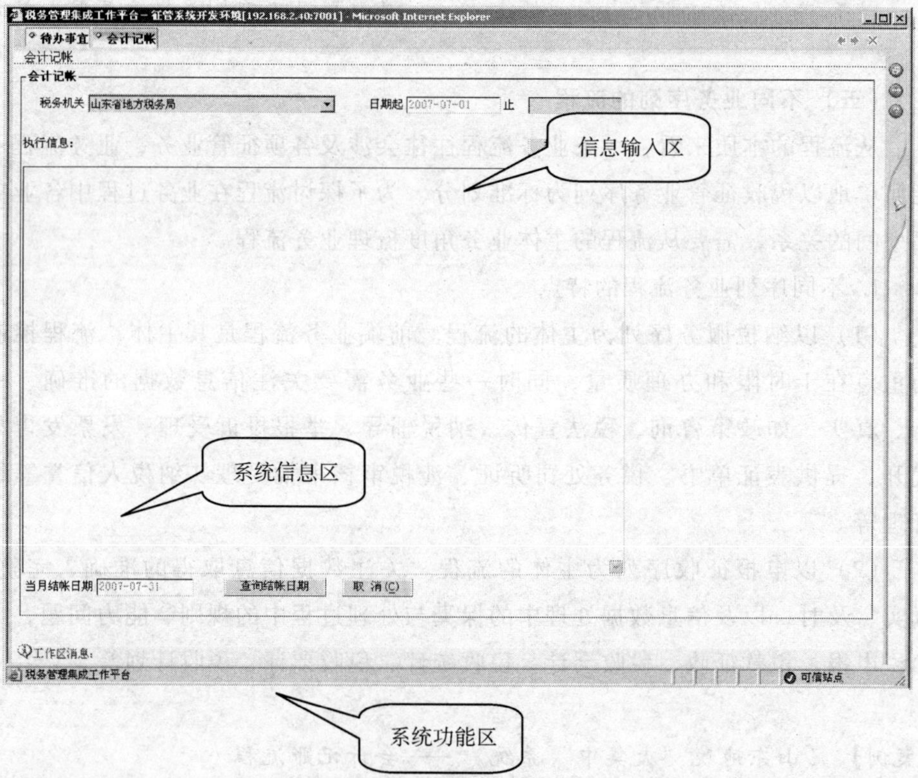

图 7－19

从图 7－18 看界面分三个区域：信息输入区，系统功能区，系统信息区。

一、信息输入区

在下拉框税务机关中选择要记账的会计核算单位，输入记账日期。点击按钮执行记账可以对当前会计核算单位进行记账操作。

二、系统信息区

显示记账过程信息。

三、系统功能区

1. 点击“查询结账日期”按钮，可以查询当前会计年度的结账日期（见图7-20）。

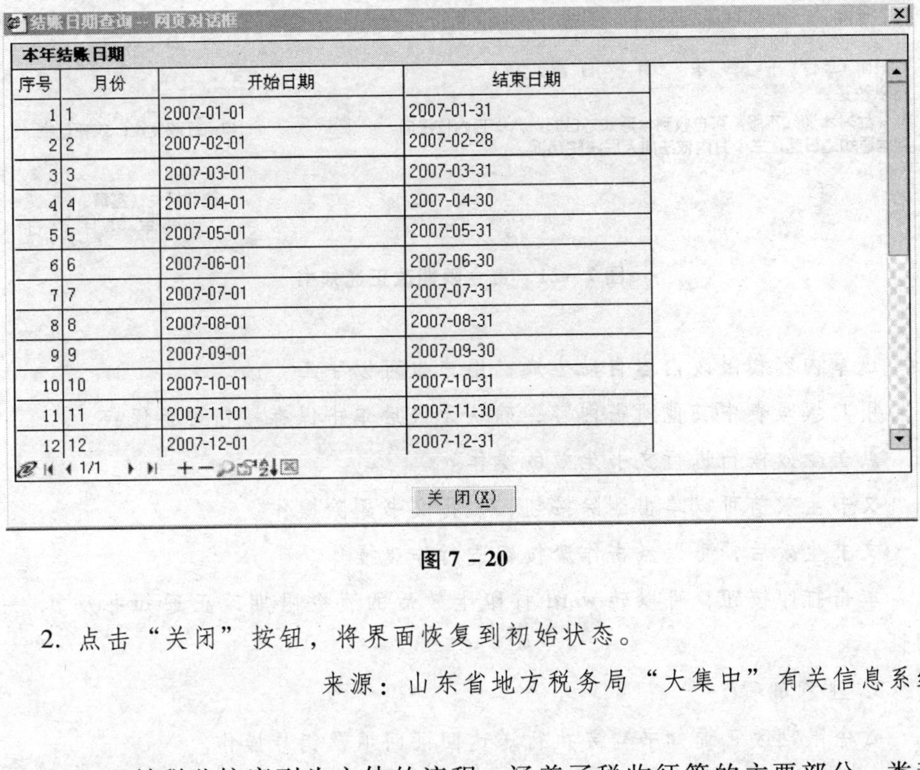

序号	月份	开始日期	结束日期
1	1	2007-01-01	2007-01-31
2	2	2007-02-01	2007-02-28
3	3	2007-03-01	2007-03-31
4	4	2007-04-01	2007-04-30
5	5	2007-05-01	2007-05-31
6	6	2007-06-01	2007-06-30
7	7	2007-07-01	2007-07-31
8	8	2007-08-01	2007-08-31
9	9	2007-09-01	2007-09-30
10	10	2007-10-01	2007-10-31
11	11	2007-11-01	2007-11-30
12	12	2007-12-01	2007-12-31

图7-20

2. 点击“关闭”按钮，将界面恢复到初始状态。

来源：山东省地方税务局“大集中”有关信息系统

（3）以纳税监控序列为主体的流程。涵盖了税收征管的主要部分，类型众多，流转复杂，与外部流程间的关联性和内部子流程间的关联性强，对于信息数据处理也有较高要求，如：纳税评估、调查核实、税源调查、税务稽查、欠税管理、重点税源管理、核定应纳税额等。

【案例】《山东地税“大集中”系统》——下达《责令限期改正通知书》

1. 主要流程

开始→文书内容录入→保存→生效→结束

2. 操作说明

如图 7－21 所示：在“法规依据”一栏双击鼠标左键可以进行文书内容的自动生成。

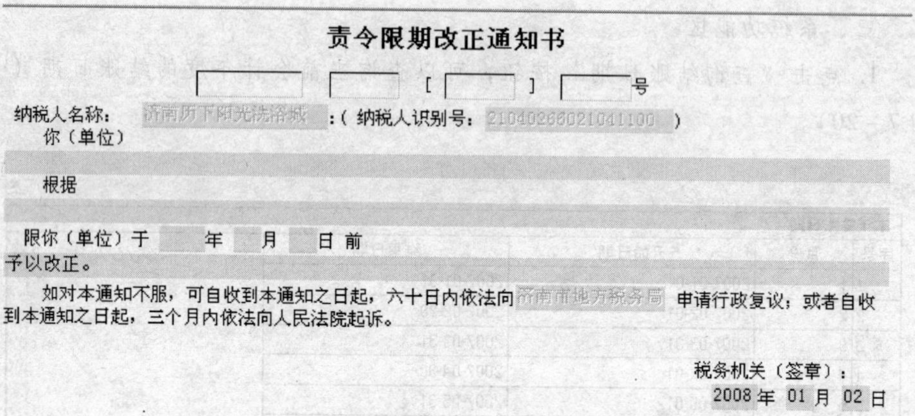
责令限期改正通知书

[ ] 号

纳税人名称：济南历下阳光洗浴城：（纳税人识别号：210402660210411OO）

你（单位）

根据

限你（单位）于 年 月 日前

予以改正。

如对本通知不服，可自收到本通知之日起，六十日内依法向济南市地方税务局申请行政复议；或者自收到本通知之日起，三个月内依法向人民法院起诉。

税务机关（签章）：

2008年 01月 02日

图 7－21 责令限期改正通知书

违章内容和限改内容自动生成，用户也可以手工修改。

用户填写表中其他所需内容，确认无误后单击保存按钮进行保存。

点击生效按钮进行文书生效的操作。

文书生效前可以单击删除按钮，执行文书删除操作。

文书生效后，可以点击作废按钮进行作废操作。

单击打印按钮，可以转 word 打印生效后的责令限期改正通知书及其送达回证。

3. 注意事项

责令限期改正通知书需要执行送达回证回填及销号操作。

责令限期改正通知书生效后，删除按钮不可用。

文书应该在生效后再打印，否则文书上没有文书字轨文号等内容。

来源：山东省地方税务局“大集中”有关信息系统

2. 业务序列流程之间的关系

以各业务序列为主体的流程之间的关系，内在对应各业务序列间的关系。从时序、流向等方面探讨各业务序列流程的关系，可以为业务流程进行前、后端划分和建立控制联系等提供依据。

（1）信息关联。各业务序列的流程不仅只完成本流程的基本业务目标，同时承担向相关流程提供信息数据的任务，以实现序列间信息的相互支持。纳税服务序列、申报征收序列的流程多为信息提供方，纳税监控序列中的流程多为信息接收方。

（2）流向关联。不同业务序列的流程形成了衔接关系，如，受理转办的业务流程，按一定程序在税务机关内部各业务序列之间流转。

（3）时序关联。不同序列流程具有一定的先后次序，纳税服务序列中的流程如认定管理，一般先于另两个序列的开展；纳税监控中的部分流程如处理处罚，一般后于纳税服务、申报征收流程之后启动。

（4）控制关联。存在一个业务序列的流程控制另一个序列的流程启动实施的情况，如税务稽查开展中遇有需要补缴税款的情况，由税务稽查流程启动申报征收相关流程；再如，纳税服务中遇有举报投诉情况，由纳税服务流程启动相关的纳税监控流程。

以上从四个方面对税收征管业务流程进行梳理，目的是从不同的角度重新审视业务流程，从中找出管理和控制业务流程的有效方法。

四、业务流程的优化

“由于长期的工作积累和传统的职责分工，以及税收征管环境的日趋复杂，税收征管工作面临大量的重复、烦琐、掣肘和浪费现象，必须下大决心对现有的工作程序、手续、档案、票据进行大幅度的简化，以确保各项征管工作的质量与效率。”[①] 优化业务流程的根本目的，在于设计符合现代税收征管业务流程特点的“卓越”的业务流程，清除不必要的、不合法的业务流程，强化必要的、合法的业务流程，按照业务流程的逻辑关系设计业务流程，不作主观性的增加或减少，尊重业务流程的自身规律要求，废止人为的层层监控和重复的业务流程。

（一）业务流程的清除

业务流程的清除就是取消业务流程的无效增值环节、冗余环节。

1. 取消已经失效的业务流程。税收征管工作是不断发展的，业务流程也是不断发展的，有的业务流程在新的税收征管工作中已无存在的实际意义，反而占用了整体资源，对这类业务流程应予以取消。如根据行政许可法的相关要

① 国家税务总局．《2002～2006年中国税收征收管理战略规划纲要》（国税函［2003］267号）．

求，已经取消的弥补亏损、技术开发费的加计扣除等审批事项的管理流程。

2. 减少业务流程内部或不同业务流程之间的重复活动。由于传统征管以职能为导向的原因，很多业务流程存在着大量的重复现象，大大影响了征管效率。对这种无效的劳动，应予以清理取消。如对纳税人涉税信息资料的报送，应坚持单点接触的原则。已经由某部门受理并录入的信息，其他部门（如：管理部门、稽查部门、上级局的事项审批等）不能要求纳税人重复报送，即通过共享技术把整个业务流程价值链的任何一点上输入的信息，为整个业务流程价值链提供共享。

3. 取消业务流程跨部门的协调。少数传统业务流程是在以自身职能为导向的前提下设计的，强调了部门本身的特权和利益，易造成本位主义、官僚作风。应坚持以流程为导向，加强业务流程的整体观，把各部门的活动放在业务流程的“流水线”上，对各部门的工作职责进行重新定义。

（二）业务流程的简化

业务流程的简化是对业务流程运转过程中各环节的传递程序、传递资料和表证单书的简化，同时简化部分事前审批，强化事后管理。

1. 流转程序的简化。传统税收征管业务流程的设计，通常模仿手工操作状态，因而一个流程通常被割裂成多个环节，让足够多的人来参与流程任务的完成。随着信息技术的大量运用，信息处理能力得以提升，可以简化业务流程的流转程序，整合部分工作内容，通过优化结构提高流程效率。

2. 表证单书的简化。表证单书作为业务流程运行的载体，随着税收征管的发展，征管模式和手段发生了很大变化，特别是税收征管的流程化、集约化管理和信息技术的大规模应用，给表证单书的设计规则提出了很多新的要求，但由于传统流程以职能为导向的特点，许多表格在业务流程的运行中根本没有实际作用，或表格设计本身就有许多重复的内容。因此，应根据业务流程的运行特点和信息技术的内在要求，统一表证单书的规则、代码；对发展的越来越多、越来越复杂的表单进行全面的清理、简化、规范；规范统一文书审批流程，加强对文书审批权限的监控，在软件系统中设定文书审批权限；实现文书在征管系统与办公自动化系统之间的无缝隙对接，保证文书办公自动化处理的结果及时反映到征管业务中；加强文书审批环节与登记、申报、征收、稽查、发票等环节的联系和监控；进一步简化统一纳税申报表，各税种能在一张申报表上的应在一张申报表上体现。

3. 资料传递的简化。征管业务流程的运转，越简捷越好，而业务流程的复杂化，很多是由于传递资料的复杂化造成的。

（三）业务流程的合并

合并类似的管理活动过程，重点解决税务机关对纳税人多头找、多次找的问题。税务机关对纳税人呈多点对单点形态，多头找，多次找，对纳税人信息的重复采集，不仅对纳税人形成客观干扰，自身也形成重复劳动，如税务登记、供票资格认定、征收方式认定等由不同部门的不同人员去调查。

1. 归并调查活动。将税务登记、供票资格认定、个体定额核定、税种认定、征收方式认定、减免退税等调查活动归并到一个部门。

2. 将串行流程改造为并行流程。同时受理新开业纳税人多项申请，实现多项事务一并受理、一并调查、一并核批，办税资料也得以大幅压缩。

3. 优化调查顺序，将部分调查后置。如对办理开业、停业、变更、个体定额户注销税务登记等手续的，先备案后调查。这样，纳税人在一定期限内申请办理这些事项时，纳税服务可以受理即办。

4. 归并执行活动。对纳税人的信息采集方式是一次到户采集，多次使用。将催报催缴、巡查、涉税文书送达、涉税物品收缴、稽查结论执行、税收保全与强制执行措施实施等一些执行活动归并。

（四）业务流程的增加

业务流程的增加是指随着税收征管的发展，管理方式、手段不断发生变化，新产生了部分征管业务；同时，一些原来认为不重要，未进行整理的流程，有必要根据业务发展的实际加以提炼。

【案例】　泰安市地税局纳税评估业务流程

1. 评估计划。税务机关可根据评估需要提出评估计划，评估计划应当包括本次评估的目的、评估条件、评估区域、评估期间、标准值的参照区域等内容。

省市级、县级、基层、税收管理员均可根据工作需要随时提出纳税评估计划。

2. 确定对象。评估计划已经批准后上报，由计算分析岗位的人员根据评估计划的内容采集相关数据信息，并运用计算机根据事先设计的数学模型和有效指标体系进行计算分析，生成《疑点纳税人清册》，初步确定评估对象范围。

3. 评估分析。评估主办岗人员对计算机生成的评估对象清册进行人工评析，主要是结合实际工作对计算机生成的《疑点纳税人清册》中的纳税人疑点进行相应的剖析。分析结束后，更进一步确定《疑点纳税人清册》，对经分析后排除的疑点，直接做归档处理；计算机对某一方面没有生成的疑点，但是人工在评析时认为纳税人在此方面有存在疑点的可能，则由人工将其设定为疑点。这一做法是“人机结合”的更好体现。

4. 约谈核实。约谈核实岗人员针对评估主办岗人员转来的《疑点纳税人清册》，对疑点纳税人存在的疑点进行破疑，通过向纳税人送达《税务约谈通知书》，约纳税人到主管税务机关就存在的疑点进行解释、说明，评估人员对纳税人的解释要形成《税务约谈记录》，对纳税人不能口头解释，需要提供资料说明的，要形成《约谈举证说明书》，对解释不清要进行实地调查，对拒绝约谈的或经实地调查仍不能说清的，税务机关要在评定处理时转稽查部门按照稽查程序查处。

5. 评定处理。评估主办岗人员根据约谈核实反馈情况制作《评估结论》，评估结论共有三种：正常符合性结论、差异纠正性结论、异常待查性结论。对正常符合性结论的，由评估主办岗人员反馈上级或直接归档；对差异纠正性结论的，转给基层管理部门具体落实，进行税款的补缴工作；对异常待查性结论的，转给稽查部门按照稽查程序进行查处。落实完毕后，管理部门与稽查部门要将落实情况反馈上级，上级局要对反馈的结果进行审核，对审核通不过的，要返回重新处理，直到审核通过。

6. 管理建议。评估主办岗人员要根据此次评估的处理反馈情况制作《评估综合报告》（包括基本情况、存在的征管问题和薄弱环节、管理性建议以及其他与纳税评估有关的重大事项）。

来源：山东省泰安市地方税务局

（五）业务流程的改进

业务流程的改进是指对业务流程从质量、时限、关联等方面的相关完善。

1. 完善有缺陷的业务流程。有的业务流程是在某个特定的历史阶段下产生的，如专管员管户时期的部分业务流程，随着税收征管向集约化、专业化方向发展，有的需要进一步完善。

2. 流程节点任务完成时限的压缩。业务流程内部任何时刻由于某种原因

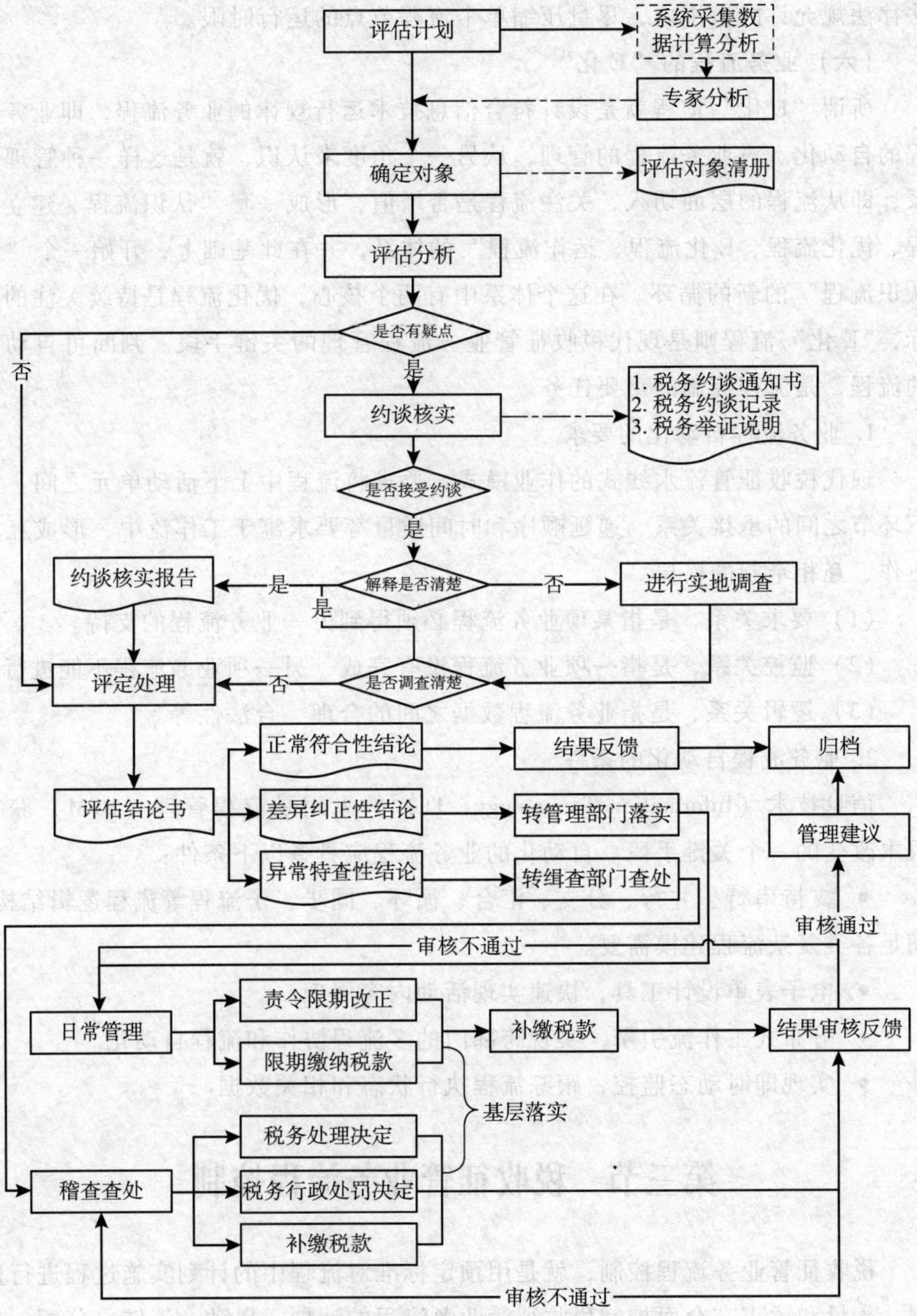

图 7－22　泰安地税纳税评估业务流程图

导致的对人或物的等待，都会带来文牍的增加和通行时间的加长，从而使业务流程的追踪和监测变得更加复杂，却几乎未增加“顾客”价值。因此，应在法律法规允许的范围内，尽量压缩单个流程节点的运行时限。

（六）业务流程的“E化”

所谓“E化”流程就是设计符合信息技术运行规律的业务流程，即业务流程的自动化。对业务流程的管理，从另一个角度来认识，就是这样一种管理体系，即从流程的层面切入，关注流程是否增值，形成一套“认识流程、建立流程、优化流程、E化流程、运作流程”的体系，并在此基础上，开始一个“再认识流程”的新的循环。在这个体系中有两个核心，优化流程是持续关注的目标，“E化”流程则是现代税收征管业务流程管理的关键手段。判断可自动化的流程，是流程控制的重要任务。

1. 业务流程自动化的要求

现代税收征管流水线式的作业模式，要求将流程中上下活动单元之间、上下环节之间的承接关系、递延顺序和时间质量等要求寓于工作流中，形成互相协作、互相牵制的格局。

（1）要求关系，是指某项业务流程必须得到另一业务流程的支持。

（2）监控关系，是指一项业务流程没有完成，另一项业务流程不能进行。

（3）逻辑关系，是指业务流程数据之间的合理、合法性等。

2. 业务流程自动化的条件

信息技术（Information Technology，IT）的采用是流程管理（BPM）获得根本改变的一个关键手段。自动化的业务流程应具备以下条件：

- 支持串行、并行、分支、汇合、循环、同步、子流程等流程逻辑结构，满足各类复杂流程建模需要。
- 电子表单设计工具，快速实现活动内容展现。
- 分布式工作流引擎，实现跨部门的多流程协作和流程自动化。
- 实现即时动态监控，跟踪流程执行状态和相关数据。

第三节 税收征管业务流程控制

税收征管业务流程控制，就是用预定标准对流程中的计划实施过程进行监测、衡量和矫正，全面控制税收征管业务流程的计划、启动、流转、分配、作业、监控和评价，实现工作流、信息流、岗责流的紧密融合，从而确保业务流得以规范实现和严密控制。具体是设计完备的过程控制指标和质量评价体系，根据优化后的业务流程设计考核办法，选优考核指标，改进考核手段，建立新的考核体系，实现由部门考核向流程考核转变，由共性化考核向个性化考核转变，由集中考核向日常考核转变，由手工考核向计算机考核转变，由定性考核向定量考核转变。同时，将考核结果与岗位、能级联系，与收入分配、评先创优、干部使用等方面利益挂钩，形成科学合理的考核评价机制和竞争激励机制。本节探讨税收征管业务流程控制的要求、方法、要点等。

一、业务流程控制原则

税务机关不同于企业，税收征管的流程控制也与企业的流程不同，它必须遵循一定的原则，根据自身的特点来设计。

适宜性原则。税收征管的流程没有一个放之四海而皆准的模式，税务机关必须根据自己的具体情况，建立适合征收征管工作需要的质量管理体系。

整体性原则。税收征管的流程控制是一个由若干相互联系、相互制约的工作共同作用的结果，其中任何一个环节控制不当，就会影响整个流程控制系统的实效。流程控制系统主体上是税务机关内部的监控，但因为税务机关的各个系统是相互联系的，无论是税款征收、税务管理，还是税务稽查，各个环节都涉及员工，流程控制系统的建立和完善必须要考虑整个税务机关的各项工作和所有的工作人员。

目的性原则。任何一个监控系统都是为了实现特定的质量管理目标而建立的，没有目标，监控就失去了方向，就没有办法找到控制的关键点，也就无法有效地控制，税收征管的流程控制就发挥不了应有的作用和效果。

经济性原则。一个有效的监控系统应既考虑质量，又考虑成本，税收征管的流程控制应该是质量和成本控制的统一。

预防性原则。控制分为前馈控制、实时控制和反馈控制三种。反馈控制是一种常见的控制，实时控制和前馈控制是更为有效的控制，前馈控制突出了预防的思想，实行预防为主的控制，将控制重点从“结果”转移到“过程”中去，可以使各项征管活动都有计划、有秩序，活动过程处于受控状态，利于把可能失控的情况消除在形成之前，做到防患于未然。

兼容性原则。兼容性原则是指流程控制必须能够容纳税收工作中有关的或必要的一些因素。

二、业务流程控制要求

业务流程的控制关注以下要求：

作业规范。定制各类业务开展、运转的规则，促进税收执法行为的规范。

流转顺畅。明确部门单位、工作人员的应做事项、时间、程序，促进税收业务在不同机构、部门、人员间的协同工作和畅通运转。

监控严密。将控制指标内嵌于软件系统的流程中并强化提示功能，立足事前防范和过程控制，化解或减少执法风险。

责任明确。依托软件系统对流程处理中执法过错的记录，明确责任与过错级次，实现执法责任的自动追究。

评价科学。最大限度地应用软件系统实行日常化、自动化考核评价。

自动化控制。尽可能地实现业务流程控制的自动化，做到人机的有效结合。

三、业务流程控制规则

业务流程控制规则是为控制业务流程而要求业务流程执行主体共同遵守的对应业务流程的控点、指标、方法的程序规范和行为规范。

（一）业务流程控制规则的特点

法定性。是对需要税务机关和全体纳税人共同遵从的法律法规和规章制度的描述，是流程控制首要遵循的内容。

规范性。是依据有关法律、法规的规定，针对业务流程控制而制定的操作规定，需要统一、规范、明确。

可操作性。业务流程控制规则的规范事项必须周密、精细、具体，便于操作，可以直接付诸实施。

严密性。应做到控制内容全面，控制过程严密，总体上遵循国家税务总局颁发及认可的一系列标准，如《税收征管业务规程》、《税收业务分类代码》及软件工程的开发规范等。具体的规则应根据影响业务流程运行的各种因素，如环境、组织规模、使用技术、人员素质等，在此基础上建立控制指标、作业操作制度、业绩评价制度等。

结构化、代码化。将文字形式的税收法律法规转化为结构化的图表和模型，并且以代码表示。

（二）制定业务流程控制规则的要求

1. 依据相对稳定的国家法律法规制定税收业务操作规程。

2. 按照地方性法律、法规制定地方税收政策。

3. 统一规范与分类指导相结合。

4. 适应税收法律、法规、政策的变化，及时加以调整。

5. 建立丰富的税收业务知识库，对常见的法律法规和业务操作问题提供专项解答。

（三）“规则库”的建立及管理

按照规范的流程建立与维护“规则库”，凡是需要变更、补充的业务规则，都必须遵循一定的程序办理，而不能随意，以此保证规则库的正确。重点关注以下四个方面：一是建立规则库的统一管理制度；二是结构化描述；三是业务流程模型的批准与确认；四是程序维护。

【案例】 广东地税核定应缴税种的控制规则

应缴税种核定是指税务部门根据纳税人或扣缴义务人填写的《应缴税种登记表》结合工商登记经营范围情况核定纳税人应缴纳的税种。在根据相关法规政策进行税种核定时，还应注意以下几点：

1. 外商投资企业（中外合资经营企业、中外合作经营企业、外资企业、外商投资股份有限公司）、外国企业、港澳台投资企业（合资经营企业、合作经营企业、独资经营企业、投资股份有限公司）不能核定的税种有：企业所得税、城市维护建设税、土地使用税、房产税、车船税、教育费附加。

2. 文化事业建设费只适用于从事娱乐业、广告业的纳税人。

3. 土地增值税只适用于转让房地产的纳税人。

4. 个体工商户、个人独资企业和合伙企业不能核定企业所得税。

5. 对应缴税种核定为营业税的企业（除第1点规定的企业外）以及缴纳增值税、消费税的企业应同时核定城市维护建设税、教育费附加。

6. 对外商投资企业、外国企业、港澳台投资企业的应税车船核定的税种为“车船使用牌照税”。

7. 对外商投资企业、外国企业、港澳台投资企业的应税房产核定的税种为“城市房地产税”。

来源：广东省地方税务局“大集中”工程有关材料

四、业务流程控点分析

业务流程的控点，具体包括流程节点的12个要素，即业务流程的任务、目标、岗位、职责、权限、条件、时间、质量、流向和业务流程之间的关联等

（如图7－23所示）。对照业务流转的各环节，结合各要素和控制标准，设定业务流程的控点（重点是工作流控点），对各控点提出控制要求，监控方法（机制、人控），并结合绩效评价确定等级。

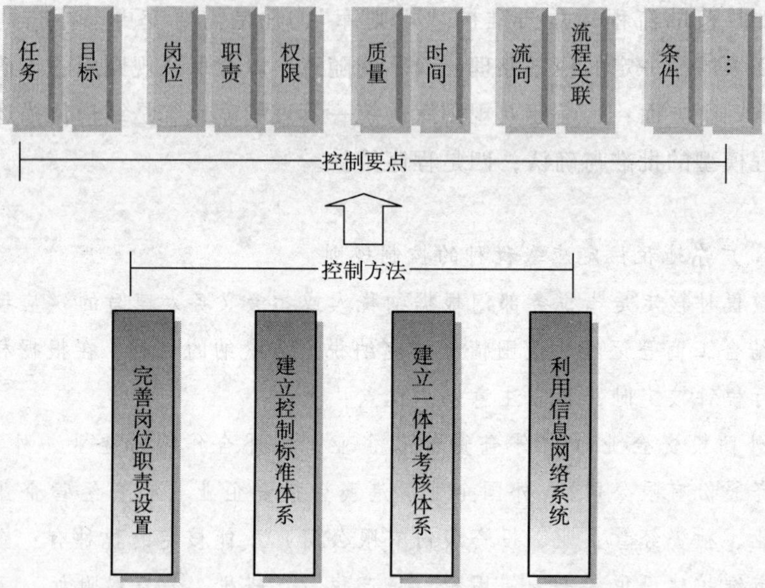

图7－23 税收征管业务流程控点示意图

五、业务流程控制指标

税收征管业务的目标考核、执法责任制考核及追究、征管质量考核等各类考核的要求和标准，由于侧重点的不同，有大同也有小异。应根据业务流程的运转规律，结合流程运转环节，将各考核要求及标准进行有机整合，运用知识管理理论，集中专家智慧，制定规范而又可通俗化解读的作业标准体系，明晰作业权限、内容、方法、时限和流向，建立一体化考核体系。

流程控制指标主要分为两类：一类是根据征管活动的环节和流程节点设定的过程控制指标；二是结合税收执法责任制，对流程跟踪和监控的结果建立的绩效评价指标。

（一）过程控制指标

过程控制包括识别过程、策划过程、实施过程、监视和测量过程、过程的持续改进。过程控制指标是结合流程节点的基本要素（即最佳控点）和工作流、信息流、岗责流控制侧重点，对业务流转的准入性指标、强制性指标、提示性指标等进行分类设置。

【案例】　淮安国税过程控制准入性指标（节选）

序号	工作流类型	工作流名称	节点	指标名称	指标要点
1	税务登记	停业登记	受理	征收方式监控指标	非定期定额户不能提交停业申请。
2	税务登记	复业登记	受理	停业状态监控指标	处于非停业状态的纳税人，不予提交。
3	税款征收	个体定额核定	受理	征收方式监控指标	非个体双定户不予提交。
4	税款征收	个体定额调整	受理	征收方式监控指标	非个体双定户不予提交。
5	所得税管理	企业所得税汇总（合并）纳税企业逐级汇总（合并）申报	受理	税种认定监控指标	所得税税种认定，如无认定信息，则纳税人不能提交；如已认定，则进一步检测征管信息系统税种认定信息所得税认定信息中"纳税方式"字段是否为汇总纳税。
6	所得税管理	技术改造国产设备投资抵免企业所得税抵免审批	受理	立项监控指标	系统自动检测流程管理信息系统中是否已有技术改造国产设备投资抵免企业所得税立项确认信息。
7	所得税管理	减免税延期执行申请审批	受理	税种认定及征收方式监控指标	是否已进行所得税税种认定且征收方式为查账征收。
8	所得税管理	减免税申请审批	受理	税种认定及征收方式监控指标	是否已进行所得税税种认定且征收方式为查账征收。
9	所得税管理	汇总（合并）纳税信息反馈	受理	税种认定监控指标	是否已进行所得税税种认定且"纳税方式"字段是否为汇总纳税。
10	所得税管理	总机构申请提取管理费审批	受理	税种认定监控指标	是否已进行所得税税种认定。
11	所得税管理	财产损失扣除审批	受理	税种认定监控指标	是否已进行所得税税种认定。
12	所得税管理	技术改造国产设备投资抵免企业所得税立项审批	受理	税种认定及征收方式监控指标	是否已进行所得税税种认定且征收方式为查账征收。
……					

来源：江苏省淮安市国家税务局

【案例】 淮安国税过程控制强制性指标（节选）

序号	工作流类型	工作流名称	节点	指标名称	指标要点
1	税务登记	开业登记	受理	重复办证监控指标	统一代码重复的非注销户不予受理。
2	税务登记	注销登记	受理	未结清事项监控指标	未结清有关税务事项不予受理。
3	税务登记	注销登记	受理	检查评估状态监控指标	有未处理完毕的纳税评估、稽查工作流的，不予受理。
4	税务登记	注销登记	核批	未结清事项监控指标	欠缴税款、罚款、滞纳金不予注销。
5	税务登记	停业登记	受理	欠税、发票情况监控指标	有未结清的税款或未缴销的发票，不能办理停业登记。
6	税款征收	“先征后返”、“即征即退”退税申请	受理	优惠资格认定监控指标	退税类型对应相关税收优惠资格认定。
7	认定管理	税种认定	受理	定额标志监控指标	“双定户”不予受理。
8	发票管理	发票领购	受理	税务登记验证监控指标	未验证不予领购发票。
9	发票管理	发票领购	受理	发票未缴销监控指标	两个月以上（不含两个月）未缴销发票的不予领购发票。
10	发票管理	发票领购	受理	发票停供监控指标	在停供发票期间或特定调查工作流结束前不予领购发票。
11	发票管理	发票领购	受理	申报情况监控指标	未申报的不予领购发票。
12	发票管理	发票领购	受理	欠税情况监控指标	欠缴税款、滞纳金、罚款的不予领购发票。
……					

来源：江苏省淮安市国家税务局

【案例】 淮安国税过程控制指示性指标（节选）

序号	工作流类型	工作流名称	节点	指标名称	指标要点
1	税务登记	开业登记	受理	异常办证监控指标	法人身份证号重复的非正常户生产异常信息。
2	税务登记	开业登记	受理	超期办证监控指标	提示超期办证。

续表

序号	工作流类型	工作流名称	节点	指标名称	指标要点
3	税务登记	注销登记	核批	发票开具监控指标	提示纳税人的未收缴的证件、物品。
4	纳税申报	延期申报	受理	超期申请监控指标	提示受理人员除不可抗力导致的超期申报外不予受理。
5	账簿凭证管理	填开外出经营活动税收管理证明单	受理	有效期限监控指标	提示纳税人经营期限已超过30天不能提交。
6	所得税管理	技术改造国产设备投资抵免企业所得税立项审批	受理	申报时间监控指标	系统检测纳税人提交的时间是否在3月31日前，如迟于3月31日，则弹出提示对话框“你已超过规定的申报时间，税务机关可能不予受理”。
7	认定管理	税种认定	核批	登记信息监控指标	纳税人未提交有关税种认定的，不能核批相关税种认定。
8	认定管理	税种认定	核批	登记行业与税目对应关系监控指标	提示核批人员与登记行业相对应的税目。
9	认定管理	税种认定	核批	金库监控指标	系统根据核批人员所在行政区域自动确定金库。
10	发票管理	发票缴销	受理	缴销过期监控指标	提示缴销的发票超过规定的两个月缴销期，建议处罚。
11	发票管理	普通发票代开	受理	完税情况监控指标	纳税人不能提供完税凭证不予受理。
……					

来源：江苏省淮安市国家税务局

【案例】　山东省淄博市地税局税收执法流程考核率指标（节选）

税务登记	税务登记率	税款征收	滞纳金加收率
	开业登记逾期未办结率		逾期未缴纳税款催缴率
	开业登记逾期办结率		加处罚款加收率
	变更登记逾期未办结率		当期欠税清理率
	变更登记逾期办结率	委托代征	委托代征税款登记准确率
	未按期登记（开业、变更、注销）责令限改率	税款上解入库	税款上解率

续表

税务登记	未按期登记处罚率
	未按期验换证登记责令限改率
	未按期验换证登记处罚率
	税种登记准确率
非正常户管理	失踪纳税人公告率
	非正常户认定率
	非正常户注销率
	解除非正常处罚率
发票管理	发票违章处罚率
	发票举报案件逾期未办结率
	发票举报案件逾期办结率
	发票未缴销责令限改（处罚）率
	发票票种核定准确率
	未按规定安装（使用）税控装置（限改）处罚率
	票税联审率
	代开发票预收税款率
税务认定	纳税人信誉等级评定率
	福利（校办、劳服）企业资格年检取消率
税收证明管理	税收证明逾期未核销限改率
待批文书	待批文书按期批复率
税务违法违章	登记违章处罚面（率）
	案件听证率
税务行政复议	税务行政案件维持、撤销（变更）率
税务行政应诉	税务行政应诉案件败诉率
税务行政应诉案件赔偿	税务行政应诉案件赔偿率
纳税申报	逾期申报率
	未申报率
税收计划、计会统计	税收计划完成率
税收票证	票证结报率
	票证审核率
税务检查	案源处理率
	检查案件立案率
	调账检查率
	银行账户、储蓄存款检查率
	处罚事项告知率
	举报案件按期完成检查率
	立案案件完成检查率
	案件退回补充调查率
	重大税务案件提交审理率
	案件审理逾期审结率
	案件审理逾期未审结率
	无问题案件发生率
	不予行政处罚率
	不得给予行政处罚发生率
	税务行政处罚率
	税务违法案件移送率
	税务案件复查率
	案件审理差错率
一般执行	处理、处罚决定执行率
	查补税款入库率
	查补罚款入库率
	税务违法案件移送执行完结率
税收保全	税收保全实施率
税收强制执行	税收强制执行率

来源：山东省淄博市地方税务局“执法责任制”有关材料

（二）质量评价指标

质量评价指标是业务流程结束之后，从不同角度、层面和范围评价一段时间内征管工作质量的指标。从另一个角度理解，工作考核指标就是将征管、执法质量、责任等要求分解到流程管理之中，通过流程控制的结果进行评价的指标。

具体将税收执法权划分为若干项目，明确执法责任和追究目的、适用范围、引用文件、职责范围、监督考核追究体系，对执法过程各环节按时限和质量确定考核率，通过计算机识别，对执法各环节量化考核到岗到人。即以税收征管业务流程为基础，以税收执法权为主线，以税收征管、稽查文书、时限、质量为载体，以计算机为支撑实施考核。

【案例】　山东省烟台市地税局税收执法流程监控对照表（节选）

序号	执法流程考核指标	相对应的税收执法权	相对应的执法流程责任岗位
1	税务登记率	责令限期改正权、罚款权	区（县）局：一般税务案件审理岗
			基层分局（所）：税源管理岗
2	开业登记逾期办结率（开业登记逾期未办结率）	开业登记管理权	区（县）局：税务登记管理岗
			基层分局（所）：税务登记管理岗、税源管理岗
3	变更登记逾期办结率（变更登记逾期未办结率）	变更登记管理权	区（县）局：税务登记管理岗
			基层分局：税务登记管理岗、税源管理岗
4	未按期登记责令限改率	责令限期改正权、开业登记管理权、变更登记管理权、注销登记管理权	基层分局：税务登记管理岗、税源管理岗
5	未按期登记处罚率	罚款权、开业登记管理权、变更登记管理权、注销登记管理权	区（县）局：一般税务案件审理岗
			基层分局：税源管理岗
6	未按期验换证登记处罚率	税务登记验换证管理权	区（县）局：一般税务案件审理岗
			基层分局：税源管理岗
7	逾期未验换证登记责令限改率	登记验换证管理权责令限期改正权	基层分局：税源管理岗、税务登记管理岗
8	税种登记准确率	税种登记管理权	区（县）局：税务登记管理岗
			基层分局（所）：税源管理岗

续表

序号	执法流程考核指标	相对应的税收执法权	相对应的执法流程责任岗位
9	失踪纳税人公告率	非正常户管理权	区（县）局：税务登记管理岗
			基层分局：税务登记管理岗
10	非正常户认定率	非正常户管理权	区（县）局：税务登记管理岗
			基层分局：税务登记管理岗、发票缴销岗、申报征收管理岗
11	非正常户注销率	非正常户管理权、注销登记管理权	区（县）局：税务登记管理岗
			基层分局：税务登记管理岗
12	解除非正常处罚率	非正常户管理权、罚款权	区（县）局：一般税务案件审理岗
			基层分局：税源管理岗
13	委托代征税款登记准确率	委托代征税款权	区（县）局：征管基础工作管理岗
			基层分局：委托代征管理岗
14	发票违章处罚率	发票缴销管理权、责令限期改正权、罚款权	基层分局：发票缴销岗、税源管理岗
			区（县）局：一般税务案件审理岗
15	发票举报案件逾期未办结率、发票举报案件逾期办结率	发票检查权、责令限期改正权、罚款权	区（县）局：发票管理岗、一般税务案件审理岗
			基层分局：税源管理岗
16	发票未缴销责令限改（处罚）率	发票缴销管理权、责令限期改正权、罚款权	区（县）局：一般税务案件审理岗
			基层分局：发票缴销岗、税源管理岗
17	发票票种核定准确率	发票发售管理权	基层分局：税源管理岗
18	未按规定安装使用税控装置（限改）处罚率	税控装置管理权、责令限期改正权、罚款权	区（县）局：一般税务案件审理岗
			基层分局：发票发售管理岗、税源管理岗
19	票税联审率	发票缴销管理权、税款征收权	基层分局：发票发售管理岗、发票缴销岗、申报征收管理岗
20	代开发票预征税款率	发票开具管理权、税款征收权	基层分局：代开发票管理岗、申报征收管理岗
……			

来源：山东省烟台市地方税务局“执法流程监控”有关资料

六、税收征管业务的自动控制

税收征管业务的自动控制是指通过设计符合信息流运转规律的卓越流程，开发税收征管流程控制系统，明确业务流程的任务启动、流程处理、流程跟踪、流程监控、质量评价等过程，达到对税收征管业务自动控制的目的。

以下结合国家税务总局CATIS系统、江苏国税征管流程控制系统、潍坊国税征管流程控制系统，提出“征管流程控制系统”的主体脉络。

（一）程序要求

业务流程的自动控制，应将作业标准、程序，特别是核批标准通过计算机固化设定，拒绝违规的操作行为、执法行为。同时自动记录过程，明晰责任流转，减少过程中的人为因素影响，制约受理、核批事务集中办理可能带来的随意性，强化计算机智能控制。如在供票资格认定上，由软件系统自动根据纳税人领票、销票数量与频率，实时调整每次购票量。

对内，通过程序检测、人工提取分析，定期发送结果，监控考核兑现，同时反复检测分析，跟踪监控整改情况，规范制约操作行为和执法行为。对外，建立监控指标体系，筛选、比对、分析纳税人涉税数据信息，从不同角度、不同层面监控纳税人经营、核算、纳税情况，实现征管信息系统和网上申报系统数据的有效比对。根据整体管理需要，分析宏观税负，分析地区、行业税收指标，查找征管薄弱环节，有的放矢地规范征纳行为。

【案例】 *潍坊国税《征管流程控制系统》控制程序要求*

(1) 受理环节。只要纳税人申请资料齐全，实行受理即办。受理人员在收到纳税人办理开业登记申请和有关资料后，严格按照系统设定的作业内容和程序，依次完整地完成“输入纳税人识别号”、“资料审核”、“录入登记信息”、“超期申办处罚”、“录入税种登记及主管税务官员信息”、“录入电子报税信息”六个步骤后，系统就会自动生成“纳税事项告知书”，并将任务传递到下一环节。受理人员将“纳税事项告知书”连同打印好的税务登记证一并交给纳税人。

(2) 调查环节。调查人员收到系统派发的调查任务后，按照作业要求，打印出《纳税人基础信息调查表》，到纳税人的生产经营场所进行信息采集，将税务登记、发票领购等多项调查合并，实现信息一次采集，多环节使用。采集的信息录入系统后，系统将任务自动传递到下一环节。

(3) 核批环节。核批人员在收到调查环节传递的任务后，对调查信息和受理环节录入的信息进行审核，符合规定的予以核批；有疑问的，重新退回调查环节或受理环节处理。

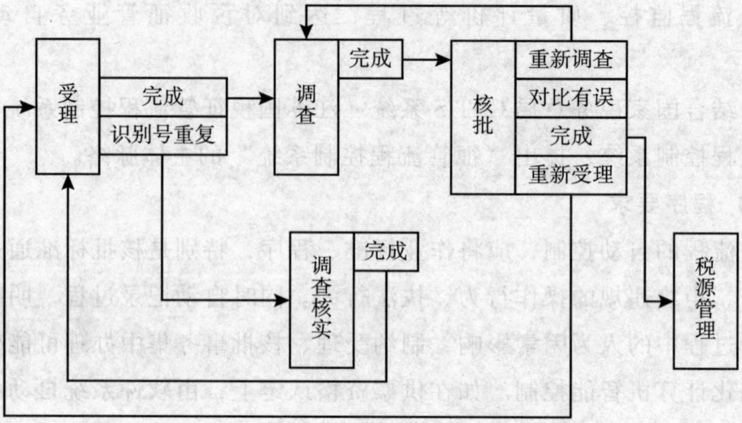

图 7－24　潍坊国税工作流程示意图

来源：山东省潍坊市国家税务局《征管流程控制系统》有关资料

（二）作业标准

流程控制的作业标准：一是要优化业务过程，使其更简捷高效；二是要使得软件开发要求征管业务所必须回答的问题得以规范地描述，避免业务需求"似是而非"，软件开发无所适从。

【案例】　潍坊国税流程控制作业标准（节选）

业务流程编号	1
业务流程名称	日常监控业务——系统自动发起
包含业务环节	1. 税源管理 2. 稽查 3. 执行环节、受理环节

业务环节名称：税源管理

业务环节	税源管理	
操作人	税源管理岗位人员	
工作时限		
序号	步骤	操作描述

续表

来源业务环节	系统自发启动（周期性）	
预处理		
1	生成监控任务	参考资料：监控参数表、纳税人分类信息表、发票监控范围表（该表记录需进行发票监控的纳税人及监控周期、监控方法等信息）、调查信息项目表（由系统管理程序管理） 输入数据： 执行操作：扫描纳税人分类信息表，检查各户监控周期、监控方法、上次任务发起时间及上次执行时间，如判断为应发起新的调查则为该户生成一条新的监控任务；判断是何类企业（重点税源户/中小企业/双定业户/非正常户），根据企业分类查询监控参数表取相应种类的调查信息生成纳税人综合情况调查单，并分配唯一的调查单号 对于发票监控，扫描发票监控范围表，检查各户监控周期、监控方法、上次任务发起时间及上次执行时间，如判断为应发起新的调查则为该户生成一条新的发票监控任务；查询监控参数表，取发票的调查信息，生成发票信息调查单，并分配唯一的调查单号 输出数据：
2	打印调查信息单	参考资料：调查信息表（由系统管理程序管理） 输入数据： 执行操作：显示对应单号的调查信息，并可选择打印输出 输出数据：产生信息调查单显示在屏幕，可打印输出
3	调查销号	参考资料：调查信息表（由系统管理程序管理） 输入数据： 执行操作：经调查员实地调查后，填入调查单内容，执行销号 输出数据：产生纳税人综合情况调查单显示
4	监控评估	参考资料：调查信息表（由系统管理程序管理） 输入数据： 执行操作：根据监控情况，出具监控工作报告，并录入系统 如存在偷逃税嫌疑、监控评估环节难以认定的问题，制作《监控评估选案通知书》，转稽查环节 由监控评估人判断是否办结或需转执行环节 输出数据：向执行环节传递文书号
后处理	在调查信息表中写入调查单信息，记销号标志 在流程信息系统中记录文书号、相关文书信息、限办时间	

业务环节名称：执行

业务环节	执行	
操作人	执行岗位	
工作时限	税务文书规定的执行期限	
序号	步骤	操作描述

续表

来源业务环节	监控评估环节传递来的执行任务	
预处理		
1	送达回证制作	参考资料：文书信息表 输入数据：监控评估环节传入文书号 执行操作：通过 CTAIS“送达回证制作”模块，制作《税务文书送达回证》 输出数据：
2	送达回证销号	参考资料：文书信息表 输入数据：监控评估环节传入文书号 执行操作：通过 CTAIS“送达回证销号”模块对《税务文书送达回证》进行销号处理 输出数据：
3	制作执行报告	参考资料：文书信息表 输入数据：监控评估环节传入文书号 执行操作：通过 CTAIS“执行报告管理”模块，制作《执行报告》 输出数据：
后处理		
帮助信息		

业务环节名称：稽查

业务环节	稽查	
操作人	稽查岗位	
工作时限		
序号	步骤	操作描述
来源业务环节	监控评估环节传递来的稽查任务	
预处理		
1	立案稽查	参考资料：文书信息表 输入数据：监控评估环节传入稽查选案通知书文书号 执行操作：通过 CTAIS 稽查模块，立案稽查 输出数据：
后处理		
帮助信息		

来源：山东省潍坊市国家税务局《征管流程控制系统》有关资料

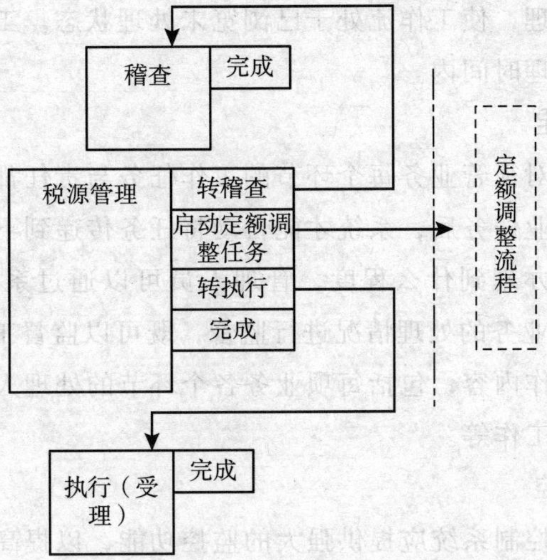

图 7－25　潍坊国税日常监控业务流程示意图

（三）工作流管理

税收事务的处理流程在流程控制系统中以“工作流”的形式体现。税务人员通过对工作流的处理，完成对税收事务的处理。通过对工作流程的设定、处理权限的设定和系统监控等手段实现对税收事务处理活动的控制。

（1）流程节点。即以咨询、受理、调查、核批、评估、检查、执行 7 个流程节点，组成咨询—受理—调查—核批—评估—检查—执行的主流程。不同流程节点的不同组合，形成不同的工作流。

（2）工作流的启动。工作流的启动方式有两种。一是由纳税人提交申请启动，或由税务人员根据纳税人申请代为启动。二是由税务人员在日常管理模块中启动，或由监控系统自动启动。

（3）工作流的流转。工作流启动后，流程控制系统自动根据事先设定好的数据权限和用户权限进行工作流的分配，并将工作流推送到有权处理者的“我的工作流”中。

（4）工作流处理时间的提醒。在“待处理工作流”中，监控系统标识该单元处理该工作流的剩余时间，并辅之以不同的颜色，以提醒工作人员注意。

（5）工作流的处理状态。工作流可有五种处理状态：未处理、已浏览未处理、在处理、中止处理、已处理。监控系统记录浏览人员和其第一次浏览的时间。工作流处于“在处理”状态时，其他人员不能处理。处理工作流的工作人员可以退出处理，使工作流处于已浏览未处理状态。工作流中止时间，不计算在工作流的处理时间内。

（四）任务设定

流程控制系统对征管业务每个环节的工作任务与责任都应明确设定。只有按规定要求完成作业任务后，系统才能自动将任务传递到下一环节。每项任务传递到哪个环节、办理到什么程度，管理人员可以通过系统提供的“流程追踪”功能，对每项业务的处理情况进行监督，既可以监督工作时效，也可以查看各环节具体的工作内容，包括每项业务各个环节的处理人员、处理时间、处理内容、是否超期工作等。

（五）分类监控

税收征管流程控制系统应提供强大的监控功能，以提高纳税人履行纳税义务、税务人员行使税收执法权的水平。系统中的监控根据不同的标准，可以进行不同的分类：

(1) 从监控对象上分：系统分为对纳税人的监控和对税务人员的监控两大类（如图7－26所示）。

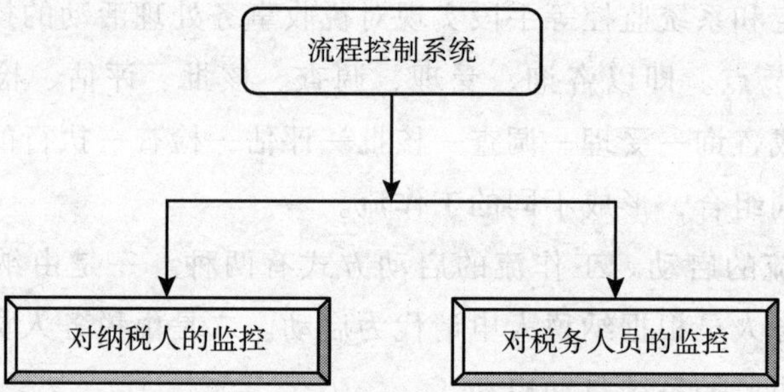

图7－26　流程控制系统监控对象示意图

(2) 从监控的性质上分：确定性监控和非确定性监控（如图7－27所示）。确定性监控，监控结果是确定的，操作人员可以直接根据监控结果采取下一步行动。非确定性监控，是指监控的结果仅仅反映了某个方面的情况，说明监控对象在某些方面可能存在问题，监控信息仅起到一定的提示作用，是否有问题还必须进行进一步的调查取证。确定性监控一般为强制性监控，非确定性监控一般是建议性监控。

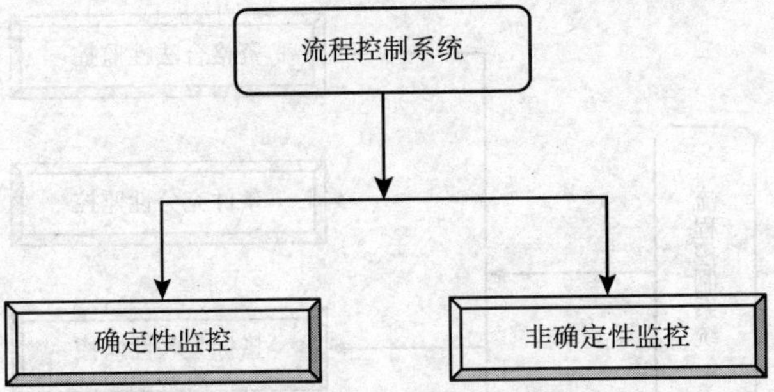

图 7-27　流程控制系统监控性质示意图

（3）按监控信息发生的时间，监控可以分为前置性监控与后置性监控（如图 7-28 所示）。

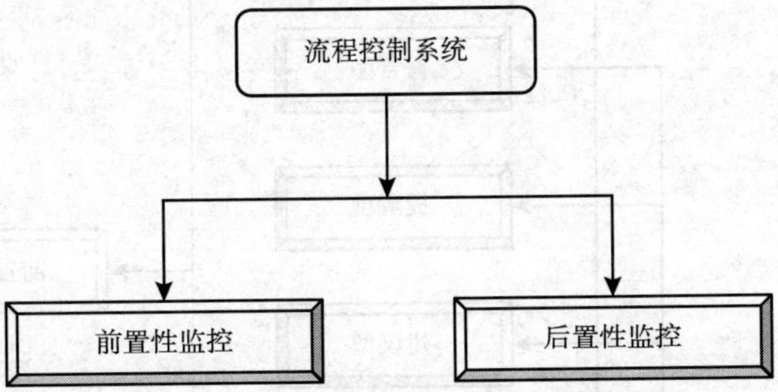

图 7-28　流程控制系统监控时段示意图

（4）从监控内容上，监控可以分为：资格合法性监控、条件充分性监控、指标关联性监控、偏差合理性监控（如图 7-29 所示）。

（5）按信息对操作人员行为的影响力，分为 6 种（如图 7-30 所示）：

一是警告型。是指能够直接影响操作人员处理结果，并有明确的表示意思，如果不按监控结果处理，可能造成严重后果的一类监控。

二是提醒型。是指提醒操作人员注意，便于操作更好地安排工作，以提高工作效能和工作主动性的一类监控。

三是建议型。是指系统根据相关条件以及设定好参数按一定公式计算出的处理结果，提供给操作人员的。如系统根据个体工商户的分类分级和经营规模，按参数与公式进行计算，得出个体税收定额值，向定额核定人员提出建议。

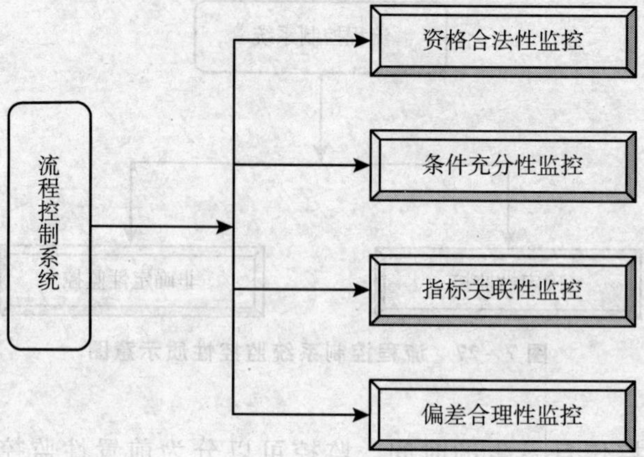

图 7－29　流程控制系统监控类型示意图

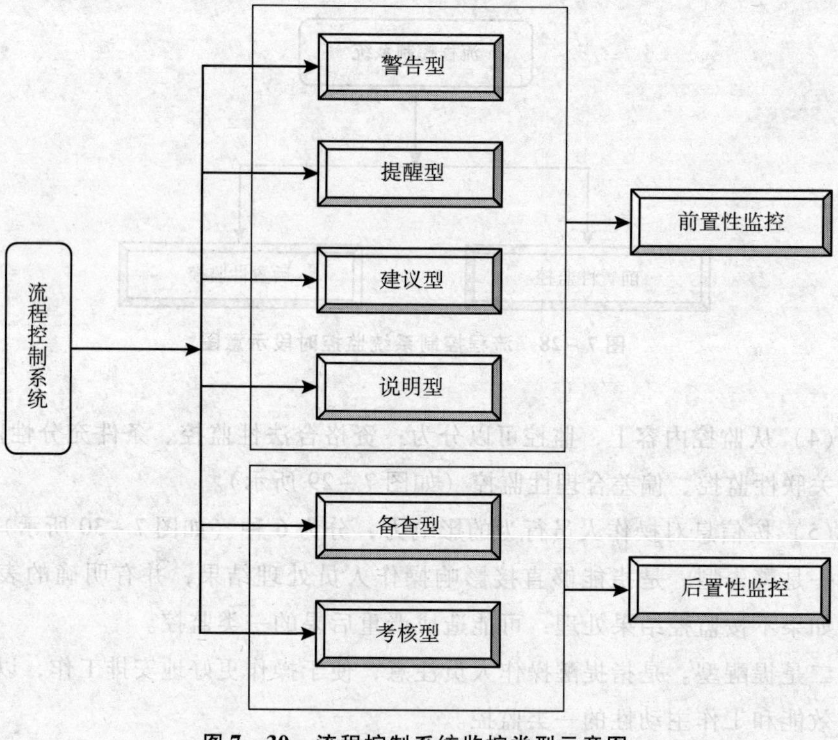

图 7－30　流程控制系统监控类型示意图

四是说明型。是指为了帮助操作人员进行正确处理而向其提供相关信息的一类监控。如进行自印发票的核批时，系统自动将纳税人经营项目、经营类型、经营规模以及上次核批的情况提供给核批人员作为参考依据。

【案例】　淮安国税工作流定级定分测算表（节选）

事务类别					影响参数							积分参数		
类型	序号	（主流程）	（节点）	（对象）	有效工作时间（1）	基本分值（2=1÷15）	责任系数（3）	业务、能力系数（4）	系数和（5=3+4）	修正分值（6=2×5）	确定分值（7=2+6）	等级	基本单位	考量内容
二、认定管理	10	税种认定	受理		7	0.47					0.5	1	2户	受理户数
			调查		25	1.67	0.2		0.2	0.33	2	2	1户	调查户数
			核批	内资企业	12	0.80	0.15		0.15	0.12	1	1	1户	核批户数
				外资企业	20	1.33	0.15		0.15	0.2	1.5	3	2户	核批户数
	11	增值税一般纳税人预认定	受理		10	0.67					0.67	2	3户	受理户数
			调查		35	2.33	0.2		0.2	0.46	3	3	1户	调查户数
			核批		20	1.33	0.15		0.15	0.2	1.5	3	2户	核批户数
	12	增值税一般纳税人正式认定	受理		10	0.67					0.67	2	3户	受理户数
			调查		60	4.00	0.2	0.1	0.3	1.2	5	4	1户	调查户数
			核批		25	1.67	0.2		0.2	0.33	2	2	1户	核批户数
	13	增值税一般纳税人年审	受理		10	0.67					0.67	2	3户	受理户数
			调查		60	4.00	0.2	0.1	0.3	1.2	5	4	1户	调查户数
			核批		25	1.67	0.2		0.2	0.33	2	2	1户	核批户数
	14	申报方式认定	受理		5	0.33					0.33	1	3户	受理户数
			核批		6	0.40	0.15		0.15	0.1	0.5	1	2户	核批户数
	15	税收优惠资格申请	受理		15	1.00					1	1	1户	受理户数
			核批		35	2.33	0.2	0.1	0.3	0.7	3	3	1户	核批户数

续表

事务类别					影响参数							积分参数		
类型	序号	（主流程）	（节点）	（对象）	有效工作时间（1）	基本分值（2＝1÷15）	责任系数（3）	业务、能力系数（4）	系数和（5＝3＋4）	修正分值（6＝2×5）	确定分值（7＝2＋6）	等级	基本单位	考量内容
二、认定管理	16	税收优惠资格认定	受理		15	1.00					1	1	1户	受理户数
			核批		25	1.67	0.2	0.1	0.3	0.48	2	2	1户	核批户数
	17	税收优惠资格年检	受理		15	1.00					1	1	1户	受理户数
			调查		120	8.00	0.2	0.1	0.3	2.4	10	5	1户	调查户数
			核批		25	1.67	0.2	0.1	0.3	0.48	2	2	1户	核批户数
	18	金银首饰消费税纳税人认定	受理		8	0.53					0.5	1	2户	受理户数
	19	企业所得税征收方式核定	受理		8	0.53					0.5	1	2户	受理户数
			调查		120	8.00	0.2	0.1	0.3	2.4	10	5	1户	调查户数
			核批		25	1.67	0.2	0.1	0.3	0.48	2	2	1户	核批户数
	20	《出口货物专用缴款书》开具信息认定	受理		15	1.00					1	1	1户	受理户数
			调查		60	4.00	0.2		0.2	0.8	5	4	1户	调查户数
			核批		18	1.20	0.2		0.2	0.24	1.5	3	2户	核批户数
	21	纳税信誉等级申请认定	受理		15	1.00					1	1	1户	受理户数
			调查		60	4.00	0.2		0.2	0.8	5	4	1户	调查户数
			核批		18	1.20	0.2		0.2	0.24	1.5	3	1户	核批户数
	22	《办税人员资格证书》办理	受理		6	0.40	0.15		0.15	0.1	0.5	1	2件	办理件数

来源：江苏省淮安市国家税务局有关资料

五是备查型。是指将异常处理的信息，向操作人员的上级领导或执法监督部门等推送，以接收检查监督的一类监控。

六是考核型。是指其结果由系统直接作为对人员进行绩效考评的依据的一类监控。

其中前四种，一般为前置性监控，后两种为后置性监控。

（六）质量评价

业务流程的质量评价，可在划定业务流程统一标准的基础上，综合考虑每条工作流的劳动时间、技术难度、责任大小等三个因素，对每一条工作流进行价值确认，并设定相应的分值。流程控制系统可自动统计税务人员处理工作流的数量和质量，进行积分和扣分。每个人员每个月应得的奖金，按人员所得的分值进行计算。流程控制评价可分为一级指标、二级指标、三级指标，对每一指标设定达标标准和计分标准，并设置在流程控制系统中。通过采集内外部信息实施考评，在系统中生成绩效评价表，为实施奖惩提供依据。

不能实行自动控制的，根据税收管理活动的实际情况和需要，可在自动控制的基础上，实施人工控制，并将相关数据信息录入自动控制系统；同时组织临时性的组织，对税收征收管理活动的某一阶段或某一部分进行检查，以查找、纠正工作中的不足进而实施控制。如执法检查、随机抽查等。

第四节　基于流程的征管组织机构优化初探

组织的形成依赖一定的结构。同时，“任何一种组织结构都不可能从始而终都非常有效地适应组织的发展，这就意味着组织结构的变革是组织必然要面对的一个问题。”① 组织机构作为组织结构的重要组成因素，适时实施优化与调整，同样也是组织需要面对的一个问题。现代税收征管在价值理念、目标要求、管理方式以及技术支撑等方面发生的巨大变化，要求税收征管的组织机构相应作出调整。当前我国税收征管机构调整的主要方向是变以职能为导向设置征管机构为以流程为导向设置征管机构，从而保证现代税收征管体系的有效运行。

机构优化问题需要进行组织机构的设计，涵盖重组岗责配置、整合人力资

---

① 刘松博等．组织理论与设计．中国人民大学出版社，2009：230.

源、优化机构设置等诸多方面，涉及行政体制、税制、组织技术、资源限制以及纳税人与税收业务的变化等种种问题，需要结合征管改革的阶段性要求以及具体的征管环境情况等方面在实践中逐步解决。本节仅对税收征管组织结构变革的几个基本问题进行初步探讨。

一、基于流程重组机构是现代税收征管的必然要求

组织结构（organization structure）界定了对工作任务正式分解、组合、协调的方式。管理者设计组织结构时，必须考虑六个关键因素：工作专门化、部门化、命令链、控制跨度、集权与分权和正规化[①]。组织的结构具有相当的稳定性，不可能始终都非常有效地适应组织发展的所有阶段。当组织的使命、价值理念、运转方式以及外部环境发生变化时，组织变革的需要就会导致组织结构作出相应调整。特别是在现代社会变革加快的大环境下，组织结构变革已经成为包括政府组织在内的大多数组织所必然要面对的问题。组织机构是组织结构的基础组成部分，同时也是组织结构的重要载体和外在表现。当组织实施变革，结构发生重大变化时，组织机构就需要作出相应调整。

组织结构包括职能和流程两个基本的维度。职能维度面向组织中的部门或成员所承担的任务，反映组织结构的静态层面；流程维度面向特定任务之间的逻辑衔接，贯穿职能壁垒，是组织结构的动态层面。职权，体现在职能和流程中的各层次、部门、人员在权力和责任上的分工协作关系，使职能和流程得以存在和维持。组织结构的变革，根本上是围绕这些方面进行的变化和调整。建立或变革组织需要进行组织设计。组织设计（organization design）是通过明确组织战略对组织结构进行设计的过程。组织结构可以从职能和流程两个角度进行动态型或静态型的设计。政府机关以职责关系为纽带所建立的组织形态就是职能维度导向静态组织结构，而以“流水线”为代表的现代制造业生产组织结构则是典型的以流程维度为导向动态结构方式。不仅新建组织需要组织结构设计，组织面临变革同样需要对原有组织结构重新评价和设计。虽然职能和流程不可分割，但何者作为组织结构设计的起点却会导致极大的差别。现代管理实践认为分工不再是组织结构设计的起点，组织所从事的业务活动是组织设计的基石。[②] 而任何业务都表现为一系列实际的业务流程，业务流程成为组织结

---

① 于广涛．组织行为学——构建未来的工作—生活空间．清华大学出版社，2009：217.

② 刘松博等．组织理论与设计．中国人民大学出版社，2009：230.

构设计的逻辑起点；分工成为基于业务流程运作的人力资源的安排，分工的产物——职能也就成为业务流程主导和贯穿的对象。也就是说，现代组织的实践使流程维度上升为组织结构的核心维度，而职能维度下降为从属维度，这与传统组织结构的状态截然相反。在这种现代结构形式的组织中，组织价值、目标、资源配置与流程之间呈现一种新型的关系。组织的价值、目标决定流程的方向，组织资源包括人力资源、物质资源、信息资源以及机构资源等是支撑业务流程运行的配置条件，如图 7－31 所示。因此，现代组织结构的设计应当以组织的业务流程为依据。

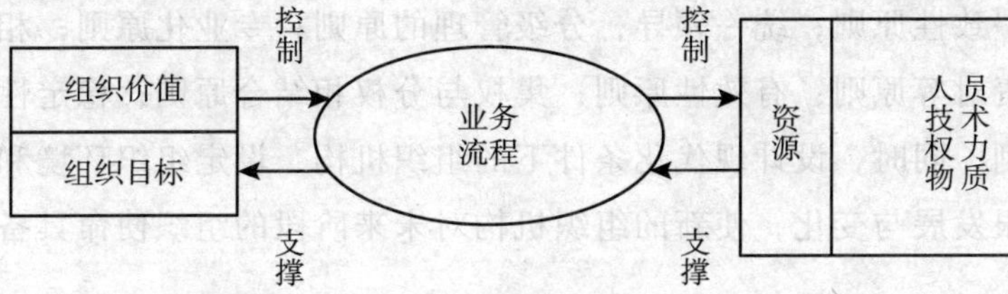

图 7－31　组织战略、流程、资源配置关系示意图

现代税收征管面临价值使命层面的战略调整，征管活动的技术层面已经发生了革命，征管活动的业务层面已经跨入了流程再造的进程，与税收征管活动相关的内部、外部环境不断地发生重大变化，这些在本书前面的章节中已有详细的论述。新的征管业务种类要求有相应的资源和管理手段与之相对应，要求部门和岗位设置能够保证资源手段对新业务流程的充分覆盖，要求对新的业务流程建立有效稳固的管理和控制能力。基于流程设置组织机构能够使新的征管业务流程稳定下来，使业务流程中人员与职责的关系得以固化，并使相关的其他资源有序参与到新的流程之中。通过征管机构重组，使新的征管业务体系能够在一些新的、必须的条件下得以有效运转。这些条件恰恰是流程型组织才能提供的基本特点，包括：以顾客（纳税人）为中心，信息传递过程加快，打破传统组织结构界限，活动以流程为中心，过程中的工作步骤按自然顺序排列。征管组织机构重组实际上是税收征管整体变革的一个集中反映，它所涉及的不仅仅是人员、岗责问题，而且涉及了从现代税收征管的价值观转变到业务方式的实现，乃至征管组织体系的管理机制等各个方面的几乎所有问题。由流程运行责任链确定岗位、部门，进而规定相应的工作关系，从组织机构设置上打破基于分工的组织结构，形成基于流程的组织结构，是税收征管流程再造中机构重组的主要任务。

需要说明的是，进行流程重组，设计流程型组织结构时并不是说要把职能型结构完全否定掉。流程组织并不是想象中的水平组织，实际上，不存在也不可能存在纯粹的水平组织，因为一个完全水平流程构成的组织会失去组织能力的一个重要方面——功能最优。专门化的知识和技能在现代组织生存中的地位同样万分重要，垂直的职能结构恰恰对专业化的支撑最为有利。因此，基于流程的征管组织结构设计必须在不退回到完全以职能为中心的条件下加强和改进水平流程，实现流程和职能的完美契合，如图 7－32 所示①。当然，无论基于职能维度还是流程维度设计组织机构，都必须遵循组织机构设置的一般原则。包括：目标一致性原则；统一领导，分级管理的原则；专业化原则；相互协调的原则；权责对等原则；有效性原则；集权与分权相结合原则；稳定性与适应性相结合原则。同时，设计现代化条件下的组织机构，设定组织环境和业务条件时应当放眼发展与变化，使新的组织机构对未来阶段的组织使命具备尽可能大的适应性。

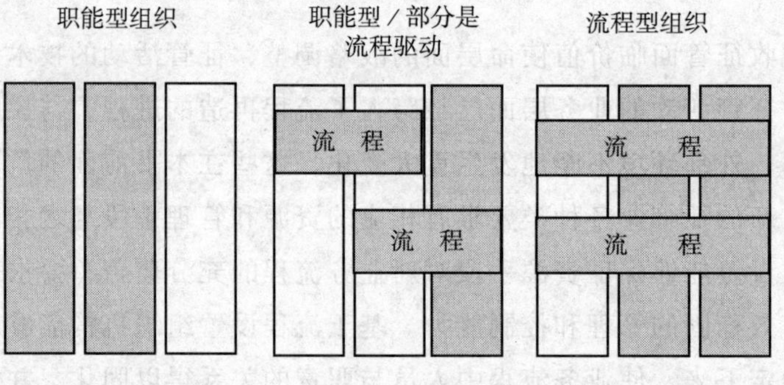

图 7－32　职能型组织到流程型组织

二、基于流程的组织机构设计的基本内容

流程维度的组织结构根据流程运行责任链确定岗位、部门职责，规定相应的工作关系；由组织权力分配原则决定管理权力模式，从而建立组织的职责、职权和关系结构。以流程为基本导向建立组织机构的框架，同样依据组织结构建立基本逻辑。也就是说，基于流程的组织结构是按照战略决定流程，流程决

① 阎海峰，王端旭．现代组织理论与组织创新．人民邮电出版社，2003：223.

定岗责，岗责决定部门，部门决定机构的基本顺序建立的。

（一）组织机构设计步骤与内容

广义的组织机构设计需要从确定组织机构存在的前提条件开始，直至与新的机构运转相适应的人员素质设计、组织文化设计等结束。狭义的组织机构设计则仅包括岗位、部门、机构框架及运转机制的定位和设立。

从狭义的角度看，基于流程的组织机构设计包括两大内容：

其一，以业务流程为组织设计的起点。

首先确定业务流程范围、流程责任链和流程所有者，如图 7－33 所示①。然后，再依据流程范围设置岗位、部门，根据流程责任链确定岗位部门负责人职务职责。每个流程的起点和终点标志着子流程的流程范围。根据子流程范围设立相应的部门，依据子流程责任确定部门责任。每个子流程的输入、输出规定了子流程的职责。组织根据流程输入和输出的工作内容，设计部门职能，检查流程上游提供的信息，同时保证对流程下游提供正确的信息。针对各个子流程的活动内容，收集整理活动数据，进行职务分析，制定岗位责任，任命子流程所有者为部门负责人。针对各岗位的工作内容，命名岗位名称。编制岗位作业指导书，说明操作方法、作业标准、使用资源和注意事项。

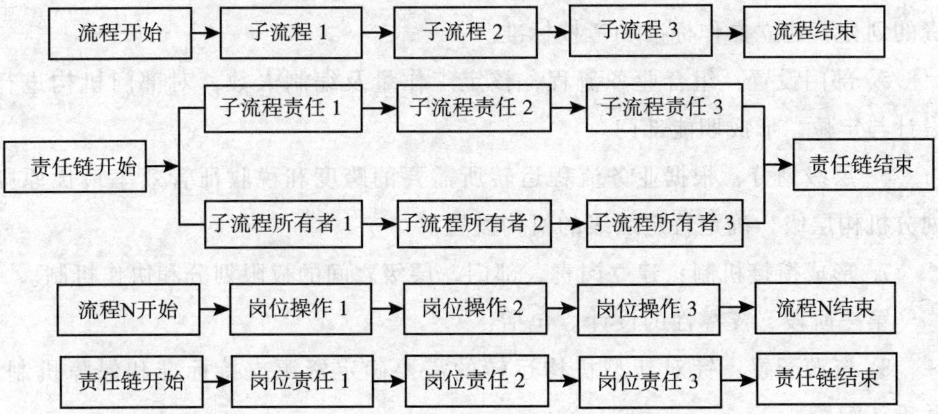

图 7－33　业务流程范围、流程责任链和流程所有者

其二，依据流程责任链授权。

依据流程责任链和权力分配原则对所有者授予职务职权，明确他们随部

① 蒋志青．企业组织结构设计与管理．电子工业出版社，2004：142.

门管理所承担的责任和拥有的权力。各个部门负责人的职责和职权规定了部门之间的职务和工作关系，从而构成组织的结构。基于分工设置的组织结构，不仅导致部门壁垒，而且往往会出现职权分离现象。而基于流程链设置的组织结构，将决策点设立在流程运行的控制点上，根据流程责任授权，使职权合一。

从广义的角度看，基于流程的组织机构设计可简单分为前提性、实体性和支撑性设计三个阶段，共约十个步骤。其中，实体性设计阶段的内容就是狭义组织机构设计的内容。

第一阶段，前提性的设计。包括：

1. 征管战略设计：定位组织价值，明晰组织战略。

2. 业务流程及组织结构设计：根据组织价值和战略，面向纳税人设计基本的业务流程和子流程，确定组织变革在结构、任务、人员、技术等方面的目标。

3. 明确组织机构现状与组织战略及理想业务流程、组织结构间的差距，为实施组织机构重组找到所有关键问题的变革方向与路径。

第二阶段，实体性的设计。包括：

4. 岗位设置与描述：根据业务流程中的岗责流程设定岗位，进行人员权责的划分，建立操作标准和考核标准。

5. 部门设置：组合业务流程，核定工作量及编制人数，对部门机构进行设计与定位，形成职能部门。

6. 层级划分：根据业务流程运转所需要的跨度和税收征管效率最优原则划分机构层级，确定特定层级的机构设置。

7. 形成衔接机制：建立岗责、部门、层级之间的权限划分和协作机制。

第三阶段，支撑性的设计。包括：

8. 资源配置：针对新型机构运转的需要确定资源支持标准和保障机制，并重新配置。

9. 评估与调整：在新型机构的适应与调整过程中开展再设计。

10. 深度变革定位：为适应新的组织机构运行对人员素质、工作技术、组织文化等的要求开展定位与调整。如征管人员的知识结构、能力结构以及岗位资格的确定，岗位、部门、机构信息化环境、管理技术等方面的确定，领导者、管理者、操作者角色的新定位以及习惯的转变等。

（二）业务特点对机构设计的影响

1. 业务战略地位的影响。不同的业务流程对于组织价值的贡献程度不同。确保税收征管组织运行良好，必然要保证关键的业务流程放在组织架构的中心，进而在设计机构时首先加以考虑。如纳税服务、税源管理等业务需要设立专门的机构承担。

2. 业务开展方式的影响。这通常由业务的性质所决定。如纳税服务的业务流程总体集中在前台，纳税服务机构也就不适合作为内设职能部门对待。同样，税务稽查业务在组织开展的集中程度、专业性要求的集中程度、执法权限的集中程度以及相对征管流程其他环节的独立性要求上非常特殊，因而稽查流程不适合拆分打散，合并到其他相关业务流程中去开展，应当保留专门的机构去开展。

3. 业务规模的影响。同等业务规模可采用同等力量管理，宜于采取并行的部门和岗位设置；业务规模差异较大时，可采取不对等的力量管理。如申报征收业务流程的自动化控制程度和社会组织参与程度较高，人力投入要求较低，虽然这个业务序列相对征管价值目标的战略地位较高，但仍可以归并到某个部门管理，而不一定设置专门的机构。

4. 业务相关性的影响。对于业务相关性较低的业务，可分别设置对应岗位和部门，以针对性的管理方式和资源支持稳定业务的流程。反之，对较高相关性的流程，则有可能归并到同一部门或岗位开展。“业务相关程度越大，越要进行综合管理。”[①] 如征管信息情报分析业务需要各个方面知识的共同参与，如果分别进行将又回到职能割裂信息的老路之上，适合专设部门集中开展。

三、基于流程优化税收征管机构的主要趋向

机构变革不可能凭空发生。构建现代征管组织机构必须在传统征管组织机构基础上通过实施流程再造，进行机构重构才能得以实现。由于组织机构设计所基于的维度发生了转变，税收征管机构由职能型向流程型、从传统到现代的进化过程中将出现一些明显的变化趋向。

机构层级的扁平化。流程型组织最大的特点就是工作围绕流程组织和展开。负责完成流程工作的执行团队自然肩负对流程的管理职能。职能型组织为

① 潘振中．组织机构设置和调整——影响组织设计的关键要素．商战名家网．

协调流程衔接所设置的管理岗位、部门或层级将在很大程度上丧失作用。如把有关工作的决定传达给实际操作人员曾经是管理人员的传统职责，分割的流程需要多层级的人员黏合起来，这些在流程型组织中不再需要。① 因而，基于流程的征管组织结构将会大幅度减少管理层次和管理人员，税收征管的生产力将会大幅度解放到直接带来征管价值的操作环节和创新工作之中。

机构纵向的不对称性。由于面向业务流程的征管机构将转向后的职能贯穿在流程链条当中，征管机构层级间不必要对应设置部门结构。职能层级“金字塔”需要机构上的层层对口，流程导向下的机构设置只需保证必要的职能对应，部分“对口”缺失造成的职能间隙由流程管理衔接补充。由此，“对口”的传统观念将被打破，现代税收征管机构在纵向上应当呈现明显的不对称性，职责、职权的标准化。基于流程的机构设置，将使岗位、部门的职责特点发生很大的变化。原来依据职能任务灵活决定工作方式方法的情况将大为改观，任务界定将会变得更为粗略，而对实际进行工作的人或部门的授权将会得到更大关注。职能导向下的目标型职权，经常表现为面向对工作质量、数量的要求，以及达成的框架、基本的原则、一般的途径等，从而相应获得权力和较大的权变空间。流程导向下的职权趋向标准化，表现为面向固定细分的业务流程，明确细致的作业标准，严密具体的衔接关系，从而获得严格具体的权责界限。新的职能是对传统职能的转向，也是依托信息手段对传统职能要求在质量、数量、时限、标准等各个方面全方位的规范化、精细化管理，具体的职责和职权也就会表现出迥异以往的特点。

高度的人才结构要求。流程中的工作人员更多的面对种种成体系的标准、程式、规范、预案、沟通传递的触点，以及超常规情况的临机处置，工作中的灵活度空前萎缩，总体性、原则性等较为笼统、灵活度较大的指令或规则将大量减少。高度的专业精神，综合的专业知识，强烈的规则意识，坚定的标准观念，良好的沟通习惯，以及较好的应变能力等，将成为对税收征管人员素质的基本要求。这些要求的改变还将导致进一步的深刻变化。组织成员在文化、习惯、知识、技能甚至人际关系等各方面将会面临强烈转型。同时，高层次、复合型以及各类特殊技能人才将不断上移，成为新型组织运转特点所不可或缺的骨干支撑，而实践性、高能力的人才将成为维持业务流程高效运作的执行中坚。

征管决策支持机构地位突出。正如“决策系统”一章中所述，现代税收

① 段光林．美国税务机构现代化对我国的借鉴和启示．涉外税收，2003（12）．

征管在信息社会为总体背景下建立了新型业务方式，征管流程的高效实施依赖各个环节的有效决策。在信息技术的高度支持，以及征管信息高度集中的条件下，保证信息分析处理的效率，形成高效集中的指挥机制将变得非常重要。不能做到正确、及时反应的征管运作，将使现代税收征管的变革丧失意义。这就使设置信息处理机构，实现可靠决策支持的重要性显得异常突出。

非“刚性”机构的规范存在。“环境越复杂多变，则组织设计就越要强调适应性[①]。”现代征管组织必须面向社会环境和纳税人的变化不断地实施创新，创新停滞就意味着组织适应性的丧失。一方面，基于流程的机构设置面向服务对象，总体上会增强服务的灵活性，带来组织创新的动力。另一方面，流程管理的“刚性”又限制任何可能导致无序的改变。组织灵活应对环境变化的机制主要来自于决策和执行的应变性，体现于创新的机制和能力。现代征管机构需要加强非程序化决策能力和实施创新的能力，建立应对非常规情况的制度、人员准备，这些方面将很大程度地体现在种种非“刚性”机构的存在和活动之中，如各种决策的补充组织、负有专责的临时部门或机构、应对学习或创新需求的团队组织等。这些“非刚性”机构的存在与活动也将受到流程管理的相应控制。“刚性”组织机构与非“刚性”组织机构有机结合，才能保证现代征管机构对稳定性与灵活性相统一的要求。各种非“刚性”组织的建立也是组织机构设计的一个重要补充部分，不可或缺。

四、我国税收征管机构优化初探

（一）我国税收征管机构优化的几个具体问题

乡镇税务机构的撤并。随着经济税源的相对集中，很多地区的国家税务机关和地方税务机关都已对乡镇税务机构进行了撤并。针对经济集中区设置基层税务机构已经成为现代税收征管机构设置的一个趋势。

纳税服务机构的设置。目前，长期设置的纳税服务中心和纳税服务管理部门已经在我国税收征管机构中占有一席之地。在传统税收征管条件下，除稽查机构外，任何一个直接管理纳税人的机构都是服务、管理的统一体。当“包办”型的征管格局被打破，流程型的业务运行方式确定之后，纳税服务机构将会成为税收征管组织的最前端机构。在这种格局下，不仅当前出现的城乡服务机构设置、国家税务局与地方税务局服务机构的衔接等问题需要解决，纳税服

① 潘振中．组织机构设置和调整——影响组织设计的关键要素．电子工业出版社，2004：14.

务机构在职能定位和设置方式上还将会面临新的、更大的挑战。

县级税务机关的征管实体化。所谓县级税务机关的征管实体化，就是“把过去作为基层领导机关的县局和过去具体负责征收征管的分局、乡所进行层级压缩，精简机关机构，归并内部相关事务，压缩中间层次管理人员，让更多的人充实到征管一线”①。使县级税务机关成为直接负责税收征收管理（包括稽查等）和为纳税人服务的基层税务部门。在今后的发展阶段中，县级税务机关的征管实体化有望逐步实现。

市（地）、县（市）税收征管隶属关系问题。我国“十一五”规划提出，“理顺省级以下财政管理体制，有条件的地方可实行省级直接对县的管理体制”。2009 年起，山东省开始实行省直接管理县（市）财政体制改革试点，山东省政府发布《关于实行省直接管理县（市）财政体制改革试点的通知》，确定商河县、高青县、莱阳市等 20 个县（市）纳入当年省直接管理县（市）财政体制改革试点范围。随着政府财政体制改革的加快，财政管理层级缩减的要求必然会影响到税收征管管理层级的设置。一旦我国对“省管县”财政管理体制的试点获得成功，改变市（地）、县（市）之间的税收征管隶属关系也就有了可能。如果乡镇税务机关不再作为一个全职能的机构层级，同时市、县隶属关系发生改变而统属省级机构统管，我国税收征管机构的层级设置将得到较大压缩，基于流程设置征管机构的优势更能得到体现。当然，这需要社会环境发展变化到相应程度，财政、税收管理能力达到一定水平之后才能实现。

税源管理机构的重构。税源管理在现代税收征管的纳税监控业务中占有基础性战略位置。对于作为发展中国家的我国来讲，由于国家对经济行为的网络监控能力还在不断增强之中，在相当长的时期内，仅仅依靠技术手段尚不能实现对税源情况的有效掌握，必须通过专门的机构进行管理。所以，面对“30字”征管模式实施后发生的“淡化责任、疏于管理”问题，国家税务总局提出“强化管理”的要求，各地则主要针对税源管理的强化问题采取措施，加强税源管理机构的设置，并结合信息技术探索新的税源管理机制。

专业管理机构的设立。面向特殊类型的纳税人实施个性化管理是现代税收征管发展的重要方向，面向大企业设置专业管理机构也已成为各地优化征管机构中的热点问题。随着事物的发展，纳税人的其他共性特点有可能会突出为重要的税收征管问题，相应设置征管机构的可能性也是存在的。如美国联邦税务

① 方元尹希．对国税系统推行县局征管实体化的实践与思考．江苏国税网，2004－11－15.

局设有“工资和投资收益局”。

(二) 我国税收征管机构优化框架初探

在社会环境日益改善，纳税人素质不断提高，信息技术支撑逐步到位，流程化的税收征管业务日渐完善的发展过程中，面向流程的机构重组将使我国税收征管组织的整体架构趋向“简明化”。

1. 纵向层级结构设置

税收征管机构在层级上可保留国家税务总局、省局、市或县局三级完全职能机构。市、县级间逐步取消隶属关系，而归于省级直管。乡镇税收征管打破行政区划界限，撤并分局、所，按照经济税源分布设置派出机构。

2. 横向职能机构设置

税务机关可分决策层、前端执行层、后台支持监督层三大层面设置机构。

决策层包括局长及若干副局长组成领导组织，负责税收征管的战略管理；执行层包括纳税服务、税源管理、专业管理、税务稽查四个主干部门，各部门又可按情况设置若干分部门，作为税收征管的外设部门，居于前端，承担大部分与纳税人的接触性业务；支持监督层主要包括针对法规政策、征管制度等进行综合协调、管理监督的部门，提供征管数据处理支持的信息处理部门，进行人、财、物、技术等资源支持和对外联络的管理部门。此外，辅之以若干非“刚性”机构。如图 7－34 所示。

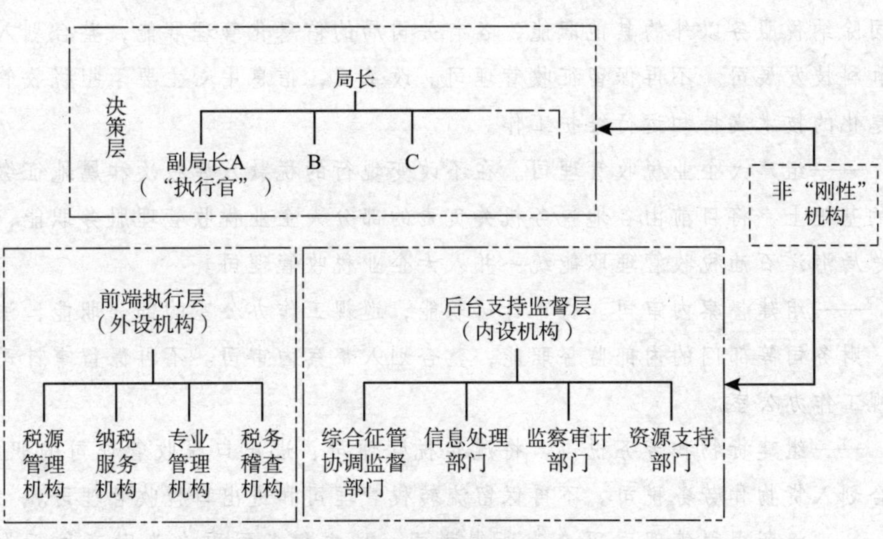

图 7－34　税收征管机构设置基本架构

现代税收征管组织机构的建立是一个实践问题。在我国税收征管现代化演进过程中，所处地域、征管条件、纳税人结构、社会经济环境等方方面面的差别长期存在，征管机构的设置很难拿出一个统一的标准方案。但是，随着现代税收征管变革的加快，征管机构重组的规律和方向将会日渐明晰。社会发展，技术进步，相关体制、机制的改善，纳税人行为状态的转变，征管集中程度的逐步提升，终将会形成符合我国国情的现代税收征管组织体系。

【案例】 国家税务总局机构改革的任务和内容

机构改革的任务：设立纳税服务和大企业税收管理机构，理顺税收管理信息化建设职能配置，整合并强化执法监督和内部审计资源，规范部分机构的名称和职能配置，从整体上优化总局机关机构设置，促进机关职能向服务型、责任型、法治型、廉洁型转变，管理机制向科学化、专业化、精细化转变。经过持续努力，伴随税制改革、征管改革和税收管理信息化等项工作的推进，逐步建立既能体现国际先进管理理念又符合我国具体国情的税务机关内设机构。

机构改革的主要内容：

——组建纳税服务司。将办公厅、政策法规司、征收管理司等部门的纳税服务职能，注册税务师管理中心的部分行政管理职能，整合划入纳税服务司。充实和完善中国注册税务师协会的职能，进一步加强行业自律管理。

——组建征管和科技发展司。将信息中心的信息化行政管理职能，征收管理司除纳税服务以外的其他职能，各有关司局的信息化管理职能，整合划入征管和科技发展司。不再保留征收管理司。改革后，信息中心主要承担税收管理信息化的技术支持和运行维护工作。

——组建大企业税收管理司。在不改变现行的税款入库级次和属地征缴原则的基础上，将目前由各地税务机关负责的部分大企业税收管理服务职能，以及总局海洋石油税收管理职能统一并入大企业税收管理司。

——组建督察内审司。将审计司职能，巡视工作办公室的部分职能，法规司、财务司等部门的内部监督职能，整合划入督察内审司。不再保留审计司和巡视工作办公室。

——组建货物和劳务税司。将流转税管理司、进出口税收管理司的职能，整合划入货物和劳务税司。不再保留流转税管理司和进出口税收管理司。

——将所得税管理司更名为所得税司，地方税务司更名为财产和行为税司，计划统计司更名为收入规划核算司。更名后，按照减少交叉、规范统一的要求理顺各司局的职责。

——保留办公厅、政策法规司、国际税务司、稽查局、财务管理司和人事司。这6个司局的职责原则上不作大的变动，仅对个别方面作适当微调。

来源：国家税务总局网站

【案例】 美国联邦税务局征管机构设置及其特点

1998年以前，美国联邦税务系统由三级构成，第一级是设在首都华盛顿的税务总局，第二级是按经济区域在全国设立七个大区税务局，第三级是在大区税务局下设63个税务分局，共辖900多个基层分局；并在全国设立10个征税服务中心（数据处理中心）和2个总部税务信息处理中心，该中心每年处理申报表2亿多份，处理相关税源信息13亿多份。

1998年7月，按照美国国会通过的《联邦税务局重组与改革法案》，联邦税务局进行了近40年来规模最大的机构改革，将按地域设置的7个大区局和63个地区局改变为按纳税人类型设置的4个业务局，使之成为一个以纳税人为中心的机构（如图7－35所示）。总部下设四类机构：一是负责税收管理现代化项目的，分别设立信息技术服务中心和业务体系现代化办公室；二是服务共享类的，设有内部服务共享中心；三是功能性的，设有法律顾问办公室、上诉办公室、通联局、纳税人服务局、刑事犯罪调查局；四是业务操作部门，也是这次改革中完全新设的，分别有工资与投资收益局、小企业和自雇业主局、大中型企业局、免税单位与政府单位局。

在纵向层次上，以方便纳税人为原则，根据业务的不同，设立不同的管理层次：一是以内部服务为主、不与纳税人有太多交道的单位，如信息中心、服务共享中心等只实行总部的一级管理；二是四大业务部门，实行一级多层次管理，总部设四个业务局，以取代过去的7个大区局；三是大中型企业局按行业下设分局，分局在一些地方还有派驻机构，另外三个业务局按功能分设纳税人教育、纳税人财务服务、税法遵从三个部门，每个部门在不同地区又设地区办公室、工作小组；四是法律顾问和法律上诉部门，分别在四个业务局有派出机构，派出机构又根据工作量在四个业务局的地区办公室派驻专门小组；五是纳税人服务局设有7个大区办公室，在四个业务局派驻3个分局，另外还有74个小区办公室（每个州至少一个），目的是为了方便纳税人，所有涉税事宜，纳税人除了向主管税务机关报告外，均可就近到服务局的办公室进行询问。

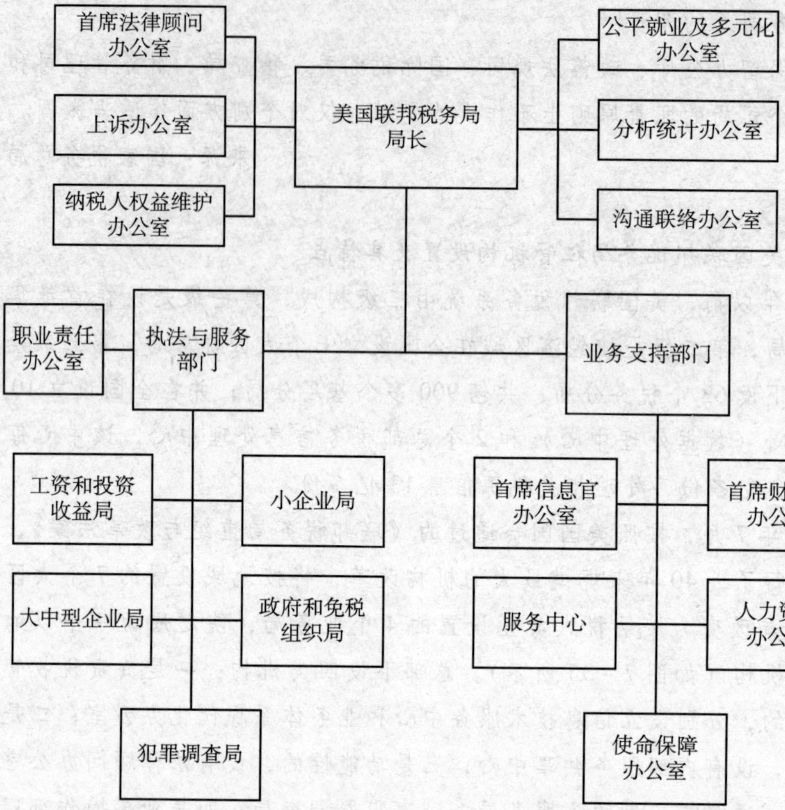

图 7－35　美国联邦税务局组织结构图

不难看出，现行美国联邦税收征管机构的设置不仅已经完全打破了与行政区划的对应关系，而且已经从大区设置时期主要照顾经济税源区域的阶段，发展到了纯粹从税收业务实施角度出发设置征管机构，把“管理税收”集中到了“管理征管业务行为”。各级联邦税务局都设有为纳税人服务的专门机构，全国使用统一的方式和标准开展纳税服务，纳税服务业务也因此提升到了税收征管基础战略的程度。对纳税人而言，任何一级税务机构都是“税务局”。从联邦税务局总部到业务局派出机构派驻的专门小组只有四个层级，已经形成了一个高度扁平化的组织结构体系。

来源：姜跃生：《美国联邦税务局机构设置情况简介》（上、下），载《江苏税务》2003 年第 2～3 期。

【案例】　美国联邦税务局预算分配方案

美国国税局（IRS）行为

申报前	申报中	申报后
客户教育援助	客户账户服务	遵从
• 表格	• 纸质申报表处理	• 审计凭证
• 出版物	• 电子申报表处理	• 附加税的评估
• 免费税法援助	• 信用支付	• 缴清不足税款的方式
• 网址	• 提示有错误和不足额纳税的纳税人	• 采取抵押、征收、查封的征收行动
• 纳税人教育程序		
• 公共服务公告	• 达成安装协议	• 处理纳税人的评估
• 自愿税收服务站	• 回复纳税人对其账户的查询	• 征收行动的请求
• 优先定价协议		• 诉讼辩论
• 已有的税法指导	• 对纳税人账户进行调节使其正确	• 审查和研究可能的错误
• 私人信件裁决		
• 最好税率的确定和教育问题	• 适时减少纳税人账户错误	• 分析纳税人复杂的账户和征收情况
-- SSNs加倍 -- 自主经营税 -- 先进与获利会计方法	• 支付偿还款	• 评估和说明情况的困难程度
11%	17%	72%

国税局（IRS）预算百分比

来源：《美国税务机构现代化》，深圳税务学会译

【案例】　河南省濮阳市国家税务局收缩机构优化管理（节选）

征收、管理和稽查互相制衡

按照濮阳市经济区划、税收计划，濮阳市可以设立两个管理局，但最终他们只设了一个管理局。

改革前，濮阳市国税局共有4个稽查管理局，各个局在稽查管理水平上存在差异，在执行政策上有松有严，这样就带来两个问题，一方面，在两局交界处，容易出现管理“空当”；另一方面，纳税人也会看哪边管理相对松弛就往哪里跑，给管理带来混乱。设立了一个管理局后，相互摩擦的问题没有了，执

法也统一规范了，杜绝了执法力度不平衡和争夺税源的现象，减少了管理盲点，体现了公平原则。

出于同样的考虑，濮阳市国税局在全市也只设立了一个征收局和一个稽查局，各专业局有分工，有合作，形成相互协调、相互制衡的有效的管理机制。

濮阳市国税局机关办公楼面积有1.4万平方米，设施齐全。改革后，市局机关共有59人，加上征收局35人，稽查局78人，完全具备集中办公的条件。因此该局决定："三局一体"同楼办公，在专业局内部机构设置上，征收局、稽查局不单设办公室、人事科、监察室，其相应职能由各专业局的综合科负责协调，两个专业局的政工和后勤工作由市局统一安排部署，人员统一调配，专业局政工人员由改革前的49人减少到17人。目前，城区业务人员由原来的218人增加到266人，一线人员得到了充实。

来源：河南省濮阳市国家税务局网站

【案例】 淮安国税以流程为导向，优化机构职能配置

按照主流程节点对机构职能进行优化配置。把纳税人找税务机关的所有涉税事务集中到一个点，把税务机关找纳税人的所有日常管理事务集中到一个点。这样，纳税人找税务机关"一点对多点"或税务机关找纳税人"多点对一点"变为"点对点"的管理服务。

具体来说，市区设第一、二、三、四税务分局和稽查局。

第一税务分局负责处理所有纳税人找税务机关办理的事项，如税务登记、资格认定、减免退税、发票领购等，并且细分为151个业务事项。一分局实际对应主流程咨询、受理、核批3个节点。

第二、三、四税务分局按行政区域属地管理原则设置，处理所有税务机关找纳税人的事务，由税务人员就地根据计算机信息进行管理和服务。主要负责对纳税人的户籍管理、税源调查以及所要上门调查核实执行的事务，并细分为105个业务事项，对税源实施动态监控和精细管理。二、三、四分局实际对应主流程调查、执行2个节点。

基于全市已实现企业网上申报、个体定额户划卡缴税、税银库联网，撤销市、县局下设的征收机构，原有征收职能上收市数据处理中心，基本实现征收职能虚拟化。数据处理中心主要负责税源分析、纳税评估、报表生成、流程监控和软硬件支持服务，主流程的评估节点就对应在数据处理中心。通过大规模数据集中处理、分析比对，筛选申报异常户，发送给属地税务分局，由属地税务分局根据“活”的信息进行案头审计，“人机结合”，加强税源监控，并为稽查提供案源。

主流程的检查节点对应在稽查局。将税务稽查四个环节外分离，即选案、检查、审理、执行在机构间进行分离。选案除举报或交办转办案件外，主要由数据处理中心分析筛选后，发送县局评估并反馈后确定，更有利于增强稽查选案的准确性；审理上收市、县局，具体由法规部门或大要案审理委员会承办；执行由各属地机构实施，稽查局负责专业检查，发挥打击威慑作用。

在县局，机构职能基本上与市区分局对应，不同的是把原来的分局内设为管理一、二、三、四科，以县局为执法主体，实现县局实体化。这样，税收执法的“金字塔”底座大大减小，实现管理扁平化，增强了组织的快速响应能力和弹性。改革前，全系统管理人员与一般干部的比例为1∶1.5，而现在为1∶8.3。

目前，全市基层征管机构由31个收缩为10个，即6个县局和市区的一、二、三、四税务分局。现在的运行格局是，征收实现虚拟，稽查仅保留检查职能，剩下的全部归为管理，然后将管理对应的6个节点一分为三，细化了管理，有利于解决“疏于管理、淡化责任”的问题。横向看，面向流程优化职能配置，实现高效顺畅的流程化管理；纵向看，压缩了行政管理层次，实现沟通快捷的扁平化管理。

来源：江苏省淮安市国家税务局网站

主要参考文献

1. 谢旭人．中国税收管理．中国税务出版社，2007.

2. 国家税务总局．《2002～2006 年中国税收征收管理战略规划纲要》国税函［2003］267 号．

3. 曾国祥．税收管理学．中国财政经济出版社，2003.

4. 刘支勤等．地方税收征管改革研究．中国税务出版社，1998.

5. 国家税务总局税收科学研究所编．中国工商税收征管改革．中国财政经济出版社，1996.

6. 罗与洪．税收现代化新视野．中国税务出版社，2004.

7. 戚鲁．税务管理现代化的探索．南京大学出版社，2003.

8. 贺志东．税务管理学．立信会计出版社，2003.

9. 陈拂闻，丁晓燕．税务管理．清华大学出版社，2005.

10. 张群星．现代税务管理．中国税务出版社，2001.

11. 汪治，简胜前．税务电子化．清华大学出版社，2005.

12. 王玉荣．流程管理．机械工业出版社，2005.

13. 董秀薇．IT 环境下税收征管业务再造．中国税务出版社，2005.

14. ［美］James T. C. Teng. 梅绍祖译．流程再造——理论、方法和技术．清华大学出版社，2004.

15. ［英］阿什利·布拉干扎．全面流程再造．中华工商联合出版社，2004.

16. 广东省地方税务局．广东省地方税务局“大集中”业务概要设计报告，2005.

17. 余晓玲．关于税库银联网信息化建设的思考．湖北国税网，2006.

18. 张玉利．管理学．南开大学出版社，1999.

19. 张玉峰．决策支持系统．武汉大学出版社，2004.

20.《税源监控管理及其数据应用分析》编委会．税源监控管理及其数据应用分析．中国税务出版社，2005.

21. 金观涛．管理就是决策．中国商业出版社，2003.

22. 卓越．公共部门绩效评估．中国人民大学出版社，2004.

23. 林香秀．中国企业纳税行为研究．中国税务出版社，2006.

24. 杜栋．管理控制论．中国矿业大学出版社，1999.

25. 陈国权．组织行为学．清华大学出版社，2006.

26. 拉塞尔德·M. 林登．无缝隙政府——公共部门再造指南．中国人民大学出版社，2005.

27. 中国国际税收研究会课题组．当代税源管理新论．人民出版社，2005.

28. 陈振明．公共部门战略管理．中国人民大学出版社，2004.

29. 国家税务总局教材编写组．数据库与数据仓库．人民出版社，2004.

30. 郭文武．建立与国际接轨的纳税服务志愿者队伍的理论借鉴及实践探索．北京地税系统优秀调研文集．北京市地方税务局，2004.

31. 钱学森．系统思想、系统科学和系统论．清华大学出版社，1984.

32. 沈丽天．系统信息控制科学原理．南京大学出版社，1987.

33. 张培森．中国税收经济问题计量研究．中国税务出版社，2002.

34. 刘豹．系统工程导论．天津科学技术出版社，1987.

35. 赵洪波．税收计划与会计管理．经济科学出版社，2003.

36. 蔡金荣．电子商务与税收．中国税务出版社，2008.

37. 维纳．控制论．科学出版社，1964.

38. 卿渐伟．税收大趋势，2005.

39. 深圳市税务学会编译．美国税务机构现代化，2002.

40. 郄德言．中国税收征管现代化走向．中国税务出版社，2005.

41. 张维迎．博弈论与信息经济学．上海人民出版社，1996.

42. 叶永青，邵虎．增值税一般纳税人“一窗式”申报排队模型分析．中国税收科研成果论文集（2004）．中国税务出版社，2004.

43. 刘军，郭庆旺．世界性税收制度改革理论与实践研究．中国人民大学出版社，2001.

44. 谢识予．经济博弈论．复旦大学出版社，1997.

45. 周黎明．质量控制技术．广东经济出版社，2003.

46. 谭荣华．税收信息化教程．中国人民大学出版社，2005.

47. 周方平．提高税收征管质量和效率的途径选择．中共国家税务总局党校第二期中青年后备干部培训班论文集，2006，

48. 吴柏林．信息技术及其应用．复旦大学出版社，2004.

49. 杜栋．管理控制学．清华大学出版社，2006.

50. 斯蒂芬·哈格，梅芙·卡明斯，唐纳德·J. 麦卡布雷．严建援等译．信息时代的管理信息系统（原书第四版）．机械工业出版社，2004.

51. 刘新利．税收分析概论．中国税务出版社，2000.

52. 阿尔文·托夫勒．吴文忠等译．财富的革命．中信出版社，2006.

53. 刘松博等．组织理论与设计．中国人民大学出版社，2009.

54. 于广涛．组织行为学——构建未来的工作—生活空间．清华大学出版社，2009.

55. 阎海峰，王端旭．现代组织理论与组织创新．人民邮电出版社，2003.

56. 潘振中．组织机构设置和调整——影响组织设计的关键要素．电子工业出版社，2003.

57. 马国强．转轨时期的税收理论研究．东北财经大学出版社，2004.

58. 欧文·E. 休斯．公共管理导论．中国人民大学出版社，2001.

59. 梁俊娇．税收征管效率研究．中国财政经济出版社，2005.

60. 理查德，M. 伯德，米尔卡．发展中国家税制改革．国际货币基金组织．中国金融出版社，1994.

61. 〔美〕奥斯本·盖布勒．改革政府——企业精神如何改革着公营部门．上海译文出版社，1996.

62. 丹尼斯·穆勒，王诚译．公共选择．商务印书馆，1992.

63. 文建东．公共选择学派．武汉出版社，1996.

64. 李平榕．江苏省国税系统基本实现税款缴库电子化．江苏国税网．

65. 余晓玲．关于税库银联网信息化建设的思考．湖北国税网．

66. 张国英．完善财税库行横向联网的建议．预算管理会计月刊，2005（4）.

67. 邢军．实行财税库行联网的几点思考．经济日报，2006－03－27.

68. 王征．关于纳税人权益的思考．税务研究，2003（12）.

69. 李新军．纳税服务内涵及提供原则．税收研究，2004（1）.

70. 刘明山．完善“一窗办税”建设服务型机关．江苏国税网站．

71. 郭烈民．实施“一窗式”服务推行深层次改革．税收研究，2004（9）.

72. 郝军辉．和谐征管——写好纳税服务“新三篇”．中国纳税人，2006（1）.

73. 国家税务总局征收管理司纳税服务处．全国12366纳税服务热线运行情况分析．中国税务，2005（4）．

74. 彭玲．税务网站建设存在的问题及改进．涉外税务，2004（6）．

75. 夏照明，陈建华．对我国税收服务现状及发展趋势的分析与思考．税务研究，2004（7）．

76. 马国强．正确认识与开展税务服务．涉外税务，2005（3）．

77. 吴茜．澳大利亚维多利亚州税务局纳税服务经验及借鉴．涉外税务，2005（3）．

78. 江苏省地方税务局，江苏省税务学会课题组．关于提高纳税服务质量的探讨．国家税务总局网站，2005.

79. 阮家福．西方税收征管：最新理论进展及其启示．中国税务教育网，2005.

80. 鲁扎文．协同学和系统方法．哲学译丛，1986（1）．

81. 李伟．基于信息化的中国税收管理发展战略．税务研究，2004（6）．

82. 张爱球．税收征管的概念辨析与建构——兼论税收征管改革的对象和目标．学海，2005（4）．

83. 杨兴林．决策的政治因素分析．决策探索，1997（2）．

84. 陈建国，廖靓．新公共管理视角下我国纳税服务体系的构建．经济师，2005（2）．

85. 中国人民大学课题组．税收模型应用框架研究．中国税务学会网．

86. 杨荣学．关于澳大利亚税收情况的考察报告（上、下）．辽宁国税，2009（1）．

87. 葛元力．流程再造理论在税收管理领域的应用．江苏省国家税务局网站．

88. 郭文武．国外纳税服务志愿者活动及其发展趋势．税收研究，2004（10）．

89. 烟台市地方税务局．更新服务观念　完善岗责体系　大力推行专业化纳税服务．山东地税网站．

90. 李胜良，李慧芳，葛晓谦．纳税服务的三种形态．中国税务报，2006－11－06.

91. 韩文欣．“新公共管理”与完善我国税务机构的内部管理．税务与经济，2004（1）．

92. 胡世文．关于纳税人满意度调查的实践与认识．税收研究，2005(10).

93. 任荣发，李丽凤，于子胜．德国纳税服务的经验和启示．税收研究，2004（5）.

94. 陈捷．纳税服务的国际比较与借鉴．涉外税务，2003（4）.

95. 王平．中外专家座谈纳税服务——大连国际纳税服务研讨会观点论述．中国税务，2006（11）.

96. 平晓峰．从组织管理学角度分析税务管理的组织结构．税务研究，2002（2）.

97. 谢少华．从新公共管理的兴起看西方税收管理理念的转变——兼议我国纳税服务体系的构建．涉外税务，2003（4）.

98. 石恩祥．为纳税人服务的理论与实践．四川大学学报，2003（6）.

99. 李长江．优化税收服务与建设税收文明．税务研究，2003（11）.

100. 戴伍闻．构建现代税收服务体系应注意的几个问题．税务研究，2005(10).

101. 刘慧琴．关于政府职能缺失与税收流失的相关分析．财政研究，2004(5).